STARKE FRAUEN

Gedruckt mit Unterstützung der
Ernst von Siemens Kunststiftung

Ernst von Siemens Kunststiftung
Wittelsbacherplatz 2
80333 München

STARKE FRAUEN

STAATLICHE
ANTIKENSAMMLUNGEN
MÜNCHEN

Impressum

Katalog

Herausgeber
Raimund Wünsche

Autoren
Bert Kaeser (B.K.)
Corinna S. Kauth (C.S.K.)
Florian Klauser (F.K.)
Florian S. Knauß (F.S.K.)
Vibeke Ch. Kottsieper (V.C.K.)
Susanne Lorenz (S.L.)
András Patay-Horváth (A.P.H.)
Matthias Steinhart (M.St.)
Beate Wagner-Hasel (B.W.H.)
Raimund Wünsche (R.W.)
Elisabeth Wünsche-Werdehausen (E.W.W.)

Redaktion
Matthias Steinhart
Florian S. Knauß
Florian Klauser
Corinna S. Kauth

Farbphotographien
Renate Kühling

Gestaltung, Layout und Herstellung
Andrea Mogwitz

Litho und Druck
Mediahaus Biering, München

ISBN 3-933200-12-1
© Staatliche Antikensammlungen
und Glyptothek München
Meiserstraße 10
80333 München

Ausstellung

Idee und Gestaltung
Raimund Wünsche

Konzept
Bert Kaeser
Florian S. Knauß

Ausstellungssekretariat
Irene Bösel

Aufbau
Olaf Herzog
Alfons Neubauer
Hagen Schaaff
Anton Buhl
Jakob Tschuk
Christoph Bergmann

LEIHGEBER

Antikensammlung und Museum Ludwig, Basel
Akademisches Kunstmuseum – Antikensammlung der Universität Bonn
Antikensammlung der Universität Erlangen
Museum für Abgüsse Klassischer Bildwerke München
Staatliche Münzsammlung München
Martin-von-Wagner-Museum Würzburg
Jean-David Cahn, Basel
Galerie Michael Werner, Berlin, Köln und New York

DANK

Peter Blome
Wieland Karl Bögel
Martin Boss
Karla Camara
Immaculada Candil García
Ingrid Dinkel
Kay Ehling
Veronika Füssl
Winfried Geominy
Eva Maria Gertung
Helmut Gier
Thomas Gintzel
Constanze Graml
Kristina Herrmann-Fiore
Ingeborg Kader
Daragh Kenny
Dieter Klose
Florian Leitmeir
Sabine Lenz
Markus Lüpertz
Hartmut Matthäus

Ella van der Meijden
Harald Mielsch
Louise Morgan
Sabine Neumann
Christoph Nicht
Michaela Obermaier
Barbara Picha
Achim Riether
Silvia Rueda
Luca Sassi
Rodolfo Selva
Michael Semff
Barbara Sielhorst
Kirsten Simister
Ulrich Sinn
Jakob Skou-Hansen
Vera Slehofer
Irma Wehgartner
Anne Wolff
Angelika Wolfseder
Kurt Zeitler

Inhalt

IV. GRENZFÄLLE

Vorwort

Als wir vor Jahren mit der Planung zu dieser Ausstellung begannen, fanden wir das Thema »Starke Frauen in der Antike« ganz originell, denn es ist selten zu Ausstellungsehren gekommen.

Der Titel ist es weit weniger: Die Bezeichnung »Starke Frauen« wird heute geradezu inflationär verwendet. So kündigt man zur Zeit in Quedlinburg eine Ausstellung über die dortigen hochadeligen Stiftsdamen des 18. Jahrhunderts und eine andere Sonderausstellung über »Stickereidarstellungen von Frauen im Mittelalter« mit den stolzen Worten an: »Quedlinburg – Stadt der starken Frauen«.

In München ist es nicht anders: Im Frühjahr 2007 konnte man als Schlagzeile auf dem Aufhänger von Straßenverkaufsautomaten der Süddeutschen Zeitung lesen: »Trend für den Sommer: Mode 2007: Rückkehr der Amazonen. Designer setzen auf starke Frauen.« Wir haben übrigens gar nicht bemerkt, was an der Mode 2007 so ›stark-fraulich‹ war und sozusagen die »Rückkehr der Amazonen« verschlafen. Kein Wunder, denn nicht nur die ›starken Frauen‹, auch die ›Amazonen‹ von heute sind schwer zu erkennen. So liest man in der Werbung für die Parfüm-Kreation »Amazone«: »Blumig-fruchtig-grüne Komposition mit stimulierenden Zitrus-Noten, Beeren- und Blütenakkorden für eine strahlende, individuelle Persönlichkeit, die sanft und stürmisch zugleich ist – eben wie eine Amazone«.

Andererseits findet man die Lebensläufe von 12 bedeutenden, in Bayern geborenen Frauen, wie z. B. der Volksschauspielerin Liesl Karlstadt, der Schriftstellerin Lena Christ oder der berühmten Mathematikerin Emmy Noether, in einem Buch versammelt, das sie als »Bayerische Amazonen« betitelt. Sie gelten als ›Amazonen‹, da sie in ihrem Beruf viel leisteten oder sich gegen gesellschaftliche Vorurteile bzw. politische Widrigkeiten durchzusetzen vermochten.

Generell gilt: Die weiblichen Vorkämpfer der Emanzipation werden gerne als ›Amazonen‹ bezeichnet. Das hat Tradition: In den zwanziger Jahren des letzten Jahrhunderts, als die Freikörperkultur aufblühte, hat man häufig nackte junge Frauen abgelichtet, die, mit Pfeil und Bogen versehen, als mutige, von gesellschaftlichen und sittlichen Zwängen befreite ›Amazonen‹ erscheinen sollten. Eine ziemlich peinliche Münchner Variante davon waren die im Nymphenburger Schlosspark 1936–39 stattfindenden ›Amazonennächte‹, bei denen junge Frauen, oben ohne – unten leicht geschürzt, das szenische Spiel »Im Blumenhain der Amazonenkönigin« darboten. Die Jahrzehnte zuvor benützte man in Gesellschaftsromanen die Bezeichnung ›Amazone‹ als Metapher für eine junge Dame aus besserem Hause, meist eine Reiterin, die sich nicht standesgemäß verheiraten lassen wollte, sondern sich den Männern gegenüber anfangs recht kühl gab, um am Ende schließlich doch vom Richtigen geheiratet zu werden.

In einem Wort: In den letzten 100 Jahren haben sich, entsprechend der grundlegenden Veränderungen der gesellschaftlichen Rolle der Frau, auch der Begriff und die Vorstellung von ›Starker Frau‹ und ›Amazone‹ sehr gewandelt. Auch in der Antike änderte sich das Bild der Amazonen in vieler Hinsicht, nur die Grundaussage blieb gleich: Amazonen sind kriegerische Frauen. Vielfalt und Wandel des antiken Amazonenbildes darzustellen, ist eines der Hauptthemen der Ausstellung. Sie macht auch offensichtlich, dass die Amazonen Gestalten des griechischen Mythos sind: Ein Volk der Amazonen hat es nie gegeben.

Mythos und Geschichte der Antike kennen noch andere Frauengestalten, die große Stärke zeigen. An erster Stelle sind da die Göttinnen zu nennen. Sie werden in dieser Ausstellung nicht behandelt, denn die antiken Göttinnen sind von Natur aus übermenschlich stark: Sie sind ewig jung und unsterblich – die unsterblichen Götter und Göttinnen sind übrigens das Thema unserer nächsten Ausstellung.

Ebenso interessieren uns nur am Rande die zahlreichen Frauen der antiken Geschichte, die man im heutigen Sinne als ›stark‹ bezeichnen könnte: Tatkräftige Königinnen, einflussreiche Priesterinnen, Dichterinnen, Ehefrauen oder Hetären. Denn deren Lebensläufe sind uns meist nur sehr bruchstückhaft überliefert und kaum glaubwürdig nachzuzeichnen. Zudem könnten wir von ihnen nur Porträts zeigen – wenn überhaupt welche erhalten –, die über die Stärke dieser Frauen nichts aussagen.

Deshalb entstammen, neben den Amazonen, auch die anderen ›starken Frauen‹ dieser Ausstellung nicht der historischen Realität, sondern dem Mythos. Die Antike kennt keinen Begriff, der mit unserer Bezeichnung ›Starke Frauen‹ vergleichbar wäre. Etwas vereinfachend kann man jedoch sagen: Die ›starken Frauen‹ des antiken Mythos zeichnen sich dadurch aus, dass sie mit dem genormten Rollenverhalten der antiken Frau brechen, indem sie sich wie Männer verhalten, oder ihre weiblichen Eigenschaften oder Tugenden bis ins Übermaß steigern. Der Mythos verdichtet das Schicksal dieser Frauen über das Individuelle hinaus ins Beispielhafte und zeitlos Gültige. Deshalb wurden diese Frauen-Mythen nicht nur in der Antike immer wieder aufs Neue gestaltet und bereichert, sondern regten Jahrhunderte lang auch die abendländischen Dichter, Komponisten und bildenden Künstler zu neuen Schöpfungen und Interpretationen an.

Das Weiterleben dieser Mythen wird im Begleitbuch zur Ausstellung anhand ausgewählter Meisterwerke der abendländischen Kunst gezeigt. Eine Bronzestatue der Daphne empfängt auf den Stufen der Antikensammlungen die Besucher der Ausstellung. Daphne, die keuscheste aller Frauen des antiken Mythos, ist von dem Maler und Bildhauer Markus Lüpertz neu gesehen und gestaltet worden.

Warum in der Antike die Mythen von ›starken Frauen‹ so weit verbreitet waren, ist nicht leicht zu erklären. Ein wichtiger Grund dürfte sein, dass damals die Gesellschaft patriarchalisch bestimmt war. So konzentrierte sich das Alltagsleben einer Athenerin vor allem auf den häuslichen Bereich, über den sie herrschte. Fromm, züchtig und im Hause tüchtig – das war die ideale Frau. Besonders rühmenswert erschienen an ihr Besonnenheit und Bescheidenheit.

Es ist sinnlos, darüber nachzudenken, ob sich im demokratischen Athen die bürgerliche Frau unterdrückt fühlte, denn diese Frage stellte sich damals niemand. Man empfand die im heutigen Sinne schwache gesellschaftliche Stellung der Frau als völlig selbstverständlich. Gerade deshalb und weil man andererseits wusste oder zumindest ahnte, dass die Frauen von Natur aus sehr stark sein können, erfand man die Mythen von den ›starken Frauen‹.

Die erste Abteilung der Ausstellung zeigt Bilder aus dem Leben athenischer Frauen. Anschließend folgen die kriegerischen Amazonen, deren Darstellungen so zahlreich sind, dass sie einen ganzen Saal füllen. Im darauf folgenden Raum sind andere ›starke Frauen‹ versammelt: Dazu gehören z. B. solche Heldenmädchen wie Atalante, die als gleiche unter gleichen die größten griechischen Helden bei ihren Abenteuern begleitet und im Ringkampf sogar Peleus, den Vater Achills, in den Staub werfen kann. Stark sind auch die schöne Omphale, der Herakles dient und für sie spinnt und webt, und natürlich die großen Heroinen der Frauentugend, deren Namen noch heute Klang haben: Iphigenie, Alkestis, Antigone. Bekannt ist auch Daphne, die, um den Begierden Apolls zu entkommen, sich zum Lorbeerbaum verwandeln lässt. Wenige aber wissen von der schönen Marpessa, die als junge verheiratete Frau vom Gott Apoll begehrt wird: Die treue Gattin verlässt aber nicht einmal für den allerschönsten Gott ihren Mann. Die griechische Mythologie kennt jedoch auch Frauen von mörderischer Stärke wie Klytämnestra und Medea, die sich durch ihre tragische Geschichte gezwungen fühlten zu töten.

Die kurzen Andeutungen lassen erahnen, wie breit das Spektrum der starken Frauen des griechischen Mythos ist. Dargestellt werden diese Mythen vor allem auf griechischen Vasen. Und davon besitzen wir eine reiche Sammlung, so dass wir zur Darstellung dieses Themas beste Voraussetzungen haben. Wir besitzen über 60 Darstellungen allein von Amazonen. Natürlich fehlen unserer Sammlung auch eine Reihe wichtiger Bildthemen. Diese Lücken konnten wir durch wertvolle Leihgaben aus verschiedenen Museen und Sammlungen Europas schließen.

Einige Gipsabgüsse von Reliefbildern des Amazonenkampfes, dazu Statuen von Amazonen und anderen starken Frauen bereichern die Ausstellung und bilden einen wohltuenden Kontrast zu den in Vitrinen ausgestellten Originalen.

In die Ausstellung ist auch die Glyptothek miteinbezogen, in der die für dieses Thema interessanten Werke durch spezielle Beschriftung hervorgehoben sind.

Das inhaltliche Grundkonzept von Ausstellung und Katalog entwarfen Bert Kaeser und Florian Knauß. Zur Gestaltung des Konzepts haben die anderen Autoren manches beigetragen. Mit unermüdlichem Einsatz widmeten sich Florian Knauß und Matthias Steinhart der Redaktion des Kataloges.

Mein erster Dank gilt den wissenschaftlichen und all den anderen Mitarbeitern an dieser Ausstellung.

Mein besonderer Dank gilt allen Leihgebern, die uns ihre Werke für über ein Jahr so bereitwillig überließen: So haben das Antikenmuseum und die Sammlung Ludwig, Basel, dank der Großzügigkeit ihres Direktors Peter Blome, uns eine ganze Reihe ihrer schönster Vasen für diese Ausstellung zur Verfügung gestellt. Der Verein der Freunde und Förderer unterstützte, wie immer, unsere Arbeit. Der Ernst von Siemens Kunststiftung danke ich für die großzügige Unterstützung beim Druck dieses Buches.   *Raimund Wünsche*

Das Heldenmädchen Atalante ringt mit Peleus, dem Vater Achills, und wirft ihn in den Staub. Schwarzfigurige Halsamphora, um 530 v. Chr. (Kat. 58)

Daphne von Markus Lüpertz

Als der junge Apoll sich zum ersten Mal verliebt, hat er Pech. Daphne, für die sein Herz glüht, ist zwar eine Nymphe, und diese halbgöttlichen Wesen lieben gerne, lassen sich sogar mit Satyrn, diesen zügellosen Begleitern des Weingottes Dionysos ein, doch Daphne schlägt aus der Nymphenart: Sie scheut Männer und Ehe, sie streift am liebsten allein durch einsame Wälder. Umsonst klagt ihr Vater Peneus, wie gerne er einen Enkel hätte, sie will »für immer und ewig Jungfrau bleiben.« Diesem Wunsch widerspricht ihre Schönheit, die schon viele Männer reizte und jetzt auch Apoll so betört, dass er all seine seherischen Fähigkeiten verliert und ihr nachstellt. *»Doch sie flüchtet geschwinde«*, schreibt Ovid,

> *»Leicht wie der Wind, und sie bleibt nicht stehen, wenn er solches ihr nachruft:*
> *›Warte, Peneus' Tochter! O bitte! Nicht jagt dir ein Feind nach,*
> *Warte. O Nymphe! So flieht ja das Lamm vor dem Wolfe, die Hirschkuh*
> *Flieht den Löwen, die Tauben mit zitternden Schwingen den Adler,*
> *So flieht jeder den Feind; doch ich, ich folge aus Liebe.*
> *O ich Armer! So stürze doch nicht, sonst reißen die Dornen*
> *Dir die Schenkel blutig, die zarten: ich will dir nicht wehtun!‹«*
> Umsonst ruft Apoll der fliehenden Daphne nach:
> *»Forsche doch auch, wer es ist, der dich liebt! Kein Bergesbewohner*
> *Bin ich, kein garstiger Hirt, der Kühe und Schafe behütet.*
> *Ach, Du weißt es ja nicht, du Verblendete, willst es nicht wissen,*
> *Wem du entfliehst, drum fliehst du!«*

Umsonst ruft Apoll der Fliehenden nach, wer er sei: Sohn des Zeus, Herrscher über Inseln, Gott der Musik und auch der heilenden Kräuter. Aber kein Heilkraut kann dem trefflichen göttlichen Bogenschützen helfen, der selbst von einem Pfeil, dem Pfeil der Liebe ins Herz getroffen ist. Apoll ruft. Daphne rennt und hört nichts. Der Gott getragen von den Flügeln des Liebesgottes holt sie schließlich ein. Als Daphne den Atem des sie Verfolgenden schon im Nacken spürt, bittet sie klagend: *»Ach, öffne dich mir, o Erde ... Oder vernichte die allzu begehrte Gestalt durch Verwandlung.«*[1] Daphne wird zum Lorbeerbaum.

Den dramatischen Höhepunkt dieser unglücklichen Liebe hat Gian Lorenzo Bernini in einer virtuos gemeißelten Marmorgruppe dargestellt: Sie zeigt Apoll in vollem Lauf, vor ihm die fliehende Nymphe, die sich schon in der Umwandlung befindet (vgl. S. 251). Bernini hat Ovids Verse so getreu in Marmor umgesetzt, dass sie geradezu als Bildbeschreibung der Skulpturengruppe dienen können.

Hingegen ist Lüpertz's Daphne für jeden Kenner des antiken Mythos rätselhaft. Die Darstellung widerspricht der literarischen Überlieferung. Das gilt nicht nur für

1   Markus Lüpertz, Daphne, 2003
Bronze bemalt, H. 350 cm.

13

Lüpertz' Daphne: Er hat eine ganze Reihe von Figuren geschaffen, die von ihm mit Namen von antiken Göttern oder Gestalten des antiken Mythos oder der christlichen Legende belegt wurden, ohne dass die Auseinandersetzung mit dem Mythos der Ausgangspunkt seines Schaffens gewesen wäre. Er selbst sagte einmal in einem Gespräch: »Ein direktes Bearbeiten (des Mythos) liegt mir fern. Was mich lenkt, wird mir zugetragen von Winden, die aus den unteren Regionen des Mythos wehen und deren verborgener Wahrheitsgrund mich anzieht. Da wird dann erzählt, von etwas, von dem ich nichts weiß, in einer Sprache, die ich nicht verstehe, und das führt direkt ins Werden. Es entstehen Ausbeulungen, Verdichtungen, Mulden, Verdickungen, es passieren Verletzungen, die manchmal einen Ausgleich fordern oder ein Mehr an Zerstörung... Vielfältige Momente und Aspekte strömen zu einer Figur zusammen, die nachher unter dem Namen Prometheus alle möglichen Interpretationen erfährt«. Er setzt dann hinzu: »Unter Spannungen entlasse ich meine Werke, indem ich sie bei einem Namen rufe, der sie belebt, interessant und ewig macht. Vielleicht aber wird meine Anrede zum Stigma, das zu Angriffen reizt ...«[2]

Von Lüpertz' gibt es zahllosen Äußerungen zu seiner Kunst und man darf nicht jedes seiner Worte gleich gewichten, denn er kann im selben Atemzug von verstiegenem persönlichen Anspruch zu beißender Selbstironie, von höchstem Pathos zu hintergründigem Sarkasmus wechseln. Es trifft aber zu, wie er selbst betont, dass seinen Werken mit feinsinniger ikonographischer Interpretation nicht beizukommen ist. Lüpertz übernimmt nämlich das Bewegungsmotiv seiner Figuren häufig direkt von Vorbildern, die etwas anderes darstellen: »Ich aase in der Kunst« meint er dazu.[3] So löste er eine Darstellung des Bacchus von Nicolas Poussin (1594–1665) aus seinem bildlichen Zusammenhang, der für Poussin das Bewegungsmotiv bestimmte, und generierte daraus eine Statue, die er Clitunno nannte – ein Name, den wohl auch manch wackerer Humanist erst nach Blättern eines einschlägigen Lexikons als lokalen antiken Flussgott Umbriens (lat. Clitumnus) entschlüsseln kann. Und ebenso entwickelte er aus dem Bewegungsmotiv der berühmten antiken Bronzestatue des »Zeus vom Kap Artemision« im Athener Nationalmuseum eine mächtige Figur, der er den ebenso wohltönenden, wie mythisch-urtümlich klingenden Namen »Titan« gab. Die Statue war schon einmal in der Glyptothek ausgestellt und musste sich in der Umgebung von klassischen Werken behaupten (Abb. 2). Das gelang, da Lüpertz in Form und Aussage dieser Bronzeplastik die Erinnerungen und vagen Gedanken, die unsere Zeit mit der mythischen Figur des »Titan« verbindet, zu solcher Kristallisation bringt, dass sie dem Betrachter ebenso vertraut, wie neu und unbekannt erscheinen. Da Zeus, nach griechischer Sage, ein Abkömmling der Titanen war, erscheint die Übernahme des Bewegungsmotiv einer Zeusfigur für den »Titan« auch sehr einleuchtend. Solch eine Sinnfälligkeit ist aber Lüpertz nicht wichtig: Für die Statue des Titanen Prometheus diente ihm Poussin's Darstellung eines stehenden Jünglings mit geschlossenen Augen als Vorbild: »Mich interessierte«, bekennt Lüpertz in einem Gespräch, »dieser schlafende Jüngling, der aufgerichtet stehend zu schlafen scheint und wie gehängt aussieht. Es hätte sich auch ein Gehängter daraus entwickeln können. Aber eines dieser unvorhersehbaren Déjà-vu-Erlebnisse stellte sich ein und ließ mich kurzerhand die Leber hineinschneiden. Und damit ist der aufrechte Schläfer Prometheus geworden«.[4]

All die genannten Figuren sind von Lüpertz frei gewählte bildnerische Themen gewesen. Seine Daphne hingegen entstand im Auftrag der Altana AG, die diesen Mythos in Form einer großen Außenplastik vor ihrer Konzernzentrale, dem Herbert-Quandt-Haus in Bad Homburg, dargestellt haben wollte. Lüpertz hat in über 30 kleineren Modellen und zahllosen Zeichnungen das Thema sich erarbeitet und schließlich die 3,70 m hohe Figur in Gips gefertigt. Aus der nach diesem Modell gewonnenen Negativform wurden neben dem Exemplar in Homburg noch zwei weitere Bronzegüsse gefertigt, die alle unterschiedlich farbig gefasst und somit

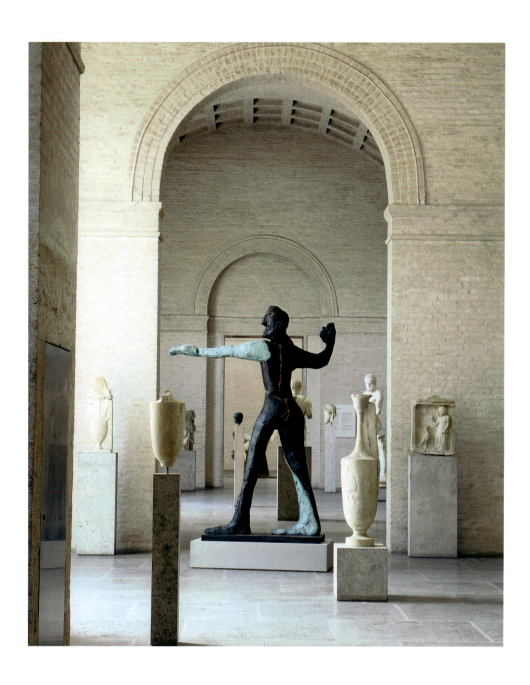

2 Markus Lüpertz, Titan
Modell 1986, Guss 1996,
Bronze bemalt, H. 253 cm.

individualisiert sind. Eine der drei Daphnen steht jetzt, für die Zeit der Ausstellung
»Starke Frauen«, auf den Stufen der Münchner Antikensammlungen (Abb. 1, 5).

Daphne ist im Sinne unserer Ausstellung eine »starke Frau«. Denn welch eine
Willenskraft musste sie haben, wenn sie sich nicht einmal dem rasend verliebten
jugendlichen Apoll, dem schönsten aller unsterblichen Götter hingeben wollte.
Man kann mit etwas Phantasie Lüpertz' Daphne im Sinne der Ovid'schen Verse
interpretieren: Die Kopfwendung ließe sich als das verzweifelte Zurückblicken der
Verfolgten deuten und der Lorbeerbaum im Rücken der Figur als Sinnbild der bal-
digen Verwandlung. Das Aufsetzen des linken Beines auf einen Kopf – es ist Apolls Kopf – wäre dann das Zeichen ihres Sieges, sozusagen der Triumph der Keuschheit über die sinnliche Gier.

Abgesehen davon, dass ein ›Sieg der Keuschheit‹ meines Wissens nicht in
Lüpertz' Gedankenwelt passt, widerspricht diese Deutung auch dem Erscheinungsbild der Figur: Daphne ist nicht die gehetzte, »allzu begehrte« Gestalt, die sich dem
Gott entzieht, sondern eine stämmige Nymphe, die selbstbewusst und triumphierend ihr Bein auf den Kopf des von ihr enthaupteten Gottes stützt: Sie ist Täterin,
nicht Opfer. Der Lorbeerbaum ist nur noch Attribut, nicht letzte Zuflucht.

Die selbstbewusste Körperhaltung der Daphne hat Lüpertz von Michelangelos Apoll (um 1530, im »Bargello«, Florenz) übernommen und seitenverkehrt variiert (Abb. 3). Während Michelangelos Apoll seinen Fuß auf eine Halbkugel setzt, stellt die Daphne den Stumpf ihres linken Beines – der Fuß fehlt – auf einen Apollkopf, der dem Kopf der von Lüpertz geschaffenen Apollfigur in der Frankfurter Oper gleicht. Auch das Bewegungsmotiv dieses Apoll ist eine Paraphrase von Michelangelos Apoll (Abb. 4). In einem Wort: Lüpertz zitiert bei der Gestaltung der Daphne sich zweimal selbst. Und so ergibt sich das formgeschichtliche Kuriosum, dass Daphne im Bewegungsmotiv von Michelangelos Apoll über dem Kopf des Lüpertz'schen Apoll triumphiert.

Die motivische Anlehnung an Michelangelo verbindet Lüpertz jedoch mit einer völligen Abkehr von allen »klassischen« Gesetzmäßigkeiten. Die Daphne steht zwar im Kontrapost, zeigt also die klassische Gewichtsverlagerung mit Stand- und Spielbein, aber ihre Körperproportionen kontrastieren mit all unseren gewohnten Vorstellungen von Harmonie: Der Kopf übergroß, der Hals zu lang, die Beine im Verhältnis zum Körper viel zu kurz. Der optische Körperschwerpunkt liegt extrem tief, der rechte Arm ist auf Brusthöhe abgeschnitten, der linke Fuß amputiert. Lüpertz negiert jegliche statische Ausgewogenheit. Er meint dazu: »... in der permanenten Unruhe einer Skulptur, deren Aufbau die alte Harmonie verletzt, erwächst eine Spannung, die dem Statischen einen wunderbaren Ersatz für Bewegung zuführt und das Unmögliche vollbringt, ein statisches Gebilde in Bewegung zu setzen.« [5] Der Unruhe der Bewegung entspricht die raue, oft ramponiert wirkende Figurenoberfläche. Sie spiegelt seine Arbeitsweise wider: Er modelliert seine Figuren nicht in Ton, sondern hackt und schabt von einer festen Gipsmasse die Form heraus. Falls ihm etwas missfällt kann er durch erneutes Auftragen von Gips die Formgebung korrigieren. Die Unruhe der Bewegung wird noch durch eine partielle zum Teil ganz abstrakte Farbfassung der Bronzeskulptur gesteigert. Lüpertz kolorierte mit einem speziell angerührten Schellack, den er in die raue Oberfläche einrieb. Das weiß gefärbte Gesicht mit den roten und grünen Farbflecken gibt Daphne, der Täterin, einen dämonischen Ausdruck. Der geköpfte Apoll ist teilweise rot bemalt.

Schon in der Antike wurden die Mythen von Dichtern und Künstlern immer wieder neu interpretiert, weitergesponnen und oft stark verändert. Über all dies geht aber Lüpertz hinaus: er dreht die Aussage des Mythos um. Daphne siegt. Die Frau herrscht über den Mann. Und so könnte im Sinne unserer Ausstellung die Figur problemlos auch ganz anders betitelt werden: »Triumphierende Amazone unterm Lorbeerbaum«, oder »Klytämnestra über dem Haupt ihres ermordeten Gatten Agamemnon«. Alles starke Frauen.   R.W.

3 Michelangelo Buonarroti, David-Apoll, 1525–32 Marmor, H. 143 cm, Museo Nazionale del Bargello, Florenz.

4 Markus Lüpertz, Apoll, 1989 Bronze, H. 201 cm, Alte Oper, Frankfurt am Main.

5   Markus Lüpertz,
Daphne, Rückansicht.

I. Einführung

1. Die Bildträger

Zur Funktion der Bildträger

Starke Frauen« des Mythos konnten den Menschen in der Antike häufig begegnen. Sie wurden ja nicht nur für fiktive Personen aus Geschichten gehalten, sondern als ein Stück Realität des Lebens empfunden (vergleiche Kapitel 4 und 14). So verwundert es nicht, dass auf Bildträgern oftmals Gestalten wie die Amazonen und andere mythische Frauen dargestellt wurden. Die »starken Frauen« haben eine Sache gemeinsam: Sie sind in keiner Weise langweilig oder gar alltäglich. Ihre Beliebtheit in der Darstellung resultierte vor allem daraus, dass sie so verschiedenartig wahrgenommen werden konnten. Viele von ihnen vereinen durchaus ambivalente Züge und können deshalb nicht einfach schablonenhaft als vorbildhafte Frauen verstanden werden. Inwiefern das Bild »starker Frauen« im Mythos auf das reale Frauenbild der antiken Gesellschaft Einfluss hatte, kann natürlich nur schwer nachvollzogen werden. Dass diese Themen aber nicht nur für Männer interessant waren, sondern auch für Frauen, zeigen uns Bilder auf Keramikgefäßen, die vor allem im Kontext der weiblichen Lebenswelt Verwendung fanden, wie zum Beispiel Hydrien und Pyxiden. Auch in vielen anderen Bildgattungen lassen sich die »starken Frauen« finden.

Die Münchner Antikensammlungen bieten eine reiche Auswahl an Objekten, die als Träger für Bilder dienten. Um die Wirkung der Bilder auf die Gesellschaft verstehen zu können, müssen der Bildträger selbst und sein Wirkungsfeld ebenfalls in die Betrachtung miteinbezogen werden. So war der Bildschmuck an Gebäuden wie Tempeln und an Grabmälern einer breiteren Bevölkerungsschicht zugänglich als zum Beispiel die Bilder auf Luxuskeramik, die ausschließlich für die Oberschicht der Gesellschaft erreichbar waren.

Die meisten und am besten erhaltenen Bilder finden sich auf bemalter Keramik. Oftmals kann heutzutage der Verwendungskontext einzelner Vasen nicht mehr nachvollzogen werden. Insgesamt waren sie aber vielfältig verwendbar – in Gräbern, in Heiligtümern, beim Gelage (dem sogenannten *symposion*) und in den Frauengemächern der Oberschicht. Durch den Export, vor allem nach Italien, sind uns viele Vasen erhalten, die als Beigaben in Gräber gelangt sind. Aber auch andere Bildträger, die im privaten Bereich verwendet wurden, wie Schmuck und Gebrauchsgeräte, oder die des öffentlichen Bereiches, wie die Plastik, der Baudekor und die Münzen, sind wichtig für das Verständnis der Mythen und die Auswahl der Bildthemen.

A. Gebrauchsgegenstände
1. Keramik

Der bei weitem wichtigste Bildträger, die Keramik in ihren vielfältigen Formen, wurde für sehr unterschiedliche Zwecke verwendet. Unser Augenmerk liegt hier beinahe nur auf der Feinkeramik, die als Trinkgeschirr, zur Aufbewahrung kostbaren Öls, als Beigabe im Grab oder als Weihung diente. Es sind aus sehr fein geschlemmtem Ton gefertigte Gefäße, so-

genannte »Vasen«, deren deutsche Bezeichnung vom italienischen *vaso* (Gefäß) abgeleitet ist. Zwischen dem späten 8. und dem ausgehenden 4. Jahrhundert v. Chr. verzierten griechische Vasenmaler diese Gefäße mit bildlichen, oft mythischen Themen. Ein führendes Fertigungszentrum griechischer Vasen war zunächst Korinth, was sich jedoch bald ändern sollte, als Athen seit dem 6. Jahrhundert v. Chr. den Markt zu dominieren begann und zum größten Töpferzentrum der Antike wurde. Athens ›schwarzfigurige‹ und seit 530 v. Chr. dann ›rotfigurige‹ Vasen waren wohl regelrechte Exportschlager; denn die allermeisten von ihnen sind vornehmlich in Etrurien und den großgriechischen Siedlungen in Unteritalien gefunden worden. Dort bildeten einige Handwerker sogar die beliebten athenischen Produkte nach und führten die Maltradition in eigenen Schulen fort. Durch Künstlersignaturen und Stilvergleiche lassen sich viele Gefäße Malern oder Werkstätten zuordnen.

Die Blütezeit der athenischen Werkstätten sind das 6. bis 4. Jahrhundert v. Chr. Während dieser Zeit änderte sich die Maltechnik grundlegend und auch in der Formgestaltung der Gefäße gingen neue Impulse von Athen aus. Im 6. Jahrhundert v. Chr. wurden die Bilder im sogenannten schwarzfigurigen Stil aufgemalt: Die Gefäße aus hellem, in Athen orange-rotem Ton wurden mit dem sogenannten Glanzton figürlich und ornamental verziert, der sich beim Brennvorgang schwarz färbt; Details wurden mit Hilfe von Ritzlinien angegeben. Um 530 v. Chr. erfanden die athenischen Handwerker eine neue Technik, den rotfigurigen Stil: Nun wurden die Figuren oder

| *Halsamphora* | *Loutrophoros* | *Spitzamphora* | *Bauchamphora* | *Pelike* | *Kolonettenkrater* |

Ornamente ausgespart, die sich hell von dem mit Glanzton bedeckten Hintergrund abheben. Jetzt wurde die Binnengliederung der Figuren ›gemalt‹, denn zuvor ›ritzte‹ der Künstler diese in den dunklen Glanzton ein. Diese zukunftsweisende Errungenschaft in der Maltechnik ließ einen weitaus prächtigeren und differenzierteren Detailreichtum und eine organischer wirkende Körperwiedergabe zu.

Amphoren

Die Amphora ist wohl die am häufigsten hergestellte und am vielfältigsten eingesetzte Gefäßform der antiken Welt. Die latinisierte Bezeichnung ›Amphora‹ lässt sich ursprünglich auf das griechische Adjektiv *amphoreus*, was ›zweihenklig‹ bedeutet, zurückführen. Ein solches Gefäß diente insbesondere zur Aufbewahrung und zum Transport von Wein, Öl, Milch, Honig oder auch von festen Nahrungsmitteln, wobei die zwei Henkel ursprünglich das Tragen erleichtern sollten. Nach ihrer Form unterscheidet man verschiedene Typen, von denen hier nur die wichtigsten genannt werden.

Halsamphora

Bei dieser Amphorenform ist der Hals vom Bauch durch einen deutlichen Knick abgesetzt. Zwei Sonderformen der Halsamphora sind die ›tyrrhenische‹ und die ›nolanische‹ Amphora. Erstere ist schwarzfigurig bemalt und von schlanker Form. Sie wurde in Athen um die Mitte des 6. Jahrhunderts v. Chr. für den Export an die Küsten des tyrrhenischen Meeres in Etrurien produziert. Etwa ein Jahrhundert später setzte dann der Export nolanischer Amphoren ein, benannt nach ihrem Hauptfundort Nola bei Neapel. Demnach müssen beide Formen auf den Märkten in Italien gern gesehene Kaufobjekte gewesen sein.

Loutrophoros

Die Loutrophoros ist eine langgezogene und schlanke Variante der Halsamphora. Sie diente zur Aufbewahrung von Wasser für das (Braut-)Bad, aber auch für die Totenpflege.

Spitzamphora

Eine Variante der Halsamphora, welche unten spitz zuläuft und oft mit einem knopfartigen Abschluss endet. Sie war die gängige Form der einfachen Transportamphora, konnte aber auch in der Feinkeramik prachtvoll bemalt werden.

Bauchamphora

Im Unterschied zur Halsamphora ist bei ihr der Körper vom Hals nicht abgesetzt. Die Gefäßform war im 6. Jh. v. Chr. besonders beliebt und begegnet ab der Mitte des 5. Jhs. v. Chr. kaum noch.

Pelike

Bei dieser Variante der Bauchamphora liegt der größte Durchmesser des Gefäßes im unteren Bereich des Vasenkörpers. Die Pelike wurde im ausgehenden 6. Jahrhundert v. Chr. entwickelt.

Mischgefäße

Bei den Griechen war Wein das übliche Getränk anlässlich von Feiern und Gelagen (*Symposien*). Man trank jedoch den Wein nicht pur, sondern mischte ihn mit Wasser – in der Regel im Verhältnis 1:3 –, wozu sogenannte Kratere (von *kerannymi* = mischen) und weitere Gefäßformen verwendet wurden.

Kolonettenkrater

Die Form des Kolonettenkraters wurde gegen Ende des 7. Jahrhunderts v. Chr. entwickelt. Der Kolonettenkrater galt als typisches Produkt Korinths, weshalb man ihn in der Antike ›korinthischen‹ Krater nannte. Charakteristisch ist die Henkelform mit kleinen Stäben (italienisch *colonnette*), die in der Regel an eine waagrechte Henkelplatte anschließen.

Volutenkrater

Diese Kraterform ist nach den eingerollten Henkelenden über dem Rand des Gefäßes benannt. Wurden sie in Athen vorwiegend beim Symposion eingesetzt, entwickelten sich in Süditalien im 4. Jahrhundert v. Chr. Gefäße monumentalen Ausmaßes, die als Grabbeigaben verwendet oder als Denkmäler auf die Gräber gestellt wurden. In der Antike wurde der Volutenkrater *lakonikos* (aus Sparta) genannt.

Kelchkrater

Die Form dieses Gefäßes kommt der eines Blütenkelchs sehr nahe. Kennzeichnend sind weiter die in der unteren Gefäßhälfte

Volutenkrater *Kelchkrater* *Stamnos* *Psykter* *Hydria*

angebrachten, stark nach oben gebogenen Henkel. Vielleicht handelt es sich bei dieser Gefäßform um die Schöpfung des berühmten attischen Töpfers und Malers Exekias (tätig um 550–530 v. Chr.).

Glockenkrater
Die Gefäßform, die an eine umgedrehte Glocke erinnert, wurde in frühklassischer Zeit entwickelt. Die beiden Henkel sind in der oberen Gefäßhälfte angesetzt.

Stamnos
Charakteristisch für einen Stamnos, der in der Antike wohl zu den Amphoren gezählt wurde, sind der kurze Hals, der breit angelegte Körper und zwei Horizontalhenkel.

Dinos
Ein weiteres Mischgefäß ist der Dinos, auch Lebes genannt. Diese Gefäßform besitzt eine weite Mündung, jedoch keinen Hals und vor allem keinen Fuß. Der Dinos brauchte daher immer einen Standteil als »Partner«.

Kühlgefäße

Psykter
Wollten die Griechen trinken, sollte der Wein natürlich eine angenehm kühle Temperatur haben. Hierfür entwickelten sie eine spezielle Gefäßform, einen Weinkühler; eine einfache, aber dennoch brillante Idee: Nun brauchte man den Psykter nur mit Eis oder kaltem Wasser zu füllen und er schwamm bis zur Hälfte im weingefüllten Krater.

Gefäße für Wasser

Hydria
Hydrien wurden ursprünglich benutzt, um Wasser am Brunnen zu holen. Ihr Name, vom griechischen Wort *hydor* für Wasser, weist auf ihre Funktion hin. Hydrien besitzen zwei horizontale Henkel an den Seiten und einen vertikalen Henkel am Hals, mit dem das Gefäß leichter gekippt werden konnte. Die Verwendung von Hydrien wird gerne auf der Gefäßform selbst dargestellt, so auf der Hydria Abb. 1.1.

Kalpis
Am Ende des 6. Jahrhunderts v. Chr. entwickelte sich aus der Hydria eine Gefäßvariante, die Kalpis. Die Schulter ist nicht mehr abgesetzt, sondern geht nun fließend in den Hals über, wie auf Abb. 1.1 zu sehen ist.

Kannen

Kannen waren beim Symposion das »Bindeglied« zwischen dem Krater und der Trinkschale. Mit ihnen schöpfte man den mit Wasser vermischten Wein und füllte die Schalen der Zecher (Abb. 1.2).

Oinochoe
Aus den beiden griechischen Wörtern *oinos* = Wein und *cheo* = gießen setzt sich der Name für dieses Weinschöpfgefäß zusammen. Es sind bauchige Gefäße mit hohem Hals und einer häufig kleeblattförmigen Mündung sowie einem hochgezogenen, vertikalen Henkel.

Olpe
Die vor allem in korinthischen und attischen Werkstätten beliebte Olpe ist eine Weinkanne mit fließendem Übergang vom Hals zum Körper und kreisrunden Rand.

1.1   Frauen holen mit Tongefäßen Wasser am Brunnenhaus; die noch nicht gefüllten Gefäße werden auf dem Kopf liegend zum Brunnen gebracht. Einige Frauen verwenden die Hydria mit deutlich abgesetztem Hals, andere eine Kalpis. Attisch schwarzfigurige Hydria, um 520 v. Chr.

Schale

Rhyton

Lekythos

Trinkgefäße

Die bevorzugten Gefäße, aus denen man beim Symposion trank, waren Schalen und Becher.

Schale

Die Trinkschale, die sogenannte ›Kylix‹ besteht aus einem Standfuß, einem weit ausladenden Gefäßbecken und zwei horizontalen, leicht nach oben ausschwingenden Henkeln. Man könnte meinen, dass die Henkel zum Halten der Schale gedacht waren, sie dienten jedoch nur zum Aufhängen an der Wand; gehalten hat man Schalen am Fuß. Es bedurfte wohl großer Geschicklichkeit, die gefüllte Schale zum Mund zu führen und dabei nichts zu verschütten (Abb.1.3). Man konnte sowohl die Schalenaußenseiten als auch die Innenseiten bemalen. Dabei bildeten sich typische Dekorationsformen heraus: beispielsweise die

Augenschale, bei der auf beiden Seiten ein großes Augenpaar abgebildet ist, oder die Bandschale mit ihrem abgegrenzten Bildfries.

Skyphos

Beim Skyphos handelt es sich um ein becherförmiges Gefäß mit zwei meist horizontalen Henkeln.

Figürliches Rhyton

Ein etwas außergewöhnlicheres Trinkgefäß war das Rhyton. Seine Eigenheit besteht darin, dass der Gefäßkörper die Form eines Tierkopfes wie den eines Rinds oder eines Hundes besitzt. In einem seltenen Fall ist sogar ein »Negerknabe« dargestellt, der mit einem Krokodil kämpft.

Gefäße für Öl, Salben und Schmuck

Wenn in der Antike über Öl gesprochen wurde, war damit das Olivenöl gemeint, das mit Wein und Getreide zu den Grundnahrungsmitteln gehörte. Neben seiner Bedeutung als Lebensmittel wurde es auch dazu benutzt, sich damit einzureiben. Meistens wurde es für die Körperpflege mit Parfümen versetzt. Diese parfümierten Öle waren außerordentlich kostbar. Aus diesem Grund besaßen Ölgefäße einen engen Hals und eine flache Mündung, damit nichts verschüttet wurde.

Lekythos

In der Antike war Lekythos ein allgemeiner Begriff für Salb- und Ölgefäße. Heute ist damit eine bestimmte Gefäßform mit einem abgesetzten Fuß, zylindrischem Körper, einer trichterförmigen Mündung und einem engen Hals gemeint. Neben

1.2 *Ein Diener schöpft mit einer Weinkanne aus einem Kessel (Dinos), in dem der Wein wie üblich mit Wasser gemischt wurde. Über dem Kessel hängt eine Leier, daneben sind Schöpflöffel aufgehängt. Attisch rotfiguriger Krater, um 510 v. Chr.*

1.3 *Eine Weinschale wird von einem Teilnehmer beim Symposion an den Mund geführt. Attisch rotfiguriger Krater, um 510 v. Chr.*

Guttus

Exaleiptron

Lampen

Silbergeschirr

Marmorlekythos

Münzen

der Verwendung im Alltag wurden Lekythen im 6. und 5. Jahrhundert v. Chr. auch im Sepulkralbereich verwendet. Im 5. Jahrhundert v. Chr. wurden in Athen weißgrundige Lekythen als Grabbeigaben üblich.

Alabastron

Das Alabastron hat seinen Namen von einem gleichnamigen Gefäß aus Ägypten, welches meist aus Alabaster hergestellt wurde. Es ist fußlos, besitzt einen länglichen, schlanken Körper, einen kurzen Hals und eine breite, flache Mündung.

Guttus

Der Guttus ist ein meist kleines, niedriges Gefäß, das auf der Oberseite neben einem Henkel einen röhrenförmigen Ausguss besitzt, mit der das kostbare Öl dosiert werden konnte. Das im Gefäßnamen enthaltene lateinische Wort *gutta* für Tropfen spricht daher für sich.

Exaleiptron

Dieses henkellose Gefäß kennzeichnet ein flacher, weiter Körper mit einem nach innen umbiegenden Rand, so dass das Salböl nicht verschüttet werden konnte. Zudem besitzt es einen stabilen Fuß; es wurde mit einem Deckel verschlossen.

Pyxis

Die Bezeichnung Pyxis ist mit unserem Wort *Büchse* sprachverwandt. Es handelt sich um ein vor allem von Frauen verwendetes zylindrisches Behältnis mit Deckel, in dem Schmuck, Salben oder andere Kosmetika verwahrt werden konnten. So zeigen attische Pyxiden häufig Bilder aus dem Frauenleben.

2. Geräte und Gefäße aus anderen Materialien

Lampen

Antike Öllampen besitzen unterschiedliche Formen und können aus verschiedenen Materialien bestehen: sie sind rund oder länglich, werden aus Ton oder Metall hergestellt. Als Docht diente Hanf oder Flachs. Die meisten Lampen hatten zudem einen Griff, an dem man sie leicht halten konnte. Auf der Oberseite konnte ein Bild im Relief angebracht sein. Lampen wurden häufig in Massenproduktion mit Matrizen hergestellt.

Spiegel

Wie heutzutage gab es auch in der Antike verschiedene Arten von Spiegeln: Standspiegel mit einem meist figürlich gestalteten Standfuß, Klappspiegel mit einem Deckel, und Handspiegel mit einem Griff. Die Spiegelfläche bestand aus unverzierter polierter Bronze; alle anderen Partien des Spiegels konnten figürlich oder ornamental verziert werden.

Möbelzier

Hochwertige Möbel, die neben der Nutzung in Privathäusern auch in Heiligtümern oder Gräbern Verwendung fanden, hatten verschiedenartige Verzierungen. Dabei waren vor allem Beschläge aus Metall beliebt, die im Unterschied zu den Möbeln selbst noch häufig erhalten sind.

Silbergeschirr

Neben der Keramik gab es in der griechischen wie in der römischen Antike auch Gefäße aus Edelmetall, die figürliche Szenen aufweisen konnten: Vor allem in der römischen Kaiserzeit wird figürlich verziertes Silbergeschirr zu einem wichtigen Bildträger.

Gefäße aus Marmor und Alabaster

Gefäße aus Marmor und Alabaster waren besonders wertvoll. Aus diesen Materialien wurden sehr unterschiedliche Formen hergestellt, deren Verwendungszwecke vielfältig waren. So konnten Marmorlekythen, deren Form ursprünglich für Salböl verwendet wurde, in rein repräsentativer Funktion auf Gräbern aufgestellt werden. Sie konnten mit Reliefs verziert oder auch bemalt werden.

Schmuck	*Amazone*	*Statuette aus Ton*	*Bronzegruppe*	*Grabrelief*	*Tonrelief*

3. Kleinkunst

Münzen

Münzen wurden vor allem aus Gold, Silber oder Bronze gefertigt; Gewicht oder Wertangabe bestimmten ihre Kaufkraft. Durch Aufschrift und Bildprogramm konnten eine Stadt oder ein Kaiser sich darstellen und politische Botschaften weit verbreiten. Das Bildprogramm der Münzen von Städten bildeten oft in der Stadt beheimatete Kulte und Besonderheiten. Kaiser ließen häufig besondere Verdienste, Bauten oder mythologische Bezugspersonen darstellen.

Schmuck

Schmuck wurde in der Antike, wie heute auch, aus verschiedenen Materialien wie Gold, Silber, Bronze und Edelsteinen gefertigt. Er diente neben rein dekorativen Zwecken auch oftmals als Schutz und Glück bringend oder Übel abwehrend. Deshalb konnte er in verschiedensten Kontexten Verwendung finden – als Weihgabe in Heiligtümer, Beigabe in Gräbern und natürlich im privaten wie öffentlichen Leben.

Geschnittene Steine

Man unterscheidet in der Steinschneidekunst zwischen Steinen mit vertieftem Relief, den sogenannten »Gemmen«, und mit erhabenem Relief, den sogenannten »Kameen«. Edel- sowie Halbedelsteine wurden auf diese Weise mit Bildern oder Schrift verziert als Siegel, Amulette oder bei sonstigen Schmuckstücken verwendet.

Glaspasten

Als Glaspasten bezeichnet man Kopien von Gemmen, die mithilfe von Matrizen aus Glas gegossen wurden. Sie waren billiger als echte Gemmen, fanden aber in denselben Kontexten Verwendung.

B. Skulptur und Relief

Statuen

Statuen bestanden in der Antike vor allem aus Marmor und Bronze und fanden als Ehren-, Grab-, Weihestatuen oder Kultbilder an den verschiedensten Orten des privaten sowie öffentlichen Lebens Verwendung. Griechische Statuen der Klassik sind meist nur als römische Kopien erhalten.

Statuetten

Als Statuetten werden Figuren in kleinerem Format bezeichnet. Ihr Material und die Qualitätsstufen variieren mehr als bei den größeren Statuen. So gab es Statuetten aus Ton, Marmor und Bronze. Statuetten waren größtenteils für den privaten Bereich bestimmt, wurden aber auch in Heiligtümer geweiht oder in Gräbern beigegeben. Sie konnten auch als Gefäßverzierung, etwa als Henkel eines Deckels, Verwendung finden.

Porträts

Porträts hatten den Zweck, Personen in der Öffentlichkeit darzustellen und zu repräsentieren. Von zentraler Bedeutung war die Aussage, die einzelne Motive und Charakterisierungen des Porträts vermittelten. In römischer Zeit waren Porträts des Kaiserhauses im gesamten römischen Reich sehr verbreitet und beeinflussten auch die Gestaltung von Privatporträts.

Reliefs

Neben Reliefs an Gebäuden gab es in der Antike Votiv-, Grab- und Urkundenreliefs. Sie wurden aus Stein, Marmor oder Terrakotta gefertigt und konnten je nach Verwendungszweck ebenfalls mythologische Themen zeigen. Im 5. Jahrhundert v. Chr. wurden die sehr qualitätvollen sogenannten »Melischen Reliefs« aus Ton gefertigt, die nach einem ihrer wichtigsten Fundorte, der Insel Melos benannt wurden. Sie zeigen sehr oft mythologische Themen.

Bauplastik

Die antike Architektur wies vielfältige Formen plastischer Verzierung auf. So wurde an griechischen Tempeln etwa das Giebelfeld mit Skulpturen geschmückt, deren Themen mythologischer oder religiöser Art waren. Hinzu kommen weitere typische Möglichkeiten des Anbringens von plastischem Schmuck: Beim Tempel dorischer Bauweise sind dies insbesondere rechteckige Felder (Metopen), die mit Reliefs verziert oder bemalt werden konnten (Abb. 1.4).

Giebelskulpturen

Sarkophag

An einem ionischen Bau bot der um den Tempel umlaufende Fries Platz für ein Bildprogramm. Doch wurden nicht nur Tempel plastisch verziert, sondern auch aufwändige Grabanlagen wie das berühmte Mausoleum von Halikarnassos.

Sarkophage und Ascheurnen

In der Antike existierten Brand- und Körperbestattungen nebeneinander. In Griechenland herrschte eher die Sitte der Verbrennung der Toten vor, während im römischen Reich seit dem 2. Jahrhundert n. Chr. die Körperbestattung verbreitet war. Die Asche der Toten wurde in Urnen beigesetzt, die aus unterschiedlichen Materialien bestehen konnten, die Leichname wurden dagegen in steinernen Särgen, den Sarkophagen, bestattet. Ihre Bezeichnung leitet sich vom griechischen *sarx* = Fleisch und *phagein* = essen ab. Der Stein, aus dem Sarkophage ursprünglich hergestellt wurden, hatte nämlich die Eigenschaft, einen Leichnam schneller verwesen zu lassen. Die römischen Sarkophage der Kaiserzeit weisen eine reiche Reliefverzierung auf, bei der vor allem auch mythologische Themen von großer Bedeutung sind.

C. Wandmalerei und Mosaik

Wandmalerei

Antike Wandmalerei ist wegen der Vergänglichkeit des Farbmaterials in Griechenland nur selten erhalten. In den durch den Vesuvausbruch 79 n. Chr. verschütteten Städten Pompeji und Herculaneum dagegen wurden die Wandmalereien so gut konserviert, dass sie uns heute noch Auskunft über den Bildgeschmack der Römer in ihren Häusern und öffentlichen Gebäuden geben können.

Mosaiken

Es gab in der Antike zwei Arten von Mosaiken: einerseits das Kiesel-Mosaik, für das einfache Kiesel verwendet wurden, andererseits das Tessellat-Mosaik, das nach den zurechtgeschnittenen Steinen (*tesserae* oder *tessellae*) benannt ist. Das Kiesel-Mosaik ist das ältere von beiden und wird im 3. bis 2. Jh. v. Chr. vom Tessellat-Mosaik abgelöst. Neben ornamentalen Motiven waren auch häufig mythologische Szenen dargestellt.

C.S.K. und F.K.

1.4   *Modell des Aphaia-Tempels von Ägina: Ansicht der Eingangsseite von Osten. Die Giebelskulpturen zeigen die Eroberung Trojas durch Herakles. Unterhalb des Giebels sieht man die für dorische Tempel typische Abfolge von plastisch gearbeiteten Triglyphen und rechteckigen Feldern (Metopen).*

2. Die Welt der griechischen Frau

Wenn sich eine Ausstellung mit den »starken Frauen« des Mythos beschäftigt, die also nicht den gewohnten Vorstellungen der Antike über Frauen entsprachen, so muss zunächst auch von der üblichen Lebenswelt der Frauen in der griechischen Antike die Rede sein. Dabei ist es jedoch kaum möglich, hier eine allgemeine Charakterisierung ›der‹ griechischen Frau zu entwerfen. Auch im antiken Griechenland sind zum Teil sehr deutliche Unterschiede zwischen einzelnen Epochen oder einzelnen Städten auszumachen[1]: So konnten etwa Frauen in Sparta schon immer Grund und Boden besitzen, trieben Sport in der Öffentlichkeit und traten mitunter sehr selbstbewusst in Erscheinung[2]. Doch wird das Bild ›der‹ Frau weitgehend von Texten und Bildern bestimmt, die Athen betreffen, da für andere Städte entsprechende Zeugnisse häufig fehlen; besonders wichtig ist dabei wie für so viele Themen die Vasenmalerei Athens, doch sind auch zahlreiche Darstellungen in anderen Kunstgattungen erhalten.

Dass es in der Lebensweise zwischen Männern und Frauen grundsätzliche Unterschiede gibt, wurde im Übrigen bereits biologisch begründet: Männer galten körperlich als von Natur überlegen, woraus sich allerdings keine Geringschätzung der Frau ableiten lässt. In der medizinischen Literatur seit dem 5. Jahrhundert v. Chr. wurden Frauen meist so charakterisiert, dass ihr Fleisch weich und porös sei und damit dem des Man-

nes entgegengesetzt. Aufgrund der Feuchtigkeit des Fleisches sollen auch weibliche Kinder schwächer sein als männliche[3]. Gleichwohl war man sich durchaus bewusst, dass die Lebensumstände eine Rolle spielen, wie der berühmte Mediziner Galen (129 – um 210 n. Chr.) ausführt[4]: »Angenommen, eine Frau wohnt in Ägypten, isst erwärmende Nahrung und betreibt ausgiebig Leibes-

2.1 Vier Frauen bei einem Fest für Dionysos, das im Inneren eines Gebäudes stattfindet. Attisch schwarzfigurige Amphora, um 510/500 v. Chr., München, Staatliche Antikensammlungen.

2.2 Eine Priesterin empfängt einen Opferzug am Altar stehend. Attisch schwarzfigurige Amphora, um 520 v. Chr., bemalt vom sogenannten »Affecter«. München, Staatliche Antikensammlungen.

übungen; lass einen Mann im Schwarzmeergebiet wohnen, kühlende Speisen essen und ihn im Haus bewegungsarm leben. Der Puls der Frau wird stärker sein als derjenige des Mannes«.

Da sich das Leben der Frauen in Athen üblicherweise im Haus abspielte, entfalteten sie eine ›öffentliche‹ Wirkung eigentlich nur in zwei sehr verschiedenartigen Bereichen: Im Kult und der käuflichen Liebe.

Frauen im öffentlichen Leben Athens: Kulthandlungen und Priesterinnen

Im Kult übernahmen die Frauen der Stadt zentrale Aufgaben, wenn sie Feste für Gottheiten ausrichteten oder Opferhandlungen vollzogen. Manche Feste wie die »Thesmophorien« für Demeter, die mit Fruchtbarkeitsriten verbunden waren, durften von Männern überhaupt nicht besucht werden. Auf einer attisch schwarzfigurigen Amphora um 510/500 v. Chr. sind vier Frauen bei einem religiösen Fest zu sehen (Abb. 2.1). Vor drei Säulen, die als Angabe einer Halle zu verstehen sind, sitzen und stehen in zwei Gruppen aufgeteilt vier Frauen, deren Kränze auf einen festlichen Zusammenhang hinweisen: Links schenkt die stehende Frau der Sitzenden, die einen

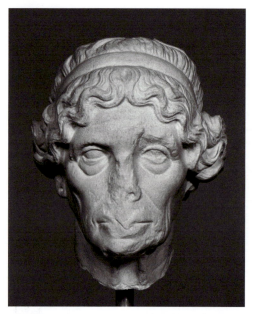

2.3　*Der Bildniskopf einer alten Frau wird mit dem literarisch belegten Porträt der Lysimache verbunden, einer Priesterin der Athena. Original Ende des 5. Jhs. v. Chr. London, British Museum. Hier nach dem Abguß München, Museum für Abgüsse Klassischer Bildwerke.*

großen Trinkbecher hält, Wein mit einer Kanne ein, rechts hält die Stehende ein großes Gefäß, während die auf einem Hocker Sitzende versunken an einer Blüte riecht; in der Mitte des Bildes steht ein Opfertisch, von dem Fleischlappen herabhängen. Aufgrund der Weingefäße handelt es sich gewiss um eine Feier für Dionysos, deren nähere Bestimmung jedoch umstritten ist[5].

Besondere Bedeutung erlangten Frauen in Athen als Priesterinnen, wie es sie freilich auch im übrigen Griechenland gab – man denke nur an die berühmte Orakelpriesterin Pythia in Delphi[6]. Da üblicherweise den Göttern Priester und den Göttinnen Priesterinnen dienten, versahen Frauen in Athen vor allem auch den Kult der Stadtgöttin Athena auf der Akropolis und damit am wichtigsten sakralen Ort der Stadt. Eine attisch schwarzfigurige Amphora in München, die um 520 v. Chr. bemalt wurde, zeigt eine Frau im priesterlichen Amt: Ein Festzug mit Opfertier nähert sich einem Altar, hinter dem die Frau mit ausgestreckten Armen steht und gleichsam den Festzug begrüßt (Abb. 2.2)[7]. Die wohl berühmteste Priesterin der Athena war Lysimache (»Die den Kampf Auflösende«), die von 430–370 v. Chr., also über 60 Jahre lang, dieses Amt innehatte[8]. Wie in antiken Texten überliefert ist, hat der für seine realistische Darstellungsweise berühmte Bildhauer Demetrios von Alopeke ein Porträt der Lysimache geschaffen, das wohl in römischen Kopien erhalten ist: Das Bildnis einer würdigen alten Frau, deren Züge höchst prägnant gestaltet wurden (Abb. 2.3)[9].

… und Hetären

Die Hetären der Antike werden oft mit den Geishas verglichen. Sie sind die berühmteste Variante ›gewerbetreibender‹ Frauen, neben denen aber auch an Tänzerinnen oder an Marktfrauen und Händlerinnen zu erinnern ist[10]. Hetären nahmen unter anderem an den sonst nur Männern vorbehaltenen Gelagen teil und praktizierten dort Künste allerlei unterschiedlicher Art (vgl. auch Kapitel 22): Und so gehörten musische Bildung, angenehme Konversation und erotische Kenntnisse zu ihrem Berufsbild[11]. Vasenbilder mit am Gelage beteiligten Hetären, die dort musikalische Einlagen bieten, sind sehr beliebt: Auf dem Münchner Krater des Euphronios, der um 510 v. Chr. entstand, spielt die Hetäre Syko den Doppelaulos, ein oboenartiges Instrument (Abb. 2.4)[12]: Und wie die auffallenden Gesten der unmittelbar neben Syko gelagerten Zecher anzudeuten scheinen, entfaltet ihr Spiel auch seine Wirkung; der Zecher rechts ist in einer antiken Pose des Zuhörens wiedergegeben, während der Bärtige links recht ungerührt aus seiner Schale trinkt. Doch konnten Hetären wie bei dem Vasenmaler Phintias auf einer Münchner Hydria (Abb. 2.5) auch zum Hauptthema werden: Die zwei Hetären sind im Schulterbild auf dem Boden gelagert und nur halbbekleidet; sich auf einen Ellenbogen stützend, holen sie mit einem Trinkgefäß zum Schleudern von Wein aus. Dabei handelt es sich um ein beliebtes Unterhaltungsspiel beim Gelage, bei dem es darum ging, mit dem geschleuderten Wein ein Ziel zu treffen. Da dieses Spiel als Liebesorakel galt, ist es für zwei Hetären besonders passend[13].

Mitunter gelang Hetären auch der Wechsel ins bürgerliche Leben. Besonders berühmt wurde der Fall einer in Megara geborenen Frau namens Neaira, die im 4. Jahrhundert v. Chr. als Hetäre in Korinth lebte, sich freikaufte und schließlich den Athener Stephanos heiratete; man kennt ihren Lebenslauf aus der Gerichtsrede eines um 340 v. Chr. gegen sie angestrengten Prozesses[14].

Haus und Familie

Für andere athenische Frauen bestand das Alltagsleben vorrangig aus dem Leben in der Familie, dem »Haus« (griechisch *oikos*), zu dem auch die Sklaven und Bediensteten gerechnet werden. Das weist bereits darauf hin, dass die Begriffe der ›Ehe‹ und der ›Familie‹ wie überhaupt im antiken Griechenland weniger auf

2.4　*Die Hetäre Syko spielt beim Gelage auf. Attisch rotfiguriger Kelchkrater um 510 v. Chr., bemalt von Euphronios. München, Staatliche Antikensammlungen.*

2.5 *Hetären unter sich. Beim Gelage spielen zwei halbnackte Hetären das Kottabosspiel, ein Liebesorakel. Attisch rotfigurige Hydria, um 510 v. Chr., bemalt von Phintias. München, Staatliche Antikensammlungen.*

einer Liebesbeziehung beruhen als auf Erwägungen der Nützlichkeit oder als Naturnotwendigkeit verstanden wurden. Ein Athener namens Ischomachos fasst die Auffassung von der Ehe in einem Gespräch mit Sokrates zusammen, das der Sokratesschüler Xenophon (um 430 v. Chr.–um 354 v. Chr.) unter dem Titel *Oikonomikos* gestaltet hat; dass die Frau dabei nicht mit Namen genannt wird, entspricht athenischer Etikette[15]: »Denn mir scheinen, Frau, … die Götter dieses Paar, das Mann und Frau genannt wird, mit größter Umsicht zusammengefügt zu haben, damit es sich selbst möglich nützlich sei bei seinem gemeinsamen Leben. Erstens nämlich ist dieses Paar dazu bestimmt, miteinander Kinder zu zeugen, damit die Gattungen nicht aussterben; sodann wird aus dieser Verbindung… erreicht, Pfleger für das eigene Alter zu haben… Das Haus ist nötig für die Versorgung der neugeborenen Kinder, aber auch für die Zubereitung der Speisen…, ebenso auch für die Herstellung von Wolle. Da aber die Arbeiten drinnen und draußen beide der Ausführung und Aufsicht bedürfen, hat der Gott… von vornherein die Natur entsprechend eingerichtet, und zwar… die der Frau für die Arbeiten und Beschäftigungen im Inneren des Hauses, die des Mannes für die Arbeiten und Beschäftigungen im Freien.«

Ehen wurde im Regelfall vom Vater oder einem Vormund geschlossen, der auch für die Mitgift sorgte, die im Falle einer Scheidung zurückgegeben werden musste; üblicherweise war die Braut sehr viel jünger als der etwa 30jährige Bräutigam, der im übrigen auch an der Heiratsentscheidung beteiligt war[16]. Seit dem 4. Jahrhundert v. Chr. wurde der Vorzug einer gefühlsmäßigen Bindung freilich immer mehr herausgestellt. Die Verbundenheit der Eheleute wird auch durchaus in der Bildkunst zum Ausdruck gebracht:

So reicht sich auf einer um 370 v. gefertigten Grablekythos in München ein Ehepaar die Hand, dessen Verbundenheit in der Schlichtheit des Motivs unmittelbar zum Ausdruck kommt (Abb. 2.6)[17].

Die Eheschließung war im Leben einer Frau ein entscheidender Einschnitt, mit dem üblicherweise die Kindheit en-

2.6 *Ein Ehepaar beim Abschied: Der Witwer und die Verstorbene. Attische Marmorlekythos zur Aufstellung am Grab, um 370 v. Chr. München, Glyptothek.*

dete. So weihten Mädchen vor ihrer Verheiratung ihr Spielzeug oder brachten Haaropfer dar. Diese Weihungen schildern Epigramme, die immer wieder als erfindungsreiche Kunstprobe und nicht als Angabe einer realen Weihung zu verstehen sind; ein schönes Beispiel bietet ein Epigramm des Antipatros von Sidon aus dem 3. Jahrhundert v. Chr.[18]:

> *Fülle von krausen Locken hat Hippe*
> *   gewidmet; das Mädchen*
> *hat mit duftendem Öl feucht sich die*
> *   Schläfe genetzt,*
> *da ihr die Hochzeit nun nahte…*
> *Artemis, gib, dass der Tochter des*
> *   Lykomedeides, die gerne*
> *Würfel noch spielt, zugleich Hochzeit*
> *   und Mutterschaft kommt.*

Das zitierte Epigramm spielt zugleich auf die Jugend der Braut an; ähnlich wie Shakespeares Julia war auch manche Athener Heiratskandidatin gerade einmal 15 Jahre alt. Ein attisch rofiguriges Gefäß der Hochklassik in München zeigt den Hochzeitszug, von dem hier Braut und Bräutigam abgebildet sind (Abb. 2.7): Die Braut ist mit einem Kopfschmuck mit Blattaufsatz festlich geschmückt, auch der junge Ehemann trägt einen Kranz; er hält die Frau mit seiner Rechten am Handgelenk, was für Hochzeitsdarstellungen typisch ist. Mit diesem Hochzeitszug und verschiedenen Bräuchen – etwa der Übergabe von

2.7 *Ein Hochzeitszug: Der Bräutigam führt die Braut in ihr neues Zuhause. Attisch rotfigurige Lutrophoros, um 440/30 v. Chr. München, Staatliche Antikensammlungen.*

Geschenken – sowie religiösen Elementen wird die Ehe besiegelt – eine eigentliche Heiratszeremonie staatlicher oder religiöser Art gab es nicht.

Im politischen Leben der Stadt waren Frauen zwar nicht vertreten, doch ge-

hörte die Verwaltung und Organisation des Hauses (*oikos*) in ihren selbständig geführten Bereich. Der schon zitierte Ischomachos in Xenophons *Oikonomikos* fasst dies als Aufforderung an seine Frau knapp zusammen[19]: »Du wirst... im Hause bleiben und diejenigen Sklaven losschicken müssen, die draußen Arbeit haben, diejenigen dagegen, die eine Arbeit im Hause verrichten sollen, die musst du beaufsichtigen, auch das ins Haus Gebrachte entgegennehmen, und was davon verwendet werden muss, austeilen, was aber übrig bleiben muss, das hast du im voraus zu bedenken und zu bewachen, damit nicht der für ein Jahr bestimmte Vorrat in einem Monat verbraucht wird. Und wenn Wolle ins Haus gebracht wird, musst du dich darum kümmern, dass diejenigen Kleidung bekommen, die es nötig haben. Auch darum, dass die trockenen Früchte zum Essen gut zubereitet werden, hast du dich zu kümmern. Eine der dir zufallenden Beschäftigungen allerdings, ... scheint vielleicht weniger erfreulich zu sein: dass du dich, wenn einer von den Sklaven krank ist, um alles kümmern musst, damit er gesund wird.« Und weiter kümmert sich die Frau auch um die Ausbildung der Sklaven.

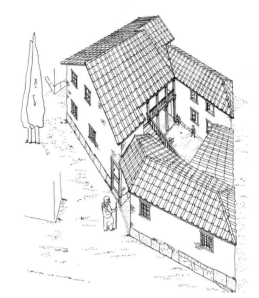

2.8 *Rekonstruktion eines griechischen Hauses. Die Räume der Frauen lagen im hinteren Bereich und im Obergeschoss. Rekonstruktion von M. H. McAllister.*

Trotz ihrer Bedeutung für die Verwaltung des Hauses waren Frauen aber nur eingeschränkt geschäftsfähig und mussten für Geschäftsbeziehungen oder wirtschaftliche Transaktionen in der Regel einen Vormund bemühen[20]. Ja, die sogenannte Erbtochter, die älteste Tochter ohne männliche Geschwister, wurde im Falle des Todes ihres Vaters gar mit dem nächsten männlichen Verwandten verheiratet, um so den Familienbesitz zusammenzuhalten.

Die Lebenswelt der Frauen und Mädchen
In entsprechend großen Häusern lebten die Frauen und kleinen Kinder im oberen Stockwerk und im hinteren Teil eines Hauses (Abb. 2.8). Aus dem Leben in diesem Bereich der Frauen sind zahlreiche Darstellungen erhalten, die sogenannten Frauengemachsszenen: Auf einer um 430 v. Chr. in Athen gefertigten Hydria des Kleophon-Malers (Abb. 2.9) wird eine sitzende Frau von zwei weiteren umgeben, die ein Gefäß beziehungsweise ein

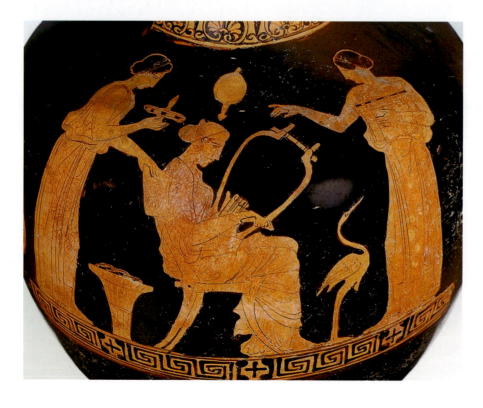

2.9 *Ein Blick in das Frauengemach: Die musizierende Hausherrin und ein Spieltier, dazu zwei Dienerinnen und ein Wollkorb. Attisch rotfigurige Hydria, um 440 v. Chr., bemalt vom Kleophon-Maler. München, Staatliche Antikensammlungen.*

Kästchen bereithalten, und in denen man Dienerinnen erkennen kann; vor der Frau steht ein Kranich, ein häufig gezeigtes Lieblingstier von Frauen und Mädchen. Die sitzende Frau wird durch ihr Leierspiel als musische Dame geschildert, auf deren Schönheit der über ihr hängende Spiegel hindeutet. Der Wollkorb hinter der Sitzenden weist darauf hin, dass die praktischen Aufgaben im Haus, das Herstellen und die Pflege von Textilien, erfolgreich verwaltet werden – Muße und Hausindustrie, Reichtum und Schönheit also glücklich vereint[21].

Im Bereich der Frauen wuchsen auch die Kinder auf[22]. Eine besondere Bezie-

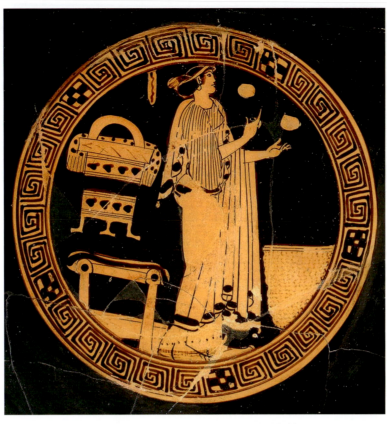

2.11   Ein Mädchen erprobt seine Geschicklichkeit beim Jonglieren mit Bällen. Attisch rotfigurige Schale um 470/60 v. Chr., bemalt vom Maler von München 2676. München, Staatliche Antikensammlungen.

2.10   Eine Amme mit ihren zwei Schützlingen. Terrakotte, frühes 3. Jh. v. Chr. München, Staatliche Antikensammlungen.

2.12   Sitzendes Mädchen in eleganter Pose. 3. Jh. v. Chr. Rom, Konservatorenpalast. Hier nach dem Abguß München, Museum für Abgüsse Klassischer Bildwerke.

den. Seit dem 3. Viertel des 6. Jahrhunderts v. Chr. begegnet in der Vasenmalerei Athens der »Kriegerabschied« besonders häufig. Um 500 v. Chr. hat der Kleophrades-Maler in seinem kraftvollen Stil eine eindrucksvolle Gestaltung dieser Szene entworfen (Abb. 2.13): Der gerüstete junge Krieger lässt sich Wein in eine flache Schale gießen, mit der er das Abschiedsopfer vollziehen wird[26]. Die Frau lüftet in graziöser Geste ihren Mantel, der rechts stehende bärtige Mann – sicher der Vater – wendet sich ab. Ob die Frau die Gattin oder die Mutter des ausziehenden Kriegers ist, lässt sich nicht entscheiden.

hung entwickelte sich dabei häufig zu den Ammen, die bis ins hohe Alter andauern konnte; eine Münchner Terrakotte des frühen 3. Jahrhunderts v. Chr. gibt eine Amme wieder, an die sich ein Kind klammert, während sie das andere auf dem Arm trägt (Abb. 2.10)[23]. Weiter werden auch Mädchen beim Spiel immer wieder dargestellt: So jongliert ein Mädchen auf einer um 470/60 v. Chr. entstandenen attisch rotfigurigen Schale mit zwei kleinen Bällen (Abb. 2.11)[24]. Dabei wurden Kinder lange Zeit eher wie kleine Erwachsene dargestellt. Doch bereits in der griechischen Klassik und vor allem im Hellenismus werden auch Werke wie das berühmte Mädchen in Rom (Abb. 2.12) geschaffen, das in eleganter Pose auf einem Stuhl sitzt[25].

Den Unterschied zwischen Mann und Frau in Bezug auf ihren Lebensraum machen besonders die Bilder deutlich, in denen Abschiedsszenen gezeigt wer-

2.13 »Kriegerabschied«: Ein junger Krieger vollzieht die Abschiedsspende, für die eine Frau Wein in seine Opferschale gießt; rechts wendet der Vater seinen Kopf ab. Attisch rotfigurige Amphora, um 500/490 v. Chr. Kleophrades-Maler. München, Staatliche Antikensammlungen.

Der Tod und die Frau

Seit dem Beginn von Sepulkralbräuchen im griechischen Kulturbereich sind auch aufwändige Begräbnisse für Frauen bezeugt. So wurden etwa in archaischer Zeit große Grabmonumente errichtet oder auf Frauengräbern Statuen aufgestellt (Koren), deren Inschriften vom Schicksal der Frauen künden können; so ist eine Phrasikleia im 6. Jahrhundert v. Chr. vor der Ehe verstorben[27]:

Phrasikleia eignet das Grabmal, Jungfrau
werde ich
Immerdar heißen, denn statt der Hochzeit
ließen mir
Die Götter diesen Namen zuteil werden.

Klassische Grabreliefs zeigen häufig die sitzende Verstorbene und vor ihr eine stehende Dienerin, die etwa ein Schmuckkästchen halten kann. Auf dem berühmten Münchener Relief der – inschriftlich genannten – Mnesarete, das um 380 v. Chr. gefertigt wurde (Abb. 2.14)[28] steht zwar die Dienerin ebenfalls vor der Verstorbenen, die dadurch als Hausherrin zu verstehen ist. Das stehende Mädchen hat jedoch die Hände verschränkt, die Sitzende hebt nur leicht ihren Mantel an. So ist die Darstellung von allem Beiwerk befreit. Frauen begegnen auch auf den weißgrundigen Lekythen Athens, die ausschließlich im Grabkult Verwendung fanden: So schmückt sich auf der um 440/30 v. Chr. vom Phiale-Maler bemalten Münchner Lekythos (Abb. 2.15) eine stehende Frau – die Verstorbene –, während der freundlich gesinnte Totengeleiter Hermes darauf wartet, die Frau in den Hades zu bringen[29].

Auch verstorbene Kinder konnten Grabreliefs erhalten: Die um 320 v. Chr. gefertigte Münchner Stele der mit einer Inschrift benannten Plangon (»Wachspuppe«) lässt das Kind neben seinem Lieblingstier, einer Gans, stehen (Abb. 2.16)[30]. In ihren Händen hält Plangon einen kleinen Vogel und eine Puppe mit Arm- und Beinstümpfen, wie sie in Griechenland verbreitet waren; im Hintergrund hängen ein bislang nicht identifizierter Gegenstand und ein großer Beutel, wohl für Spielsachen. Wüsste man nicht um den Zusammenhang, man hielte es für ein Genrebild aus dem Leben: Das Kind mit Lieblingstier und Spielzeug.

Frauen hatten aber auch große Bedeutung im Bereich der Totenpflege: Sie wuschen den Leichnam und kleideten

2.14 Die verstorbene Mnesarete und ihre Dienerin. Attisches Grabrelief um 380 v. Chr. München, Glyptothek.

2.15 Eine verstorbene Frau schmückt sich am Grab für die Reise in die Unterwelt. Der Totengeleiter Hermes wartet geduldig. Attisch weißgrundige Lekythos um 440/30 v. Chr., bemalt vom Phiale-Maler. München, Staatliche Antikensammlungen.

2.16 *Grabrelief der Plangon, die mit ihrem Lieblingstier und verschiedenen Spielsachen dargestellt ist; in den Händen hält sie eine Puppe und einen Vogel. Attisches Grabrelief, um 320 v.Chr., München, Glyptothek.*

ihn an. Klagefrauen betrauerten mit lauten Schreien die Toten, schlugen sich die Hände an die Stirn und zerkratzten sich ursprünglich auch Stirn und Wangen, bis die Totenklage gesetzlich eingeschränkt

wurde; auf einem Münchner rotfigurigen Gefäß der Hochklassik liegt der tote junge Mann auf der Bahre, und mehrere Frauen erheben klagend beide Arme. In der Klagenden, deren Haar weiß dargestellt war, und dem weißhaarigen Mann daneben wird man die Eltern des Toten sehen können (Abb. 2.17–18). Auch nach der Bestattung waren es vorrangig die Frauen, die sich um die Pflege der Gräber und die Einhaltung der Totenopfer kümmerten (vgl. Kap. 19 zu Elektra).

Die Bildung der Frau. Berühmte Dichterinnen

Denkt man an die Schilderung der Ehefrau des Ischomachos bei Xenophon, so erscheinen die Bildungsmöglichkeiten von Frauen auch im kulturellen Zentrum Athen nicht allzu beeindruckend. Man wird auch davon ausgehen können, dass ihre Erziehung vor allem im Bereich des Hauses vor sich ging und meist nur Grundkenntnisse umfasste. Doch Vasenbilder mit lesenden Frauen und die Besitzerangabe auf verschiedenen Gegenständen, die Frauen gehörten, zeigen eindringlich, dass Frauen in der griechi-

schen Antike häufiger lesen und schreiben konnten, als mitunter angenommen wird[31]. Auf die kulturelle Bedeutung der Frau im engeren Sinn weisen denn auch berühmte Dichterinnen wie vor allem Sappho (um 600 v. Chr.), deren Lyrik mitunter Eichendorff'sche Verse vorwegzunehmen scheint[32]:

Alle Sterne rings bei dem schönen
Monde,
sie verbergen alle ihr strahlend Antlitz,
wenn der helle Vollmond sein Licht lässt
scheinen
über die Erde.

Sappho, deren Mädchenkreis auf Lesbos zu legendärem Ruhm gelangte, wurde mehrfach in der Vasenmalerei Athens wiedergegeben. Was diese Dichterin zu ganz eigener Berühmtheit gelangen ließ, wird gegen Ende dieses Bandes besprochen (vgl. Kap. 22). *M.St./S.L.*

2.17–18 *Klagende Frauen um die Bahre eines verstorbenen jungen Mannes; am Kopfende steht der Vater des Toten. Attisch rotfigurige Lutrophoros, um 440 v. Chr. München, Staatliche Antikensammlungen.*

3. Die Starken Frauen des Mythos: Typologie und Sinn

Die Amazonen, genauer die Amazonenbilder auf den Vasen unseres Museum, waren natürlich der Grundstoff für unsre Überlegungen zum Thema. Amazonen sind Frauen, die etwas tun, was nur Männer tun, aber nie Frauen in der realen Gesellschaft der Griechen, nämlich wie Krieger mit Kriegern kämpfen, auf Leben und Tod.

Starke Frauen gibt es nur im Mythos

Dass Männer Krieger sind, ist nichts Außergewöhnliches, das war die erste Bürgerspflicht im griechischen Stadtstaat. Es gibt keinen Grund, Durchschnittsbürger ›starke Männer‹ zu nennen (diese Bezeichnung behalten wir Helden wie Herakles vor, der mit bloßer Hand einen Löwen erwürgt). Wenn Frauen Krieger sind, ist dies außergewöhnlich. Es ist so außergewöhnlich, dass es nur im Mythos vorkommt! Fast jedermann heute und vielleicht auch einige Frauen, werden uns verstehen, wenn wir solche Frauen ›Starke Frauen‹ nennen. Für heutige Frauen eine bittere Pille, aber die Antike ist ja eh passé: 1) ›Starke Frauen‹ sind schon solche, die das tun, was normale Männer tun. 2) Starke Frauen gibt es so richtig nur im Mythos, nicht in der Realität. Die Mythen von starken Frauen waren darum so aufregend, weil die Frauen in der realen patriarchalischen Gesellschaft von vornherein als schwächer galten als das männliche Geschlecht.

Natürlich wusste auch damals jeder, dass auch die normalen Frauen Stärken haben, wie sie nur Frauen haben. Ferner dass Frauen von Fall zu Fall Wirkungen und Einfluss auf Männer gewinnen können, die sie keineswegs als das schwächere Geschlecht erscheinen lassen. Und auch die antike Gesellschaft ließ anerkannte Spielräume für starke Frauenpersönlichkeiten: In Priesterämtern, als Dichterinnen, als reich gewordene Hetären, als Frauen und Mätressen von Potentaten und später auch als Königinnen. Aber das ist nicht unser Thema.

Für unsern Begriff der ›Starken Frauen‹ gab es in der Antike kein Wort. Das macht nichts. Unser Interesse an der Antike ist immer ›unser‹ Interesse, also modern. Jeder, der in der antiken Mythologie Bescheid weiß, kann sich denken, dass unter der ersten Definition noch weitere mythische Figuren zu finden sind. Die Definition zur Erinnerung: Starke Frauen sind Frauen, die etwas tun, was in der Realität Männer tun, Frauen aber nicht. Ein Logiker könnte fragen: Gibt es im Mythos auch Frauen, die tun, was Frauen in der Realität nicht tun, aber Männer auch nicht? Und ein Soziologe könnte vom Mythos gar nichts wissen wollen und wieder auf die Realität zurückkommen: Wie steht es zum Beispiel mit nichtbürgerlichen Frauen, die tun, was bürgerliche Frauen nicht tun, aber bürgerlichen Männer gefällt? – Man kann noch mehr solche Fragen stellen, und wir kommen auf manche zurück.

Zuvor etwas Mentalitätskritik

Bevor wir uns der fremden, utopischen, spielerischen, verkehrten Welt der antiken Mythen und der nochmals alterierten Bildwelt zuwenden, sollten wir einige Denkmuster reflektieren, die unsere Kultur uns antrainiert hat und die einem Verständnis der Antike im Wege stehen: Unser Vulgärmaterialismus oder besser Vulgärhistorismus, ein naiver Idealismus (oder ontologischer Realismus) und unser Christentum, alles hängt locker miteinander zusammen.

›Historismus‹ Das erste Problem kommt einfach daher, dass wir nicht an die antiken Mythen und Götter glauben können. Wir sind nicht einmal bereit, sie als ideelle Realitäten, an die man geglaubt hat, ernst zu nehmen. Gleich hier funkt das Christentum dazwischen: Wir können nichts mit den personalen Göttern der Antike anfangen, Jesus hat sie uns verdorben. Dagegen ist es dem Postchristen ohne weiteres möglich, aus religiösen Weltanschauungen anderer Kulturen Honig zu saugen, wenn sie nur genügend esoterisch und ›spirituell‹ sind. Während die griechischen Götter als Witzfiguren noch ein Auskommen haben, geht man mit den Mythen ernsthafter um. Man meint, man hätte eine antike Sage dann verstanden, wenn man sie »auf ihren wahren Kern« zurückführt, das heißt auf eine Realität, die sogar wir ohne weiteres verstehen. Diese Haltung ist vielleicht die letzte Form eines Respekts vor der Antike, eines Respekts, der gar nichts mehr von ihr versteht, aber meint, den Mythos so doch noch ›gerettet‹ zu haben. Von der motivreichsten Sage der Antike, dem trojanischen Sagenkreis, ist so nur ein Schutthügel real, und es geht dann noch um die Frage, ob die Stadt 1250 oder 1190 v. Chr. zerstört worden ist. Und natürlich konnte ein solcher Krieg nicht um die schönste Frau der Welt, Helena, gehen, von Zeus gezeugt, um die Helden ins Verderben zu führen, sondern um irgenwelche Durchfahrtszölle oder ums Monopol im Pferdehandel. Das gleiche hat man auch den Amazonen angetan: Das seien ›eigentlich‹ Steppenvölkerfrauen, die Bogenschießen konnten, vom Pferd aus. Das mag es gegeben haben. Aber bestand in Informationen dieser Art die Botschaft einer Sage? Solche Versuche, die Realität zu finden, bringen die mythischen Erzählungen um allen Sinn, den sie für den antiken Betrachter gehabt haben müssen. – Gibt es eine Heilung von der Sucht, frühe Sagen und Dichtungen auf die kleinstmögliche Realität herunter zu bringen? Vielleicht, wenn wir uns vorstellen, wie Forscher in tausend Jahren die Romane unserer Zeit darauf reduzieren, in welcher Stadt die Geschichte spielte und in welchen Straßen seine Protagonisten gewohnt haben und alles übrige als ›erfunden‹ abtun.

›Idealismus‹ Er ist eigentlich eine Trotzreaktion auf den Vulgärhistorismus und er hat im Vergleich dazu ein Moment von Wahrheit. Man behauptet: Für das Bewusstsein der Griechen existierten die mythischen Gegebenheiten unbezweifelt als Realitäten wie andere Realitäten auch. Das ist zwar ein wenig einfach, denn schon dem Dichter Hesiod (um 700 v. Chr.) hatten die Musen zu verstehen gegeben, dass sie auch lügen können. Trotzdem mag man die Behauptung bedenken, muss aber dann doch darüber hinausgehen. Die Sagen beziehen sich auf Geschehnisse der Vergangenheit. Für den griechischen Historiker Thukydides (um 410 v. Chr.) war der Trojanische Krieg, sagt man, genauso Realität wie die Schlacht von Marathon. Wirklich genauso? Auch Thukydides muss schon Wesentliches der Sage preisgeben, um noch an den Trojanischen Krieg glauben zu können. Und wäre denn seine Gleichbehandlung ›richtig‹? Erzählt die Sage überhaupt etwas über die Sorte von Wirklichkeit, in der der Sagen-Erzähler selbst steht?

Der alte Nestor erzählt in der Ilias, in seiner Jugendzeit hätten die Helden noch gegen Kentauren gekämpft. Die Kentauren sind zur Zeit, als er dies erzählt, offenbar ausgestorben, Herakles hatte die letzten umgebracht. Das Auftreten des alten Nestors wird vom Dichter Homer erzählt, der sich seinerseits eine ganze Epoche später dünkt, als das, wovon er erzählt. Hat es nun je eine Zeit gegeben, wo jemand sagen konnte: »Gestern habe ich gegen Kentauren gekämpft«, oder frug: »Kommst Du morgen mit zum Kentaurenjagen?«? Natürlich nicht, Kentauren gab es immer schon nur früher.

Die uneinholbare Vergangenheit im Mythos ist Symbol seines utopischen Inhalts; was der Mythos erzählt ist etwas ganz anderes, als was in der Realität des Erzählers sich zuträgt. Und das ›weiß‹ der Erzähler auch irgendwie. Die berühmten Amazonenkämpfe der Mythen haben gleichfalls alle in längst vergangener Vergangenheit stattgefunden. Doch es war offenbar nicht so, dass man zur Zeit unserer Bilder die Amazonen für ausgestorben hielt. Galten sie damit also einfach als Bestandteil der Realität? Jeder Athener war sich sicher, dass er nicht mit einer Amazone verheiratet war und ebenso, dass er im nächsten Krieg nicht gegen Amazonen kämpfen würde, sondern die Männer von Theben oder Sparta oder vielleicht auch gegen die Perser. Der utopische Charakter der Amazonen erweist sich nicht nur durch die Geschichten aus ferner Vergangenheit, sondern durch ihr totales Anderssein. Ihr Sein ist, formal charakterisiert, zu einem entscheidenden Teil das Gegenteil dessen, was jeder Produzent und Rezipient des Mythos von der eigenen gesellschaftlichen Realität kannte: Frauen, die Krieger sind! Was es in seiner Realität gab, waren Frauen, die keine Krieger waren und Krieger, die keine Frauen sind.

Ich komme auf den springenden Punkt. Nach Ansicht Vieler ist der Mythos eine Art gesteigerte, idealisierte Wiederspiegelung der Realität. Daher kommt auch die besonders in der Archäologie verbreitete Vorstellung, die Helden des Mythos (und ihre Darstellung im Bild) wären einfach nur Vorbilder, Lebenshilfe für die Normalmenschen, eine Art volkspädagogische Veranstaltung. Das mag unter anderem auch sein. Ich betone hier lieber das andere: Der Mythos bietet das Andere! Der Mythos will weder vom Standpunkt der Realität beurteilt sein, noch soll die Realität vom Standpunkt des Mythos beurteilt werden.

›Christentum‹ Diese Religion hat unser religiöses Gefühl gründlich verdorben, wenn wir fremde Religionen verstehen wollen und zwar, was die Rolle des Weiblichen in der Gottesvorstellung betrifft. Judentum, Christentum und Islam sind notorische Gottvaterreligionen; sie vertreten einen Typus von Gottesvorstellung, der vor der teilweise gewaltsamen Ausbreitung der beiden letzteren Religionen nirgends auf der Erdkugel und schon gar nicht in der Antike eine achtbare Rolle gespielt hat. Jede Religion sonst (einschließlich Altamerikas), die überhaupt personale Götter kennt, kennt Götter und Göttinnen (und zwar in den patriarchalischsten Gesellschaften). Gottheiten sind immer ungleich mächtiger als Menschen, das ist das Konzept der Gottexistenz. Dass dann auch Göttinnen stark sind, versteht sich eigentlich von selbst. Nur unser von der Herrgottsreligion konditioniertes Gehirn wundert sich über alle Maßen, wenn es etwa in der griechischen Religion auf (selbstverständlich starke) Göttinnen trifft. Der scheinbar aufgeklärte Postchrist kann sich dies nur so erklären: Der Gottvatergott ist natürlicherweise der Gott der patriarchalischen Gesellschaft, und wenn es wo Göttinnen gibt, dann kann das nur vom großen Unbekannten kommen: vom Matriarchat. Hier gründet die wirkliche und unendlich flache Wurzel der westlichen Matriarchatsphantasien, nicht in tatsächlichen historischen oder ethnologischen Befunden. Und dieses Vorurteil wird natürlich auch auf die Mythen übertragen. Amazonen, weibliche Kriegerinnen? Das kann nur ein Einbruch des Matriarchats sein!

Wenn Gottheiten und Mythenfiguren als Männer und Frauen erscheinen (und beide stark sind, weil das zum Konzept des Mythos gehört), dann ist – und das setze ich im folgenden voraus – die allererste Erklärung dafür, dass jede menschliche Gesellschaft aus Männern und Frauen besteht.

Zwei Konzepte des Mythos

Von den Amazonen ausgehend, versuchen wir nun, wie wir unsere ungefähre Vorstellung von einer Kategorie ›Starke Frauen‹ in den Phänomenen des Mythos und der Bildwelt sinnvoll verankern können. Die allgemeinste Definition der Starken Frau wäre etwa: Eine Frau, die im Mythos die Rolle der Frau überschreitet, die diese in der realen Gesellschaft hat. Gleich nochmals betont: im Mythos! Eine Frau der realen Gesellschaft, die zum Sportplatz eilte, um mit Männern zu ringen, wäre ausgelacht worden. Aber die Atalante des Mythos, die so etwas tut (Kap. 15), ist keine lächerliche Figur, und sie ist auch kein Vorbild für die Frauen der Realität! Eine Frau der Realität, die sich als Kriegerin rüstet und Männer totschlägt, wäre wahnsinnig und abscheulich. Die mythischen Amazonen, die solches tun, sind edel und schön. – Ein Problem für unser Projekt ist, dass eigentlich alle Frauen des Mythos in irgendeiner Weise starke Frauen sind. Warum ist das so? Weil der Mythos, wie gesagt, immer auch vom Gegenteil der Realität erzählt, und in der gesellschaftlichen Realität galten die Frauen eben als schwach.

Mit gutem Gewissen schließen wir jedoch im Folgenden alle Göttinnen, Dämoninnen, Nymphen aus unserer Untersuchung aus. Als Un-Sterbliche sind Götter und Göttinnen usw. von vornherein stärker als Sterbliche. Das ist uns zu selbstverständlich und nicht interessant genug. Dennoch werde ich im Folgenden zum Vergleich zuweilen auch solche Figuren heranziehen, weil sie manches in Reinform zeigen. Denn das Konzept zur Konstruktion von Göttinnen ist natürlich gleichfalls die Teil-Negation realgesellschaftlicher Weiblichkeit, man denke an die bewaffnete Athena, die Jägerin Artemis, die mannfreie, sexuell selbstbestimmte Aphrodite.

Wir konzentrien uns also auf die sterblichen und damit menschlichen Frauen des Mythos. Hier gibt es an den Rändern wie bei jeder Kategorisierung Unschärfen. Die Heliostochter Kirke (Kap. 16) ist fast auf der Seite der Unsterblichen, auch die Heliosenkelin Me-

dea nutzt ihre göttliche Abstammung (Kap. 19). Der ontologische Status der Mänaden (Kap. 21) ist ungewiss, und das ist offensichtlich Absicht des Mythos, denn auch normale Frauen können sich zeitweise in Mänaden verwandeln: im Mythos und in der kultischen Wirklichkeit.

Unter den sterblichen, also menschlichen Frauen des Mythos wollen wir aber verschiedene Zumessungen von Stärke akzeptieren. Bei Amazonen und Mänaden gehört die Stärke zu ihrer Existenzform. Zu dieser Art gehört ungefähr noch die Jägerin Atalante, wenigstens bis zu ihrer Heirat. Fast alle anderen mythischen Frauen erweisen ihre Stärke episodisch, meist in einer einzigen Situation. Auch hier gibt es Zwischenstufen wie Medea, die immer wieder, von Anfang bis zum Ende ihrer Laufbahn, ihre Stärke einsetzt, aber sie ist eine geborene Zauberin (Kap. 19). – Doch nun wollen wir endlich klassifizieren. Zwei Konzepte könnte man unterscheiden, mit denen der Mythos sich seine starken Frauen konstruiert.

›Quasimännlich‹   So könnte man die Frauen charakterisieren, die sich in irgendeiner Weise verhalten wie Männer. Zur Erinnerung: Männer, die sich wie Männer verhalten, sind noch keine starken Männer, aber Frauen, die sich so verhalten, halten wir für starke Frauen.

Grundmodell dafür sind natürlich die Amazonen. Sie tragen Waffen wie Männer und töten wie Männer, und zwar wie es sich für Männer gehörte: Männer. Das macht sie Männern ähnlich und unterscheidet sie diametral von normalen Frauen. Aber es gibt auch ein Merkmal, das sie von normalen Männern und Frauen zugleich unterscheidet: Sie sind Frauen, die nicht mit Männern in Ehe leben. Auf diesen Punkt müssen wir zurückkommen, den er betrifft alle Konzepte der Starken Frau.

Nächst dem Krieg männlich ist die Jagd, auch hier gibt es Waffen. Mit Bogen und Speer jagen – außer der Göttin Artemis, die wir hier nicht behandeln – die menschlichen Frauen Atalante und Prokris. Dazu gehört noch die Superheldin

Kyrene, die keiner Waffe bedarf, sondern wie Herakles einen Löwen mit Ringerkraft erwürgt (Kap 15).

Töten ist männlich, die griechische Hausfrau hat nichteinmal ein Huhn geschlachtet. Amazonen töten Männer, die mythischen Jägerinnen Tiere, das ist für sie Alltag. Die Amazonen sind ›gerechte‹ Mann-Töter, weil sie im Kampf töten, der dem Gegner gleiche Chance gibt. Sie werden nicht bestraft, sie können nur besiegt werden. Alle andern Töterinnen sind ›episodisch‹ starke Frauen und man muss sie in der Regel als Mörderinnen bezeichen; sie werden zuweilen bestraft, jedenfalls wird ihr Verhalten vom Mythos nie voll legitimiert. Und: Sie sind genauer betrachtet oft gar nicht so manngleich, es gibt immer einen Moment der Weiblichkeit in ihrer Transgression zum männlichen Verhalten.

Zwei Frauen seien herausgegriffen, die die männlichste Waffe benutzen, das Schwert: die Kindsmörderinnen Medea und Prokne. Sie haben Gründe, beide müssen Zweifel überwinden, sie sind moralische Täterinnen, oder tragische. Der Mythos bestraft die beiden Frauen nicht direkt. Medea kann sich der Verfolgung entziehen, sie besteigt ihren Drachenwagen; Prokne wird in eine Nachtigall verwandelt. Beide haben das weibliche Rollenverhalten überschritten – und bestätigen es zugleich. Denn sie töten ihre Kinder, um sich an ihren Männern zu rächen, weil sie sich als Frauen nur so rächen können, indirekt, indem sie den Mann mit dem Verlust der männlichen Nachkommenschaft strafen. Aber sie töten damit einen Teil ihrer selbst, Fleisch von ihrem Fleisch (Kap. 19). Noch als Täterinnen zeigen sie sich zugleich in ihrer weiblichen Leidensrolle.

Männlich ist natürlich der Sport, hier mischt sich nur Atalante als Gesellin unter die Männer wie ihresgleichen. Sie kann sogar, wie es sich für Männer beim Sport gehört, nackt auftreten, fast nackt: wenigstens mit einem Schurz bekleidet; das Bild wahrt ihre Weiblichkeit.

Männlich ist Reiten auf Pferden, das dürfen die Amazonen (Kap. 6). Männlich ist das Wagenlenken, auch das können

Amazonen (Abb. 5.23) und manchmal Mänaden, wenn sie im Gigantenkampf ihren Herrn Dionysos begleiten (für Göttinnen ist Wagenlenken kein Problem, Athena tut es gern, Nike ist eine Meisterin der Wettfahrt). Männlich ist es, mit Hunden umzugehen, das tun manchmal Amazonen (Abb. 6.11a), natürlich die Jägerinnen Atalante und Prokne – und eine Frauenart ganz von dieser Welt: Hetären, jedenfalls im Bild (Abb. 23.8).

Männlich ist leichte und kurze Bekleidung, die offene und starke Bewegung erlaubt. Die Amazonen und Atalante können sich wie Männer kleiden. Einem ahnungslosen heutigen Betrachter fällt das allerdings nicht auf, den uns erinnert ausgerechnet die typische antike Tracht aktiver junger Männer, der kurze Chiton, an ein Frauenröckchen. Die normalen Frauen der Antike stecken jedoch in langen Gewändern bis zu den Füßen. Aber ganz Unrecht hat unser naiver Betrachter doch nicht, denn je männlicher in der Bekleidung eine Amazone auftritt, umso mehr zeigt sie von ihrem weiblichen, erotischen Körper: Die ›quasimännliche‹ starke Frau entflieht ihrer Weiblichkeit nicht nur nicht, ihre Weiblickeit kommt ihr aus unerwarteter Richtung entgegen.

Es gibt Formen männlichen Verhaltens, die auch eine Starke Frau des Mythos nicht annehmen darf, schon gar nicht im Bild: Sie darf sich nicht betrinken wie Herakles und sie hat natürlich keine Figur wie ein Schwerathlet. Auch darf sie nicht alt erscheinen, wie es ein König z.B. sein darf. All das sind Grenzen, die ihre Weiblichkeit ihr auch im Mythos setzt.

›Hyperweiblich‹ Es gibt außer der quasimännlichen, wenn auch seltener, eine hyperweibliche Art von Frauenstärke. Schönstes Beispiel sind die Mänaden, die ›Rasenden‹ (Kap. 21). Sie gewinnen ihre Stärke in einer Art von Ekstase (›Hysterie‹), die der Mann bei sich nicht aufkommen lassen darf, – außer Dionysos selber, der Herr der Mänaden, den die Antike auch als ›weibischen‹ Gott verstehen konnte. Sie sind wohlgemerkt nicht betrunken, sie sind von ihrem eigenen Innersten und vom Gott erfüllt. Nur die

Satyrn müssen trinken, um in Rausch zu kommen, darum sind sie die Schwächeren.

Die Mänaden haben auch physische Kraft, wenn sie die Satyrn abwehren, oder Rehe zerreißen, oder gar einen Menschen, wie die Frauen von Theben. Und sie haben eine magische Macht über Wildtiere, wie sie geheimnisvollerweise nur Frauen eigen ist. Männer töten Tiere auf der Jagd, als Helden töten sie Untiere, sie sind die Herren der domestizierten Tiere Pferd, Hund, Rind. Die Mänaden nehmen in der Extase Panther, Löwen, Schlangen in ihre Hände, und die lassen es sich gefallen (nur Dionysos kann es ihnen gleichtun, die Satyrn ganz selten). Diese Macht zeigen sonst Göttinnen, wie Artemis, Herrin der Tiere, die mit bloßer Hand ohne Anstrengung Wildtiere bändigt; oder Aphrodite, der Panther und schweifwedelnde Wölfe folgen. Aber auch Kirkes Gehöft wird von Wildtieren umlagert, durch ihren Zauber freundlich geworden (Kap. 16).

Die Mänaden in ihrer Hyperweiblichkeit haben trotz ihrer auch vernichtenden Stärke nichts mit den quasimännlichen Amazonen und Jägerinnen zu tun. Das zeigt sich äußerlich, dass sie in Einem immer ganz fraulich bleiben: im langen Gewand. Sie sind schön und werden von den Satyrn begehrt; sie steigern ihre sexuelle Attraktivität unschuldig, indem sie sich den Satyrn verweigern.

Zu den superweiblichen Kräften gehört die Hexenkraft, wie sie Medea und Kirke beherrschen, Sirenengesang und die Rätsel des Sphinx gehören hierher; mit solche Kräften werden oft Männer geschädigt. Und natürlich schließt sich hier die Macht der Sexualität an. Zähmungsmacht über Wildgetier, Hexenkraft und Sexualität sind irgendwie untergründig miteinander verwoben.

Omphale ist die starke Frau der Sexualität (Kap. 16). Sie macht sich den Herakles untertan und verweiblicht ihn spielerisch (was ihm gefällt und seine Potenz nicht mindert, er zeugt mit ihr Söhne). Sie selbst wird keineswegs quasimännlich, wenn sie des Herakles› Löwenfell und Keule übernimmt, denn

sie nimmt sie, nicht um sie zu benutzen, sie schmückt sich damit und dekonstruiert sie damit als Waffen, – wie Aphrodite, die den blanken Schild des Kriegsgottes als Spiegel verwendet.

Quasimännliche und hyperweibliche Kräfte können sich kombinieren wie bei Medea, die Zauberkraft hat, aber auch Messerarbeit leistet. Die Hetären, allerdings keine Figuren des Mythos, sondern der Realität, vereinigen zumindest im Bild manngleiches Auftreten und weiblich-erotische Körperlichkeit (Kap. 23).

Noch ein Konzept:
Transgressive Frauentugend
Dieses Konzept des Mythos haben wir uns zu eigen gemacht, um unter die starken Frauen auch solche zu bekommen, die unserm Bedürfnis nach Heldinnen sittlicher Stärke entgegenzukommen (Kap. 18). Man hätte sich tatsächlich mit Recht gefragt, wo so große mythische Gestalten wie Iphigenie, Antigone oder Alkestis bleiben, nachdem wir, ohne mit der Wimper zu zucken, eine Gattenmörderin wie Klytemnästra untergebracht haben.

Hier versammeln sich solche Frauen, die – immer in eine Situation der Not und des Unglücks – ihre Frauenrolle so ernst nehmen, wie man es von einer Frau eigentlich nicht verlangen kann. Die ›Heroinen der Frauentugend‹ überschreiten die Grundgegebenheit des normalen Frauendaseins, nämlich die gebotene Zurückhaltung, Bescheidenheit, Passivität und Gehorsam – und die männliche Vorstellung, dass Frauen schwach sind. Sie verletzen die Norm nicht wie die Mörderinnen, sondern setzen die Norm, die sie als Frauen zu hüten haben, durch Übererfüllung durch. Sie gelangen für einen Moment zur Selbstbestimmtheit, – indem sie sich opfern, und erfüllen damit ihre weibliche ›Opferrolle‹ auf unerwartete Weise.

Alkestis opfert sich für ihren Mann, Iphigenie opfert sich für den Vater und alle Griechen, Makaria opfert sich für ihre Brüder und Athen. Für das Männergemüt ist dieses Verhalten unter Umständen zwiespältig. Dass Alkestis an Stelle ihres Mann, der den Tod scheut, den Tod auf sich nimmt, erweist ihren Gatten Admet als schwache Figur. Darum muss Herakles ›zufällig‹ eintreffen und Alkestis der Unterwelt wieder entreißen. Dies ist nicht die spätere Abmilderung eine ursprünglich härteren Sage, sondern ein freundliche ›Lösung‹ der grundsätzlichen Problems.

Antigone will sich nicht opfern, doch stellt sie ihre Pflicht, als nächste Verwandte ihren toten Bruder rituell zu bestatten, höher als die männliche Staatsräson und nimmt ihren eigenen Tod in Kauf. Während die ›guten‹ Selbstopfer jene, für die die Frau sich opfert, aus einer ausweglosen Situation retten, ist Antigones Opfer für die anderen vernichtend: Ihr Verlobter Haimon, Sohn des tyrannischen Regenten, tötet sich, daraufhin seine Mutter, damit ist auch das Geschlecht Kreons ausgelöscht.

Die normüberschreitende, transgressive Ausübung der Frauenrolle führt im Ernstfall zur Selbstvernichtung. Das ›Opfer‹ setzt mit der eigenen Vernichtung Energieen frei, heilbringende oder zerstörende. – Während es für die quasi-männlich und hyperweiblich starken Frauentypen reichlich Äquivalente auf Seiten der Göttinnen und Dämoninnen gibt, gibt es für diesen Typus starker Frauen im übermenschlichen Bereich natürlich keine Entsprechung: Selbstvernichtung kommt Unsterblichen nicht in den Sinn.

Starke Frauen:
Frauen ohne Mann!
Starke Frauen sind Frauen ohne Mann, mehr oder minder. Die Mannlosigkeit ist doppelt begründet: 1) Eine starke Frau ist nur eine, die ihrer selbst mächtig ist. Auch im Mythos herrscht das patriarchalische System. Die Frau kann hier stark nur sein, wenn sie keinen Mann über sich hat, keinen Vater, keinen Ehemann (oder sowenig wie möglich davon). – In der Realität allerdings ist Mannlosigkeit für eine Frau der schlimmste Fall. 2) Nur so hält es das männliche Gemüt aus, dass es starke Frauen im Mythos gibt: lieber ohne Mann, als neben einem, der schwach erscheinen müsste.

Freiheit vom Mann! Eine Methode wäre Jungfräulichkeit. Aber die ziemt sich nur für Göttinnen (Athena, Artemis, Hekate, Hestia, Nike). Die Amazonen können nicht Jungfrauen bleiben, sie müssen ihr ›Volk‹ fortpflanzen; aber ihrer Kurzzeitlibertinage macht sie keinem Mann untertan. Die griechische Sprache konnte sie darum als ›Parthénoi‹ bezeichnen, als ›Jungfrauen‹, wie wir üblicherweise übersetzen, was aber hier nicht ›unberührt‹ meint, sondern Frauen ohne Mann. Atalante, die Männergesellin, weiß, dass es mit dem freien Leben vorbei ist, wenn sie heiratet, und darum sträubt sie sich dagegen, nicht aus Männerhass.

Auch die Mänaden müssen keine Jungfrauen sein, aber sie wehren sich strikt und erfolgreich gegen die Satyrn, die nur das Eine wollen (Kap. 21). Das Lenäenfest, an dem sich die verheirateten Frauen Athnes in starke Mänaden verwandeln, findet unter Ausschluss der Männer statt: Für diesen Tag sind die Lenai Frauen ohne Männer. Allerdings haben auch die Mänaden und Lenai einen Herrn über sich, Dionysos. Aber der herrscht ganz anders als Männer sonst: Er lässt sie zu Hyperfrauen werden (und kann seinerseits weibliche Züge annehmen).

Iphigenie und Antigone (Kap. 18) sind Bräute, aber sie verzichten und entscheiden sich als Jungfrauen für ihr Selbstopfer. Elektra ist als unberührte Schwester stark, nach der Tat heiratet sie. – Omphale und Kirke (Kap. 16) haben Männer, aber nicht in fester Ehe, sondern vorübergehend; sie leben und lieben wie die polyandrische Aphrodite (Hephäst, Ares, Hermes, Anchises, Adonis), die auch keinen Herrn über sich duldet. – Penelope (Kap. 18) hat ihre Zeit selbstätiger Entscheidung solange Odysseus weg ist und Sohne Telemach noch nicht erwachsen. Die Wende kommt, als Telemach sagt: Das ist Sache der Männer, Du geh zu den Mägden und spinne. Penelope staunt und geht, die Tötung der Freier durch Odysseus verschläft sie bereits. – Sogar die thrakischen Ehefrauen, die den armen Orpheus töten, sind in dieser Zeit Frauen

ohne Mann; darum können sie sich selbst organisieren, sie verschaffen sich Gerät, männliches (Schwert, Bratspieße) und hausfrauliches (Mörserkeule), und schlagen den Mann tot, der ihnen ihre Männer abspenstig gemacht hat.

Ehen zwischen starken Frauen und Helden gehen auf Dauer immer verquer, man denke an Jason und die Zauberin Medea (Kap. 19), an Theseus und die Amazone Antiope (Kap.12), an die Jägerin Atalante und Meilanion (Kap. 15).

Schließlich eine historische Person, derer sich die Legende in diesem Sinn bemächtigt hat: Die Dichterin Sappho (Kap. 22). Sie war in Wirklichkeit reich verheiratet und hatte eine Tochter. Doch unser Vasenbild zeigt sie als souveräne Frau, die einen Antrag des Dichterkollegen Alkaios brüsk zurückweist. Alkaios ist fast zu mädchenhafter Schüchternheit niedergedrückt.

Prekär ist die Lage der Hetären (Kap. 23), aber damit kommen wir in die Realität. Sie sind, unterhalb jeder Klassenordnung, gar nicht ehefähig. Nur so haben sie die ›Freiheit‹, sich an Männer zu verkaufen, um ihnen für die Mietzeit, wenn die Männer wollen, die Rolle der gleichwertigen Gefährtin vorzuspielen.

Die Herrenlosigkeit ist nicht nur die Voraussetzung für Frauenstärke, sondern es gilt auch: Eine Frau, die sich gegen Männer wehrt oder einen Mann nur nimmt, wenn sie will, erweist sich damit als stark. Diese umgekehrte Lesung gilt zugleich auch für fast alle eben genannten. Und auch für die Frauen, die ihren Gatten oder ihre Kinder töten (um sich am Mann zu rächen). Klytemnästra trennt sich schon lange vor der Mordtat von ihrem Gatten, zuerst innerlich nach der Opferung Iphigenies, dann aktiv, indem sie den Schwächling Ägisth heiratet, den sie zum Mord anstiften wird.

Etwas Eigenartiges drückt der Mythos aus, wenn sich menschliche Frauen dem Gott Apoll verweigern (Kap. 17). Es ist normal, dass Menschenfrauen vor einen Gott zurückschrecken; darum verbergen sich die Götter meist unter anderer Gestalt und erobern die Keusche mit List. Doch was andern Göttern gelingt, gelingt

Apoll nicht. Warum? Apoll will nur sein wie andere Götter auch, die schöne Menschenfrauen begehren. Doch der Mythos weis es besser als der Gott. Apoll ist der Herr über die Pest, die Seuchen, über Ungeziefer, Mäuse und Heuschrecken und auch über die Blutschuld des Mörders. Und er befreit davon, reinigt von Befleckung aller Art. Darum muss Apoll selbst ganz pur sein, er darf seine Reinheit auch nicht durch ›Meixis‹, die geschlechtliche ›Vermischung‹, trüben. Daphne flieht vor dem Gott und rettet ihre Keuschheit durch Verwandlung in den Lorbeer. Die keusche Daphne ist ein Spiegelbild Apolls, wie er sein sollte (es aber nicht ganz sein kann, denn zu seiner göttlichen Gänze gehört auch, dass er zeugen kann, wie dann den Asklepios). Des Lorbeers bedient sich Apoll, um die Menschen von der Befleckung durch Krankheit und Blutschuld zu reinigen. Die jungfräuliche Reinheit und Kraft Daphnes hat sich zu dieser reinigenden Macht des Gottes verwandelt.

Die Mannlosigkeit der starken Frau, das sei zum Abschluss bemerkt, ist nicht nur logische Voraussetzung dieser Figuration, sondern zugleich wiederum Zeichen der Sonderwelt des Mythos. Mannlosigkeit ist die Negationen der gesellschaftlich Normalität der Frau. Jede Frau von Stand hatte immer einen Herrn über sich, zuerst Vater oder Onkel, dann den Ehegatten oder die erwachsenen Söhne. Und Jungfräulichkeit als akzeptierten Stand auf Lebenszeit wie seit dem frühen Christentum, kennt die Antike nicht.

Utopische Orte. Wünsche,
die nur dort zu erfüllen sind

Wo sind die starken Frauen? Im Mythos. Die Mythen bringen die starken Frauen an Orte, an denen in der Realität Frauen nicht sind: Als Kriegerinnen aufs Schlachtfeld (Amazonen), als Jägerinnen in die Wildnis (Prokris) und in die männliche Jagdgesellschaft (Atalante), als Sporttreibende ins Wettkampfspiel und auf den Sportplatz (Atalante), als Mänaden in eine dionysisch durchtoste Natur. Die schlichteste Interpretation: Dies kann den männlichen Betrachter, wenn er die Mythen in den Vasenbildern wiedererkannte, nur erfreut haben. Zu Hause hat er seine Frau; beim Symposion liegen neben ihm und seinen Genossen gemietete Hetären; und hier auf den Vasen, die er benutzt, findet er auch noch Frauen in Milieus dargestellt, die weder seine Hausfrau besucht, noch wo er selbst gerade mit seiner Gefährtin weilt. – Ich will gleich bekennen, dass ich mich im Folgenden ungefähr auf diesem Niveau der Betrachtung bewege. Ich konzentriere mich dabei auf die Amazonen. Es ist bezeichnend, dass die starken Frauenindividuen und vor allem die tragischen Figuren zum größten Teil erst mit dem 5. Jahrhundert v. Chr. in die Vasenbilder kommen.

Gehen wir nocheinmal von der Formel aus, dass der Mythos immer teilweise Umkehrung der Realität darstellt. Warum? Ist man mit der Realität, wie sie ist, nicht zufrieden? Wünscht man sich das, was der Mythos hat? Weder einfach mit Ja, noch mit Nein kann man darauf antworten. Man wünschte sich natürlich nicht, dass Amazonen wieder nach Athen kämen und Männer töteten. Und die Athener waren zufrieden mit ihren Frauen, wie sie waren. Und doch muss es, anders kann man eine solche Erfindung nicht erklären, den ›Wunsch‹ nach Amazonen gegeben haben und diese Gestalten müssen Wünsche erfüllt haben. Man könnte meinen, es gäbe nur Wünsche nach Dingen, die es gibt, Wünsche also die prinzipiell erfüllbar sind. Aber es gibt Wünsche, die realiter nicht erfüllt werden wollen und gar nicht erfüllt werden könnten. Sie werden in einem utopischen Raum erfüllt, und da sie nicht ›wirklich‹ erfüllt werden, bleiben sie frisch. Religion, Dichtung und Bildkunst sind solche utopischen Räume, und wir bewegen uns bei dieser Untersuchung die ganze Zeit mittendarin.

Man kann erwägen, dass die Mythen auch deswegen die Vergangenheit immer anders als die Wirklichkeit darstellen, damit die reale Gegenwart bekräftigt wird: Weil es früher anders war, ist es jetzt so; weil es jetzt so ist, muss es früher anders gewesen sein. Diese Beruhigung, die ja auch versichert, dass wir vom Ganzen wissen, aber nie das Ganze haben können (und nie dem Ganzen ausgesetzt sein werden), steckt wohl stillschweigend in jedem Mythos. Sie macht jeden Mythos genießbar; was er erzählt, kommt nimmermehr wieder, Holdes wie Schreckliches, es hat seine Existenz schon gehabt. Wer weiß, dass Amazonen keine Bedrohung mehr sind, kann ihre Kämpfe wunderbar finden.

Doch hier kommt uns immer wieder der oben kritisierte ‹ontologische Realismus› in die Quere. Man frägt sich etwa: Müssen die Amazonen nicht als Monster aufgefasst worden sein? Denn die eigenen Frauen als Kriegerinnen sich vorgestellt, wären doch den Männern ein Gräuel gewesen! So spricht man, wenn man Mythos und Realität verwechselt und meint, der damalige Betrachter hätte sie auch nicht auseinandergehalten. Aber der wusste es doch am Besten: Wo immer Amazonen sein mögen, sie sind nicht da, wo der Betrachter ihrer Bilder ist. Es gibt kein Weg von dort hierher, und dorthin führen nur Erzählung und Bild.

Die große Zeit der Amazonenbilder begann etwa um 560 v. Chr., der Zeit aristokratischer Lebenskultur, die grundsätzliche Haltungen geschaffen hat, die in wichtigen Zügen auch der ›demokratischen‹ Klassik vermittelt worden sind. Die aufwendigsten Amazonenschlachtbilder und die schönsten Amazonen gibt es auf den großen Weinmischkessel im 5. Jahrhundert v. Chr. (ein Abglanz davon die Basler Leihgabe Abb. 9.26). Politische Ereignisse und Zeitstimmungen, selbst Moden unter den Malern mögen immer wieder das Interesse an solche Bildern beeinflusst haben, aber sie erklären nicht viel. Die Amazone als mythische Gestalt war schon da, und das Interesse daran muss allgemeinere Wurzeln haben.

Die Bilder der Vasen sind für die vornehme Gesellschaft gemacht, sie veredeln den billigen Ton, kein Gefäß aus Metall konnte mit der Bildwelt der Tonvasen konkurrieren. Es ist darum sinnvoll, die Bilder und damit auch die Gestalt der Amazone vom Standpunkt der Gesellschaft zu interpretieren, für die solche Gefäße gemacht waren (es spielt m. E. keine Rolle, dass die meisten Gefäße nach Etrurien verhandelt wurden): also vom Männerinteresse aus und aus der Perspektive der herrschenden Klassen. Von hier aus kann ich mir z.B. nicht vorstellen, dass sich in den Amazonenkämpfen »die Angst der Männer vor den Frauen« manifestiere: ein Schlagwort, das vor wenigen Jahrzehnten auf machen Erscheinungen unserer Kultur erhellend angewandt worden ist. Das Selbstbewusstsein des griechischen Mannes war so sicher, dass er sich darum gar nicht kümmern musste. Auch gab es jene christliche Verkrampfung der Sexualität nicht, aus der letzten Endes solche Ängste entspringen. Das Amazonenfaible der damalige Männer kann nicht von der modernen Spießerpsyche aus erklärt werden. Auch waren die Bilder auf den Vasen ebensowenig wie die Mythen als nützliche moralpädagogische Fabeln gedacht. Genussfähig auch für die Bilder ihres Trinkgeräts, mit selbstverliebtem Interesse am Dargestellten und voll Großherzigkeit bei seiner Ausdeutung: So möchte ich mir etwa die Haltung der griechischen Zecher vorstellen.

Amazonen sind Krieger und Frauen. Gehen wir von diesen beiden Existenzweisen aus. Was zeigen die Bilder davon, wenn wir von den Amazonen absehen? Die Bilder zeigen beides, verschieden natürlich, nur in der Figur der Amazone kommt beides in Eins. Der Krieg spielt die große Rolle in der Ideologie der Bürgerklassen und in der Bildwelt der Vasen. Hier wird der Kampf krass idealisiert: Statt aufeinanderprallender Schlachtreihen werden heroische Zweikämpfe dargestellt, meist über einem Gestürzten; es geht um Leben und Tod, Gefangene und Beute werden nicht gemacht, niemand rettet sich verletzt aus der Schlacht. Parteien werden nicht unterschieden. »Wer von beiden ist der Feind« ist keine sinnvolle Frage an das Bild eines Zweikampfs in der griechischen Kunst. Die Feinde sind einander gleich.

Soweit zum Krieg. Und die Frauen? Frauen werden häufig dargestellt, fast immer mit Männern zusammen, gleich groß, würdig, schön, aber selten aktiv. Frauen und Krieger begegnen sich im Bild: Beim Abschied der Krieger stellen sie das Zuhause dar, für das er kämpft. In einem Bildtypus seit 560 v. Chr. hält die Frau dem Krieger die Waffen hin: Die Mütter machen die Helden. In einer anderen typischen Szene schauen zwei Frauen einem Zweikampf zu, es sind ursprünglich die göttlichen Mütter von Achill und Memnon. – Dann kommt aber noch eine ganz andere Sorte von Frauen vor: weder göttliche, noch bürgerlich ebenbürtige. Es sind Hetären (Kap. 23), die mietbaren Sex- und Unterhaltungskünstlerinnen, die jeder Mann beim gemeinschaftlich Trinkgelage mit seinen Genossen braucht als Genossin seines Genusses, denn die Ehefrau sind, als behüteter Privatbesitz, nicht dabei. Sind die Ehefrauen verbannt worden, seitdem man sich mit Hetären vergnügt? Oder sind die Hetären nötig, weil die Ehefrauen aus Dezenz nicht dabeisein dürfen? Oder hat das eine mit dem andern gar nichts zu tun? Jedenfalls spielen die Hetären in den frühen Symposienbildern die Rolle einer Gefährtin, die sich genauso gemessen verhält, wie sonst der zweite männliche Partner auf der Speiseliege, dessen Platz sie einnehmen kann.

Und was könnte die Figur der Amazone ›sein‹ im Feld dieser Figurationen der Wirklichkeit, der Bilder und der Mythen? Nochmals sei daran erinnert: Amazonen sind nicht in der Wirklichkeit des Betrachters, sie bedrohen den Krieger nicht, welcher der Betrachter ja war.

Was Amazonen sind, können sie nur im utopischen Raum sein. Und die Männer-Wünsche, die sie erfüllen, wollen in der Wirklichkeit nicht erfüllt sein. Die Amazone vereint das, was dem (griechischen) Mann unter dem ihm Entgegengesetzten am nächsten ist: innerhalb der Polis die Frau, außerhalb der Polis der Feind. Ganz am Anfang hatten wir gesagt, dass Frauen, die tun, was reale Männer tun, die starken Frauen des Mythos sind. Es gilt auch: Nur die starke Frau des

Mythos kann dem realen Mann ebenbürtig sein. Die Amazone ist dem Mann ebenbürtig, wie es seine eigene Frau nicht ist. Und nicht sein kann und darf, der Mann der patriarchalischen Gesellschaft kann dies für seine Realität nicht wollen. Trotzdem, im utopischen Raum, so behaupte ich einfach, gibt es diesen Wunsch nach Gleichheit und Genossenschaft mit der Frau. Die Hetäre kann in den frühen Bildern diese Gefährtenrolle spielen (Kap.23), und sie kann es deswegen ohne weiteres, weil sie als Prostituierte so niedrig steht, dass ihr Verhalten gar nicht ernst genommen werden kann. Der Kampf der Amazonen in Mythos und Bild ist noch fiktionaler als das Spiel der Hetären, dafür sind die Amazonen ungleich höheren Rangs: Freie, Heldinnen. Wie erweist sich die ebenbürtige Gleichheit der Amazone zum Mann, jene Gleichheit, die keine Frau der Realität haben darf? Im Kampf. Eine Frau, die mit einem Mann kämpft, Aug in Aug, Waffe gegen Waffe: das ist für den Mann, den griechischen Polisbürger, den Krieger, den Aristokraten, den Bildbetrachter der einzige mögliche Nachweis der Gleichheit, physisch, ethisch, personal. Doch, soweit gekommen, müssen wir unserm Griechen Eines nachsehen: Selbst im utopischen Raum des Mythos darf es nicht sein, dass die Amazonenfrauen ganz und gar gleichstark sind. Der Mythos und die Bilder lassen es zu, dass die Amazonen immer wieder Männer töten, aber die Schlacht und den Krieg gewinnen die Männer!

Auf welcher Ebene mag in der Realität des antiken Betrachters das stattgefunden haben, was wir hier mit modernen Worten analysiert haben? Nur im Unterbewussten? Ich glaube nicht. Am ehesten könnte man sagen auf der Ebene des Spiels: des Spiels der Gedanken, der Dichtung, der Witzworte beim Symposion, im Spiel der Bilder, im Spiel des Mythos.

B.K.

4. Frauenstaat –
Realität oder Fiktion?

Für die Griechen des Altertums waren die Amazonen Realität[1]. Und sie waren ein Thema, das sie immer wieder beschäftigt hat. Allein schon die Fülle der bildlichen Darstellungen macht ihre Bedeutung anschaulich. Unsere Sammlung besitzt 50 Vasen und elf weitere Bildträger, die Amazonen darstellen und so Zeugnis vom lebhaften Interesse der antiken Menschen an diesem Volk geben.

Das Frauenvolk hat aber nicht nur die Antike fasziniert. Zu allen Zeiten stießen die Amazonen auf großes Interesse. Die Altertumswissenschaften haben sich damit seit ihren Anfängen befasst. Lange Zeit, im 19. und auch noch im 20. Jahrhundert waren viele Wissenschaftler von der einstmaligen Existenz eines Amazonenstaates überzeugt. Einige glauben noch immer daran[2].

Zunächst gilt es zu bestimmen, was wir damit meinen, wenn wir annehmen, es habe die Amazonen gegeben. Nach dem noch heute vorherrschenden Bild handelte es sich um ein Frauenvolk, das sich in erster Linie dem Krieg widmete, und als dessen Stammvater nicht von ungefähr der Kriegsgott Ares angesehen wurde. Sie kämpfen vorwiegend zu Pferd, ihre bevorzugte Waffe ist der Bogen und sie siedeln im Schwarzmeergebiet – entweder im Norden der heutigen Türkei unweit der griechischen Stadt Sinope oder aber – weniger präzise lokalisierbar – an der gegenüberliegenden Küste im Kubangebiet. Von dort greifen sie die griechische Welt an und kämpfen mit griechischen Helden. Sie leben so, wie es

sonst nur Männer tun, und in ihrem Staatswesen ist für Männer (fast) kein Raum. Die Amazonen leiten nicht nur ihren Staat, an der Spitze steht eine Königin, die die übrigen an Tapferkeit überragt, sondern sie verkehren mit Männern überhaupt nur, um Kinder zu zeugen. Nur die Mädchen werden als vollwertige Mitglieder des Gemeinwesens aufgezogen und zu Kriegerinnen ausgebildet, Jungen dagegen nach der Geburt getötet, verstümmelt, versklavt oder weggegeben. Hat es also einen derartigen »Frauenstaat« gegeben?

Diese Frage wurde stets mehr oder minder von dem eben skizzierten Amazonenbild ausgehend diskutiert. Doch darin liegt schon ein wesentliches Problem. Denn diese Vorstellung vom Staat der Amazonen findet sich erst seit dem frühen 5., allenfalls seit dem späten 6. Jahrhundert v. Chr. Und sie kann nicht die ursprüngliche Vorstellung der Griechen von den Amazonen gewesen sein. Unsere wichtigsten Schriftquellen sind im Kap. 14 zusammengetragen. Vor Herodot, dem Chronisten der Perserkriege, findet sich das oben skizzierte Bild noch nicht, und in den Kap. 5, 6 und 7 wird ausführlich dargelegt, dass die frühe griechische Bildkunst ganz andere, oft widersprüchliche Vorstellungen vom Aussehen, von der Kampfweise und von der Lokalisierung der Amazonen hatte. Erst relativ spät, gegen Ende des 6. Jahrhunderts v. Chr. steigen sie aufs Pferd, und ungefähr zur gleichen Zeit sucht man sie erstmals in der Nachbarschaft eurasischer Reiternomaden. Die Amazonen sind aber weitaus älter. Bei Homer, also bereits im 8. Jahrhundert v. Chr., werden sie als Gegner des Helden Bellerophon in Lykien und des Trojanerkönigs Priamos

in Phrygien erwähnt (Homer, *Ilias* 3, 184–190; 6, 186). Da der Dichter sie nicht näher charakterisiert, kann er offensichtlich bei seinen Zuhörern voraussetzen, dass ihnen das Amazonenmotiv bekannt ist. Sie gehören also schon zum frühen, nur mündlich tradierten Mythenschatz der Griechen. Aber von Reiterkriegerinnen haben Homer und die Griechen des 8. und 7 Jahrhunderts v. Chr. noch nichts gewusst. Die Angaben zur Heimat der Amazonen sind noch widersprüchlicher (siehe Kap. 7). Die unterschiedlichen Siedlungsgebiete lassen sich auch nicht als Wanderungsbewegungen eines reiternomadischen Volkes erklären. Vielmehr folgen die widersprüchlichen Angaben zu ihrer angeblichen Heimat allein der Logik, dass sie stets am Rande der den Griechen bekannten Welt vermutet werden. So »wandern« sie mit der sukzessiven Ausweitung des griechischen Siedlungsgebietes entweder immer weiter nach Osten, an die nördlichen Gestade des Schwarzen Meeres und noch darüber hinaus, oder gleich in eine ganz andere Richtung, weit nach Süden, nach Nordafrika.

Noch verdächtiger als solche evidenten Widersprüche sind die Angaben zur Lebensweise der Amazonen. Obwohl manche Autoren ein großes Interesse an ihnen zeigen (Kap. 14), bleiben die Informationen doch auffällig dürftig. Wir erfahren kaum mehr als dass sich diese Frauen neben Krieg und Raubzügen noch der Pferdezucht widmen. Sie werden von einer Königin angeführt; darüber hinaus bleibt das Bild ihres Staatswesens nebulös. Daneben finden sich phantastische Erklärungen, wie die Amazonen zum Zwecke der Fortpflanzung bei Nacht mit jungen Skythen zusammenkommen und später die männliche Nachkommenschaft aussortieren. Offensichtlich beruht keiner dieser zum Teil sehr ausführlichen Berichte auf realen Grundlagen; all diese Geschichten sind einer lebendigen Phantasie entsprungen, die sich fragte, wie denn ein solcher »Frauenstaat« funktionieren könne. Die Überlieferung, die Amazonen hätten sich im Kindesalter eine Brust entfernt, um durch sie beim Bogenschießen nicht behindert zu werden, ist erstmalig bei Hellanikos von Lesbos (ca. 480–400 v. Chr.), einem Zeitgenossen Herodots, zu fassen (Kap. 14). Dabei handelt es sich um einen typischen Fall von Schreibstubengelehrtheit, die auf einer (falschen) etymologischen Erklärung des Namens Amazonen (griech.: *a-mazon* = ohne Brust) beruht. Schon die Tatsache, dass die Bildkunst dieser Vorstellung in keinem einzigen Fall gefolgt ist, erweist die Brustentfernung als ein Hirngespinst.

Das einseitige Bild von den kriegerischen Frauen wird erst in hellenistischer Zeit noch um einen neuen Aspekt bereichert, nämlich die Rolle der Amazonen bei der Gründung von Heiligtümern und Städten im westlichen Kleinasien (Kap. 10). Das geschieht überwiegend zu einer Zeit, als sich viele griechische Städte dort eine mythische Gründungsgeschichte zulegten.

Die Frage, ob es einen Amazonenstaat gegeben hat, wie ihn die griechischen Quellen beschreiben, muss man also eindeutig mit nein beantworten[3]. Während die Altertumswissenschaften seit dem 18. Jahrhundert die Amazonen lange für historisch hielten, wird die Ansicht, dass es einen »Frauenstaat« in dieser Form gegeben habe, inzwischen kaum noch ernsthaft vertreten. Die Frage der Historizität der Amazonen wird heute lediglich noch in einem einschränkten Sinne gestellt: Hat es ein Volk gegeben, das wesentliche Züge des Amazonenstaates aufwies und so zum Vorbild für die Figuren der griechischen Sage werden

4.1 *Skythenschlacht: Beide Parteien tragen lange Haare – die damit nicht als Hinweis auf weibliche Kämpferinnen gedeutet werden dürfen – und die gleiche Tracht der eurasischen Reitervölker. Der Reiter unten rechts hat eine Trophäe, den abgetrennten Kopf eines Feindes, an die Brust seines Pferdes gehängt. Relief von der Taman-Halbinsel, 4. Jh. v. Chr.*

konnte? Bleibt also wenigstens ein »historischer Kern«?

Die Suche nach (partiellen) Übereinstimmungen bei historischen Völkern mit der sagenhaften Überlieferung hat die Altertumswissenschaftler dazu geführt, die Amazonen mit verschiedenen Völkern in Verbindung zu bringen. So kam es zu Beginn des 20. Jahrhunderts zur Gleichsetzung mit den Hethitern, was aber bald wieder verworfen wurde[4].

Später suchte man die Amazonen vor allem im Umfeld der eurasischen Reiternomaden (Abb. 4.1), die schon Herodot zu ihren Nachbarn gemacht hatte. Archäologische Beobachtungen von Frauenbestattungen im skythischen und sauromatischen Siedlungsgebiet nördlich des Schwarzen Meeres, die neben typisch weiblichen Beigaben wie Schmuck auch Waffen enthielten, gaben dieser Ansicht zusätzliche Nahrung. So glaubt etwa Renate Rolle, aus dem »Genauigkeitsgrad in der Wiedergabe« der Bilder des 6. und 5. Jahrhunderts v. Chr. »konkrete ›Modelle‹ oder doch sehr genaue Beschrei-

bungen« ableiten zu können[5]. Die Grabbeigaben deuten in einigen Fällen darauf hin, dass die Kriegerinnen aus einem gehobenen sozialen Milieu stammen, also nicht nur in Notsituationen kämpften. Da einige der Bestatteten Spuren von verheilten Verwundungen aufweisen, scheinen sie auch tatsächlich gekämpft zu haben. Allerdings bilden Gräber von Kriegerinnen nicht den Normalfall[6]. Die Angriffswaffen dieser Frauen sind Pfeil und Bogen, Wurfspeer, Lanze, Schwert und Schleuder, aber keine Streitäxte – wie sie die Amazonen der griechischen Bildkunst immer wieder tragen. Noch deutlicher zeigen aber ihre Verteidigungswaffen, dass sie überwiegend als Leichtbewaffnete eingesetzt wurden, denn schwere metallverstärkte Schutzwaffen wie Panzer und Schild kennen wir nur in ganz seltenen Fällen. Es gibt unterschiedliche Erklärungsmodelle für die skythischen Kriegerinnen.

Schon diese Befunde relativieren die Vorstellungen von einem Frauenstaat sehr weitgehend. Die Kriegerinnen bei den Skythen, sicher nicht alle Frauen, haben zu bestimmten Zeiten wohl reguläre militärische Aufgaben übernommen. Ob sie eigene »Frauenkontingente« bildeten oder in »gemischten« Einheiten kämpften, lässt sich nicht entscheiden. Doch als Leichtbewaffnete bildeten sie jedenfalls nicht die Kerntruppe des skythischen Heeres; das waren die schwer gepanzerten Reiter. Schon für die Antike ist wiederholt überliefert, dass Frauen in Kriegen gelegentlich auch als aktive Kämpferinnen teilnahmen – etwa bei den Kimbern und Teutonen, den Kelten und anderen. Aus Sicht der Griechen und Römer zeigte sich daran die besondere Wildheit ihrer am Ende besiegten Gegner. Freilich handelt es sich dabei um seltene Ausnahmen in extremen Notsituationen. Und dieses Phänomen begegnet nur bei »Barbaren« und wird von den griechischen oder römischen Chronisten mit Staunen berichtet. Bei den eurasischen Reitervölkern brachte es die nomadische Lebensweise mit sich, dass alle Mitglieder der Gemeinschaft, also auch die Frauen, reiten und zum Schutz der Herden beitragen mussten, damit letztendlich auch militärisch eingesetzt werden konnten. Einige Frauen nahmen dort möglicherweise an der Jagd teil und bildeten einen regulären Teil des Heeres. Mit einem Amazonenstaat hat das jedoch nichts zu tun. Die Stellung der Frauen bei den Skythen und Sauromaten mag deutlich stärker gewesen sein als in Griechenland, aber an der patriarchalischen Struktur auch dieser Gesellschaften besteht kein Zweifel. Die »Kriegerinnen« aus den Gräbern in der Ukraine und Südrussland sind nicht männergleich. Einzelne reiche Frauengräber lassen nicht auf eine ebenbürtige Rolle der Frau in diesen Gesellschaften schließen[7]. Als Nachweis der Gleichberechtigung taugen sie ebenso wenig wie die Massagetenkönigin Tomyris, gegen die der Perserkönig Kyros der Große im Kampf gefallen ist, oder die britannische Königin und Heerführerin Boudicca, die 60/61 n. Chr. einen letztlich erfolglosen Aufstand gegen die römische Herrschaft anführte. Von der Antike bis in die Neuzeit, von Kleopatra bis Queen Victoria, standen immer wieder Monarchinnen an der Spitze von Staaten, ohne dass die allgemeine Stellung der Frau in der Gesellschaft davon berührt worden wäre.

So bleibt allein die Erkenntnis, dass Frauen bei den Skythen überhaupt regulär kämpften, was ihnen in Griechenland grundsätzlich verwehrt war. Könnte nicht das Zusammentreffen von Griechen mit skythischen Reiterkriegerinnen einen solchen Eindruck bei ersteren hinterlassen haben, dass sie daraus in ihrer Vorstellung einen Amazonenstaat konstruierten? Auch das ist abzulehnen. An dieser Stelle muss wieder auf die eingangs gemachten Bemerkungen zum ursprünglichen Amazonenbild zurückgekommen werden. Die Griechen kannten die Amazonen schon lange bevor sie auf die eurasischen Reiternomaden stießen. Und diese frühen Amazonen (Kap. 5) erinnern so gar nicht an skythische Reite-

4.2 *Alexander empfängt 300 berittene Amazonen, die »hübschesten Scharmützlerinnen«, die er je sah. Federzeichnung von Hektor Mülich, aus dem Alexanderbuch, 1455, Staatsbibliothek München.*

rinnen. Die frühen Bilder unterscheiden sie von den Griechen weder hinsichtlich ihrer Bewaffnung, noch hinsichtlich ihrer Kampfweise signifikant. Sie werden lediglich durch ihre weibliche Tracht gekennzeichnet. Wir dürfen die Amazonen also nicht in der skythischen Kultur suchen.

Aber wer sind die Amazonen der frühen Sage, die mit Homer erstmalig greifbar werden? Der Dichter sagt über sie nicht mehr als dass sie männergleich *(antianeirai)* seien. Das ist dürftig, aber auch vielsagend. Homers charakterisierendes Beiwort beschreibt nämlich die entscheidende Qualität der Amazonen. All die phantastischen Elemente des Amazonenmythos haben nicht diese Bedeutung und sie sind bloßes Beiwerk. Indem die Amazonen den Männern gleichrangig sind, eignen sie sich auch als Gegenspieler der mythischen Heroen. Die »Männergleichheit« bedeutet primär, dass sie wie Männer kämpfen und so tapfer sind wie Männer. In der griechischen Gesellschaft waren Frauen normalerweise eben nicht gleich (Kap. 2).

Nach allgemeiner (männlicher) griechischer Vorstellung verfügten sie nicht über die gleichen Fähigkeiten und folgerichtig über fast keine politischen Rechte. Damit waren Frauen aus der heroischen Männerwelt weitgehend ausgeschlossen, denn auf dem Schlachtfeld begegneten sich nur Gleiche. So sind etwa die Griechen den Trojanern nicht grundsätzlich überlegen; allein die Götter entscheiden über den Ausgang des Krieges. Nur weil die Amazonen ebenbürtige Gegnerinnen sind, ist es für griechische Helden ehrenhaft, gegen sie zu kämpfen. Denn andernfalls wäre es unmännlich und schändlich, eine Frau zu erschlagen, oder gar von ihr getötet zu werden. Es ist in diesem Zusammenhang aufschlussreich, dass in der Bildkunst die Amazonen beim Kampf wie Männer dargestellt werden. Sie tragen dieselben Waffen, kämpfen wie Männer – anfangs wie Griechen, später wie Orientalen – und sie sterben wie Männer. Aber während griechische und trojanische Helden oft in ›heroischer Nacktheit‹ gezeigt werden, spätestens aber als Gefallene gänzlich unbekleidet dargestellt werden, tragen auch tote Amazonen noch konsequent ihre Tracht und Schutzbewaffnung, allenfalls kann einmal eine Brust entblößt werden (Kap. 11). Wären sie nämlich nackt, dann verlören sie bildlich ihre wesentliche Qualität, ihre Männergleichheit, sie wären ›normale‹ Frauen und es gereichte dem griechischen Kämpfer nicht mehr zur Ehre, sie zu besiegen.

Wie in jede andere Diskussion sind auch in die Amazonendebatte die jeweiligen Zeitströmungen eingeflossen[8]. Hätte es die Amazonen tatsächlich gegeben, dann wären sie zunächst ein Thema für die Ethnologen. Als phantastischer Gegenentwurf zu der bestehenden Gesellschaftsordnung hat der Amazonenstaat nicht nur die Antike, sondern auch die ebenso patriarchalischen Gesellschaften Europas im Mittelalter und in der Neuzeit fasziniert. So wie eine Überlieferung die Amazonen mit Alexander dem Großen zusammentreffen lässt (Abb. 4.2), so wurden sie zu Stammmüttern der Goten und Tschechen, und noch in der Vorstellung des Spätmittelalters bedrohten die kriegerischen Frauen auch Augsburg und das Schwabenland (Abb. 4.3)[9]. Als die spanischen Konquistadoren im 16. Jahrhundert Südamerika eroberten, da führten sagenhafte Erzählungen von verwegenen Kriegerinnen möglicherweise dazu, dass der größte Strom des Kontinents den Namen Amazonas erhielt[10]. Bis in unsere Zeit hat es immer wieder passende und unpassende Vergleiche kämpfender Frauen mit den Amazonen der griechischen Sage gegeben. Am nächsten kamen den mythischen Vorbildern noch die immer wieder angeführten geschlossenen Frauenkontingente, auf die französische Fremdenlegionäre im 19. Jahrhundert in Dahomey (heute Benin) trafen, auch wenn die schwarzafrikanischen Kriegerinnen einem männlichen König dienten. Seit dem 20. Jahrhundert hat sich die Situation in vielen Ländern verändert. So haben im 2. Weltkrieg ca. 800.000 Frauen in verschiedenen Waffengattungen der Roten Armee gekämpft, die von den deutschen

4.3 *Die Amazonen greifen das Schwabenland und Augsburg an. Federzeichnung von Hektor Mülich, aus der Augsburger Meisterlin-Abschrift, 1457, Staats- und Stadtbibliothek Augsburg.*

Landsern sogenannten »Flintenweiber«, und am 1. Golfkrieg 1989 nahmen auf amerikanischer Seite über 30.000 Soldatinnen teil[11]. Heute dienen in vielen Armeen Frauen an der Waffe, ja selbst der libysche Revolutionsführer Muammar al-Gaddafi lässt sich von einer weiblichen Spezialtruppe schützen. All diese Kriegerinnen haben mit den Amazonen nichts mehr zu tun, wenn man sie nicht wie einige Feministinnen zu Kronzeugen einer Ideologie machen will.

Wenn im modernen Sprachgebrauch der Begriff Amazonen in einem übertragenen Sinn für Springreiterinnen oder Vielseitigkeitsreiterinnen Anwendung findet, dann geht das auf die Vorstellung von dem reitenden Frauenvolk zurück. Doch die Bezeichnung hat auch insofern eine gewisse Berechtigung, als es sich um seltene Fälle von Frauen im modernen Sport handelt, die im Wettbewerb nicht unter sich bleiben, sondern – häufig erfolgreich – gegen Männer um den Sieg kämpfen.

Aus erkenntnistheoretischen Gründen gilt, dass die Nicht-Existenz von etwas prinzipiell nicht zu beweisen ist. Deshalb liegt die Beweislast bei dem, der die Existenz – in diesem Fall eines Amazonenvolkes im Altertum – behauptet. Der Behauptende kann von dem Skepti-

ker nur verlangen, dass dieser seine konkrete Behauptung widerlegt, also etwa dass militärisch operierende Frauenkontingente in der skythischen Kultur die historischen Vorbilder für die Amazonen der griechischen Sage gewesen seien.

Den Amazonenstaat, das Volk der reitenden Kriegerinnen, wie sie die griechische Sage seit dem späten 6. oder frühen 5. Jahrhundert v. Chr. schildert, hat es nicht gegeben. Aber kann es nicht sein, dass die Griechen der homerischen Zeit noch vage von einem anderen Frauenvolk wussten, mit dem ihre Vorfahren einst in Kontakt traten, oder spiegelt sich in der Sage vielleicht ganz allgemein die Erinnerung an matriarchalische Gesellschaften der Frühzeit? Prähistorische archäologische Befunde liefern keinerlei Hinweise auf Amazonen der Bronzezeit, und solange eine solche Theorie völlig nebulös bleibt, ist es müßig dagegen zu argumentieren. Auch hinsichtlich eines frühen Matriarchats vertreten heute nicht einmal mehr Feministinnen den Standpunkt, dass es in der Frühzeit eine Frauenherrschaft – wie bei den Amazonen – gegeben habe, sondern lediglich, dass solche frühen Gesellschaften um die Frauen herum organisiert waren und dass die Frauen kulturschöpferisch agierten. Der Basler Rechtshistoriker Johann Jakob Bachofen hat mit seinem Werk *Das Mutterrecht* 1861 die Matriarchatsforschung begründet. Er postulierte einem evolutionistischen Modell folgend und weitgehend frei von einer moralischen Wertung vor der letzten vaterrechtlichen Stufe eine Frauenherrschaft. Friedrich Engels hielt das Matriarchat in vorgeschichtlicher Zeit für allgemein verbreitet, betrachtete allerdings die Folgen des Übergangs zum Patriarchat für die Frauen als »weltgeschichtliche Niederlage des weiblichen Geschlechts«, das fortan entwürdigt und geknechtet wurde[12]. Heute ist die Annahme einer allgemeinen matriarchalen Frühgeschichte in der Forschung umstritten. Die Ethnologen halten Gesellschaften mit Frauenherrschaft für Ausnahmeerscheinungen. Nach Cynthia Eller halten die archäologischen Funde einer näheren Überprüfung nicht stand, und die Matriarchatsthese gründet auf feministischem Wunschdenken[13]. Gerade die Anhänger der Matriarchatstheorie vertreten zudem die Ansicht, dass die matriarchalische Gesellschaft überwiegend friedlich war, womit auch sie als Vorbild für den Amazonenstaat ausscheidet.

Man sollte den Amazonenstaat als eine Schöpfung männlicher Phantasie betrachten. Denn ohne jeden Zweifel hat die Vorstellung von den Amazonen nie eine größere Rolle gespielt als im klassischen Griechenland, also in einer extrem patriarchalischen Gesellschaft. Und auch wenn seit Herodot das Bild der Amazonen gelegentlich mit »ethnographischen Details« ausgeschmückt wird, so bleibt ihre bildliche und literarische Darstellung doch bemerkenswert eindimensional. Sie handeln nie wirklich eigenständig, sondern ihre Rolle beschränkt sich auf die eines gefährlichen und (fast) gleichwertigen Gegners der Griechen im Kampf. Auch wenn sie als Gründerinnen von Heiligtümern und Städten auftreten, geschieht das in Folge militärischer Auseinandersetzungen mit den Griechen. Sie eignen sich die vielleicht wichtigste Funktion des männlichen Helden an, nämlich Krieg zu führen. Auch die übrigen Eigenschaften, die ihnen die Sage andichtet, sind von solcher Qualität. Sie brauchen keine Männer, weil sie nicht mehr selbständig handeln könnten, wenn sie – wie Antiope oder Atalante – einem Ehemann untertan wären. Umgekehrt ist es für einen griechischen Mann zwar vorstellbar, gegen ebenbürtige Frauen zu kämpfen (und schließlich zu siegen), aber nicht mit ihnen gleichberechtigt zusammenzuleben. Für den Erhalt ihrer Stärke ist es schließlich auch notwendig, dass die Amazonen selbstbestimmt mit Männern sexuell verkehren und nur um den Fortbestand zu sichern. Die Amazonen waren ein Sinnbild der Andersartigkeit, ein utopisches Gegenbild zur Vorstellung von Weiblichkeit bei den Griechen. Die tragische Geschichte von Penthesileia und Achill (Kap. 13) zeigt die inhärenten Konflikte auf, die sich daraus ergeben. Die Amazonen sind eines von unzähligen Sagenmotiven, auf das die Dichter und Bildkünstler zurückgreifen konnten, aber sie boten einen singulären Aspekt, nämlich Heldinnen, die das Selbstverständnis griechischer Männer in Frage stellten. ›Normale‹ griechische Frauen töten überhaupt nicht (vgl. Kap. 3), selbst wenn sie aus Notwehr oder um die Unversehrtheit und das Leben ihrer Kinder zu schützen zur Waffe greifen, stehen sie damit außerhalb der gesellschaftlichen Norm (vgl. Kap. 18: Laokoons Frau als ›Löwenmutter‹). Die Amazonen aber tun dies konsequent, sie jagen (vgl. Abb. 6.11a) und erschlagen Männer im Kampf, und sie sind gerade deshalb Geschöpfe der männlichen Vorstellungswelt. Auch Feministinnen würden einräumen, dass die Bilder und literarischen Texte der Antike eine männliche Sicht der Dinge wiedergeben. Wenn man die Amazonen – wie die Arimaspen, Hyperboreer und andere sagenhafte Völker – als Phantasiegebilde betrachtet, als Geschöpfe, die der männlichen griechischen Imagination entsprungen sind, dann entfällt auch die Notwendigkeit, die oft widersprüchlichen antiken Überlieferungen zu erklären.

Trotzdem kann man mit Gewissheit sagen, dass auch in Zukunft der Glaube an einen Amazonenstaat immer wieder Anhänger finden wird. Wir sind stets empfänglich für Phänomene, die unsere Phantasie anregen – nicht nur das Genre des Science Fiction lebt davon. Wer die Existenz des Unglaublichen behauptet, erregt breite Aufmerksamkeit, während der Skeptiker allenfalls beiläufig zur Kenntnis genommen wird. Selbst das öffentlich-rechtliche Fernsehen hat dem »Geheimnis des kriegerischen Frauenvolkes« in den letzten Jahren zwei längere Beiträge zur besten Sendezeit gewidmet. Vor allem aber lässt sich der Amazonenmythos noch immer vortrefflich ideologisch verwenden. Eine der augenblicklich erfolgreichsten Ideologien – zumindest in akademischen Kreisen –, die Gender-Forschung, müsste die Amazonensage geradezu erfinden, wenn es sie nicht schon gäbe. Die Gender-Forscher vertreten die Ansicht, dass es kein »vorgefertigtes Geschlecht« gebe, dass es sich dabei nur um ein Konstrukt handele, das allein abhängig von historischen und kulturellen Kontexten sei. Die bürgerliche Frauenbewegung des 19. und 20. Jahrhunderts hielt noch (wie die Vertreter der traditionellen patriarchalischen Ordnung) an der Auffassung von der Unterschiedlichkeit der Geschlechter, am Gegensatz vom gewalttätig-aktiven männlichen und vom friedlich-passiven weiblichen Geschlecht fest, leitete aber daraus eine moralische Überlegenheit der Frauen ab. Seit dem späten 20. Jahrhundert aber lehnen extreme Feministinnen und Gender-Forscher einen wesenhaften Unterschied ab und sehen in der ›normalen‹ Frauen zugeordneten Friedfertigkeit eine Entmündigung, die den Frauen eine den Männern untergeordnete Stellung und passive Opferrolle zuweist. Nach ihrer Vorstellung unterscheiden sich Frauen, die wie die Amazonen männergleich aufwachsen, auch in nichts von den Männern[14].

Die Chancen für die Gender-Forscher stehen freilich schlecht. Denn mit der sukzessiven Entschlüsselung unseres Gen-Codes zeigen uns die Biologie und Medizin mit jedem Tag mehr, wie weit wir schon von der Zeugung an determiniert sind. Der Anteil dessen, was lediglich sozial bestimmt ist, wird immer weniger und kann bestenfalls – aus Sicht der Gender-Forscher – noch konstant bleiben. Doch naturwissenschaftliche Erkenntnis ficht die Gender-Forschung nicht an. Bezeichnenderweise betrachtet die – von der Gender-Forschung weitgehend unbeachtete – sogenannte Gender-Medizin gerade die fundamentalen Unterschiede der Geschlechter. *F.S.K.*

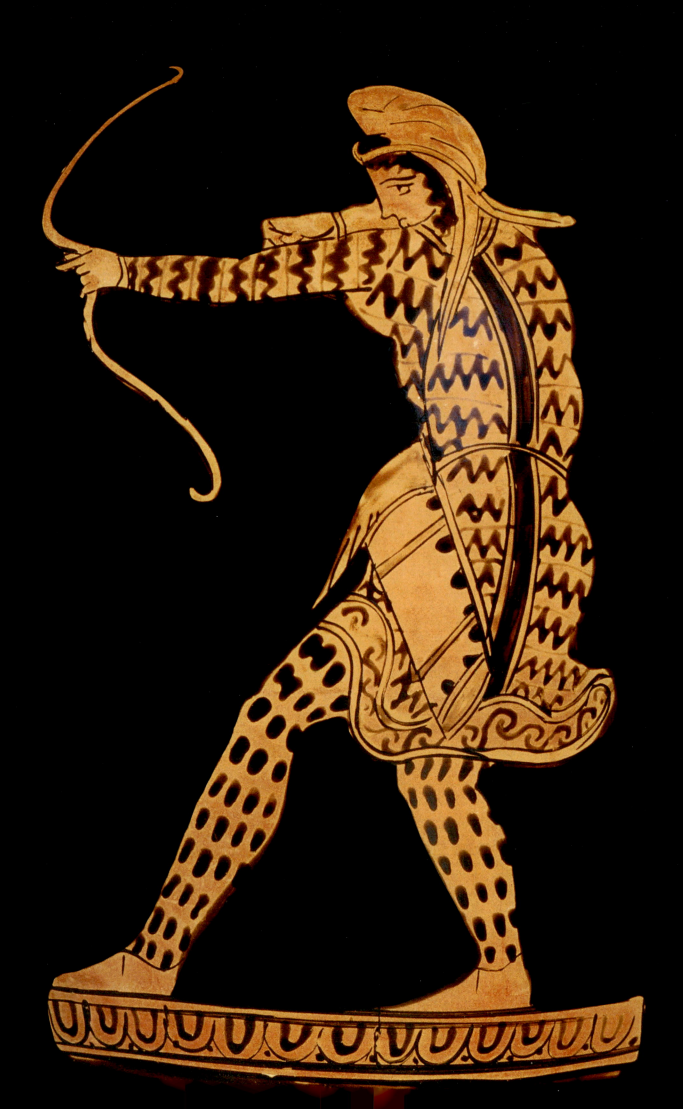

II. AMAZONEN

5. Amazonen sind Kriegerinnen

Unser Interesse gilt den Amazonen im Bild. Doch vor den Bildern steht die
›Sage‹, griechisch ›Mythos‹. Damals wie heute, musste und muss der Betrachter zunächst einmal von den Amazonen wissen und das heißt: erzählt bekommen
haben, um im Bild eine kriegerische Frau als Amazone erkennen zu können. Sobald es Bilder von Amazonen gab, beeinflussten diese die Gestaltung der folgenden
immer wieder neu geschaffenen Bilder, und die Bilder ihrerseits formten nun die
Vorstellungen von den Amazonen mit.

Wir wissen nicht wie die Sagen entstanden. Von einer Sage kann man erst dann
reden, wenn die Geschichte bei Vielen verbreitet ist. Das wichtigste Medium der
Verbreitung war wohl nur sekundär die individuelle umgangssprachliche Mittei-
lung von Mund zu Mund, es war vor allem das ›Lied‹: in hoher Dichtersprache und
kunstvoller Rhythmik von einem professionellen Dichter gestaltet, mit Musik-
begleitung öffentlich vorgetragen, und von spezialisierten Sängern bekannt gemacht, die ihr Auskommen nur fanden, wenn sie immer neues Publikum an immer
neuen Orten aufsuchten; und früh schon fixiert durch die Schrift. Die männer-
bekriegenden Frauen waren natürlich Figuren jener poetischen Heldenwelt, an der
sich die aristokratische Gesellschaft als ihrer eigenen phantastisch erhöhten Vergangenheit ergötzt hat. Die Dichtungsform, die hier stilbildend war, war das Epos.
Von den vielen Epen, die es gegeben hat, sind uns nur Ilias und Odyssee erhalten.
Leider kämpfen in ihnen keine Amazonen.

Die ältesten Texte

Auf griechisch heißen die Wesen, die wir hier suchen, *Amazónes*, Einzahl *Amazón*
(mit langem ›o‹, dem griechische O-mega). Die Römer haben das Wort genau übernommen, erst im späten Latein gibt es die Nebenform *Amazona*, daher kommt
dann unser *Amazone*.

In der ältesten uns erhaltenen griechischen Dichtung, der Ilias des Dichters Homer aus dem 8. Jahrhundert v. Chr., werden die Amazonen beiläufig genannt.[1]
Beiläufig, das heißt: das Publikum wusste Bescheid ohne große Erklärung; also war
die Sage von den Amazonen damals schon älter. Sie treten in der Ilias nicht selbst
auf, doch Helden erinnern sich ihrer: So erzählt Priamos, König von Troja, wie er
in jungen Jahren als Bundesgenossen zu den Phrygern stieß »an dem Tag, als die
männergleichen Amazonen kamen« (Ilias 3. 189). Die Amazonen hatten also das
Phrygerland angegriffen. Aber da Priamos lebt, so muss man schließen, haben sie
nicht gesiegt. An anderer Stelle (Ilias 6,187) berichtet Glaukos (der auf Seiten der
Trojaner kämpft) von seinem (griechischen) Großvater Bellerophon: Der habe in
Lykien im Auftrag des Königs des Landes (der ihn so in den Tod schicken wollte!)

gegen die Amazonen gekämpft und sie vernichtet. Auch hier sind die Amazonen offenbar als Angreifer ins Land gefallen. Die beiden Amazonenkriege spielen weder in der Ilias noch sonst eine Rolle. Es gehörte offenbar zur Heldenbiografie, gegen Amazonen gekämpft zu haben. Ungefähr so, wie wenn der alte Nestor in der Ilias erzählt, dass die großen Helden seiner Jugendzeit gegen Kentauren zu kämpfen pflegten.[2]

Homer gibt den Amazonen ein chrakterisierendes Beiwort: *antiáneirai*. Das kommt von *antí* – ›an Stelle von‹ und *anér* – ›Mann‹. Es bedeutet also ›Männern gleichwertig‹, ein Adjektiv, das logischerweise nur im weiblichen Geschlecht vorkommt. Die verschiedenen deutschen Ilias-Übersetzungen geben dafür: »männerähnliche«, »männergleiche«, »männliche« Amazonen, oder: »mit männlicher Kraft«; am kühnsten ist der erste Übersetzer, Johann Heinrich Voß, 1795: die *Amazones antianeirai* sind bei ihm »amazonische Männinnen«. Am unschönsten wäre sicher »quasimännlich«, aber dieses prosaische Wort haben wir in der Einleitung verwendet, um einen Typus starker Frauen generell zu charakterisieren, von dem die Amazonen das deutlichste Beispiel sind.

Was heißt es für Frauen, ›den Männern gleich‹ zu sein? Ihr Frausein ist unaufhebbar; aber sonst könnten Frauen eigentlich fast alles tun, was die Gesellschaft normalerweise nur den Männern erlaubt. Die Anwendung des Worts im Text lässt keinen Zweifel, dass es nicht auf normale Frauen zutrifft. Bezieht man es auf das Männlichste am Mann, was aber rein technisch auch Frauen möglich wäre, dann heißt es: im Kampf der Waffen wie Mann gegen Mann Männer zu töten! Und natürlich gehört das entsprechende Ethos dazu: den Mut zu haben, gegen Männer zu kämpfen. Schon in der Antike hat man, entgegen der Wortetymologie, aber eingedenk dessen, was Amazonen tun, auch die Bedeutung ›männerfeindlich‹ in das Adjektiv antianeira hineingelesen. Es passt dazu, wenn der häufigste Namen, der auf den Vasen einer Amazonenfigur beigeschrieben wird, Andromache ›Mannbekämpferin‹ heißt.[3]

Die Vorstellung von den Amazonen, wie sie Homer, der Dichter der Ilias, bereits vorfand, fasste bereits das Wesentliche: Sie sind ein ›Volk‹ von Frauen. Sie verhalten sich wie Männer, indem sie gegen Männer kämpfen. Sie greifen andere Völker an, sind aber besiegbar. Die genannten Ziele ihrer Aktionen, Phrygien und Lykien, legen nahe, dass man sie ›östlich‹ verortete.

Fast so alt wie die Ilias, dem Stoff nach zum Teil sogar älter, war das Epos *Aithiopis*, oder, wie man den ersten Teil davon auch nannte, die *Amazonía*: Hier war die Geschichte von Penthesilea und Achill erzählt. Aber nichts davon ist wörtlich überliefert außer den Versen, womit die Sänger überzuleiten pflegten, wenn sie über das Ende der Ilias hinaus, ohne abzusetzen, weiter vortrugen. Der letzte Vers unserer Ilias-Ausgaben lautet: »So besorgten diese (die Trojaner) die Bestattung Hektors, des Pferdebändigers« (Ilias 24, 804). Für den Anschluss wurde der letzte Vers umgeformt und ein weiterer hinzugesetzt: »So besorgten diese die Bestattung Hektors. Es kam aber die Amazone / die Tochter des starkherzigen, männermordenden Ares«. Für den zweiten Vers, gab es die Variante: »- die Tochter Otreres, die wohlgestalte Penthesilea«.

Diese Zwischenverse sind sicher jünger als die beiden Epen, die sie verbanden, aber wir erhalten interessante Informationen: Die *Amazonía* war ganz auf ›die Amazone‹ zugeschnitten, auf Penthesilea als Heldin. Ihr Vater ist Ares, der Gott des Krieges! Als Kind eines Gottes (von einer menschlichen Frau) ist Penthesilea gleichen Ranges mit anderen Götterkindern, die vor Troja kämpfen, wie etwa Achill, dem Sohn der Göttin Thetis. – In der griechischen Gesellschaft wurde eine Person durch den Namen des Vaters identifiziert; in der Versvariante steht stattdessen der Name der Mutter, Otrere; die Amazonen stellte man sich also als ›vaterlose‹ Gesellschaft vor. Und: Penthesilea ist schön!

Alle anderen erhaltenen Texte, die irgendetwas zu den Amazonen aussagen, sind später. Ein Großteil der antiken Dichtung ist untergegangen. Von der Aithiopis abgesehen, waren die Amazonen wohl nie Hauptfiguren. Die Amazonen kamen natürlich dort in der Dichtung vor, wo große Helden mit ihnen zusammenstoßen: in der Herakles- und in der Theseus-Sage. Hier werden wir bei den späten Mythensammlern, bei Diodor (1. Jh. v. Chr.) und Apollodor (2. Jh. n. Chr.) fündig, die noch Dichtungen kannten (oder wenigstens Zusammenfassungen davon), die uns verloren sind. Außer der Dichtung gibt es seit dem 5. Jahrhundert v. Chr. auch eine historisch-völkerkundliche ›Sach‹-Literatur, die nach der Realität der Amazonen gefragt hat und sich deren merkwürdige Existenz irgendwie plausibel zu machen versuchte. – Eine Auswahl von Texten finden Sie in Kap. 14.

Sagen und Bilder

Unser Museum bietet vor allem Bilder auf Vasen (wie der Archäologenjargon die verzierten Gefäße der Griechen nennt). Sie sind in großer Zahl hergestellt worden und wurden am Ende ihrer Laufbahn meist zu Ehren der Toten in Gräber gegeben; darum sind sie so häufig bewahrt geblieben. Die keramischen ›Maler‹ haben die Gefäße mit Ornament und Bild verziert, um die vom Material her billigen Tonvasen für das Ambiente zu nobilitieren, in dem sie z.B. beim gemeinsamen Weingenuss der feinen Leute ihren Zweck und Sinn erfüllten. Solche zeitgenössischen Betrachter haben wir uns immer vorzustellen, auch wenn wir es nun sind, die die Bilder betrachten.

Die Bildkunst war erst seit etwa 700 v. Chr. fähig und interessiert, Sagen darzustellen. Die Darstellungsweise musste soweit differenziert sein, dass sie in der Lage war, Figuren zu charakterisieren und eine Handlung so darzustellen, dass eine bestimmte Geschichte wiederkennbar war. Die Geschichten, die die Sagen erzählen, verstehen sich wie jede andere Geschichte auch, als einmalige Handlung bestimmter Personen an einem bestimmten Ort, – gleichgültig, ob man dieses Ereignis für erfunden oder für wirklich hält.

Überblicken wir die über Tausend Jahre antiker Kunst, in denen es Bilder von Amazonen gab, so kommen vor allem vier Sagen vor, die wir aus der späteren antiken Literatur kennen und in den Bildern wiederfinden; die Bilder belegen die Sage in der Regel früher als die uns erhaltenen Texte.

1) Herakles zieht mit Genossen ins Land der Amazonen und besiegt sie (Kap.8). Die wichtigste Gegnerin des Herakles heißt Andromache oder Hippolyte. Nach einer spätestens seit 500 v. Chr. belegten Sagenversion tut dies Herakles im Dienst des Königs Eurystheus und zwar, um den Gurt der Amazonenkönigin zu erbeuten; die Bilder zeigen dieses Motiv anscheinends erst im 4. Jahrhundert v. Chr. und dann als friedliche Übergabe.[4]

2) Der Athener Königssohn Theseus nimmt die Amazonenkönigin Antiope zu Frau (Kap.12). Nach einer Version verrät sie ihre Heimat und folgt ihm aus Liebe. Nach der beliebteren Variante entführt Theseus sie gewaltsam, oft mit der Hilfe seines Freundes Peirithoos und anderer Genossen, aus dem Land der Amazonen. Sie gehen nach Athen und bekommen einen Sohn.

3) Die Amazonen überfallen aus Rache für den Raub (oder den Verrat) Antiopes die Stadt Athen, werden aber von den Athenern unter der Führung des Theseus und mit Hilfe Antiopes zurückgeschlagen (Kap.9).

4) Die Amazonen, stets Feinde der Griechen, treten auf Seiten der Trojaner in den Kampf. Ihre Königin Penthesielea leistet große Taten, aber im Kampf gegen Achill findet sie den Tod. Erst angesichts der Leiche überkommt Achill Liebe zu ihr, – oder beide erkennen ihre Liebe in dem Augenblick, als Achill Penthesilea tödlich getroffen hat (Kap.13).

Als namensberühmte Figuren spielen vor allem diese vier Amzonen eine Rolle: Andromache, Hippolyte, Antiope und Penthesilea. Sie sind Königinnen der Amazonen und die großen Heldinnen von Geschichten.[5] Doch die Amazonen sind ein ganzes Sagen-›Volk‹. Ähnlich wie die Pferdemenschen Chiron, Pholos, Nessos und Eurytion nur die Vertreter einer ganzen mythischen ›Rasse‹ von Kentauren sind.

Die Amazonen gefielen dem Publikum der Vasen so sehr, dass sie seit dem 6. Jh. v. Chr. auch für sich dargestellt werden, zwar immer in kriegerischer Tracht und nie in bürgerlichem oder gar weiblichem Tun, aber ohne einen benennbaren Erzählzusammenhang. Es sind praktisch all die Bilder, in denen Amazonen als einzelne Figur auftreten oder nur unter ihresgleichen. Etwas mehr als die Hälfte der Beispiele unseres Museums gehören hierher. Selbst bei Amazonen, die sich zu einem Kampf rüsten wie auf Abb. 9.1; 5.26, gibt es kaum Sinn, zu spekulieren, gegen welchen Gegner sie kämpfen werden.

Es gibt noch ein ernsteres Problem: Auch viele der Kampfbilder sind ikonographisch nicht präzisiert. In der Mehrzahl der Amazonenkämpfe tritt freilich Herakles auf; in anderen Theseus, zuweilen mit Antiope als Helferin; hier sind die Geschichten klar. Die erste Schlacht war Herakles' persönliches Abenteuer, die andere der Kampf des Amazonenvolks gegen das Volk von Athen. Leider wissen wir nicht, was die damaligen Zeitgenossen dachten und wünschten. Vermutlich hat jeder Athener in jedem Amazonenkampf, der nicht eindeutig anders identifizierbar war, den Kampf um seine Vaterstadt gesehen. Doch wer wollte, konnte in solchen ›namenlosen‹ Kämpfen auch ein Geschehen sehen, das früher immer wieder stattgefunden hat: Amazonen sind kampflustige Kriegerinnen, und die Helden von einst mussten gegen sie zu kämpfen; ja dort, wo es Amazonen heute noch gibt, so mochte man sagen, sind solche Kämpfe auch jetzt noch möglich.

Amazonenbilder des 7. Jahrhunderts v. Chr.

Amazonen sind Frauen, die wie Männer kämpfen: so die minimalste Definition im Wort. In der Welt des Bildes, müssen diese beiden Eigenschaften, Weiblichkeit und Kriegertum, ausgedrückt sein, um eine Figur als Amazone kenntlich zu machen.

Eine Frau, die genauso auftritt wie ihr männlicher Gegner, also in der Bewaffnung eines griechischen Fußkämpfers, genügt bis ins 5. Jahrhundert v. Chr., um eine Amazone gültig darzustellen. Auch wenn sich die Vorstellungen und Bilder von den Amazonen im Laufe der Zeit erweitern, Amazonen auch zu Pferd, in orientalischer Kleidung und Wappnung auftreten (Kap. 6–7). Das Kriegertum ist leicht darzustellen; nicht ganz so einfach in Kombination damit die Weiblichkeit.

Das früheste Bild: der ›Amazonenschritt‹
Mit zu den frühesten uns bekannten Sagenbildern überhaupt gehört das früheste Bild eines Amazonenkampfs (Abb. 5.1): Um 700 v. Chr. in der Technik der Vasenbilder gemalt, auf der tönernen Nachbildung eines Schilds, Weihegabe im Heiligtum wohl der Hera auf der Burg der kleinen Stadt Tiryns, die Jahrhunderte zuvor eine nicht unbedeutende mykenische Residenz gewesen war.

Wir sehen fünf Figuren: Zwei Krieger links kämpfen gegen zwei Krieger rechts; unten liegt, vom Speer getroffen, ein Sterbender. Die beiden Parteien sind in einem Merkmal grundsätzlich geschieden. Die zwei linken Krieger und der Gefallene haben ein kurzes Wams an, die anderen einen knielangen ›Rock‹, aus dem ein Bein, von der Lende an nackt, herausgreift. Damit sind die Amazonen charakterisiert, denn ein langes Gewand trägt in der Kunst kein Krieger; in dieser Weise trägt es allerdings auch keine normale Frau.

Blicken wir gleich weiter auf das spätere Vasenbild Abb. 5.5. Hier streiten drei Amazonen von links gegen drei Krieger von rechts. Das Gewand der Amazonen ist

5.1 Amazonenschlacht. Der Held packt die Gegnerin am Helm, um sie zu töten. Links Krieger mit Schild und Speer, rechts ebenso Amazone, unten Toter (Zeichnung, ergänzt). Votivschild aus Ton, um 700 v. Chr. Aus Tiryns, Nauplia.

noch länger und fraulicher, bei zweien schleppt es am Boden nach (nicht sehr praktisch für den Krieg), – und um so überraschender ist wieder das nackt vorgestellte Bein. Ihre männlichen Gegner zeigen gar nichts von einem Gewand, ihr Oberkörper ist vom Schild verdeckt, darunter die nackten Beine im Marsch-Schritt.

Zum besseren Verständnis ein Blick zurück ins 8. Jahrhundert v. Chr. Die Menschenfigur, ob Mann oder Weib, war damals ›nackt‹. In den letzten Jahrzehnten des Jahrhunderts setzte sich dann eine deutliche Unterscheidung durch: Die männlichen Figuren können weiterhin ›nackt‹ auftreten, zumindest freien Schritts; die weiblichen Figuren dagegen erscheinen immer bekleidet, wenigstens ab der Taille und meist bis zu den Knöcheln. Die Frauenfigur ist ›geschlossen‹, passiv, im Gegensatz zum aktiv ausschreitenden Mann (Abb. 5.2).[6]

Das Kriegertum der Amazonen ist schon an der kriegerischen Ausrüstung erkennbar, das lange Gewand aber ist das Zeichen ihrer Weiblichkeit, das sie zugleich, im wörtlichsten Sinn, überschreiten! Dieses Gewand ist halb Bildkonstrukt, halb Realität. Es ist nicht ethnographisch wie die spätere thrakischen, skythischen und persischen Trachtelementen der Amazonen, die von der Bekanntschaft der Griechen mit diesen Völkern herrühren. Die Amazonen-Tracht unserer Bilder basiert auf griechischen Gewändern, wie zum Beispiel dem Peplos.[7] Der Peplos ist kein geschneidertes, vernähtes Gewand wie unsere Kleidung, sondern einfach ein rechteckiges Tuch, gefaltet, an den Körper gelegt, über den Schultern zusammen-

5.2 *Bekleidete passive Frau und nackter aktiver Mann (Zeichnung). Mischkessel, um 730 v. Chr., London.*

geheftet, auf der einen Seite geschlossen, auf der anderen offen, mit einem Gürtel zusammengehalten, so wie bei der Darstellung des 5. Jahrhunderts v. Chr. Abb. 5.3a. Die offene Seite, dank des Gürtels ja nur ein Schlitz, war unproblematisch: Die Frauen trugen ein langes Untergewand, vor allem aber bewegten sie sich zurückhaltend und gemessen. Genau an diese Verhaltensregel halten sich die Amazonen im Bild nicht: Sie tragen kein Untergewand[8] und sie schreiten kräftig aus, wie es zum Kampf notwendig ist. Sie nutzen die Möglichkeit, die das Gewand wohl technisch zulässt, aber konventionell verbietet.[9] Dass die Amazonen als Kriegerinnen über das, was sich für eine normale Frau schickt, hinausgehen, ist klar; aber sie gehen auch über das hinaus, was sie im Bild als Frauen erkennen lässt.

Dieses künstliche, doch anschauliche Zeichen, welches Annahme und Durchbrechung der Frauenrolle zugleich ausdrückt, war vielleicht für die Darstellung der Amazonen erfunden worden. Es wird dann auch bei der Darstellung anderer starker Frauen, auch für Halbgöttinnen und Dämoninnen eingesetzt. So bei den Gorgonen, die den Helden Perseus verfolgen (Abb. 5.3b); später bei den verfolgten Harpyien; zuweilen bei Nike, die in rasendem Lauf die Botschaft vom Sieg bringt; bei der geflügelten ›Herrin der Tiere‹; auch bei Mänaden und den halbgöttlichen Nereiden oder bei mythischen Jägerinnen (Abb. 5.3c).[10]

Fast immer ist das Herausschreiten aus dem Gewand auch von der Situation her begründet; aber es ist immer zugleich Zeichen der Macht, zu der eine Bewegungsfähigkeit gehört, die sich nicht an Frauenzüchtigkeit halten kann.[11] Die Formel wird nie für gewöhnliche Frauen eingesetzt, die verfolgt werden oder es sonst eilig haben. Sie wird aber auch nicht für die ganz hohen Frauen verwendet: Nicht für die kämpfenden Göttinnen im Gigantenkampf und vor allem nicht für die Göttin Athena, die auch eine Kämpferin ist, aber ihre göttliche Souveränität gerade durch ihre Kontenance wahrt; für sie wäre die Entblößung des Beins nicht angemessen.[12] Für die Amazonen kenne ich fast nur die hier versammelten Beispiele des 7. Jahrhunderts v. Chr.; ab 550/40 v. Chr. wird die drastische Formel auch für die übrigen starken Frauen nicht mehr verwendet, für die verfeinerte Spätarchaik wäre diese Darstellungsweise zu plump.[13]

Zurück zur Handlung Abb. 5.1. Die unterschiedlichen Größen der Figuren drücken ihre Bedeutung aus. Die Szene ist ganz auf den ›großen‹ Helden zugespitzt. Er holt mit dem Schwert aus und hat mit bloßer Hand die ›kleinere‹ Gegnerin am Helmschopf gepackt. Die versucht seinen Arm mit einem Gegengriff abzuwehren, kraftvoll, wie man sieht: der Arm des Angreifers winkelt nach oben aus. Mit der andern Hand schwingt sie den Speer und tritt mit einem weiten Sprung dem Gegner ans Schienbein.[14] Doch nichts wird ihr helfen, der Krieger wird ihr den Kopf abschlagen.

5.3 *Das lange Gewand der Frau
a) Artemis im Peplos, an einer Seite offen (Zeichnung). Mischkessel, um 460 v. Chr.; Paris, Louvre
b) Gorgone im ›Amazonenschritt‹, rechts Athena im langen Gewand und Mantel (Zeichnung). Amphora, um 670 v. Chr., Eleusis
c) Jägerin im ›Amazonenschritt‹. Trinkschale, um 550 v. Chr., Privatbesitz.*

Der Held hat hinter sich einen ›kleinen‹ Kampfgenossen, der mit dem Speer ausholt und den Schild (in einer Art Profilansicht) zusammen mit dem Reserve-Speer zum Schutz nach vorn hält.[15] Auch die Amazone hat eine Genossin mit dem Schild in der einen Hand, dem Speer in der andern.

Es fällt auf, dass die beiden Hauptkontrahenten ohne Schild kämpfen, entgegen jeder militärischen Realität. Unser Bild steht zwischen den Epochen. In den Kampfbildern des 8. Jahrhunderts v. Chr. werden gerade die aktiven Kämpfer ohne Schild dargestellt, der defensive Schild ist sozusagen nicht erwähnenswert, siehe Abb. 5.4.[16] Blicken wir dagegen in die Zukunft, ins 6. Jahrhundert v. Chr., so sind in den üblichen Kämpfen immer alle Kontrahenten auch beschildet, soweit sie Schwerbewaffnete (Hopliten) sind. Doch bei den Amazonenkämpfen gibt es eine generelle Ausnahme: Herakles, stärker als jeder Kriegsheld, braucht tatsächlich keinen Schild; mit der Rechten schwingt er Schwert oder Keule, und mit der freien Linken packt er die Gegnerin, meist am Helmbusch. Im Beispiel Abb. 8.4 hat die niedergezwungene Gegnerin keine Angriffswaffe in der Rechten mehr, und sie versucht (vergeblich) mit der bloßen Hand den Griff des Helden an ihren Helm zu abzuwehren.

Wir können nicht entscheiden, wie unser frühes Bild Abb. 5.1 hier zu verstehen ist: Hat der Künstler, wie in der frühesten Kunst üblich, auf die Schilde verzichtet, weil nur die Aktion wesentlich ist, oder ist wie später gemeint, dass hier ein Herakles so stark ist, dass er keinen Schild braucht, und dass der Amazone ein Schild nichts mehr nützt, ihr nur noch die Abwehr mit der bloßen Hand bleibt. Jedenfalls besteht kein Zweifel, dass dem Helden der Sieg bestimmt ist. Das sagt schon die Übergröße, die ihm das Bild zuteilt.

Dies kann nur eine bestimmte Sagen-Geschichte meinen. Es gibt zwei Möglichkeiten: Achill besiegt Penthesilea, oder Herakles besiegt die Amazonen. Wahrscheinlicher ist das Letztere. Tiryns galt in einer Sagenversion als zeitweise Residenz des Herakles; Hera, der das Votiv gewidmet war, war zwar Feindin des Helden; sie hat ihm die Arbeiten in den Weg gelegt, – der in den Olymp führte, wo sich Hera dann doch mit Herakles versöhnt, dessen Namen ja nicht anders klingt als »Heras Ruhm«. Und schließlich ist Herakles einfach in der Mehrzahl der frühen Sagenbilder der Held.[17]

Phalanx, Nahkampf, Bogenschuss

Die Szene Abb. 5.1 lehrte, dass die Amazonen genau wie ihre männlichen Gegner auftreten können: Die Hauptfiguren gehen beide über das Normalmaß hinaus, die Nebenfiguren sind normale Schwerbewaffnete mit Schild und Speer. War hier die Begegnung auf den Zweikampf zugespitzt, so scheint die Komposition Abb. 5.5 fast das Gegenteil darzustellen: Hier treten die Kontrahenten als Kollektive auf. Rechts sehen wir drei dichtgestaffelte Kriegerfiguren mit zeichengeschmückten Rundschilden, speerschwingend, wie man beim vordersten noch erkennt. Dieser Dreierreihe antwortet im Gegensinn die der Amazonen.

Solche gestaffelten Kriegerfiguren kommen ungefähr im Zeitraum zwischen 650 und 600 v. Chr. nicht selten in der Kunst vor, um die in der Schlachtreihe nebeneinander kämpfender Krieger, die Phalanx, darzustellen (siehe Abb. 5.6). Die Kunst gibt hier tatsächlich einmal die reale Kampfweise der Zeit wieder. Das ist nicht selbstverständlich. Denn sonst, vorher wie nachher, ist das Ideal der Bilder der Zweikampf (allenfalls mit einem Mitkämpfer auf jeder Seite), – so, wie das Epos den Kampf der großen Helden schildert.

Die Amazonen dieses Bildes hatten wir schon wegen ihrer transgredierten Frauentracht betrachtet. Sie sind wie die Phalanx der Männer geordnet; nun, weil in Gegenrichtung, von der anderen Seite gesehen, die Körper überschneiden die Schilde. Die beiden Vordersten schwingen den Speer. Eine Reihe im Bild ist freilich doppeldeutig, sie ist auch ein Hintereinander: Die ›letzte‹ Amazone trägt zwar den

5.4 Bildidealität: Schwertkämpfer ohne Schild packen einander am Helm, jeder will den anderen töten. Von einem Tondreifuß, 8. Jh. v. Chr., Toronto.

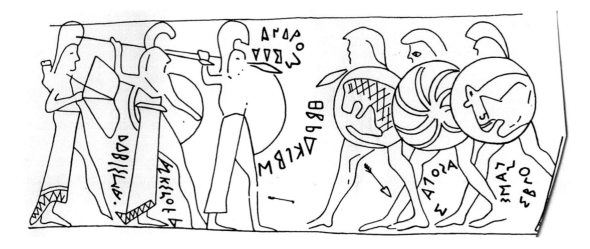

5.5 *Amazonenreihe gegen Kriegerreihe. Die vordersten Gegner heißen: Andromeda und Herakles. Amazone links mit Köcher und Bogen, zwei Pfeile sind abgeschossen. Alle andern Figuren mit Hoplitenschild und Speer (Zeichnung). Korinthisches Salbgefäß, um 600 v. Chr., ehemals Imbros, verschollen.*

Helm des Schwerbewaffneten, doch sie hat weder Schild noch Speer, sie trägt einen Köcher auf dem Rücken und spannt den Bogen. Ihre Position drückt zweierlei aus: Da der Bogenschütze kein Schild hat, ist er auf den Schildschutz von Genossen angewiesen. Und er kämpft normalerweise aus der Ferne, nicht Aug in Aug wie die Schwerbewaffneten. Zwei Pfeile hat unsere Schützin schon abgeschossen, und sie werden treffen (wenn auch nicht tödlich), noch ehe die Phalangen handgemein werden. Die zweite Aussage ist eine Gewichtung. Die Hauptkampfkraft der Amazonen stellen wie bei den Männern die Schwerbewaffneten dar, doch sie haben auch eine Spezialität: Bogenschützen.

In der Bildkunst des 8. Jh.s v. Chr. war der Bogenschütze ein respektabler Kämpfer. Auch im gleichzeitigen Epos sind Bogenschützen namensberühmten Helden, allerdings minderen Rangs.[18] Bald nach 700 v. Chr. verschwinden die Bogenschützen jedoch aus den regulären Kampfdarstellungen. Hier spiegelt sich ein realer Vorgang. In dieser Zeit wurde die Handhabung des Schildes umgerüstet, um für den Nahkampf in geschlossenen Schlachtreihen ideal tauglich zu sein. Dies wird begleitet von einer Ideologisierung, ja Ritualisierung des Nahkampfs: Der Gebrauch von Fernwaffen wird verpönt. Der Bogen gilt nur für die Jagd noch als anständige Waffe.[19]

Dank der frühen Epen, die ja wie die Ilias weiterhin vorgetragen wurden, blieb die Erinnerung an die frühere Stellung des Bogenschützen immerhin bewahrt. Um so auffälliger ist es, wenn nun seit der Mitte des 7. Jahrhunderts v. Chr. Amazonen

5.6 *Kampf der Hopliten-Phalangen (Zeichnung). Korinthische Kanne, um 640 v. Chr.; Rom, Villa Giulia.*

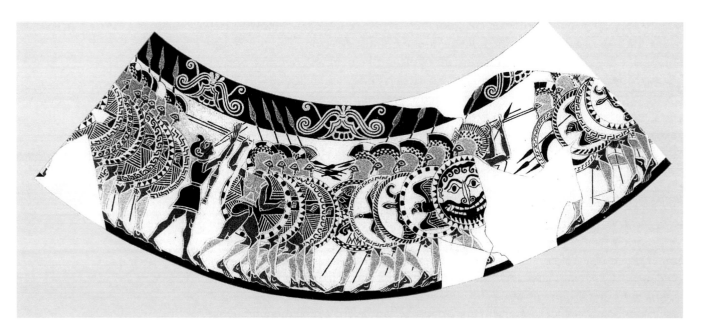

als Bogenschützen in den Bildern auftauchen, die männlichen Gegner aber strikt als Nahkämpfer erscheinen,[20] darin also dem Ehrenkodex der Zeit folgen, nicht der epischen Vergangenheit.[21]

Was heißt das für die Amazonen? Als Hoplitinnen sind sie ebenbürtige Konterparts der männlichen Krieger, als Gesamtheit stehen sie nicht ganz auf gleichem Niveau, eben weil sie auch Bogenschützinnen im Kontingent haben. Das ist ein ethisches Manko zu Zeiten der Nahkampfideologie: Der Bogner schießt aus der Ferne, er braucht nicht den Mut, um seinem Gegner von Angesicht zu Angesicht auf Leben und Tod gegenüber zu treten.[22]

Eine zweite Assoziation ist damit verbunden. Schon in der Ilias sind die Bogenschützen nicht nur Waffengattung, sondern auch ›ethnisch‹ gefärbt.[23] Der berühmteste Bogenschütze ist der (berüchtigte) trojanische Prinz Paris (er versagt als schwerbewaffneter Nahkämpfer im Zweikampf mit Menelaos, aber er wird als Schütze aus der Ferne den unnahbaren Nahkämpfer Achill zu Fall bringen). Der beste Kriegsschütze auf griechischer Seite ist Teukros,[24] doch der trägt einen trojanischen Namen! Er ist Halbbruder des Ajas, seine Mutter aber war die trojanische Prinzessin Hesione; Herakles hatte sie einst erbeutet und seinem Mitkämpfer Telamon weitergegeben. Teukros' Bogenkunst ist wie sein Name ein Erbe trojanischer Ahnen. Der Bogeneinsatz im Krieg verleiht also den Amazonen von Anfang an eine ›östliche‹ Note. Als seit 570/60 v. Chr. der Bogen wieder in griechischen Kriegsbildern auftaucht, ist er zunächst in der Hand von Fremdvölkern, dann von skythischen Söldnern in griechischen Diensten (Kap. 7).[25] Ab dann stecken auch die amazonischen Bognerinnen in orientalischer Ärmel- und Hosentracht.

Doch muss man festhalten, dass eine ›Minderwertigkeit‹ des Bogenschießens in der Bildkunst weder früh, noch später betont wird. Die Schützin im Beispiel Abb. 5.5 wird eher nobilitiert: sie ist in die Reihe der Hoplitinnen wie eine Gleichwertige aufgenommen. – Obwohl in den Amazonenbildern die Bogenschützinnen bis zum Ende der Antike immer weit in der Minderzahl bleiben, ist diese Fähigkeit für die Amazonen charakteristisch, man werfe einen Blick auf die folgenden Abbildungen.

Da sich in unserem Stück Amazonen und Griechen in Schlachtreihen generalisiert als Feinde gegenüberstehen, hätte kein Betrachter das erwartet, was der Vasenmaler als Souverän der kleinen Bildwelt verordnet hat: Durch Beischrift des Namens wird der erste in der Hoplitenreihe zu Herakles, der nächste zu Iolaos (der Neffe und Waffenträger des Helden, der sonst (außer beim Hydra-Abenteuer) nie mitkämpft). Die vorderste der Amazonen heißt Andromeda; ›Andromache‹ hätten wir eher erwartet, so heißt in den späteren Bildern meistens die Gegnerin des Herakles. Dass der Maler den größten Einzeltäter der antiken Sagenwelt zum Soldaten macht, der sich in die Phalanx einreiht – wie auf keinem anderen Bild vorher oder nachher – zeigt die Macht der zeitgenössischen Phlangenideologie.

Allerdings hat der Maler dann doch noch einen bildhaften Hinweis gegeben. Die Buchstabenreihe HERAKLES geht vom vordersten Krieger nach links angriffig gegen die erste Amazone vor. Deren Name ANDROMEDA geht von ihrem Gesicht nach rechts, um sich mit dem 5. Buchstaben wie abgeschlagen zurückzuwenden.

Eine Amazone fleht um Gnade

Neues in der Charakteristik der Amazonen bringt das Fragment einer korinthischen Vase um 640 v. Chr. Abb. 5.7. Links ein Krieger mit Helm und Schild, der sein Schwert gezückt haben muss, denn die Schwertscheide am Gurt ist leer.[26] Ihm gegenüber die Amazone, als Name steht der ihrer ›Rasse‹: AMAZON (linksläufig), der früheste geschriebene Beleg für das Wort übrigens.[27] Die Amazone kämpft nicht mehr, sie ist niedergesunken, der Krieger schaut leicht auf sie herab. Sie hat in der Linken nicht den Schild, sondern den Bogen (man sieht gerade noch das obere Horn), doch mit der Sehne nach vorn, also nicht kampfbereit; das lässt vermuten, dass ihre Rechte zuvor eine andere Waffe, Schwert oder Lanze, vergeblich geführt hat. Nun streckt sie die Rechte waffenlos dem Krieger entgegen, die Hand berührt fast die Spitze seines Bartes. Mit der Hand an das Kinn des Gegenübers zu rühren, ist die typische Geste des Bittens: Die Amazone fleht um ihr Leben!

Hier sehen wir ein ›typisches‹ Verhalten der Amazonen, für das wir gleich noch zwei weitere Beispiele zu besprechen haben. Die Flehgeste der Unterlegenen kommt in den Amazonenkämpfen insgesamt nicht sehr häufig vor, – ich wüsste kaum Beispiele in der Vasenmalerei des 6. Jahrhunderts v. Chr. zu nennen. Erst über hundert Jahre nach den frühen Beispielen kommt diese Geste wieder mit einiger Regelmäßigkeit vor. Auf jeden Fall ist die Geste bei den Amazonen ernst zu nehmen, denn im Kampf der Männer gegen Männer fleht der Unterlegene in den Vasenbildern niemals um sein Leben.

Wie ist die Geste hier zu bewerten? Für einen prinzipiell Schwächeren, für eine Frau, einen Greis, ein Kind ist die Geste angemessen: So flehen sie, selber unbewaffnet, in den Bildern ihre bewaffneten Mörder an: Klytemnästra ihren Sohn Orest, der greise König Priamos den Sohn Achills Neoptolemos, der Halbwüchsige Troilos den Achill. Es wäre falsch, sie feige zu nennen. Aber wie ist es bei einer Frau, die angetreten ist, mit dem Mann Aug in Aug wie je ein Krieger zu kämpfen, und dann, besiegt, um Gnade bittet? Die Geste wäre eines Kriegers unwürdig: Ist die Amazone, die fleht, also ein unwürdiger (weiblicher) Krieger? Oder erweist sie sich in diesem Augenblick nicht als das, was sie ist, als Kriegerin? Amazonen sind Frauen! Sind nicht die stärksten Amazonen, denken wir an Penthesilea und Antiope, für den Männerblick auch die schönsten, also diejenigen, die zugleich am meisten Frauen sind?

Das Fragment Abb. 5.7 lässt nicht erkennen, wo die Szene in der Gesamtanordnung stand. Doch die gespannte Komposition, auch der monumentale Gattungsname ›Amazon‹, lassen auf eine zentrale Szene schließen; man hat, vielleicht mit Recht, an das tragische Aufeinandertreffen von Achill und Penthesilea gedacht.[28] Tatsächlich lassen die anderen ungefähr zeitgleichen Bilder mit diesem Gestus wie Abb. 5.9–10 und genauso die späteren Beispiele wie Abb. 5.15 erkennen, dass es sich bei den flehenden Amazonen gerade nicht um zweitrangige Figuren handelt.

5.7 Entschiedener Zweikampf: Sieger mit Schild (und Schwert) und unterlegene Amazone mit Bogen (ohne Schild), die um Gnade fleht. Korinthisch, um 640 v. Chr., Ägina.

Es sind die kühnsten Amazonen, die an vorderster Stelle gekämpft haben, und die nun (oft tödlich getroffen, also aussichtslos), sich so an den Sieger wenden.

Im Epos und in der Wirklichkeit (nicht im Bild!) konnte sich ein unterlegener Krieger rechtzeitig dem Überlegenen ergeben, und zwar mit dem sachlichen Argument, dass die Verwandten reichlich Lösegeld zahlen würden.[29] Es ist klar, dass eine Stimmung ganz anderer Art ins Spiel kommt, wenn sich eine Frau einem Mann mit diesem Gestus in die Hand gibt; wir werden die Geste gleich bei Antiope wiederfinden, die sich dem Theseus ergibt. Es verwundert nicht, wenn in der Klassik die tödlich getroffene Penthesilea die Geste in eine Liebkosung verwandelt (Abb. 13.1). Ja, es gibt in der Klassik sogar die Umkehrung: Ein Krieger wirbt so, ohne in Not zu sein, in offener Feldschlacht um die Liebe der Feindin (Abb. 11.17).

Dennoch, neben dem Bogengebrauch ist die Bitte um Gnade im Extremfall ein weiteres Manko, vom griechischen Kriegerstandpunkt aus gesehen. Die Männergleichwertigkeit der Amazonen ist eine Grundvoraussetzung, die das Amazonentum ausmacht, aber, und das ist ebenso wesentlich, sie wird zugleich relativiert, und zwar im technisch-militärischen wie vielleicht auch im ethischen Sinn. Wir werden der Sache noch näher kommen, wenn wir weiter unten in den Bildern auszählen, wieviel Amazonen von Griechen besiegt werden, und wieviel Griechen von Amazonen.

Auf der Vase Abb. 5.7 sehen wir eine Methode der Vasenmalerei, die physische Weiblichkeit der Frau direkt vor die Augen zu bringen: Wo die Haut sichtbar ist, an Gesicht und Armen, erscheint die Figur ›hell‹, weil nur in der Umrisslinie auf den hellen Tongrund gezeichnet. Später wird die Frauenhaut sogar durch aufgetragenes Weiß noch schöner dargestellt; Frauen werden generell so in der ›schwarzfigurigen‹ Vasenmalerei charakterisiert. Auf die weiße Frauenhaut der Amazonen werden wir in Kap. 11 zurückkommen.

Zähmung einer Amazone (Theseus und Antiope)

Betrachten wir nun eine Gruppe von Bildern, in denen ein Zusammenstoß von Krieger und Amazone ganz eigener Art dargestellt wird. Das mit einem Model geformte Tonrelief Abb. 5.8,[30] ein Täfelchen mit einem Loch zum Aufhängen, zweifellos ein Weihgeschenk aus einem Heiligtum, ist ins spätere 7. Jh. v. Chr. datieren. Links ein Krieger im kurzen Wams, ohne Waffen außer dem Helm und wohl einem kleinen Schild auf dem Rücken. Gegenüber die Amazone im Helm (und gleichfalls mit Schild auf dem Rücken?), dazu an der linken Seite die Schwertscheide. Als Amazone ist sie erkennbar an der prallen Brust und mindest ebenso deutlich am bewährten Indiz: dem langen Frauengewand, das ihr nacktes Bein im Angriffsschritt zerteilt. Der Krieger hat mit bloßen Händen die Aktion der Amazone lahmgelegt: Mit der Linken packt er ihren rechten Arm, der zum tödlichen Schlag mit einem krummschneidigen Schwert ausholen wollte; mit der Rechten packt er die Linke der Gegnerin, die die zweite Waffe hält, den Bogen (wieder außer Gefecht mit der Sehne nach vorn wie bei Abb. 5.7).

Der Kampf steht nur technisch gesehen im Patt. Der Krieger hat auf die Waffen verzichtet, mit bloßen Händen zeigt er seine Überlegenheit und zugleich seine Absicht, sie nicht zu töten, die ihn doch töten wollte. Will er sie als Gefangene, um sie gegen Lösegeld auszutauschen oder als Sklavin zu verkaufen? So etwas Prosaisches wird im Bild nicht dargestellt. Ein Mann bezwingt eine sich wehrende Frau: das lenkt die Phantasie in eine ganz andere Richtung. Sich durch Entführung eine Gattin zu erwerben, ist gerade eines Helden würdig. Doch dies hier ist kein Brautraub der Art, wo ein munteres Mädchen aus der Schar von Gespielinnen vom Helden, mit Hilfe eines Gefährten vielleicht, zu einem bereitstehenden schnellen Gespann entführt wird. Die Begegnung ist kriegerisch, man kann sie sich am

5.8　Krieger (Theseus) setzt die
Amazone mit bloßen Händen matt.
Antiope mit Krummschwert und
Bogen, im ›Amazonenschritt‹.
Votivrelief aus Ton mit Loch zum
Aufhängen, aus Phanes (Rhodos),
spätes 7. Jh. v. Chr., Berlin.

Rande der Schlacht vorstellen. Es gibt nur eine Sagenerzählung, die dafür passt: Theseus erwirbt sich mit Gewalt die Amazone Antiope als Gattin.[31] Sie geht mit ihm nach Athen, ihr gemeinsamer Sohn wird Hippolytos sein (Kap. 12).

Bei unserem Bild und bei den folgenden, wo sich ein Krieger und eine Amazone allein gegenüberstehen, ist es immer die Bogenwaffe, die die Figur von vornherein als Amazone ausweist. Wenn mehrere Amazonen dargestellt werden, so ist es auch in den späteren Bildern in aller Regel so wie schon im frühen Bild Abb. 5.5: Die Mehrheit der Amazonen sind Nahkämpferinnen, die Bognerinnen sind eine zweitrangige Waffengattung, was sich durch die Minderzahl ausdrückt. Wie charakteristisch der Bogen aber für die Darstellung des Amazonentums ist, zeigt sich eben bei der Einzeldarstellung: Der Bogen macht die Amazone kenntlich.

Das ganz ungefähr gleichzeitige Bronzeblechrelief aus Olympia Abb. 5.9 erzählt offenbar die gleiche Geschichte. Der Krieger trägt mit der Linken den großen Rundschild; doch seine Rechte ist wieder waffenlos, er fasst das nackte Bein der Gegnerin in der Kniekehle und reißt es vom Boden zu sich her. Die Amazone hält in der Linken Pfeil und Bogen und streckt den rechten Arm aus, um das Kinn des Gegners zu berühren. Die Szene ist im Vergleich zur vorigen anders gewichtet. Der Krieger wehrt nicht ab, er geht offensiv vor, doch ist auch hier klar, dass er die Gegnerin nicht töten oder verletzen wird. Die Amazone ist in keiner Weise aggressiv, sie bittet um Gnade.

5.9　*Theseus (mit Schild) packt die Amazone am nackten Bein, Antiope (im langen Gewand, mit Pfeil und Bogen) bittet um Gnade (überzeichnetes Foto). Bronzenes Beschlagblech von einem Votiv, spätes 7. Jh. v. Chr., Olympia.*

Das Erstaunlichste ist des Helden Griff ans nackte Bein der Gegnerin. Vorausgesetzt ist natürlich wieder die Amazonenformel: der Schritt aus dem Frauengewand, und eben der wird der Amazone zum Verhängnis. Der Held setzt sie matt, indem er ihr mit dem Griff ans Bein den festen Stand nimmt, den sie doch eben mit ihrem unweiblichen Schritt in der Männerwelt gewinnen wollte. Und jetzt fällt uns auf: Ist nicht der Amazonenschritt in seiner gewollten Männlichkeit von den Künstlern als provozierende Weiblichkeit gedacht, weil so das nackte Bein einer Frau zum Vorschein kommt? Kurz, man könnte so weit gehen, dass man im Griff ans Bein ein, allerdings gänzlich unbürgerliches, Liebeswerben des Theseus sieht, dem Antiope antwortet, und zwar situationsgerecht und wieder ganz unbürgerlich mit dem Gestus der Besiegten.

Rechts steht groß eine Frau in langem Chiton und Mantel, den sie über den Kopf gezogen hat und mit konventioneller Geste vorhält; mit der andern Hand weist sie auf die Szene. Wer ist sie? Bei den Brautentführungen späterer Bilder steht regelmäßig der Vater des Mädchens im Hintergrund. In der vaterlosen Gesellschaft der Amazonen könnte man hier die Amazonenmutter erwarten, dargestellt als würdige Matrone, nicht als Kriegerin. Eine andere, schönere Deutung sieht in ihr die Göttin Aphrodite, die hier, Exemplum ihrer eigenen Gabe, wie eine Braut auftritt. Amazonen sind der Ehe grundsätzlich abgeneigt, und die hochzeitsstiftende Göttin wäre hier sehr am Platz; vielleicht bewirkt sie es, dass Antiope sich in die Ehe schickt. Jedenfalls könnte Aphrodites Anwesenheit andeuten, dass trotz des gewaltsamen Vorgangs alles in die rechte Ordnung kommt.[3]

Die früheste Fassung dieser Szene findet sich im Relieffries eines großen Gefäßes Abb. 5.10.[33] Hier sind die Gegensätze fast in ein geometrisches Schema gebracht. Der Krieger hat die Amazone am Fuß gepackt und bedroht sie mit dem

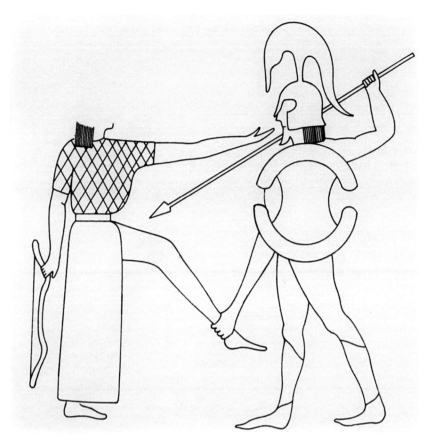

5.10 Theseus hat die Amazone
außer Gefecht gesetzt, er droht mit
dem Speer. Antiope ergibt sich
(Zeichnung). Reliefgefäß, um 660 v.
Chr., Naxos.

5.11 Kampf und Umarmung: Ein
Held gewinnt sich eine starke Frau
(Peleus und Thetis?). Tönernes
Votivrelief aus Tegea, 650 v. Chr.,
Athen.

Speer, in Richtung ihres Schoßes zielend. Die Amazone, von der wir nicht wissen, ob sie einen Helm wie ihre Gegenüber trug, hält den Bogen, nun ganz außer Gefecht, mit erschlafft herabhängendem Arm; mit dem andern Arm vollzieht sie wieder den Gestus des um Gnade Flehens.

Der Griff an den Fuß wirkt technisch wie eine Art Ringerkniff: Die Gegnerin kann keinen Schritt, weder vorwärts noch rückwärts, machen, kann aber vom Greifenden herangezogen oder weggestoßen und zu Fall gebracht werden. Zugleich wird durch diesen unkriegerischen Griff wieder klargemacht, dass der Held, auch wenn er mit dem Speer zielt, die Amazone nicht töten will; der zünftige Griff zum Töten wäre der nach dem Kopf oder Helmbusch der Gegnerin (wie bei Abb. 5.1). Das Verhalten des Kriegers in den Szenen Abb. 5.8–10 ist ganz darauf ausgerichtet, eine Situation zu erzeugen, die von der Amazone nur sinnvoll durch den Flehgestus beantwortet werden kann: Darauf kommt es dem Krieger an.

Schließlich wollen wir neben diese Gruppe noch ein viertes Bild stellen Abb. 5.11, wiederum ein Tonrelief, das nur eine Votivgabe gewesen sein kann.[34] Diesmal sind beide Kontrahenten waffenlos; es gibt keinen Hinweis, dass die Frau den Mann töten wollte und der Mann die Frau töten könnte, wenn er wollte. Im Prinzip ist aber wieder gemeint: Ein Held bezwingt eine starke Frau. Nur für eine solche Frau ist der Gewaltschritt des nackten Beins aus dem Gewand heraus zu erwarten; und nur hier, wo der Mann Gewalt anwenden muss, ist sein Griff an dieses Bein angebracht. Im Vergleich zu den andern Beispielen verweist unsere Szene auf eine freundlichere Zukunft: Der Kampf, der sich unten abspielt, geht oben in eine Umarmung über; die Hand des einen Partners ruht jeweils auf des andern Schulter, den Flehgestus der Amazone hat diese Frau in eine Liebkosung verwandelt.[35] Vielleicht ist, wie vorgeschlagen, der Held Peleus dargestellt, der sich das göttliche Meermädchen Thetis als Gattin gewinnt, und zwar mit Gewalt!

Es lohnt sich, die Bildtypik dieser Beispiele, wozu uns sofort das Stichwort ›Geschlechterkampf‹ einfällt, mit einer ›echten‹ Werbe-Szene zu vergleichen (Abb.

5.12). Ein junger Mann im kurzen Chiton, der die nackten Beine und den aktiven Schritt freigibt, wirbt um ein haarprächtiges Mädchen, das ruhig im knöchellangen, geschlossenen Gewand vor ihm steht. Der junge Mann zeigt deutlich, was er will. Er rührt der Geliebten mit der einen Hand ans Kinn (hier natürlich kein Flehen um Schonung, sondern eine Liebkosung, die um Gegenliebe bittet), mit der andern Hand aber an den Schoß. Das züchtige Mädchen kontert beide Annäherungen mit festen Gegengriffen, es hält die Liebesbezeugungen des Mannes in Schranken, und er muss dies akzeptieren. Wir sehen eine ideales Bild ›heroischen Lebens‹, keine Wiedergabe bürgerlicher Wirklichkeit: Da wäre die Direktheit der Werbung unerhört, und beider Eltern hätten einiges mitzureden.

Der Unterschied zur Motivik der Szenen, wie Theseus mit Gewalt um die Amazone ›wirbt‹, ist groß. Antiope kann sich nicht erwehren, sie muss sich ergeben, aber sie bleibt aufrecht (sie sinkt nicht nieder wie die tödlich Getroffene Abb. 5.7). Die erotische Deutlichkeit selbst der ›idealen‹ Szene gibt das Recht, den Griff ans Bein bei Abb. 5.9–11, den Speer in Richtung Schoß bei Abb. 5.10 als sexuelle Agressivität des Helden zu werten.

Damit haben wir die wichtigsten Amazonenbilder der frühesten Zeit, nämlich des 7. Jahrhunderts v. Chr., betrachtet. Die ausdrucksvolle Formel des langen Frauengewands, das die Kriegerinnen mit großem Schritt zerteilen, ist nur dieser Epoche vorbehalten. Dass die Amazonen Frauen sind, die die Frauenrolle überschreiten, bleibt natürlich Kern ihres Wesens. In den frühen Bildern finden wir alle Aussagen, die sich weiterhin bewähren: Die Amazonen kämpfen wie Männer gegen Männer. Sie können töten, doch sie sind besiegbar. Anders als griechische Krieger benutzen sie auch den ›orientalischen‹, für Nahkämpfer ethisch nicht standesgemäßen Bogen. Und anders als es für Krieger im Bild schicklich ist, können sie, besiegt, als Frauen um Gnade bitten. Amazonen sind schön und begehrenswert, aber keine will unter der Herrschaft eines Mannes stehen: Der Held Theseus muss sich die Amazone Antiope mit Gewalt zur Frau gewinnen.

5.12 Werbung: Der junge Mann greift nach Kinn und Schoß, das Mädchen hält ihn in Schranken. Kretische Kanne, frühes 7. Jh. v. Chr., Heraklion.

Das Amazonenbild der Archaik und Klassik

Die wenigen Amazonenbilder des 7. Jahrhunderts v. Chr. haben bereits Wesentliches dieser mythischen Figuren gezeigt. Doch erst die spätere Kunst seit etwa 570 v. Chr. entwickelte das Amazonenbild in Fülle und macht die Amazonenkämpfe zu einem beliebten Thema der ›Kleinkunst‹ der Gefäßverzierung und seit etwa 500 v. Chr. auch der großfigürlichen Darstellung an Tempeln und anderen Gebäuden und schließlich in der Freiplastik.

Am häufigsten treten die Amazonen als Kämpferinnen zu Fuß und zumindest im 6. Jahrhundert v. Chr. in griechischer Kleidung und mit griechischen Waffen auf. Hier soll im Folgenden diese Form ihres Kriegertums untersucht werden, zuerst aber ihr grundsätzlicher Status als Feind. – Die Amazonen als Reiter, in orientalischer Bekleidunng und Wappnung werden in den Kapiteln 6 und 7 vorgeführt.

Bilder oder Literatur?

Die heute populäre Vorstellung von den Amazonen wird dadurch mitbestimmt, dass man, in der irrigen Vorstellung, so der ›Realität‹ näher zukommen, sich vor allem auf antike Texte beruft. Und zwar auf Texte ganz bestimmter Art, wie sie von ethnographisch interessierten Historikern seit dem 5. Jahrhundert v. Chr. verfasst worden waren, und die, wie es Brauch war, in Kette voneinander abgeschrieben sind, – was naive Leser von heute dazu verführt, in den wiederkehrenden Motiven mehrfach verbürgte Tatsachen zu sehen.

Mit den alten Sagen hatten diese neuen Überlegungen der ›Historiker‹ nichts zu tun. Im Gegenteil, der Mythos von den manngleichen Kriegerinnen, die gegen Männer kämpfen, genügte dem biederen Realitätssinn jener Literaten nicht mehr, und sie haben sich nun ausgemalt, was hinter dem Mythos stecken müsste, damit das, wovon der Mythos erzählt, überhaupt existieren könnte, nämlich ganz vernünftig ausgedacht: Ein Staat, in dem die Frauen die politische Herrschaft haben und all das tun, was sonst Männer tun; ein Staat, indem die Männer entweder unterdrückt sind oder gar keinen Platz haben; dazu kommt die irgenwie zu lösende Komplikation, dass es immernoch die Frauen sind, die Kinder gebären, von denen dann freilich nur die Mädchen zu Bürgerinnen dieses Staates aufgezogen werden dürften, die wiederum eine Ausbildung erhalten müssten, wie Mädchen sonst nie… Ferner musste man sich ausdenken, wie ein solch merkwürdiges Staatsgebilde angesichts der allbekannten Natürlichkeit der Männerherrschaft überhaupt entstehen konnte usw. usw. Einige dieser Texte bietet im Wortlaut Kap. 14.

Von all diesen Erörterungen, die sich nicht zuletzt dem Lockruf von Tinte und Papier verdankten und die gerade den modernen Amazonen-Freunden wieder so teuer sind, wissen die Bilder nichts. Für die griechische Bildkunst sind die Amazonen ausschließlich als Kriegerinnen interessant. Sie werden im, vor und nach dem Kampf dargestellt, und wenn sie ohne situativen Zusammenhang aufzutreten scheinen, sind sie dennoch kriegerisch tätig oder zumindest gerüstet. Die Amazonen sind im Kriegertum zu Hause. Das gilt selbst für das fast singuläre Motiv einer Amazone, die vor einem Altar betet, aber die Waffen nur hinter sich abgelegt hat (Abb. 7.13).

Man könnte einwenden, dass Amazonen nur durch ihr Kriegersein im Bild kenntlich gemacht werden könnten. Aber man hätte Amazonen ohne Problem bei andern männlichen Tätigkeiten erkennbar darstellen können (eventuell durch spezifische Trachtelemente verdeutlicht): zum Beispiel auf der Jagd;[36] beim Wettkampf auf dem Sportplatz; als auf den Spazierstock gestützte Bürgerinnen, die sich unterhalten, oder vielleicht auch beim Waffenschmieden. Doch erst tausend Jahre nach der ersten Amazonendarstellung, in der späten römischen Kaiserzeit, werden Amazonen wenigstens auf der Jagd dargestellt!

Die griechische Kunst kümmert sich also nicht um die Amazonen als Frauenstaat, nicht um das utopische Beispiel einer andern Gesellschaft und Lebensweise, sondern allein um die Amazone als Kriegerin und das heißt: als Gegnerinnen der (griechischen) Männer.

Freilich muss man fragen, wie ernst die Bilder als Zeugen einer Vorstellung zu nehmen sind. Der wortgläubige, textüberflutete heutige ›Leser‹ nimmt in der Regel das Bild nur noch als Illustration eines ›Textes‹ (im weitesten Sinne) wahr. Wir Archäologen und Museumsleute sehen dagegen jene mythischen Figuren vor allem in Bildern lebendig (die freilich ohne Sage nicht verständlich wären). Wahrscheinlich wird unser Standpunkt dem antiken Publikum ungefähr gerecht: Damals haben mehr Leute Bilder angeschaut, als Texte gelesen. Leider fehlen uns fast ganz die Stimmen der Dichter zu unserm Thema, z.B. das Epos, das die Geschichte von Achill und Penthesilea gestaltet hat, oder eine Tragödie ... Wenn man von der Dichtkunst absieht, darf man aber behaupten, dass die Bildkunst (als Gattung, nicht in jedem Einzelbild) generell die mythische Ideen tiefer fundiert hat und voller zur Erscheinung brachte, als jene Literaten-Literatur, die übrigens durchweg später entstanden ist als die meisten unserer Bilder.

Töchter des Ares!

Die Amazonen werden in der antiken Dichtung gern ›Töchter des Ares‹ genannt. Es ist nebensächlich, wo dies im Wortsinn, wo dies metaphorisch gemeint ist. Ares ist der Gott der reinen Kriegslust, des Krieges ohne Ziel und Ende. Will der Mythos sagen, dass die Amazonen besonders blutdurstig und grausam seien? Aus den Bildern ist dies nicht generell abzulesen. Zweierlei wird wohl mit dieser ›Genealogie‹ angedeutet:

1) Ein Staat von Areskindern kann nur einen Zweck haben: Krieg zu führen um des Krieges willen. Das unterscheidet den Staat der Amazonen allerdings von jedem zivilisierten Staat, dessen Zweck nicht der Krieg ist, sondern umgekehrt, dessen Kriege einen Zweck haben: um sich zu verteidigen oder um Land, Herrschaft, Beute zu gewinnen. Aber gerade dies ist an den Amazonen so wunderbar: Sie sind Künstlerinnen des Krieges, sie treiben ihn l'Art pour L'Art, nicht um Geld und Güter. Und da in Wirklichkeit niemand mit diesen Wesen kämpfen musste, konnte man ihre Kriegslust schön und edel finden.[37] Die Herkunft der Amazonen oder zumindest ihrer Königinnen von Ares, macht sie auch noch zu Halbgöttern: ebenbürtig den griechischen Helden, die ja in aller Regel gleichfalls ein göttliches Elternteil hatten.

2) Als ›Heimat‹ des Ares galt das den griechischen Siedlungsgebieten nördlich benachbarte Thrakien. Nach einer alten Sagenversion kamen von dort auch die Amazonen, so Penthesilea mit ihren Genossinnen, die auf Seiten Trojas kämpften. Auch Dionysos, der Gott des Weins und der Ekstase, haust am liebsten in Thrakien, zusammen mit seinen mythischen Begleiterinnen, den rasenden Mänaden.[38] Bei beiden Göttern gibt es etwas, was die Griechen als wirklich, also als göttlich akzeptieren mussten, aber nicht als ganz und gar ›griechisch‹ akzeptieren wollten: das Übermäßige, Anarchische, das Ares, der Gott des ungezügelten Krieges und Dionysos, der Gott der Ekstase in sich haben. Diese Camouflage als halb eigen und halb fremd ist natürlich ein griechisches Konstrukt, die Griechen haben weder Räusche noch Kriege gescheut.[39]

Auch Athena war eine Göttin des Krieges. Doch sie ist Schutz und Schild der Städte, Vorkämpferin im gerechten Krieg, sie bringt Sieg und damit Frieden. Athena ist die erbittertste Feindin des Gottes der puren Krieglust, Ares. Wie ist ihr Verhältnis zu den ›Arestöchtern‹? Natürlich steht Athena auf Seiten der Griechen und ihrer Stadt Athen; besonders war sie es damals, als die Amazonen vom Areios pagos, dem ›Ares-Hügel‹ aus versuchten, Athenas Haus auf der Akropolis zu stürmen. Der Schild des riesigen Kultbildes der Athena, das seit etwa 435 v. Chr. im Parthenon stand, zeigte diesen Kampf und den Untergang der Amazonen (Abb. 9.29).

Doch wenn man von diesem Fall absieht, zeigt sich eher gar kein Verhältnis zwischen Athena und den Amazonen, – oder vielleicht doch, nämlich kein feindliches, sondern ein ausweichendes. Athena ist bei den Taten ihres Lieblings Herakles in vielen Bildern präsent, doch bei einer Tat fast nie: beim Kampf des Herakles gegen die Amazonen. Wenn Herakles mit vielen Genossen zusammen kämpft, passt Athena wohl wirklich nicht gut dazu. Aber oft genug ist Herakles' Amazonenkampf wie seine anderen Taten als Zweikampfabenteuer dargestellt, und auch da fehlt Athena als Beistandsgöttin.[40] Es ist offenbar eine Art Taktgefühl der Künstler, das Athena nicht anwesend sein lässt, wo Amazonen getötet werden, die als kriegerische Frauen doch der Göttin nicht ganz unähnlich sind. Und einen Namen haben Athena und jede Amazone gemein, den der Parthenos, der jüngfräulichen, beziehungsweise mannlosen Frau.

Wie passen die Amazonen ins Feindbild?
Das normale griechische Feindbild – wir betrachten hier nur die Kunst – weicht grundsätzlich ab von dem aller anderen alten Kulturen rund um die Welt: Es gibt eigentlich keines. Wenigstens nicht in den konventionellen Bildern, die den Krieg als Wert rühmen. Wenn Männer gegen Männer kämpfen, sind sie einander feind. Aber die Frage: »Wer ist der Feind«, ergibt für tausende von griechischen Kampfdarstellungen keinen Sinn. Denn es gibt keine Identifizierung der Parteien, kein ›Wir gegen die Feinde‹. Anders in Ägypten und Orient. Der Feind ist dort der Reichsfeind, unterschieden und diskriminiert durch Physiogomie, Kleidung, Waffnung und Situation: Er hält nie stand, er wird gefangengenommen, niedergemacht, zerstückelt oder er flieht; der König oder Pharao packt die Feinde bündelweise.

Die griechische Bildkunst hat ein in der Weltkunst singuläres Motiv geschaffen, den ›gleichstehenden Zweikampf‹[41]: Zwei Krieger stehen einander gegenüber, ebenbürtig, Aug in Aug, Waffe gegen Waffe, jeder könnte den andern töten (Abb. 5.13; vgl. schon Abb. 5.4).[42] Hinter diesem Motiv steht ein politischer Sachverhalt: Die Griechen bildeten nie ein Reich, die meisten Kriege fanden unter ihresgleichen statt, der Feind war heute die Nachbarstadt, aber der Feind von heute konnte der Verbündete von Morgen sein. Kurz: der Feind ist einer wie man selbst.

Um was geht der Kampf (im Bild)? Oft um einen Gefallenen oder Stürzenden, dem ein Genosse zur Hilfe kommt, indem er dessen Kampfplatz einnimmt. Selbstverständlich kennt das Bild auch das Zweierschema von siegendem und unterliegendem Kämpfer, aber Sieg oder Niederlage ist nicht die Eigenschaft einer Partei, sondern das Prinzip des Kampfes. Dieses Prinzip ist absolut und gilt für alle: Es geht um Leben und Tod. Kein Besiegter bittet um Gnade, Gefangene werden nicht gemacht, niemand entrinnt durch Flucht, kein Verwundeter hinkt gerettet vom Platz, aus der Schlacht getragen werden nur Tote. Die Realität sah freundlicher aus, die Kunst idealisiert den Krieg rigoros. Ich nenne diese Darstellungsweise des Krieges im folgenden die ›heroische‹.

Die Ethik der Ebenbürtigkeit der Gegner kennen wir auch aus dem Epos, der Ilias des 8. Jahrhunderts v. Chr. Dort gibt es allerdings zwei klar unterschiedene Parteien: die vereinigten Griechenfürsten und die Trojaner mit ihren Verbündeten. Die Ebenbürtigkeitsideologie des üblichen Krieges wird hier auf den mythischen Krieg übertragen, könnte man sagen. Zugleich kann der Plot der Ilias, ja der eigentliche Kern der Troja-Sage nur dank dieser Voraussetzung, der Ebenbürtigkeit der Kontrahenten, existieren. Die Epik stabilisierte ihrerseits das Fairness-Ideal und in der (etwas späteren) Kunst sind die mythischen Kämpfe zwischen Griechen und Trojanern nach dem gleichen vornehmen Prinzip gestaltet.

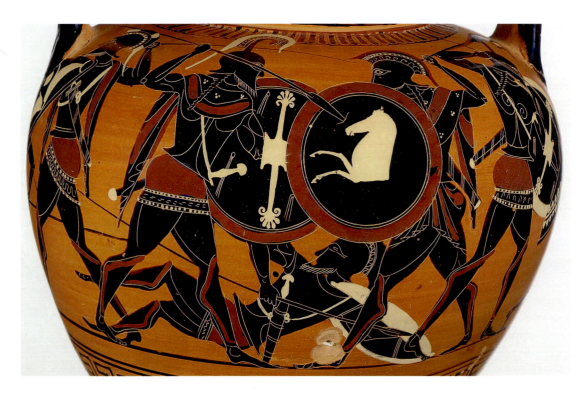

5.13 *Ein typisch griechisches Motiv: Gleichstehender Zweikampf über Besiegtem. Attische Amphora, um 520 v. Chr.*

Es gibt nun, wenn auch nicht sehr häufig, vor allem zwischen 490 und 420 v. Chr. auch Darstellungen, die ein historisches Kriegsgeschehen und eine Feindschaft besonderer Art wiederspiegeln, nämlich zwischen Griechen und Persern. Die Perser sind kenntlich an der (stilisiert orientalischen) Tracht, oft an der Bewaffnung, manchmal durch große Bärte; sie kämpfen zuweilen zu Pferd gegen Griechen zu Fuß. Hier gibt es nun deutliche Unterschiede zu den heroischen Kampfbildern, weniger im Einzelbild, doch wenn man die Bilder insgesamt betrachtet: Gleichstand zwischen den Gegnern ist selten, die Griechen sind meist überlegen, die Perser nie, Tote gibt es nur bei den Persern.[43] Diese Bilder sind nicht sehr zahlreich, und sie fehlen im 6. Jahrhundert v. Chr., so dass sie für diese Zeit nicht zum Vergleich dienen können.

Wie ist es nun, wenn Amazonen gegen Männer, also Griechen, kämpfen? Hier gibt es ja ohne Frage zwei grundverschiedene Parteien und sie sind zumindest im schwarzfigurigen Stil des 6. Jahrhunderts v. Chr. auf den flüchtigsten Blick unterscheidbar: ›schwarz‹-häutig die Griechenmänner, ›weiß‹-häutig die Amazonenfrauen. Und natürlich gilt: Die Amazonen sind die Feinde, die Griechen sind ›wir‹. Wie wird dieser Kampf dargestellt, im Vergleich zu den heroischen Männerkämpfen und zu den Griechen-Perser-Kämpfen?

Man kann sich zwei extreme Möglichkeiten vorstellen. Im Sinne der heroischen Kampfdarsstellung wäre: Griechen und Amazonen treten regelmäßig im Gleichstand einander gegenüber, im übrigen sind gleich häufig Griechen wie Amazonen Sieger, die Gefallenen gehören ausgewogen zu beiden Parteien. Das andere Extrem wäre ein Verhältnis wie bei den Griechen-Perser-Kämpfen, oder noch darüber hinaus analog zum Feindbild in Ägypten und Orient: Wenn die Amazonen nie ebenbürtig aufträten und immer besiegt würden.

Der tatsächliche Befund steht dazwischen, aber in bezeichnender Weise: Vom heroischen Kampf unterscheiden sich die Amazonenkämpfe statistisch, von den Perserkämpfen und dem ›orientalischen‹ Modell unterscheiden sie sich prinzipiell. Das heißt einerseits: Die Griechen sind sehr viel häufiger die Überlegenen, und die Amazonen kommen häufiger zu Tode. Andererseits gibt es hier das, was im Perserkampf nicht vorkommt: Amazonen siegen auch über Griechen, und auch unter den Griechen gibt es Tote.

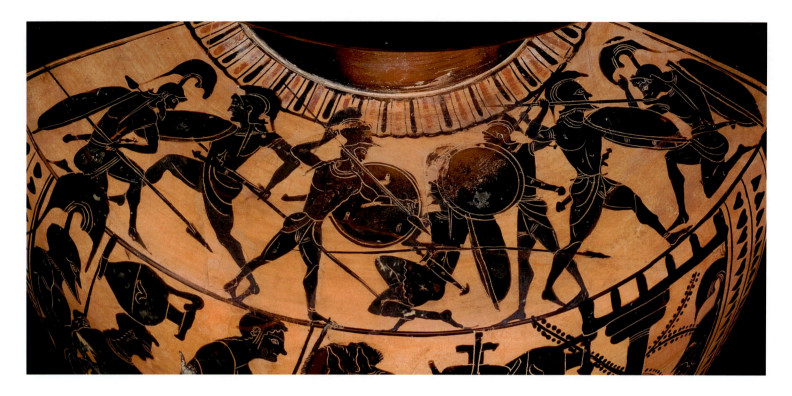

5.14   Fast ausgeglichene Schlacht:
Links siegt die Amazone; in der
Mitte gleichstehender Zweikampf
über gefallener Amazone; rechts siegt
der Grieche. Das Weiß der Frauenhaut ist abgeplatzt, sodass auch die
Amazonen dunkel erscheinen.
Attische Hydria,
um 510 v. Chr. (Kat. 1).

Niederlage, Sieg, Gleichstand

Nun etwas genauer. Zunächst muss man eine große Gruppe von Bildern extra behandeln: den Kampf des Herakles gegen die Amazonen, siehe Kapitel 8. Hier siegt
Herakles. Herakles siegt auch sonst immer, selbst über Göttersöhne, sein mühe-
loser Sieg über die Amazonen macht also ihre Kraft nicht verächtlich. Die Münchner Ausstellung hat so viele Herakles-Amazonen-Bilder, dass das Schicksal der
Amazonen allzu trostlos aussieht. Aber hier muss man sagen: Es braucht einen
Herakles, um Amazonen eine solche Niederlage zuzufügen, und: die Amazonen
scheuen nichteinmal einen Herakles.

Eine weitere Regel heißt: In einem Bild, das nur einen Einzelkampf von Krieger
und Amazone zeigt, wollte man offenbar das Ergebnis der ganzen Schlacht repräsentiert sehen; die Amazone muss hier also (fast) immer unterliegen. Die Münchner Sammlung ist allerdings der Theorie gegenüber nicht ganz loyal: Von den drei
todbringend siegreichen Amazonen unserer Sammlung siegen zwei ausgerechnet
im isolierten Zweikampf, siehe Abb. 9.16–17.

Eine dritte Regel belegt unser Vasenbild Abb. 5.14: Treten im Bild (mindestens)
drei Einzelkämpfe auf, so darf in einem Kampf eine Amazone siegen.[44] In der Mitte unseres Bildfrieses hat der Krieger eine Amazone zu Fall gebracht, doch eine
Gefährtin tritt nun gegen den Sieger an, sodass hier ungefähr das Schema des
gleichstehenden Zweikampfs entsteht; die Gruppen rechts und links sind kompo-
sitionell und inhaltlich symmetrisch gestaltet: rechts siegt ein Grieche nach rechts,
links siegt eine Amazone nach links. Das Prinzip ›Ebenbürtigkeit‹ kommt hier
ebenso klar zum Vorschein wie die Tendenz: ›Die Amazonen werden besiegt werden‹. Das entspricht natürlich dem Mythos. Die Amazonen sind männergleiche
Kriegerinnen, aber: Priamos und Bellerophon siegten; Herakles, der mit seinen
Genossen die Amazonen angreift, besiegte sie; Theseus entführte Antiope mit Gewalt; Achill tötete vor Troja Penthesilea; Theseus und die Athener besiegten die
Amazonen, als sie Athen angriffen. Dass die Männersiege in Bild und Mythos kein
Zufall sind, ist klar. So edel und reizvoll die Amazonen als Gegner sein mögen:
Dass sie generell Männer besiegten, wäre gerade für jene Männerphantasie uner-
träglich, die sich ebenbürtige Frauen als Kampfgegnerinnen in heroischer Vergan-
genheit und im fernen Märchenland so begeistert vorstellt.

*5.15   Tapfer in verlorener Schlacht:
Die einzige Amazone im Vormarsch,
doch man beachte die Speerspitze
des Gegners. Attischer Mischkessel,
um 450 v. Chr., Leihgabe Basel.*

Betrachten wir noch zwei figurenreiche Vasenbilder, die uns die Spannbreite
des Gegnerschaftsverhältnisses anschaulich machen. Die Amazonenschlacht auf
den beiden Seiten des Basler Mischkessels Abb. 9.26 meint gewiss den Abwehr-
kampf der Athener. Der erste Blick lehrt, dass den Amazonen eine Niederlage be-
vorsteht: In 13 Einzelkämpfen stürzen sie oder wenden sich zu Flucht, auch wenn
alle noch tapfer ihre Waffen gegen den Gegner richten und den gestürzten Gefährtinnen zuweilen Reiterinnen zu Hilfe kommen. Nur in einem Fall scheint eine
Amazone einen Griechen in die Defensive zu treiben, aber die Spitze seines Speeres
steht vor ihrer Kehle (Abb. 5.15). Und gleichfalls nur in einem Fall herrscht Gleichstand zwischen Amazone und Mann, aber die Kriegerin wird von einer Genossin
unterstützt, sodass es Zwei sind, denen der Krieger standhält (Abb. 9.26). Wie gefährlich die Amazonen sind, bezeugen zwei tote Krieger im Vordergrund, die einzige tote Amazone liegt im Hintergrund. Vom Proporz her ist die Lage der Amazone viel aussichtsloser als bei der siebenfigurigen Szene Abb. 5.14. Doch wird durch
die genannten Einzelmotive auch hier die grundsätzliche Ebenbürtigkeit und Hel-
denhaftigkeit der Amazonen als Grundlage selbst dieses katastrophalen Waffen-
gangs herausgestellt.

Während bei dem Basler Krater die Griechen dominieren und dabei doch fast
jede Kampfgruppe eigens variiert ist, zeigt die über hundert Jahre ältere Trinkschale Abb. 5.16 das für unser Auge allerlangweiligste Schema: gleichmäßig aneinan-
dergereihte Einzelkämpfe in vollkommenem Gleichstand.[45] Weltgeschichtlich ist
dieses Motiv, wie schon gesagt, eine der aufregendsten Singularitäten der griechischen Kunst mit der Aussage: Wahre Feinde sind einander gleich. So wird, wie
gesagt, der ›normale‹ Krieg, Mann gegen Mann, dargestellt. Doch hier kämpft Frau
gegen Mann. Das Frauenweiß der Amazonen (jeweils links) ist abgeplatzt, aber
den Unterschied erkennt man auch so: die Amazonen sind mit dem knielangen
Chiton bekleidet, die Männer erscheinen nackt, wie nie in der Realität des Kampfes
und nur in der Idealität des Bildes. Und nur diese Gleichheit wird den Amazonen
verweigert, sie bleiben auch als Krieger Frauen, deren Körper vor dem Männerblick
zu bewahren ist. Doch abgesehen davon werden hier die Amazonen ganz und gar
als ›Männergleiche‹ in Kraft, Status und Ethos dargestellt. Die Darstellungsweise
der Amazonenschlacht als endlose Reihe gleichstehender Einzelkämpfe kommt
allerdings so kaum ein zweites Mal vor.

5.16 *Schlacht in acht gleichstehen-*
den Zweikämpfen. Links jeweils
eine Amazone im Gewand
(Weiß der Frauenhaut verloren),
gegenüber ›nackt‹ der Krieger.
Attische Trinkschale, um 570 v. Chr.,
Würzburg.

5.17 *Schildloser Krieger gegen*
vollgerüstete Amazone. Mit der freien
Linken packt er ihr Haar im Nacken,
fliehend wendet sie Schild und Speer
gegen ihn. Attische Trinkschale,
um 550 v. Chr. (Kat. 2).

Charakteristische Abweichungen

Bei den Amazonenkampf-Szenen finden sich zuweilen auch Erscheinungen, die deutlich von der bisher betrachteten Kampfmoral der Bilder abweichen. Diese ikonographischen Spezialitäten sind nicht häufig, aber charakteristisch, weil sie in der Regel nur hier vorkommen.

Dass unterlegene Amazonen zuweilen um Gnade flehen, haben wir schon kennen gelernt. Bemerkenswert war dabei, dass es sich zumindest bei den Exemplaren Abb. 5.9–10 um den Sonderfall eines Liebeskampfes handelte. Tatsächlich möchte ich die Geste weniger als Zeichen kriegerischer Feigheit der Amazonen verstehen, denn als Ausdruck ihrer Weiblichkeit. Ich komme Kapitel 11 darauf zurück.

Wenn wir einen Blick auf die Bilder vom Amazonenkampf des Herakles werfen (Kapitel 8), bemerken wir, das Herakles meist gar nicht wie ein Krieger ausgerüstet ist. Außer auf den Helm verzichtet er fast immer auf den Schild. Ein so großer Held hat Schutzwaffen nicht nötig.[46] Er hat also die Linke frei und kann damit zugreifen: So packt er die niedergezwungene Gegnerin am Kopf oder Helmbusch, oder er reißt ihr den Schild weg (Abb. 8.13). Vom militärischen Standpunkt ist diese irreguläre Kampfweise natürlich Fiktion. Das Motiv wird im 6. Jahrhundert v. Chr. zuweilen auch ›anonymen‹ Kriegern – man könnte sagen: Genossen des Herakles – zugestanden, wenn sie gegen Amazonen kämpfen, siehe Abb. 5.17 und 9.7.[47]

Im 5. Jahrhundert v. Chr. entwickeln sich noch weitergehende idealisierende Darstellungsweisen für den (meist mythischen) Krieg; sie steigern das Existenzielle, indem sie das Dingliche mindern, und favorisieren Aktionen radikaler Körperlichkeit. So werden nun Krieger häufiger mit nacktem Körper dargestellt und Nahkämpfer nicht selten ohne Schild (und Helm), was ihnen die genannten Griffe mit der freien Linken erlaubt.

Die Amazonen kämpfen immer häufiger auch zu Pferd; eine traditionelle Formkonvention, die sog. Isokephalie, drückt aber selbst ein steigendes Pferd auf die gleiche Scheitelhöhe wie eine stehende Figur; so können nun Krieger zu Fuß mit der freien Linken reitende Amazonen am Schopf packen und sie vom Pferd reißen (Abb. 5.21b). Das ist so plausibel gestaltet, dass man vergisst, dass diese Kampfmethode nur im Bild möglich ist.

Da die Amazonen nun auch häufiger barhäuptig auftreten, greift die Hand des Feindes voll ins schöne Frauenhaar, und die Amazonen wehren sich oft, indem sie ihrerseit mit bloßen Händen ihren Feinden in die nackten Arme greifen. Wir wüssten zu gern, ob der zeitgenössische Bildbetrachter von diesem Kontakt-Motiven ähnlich erotisiert wurde, wie wir.[48] Vordergründig scheint aber der Verzicht der Krieger auf den Schild und der Zugriff mit der bloßen Hand die Kraft der Amazonen fast verächtlich zu machen. Aber so einfach arbeitet die Ideologie der Bilder nicht. Denn in genau dem gleichen Maß gewinnt auch das Amazonenbild neue Fähigkeiten, die Amazonen stehen den Männern in Nichts nach.

Amazonen, die, wie der Bogenköcher an der Hüfte besagt, aus der Ferne kämpfen könnten, kämpfen furios im Nahkampf, oft ohne Schild, mit Schwert (Abb. 5.19a), Speer oder Streitaxt als Angriffswaffe. – Es entsprach wohl der realen Ausrüstung der skythischen Söldner des 6. Jahrhunderts v. Chr., wenn die Amazonenfiguren seit damals die Fernkampfwaffe des Bogens mit der orientalischen Nahkampfwaffe der Streitaxt kombinieren. Die Streitaxt als einzige Waffe zu führen, ist allerdings rein amazonisch. Das wird in den Bildern der Hochklassik interessant, wo Amazonen ohne Schild die Streitaxt beidhändig gegen Griechen schwingen, die sich ihrerseits mit dem Schild schützen. Hier sind die Amazonen in der Kriegstechnik ganz ungriechisch, im Nahkampfethos aber den Griechen geradezu über-ebenbürtig. Man ist versucht, die moderne Klage bestätigt zu sehen, dass Frauen immer alles besser tun können müssen als die Männer, um als gleichberechtigt anerkannt zu werden. Wahrscheinlicher ist eine andere Nuance: Die Amazonen zeigen sich, indem sie solch ungeschützte Angriffe wagen, in einem Furor, der schon fast wieder ›ungriechisch‹ ist.

Alle Gewaltgriffe, die im späten 6. Jahrhundert v. Chr. nur Herakles und seine Mannen gegen die Amazonen tun durften, lässt die Kunst jetzt auch die Amazonen tun. Auf der Hauptseite des Basler Weinmischkessels Abb. 5.20b (und Abb. 9.14) gibt eine Amazone dem in die Knie gebrochenen Gegner den Todesstoß, ein prachtvoll-schreckliches Motiv. Die schöne Kriegerin, mit hälftig verschieden

5.18 Todesgriff ins schöne Amazonenhaar. Attischer Mischkessel, um 410 v. Chr., Privatbesitz.

5.19 Amazonen, schildlos und mit Bogen zur Seite, als kühne Nahkämpferinnen (Zeichnung). Zwei Weinmischkessel, um 460 v. Chr., Neapel und New York.
a) Siegreich mit dem Schwert.
b) Mit der Streitaxt gegen einen Griechen, der sich mit dem Schild schützt.

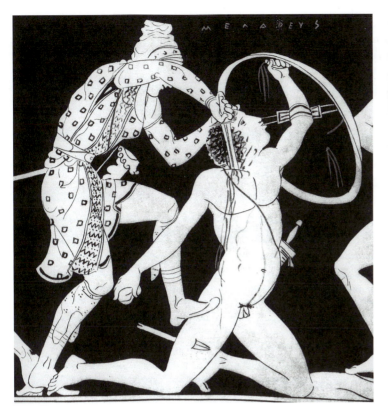

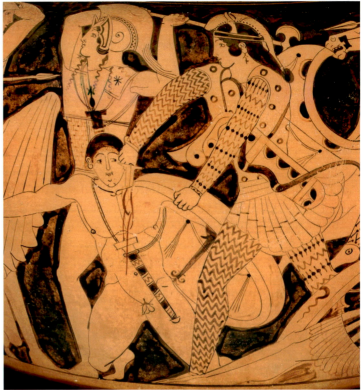

5.20 Todbringende Amazonen, ohne Schild gegen beschildete Griechen
a) Sie packt den Gegner am Haar (Zeichnung). Weinkessel, um 450 v. Chr. London
b) Sie reißt dem Gegner den Schild beiseite. Weinkessel, um 470 v. Chr., Leihgabe Basel.

gemustertem Anzug, gestalteter Frisur und Ohrschmuck, hat den Schild auf den Rücken geworfen, reißt mit der freien Linken den Schild des Gegeners beiseite und stößt mit der Rechten das Schwert geübt von oben am Schlüsselbein vorbei in die Halsschlagader; ihr Blick aber gilt bereits den Gegnern links, die als nächste zu erledigen sind. Das Bild zeigt die Amazone als schöne, überlegene, mitleidlose Kriegerin, weiter lässt die Bildkunst auch keinen männlichen Krieger gelangen. Das Motiv bleibt selten, bildet aber Tradition; auch auf dem über hundert Jahre späteren Amazonenfries des Maussoleion von Halikarnass wagt eine Amazone den Griff ans Schild des panisch zurückweichenden Gegners (Abb. 5.21a).

Sogar den Todesgriff ins Haar billigt die Bildkunst nun den Amazonen zu. So auf dem Weinmischkessel in London Abb. 5.20a. Ein Grieche bricht in die Knie, von einem Pfeil ins Bein getroffen und von einer Amazone im Sprung ereilt; er kommt nicht mehr dazu, das Schwert zu ziehen und fasst einen Stein; doch sie reißt ihm mit dem Griff ins Haar den Kopf in den Nacken und stößt ihr Schwert in die bewährte Stelle. Die übrigen Szenen zeigen günstigere Momente für die Griechen. Solche Bilder haben die Männer beim Trinkgelage als Schmuck ihrer Weinmischkessel gesehen und sie haben alles bewundert, auch die todbringenden Amazone!

5.21 Zwei Friesplatten vom Maussoleion von Halikarnass (Zeichnung), 4. Jh. v. Chr., London
a) Amazone mit Streitaxt reißt dem Gegner den Schild beiseite.
b) Krieger reißt Amazone an den Haaren vom Pferd.

Die Amazonen als Krieger wie die Griechen – und mehr

Als Feinde sind die Amazonen also den Männern und Griechen im Prinzip ebenbürtig; aber sie sind keine Griechen, wie es die wirklichen Kriegsgegner ja meist waren! Wir betrachten im Folgenden näher, wie die Amazonen als Krieger in ihrer Ausrüstung gezeigt werden. In der Archaik und Frühklassik treten sie in aller Regel als Nahkämpferinnen in der gleichen Bewaffnung auf wie ihre Gegner, die Griechen. Diese technische Gleichheit der Amazonen ist der direkte Ausdruck ihrer ethischen Ebenbürtigkeit.

Seit dem 7. Jahrhundert v. Chr. gibt es, wie wir schon gesehen haben, auch schon abweichende Ausrüstungen, die zunächst neben der Schwerbewaffnung möglich sind. Solche Kämpferinnen treten zunächst wie Hilfsgattungen auf: als Bogenschützen, seit 560 v. Chr. als Reiterinnen (Kap. 6) und bald in orientalischer Tracht mit Bogen und (später auch) Streitaxt. Dies sind Zeichen ethnischer Fremdheit, wie sie von der griechischen Kunst aus der Bekanntschaft mit Thrakern, Skythen, Persern entwickelt wurden (Kap. 7). Seit dem mittleren 5. Jahrhundert verzichten die Amazonen zunehmend auf die griechische Nahkampfbewaffnung mit Rundschild und Schwert, ihre Kampfart steht zwischen Orient und einer kunstgeschaffenen Idealität; doch sie bleiben weiterhin in der Hauptsache Nahkämpferinnen zu Fuß und den Gegnern ebenbürtig wie je.

Ähnlichkeit und zugleich Verschiedenheit im Verhältnis zum griechischen Kriegertum ist offenbar ein Grundstein der Amazonen-Idee. Die Zeichen der Verschiedenheit, sichtbar vor allem in den Orientalismen, lassen unterschiedliche Deutungen zu, und zwar nebeneinander:

1) Die reale Existenz der Amazonen wird so versichert: Im griechischen Raum stößt man bekanntlich nicht auf Amazonen, also sind sie ein fernes Volk. – 2) Die Abweichung in Bewaffnung und Tracht ist ein symbolischer Ausdruck ihrer Andersartigkeit als Frauen, gleichsam ein Echo auf anderer Ebene. – 3) Die Orientalismen formulieren einen Vorbehalt gegenüber der prinzipiellen Ebenbürtigkeit der Amazonen: Sie haben eben doch auch technisch wie ethisch mindere Züge, als Fernkämpfer, als Orientalen. – 4) Das Nebeneinander und die Vermischung aller Möglichkeiten erweist die Amazonen als Künstlerinnen des Krieges; sie sind Meisterinnen aller Klassen, ja sie stehen über den Regularitäten des normalen Krieges.

Wir müssen immer wieder auf diese Eigenheiten des Amazonenbilds zurückkommen (siehe vor allem Kap. 6 und 7). Hier betrachten wir aber zuerst einige Formen der Gleichheit mit den griechischen Kriegern.

Hoplitinnen

Der schwerbewaffnete Fußkämpfer war in der Realität zumindest bis ins 4. Jh. v. Chr. die wichtigste Waffengattung, und im 7. und früheren 6. Jahrhundert v. Chr. auch die einzige. Die Schwerbewaffneten kämpften in geschlossenen Schlachtreihen (Phalangen) gegen Gegner, die ihnen ebenso gegenübertraten; aber die Kunst bevorzugt durch alle Jahrhunderte die Darstellung als Zweikampf. Der Schwerbewaffnete hieß hoplítes, eingedeutscht ›Hoplít‹. Ein Hoplit ist der Krieger, der sein hóplon, ›Zeug‹, dabei hat. Das Zeug des Hopliten besteht aus zwei Lanzen, oder einer (zum Wurf, später zunehmend zum Stoß) und der typischen Nahkampfwaffe Schwert; nie hat er die Fernkampfwaffe Bogen dabei. Zum Schutz führt er mit der Linken den großen, meist kreisrunden Schild, dazu kommt der bronzene Helm, der Leibpanzer aus gestärktem Leinen oder aus Bronzeblech und Beinschienen aus Bronzeblech.

Seit etwa 690 v. Chr. gibt es eine Konvention, wie ein Hoplit gültig darzustellen ist: Zur Angriffswaffe in der Hand kommen als Schutzwaffen unbedingt Schild und Helm. Regelmäßig kommt die umgehängte Schwertscheide (mit dem Schwert oder gegebenenfalls leer) hinzu, häufig auch die Beinschienen. Beim Leib des Krie-

5.22a Der kleine Unterschied: Ohne den Bart wäre der Krieger (hier beim Abschiedsopfer) nicht von einer Amazone zu unterscheiden. Attische Weinschale, um 500 v. Chr., Wien.

gers gibt es verschiedene Möglichkeiten: bekleidet mit Metall- oder Leinenpanzer, nur mit dem Chiton (den man in der Realität immer unter dem Panzer trug) oder er erscheint ›nackt‹. Diese Nacktheit ist nur in der Kunst möglich, sie rühmt die körperliche Tüchtigkeit des Mannes. Auch die Bekleidung nur mit Chiton idealisisert, sie tut so, als ob man Schutz nicht nötig hat, und ganz auf die Kraft seiner Glieder vertraut. Die Nacktheit ist aus Dezenz für die Amazonen nicht möglich, jedoch die Bekleidung nur mit Chiton. Das heißt für Krieger und Amazonen, dass als regulärer Hoplit auch die Figuren zu zählen sind, die ohne Körperpanzer dargestellt werden, obwohl dieser in der Wirklichkeit ein definierender Teil der Ausrüstung war.

Zwischen 570 und 490 v. Chr. treten die meisten Amazonen als Hopliten auf, zu Fuß also und mit schweren Waffen. Die wesentliche Differenz zwischen Amazonen und Griechen ist, dass sie Frauen sind; und dieser Unterschied wird gerade dann ernst, wenn sie wie griechische Krieger gerüstet sind und wie griechische Krieger kämpfen. Die Amazone im Innebild der Trinkschale Abb. 5.22 ist auf den ersten Blick kaum von einem männlichen Hopliten zu unterscheiden.[49] Denn auch Krieger tragen oft lange Locken und fast immer genau so einen feinen Chiton unter dem Panzer. Allerdings wäre bei dieser Drapierung zu erwarten, dass man wenigstens die Spitze des männlichen Glieds zu sehen bekäme. Der platte Leinen-Panzer kann die Brüste nicht durchscheinen lassen. Doch der Helm zeigt mehr vom Gesicht, als ein Helm eigentlich frei lassen dürfte. Mit dieser Geste rühmt die Kunst die Frauenschönheit der Amazone! Ein Punkt im Ohrläppchen besagt, dass die Kriegerin einen Ohrschmuck tragen könnte (oder einen ganz kleinen, kriegs- und amazonengemäß, trägt). Das Motiv der nach rückwärts gesicherten Flucht kommt

5.22 *Amazonen-Hoplitin. Sie deckt ihre Flucht mit dem Schild. Im Feld Inschriften: »Euphronios hats gemalt« und »Telesies ist schön«. Attische Trinkschale, um 510 v. Chr. (Kat. 3).*

bei Amazonen immer wieder vor (vgl. Abb. 11b), aber auch männliche Krieger fliehen nicht anders. – Auch der damalige Betrachter der Figur hat für einen Moment überlegen müssen, ob er einen Griechen-Krieger oder eine Amazonen-Kriegerin vor sich hatte. Die vorübergehende Ungewissheit des Betrachters ist nicht Folge einer nachlässigen Darstellung, sondern kalkuliert: Dass Griechen und Amazonen Feinde sind, ist vorausgesetzt; dass diese Feinde einander so ähnlich sind, wie es nur geht, erfährt man hier, wenn man nach Merkmalen geradezu suchen muss, die entscheiden, welche Partei dargestellt ist.[50]

Weibliche ›Wagenritter‹

Der vornehme Schwerbewaffnete in Homers Ilias fuhr mit seinem Wagenlenker im Gespann zur Schlacht, um dann zu Fuß gegen einen gleichrangigen Gegner zu kämpfen. Obwohl noch vor 700 v. Chr. das Gespann durch den Reitgebrauch des Pferdes abgelöst wird, übertragen die Bilder bis 500 v. Chr. – entgegen der Realität der Zeit – diesen epischen Wagengebrauch auf beliebige anonyme Hopliten.[51] Auch die Amazonen werden von den Malern des 6. Jahrhunderts v. Chr. zuweilen als Wagenkrieger gezeigt. Im Schulterbild des Wassergefäßes Abb. 9.4 sind vier Amazonen dabei, die vier Pferde vor den Wagen zu spannen, ähnliches sieht man im Hauptbild der Würzburger Hydria Abb. 9.3. In beiden Fällen ist nicht klar, wie die Wagenherrin gerüstet sein wird. Im Viergespann in vollem Lauf und pathetischer Wendung Abb. 5.23 kann man hinter der Lenkerin immerhin die Gefährtin erschließen: Nur zu ihr kann das Lanzenpaar gehören, denn die Lenkerin, die den Schild auf den Rücken geworfen hat, hält in den Händen Zügel und Treibstab. In solchen Bildern werden die Amazonen in die heroische Klasse der epischen ›Wagenritter‹ erhoben.[52] Allerdings wird dieses rühmende Motiv auf Amazonen selten angewandt,[53] es ist nicht der Normalfall wie bei den männlichen Kriegern. Zum Thema gehört auch das unscheinbare Bild 5.24, ich komme gleich darauf zurück.

Mit Pferden und Hunden

Die Amphora Abb. 6.11a, um 500 v. Chr., zeigt zwei Amazonen zu Pferd mit Pelta-Schild und Speeren, unter den Pferden zwei Jagdhunde. Pferde leisteten anders als Ochs und Esel in Hellas keine Arbeit, waren also von vornherein purer Luxus

5.23 *Amazonen fahren im Wagen in den Krieg wie die großen Helden der Ilias. Die stürzende Amazone vor dem Wagen passt allerdings nicht dazu. Attische Amphore, um 510 v. Chr. (Kat. 4).*

5.24 *Abfahrt in den Krieg. Vor dem Gespann Amazone (Helm, Schild, Speere) mit Jagdhund, noch ist man zuhaus. Attische Weinkanne, um 500 v. Chr. (Kat. 5).*

der Vornehmen; das schwingt hier in der Fiktion vom Amazonendasein natürlich mit. Hunde gehören zum männlichen Ambiente, man hält sie zum Prestige und nutzt sie vor allem zur Jagd.[54] In den Bildern der Spätarchaik treten Hunde vor allem beim Abschied der Krieger von zu Hause auf und, wie hier, unter kriegerischen Reitern. Die tatenlustigen Hunde schärfen die Stimmung der Szene, aber im Krieg wurden Hunde nicht eingesetzt. Sie sollen im Bild vielmehr das Image des Krieger-Bürgers durch ein Gegenbild abrunden: In Friedenszeiten liebt er gleichfalls die Anstrengung und dazu gehört außer dem Sport die Jagd. Die Anwesenheit der Hunde betont also das noble Männerleben, das die Amazonen führen, obwohl sie in dieser Zeit nie bei der Jagd dargestellt werden.

In dem bescheidenen Bildchen Abb. 5.24 wird schon durch die Anwesenheit des Hundes klar, dass die Amazone nicht gegen das Viergespann kämpfen will, das links zur Hälfte zu sehen ist: Man steht nicht im Kampf, sondern bricht dazu auf, und auch im Gespann stehen Amazonen, soll sich der Betrachter vorstellen.

Obwohl die Bedeutung der griechischen Kavallerie seit dem 5. Jahrhundert v. Chr. zunimmt, erscheinen in den Amazonenkampfbildern seit dieser Zeit nur die Amazonen zu Pferd, nie die Griechen (dazu Kapitel 6). Die Reiterinnen können unterschiedlich eingesetzt und gewertet werden. Auf dem Basler Mischkessel Abb. 9.26 operieren sie lediglich als Hilfstruppe: Wo ein Grieche eine Fußkämpferin fast besiegt hat, greifen die Reiterinnen ein, fast unbeachtet und jedenfalls vergeblich. – Das wilde Motiv, dass Krieger die Amazonen an den Haaren von Pferd reißen können, haben wir oben schon besprochen. – In andern Bildern reitet eine Amzonen wie eine Königin durch das niedere Getümmel der Fußkämpfer; Abb. 6.21 gibt einen Abglanz von dieser Konzeption, die Reiterin nimmt hier stolz die Mitte der Szene ein.

Griechisch-orientalische Vermischungen

Nun einige Bemerkungen zum ›Nicht-Griechischen‹ an den Amazonen. Es muss hier einiges aus den Kapiteln 6 und 7 vorweggenommen werden. Amzonen als Bogenschützen haben wir schon im 7. Jahrhundert v. Chr. kennengelernt. Der Bogen war in jener Zeit keine respektable Waffe mehr, seit 540/30 v. Chr. wird er auf griechischer Seite wieder gehandhabt: von gemieteten skythischen Söldnern. In den Bildern wird jedoch der Bogenschütze, selbst wenn er durch Tracht und zuweilen auch Physiognomie von den Griechen unterschieden wird, im Stil des Epos nobilitiert: Er kämpft nicht wie in der Realität im Massenkontingent und aus der

5.25 *Im epischen Stil und entgegen der militärischen Realität: Ein skythische Bogenschütze kämpft als Partner jeweils an der Seite eines Nahkampf-Hopliten. Attische Amphora, um 510 v. Chr.*

Ferne, sondern Seite an Seite mit einem Hopliten wie ein Genosse (Abb. 5.25).[55] Nach diesem episierenden Modell werden auch die (eher seltenen) Bogenschützinnen unter ihre im Nahkampf operierenden Gefährtinnen aufgenommen; ihre Fernkämpferrolle wird allenfalls so ausgedrückt, als sie als ›Letzte‹ in die Reihe treten (Abb. 5.5 und 8.15).[56] – Im 5. Jahrhundert sind die Amazonen meist mit dem Bogen ausgestattet, aber sie nutzen ihn kaum, sondern kämpfen im Nahkampf mit Speer, Schwert und Axt (Abb. 5.19–20).

Auf dem Doppelfries des Weinmischkessels Abb. 5.26 (ganz: Abb. 9.2) sieht man oben Amazonen, die sich rüsten: Hoplitinnen, kenntlich schon am kurzen Chiton und daran, dass sie Helme aufhaben und große Rundschilde bei sich; zwischen ihnen im Wechsel Leichtbewaffnete in orientalischer Tracht mit Bogenköcher und Speeren. Man sieht eine Amazone in Bogenschützentracht, die für die sich rüstenden Hoplitin eine Beinschiene bereithält; offenbar bilden beide ein Kämpferpaar nach epischem Muster. Unten setzen sich Reiterinnen in Bewegung, wieder in zwei Varianten also vielleicht als Kampfpaare zu denken: Die mit dem Pelta-Schild auf dem Rücken haben einen richtigen Helm; die ›leichteren‹ Genossinnen haben wohl eine Bogentasche zur Seite und die Skythenmütze auf dem Kopf, beide tragen ein Speerpaar.

Die Amazonen bedienen sich also verschiedener Waffengattungen, im Prinzip nicht anders als die Athener des späten 6. Jahrhunderts v. Chr.; doch anders gewichtet: mehr Leichtbewaffnete, mehr Reiter und: die Bogenschützen sind keine fremden Söldner, sondern die eigenen Leute. Die Zusammenarbeit von griechischer und orientalischer Kampfweise bei den Amazonen war dem attischen Bürger weder als Krieger, noch als Bildbetrachter fremd: Die eigene Konvention war ja auf die Amazonen übertragen! Das heißt aber wiederum, dass die Kunst die Amazonen, indem sie ihnen nun auch noch Reiterei und Orientalisches andichtet, so fremd gar nicht erscheinen lässt; eher heißt dies: Die Amazonen sind Meisterinnen aller Klassen in den Künsten des Kriegs!

Die Kunst konnte sich alle Freiheit leisten, die Idee der Amazone zu variieren. Die Methode dafür war, Griechisches und Orientalisches nach Belieben zu

5.26 · Amazonen als Meisterinnen aller Kampfklassen. Oben Hoplitinnen und Bogenschützinnen, die bei der Rüstung helfen: offenbar Kämpferpaare nach epischem Muster. Links: Amazone holt den Schild aus dem Sack, die Friedenszeit ist vorbei. Unten Reiterinnen in zwei Varianten: Mit Amazonenschild auf dem Rücken und Helm – mit der Bogentasche zur Seite und skythischer Mütze. Weinmischkessel, um 500 v. Chr. (Kat. 6).

mischen und zwar auch in der einzelnen Figur. So erscheinen im 5. Jahrhundert v. Chr. Amazonen als Hoplitinnen mit dem großen Schild auch zu Pferd, weil das Reiten nun Amazonenbrauch geworden ist (Abb. 6.17). – Fußkämpferinnen sind die beiden Amazonen in kompletter Orientalentracht Abb. 7.1: die vordere mit griechischem Hoplitenschild, dazu der (orientalischen) Nahkampfwaffe Streitaxt; die Gefährtin, die auf den Schildschutz der anderen angewiesen ist, trägt als Fernwaffen Bogenköcher und Speere. – Anders als die griechische Reiterei der Zeit hat die Amazone Abb. 6.20 außer der Lanze für den direkten Stoß auch die Fernkampfwaffe Bogen dabei.

Die große Amazonenschlacht Abb. 9.26 bietet die wunderbarsten Mischungen der Waffen und Trachten, hier nur eine Auswahl: Hoplitinnen (mit Schild und Lanze) a) in orientalischer Tracht von Kopf bis Fuß; b) in orientalischer Tracht plus griechischem Helm und Körperpanzer (aber mit weiblichen Formen). – Nahkämpferinnen ohne Schild, mit Lanze und Bogen: a) in orientalischer Tracht und Mütze plus griechischem Körperpanzer; b) in orientalischer Tracht plus griechischem Chiton und Helm. – Bogenschützinnen a) in griechischem Panzer und Chiton, aber orientalischer Mütze, dazu Stiefel; b) in orientalischer Tracht plus griechischem Körperperpanzer und Helm. Und so weiter.

Es wäre leicht gewesen, die Amazonen einheitlich und krass als Orientalen und Ausländer darzustellen. Offenbar besteht aber der Genuss am Bild dieser Frauen gerade in der Vermischung von Eigenem und Fremden, von Nahem und Fernem.

Für alle vierundzwanzig Amazonenfiguren dieser Vase gilt allerdings eines: Jede Figur hat irgendein orientalisches Attribut. Dies ist allgemeine Regel seit etwa 470 v. Chr. Die Konvention hat unter anderem auch einfach den Sinn, die Amazonen auf den ersten Blick kenntlich zu machen, die sich ja nicht mehr wie im schwarzfigurigen Stil schon allein durch die weiße Frauenhaut identifizierten.

In den nächsten Jahrzehnten trennen sich die Amazonen endgültig von der griechischen Hoplitenausrüstung, nämlich vom großen Rundschild und bald auch vom Schwert. Damit werden die Amazonen nun keineswegs zu authentischeren Orientalen; die fremden ›folkloristischen‹ Attribute wollten ja auch nie aussagen, die Amazonen seien ein trakisches, skythisches oder persisches Volk. Reiterei und Bogenschuss spielen durchaus eine Rolle; aber entscheidend ist weiterhin die Nahkämpferin, die mit dem leichten Pelta-Schild oder sogar freihändig mit dem Speer und vorallem der Streitaxt kämpft (Abb. 5.19 b; 5.21a). So ändert sich der äußerliche Habitus der Amazonen, aber nicht ihr Nahkampf-Ethos. Die Kunst erfindet für die Amazonenschlachten einen Freiraum von körpernaher kampfverbissener Motivik, die kaum etwas mit der wirklichen Kriegstechnik der Zeit zu tun hat. Mehr denn je erscheinen dabei die Amazonen als Heldinnen, – auch wenn sie weiterhin in allen vielfigurigen Kampfbildern die Schlacht verlieren, wenn man Sieg und Niederlage aller Zeikampfgruppen auszählt.

Die große skulpturale Kunst, die Amazonenstatuen der Freiplastik (Kap. 10), die Amazonenkampffriese an Tempeln und anderen Bauten (Kap. 8) verzichten, anders als die Vasenmalerei, häufiger auf die orientalischen Ärmel- und Hosentracht.[57] Das hat zweifellos mit der formalen Monumentalität und dem ethischen Anspruch der ›großen‹ Kunst zu tun: Sie betont das menschliche, personale, körperliche Geschehen; mit nacktem Arm und Bein stehen die Amazonen den nun oft ganz in ›idealer‹ Nacktheit erscheinenden Männern als Heldinnen gegenüber.

Was die Kunst in den Bildern vom Krieg mit den Amazonen zeigt, ist: Das Kriegertum der Amazonen ist nicht monströs, sondern edel und schön. Die Amazonen sind im Prinzip ebenbürtige Feinde der Männer, und der Kampf findet statt im hohen Stil der Zivilisation als Krieger gegen Krieger und Waffe gegen Waffe. Die Charakterisierung von Tracht und Kampftechnik der Amazonen als orientalisch ist zweitrangig und macht sie nicht verächtlich. *B.K.*

6. Wie aus den Amazonen ein ›Reitervolk‹ wurde

6.3 Amazonen zu Fuß im Kampf mit Reitern. Die Kriegerinnen – mit weißer Haut – tragen griechische Waffen (Helm, Schild, Lanze). Gemeint ist hier aber wohl kein Kampf zwischen Griechen und Amazonen, sondern dass sich letztere in ihrer Heimat gegen benachbarte ›Reitervölker‹ zur Wehr setzen müssen. Attisch-schwarzfigurige sog. Bandschale, 550–530 v. Chr. (Kat. 8).

Heute stellt man sich unter Amazonen gemeinhin Frauen zu Pferd vor. Filme, selbst wissenschaftliche Dokumentationen über die Amazonen zeigen oft blonde Kriegerinnen hoch zu Ross, und im Reitsport ist die ›Amazone‹ geradezu ein feststehender Begriff. Im vorangehenden Kapitel wurde jedoch gezeigt, dass die enge Verbindung mit Pferden keineswegs dem ursprünglichen Amazonenbild entspricht. Während sich kaum entscheiden lässt, welche literarische Tradition von den Amazonen die älteste ist, kann man bei den bildlichen Darstellungen doch eine eindeutige Entwicklung ablesen. Die frühesten Amazonenbilder setzen um 700 v. Chr. ein, also in homerischer Zeit, und sie zeigen die kriegerischen Frauen ausnahmslos zu Fuß kämpfend (vgl. Abb. 5.1). Auch in der *Ilias* und anderen frühen Epen findet sich kein Hinweis auf eine besondere Verbundenheit der Amazonen mit Pferden. Der Kampf zu Pferd ist schlichtweg unbekannt. Wann und warum also wurde aus den Amazonen ein ›Reitervolk‹?

Das früheste Bild reitender Amazonen findet sich im zweiten Viertel des 6. Jahrhunderts v. Chr. auf einer attischen Schale (Abb. 6.2)[1]. Die galoppierenden Reiterinnen unterscheidet allein die Hautfarbe von männlichen Reiterkavalkaden, wie sie in dieser Zeit auf attischen Vasen häufig anzutreffen sind. Aber berittene Amazonen bleiben noch für lange Zeit eine singuläre Ausnahme; üblicherweise stellen die Künstler sie weiterhin als Fußsoldaten dar. Eine frühe, bald nach der Mitte des 6. Jahrhunderts v. Chr. entstandene Münchner Trinkschale (Abb. 6.3; 9.18–19) zeigt sogar Amazonen, die sich zu Fuß gegen berittene Krieger zur Wehr setzen.

6.2 Vier Kriegerinnen galoppieren nach links. Sie tragen jeweils Helm, kurzen Chiton und eine Lanze. Vielleicht kommen sie ihren Waffenschwestern zu Hilfe, die auf der Gegenseite von Herakles bedrängt werden. Detail einer attisch-schwarzfigurigen Trinkschale, um 560 v. Chr., Rhodos.

6.1 Amazone auf steigendem Schimmelhengst. Attisch-rotfigurige sog. Nolanische Amphora, um 430 v. Chr. (Kat. 7).

Das Pferd im frühen Griechenland

Texte und bildliche Überlieferung bezeugen eindrucksvoll, dass sich die Reitkunst zunächst in der ersten Hälfte des 2. Jahrtausends v. Chr. im Alten Orient entwickelt hat. Aber nur in Kleinasien – etwa bei den Hethitern – spielte das Pferd eine wichtige Rolle im Kult. Die iranischen ›Reitervölker‹, Kimmerier und Skythen, haben die militärische Verwendung des Pferdes nach heutigem Kenntnisstand nicht im Vorderen Orient verbreitet, sondern im Gegenteil wohl erst im Kontakt mit Urartäern und Assyrern entwickelt.

Das Pferd der griechisch-römischen Antike ist mit dem modernen Pferd – einem Produkt jahrhundertelanger Zucht – nicht vergleichbar. Mit einer Widerristhöhe von ungefähr 1,35 m ähnelt es eher dem modernen Pony. In vielen griechischen Mythen spielt das Pferd eine wichtige Rolle. Poseidon soll es erschaffen haben, und der Gott des Meeres ist auch Vater des Wunderpferdes Pegasos; der Sonnengott Helios fährt ein Gespann mit feurigen Pferden; Athena soll Wagen und Zügel erfunden haben. Auch als Mischwesen, als Kentauren, sind sie allgegenwärtig. Während aber die Pferde der Götter, ebenso wie die sprechenden Rosse des Achill, allesamt als Gespannpferde dienten, erscheinen nur wenige Helden, etwa Bellerophon oder die Dioskuren (Zwillingssöhne des Zeus), Kastor und Polydeukes, als Reiter[2]. Auch in Griechenland wie im Orient diente das Pferd zunächst als Zugtier, lange bevor es geritten wurde. Aufgrund seines Ansehens, seiner Symbolkraft und seiner Schönheit ist es seit geometrischer Zeit das beliebteste Tier in der griechischen wie auch später in der römischen Kunst.

Schon geometrische Vasen zeigen im späten 8. Jahrhundert v. Chr. Bewaffnete zu Pferd[3]. Das Pferd war im nachmy-

6.4 Ein schwerbewaffneter Krieger zieht in die Schlacht. Ein ungewappneter jugendlicher Reiter führt ein zweites Pferd heran, das den Hopliten zum Schlachtfeld transportieren wird. Detail einer attisch-schwarzfigurigen sog. Bandschale, 550–530 v. Chr. München, Staatliche Antikensammlungen.

kenischen Griechenland jedoch in erster Linie Statussymbol, weniger Nutztier. In der Landwirtschaft setzte man das Pferd nicht ein und militärisch blieb es lange von untergeordneter Bedeutung[4]. Mit dem gemeinhin geringen Nutzen des Pferdes kontrastiert in auffälliger Weise seine Beliebtheit in der Bildkunst, gerade auch auf Vasenbildern. Das Reiten und der Besitz von Pferden waren traditionell aristokratischen, wohlhabenden Bevölkerungsschichten vorbehalten, weil der Unterhalt so kostspielig und die Ausbildung der Tiere sehr zeitintensiv war. Als *Hippeis* – zu deutsch »Reiter« oder »Ritter« – bezeichnete man in Athen seit Solon (594/593 v. Chr.) die angesehene zweite Zensusklasse. Sie verfügten über ein bestimmtes Vermögen und hielten im Kriegsfall eigene Pferde bereit. Freilich ist fraglich, ob es damals in Athen bereits eine Kavallerie gab; zunächst dienten Pferde wohl nur als Lasttiere, für Kundschafter oder von einem »Knappen« herbeigeführt dem Transport vornehmer Schwerbewaffneter (Abb. 6.4)[5]. Pferde standen für Reichtum und Adel und wurden zur Repräsentation dieser Werte dargestellt. Viele aristokratische Familien gaben ihren Söhnen entsprechende Namen:

Hippias, Hipparchos, Hippokrates, Philippos etc. Reiten und Ausbildung zum Reiterkampf gehörten zur Erziehung eines vornehmen griechischen Jünglings, als militärisches Training und edler Sport. Pferde- und Wagenrennen blieben stets ein Privileg der Oberschicht[6].

Anders als im Orient wurden in Griechenland Pferde im Krieg zunächst nur verwendet, um zum Schlachtfeld zu gelangen; gekämpft wurde anschließend zu Fuß, seit etwa 700 v. Chr. in der Phalanx, der geschlossenen Schlachtreihe. Athen besaß wohl erst seit der Mitte des 5. Jahrhunderts eine stehende Reitertruppe, während in früheren Zeiten die Kavallerie im Kriegsfall *ad hoc* aus den aristokratischen Reitern gebildet wurde[7]. Das neue Gewicht der Reiterei spiegelt sich etwa in den Reliefs des Parthenonfrieses, aber auch auf Grabreliefs jener Zeit. Doch es dauerte noch bis zum mittleren 4. Jahrhundert v. Chr., dass mit Philipp II. von Makedonien und seinem Sohn, Alexander dem Großen, die Reiterei zu einer eigenständigen und oft schlachtentscheidenden Waffengattung aufstieg.

Unter den zahllosen Pferdebildern in der griechischen Kunst sind Darstellungen von Reitern zunächst selten[8]. Erst seit dem zweiten Viertel des 6. Jahrhunderts v. Chr. lässt sich – insbesondere in Attika – eine signifikante Zunahme der Reiterbilder beobachten[9]. Ihre Beliebtheit gerade auf Schalen und Amphoren, die vor allem beim sogenannten Symposion verwendet wurden, wird damit erklärt, dass die vornehmen Teilnehmer an solchen Trinkgelagen durchweg Angehörige des Pferde liebenden Adels waren. Noch deutlicher lassen sich die etwa gleichzeitig aufkommenden Reiterstandbilder mit der attischen Aristokratie verbinden[10].

6.5 Ein Angehöriger der Kavallerie mit Lanze und dem charakteristischen Reitermantel. Detail einer attisch-schwarzfigurigen sog. Bandschale, 550–530 v. Chr. München, Staatliche Antikensammlungen.

Reiterkrieger

Pferde sind in Athen auch im 6. Jahrhundert militärisch noch lange von untergeordneter Bedeutung (Abb. 6.4), und als es schließlich zur Bildung einer Reiterei kommt, machen die Vasenbilder deutlich, dass diese Neuerung auf fremde Einflüsse zurückgeht (Abb. 6.5). Der Reiter auf einer Münchner Kleinmeisterschale trägt nämlich einen bunten Mantel, charakteristischer Bestandteil der Reitertracht. Solche schweren wollenen Reitermäntel übernahmen die Athener von traditionellen ›Reitervölkern‹ im Norden wie den Thrakern, die wohl auch kriegstechnisch Vorbild waren[11]. Bis etwa 530 v. Chr. bleiben Bilder von regelrechten Reiterkämpfen (Abb. 6.6)[12] selten; erst seit dem frühen 5. Jahrhundert v. Chr. ist für Athen dann eine eigenständige Kavallerie sicher nachgewiesen[13]; und noch in der Zeit des Peloponnesischen Krieges (431–404 v. Chr.) steht das hohe gesellschaftliche Ansehen der Reiterei in krassem Gegensatz zu ihrer militärischen Bedeutung. Ob ihres Reichtums, ihrer Geltungssucht und ihrer tendenziell antidemokratischen Haltung hatten gerade in Athen die *Hippeis* viele Gegner.

In Thessalien oder in Ionien verfügte man dagegen schon sehr viel früher, seit dem 7. oder frühen 6. Jahrhundert v. Chr. über eine bedeutende Kavallerie. Und auch einige Nachbarvölker, die Thraker und Skythen im Norden und die Perser im Osten, besaßen spätestens im 6. Jahrhundert v. Chr. eine bedeutende Reiterei. Doch ob sich der Kampf zu Pferd in Griechenland selbständig entwickelt hat oder durch Übernahme von Nachbarn im Norden und Osten zu erklären ist, bleibt umstritten.

Die frühesten Fremdvölkerdarstellungen in der attischen Kunst finden sich um 570 v. Chr., etwa auf einem berühmten attischen Weinmischkessel in Florenz (Abb. 7.3): In der Darstellung der Kalydonischen Eberjagd sind auch bogenschießende Skythen unter den Jagdteilnehmern, kenntlich an ihrer Spitzmütze, am Reflexbogen und am auf Hüfthöhe getragenen Köcher; ferner unterscheidet sie auch die reiche Stickereiverzierung des Gewandes von den Griechen. Die beigeschriebenen Namen »Tochsamis« und »Kimerios« machen deutlich, dass tatsächlich ›Barbaren‹ gemeint sind[14]. Es ist wohl kein Zufall, dass gerade damals erste Skythenbilder auftauchten, denn in eben diese Zeit fällt auch der erste intensive Handelskontakt Athens mit der nördlichen Schwarzmeerküste, dem Siedlungsraum der Skythen[15]. Eine bald nach der Jahrhundertmitte entstandene Amphora in München (Abb. 6.7) zeigt ein Gefecht zwischen verschiedenen nördlichen Barbaren: Zwei Kämpfer lassen sich wegen ihrer Tracht und Bewaffnung als Thraker ansprechen; auch der Bogenschütze mit Spitzmütze könnte ein Nicht-Grieche sein, aber wie bei dem Reiter mit spitzem Hut bleibt das ungewiss, zumal in Athen und anderswo in Griechenland fremdländische Tracht bisweilen in Mode war[16]. Thrakerdarstellungen setzen grundsätzlich erst später ein als solche von Skythen[17]. Die Münchner Vase trägt eine der ersten. Auch Angehörige dieses Volkes erscheinen gelegentlich, aber keineswegs konsequent zu Pferd; Thraker wie Skythen

6.6 Das früheste Bild eines Reiterkampfes: Lanzenreiter mit kurzem Chiton und Kappe gegen bogenschießende Reiter mit Chiton und spitzer Mütze. Bildausschnitt von einem attisch-schwarzfigurigen Weinmischkessel von der Akropolis, 570–560 v. Chr. Athen. Umzeichnung.

6.7 Ein Kampf unter Barbaren: Bei den beiden äußeren Kämpfern mit Lanze handelt es sich ob ihres halbmondförmigen Schildes (»Pelta«), der Kopfbedeckung (»Alopekis«) und des langen, bunt verzierten Mantels (»Zeira«) um Thraker; die spitze Mütze des Bogenschützen und der Hut des Reiters erlauben dagegen keine genauere Zuschreibung. Der Maler wollte oder konnte sie nicht näher charakterisieren. Attisch-schwarzfigurige Amphora, um 540 v. Chr. München, Staatliche Antikensammlungen.

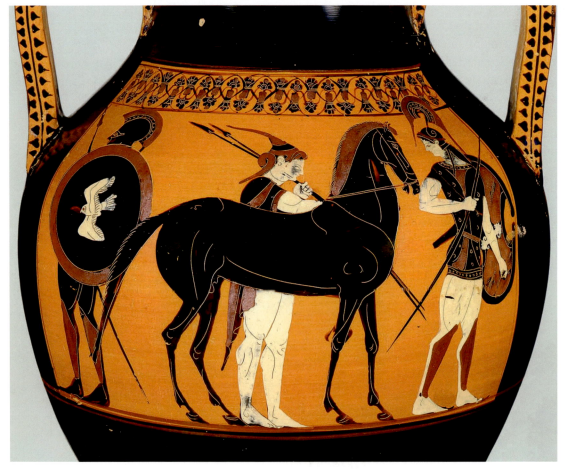

6.9 Drei Amazonen führen ihre Pferde. Attisch-schwarzfigurige Lekythos, um 520 v. Chr. (Kat. 10).

6.8 Amazone als ›Pferdeführerin‹. Attisch-schwarzfigurige Bauch-amphora, 520–510 v. Chr. (Kat. 9).

wurden also nicht von Anfang an als ›Reitervölker‹ wahrgenommen. Ab etwa 560 v. Chr. gibt es Vasenbilder von Reitern mit skythischen Mützen und Pelta-Schilden (Abb. 6.6), die freilich auch von anderen Völkern getragen werden können. Die Bilder liefern jedenfalls keinen Nachweis, dass Darstellungen fremdländischer Reiter der plötzlich aufkommenden Mode der Reiterbilder in Athen vorangegangen wären, diese ausgelöst hätten, im Gegenteil.

Die Amazonen steigen aufs Pferd

Erst ungefähr eine Generation nach der oben vorgestellten, singulären Darstellung reitender Amazonen (Abb. 6.2) finden sich wieder, und zwar jetzt schlagartig in großer Zahl, Bilder von Kriegerinnen zu Pferd. Ein frühes und besonders eindrucksvolles Bild einer zu Pferd kämpfenden Amazone (Abb. 7.9) trägt ein Gefäß aus einer westgriechischen Werkstatt, das im folgenden Kapitel eingehender betrachtet wird. Auf einer gegen 520 v. Chr. entstandenen attischen Amphora in den Antikensammlungen (Abb. 6.8) steht dagegen das Tier deutlich im Vordergrund, die übrigen Figuren sind kaum mehr als schmückendes Beiwerk. Das Bild hat keinerlei erzählenden Charakter. Vielmehr rahmen die nach außen weggehenden Personen, ein Hoplit und eine Amazone in Hoplitenrüstung, das edle Ross. Auch die Amazone im Zentrum mit skythischer Spitzmütze und Reitermantel, die das Pferd führt, wird von dem Tier teilweise verdeckt. Bei diesem Bildtypus handelt es sich nun nicht um ein für Amazonen besonders charakteristisches Motiv. Vielmehr hat der Maler ein beliebtes profanes Motiv – ›Pferdeführer‹ (Abb. 6.9) – durch Einfügen von sagenhaften Elementen geringfügig variiert. Die Münchner Vasensammlung besitzt zwei weitere Beispiele für diese Praxis.

6.10 a–b Profane und mythische Reiterkämpfe. Die Reiter besaßen wohl auch in der Realität damals zwei Speere; war der erste verschossen, hatten sie noch einen zweiten Wurf oder konnten die Waffe als Stoßlanze einsetzen. A- und B-Seite einer attisch-schwarzfigurigen Halsamphora, 520–510 v. Chr. (Kat. 11).

Eine wenige Jahre später anzusetzende Amphora (Abb. 6.10a) zeigt eine Amazone im Reiterkampf mit einem Griechen. Rüstung und Tracht der Kontrahenten
sind grundsätzlich gleich, lediglich die Helmform ist verschieden – wie die kriegerische Göttin Athena tragen Amazonen in der Regel den ›attischen‹ Helm, der
mehr vom Gesicht preisgibt als der ›korinthische‹ oder ›chalkidische‹ Helm der
Männer. Ohne die Namensbeischriften ließen sich die Figuren nicht identifizieren,
entsprechende bildliche Indizien fehlen, und dass hier Achill und die Amazonenkönigin Penthesileia miteinander kämpfen, wird an anderer Stelle (Kap. 13) ausführlicher behandelt. Hier ist nur von Belang, dass die Darstellung der literarischen
Überlieferung eklatant widerspricht – das Epos kennt keinen Reiterkampf! Nicht
nur das. Auch die Bildkunst lässt die beiden von Anbeginn an zu Fuß gegeneinander kämpfen, und das Münchner Vasenbild fand keine nennenswerten Nachah-
mer. Das spricht gegen die Annahme, dass die reitenden Amazonen damals bereits
ein fester Topos waren, so dass der Maler meinte, auch Achill auf ein Pferd setzen
zu müssen, um eine ausgewogene Komposition zu erhalten. Ein Blick auf die Gegenseite (Abb. 6.10b) lehrt vielmehr, dass er lediglich ein mythisches Gegenstück
zu einer konventionellen Kampfszene geschaffen hat, indem er einen der beiden
Reiter durch eine Amazone ersetzt hat.

Ganz entsprechend verfuhr der Maler einer dritten Münchner Amphora (Abb.
6.11). Beim Vergleich beider Gefäßseiten stellt man noch größere Gemeinsamkeiten fest: Die zur Jagd ausreitenden Amazonen variieren ein zu jener Zeit weit
verbreitetes Bildmotiv geringfügig. Die Anlage auf der anderen Gefäßseite ist
gleich, und die beiden bärtigen Reiter mit Mantel, Speeren und Jagdhunden unterscheiden sich nur durch Tracht – thrakische Mäntel und Hüte –, Hautfarbe und
Bärte von den Amazonen. Selbst ungewöhnliche Details der Pferdezeichnung wie

6.11b

der Buckel an der Brust und der Maulkorb beim jeweils linken Pferd haben auf der Amazonen-Seite ihre Entsprechung. Die dekorative Wirkung der Bilder steht im Vordergrund, dazu dienen etwa die großen, effektvoll eingesetzten weißen Partien – sogar ein Hund ist weiß! Der inhaltlich arme Bildtypus wird durch exotische Elemente, Amazonen und thrakische Wollmäntel, optisch bereichert.

Auf dem Hals eines großen Weinmischkessels, der ebenfalls noch aus dem letzten Jahrzehnt des 6. Jahrhunderts v. Chr. datiert, sind in zwei Streifen übereinander zahlreiche Amazonen dargestellt (Abb. 6.12; 7.6). Während oben Kriegerinnen in unterschiedlicher Tracht ihre Rüstung anlegen, reiten im unteren Fries sieben leichtbewaffnete Amazonen von links nach rechts. Die Amazonen sind also – in der Vorstellung des Vasenmalers – noch kein »richtiges« ›Reitervolk‹, denn die Fuß-

6.12 Im unteren Halsfries eine Kavalkade von Amazonen: Von der äußerst linken Kriegerin hat der Maler nur das Pferdevorderteil wiedergegeben. Alle tragen einen Hosenanzug und eine spitze Mütze, bewaffnet sind sie mit einem Paar Speere, häufig auch mit einem sichelmondförmigen Schild, der sog. Pelta. Anders als die sich Rüstenden im oberen Streifen sind die Amazonen zu Pferd durch ihre Tracht konsequent als Orientalen gekennzeichnet. Attisch-schwarzfiguriger Volutenkrater, 510–500 v. Chr. (Kat. 6).

kämpferinnen tragen noch immer die Hauptlast des Kampfes. Vasenbilder von profanen Reiterkämpfen (Abb. 6.13; vgl. auch 6.6) zeigen immer wieder solche ›Leichte Kavallerie‹ und spiegeln damit ein Element der realen Kriegsführung dieser Epoche wieder[18]. Eine zu Pferd kämpfende Amazone zeigt auch ein wohl böotisches Gefäß von bescheidener künstlerischer Qualität (Abb. 6.14).

6.14   Auch wenn unklar bleibt, gegen wen sie agiert, muss die zu klein geratene Figur zu Pferd eine Amazone im Rahmen eines Kampfes gegen Griechen sein. Detail einer böotischen (?) Deckelpyxis, spätes 6. Jh. v. Chr. (Kat. 13).

Das Schulterbild eines Wasserkruges (Abb. 6.15) vermittelt bereits den Eindruck, dass der Umgang mit Pferden zentraler Bestandteil des Amazonenlebens sei, auch wenn es sich hier ausnahmslos um Gespannpferde handelt, mit denen sich eine Amazone gleich wie ein vornehmer Athener in die Schlacht aufmachen will.

Gleichwohl kämpfen die Amazonen auch jetzt noch bis ins frühe 5. Jahrhundert v. Chr. vorwiegend wie Griechen, in Hoplitenrüstung und zu Fuß (Kap. 5). Erst auf den rotfigurigen Vasenbildern in der Zeit der Perserkriege setzt sich die Vorstellung, dass die Amazonen vorwiegend zu Pferd kämpfen, in der Bildkunst durch. Dabei hat sicherlich eine Rolle gespielt, dass das mythische Frauenvolk nun stellvertretend für den damals bedrohlichsten Feind der Griechen, die Perser, stehen konnte. Bezeichnenderweise übernehmen sie nun auch mehr und mehr deren Tracht, doch dazu mehr im nächsten Kapitel.

Besonders fein gezeichnet ist die Amazone auf einem herrlichen Schimmelhengst auf einer kleinen Amphora (Abb. 6.1) aus der Zeit des Parthenon. Sie trägt ein »buntes« Wolltrikot, eine ›phrygische‹ Mütze – aus Leder oder Filz – und weiche Mokassins. Auf die Wiedergabe der typischen Waffen – Streitaxt, Bogen und sichelförmiger Schild – hat der Maler hier verzichtet, vielleicht um die schöne Zeichnung nicht zu verunklären. Seit der Mitte des 5. Jahrhunderts v. Chr. stellen die Künstler – unser Vasenmaler hier ebenso wie die Bildhauer am Parthenon – Reiter häufig in einer charakteristischen Paradehaltung mit erhobenen Vorderbeinen und untergesetzten Hinterbeinen dar[19].

6.15 Ein beliebtes Bildmotiv, die Ausfahrt zur Schlacht, wird auf die Amazonen übertragen: Eine Kriegerin besteigt den Wagen, eine zweite hält die Rosse im Zaum, während von außen noch die Leinenpferde herangeführt werden. Attisch-rotfigurige Hydria, 510–500 v. Chr. (Kat. 14).

Noch einige Jahrzehnte früher datiert das Bild einer Amazone, die vom galoppierenden Pferd abspringt (Abb. 6.16)[20]. Man darf sich wohl vorstellen, dass sie anschließend zu Fuß in ein Kampfgeschehen eingreifen wird. Wie bei einer weiteren Amazone auf einer gegen 440 v. Chr. entstandenen Amphora (Abb. 6.17) ist die Ausrüstung der Kriegerin uneinheitlich: Einerseits ist sie mit dem eng anliegenden und reich verzierten Hosenanzug bekleidet, der für ›Reitervölker‹ typisch ist, andererseits aber tragen beide Amazonen die Standardbewaffnung griechischer Hopliten – Schild und Lanze, in einem Fall auch einen ›attischen‹ Helm, Brustpanzer und *Pteryges*, an einem Gürtel befestigte Lederstreifen zum Schutz des Unter-

6.16 Amazone springt von ihrem galoppierenden Pferd. Attisch-rotfiguriger Kolonettenkrater, 460–450 v. Chr. (Kat. 15).

6.17 Amazone mit ›phrygischer‹
Mütze, gestreiftem Chiton über
Ärmeltrikot auf Schimmelhengst;
das Pferd trägt im Maul eine Trense.
Attisch-rotfigurige sog. Nolanische
Amphora des Klio-Malers,
um 440 v. Chr. (Kat. 16).

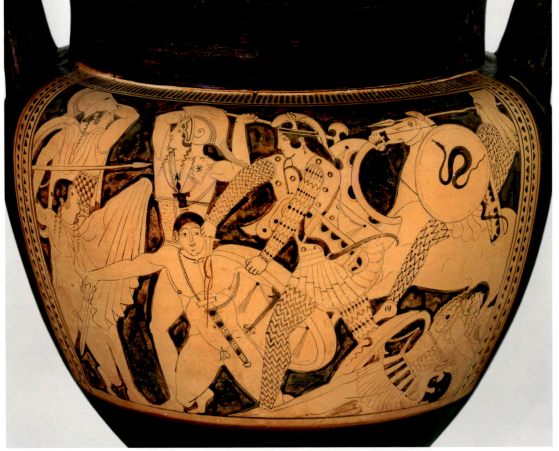

6.18 Ausschnitt aus einer
Amazonomachie: Die Kampferinnen
tragen eine Mischbewaffnung, die
Reiterin rechts trägt zwar das »bunte«
Wolltrikot, die weiche Mütze der
Orientalen und einen Reflexbogen,
aber auch Lanze und Rundschild der
griechischen Schwerbewaffneten.
Attisch-rotfiguriger Kolonettenkrater
des Pan-Malers, um 470 v. Chr.
Basel.

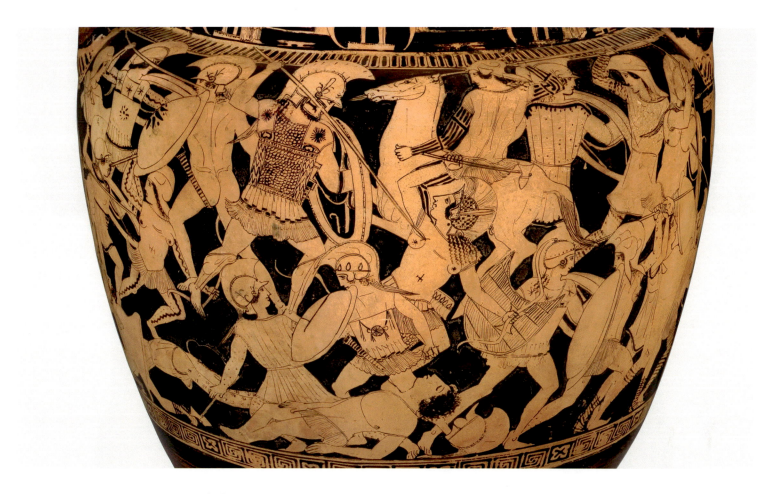

6.19 *Die reitende Amazone im Bildzentrum trägt orientalische Kleider, auch die Lanze können Griechen wie Barbaren einsetzen, aber sie trägt auch einen attischen Helm mit hochgestellten Wangenklappen. Ausschnitt aus einer Amazonomachie. Attisch-rotfiguriger Volutenkrater, 450–440 v. Chr. Basel.*

leibes. So gewappnet zog allein die schwere Infanterie in die Schlacht. Ein Jahrhundert zuvor ritten wohl auch noch Hopliten zum Kampfplatz, um sich dann in die Phalanx einzureihen, doch im 5. Jahrhundert v. Chr. wird das bei Männern nicht mehr dargestellt[21]. Interessanterweise trägt der große Rundschild der abspringenden Kriegerin das Bild eines bärtigen Orientalen mit Spitzmütze und großem Pelta-Schild, beides Attribute, die auch Amazonen besitzen können, die hier aber fehlen.

Seit dem 2. Viertel des 5. Jahrhunderts v. Chr. kämpfen die Amazonen vielfach zu Pferd gegen griechische Fußsoldaten, wie es auch für Skythen und Perser charakteristisch ist; so auf zwei frühklassischen attischen Vasen in Basel (Abb. 6.18–19) und in der Münchner Sammlung auf einem Weinmischkessel aus der Zeit um 430 v. Chr. (Abb. 6.20) sowie 100 Jahre später im Halsbild eines gewaltigen unteritalischen Grabgefäßes (Abb. 6.21). Erst jetzt sind die Amazonen wirkliche ›Reiterkrieger‹.

Die Schriftquellen, die uns die Amazonen als ›Reitervolk‹ beschreiben, setzen erst im 5. Jahrhundert v. Chr. ein. Der Dichter Pindar (8. *Olympische Ode* 47) verweist um 460 v. Chr. ganz knapp auf ihre enge Beziehung zu Pferden, bei Euripides (*Herakles* 408) im vorletzten Jahrzehnt des 5. Jahrhunderts v. Chr. klingen allenfalls vage ihre reiterischen Qualitäten an. Herodot lieferte schon etwa zehn Jahre früher im 9. Buch seiner *Historien* (vgl. Kap. 14) die erste ausführliche Beschreibung. Demnach zogen die Amazonen wie die mit ihnen verbundenen Skythen bzw. Sauromaten jagend und raubend auf ihren Pferden umher, ja »*sie leben auf dem Pferd*«.

Es hat demnach den Anschein, als habe sich bei den Griechen die Vorstellung, die kriegerischen Frauen kämpften in erster Linie zu Pferde, erst zu einem Zeitpunkt durchgesetzt, als Reiterbilder zumindest in Athen allgemein *en vogue* waren bzw. als man die Amazonen im Orient in Regionen lokalisierte, die man mit ›Reitervölkern‹ in Verbindung brachte.

6.21 Im Zentrum einer Amazonomachie haut eine Berittene mit ihrer Streitaxt auf einen griechischen Fußsoldaten ein. Halsbild eines apulischen Volutenkraters, um 330 v. Chr. (Kat. 18).

Doch nach wie vor gilt, dass die meisten Bildtypen nicht charakteristisch für Amazonenkämpfe sind, sondern schon vorher für andere Reiterbilder geschaffen wurden. Dieses Phänomen können wir auch auf einem unteritalischen Spendekännchen beobachten, das ein Reliefbild trägt (Abb. 6.22). Das Motiv des Reiters, der von seinem Pferd einen bereits ins Knie gebrochenen Fußkämpfer mit der Lanze absticht, ist spätestens seit dem Beginn des 4. Jahrhunderts v. Chr. aus der attischen Kunst bekannt und konnte – wie hier – auch auf Amazonen übertragen werden. Künstlerisch von geringer Bedeutung gehört das kleine Reliefgefäß zu den wenigen Münchner Stücken, die zeigen, wie eine Amazone einen Griechen tötet!

F.S.K.

6.22 Eine Amazone in kurzem Chiton und mit ›Phrygermütze‹ hat einen Griechen niedergeritten; der Unterlegene wehrt sich verzweifelt mit dem bloßen linken Arm (ohne Schild) gegen den tödlichen Lanzenstoß, in der Rechten hält er sein Schwert. Aus einem Model gewonnenes Reliefbild auf einem unteritalischen Guttus, 3.–2. Jh. v. Chr. (Kat. 19).

linke Seite:
6.20 Amazone zu Pferd attackiert griechische Hopliten. Sie trägt die ›phrygische‹ Mütze, kurzen Chiton und Schuhe, an ihrer linken Seite hängt ein Reflexbogen im Goryt. Attisch-rotfiguriger Kolonettenkrater, um 430 v. Chr. (Kat. 17).

7. Die Heimat der Amazonen

7.1 Zwei Amazonen gehen in die Schlacht. Attisch-rotfigurige Pelike des Phiale-Malers, 440–435 v. Chr. (Kat. 20).

7.2 Der Trojanerprinz Paris im Westgiebel des Aphaiatempels von Aigina. Der Bogenschütze unterscheidet sich von allen anderen Akteuren der Giebelgruppe durch seine fremdländische Tracht: eng anliegende Hose, langärmlige Jacke, darüber eine Lederweste, Mütze aus Filz oder Leder, deren Schlaufen hier nicht wie realiter üblich unter dem Kinn verknotet, sondern hochgebunden sind, um das Gesicht nicht zu verdecken. An der Hüfte trug er einen Bogenköcher, von dem nur noch die Dübellöcher erhalten sind. Charakteristisch für die orientalische Kleidung war auch die reiche und einstmals farbige Verzierung. 500–490 v. Chr. München, Glyptothek.

Die ältesten bildlichen Darstellungen zeigen die Amazonen in griechischer Tracht und Bewaffnung. Nichts kennzeichnet sie als Fremde. Ihre Andersartigkeit besteht allein darin, dass sie sich wie Männer verhalten. Doch anders als etwa Kentauren oder Satyrn bevölkern sie – in der sagenhaften Vorstellung der Antike – nicht das alte Griechenland. Das frühe Epos lokalisiert ihre Heimat mal in Thrakien, mal in Kleinasien (vgl. Kap. 14).

Das Bild der Fremden bei den Griechen

Bei Homer gibt es noch keine grundsätzliche Unterscheidung zwischen Hellenen und Fremden. Das gilt sowohl für ihre Sprache – der Dichter kennt keinen Sammelbegriff weder für Griechen noch für Nichtgriechen – als auch hinsichtlich ihrer Charakterisierung. Nur zwischen Menschen und Wundervölkern – Kyklopen, Lotosessern oder Phäaken – besteht ein wesentlicher Unterschied.

In der Wirklichkeit, beim Zusammentreffen mit ihren Nachbarvölkern, erkannten die Griechen ihre eigene Zusammengehörigkeit, die nie in einem gemeinsamen Staatswesen mündete. An der Sprache und an den Kulten wurde ihnen Gemeinsames und Trennendes deutlich[1]. Bald nannten sie die Fremden »Barbaren«, Stammler, weil die Griechen nur »Rhabarber, Rhabarber« verstanden, wenn jene sich unterhielten. In der *Ilias* werden allein die *»Kares barbarophonoi«* – die »unverständlich sprechenden Karer« – in dieser Weise unterschieden. Bei anderen dagegen, wie dem Aithiopenkönig Memnon oder Sarpedon, dem König der Lykier, wird deren Andersartigkeit überhaupt noch nicht thematisiert. Homer war dies fraglos bekannt, denn zu seiner Zeit waren Kontakte mit der orientalischen Welt keineswegs ungewöhnlich[2].

Seit dem 8. Jahrhundert v. Chr., dem Beginn der ›Großen Kolonisation‹, intensivierte sich der Austausch mit den unterschiedlichsten Völkern im gesamten Mittelmeerraum beträchtlich, doch erst im 6. Jahrhundert v. Chr. begannen die Griechen, Fremdartigkeit auch im Bild festzuhalten, wenn sie sich in deutlich verschiedener Tracht oder Physiognomie äußerte[3]. Als prominentes Beispiel für ein solches wertneutrales, vom Interesse am Exotischen geprägtes Fremdenbild, mag die seit spätarchaischer Zeit beliebte Darstellung des Trojanerprinzen Paris als Bogenschütze mit ›Phrygermütze‹ dienen (Abb. 7.2)[4]. Weder in der *Ilias* noch in der Bildkunst archaischer Zeit ist zunächst eine negative Sicht der Fremden erkennbar. Diese tolerante und von gegenseitiger Achtung geprägte Fremdensicht entspricht der Adelsethik in der aristokratisch geprägten Gesellschaft. In der Sage sind die Trojaner und ihre orientalischen Verbündeten gefeierte Helden. Noch im Drama *Die Perser* des Aischylos, das 472 v. Chr. in Athen aufgeführt wurde, betrachtet der

Dichter die Fremden als grundsätzlich gleichwertig. Obwohl oder vielleicht gerade weil Aischylos bei Marathon und Salamis mitgekämpft hat, verunglimpft er die besiegten Feinde nicht. Im Gegenteil, er hebt sogar die Würde und die Leistungen der Perser hervor.

Seit dem zweiten Viertel des 6. Jahrhunderts v. Chr. gibt es in der attischen Vasenmalerei Darstellungen von Fremden, meist sind es Krieger zu Pferd oder zu Fuß, mit charakteristischen »ungriechischen« Waffen und Trachtelementen. Tatsächlich werden viele Griechen den Skythen, Thrakern oder Persern erstmals in militärischem Zusammenhang begegnet sein. Am Anfang der bildlichen Darstellung steht ein großartiger Weinmischkessel in Florenz, der gegen 570 v. Chr. von Ergotimos getöpfert und von Klitias bemalt worden ist, zwei Handwerkern aus Athen (Abb. 7.3)[5]. Als Teilnehmer an der berühmten Kalydonischen Eberjagd hat der Maler mit Tochsamis und Kimerios auch zwei Barbaren eingefügt, die aus der schriftlichen Überlieferung der Sage nicht bekannt sind. Diese weiß nur von den tapfersten Helden Griechenlands, welche dem Ruf des Oineus, des Königs von Kalydon, folgen, den Eber zu jagen.

Angehörige iranischer Reitervölker, Kimmerier und Skythen, begegneten den Griechen schon ein Jahrhundert früher. Doch erst im frühen 6. Jahrhundert v. Chr. griff auch Athen in das skythische Siedlungsgebiet an der nördlichen Schwarzmeerküste aus, und seit dem letzten Jahrhundertdrittel beschäftigte man skythische Bogenschützen als Söldner in Athen[6]. Das erklärt wohl ihre plötzliche Beliebtheit auf attischen Vasen. Die ethnische Kennzeichnung als Skythen ist oft unscharf. Die Vasenmaler greifen einige kennzeichnende Attribute – spitze Mützen aus Leder oder Filz, Hosenanzüge, Pelta-Schild, Reflexbogen, Goryt (Bogenköcher) und Streitaxt – sowie ihre Kampfweise (Abb. 6.6-7; 7.3-5, 7.7) heraus, seltener auch Besonderheiten ihrer Physiognomie[7]. Die Spitzmützenträger bedeuten aber nicht immer Skythen, sie stehen oft auch nur stellvertretend für den Orient, etwa in Bildern der Troja-Sage. Auf einer gegen 550/540 v. Chr. von Exekias getöpferten und vom Tleson-Maler bemalten attischen Trinkschale (Abb. 7.5)[8] weist der Bogner jedoch mit seinem gemusterten Hosenanzug, der Spitzmütze und dem Reflexbogen fast alle Kennzeichen eines »Skythen« auf.

7.3 *Jagd auf den Eber von Kalydon: Neben bekannten griechischen Helden beteiligen sich auch zwei fremdländisch Gekleidete, Tochsamis und Kimerios; der Name des ersten verweist auf seine Fertigkeiten als Bogner (griech. toxa – Bogen); der zweite bedeutet Kimmerier; dieses Volk wurde von den Griechen oft nicht deutlich von den Skythen unterschieden. Ein weiterer Jäger mit »skythischer« Spitzmütze in der linken Bildhälfte trägt jedoch einen griechischen Namen, Euthymachos. Detail eines attisch-schwarzfigurigen Weinmischkessels, um 570 v. Chr., Florenz (Umzeichnung).*

7.4 a–b *Fremdländische Gegner griechischer Schwerbewaffneter: Während der Grieche stets nackt kämpft, sind die Orientalen mit einem kurzen Gewand und einer »skythischen« Spitzmütze bekleidet, deren Schlaufen herabhängen; beide verwenden »Fernwaffen«, Reflexbogen und Schleuder – die Schlinge ist geritzt, in dem Korb am linken Arm liegen die Schleudersteine –, die für Griechen damals tabu waren. Nur scheinbar ist jeweils ein realistischer Ausschnitt aus der Wirklichkeit dargestellt. Die Zeit heroischer Einzelkämpfer ist lange vorbei, man kämpfte in geschlossenen Schlachtreihen, doch in der Bildkunst sind sie Konvention. Schleuderer und Bogenschützen galten den Schwerbewaffneten ferner nicht als ebenbürtig und standen ihnen nie unmittelbar gegenüber, sondern sie eröffneten mit ihren Geschossen auf die gegnerische Phalanx das Gefecht. Details von den beiden Außenseiten einer attischen Trinkschale, 540–530 v. Chr. .*

7.5 Skythischer Bogenschütze. Detail einer attisch-schwarzfigurigen Randschale, Exekias hat als Töpfer signiert, 550–540 v. Chr., Kunsthandel.

Die Amazonen werden Orientalen

Zu einer Zeit als der Typus des Orientalen in der attischen Bildkunst fest etabliert ist, finden sich dann auch erste Darstellungen von Amazonen, die solche fremdländischen Attribute aufweisen. Gegen Mitte des 6. Jahrhunderts v. Chr. übernehmen sie zunächst die orientalische Bewaffnung, Pelta, Goryt und gelegentlich auch schon die Spitzmütze (Abb. 6.8; 7.6). Der Bogen dagegen gehörte schon deutlich früher, seit dem mittleren 7. Jahrhundert v. Chr. zu ihren Waffen im Kampf (Abb. 5.5). Dieser Zug weist bereits nach Osten, da die Fernwaffen (Bogen und Schleuder) damals unter Griechen tabuisiert waren. Auf einem Kessel im Louvre[9] (Abb. 7.7) um 550 v. Chr. kämpfen Amazonen gegen ein von Herakles geführtes Griechenheer. Männliche Bogenschützen mit spitzer Kappe und stickereiverziertem Chiton, wahrscheinlich Skythen, beteiligen sich anscheinend auf beiden Seiten am Kampf. Mit den Orientalen verbindet die Amazonen, dass die meisten von ihnen ein ähnlich reich verziertes Gewand tragen, zwei von ihnen Spitzmützen, und einige auch mit dem Bogen schießen. Außer den Orientalen kämpft allein Herakles (Abb. 7.8)[10] mit dieser Waffe, ansonsten dient sie den Griechen lediglich zur Jagd. Der Hoplit, der schwerbewaffnete Soldat, geht mit Schild, Lanze und Schwert in

7.6 Im oberen Bildstreifen rüsten sich Amazonen zum Kampf. Einige sind wie griechische Schwerbewaffnete, andere in orientalischem Kostüm und mit leichter Bewaffnung wiedergegeben, wieder andere kombinieren skythische Elemente (Mütze, Bogen und Goryt) mit griechischen Beinschienen und Lanze. Dagegen sind die berittenen Amazonen unten mit Hosenanzug, Spitzmütze und Pelta konsequent als Orientalen gekennzeichnet. Attisch-schwarzfiguriger Volutenkrater, 510–500 v. Chr. (Kat. 6).

7.7 Der Grieche Telamon sticht
eine Amazone nieder, die wie der vor
ihr kauernde Skythe ein reich
besticktes Gewand und eine spitze
Mütze trägt. Eine weitere Amazone
namens Egesos tritt Telamon dagegen
wie ein griechischer Hoplit entgegen.
Umzeichnung eines attischen
Kessels, um 550 v. Chr., Paris.

die Schlacht. Im homerischen Epos treten Bogenschützen auf beiden Seiten auf, sie
werden noch nicht geringer geschätzt, doch schon hier ist der Bogen eher eine typische Waffe der Troer. Paris ist der prominenteste Bogner vor Troja (Abb. 7.2),
und auch der bekannteste Schütze im Griechenheer ist mit Teukros ein Halbtroer.

Erst gegen Ende des 6. Jahrhunderts v. Chr. tragen die Amazonen dann auch
Ärmel- und Hosentracht sowie die Streitaxt (Abb. 7.6; 7.11). Sie werden nun durch
solche Elemente ebenso wie durch ihre Kampfweise in den Kreis der östlichen
Nachbarvölker eingereiht, die zu jener Zeit bildlich nicht deutlich geschieden wurden. Waffen und Tracht entstammen zwar der realen skythischen bzw. iranischen
Kultur, doch finden sie sich auf den attischen Vasen in stilisierter Form und häufig
in willkürlicher Zusammenstellung.

Folgt man der schriftlichen Überlieferung, dann suchten die Griechen die Heimat der Amazonen zu verschiedenen Zeiten an weit auseinander liegenden Orten.
Während sie sich in der Frühzeit noch vorstellen konnten, dass Amazonen in Thra-

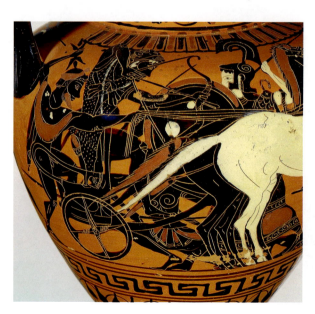

7.8 Herakles Seit an Seit
mit seinem Vater Zeus im Gigantenkampf, im Hintergrund Athena.
Detail einer attisch-schwarzfigurigen
Amphora, um 520 v. Chr.

kien zuhause sind[11], bringen die spätarchaischen Vasenmaler Athens sie wie oben gesehen mit ›Reitervölkern‹ um das Schwarze Meer in Verbindung. Zwar galt Thrakien noch immer als wild und unzivilisiert (vgl. Kap. 19), doch auf Amazonen waren die Griechen dort nicht getroffen. So schoben sie deren Siedlungsgebiet weiter nach Nordosten in kaum bekannte Regionen und in die Nähe anderer mythischer Wesen. Auch die Lokalisierung in Kleinasien reicht weit zurück. Bereits in der *Ilias* finden sich kurze Notizen, der junge Priamos habe in Phrygien gegen sie gekämpft (3, 188–190), Bellerophon dagegen in Lykien (6, 186). Erstmalig bei Herodot (4, 86, 3), also im 5. Jahrhundert v. Chr., wird dann das Gebiet des Flusses Thermodon, des heutigen Terme Çay, als ihre Heimat angegeben[12]. Ungefähr gleichzeitig, nämlich im *Herakles* (408–410) des Euripides, wird auch schon das Gebiet nördlich des Flusses Tanais und des Maiotis-Sees im heutigen Südrussland als Siedlungsraum der Amazonen beschrieben. Bei dem frühkaiserzeitlichen Geographen Strabon (11, 5, 1–2) findet sich dann die Ansicht, sie lebten zwischen Schwarzem und Kaspischem Meer. Andere Quellen nennen Illyrien, Libyen oder Aithiopien als ihre Heimat. Nicht weil die Amazonen in ihrem Erscheinungsbild und ihrer Lebensweise etwa den Phrygern oder Skythen ähnelten, suchte man ihre Heimat in Kleinasien oder in Südrussland, sondern weil sich die Grenzen der den Griechen bekannten Welt immer weiter ausdehnten. Da sie aber nirgends auf die Kriegerinnen stießen – sieht man von Berichten ab, dass etwa Alexander der Große mit ihrer Königin Thalestria in Hyrkanien (Nordostiran) zusammengetroffen sei (Strabon 11, 5, 4) –, verschoben sie das Land der Amazonen immer weiter. Sie verliehen ihnen Attribute der Fremden, wobei die orientalischen Züge nur stellvertretend für die Barbaren stehen. Das durch die damals im Stadtbild von Athen gegenwärtigen skythischen Söldner geprägte Orientalenbild wurde also sekundär von der Bildkunst auch auf die Amazonen übertragen.

Auch außerhalb Athens stellte man die Amazonen in der Zeit um 540/30 v. Chr. in die Nähe eurasischer Reiterkrieger. Eine besondere taktische Finesse dieser Völker, nämlich den sogenannten parthischen Schuss, zeigt eine ›chalkidische‹ Amphora in St. Petersburg (Abb. 7.9)[13]. Diese Vasengruppe entstand möglicherweise in Italien in einer Kolonie der euböischen Stadt Chalkis. Eine nach links reitende Amazone hat ihren Oberkörper nach hinten gewendet und schießt mit Pfeil und Bogen auf einen Hopliten, der sie im Laufschritt verfolgt. Aus späterer Zeit wissen wir, dass die persische Reiterei viele Schlachten zu ihren Gunsten entschied, indem sie sich scheinbar zur Flucht wandte und ihre Verfolger dann überraschend unter Feuer nahm. Bereits Xenophon (*Anabasis* 3, 3, 10) überliefert dies für die Zeit der

7.9 *Eurasische Reitervölker waren für die hier von einer Amazone angewandte Kampfesweise berühmt und gefürchtet. Die Szene wird gelegentlich auf Penthesileia und Achill gedeutet. Schulterbild einer* ›chalkidischen‹ *Amphora, um 540/30 v. Chr., St. Petersburg.*

7.10 Ausschnitt aus der Amazonomachie des Herakles. In der Relief- und Freiplastik werden Amazonen deutlich fraulicher wiedergegeben als in der Vasenmalerei, auf das orientalische Kostüm wird hier weitgehend verzichtet: Die Reiterin trug Mütze oder Helm, bei der Kriegerin zu Fuß bedeckt ein Tuch das Haar, ihr griechischer Kontrahent mit ›attischem‹ Helm in Form einer ›Phrygermütze‹ hielt wohl ein Schwert in seiner Rechten. Reliefplatte aus dem Ostfries des Mausoleums von Halikarnass, bald nach 350 v. Chr. London.

Achaimeniden; namengebend wurden Jahrhunderte später die Parther, die gerade auch gegen die Römer immer wieder mit dieser Taktik erfolgreich waren. Doch Bilder wie das hier gezeigte belegen, dass schon lange zuvor versierte Reiter in der Lage waren, sich in dieser Weise zur Wehr zu setzen; die frühesten Darstellungen finden sich bereits auf assyrischen Reliefs aus der Zeit Assurnasirpals II. (884–859 v. Chr.)[14].

200 Jahre später findet sich auf einer von Skopas gearbeiteten Reliefplatte des Mausoleums von Halikarnass (Abb. 7.10)[15] eine weitere Besonderheit, die die Griechen den Skythen oder Persern abgeschaut und auf die Amazonen übertragen haben: Eine Reiterin sitzt rückwärts auf ihrem Pferd und schießt mit dem Bogen auf einen Verfolger, der auf der links anschließenden Platte dargestellt war. Es darf je-

7.11 Eine Amazone mit Bogen und geschulterter Streitaxt läuft nach links. Sie ist mit jeweils bunt verzierten Hosen und ärmellangem Trikot sowie mit einer ›Phrygermütze‹ bekleidet. Innenbild einer attisch-rotfigurigen Schale, bemalt von Makron, um 480 v. Chr. (Kat. 21).

7.12 Ein kauernder Orientale legt die Sehne seines Reflexbogens ein. Aus der Darstellung wird nicht klar, wogegen er den Bogen stemmt, der unter hoher Spannung steht. Der Flügelschmuck an seiner Mütze ist ein phantastischer Zug. Fragment einer attisch-rotfigurigen Kalpis, 510–500 v. Chr.

doch nicht der falsche Eindruck entstehen, die Amazonen hätten in der griechischen Vorstellung nun ausschließlich zu Pferd gekämpft. Auf der gleichen Platte schließt sich rechts eine Fußkämpfergruppe an, in der eine vorstürmende Amazone mit der Streitaxt auf einen zurückweichenden Griechen einhaut.

Im schwarzfigurigen Stil ermöglichte die farbliche Unterscheidung der Geschlechter eine sichere Scheidung von skythischen oder thrakischen Kriegern und Amazonen. In der rotfigurigen Vasenmalerei entfällt dieses Kriterium – die weiße Haut der Frauen – und die Bestimmung wird schwieriger. An zwei Beispielen lässt sich die Problematik demonstrieren: Bei dem Innenbild einer Trinkschale des Makron (Abb. 7.11) deuten allein die langen Locken auf eine Amazone hin, im Fall der Scherbe, bei der Figur, die die Bogensehne einspannt (Abb. 7.12)[16], lässt nur eine winzige Spur von Bartflaum an der Schläfe erkennen, dass es sich um einen Mann handelt.

Noch stärker als die Orientalen sind die Amazonen auf ihre Rolle als Kriegerinnen festgelegt. Nur in seltenen Fällen finden sich auch friedliche Bilder, wie das einer Opfernden auf einer Kanne in München (Abb. 7.13). Doch selbst diese Tätigkeit steht hier in einem militärischen Zusammenhang. Die Amazone hat ihre Waffen abgelegt, steht vor dem mit ionischen Voluten geschmückten Altar und bewegt heftig ihre Hände über den hochschlagenden Flammen. Ihre Gestik lässt unterschiedliche Deutungsmöglichkeiten zu: Die geöffnete linke Hand ist gewöhnlich ein Zeichen des Erstaunens, die Bewegung der nach oben angewinkelten rechten Hand mit dem erhobenen Zeigefinger dagegen kennen wir als Betgestus[17]. Die Waffen deuten an, dass sie sich vor dem Gang in die Schlacht mit einem Opfer an Ares, den Kriegsgott und Stammvater der Amazonen, wendet. Das Bildthema ist selten, aber nicht singulär. Während sich das Münchner Vasenbild auf keine bestimmte Episode des Mythos bezieht, erinnert die eine Generation später entstandene Darstellung auf einem Ölfläschchen im Louvre[18] (Abb. 7.14) unwillkürlich an die von Pausanias (4, 31, 8; 7, 2, 7–8) und Tacitus (*Annalen* 3, 61) überlieferte Sage von den Amazonen, die auf der Flucht vor Herakles oder Dionysos im Artemision von Ephesos Schutz suchten (vgl. Kap. 8. 10).

7.13 Eine Amazone gestikuliert vor einem Altar, auf dem ein Feuer lodert – die Flammen sind heute kaum noch zu erkennen. Streitaxt und Pelta-Schild hat sie links hinter sich abgestellt. An der dem Betrachter zugewandten Seite des Altars rote Blutspritzer, wohl vom vorangegangenen Opfer. Attisch-schwarzfigurige Kanne (Olpe), um 500 v. Chr. (Kat. 22).

7.14 Eine Amazone kniet mit gebeugtem Nacken vor einem Altar, den sie mit beiden Händen umfasst und zu dem sie aufblickt; im Hintergrund eine Palme. Sie trägt einen langen Chiton und hat ein Tierfell um die Hüfte geschlungen, ihr Haupt ist mit einer Haube (sakkos), wie sie üblicherweise Dienerinnen tragen, und einem Diadem bedeckt. Bogen und Köcher hängen über ihr. Attisch-rotfigurige Lekythos, 475–450 v. Chr. Paris.

Amazonen und Perser

Seit ungefähr 510 v. Chr. tragen die Orientalen (Abb. 7.12; 7.15) – und bald danach auch die Amazonen (Abb. 7.1; 7.11; 7.16-19 – anstelle der skythischen Spitzmütze zunehmend die ›Phrygermütze‹, die oben mit einer Rundung abschließt und in aller Regel nach vorn überfällt, wodurch das weiche Material – Stoff oder Leder – sinnfällig wird. Sie wird mit den herabhängenden Zipfeln unter dem Kinn verknotet, jedoch lassen Vasenmaler wie Bildhauer die Enden aus ästhetischen Gründen zumeist herabhängen oder stecken sie hoch. Anders als der Name vermuten lässt stammt diese Form der Zipfelmütze nicht aus Phrygien, sondern es handelt sich um die charakteristische Kopfbedeckung der Perser, die sogenannte Tiara. In der griechischen Bildkunst wird sie jedoch auch von den übrigen Orientalen und den

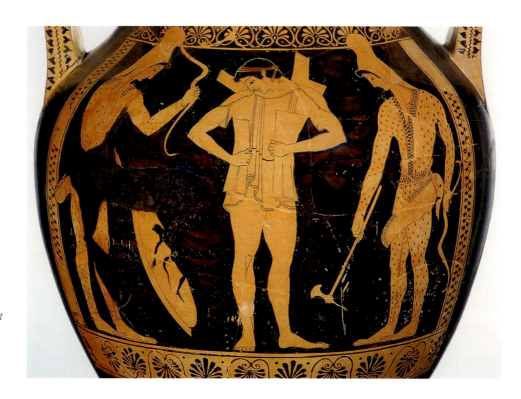

7.15 Ein griechischer Krieger rüstet sich im Beisein zweier orientalischer Kampfgefährten. Attisch-rotfigurige Amphora, bemalt von Euthymides, um 500 v. Chr.

Amazonen getragen[19]. Im neuzeitlichen Frankreich wurde die rote ›Phrygermütze‹ der freigelassenen Sklaven zu einem Symbol der Republik und der Freiheit, weil in der Revolutionszeit die Phryger beispielhaft als ein jahrhundertelang in Knechtschaft gehaltenes Volk angesehen wurden.

Obgleich die Orientalen im 6. Jahrhundert v. Chr. noch als »anständige« Krieger gelten, sind sie doch selten wirklich ebenbürtig. Die skythischen Söldner kämpfen neben den griechischen Hopliten, unterstützen diese als Leichtbewaffnete, doch meist sind sie im wörtlichen Sinne Randfiguren bzw. stehen im Hintergrund (Abb. 7.15)[20]. Für das Amazonenbild beinhaltet die Nähe, ja gelegentlich fast Austauschbarkeit mit den Orientalen eine zweischneidige Aussage: Einerseits sieht man in

7.16 Bogenschießende Amazone. Böotisch-rotfigurige Lekythos, um 430 v. Chr. (Kat. 23).

7.17 Amazone mit Pelta-Schild und Streitaxt. Der Schild ist nicht aus Metall, sondern aus organischem Material; das Geflecht ist mit verdünntem Glanzton angegeben. Attisch-rotfigurige Weinkanne, um 410 v. Chr. (Kat. 24).

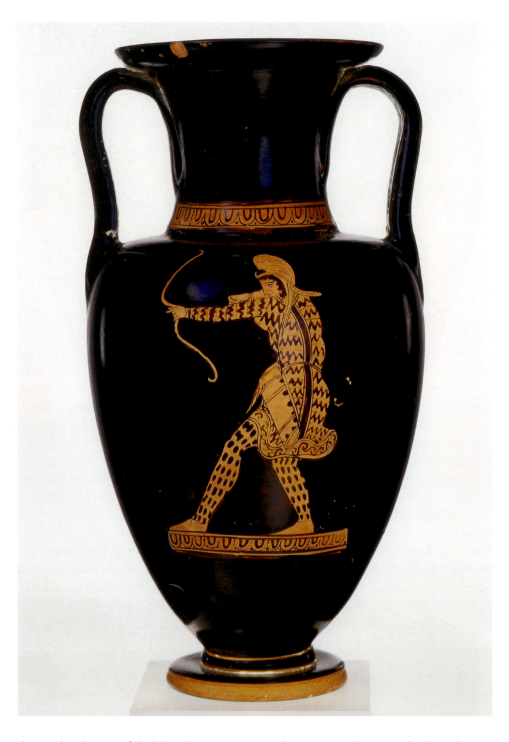

7.18   *Bogenschießende Amazone.*
Attisch-rotfigurige Amphora,
um 430 v. Chr. (Kat. 7).

ihnen durchaus gefährliche Kriegerinnen, andererseits stehen sie doch nicht mit den griechischen Hopliten auf einer Stufe.

Diese negative Tendenz verstärkt sich noch, als die Amazonen im frühen 5. Jahrhundert v. Chr. in ihrem äußeren Erscheinungsbild immer mehr den Persern angeglichen werden (Abb. 7.1; 7.16–19). Während die Skythen und Thraker sowohl an der Seite von Griechen als auch gegen diese kämpfen konnten, erscheinen die Perser ausschließlich als Feinde, die zudem offensichtlich den Griechen nicht ebenbürtig sind. Auf der einen Seite demonstriert schon die Nacktheit der griechischen Schwerbewaffneten, ihr austrainierter idealer Körper, ihre vorbildliche Tüchtigkeit im Kampf. Die sprach man den Orientalen, ganz besonders unter dem Eindruck der Siege von Marathon, Salamis und Plataiai, ab. Anders als etwa Aischylos zeichnen zur gleichen Zeit die Vasenmaler die angeblich in Luxus schwelgenden, »weibischen« Perser als kampfuntüchtig. Die Kleidung ist nicht

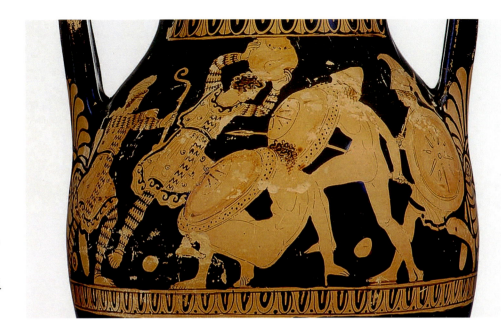

7.19 Die Wildheit der Amazonen veranschaulicht die Kämpferin im Zentrum, die in verzweifelter Lage – sie hat offenbar ihre regulären Waffen verloren – einen Felsbrocken auf einen griechischen Hopliten wirft. Attisch-rotfigurige Pelike, um 390 v. Chr. (Kat. 25).

mehr exotisches Attribut, sondern Sinnbild von orientalischer »tryphé«, Verweichlichung und Hoffart. Dass zur selben Zeit persische Luxusartikel in Athen durchaus begehrt waren, steht auf einem anderen Blatt[21]. Kampfdarstellungen zeigen nun oft nicht mehr das für die griechische Kunst charakteristische Gleichgewicht beider Parteien, sondern barbarische Haltlosigkeit und Unterlegenheit[22]. In der Folge finden sich nun in der Bildkunst ähnlich drastische Darstellungen der Niederlage auch bei Amazonenkämpfen, so in einigen Szenen auf dem Schild der Athena Parthenos (Abb. 9.29), aber auf keiner der Münchner Vasen. Die Annäherung der Amazonen an die Perser geht über bloße Äußerlichkeiten wie Tracht und Bewaffnung hinaus. Die Amazoneninvasion im Athen des Theseus konnte seit dem 5. Jahrhundert v. Chr. als Vorläufer bzw. als mythische Parallele zur Bedrohung durch die Perser 490 und 480/479 v. Chr. aufgefasst werden[23]. Offenkundig unter dem Eindruck der abgewehrten persischen Invasionen weicht im demokratischen Athen das zumindest neutrale Fremdenbild drastischer Ablehnung und einem grundsätzlichen griechischen Überlegenheitsgefühl[24].

Darstellungen von Skythen finden sich nun im 5. Jahrhundert v. Chr. überhaupt nicht mehr. Die möglicherweise unter Peisistratos angeworbenen skythischen Söldner waren damals schon aus Altersgründen nicht mehr aktiv und Neuanwerbungen gab es zunächst nicht – wir wissen nicht, ob athenische Bürger (Theten) ihre Rolle einnahmen oder ob man nun ganz auf ein Bogenschützenkontingent verzichtete. Selbst als in der Zeit des Peloponnesischen Krieges (431–404 v. Chr.) noch einmal Skythen als Söldnertruppe in Athen auftauchen, schlägt sich das nicht in Bildern nieder.

In der Gegenüberstellung mit persischen Bildwerken wird deutlich, dass die Tracht der Perser auf attischen Vasen allenfalls stark stilisiert wiedergegeben ist. Eine sehr viel getreuere Darstellung liefern dagegen Reliefs des späten 4. Jahrhunderts v. Chr. wie auf dem sogenannten Alexandersarkophag in Istanbul[25]. Die stilisierte Persertracht, die sich im späten 5. Jahrhundert vielleicht mehr an Theaterkostümen als an der Realität orientierte, tragen auch die Amazonen auf den Vasenbildern. Dagegen geben sie sich in der gleichzeitigen Frei- und Reliefplastik (Abb. 7.10; 9.29; 10.8–13) kaum noch als Orientalen zu erkennen. Dort tragen sie im 5. und 4. Jahrhundert v. Chr. – wie ideale Krieger – einen kurzen Chiton und gelegentlich darüber noch einen Mantel, nur selten dagegen als einziges fremdes Trachtelement eine ›phrygische‹ Mütze. Dafür wird in der Plastik klassischer Zeit ihre Weiblichkeit, ihre erotische Attraktivität in den Vordergrund gerückt. Auf den

7.20 Amazone(?) beim »Hocker-tanz«. Terrakotte, 3.–2. Jh. v. Chr. (Kat. 26).

7.21 Amazone (?) tanzt Oklasma vor einem Altar – vielleicht ein Tanz zu Ehren von Ares. Terrakotte, 2. Jh. v. Chr. (Kat. 27).

Vasen geschieht das kaum einmal, lediglich auf der berühmten Penthesileia-Schale (Abb. 13.1) oder wenn eine erschlagene Amazone auf einem großen unteritalischen Grabgefäß mit bloßen Brüsten dargestellt wird (Abb. 6.21).

Von den Orientalen »übernehmen« die Amazonen nicht nur Tracht und Kampfesweise, sondern nach Ausweis der Bildkunst auch noch weitere Sitten und Gebräuche. Zwei Münchner Terrakotten zeigen jeweils eine Frau in persischer Tracht (Abb. 7.20), in einem Fall vor einem Altar (Abb. 7.21), die in Hockerstellung die Hände über dem Kopf zusammenschlagen. Von den Persern ist nun aus griechischen Quellen ein *Oklasma* genannter Tanz überliefert, bei dem man die Hände über dem gebeugten Oberkörper zusammenschlug. Der Name geht auf das griechische Verb *oklazo* zurück, das »sich auf die Fersen niederhocken« bedeutet, der Tänzer kauerte also wohl wiederholt nieder. Vielleicht darf man sich das Ganze ähnlich wie den Kasatschok (Kosakentanz) vorstellen. Für die Griechen war er jedenfalls charakteristischer Bestandteil persischer Feste. Aber auch in Griechenland wurde der »Persertanz« *(persikos)*, wie man ihn auch nannte, geschätzt und bei vornehmen Trinkgelagen (Symposien) zu den Klängen von Blas- und Schlaginstrumenten (Aulos und Tympanon) vorgeführt. Daher finden sich auch Bilder davon auf attischem und böotischem Trinkgeschirr[26]. Nach Ausweis der Bilder haben auch Frauen den *Oklasma* getanzt. Ob es sich dabei um professionelle Tänzerinnen in persischem Kostüm oder um Amazonen handelt, können wir nicht sicher entscheiden.   *F.S.K.*

Ein exotisches Abenteuer

»Von Apollons Ekstase getrieben« (Herodot 4, 13) unternahm Aristeas von Prokonnesos, ein wohl im 7. Jahrhundert v. Chr. lebender Dichter und Magier, eine Reise in die Länder der Skythen und Issedonen nördlich des Schwarzen Meeres. Auf seinem phantastischen Bericht (Arimaspeia) fußt unsere Kenntnis einer Sage, die der Dichter nahe dem Land der Hyperboreer, also weit im Nordosten am Rand der Welt ansiedelte. Das Volk der kriegerischen und einäugigen Arimaspen soll dort mit den ihnen benachbarten Greifen in ständigem Streit gelebt haben, weil erstere versuchten, das Gold zu stehlen, das die Greifen bewachten. Seit dem 6. Jahrhundert v. Chr. gibt es auch Bilder von diesem Kampf – die Einäugigkeit wird jedoch nie dargestellt, wohl weil der Schönheitssinn der Griechen das nicht zuließ (Abb. 7.22)[27]. Fast 200 Jahre später finden sich auf Vasen, Terrakotten und Mosaiken gelegentlich orientalisch gekleidete Frauen anstelle der Arimaspen (Abb. 7.23–24)[28]. Für die Annahme, weibliche Arimaspen hätten sich an dieser Auseinandersetzung beteiligt, lassen sich kaum vernünftige Argumente anführen[29]. Man würde zumindest erwarten, dass sie nicht allein ohne ihre Männer den Kampf aufnehmen. Wahrscheinlicher ist daher, dass auch in diesem Fall ein typisch orientalischer Topos auf die Amazonen übertragen wurde, auch wenn sie hier nicht mit einem realen, sondern mit einem sagenhaften Volk verbunden werden. *F.S.K.*

7.22 Das Bild ist so farbenprächtig wie das Thema exotisch. Ein junger bartloser Arimaspe attackiert mit der Streitaxt einen leicht zurückweichenden Greifen. Kopf, Kamm und Schwingen des Fabeltieres ebenso wie die ›Phrygermütze‹, das langärmlige Trikot unter dem kurzen orientalischen Gewand, Gürtel und kreuzweise über die Brust laufende Riemen, Stiefel und Pelta-Schild des Arimaspen sind mit roter, weißer und goldgelber Farbe gemalt. Ob es sich bei dem großen blütenartigen Gebilde im Zentrum um das Gold handelt, das die Greifen bewachen, ist fraglich. Apulische Weinkanne, 320–310 v. Chr.

7.23 Eine zu Boden gegangene Amazone zwischen Greifen. Kieselmosaik, gegen 350 v. Chr. Eretria.

7.24 Amazonen werden von Greifen angegriffen. Vergoldetes Terrakottarelief aus Capua, 350–325 v. Chr. Neapel.

8. Starke Frauen gegen den stärksten Helden

Wie furchterregend die Amazonen den Griechen erschienen beweist die Heraklessage. Herakles, der Sohn des Zeus, muss dem König Eurystheus dienen und für ihn schwierigste Taten vollbringen. Das ist die Rache der Hera dafür, dass ihr Gatte Zeus mit Alkmene, einer Sterblichen, Herakles gezeugt hat: Der Sohn muss für den Ehebruch seines Vaters büßen.[1] All diese Taten erledigt Herakles zwar im Auftrag des Königs Eurystheus, aber sie sind für die Menschheit getan und dadurch verdient er sich die Aufnahme in den Olymp. Mit seinen Taten befreit der Held nämlich die Welt von verschiedenen Plagen: Von wilden Tieren wie dem Löwen von Nemea und dem erymanthischen Eber, von Ungeheuern wie der Hydra und den menschenfressende Pferden des Diomedes, und auch von Frevlern gegen die menschliche Ordnung. Und solche Frevler sind die kriegerischen Amazonen, die einen Frauenstaat bilden, in dem die Männer nichts zum Lachen haben.

Der Mythos erzählt den Kampf des Herakles gegen die Amazonen in mehreren Variationen. Die Geschichte beginnt mit dem Auftrag des Eurystheus: Seine Tochter Admete wünscht den Gürtel der Amazonenkönigin Hippolyte. Der goldene Gürtel ist ein Geschenk ihres Vaters, des Kriegsgottes Ares, und Zeichen ihrer Tapferkeit und ihrer königlichen Macht.

Die Amazonen leben an der Nordküste Kleinasiens, wo der Fluss Thermodon in das Schwarze Meer fließt. Gegen sie kann nicht einmal Herakles als einzelner Kämpfer bestehen. So nimmt er sich noch einige befreundete Helden mit. Schon der Weg zu den Amazonen ist gefährlich: In Paros, wo sie anlanden, werden zwei Begleiter des Herakles getötet. Der Held rächt sie, tötet die Söhne des kretischen Königs Minos, die Paros beherrschen, und nimmt zwei Enkel des Minos als Geiseln mit. Als Herakles nach Mysien (in Kleinasien) kommt, wird er dort am Hof des König Lykos freundlich aufgenommen. Das belohnt der Held: Er begleitet Lykos im Kampf gegen die Bebryker, erschlägt deren König und erweitert das Herrschaftsgebiet des Lykos.

Schließlich erreicht Herakles die Stadt Themiskyra im Land der Amazonen. Seine Ankunft macht Eindruck: Königin Hippolyte eilt herbei und fragt, warum er gekommen sei. Schließlich erklärt sie sich bereit, Herakles ihren Gürtel zu übergeben.[2] Damit ist der Plan des Eurystheus, Herakles möge im Kampf gegen die Amazonen untergehen, gescheitert. Das missfällt Hera. Voll Hass auf Herakles mischt sie sich in Gestalt einer Amazone unter die kriegerischen Frauen und stachelt sie zum Kampf an, indem sie ihnen erklärt, die Fremden wollten Hippolyte rauben. Es ist also, wenn man den Mythos so vordergründig interpretiert, eine Frau, die den Kampf der Amazonen gegen Herakles provoziert und die Vernichtung dieses Frauenstaates einleitet.

8.1   Herakles und Telamon (?) im Kampf gegen die Amazonen. Die Kriegerinnen haben die strahlend weiße Haut der vornehmen griechischen Frau. Attisch-schwarzfigurige Hydria (Wasserkrug), 510–500 v. Chr. (Kat. 28).

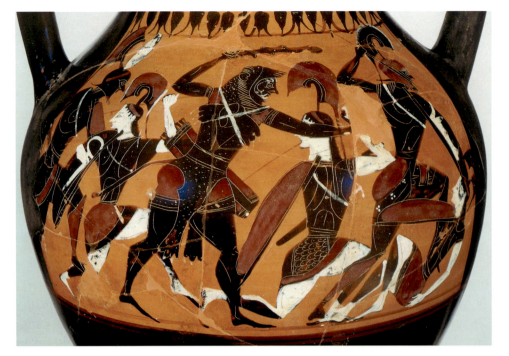

Der Kampf der Amazonen gegen Herakles wird auf Vasen des späten 6. Jahrhunderts sehr häufig dargestellt. Niemals, weder bei Hippolyte noch in den Händen des siegreichen Herakles, sieht man jedoch den Gürtel des Ares, den auslösenden Grund dieses Heraklesabenteuers.[3] Die Darstellungen heben stets Herakles als unbezwingbaren Helden hervor: Er kämpft ohne Panzer, Helm und Beinschienen, ihn schützt nur sein Löwenfell.[4] Hingegen sind die Amazonen und die Gefährten des Herakles in gleicher Weise gerüstet: Sie tragen Brustpanzer, Helm und Beinschienen, wie es für die griechischen Schwerbewaffneten (Hopliten) üblich ist. Auch in Körperbau und Größe unterscheiden sich die Amazonen nicht von den Mitkämpfern des Herakles: Die Brustpanzer der Amazonen sind »männlich« und negieren die Formen der weiblichen Brust. Dennoch sind auf Vasenbildern im ›schwarzfigurigen‹ Stil die Amazonen leicht zu erkennen, denn ihre Haut strahlt in blendendem Weiß – das antike Schönheitsideal der vornehmen Frau.

Die griechische Kunst stellt die Amazonen nicht als weibliche Monster, sondern als schöne, begehrenswerte Frauen dar. Um dies zu zeigen, wählen die Maler ganz unrealistische Helmformen, die, im Gegensatz zu den männlichen Hopliten, die Gesichter der ›schönwangigen‹ Amazonen nicht verdecken (vgl. dazu Kapitel 11). Aber all ihre Schönheit nützt den Amazonen nichts: Als Frevler gegen die natürliche Ordnung finden sie bei Herakles und seinen Gefährten keine Gnade.

Auf dem Bild der Amphora (Abb. 8.2) sind drei Kampfsituationen gegeben. Während in der linken Kampfgruppe eine fliehende Amazone, sich rückwärts wendend mit dem Speer gegen einen Griechen zu verteidigen sucht, hat Herakles seine fliehende Gegnerin schon am rechten Arm, mit dem sie den Speer führt, ergriffen. Er drückt sie in die Knie und holt mit der Keule zum tödlichen Schlag aus. Der linke ausgestreckte Arm des Herakles verdeckt das Gesicht der Amazone – ein Ausdruck der Überlegenheit des Helden, für den die Amazone keine gleichwertige Gegnerin ist. Auch bei der anderen Gruppe ist der Kampf schon entschieden: Die Amazone ist rückwärts zu Boden gestürzt, der siegreiche Grieche eilt triumphierend weiter.[5] Den beiden Gefährten des Herakles hat der Maler nicht ihre Namen beigeschrieben. Auf vergleichbaren Vasenbildern und im Mythos werden als Begleiter des Herakles oft der Athener Held Theseus und der Äginete Telamon, der Vater des homerischen Helden Ajas, genannt. Telamon und Herakles, so wird erzählt, haben nach dem Amazonenfeldzug Troja erobert – es war die erste der beiden Eroberungen Trojas, die in den Giebelgruppen des Aphaiatempels von Ägina, also in den Münchner Ägineten, dargestellt sind.

Das Vasenbild wirkt sehr lebendig, da sich das Purpurrot und das Weiß, das bei vielen anderen Vasen teilweise oder ganz abgerieben ist, sehr gut erhalten hat. Das Purpurrot ist eine mit Ton vermischte eisenoxydhaltige Erde und das Weiß ist Kaolin. Diese beiden ›Farben‹ werden noch vor dem Brennen des Gefäßes auf die in Glanzton gemalten Figuren aufgelegt. Erst durch den Brand im Töpferofen bekommt der Glanzton seine schwarz-glänzende Färbung. Beim Auflegen des Weiß war der Maler an manchen Stellen etwas zu flott: So gibt er dem ›weißen‹ Fuß der fliehenden Amazone (links) eine andere Neigung als im Glanzton ausgeführt, oder das Weiß des rechten Armes dieser Amazone durchbricht den Köcher des Herakles. Solche Flüchtigkeiten finden sich auf vielen Vasenbildern dieser Zeit. Schwerer verständlich ist die in Weiß aufgetragene Schildverzierung des rechten siegreichen Helden: Während bei der linken Amazone das Schildzeichen, ein Dreifuß, in der richtigen Ansicht – nur die Hälfte des Dreifußes sichtbar – auf der Schildmitte aufgemalt ist, sitzt beim Schild des Kriegers das Zeichen, ein Stierkopf, nicht mittig auf dem Schildrund sondern am Schildrand. Dabei zeigt der Maler zwar ebenfalls nur den halben Stierkopf, aber er hat ihn um 180° gedreht und das weiße Horn führt sogar über das Schildrund hinaus. Das ist kein Fehler oder eine Flüchtigkeit, sondern eine Verdeutlichung der Darstellung, was den Vasenmalern dieser Zeit oftmals wichtig schien.

Auf einem anderen Vasenbild hat der Maler das gleiche Schildzeichen in der richtigen Ansicht aufgemalt (Abb. 8.1): Den Schild trägt eine Amazone, deren Körpergröße an Herakles heranreicht. Sie ist, wie ein griechischer Schwerbewaffneter, voll gerüstet und trägt neben den Beinschienen auch noch verzierte Oberschenkelschützer – ein eher selten dargestelltes Rüstungsdetail, das diese Amazone unter den Kämpferinnen hervorhebt. Ihr Name ist nicht beigeschrieben. Der antike Betrachter mag an die Amazonenkönigin Hippolyte, die Tochter des Ares, oder an die auf vergleichbaren Vasenbildern häufig genannte Andromache, die »Männerbekämpferin«, gedacht haben.

Der weite Schritt der ›Amazonenkönigin‹, das Vorführen des Schildes und die erhobene Lanze sind Gesten ihrer Kampfbereitschaft und ihres Muts. Ihr gegenüber steht Herakles. Auch dessen Armbewegungen sind Kampfgesten: Der erhobene rechte Arm mit dem Schwert zeigt seine alles vernichtende Schlagkraft. Die Armhaltung darf nicht, wie es vordergründig scheint, situativ gedeutet werden, so als würde Herakles über den Schild der Amazone hinweg ihr mit dem Schwert ins Gesicht zu stechen versuchen. Und das Vorstrecken des linken Arms mit dem Bogen bedeutet: er ist ein machtvoller, treffsicherer Bogenschütze.

Vor Herakles ist eine fliehende Amazone ins Knie gebrochen. Sie zeigt das Schicksal, das bald auch die ›Amazonenkönigin‹ treffen wird. Die gestürzte Amazone wendet sich zu Herakles zurück. Mit der Rechten hält sie noch die Lanze. Zur Verdeutlichung der Darstellung hat der Maler ohne Rücksicht auf die Anatomie den Arm mit der Lanze in den Rücken der Amazone geführt.[6] Die detaillierte Darstellung der drei Figuren führt zu zahlreichen Überschneidungen, die erst bei genauerer Betrachtung zu entschlüsseln sind: So taucht hinter dem Schild noch der oberste Teil des hoch aufragenden Helmbuschs der zusammenbrechenden Amazone auf, während dessen unterer Zipfel weit herabfällt. Dahinter sieht man noch, zum Teil verdeckt durch den weißen Schwertknauf der Amazone, die linke Hand des Herakles, die einen Bogen hält, dessen oberes Ende vor dem Gesicht der ›Amazonenkönigin‹ zu sehen ist.

Die zentrale Kampfszene wird gerahmt von zwei Gruppen: Links trägt eine Amazone ihre verwundete Gefährtin vom Schlachtfeld, rechts sticht ein griechischer Held auf seine rückwärts gestürzte Gegnerin ein. Die Amazonen tragen

8.3 Herakles und sein Freund Iolaos im Kampf gegen die Amazonen. Die zusammenbrechende Amazone wird von dem Vasenmaler als sterbend gekennzeichnet, indem er die Iris zum Teil unter dem Oberlid des Auges verschwinden lässt. Attisch-schwarzfigurige Halsamphora, 530–520 v. Chr. (Kat. 30).

langes Haar – Zeichen ihrer Schönheit. Aber auch der Krieger hat lange Locken, die ihm bis zur Hüfte fallen. Bei ihm sind sie Zeichen des freien Mannes.

Während bei diesem Bild die ›Amazonenkönigin‹ optisch als gleichwertige Gegnerin des Herakles dargestellt ist, sind bei vielen anderen Bildern die kämpfenden Amazonen dem griechischen Helden hoffnungslos unterlegen. So umfasst auf dem Schulterbild einer Halsamphora der schon durch seine Statur übermächtig erscheinende Herakles mit seiner Linken den Helm einer zusammenbrechenden Amazone (Abb. 8.3). In der Rechten schwingt er drohend die Keule. Ein weiterer Schlag ist aber nicht mehr nötig: Die rückwärts fallende Amazone lässt kraftlos den Speer sinken, die Iris ihres Auges verschwindet halb unter dem Oberlid, wodurch der Maler das Brechen des Auges, die Todesnähe auszudrücken versucht.

8.4 Herakles gegen drei Amazonen. Eine flieht voll Schrecken, die andere ist zusammengebrochen und versucht Herakles' Griff auf ihren Kopf zu lockern, die dritte hält aus in Angriffsstellung. Ihren Schild ziert ein plastischer Silenskopf mit rot gefärbtem Bart. Attisch-schwarzfigurige Halsamphora, 510–500 v. Chr. (Kat. 31).

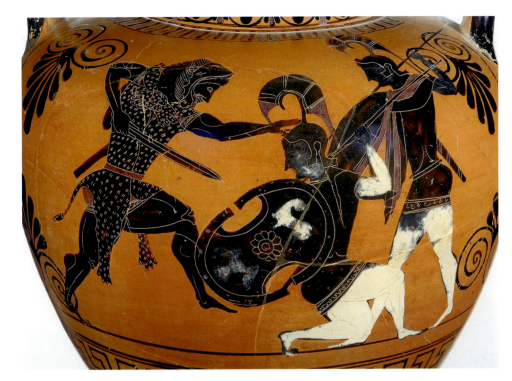

8.5 Herakles gegen zwei Amazonen. Herakles dringt mit stoßbereitem Schwert auf eine ins Knie gebrochene Amazone ein. Sie hält ihre Lanze schon gesenkt, ihren böotischen Schild schmücken einen Rosette, ein Panther und ein fliegender Adler (schon stark abgerieben). Hinter der Gestürzten steht kampfbereit ihre Gefährtin.
Attisch-schwarzfigurige Amphora, um 520 v. Chr. (Kat. 32).

Hinter ihr steht Herakles' erprobter Gefährte Iolaos, der aber gegenüber dem großen Helden geradezu schmächtig wirkt. Er hat kurz geschnittenes lockiges Haar, wie wir es sonst von Heraklesdarstellungen kennen und ist mit der Keule bewaffnet, wie sein mächtiger Freund. Iolaos hat mit der Linken den über die Schulter gelegten Mantel ergriffen und den Arm auf den Rücken gelegt, als würde er sich ausruhen. Er muss nicht mehr eingreifen: Seine Gegnerin flieht.

Viele Kampfdarstellungen dieser Zeit folgen dem gleichen Schema: Die Amazonen haben, auch wenn sie zu mehreren gegen Herakles antreten, keine Chance (Abb. 8.4–11, 8.13): Wer nicht flieht, wird getötet. Oft ergreift Herakles die unmittelbare Gegnerin mit seiner Linken am Helm oder am Helmbusch, um dann den tödlichen Schlag oder Stoß zu führen. Damit wird nicht nur seine Überlegenheit,

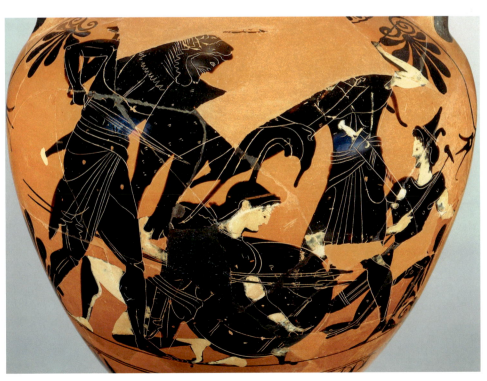

8.6 Herakles im Amazonenkampf. Obwohl Herakles an den linken Bildrand gesetzt ist, beherrscht seine übermächtig große Gestalt die Kampfszene. Er hat das Löwenfell über den linken Arm gelegt. Mit der linken Hand greift er in den Helmbusch der vor ihm gestürzten Amazone, seine Rechte führt das Schwert zum tödlichen Stoß. Eine Amazone steht ihm noch kampfbereit gegenüber, dahinter hat sich eine orientalisch gekleidete Amazone in geducktem Lauf schon zur Flucht gewendet. Sie trägt eine Streitaxt.
Attisch-schwarzfigurige Amaphora, um 500 v. Chr. (Kat. 33).

8.7 Herakles im Kampf gegen Amazonen. Das Fragment ist nicht leicht zu entschlüsseln: Von Herakles ist nur eine Teil des Oberkörpers erhalten. Vor ihm eine fallende Amazone, die weitgehend von ihrem Schild verdeckt ist. Von links naht eine kampfbereite Amazone, eine weitere ist am rechten Bildrand zu ergänzen.
Attisch-schwarzfigurige Hals-amphora, um 540 v. Chr. (Kat. 34).

8.8 Herakles zwischen zwei Amazonen. Eine fliehende hat er am Arm gepackt und schwingt über sie das Schwert, die andere enteilt, auf diese Kampfszene zurückblickend. Attisch-schwarzfigurige Olpe, um 510 v. Chr. (Kat. 35).

8.9 Herakles und fliehende Amazone. In weitem Schritt dringt er auf die Fliehende ein. Die Kampf-handlung des Herakles wird durch den in den Mittelpunkt der Darstel-lung gesetzten Schild verdeckt. Er war einst mit einen weißen Stierkopf verziert, von dem sich nur noch der Farbschatten erhalten hat. Die Zweige sind ein beliebtes Füllorna-ment dieser Zeit.
Attisch-schwarzfigurige Oinochoe, um 480 v. Chr. (Kat. 36).

8.10 Herakles und zusammenbre-chende Amazone. Mit der Linken hat er ihren Helmbusch ergriffen, die Rechte hält ein überlanges Schwert. Sie wendet ihren Kopf von ihm ab. In den Bildhintergrund sind Zweige mit Früchten eingestreut. Attisch-schwarzfigurige Oinochoe, um 480 v. Chr. (Kat. 37).

8.11 Herakles schlägt eine Amazone nieder. Die Technik der schwarzfigurigen Vasenmalerei lässt sich an dem flüchtig gezeichneten Bild gut erkennen. Zuerst werden mit dem Glanzton die Figuren aufgemalt und dann mit dem Stichel die Detailformen eingekratzt.
Attisch-schwarzfigurige Lekythos, spätes 6. Jh. v. Chr. (Kat. 38).

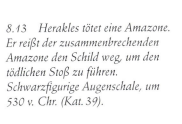

8.12 Herakles tötet den Unhold Kyknos. Herakles ist ohne Löwenfell und trägt einen Brustpanzer. Kyknos blutet, sein Auge ist schon geschlossen. Er greift, um Gnade flehend, Herakles am Bart. Umsonst. Herakles packt ihn am Hals und stößt mit dem Schwert auf ihn ein. Chalkidische Amphora, 540–530 v. Chr.

sondern auch seine Wut auf diesen Gegner ausgedrückt. Auf diese Weise tötete Herakles auch den Unhold Kyknos, der den Pilgern zum delphischen Apolloheiligtum auflauerte und die Köpfe abschlug (Abb. 8.12).[7] Solch ein Frevler, auch wenn er Sohn des Kriegsgottes Ares ist, wird von Herakles vernichtet. Und das Gleiche gilt für die Amazonen, diesen Frevlern gegen die menschliche Ordnung.

In unseren Augen lässt die auf diesen Vasenbildern dargestellte Gewalttätigkeit des Herakles die Amazonen geradezu als Opfer erscheinen. Das Außenbild einer Schale zeigt solch ein Opfer, das von seiner Gefährtin vom Schlachtfeld getragen wird (Abb. 8.14). An der Färbung ihrer Haut erkennt man, dass sie nicht verwundet, sondern tot ist: Das strahlende Weiß der weiblichen Haut ist bei der Toten einem hellen Braun gewichen.

8.13 Herakles tötet eine Amazone. Er reißt der zusammenbrechenden Amazone den Schild weg, um den tödlichen Stoß zu führen. Schwarzfigurige Augenschale, um 530 v. Chr. (Kat. 39).

8.14 Eine Amazone trägt ihre tote Gefährtin aus der Schlacht. Beide sind mit der Pelta, dem typischen Amazonenschild, bewaffnet. Rückseite der Schale, Abb. 13.

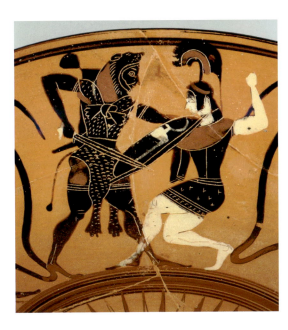

*8.15   Herakles im Amazonen-
kampf.*
*Rotfigurige Halsamphora des
Berliner Malers, um 490 v. Chr.
Antikenmuseum, Basel.*

Nicht nur auf Vasenbildern des späten 6. Jahrhunderts v. Chr. wird Herakles'
Amazonenkampf häufig dargestellt, auch in späteren Jahrhunderten bleibt das
Thema beliebt, da es in der Antike zu den berühmten ›Zwölf' Arbeiten‹ für Eurys-
theus gezählt wurde.[8] Vor allem in der Reliefskulptur kennen wir eine Reihe von
Darstellungen aus klassischer bis zur römischen Zeit. Wahrscheinlich ist dieser
Mythos auch in freiplastischen Gruppen und vor allem in der Monumentalmalerei
öfters gestaltet worden. Da die literarischen Quellen uns nur wenig überliefern,
lässt sich davon kein Bild gewinnen.

Hingegen können wir bei den attischen Vasen, die ja in relativ großer Breite
erhalten sind, sicher feststellen, dass nach dem 1. Viertel des 5. Jahrhunderts die
Beliebtheit dieses Themas stark abnimmt. Dafür gibt es mehrere Gründe: Athen
strickt jetzt mehr am eigenen Mythos der Amazonenabwehr (vgl. Kap. 9), die Klassik bevorzugt neue Themen und entwickelt vor allem neue künstlerische Vorstellungen. Wohin diese zielen, zeigt eine prachtvolle Amphora des sogenannten Berliner Malers, um 490 v. Chr., in Basel (Abb. 8.15–19).

Die dargestellte Amazonenschlacht umzieht Bauch und Schulter der Vase in
kontinuierlicher Szenenabfolge: Herakles kämpft Schulter an Schulter mit seinem
Freund Telamon. Vor Herakles ist eine Amazone blutend zusammengebrochen
(Abb. 8.15). Sie blickt mit sprechend geöffneten Lippen zu Herakles und erhebt
ihren rechten Arm, als wolle sie um Gnade bitten. Die geöffnete Hand unterstreicht
ihr Flehen. Ihr linker Arm ist vom Schild bedeckt, unter dessen Unterseite der ge-
raffte Lederschutz noch sichtbar ist (vgl. Abb. 8.17). Herakles blickt über seine gefallene Gegnerin hinweg, der ausgestreckte linke Arm mit Bogen und die erhobene
Keule weisen schon auf die nächsten drei Kämpferinnen hin: zwei gerüstete Amazonen, die drohend ihre Speere gegen ihn richten und dahinter lauernd eine bogen-
spannende Kriegerin in orientalischer Tracht. In kühner Rückansicht hat der Maler

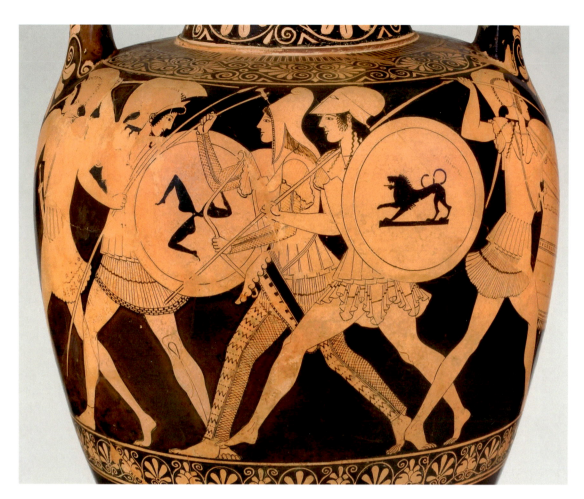

8.16   Zum Kampf eilende
Amazonen. Rückseite der Vase
Abb. 15.

8.17   Ein griechischer Held
(Telamon?) im Kampf gegen zwei
Amazonen. Linke Seite der Vase
Abb. 15.

das rechte Bein der lanzenschwingenden Amazone wiedergegeben. Ihren Schild ziert ein Wagenkasten. Hinter der Bogenschützin eilen noch vier weitere Kämpferinnen herbei (auf der Rückseite des Gefäßes), um ihren Gefährtinnen im Kampf gegen Herakles zu helfen (Abb. 8.16). Eine wendet sich zurück, als wolle sie die beiden anderen zu größerer Eile antreiben. Ihr Schild ist mit der Triskelis, drei im Kreis laufenden Beinen geschmückt – Zeichen ihrer Behändigkeit. Ein Ohrring unterstreicht ihre weibliche Schönheit. Die orientalisch gekleidete, laufende Bogenschützin hält in der Rechten eine Streitaxt. Acht Amazonen bedrängen Herakles.

8.18   Kopf des Herakles. Detail Abb. 15.

In der anschließenden Kampfszene (unter dem Henkel des Gefäßes) ist vor Telamon eine Amazone niedergebrochen (Abb. 8.17). Sie trägt, was eher selten, zum Panzer eine Skythenmütze. In einer verzweifelten Geste hält sie in ihrer Linken noch den Bogen hoch, die Rechte ist nach unten geführt, als wolle sie mit der Hand den Sturz abfangen. Die Iris ihres Auges verschwindet zum Teil schon unter dem Oberlid. Das Auge bricht, sie stirbt.

Telamon blickt über sie hinweg, denn von der anderen Seite naht entschlossenen Schritts eine neue Gegnerin. Die äußerst schlanke, mädchenhaft jung wirkende Amazone hat unter dem Schild einen breiten Lederschutz befestigt, der sie vor Pfeilschuss schützen soll. Furchtlos blickt sie auf den bärtigen Telamon, der mit Schwert und Lanze agiert.

8.19   Die Gegnerinnen des Herakles. Detail Abb. 15.

In diesem Kampfbild gibt es keine fliehenden Amazonen. Sie werden alle als tapfer, jung und schön dargestellt – die Sterbende vor Telamon ist sogar mit Armbändern geschmückt. Die jungen Kriegerinnen wirken wie gleichwertige Gegner, denn Telamon und vor allem Herakles haben keine übermächtige Statur. Wenn schließlich die tapferste aller Amazonen, die als erste gegen Herakles kämpfte, am Boden liegend den Sieger um Gnade, um Ablassen vom Kampf bittet, dann zeigt dies, wie sehr man hier den schönen Kriegerinnen auch weibliche Regungen zubilligt.   R.W.

Dass Herakles gegen Amazonen kämpft, ist auch an zwei berühmten griechischen Bauwerken in Kleinasien als Fries gestaltet worden. In beiden Fällen ist der eigentliche Hauptheld innerhalb des Kampfgetümmels allerdings kaum noch wahrnehmbar, in dem der Schwerpunkt vielmehr auf Gruppen kämpfender Griechen und Amazonen liegt. Um die Mitte des 4. Jhs. v. Chr. ist das berühmte Grabmal des Maussollos in Halikarnassos, heute Bodrum, entstanden, das zum Vorbild und Namensgeber für viele aufwändige Gräber der antiken Welt geworden ist[9]; die vier Seiten des Grabmals wurden mit Friesen berühmter griechischer Bildhauer geschmückt[10]. Die hier abgebildete Platte mit ihren 1,62 Meter Länge zeigt einen dramatischen Zweikampf über einem zu Boden gehenden Griechen, der sich mit seinem Schild noch gegen eine Amazone wehrt; ein voranstürmender Gefährte kommt ihm mit erhobenem Schwert zu Hilfe[11] (Abb. 1). Links kämpft ein Grieche in Rückansicht nach außen, der eine Lanze schwingt, rechts eine stärker zerstörte Amazone – an diesem Fries gehen die Kampfgruppen häufig über die Friesplatten hinaus. Die Griechen werden wie üblich weitgehend nackt dargestellt – eine nicht realistisch zu verstehende Darstellungsweise, die den durchtrainierten Män-

nerkörper vor Augen führen soll –, die Amazonen tragen kurze Gewänder, unter denen jedoch die Körperformen deutlich zu erkennen sind. Die Darstellung des dramatischen Kampfgeschehens, die Körpergestaltung oder die so bewegten Gewänder machen deutlich, dass dieser Fries zu den bedeutendsten Werken der griechischen Plastik gehört. Im späten 3. und im 2. Jh. v. Chr. ist der Tempel der Artemis des berühmten Architekten Hermogenes in Magnesia am Mäander entstanden, den ebenfalls ein Amazonenfries mit nicht weniger als 347 Figuren schmückte[12]. Die hier abgebildete, etwa 0,7 Meter lange Friesplat-

te stammt von der Nordwestecke des Tempels (Abb. 2)[13]: Auf eine Amazone in Rückansicht, deren Gegner auf der nächsten Platte folgten, folgt eine Amazone auf einem sich aufbäumenden Pferd, die mit dem erhobenen Arm eine Lanze gegen einen Griechen schleudert und ein weiterer Grieche.

Auch hier sind die Amazonen in kurze Gewänder gekleidet, während die Griechen wiederum bis auf Helm und Schultermantel nackt sind. Herakles erscheint auf diesem Fries gleich mehrfach, fast, als ob man ihn in all dem Kampfgeschehen nicht vergessen soll.   *M.St.*

9. Amazonenkämpfe – gegen die Athener?

Das kriegerische Wesen der Amazonen wird besonders deutlich in Bildern, in denen sie gegen griechisch gerüstete Männer kämpfen. Einer ihrer berühmtesten Gegner war Herakles (vgl. Kapitel 8), doch auch andere griechische Helden wie Bellerophon sind in Kämpfe mit den Amazonen geraten (vgl. Kapitel 14). Die Amazonen ihrerseits zogen gegen Athen in den Krieg, nachdem ihre Königin Antiope gegen die ›guten Sitten‹ des Amazonenvolkes mit dem attischen Helden Theseus eine Liebesbeziehung begonnen und ihn nach Athen begleitet hatte (vgl. Kapitel 12).

Die Amazonen, die Athener und andere Gegner

Wenn Amazonen gegen Griechen kämpfen, ist nicht immer leicht zu sagen, wer ihre Gegner sind. Natürlich erkennt man etwa Herakles leicht (vgl. Kapitel 8), doch in anderen Fällen helfen nur weitere Hinweise (vgl. Kapitel 13). So ist bei einigen Kämpfen etwa einem der beteiligten Griechen der Name Theseus beigeschrieben[1]. Einen weiteren Hinweis auf die Kämpfe gegen die Athener kann man darin sehen, wenn eine Amazone und ein Grieche gemeinsam vorgehen: In ihnen wird man dann Antiope und Theseus erkennen (Abb. 9.27).

Andere Bilder mit sich rüstenden oder kämpfenden Amazonen sind nicht immer sicher einem Sagenkreis zuzuordnen. Bei Darstellungen in der Vasenmalerei Athens mag aber der Vasenmaler (und vielleicht auch der Athener Kunde) an den glorreichen Kampf seiner Vorfahren gegen die Amazonen gedacht haben, der für das Selbstverständnis der Stadt von zentraler Bedeutung war; wie ein auswärtiger Abnehmer – etwa ein Etrusker – die Bilder verstand, ist wieder eine ganz eigene Frage. Die im folgenden besprochenen Bilder sind also zum Teil als Darstellungen des Kampfes der Amazonen gegen Athener nicht gesichert, doch die Möglichkeit zu dieser Deutung besteht. Um dieser Schwierigkeit zu begegnen, wird dabei aber meist von »Griechen« und nicht von »Athenern« die Rede sein[2].

Amazonen beim Aufbruch in den Kampf

Eine Reihe von Vasenbildern zeigt Amazonen, die sich zum Kampf rüsten oder in den Krieg ziehen. Damit kann auch die Abwehr des Herakles oder anderer Gegner gemeint sein, doch ebenso der Zusammenhang des Kriegs gegen Athen. Auf einem Volutenkrater des späten 6. Jahrhunderts v. Chr. füllen die Amazonen beide Halsfriese, der Körper des Gefäßes ist mit Glanzton völlig bedeckt (Abb. 9.2). Während die Amazonen auf dem unteren Fries einen Reiterzug bilden, sind sie im oberen

9.1 Sich rüstende Amazonen. Die Amazone ANTIOPEIA bläst die trompetenähnliche Salpinx, ANDROMACHE steht daneben und HYPOPHYLE dreht sich – auf das Signal reagierend? – um. Attisch rotfigurige Hydria, bemalt von Hypsis, um 510/500 v. Chr. (Kat. 40).

dabei, sich für den Kampf zu rüsten: Einige legen Rüstung oder Beinschienen an, andere machen sich an ihren Schilden zu schaffen, und weitere Amazonen sind bereits gerüstet und unterhalten sich mit ihren Gefährtinnen. Manche Amazonen sind wie griechische Krieger gerüstet, andere tragen eine orientalisch anmutende Tracht mit langen Hosen und Ärmeln sowie spitz zulaufender Mütze (vgl. Kapitel 7); die griechisch ausgestatteten Amazonen führen zum Teil auch Rundschilde. Obgleich die starken Frauen des Amazonenvolkes den Vorstellungen der griechischen Welt so gegensätzlich gegenüberstehen, konnte man sie sich in griechischer Kriegsausrüstung vorstellen (vgl. Kap. 5)[3].

Dazu gehört auch der Wagen, um den fünf Amazonen auf einer schwarzfigurigen Hydria in Würzburg zugange sind (Abb. 9.3)[4]: Eine Amazone in kurzem Gewand besteigt gerade den Wagen, der von einem Zweigespann gezogen wird.

9.2 Amazonen bei der Rüstung. Die Amazonen tragen teils orientalische Gewandung oder sind griechisch gerüstet. Dazu gehören dann auch Rundschilde mit vielfältigen Schildzeichen: Ein Vogel, eine Schlange, ein Skorpion und gut zur Hälfte verloren ein Kantharos, ein zweihenkliges Trinkgefäß. Attisch schwarzfiguriger Volutenkrater, spätes 6. Jh. v. Chr. (Kat. 6).

9.3 Amazonen um einen Wagen. Während eine Amazone gerade den Wagen besteigt, bringt eine weitere ein Pferd herbei, und andere umgeben das Geschehen. Auffällig ist eine hinter den Pferden stehende Amazone, die das lange Gewand eines Wagenlenkers trägt. Das Bildfeld ist mit verschiedenen Inschriften versehen: »Der Knabe ist schön«, »Dorotheos«, »Hiparchos«. Attisch schwarzfigurige Hydria, späes 6. Jh. v. Chr. Würzburg, Martin von Wagner-Museum der Universität.

9.4 Eine Amazone besteigt den Wagen, während andere die Pferde halten oder Pferde für das Viergespann heranbringen. Attisch rotfigurige Hydria der Pezzino-Gruppe, um 510/500 v. Chr. (Kat. 14).

Dahinter hebt ein Pferd den Kopf, das von einer orientalisch gekleideten Amazone herbeigebracht wird. Eine ebenfalls mit orientalischem Gewand und hoher Mütze bekleidete Amazone steht auch am rechten Bildrand, eine weitere links ist mit einem Köcher ausgestattet und hält eine Axt, eine bei Amazonen häufige Waffe; sie blickt sich nach hinten um und hebt eine Hand – eine vieldeutige Geste, die sich hier umso weniger deuten lässt, als der Maler nicht dargestellt hat, was die Amazone erblickt. Von all diesen Amazonen unterscheidet sich eine hinter dem Zweigespann stehende Amazone deutlich, die zwar die hohe Mütze, dazu aber das lange Gewand eines griechischen Wagenlenkers trägt. Trotz der Thematik der kriegerischen Frauen hat der Maler Inschriften mit männlichen Namen ins Bildfeld gesetzt: Links unten Hiparchos, rechts oben Dorotheos. Wie diese Namen zu verstehen sind, erklärt die Inschrift neben der Amazone, die den Wagen besteigt: »Der Knabe ist schön«. Gemeint sind also die gerade verehrten Vertreter der *jeunesse dorée* Athens, denen zahlreiche Inschriften auf attischen Vasen gelten.

Die verwandte Szene auf dem Schulterbild einer rotfigurigen Hydria des späten 6. Jahrhunderts v. Chr. ist schon aufgrund des zur Verfügung stehenden Platzes sehr konzentriert gestaltet (Abb. 9.4)[5]: Eine mit kurzem Gewand und Beinschienen bekleidete Amazone besteigt einen Wagen; sie fasst die Zügel und hat den Stock zum Antreiben der Pferde in der Hand. Eine zweite Amazone hält die beiden bereits angespannten Pferde. Daneben bringen Amazonen zwei weitere Pferde heran, es handelt sich also um einen Wagen mit Viergespann; die rechte Amazone trägt erneut das Gewand mit langen Ärmeln und Beinen sowie eine hohe Mütze, die beiden anderen Helferinnen ein kurzes Gewand. Angesichts der Beinschienen der Amazone, die den Wagen besteigt, handelt es sich sicher um einen Aufbruch in den Krieg – vielleicht gegen Athen? Die Figuren werden wie öfters auf den Vasen Athens von Buchstaben ohne erkennbaren Sinn umgeben; solche häufiger vorkommenden Inschriften bezeugen das Ansehen, das die auch sinnfreie Angabe von Buchstaben genoss. Mit diesen beiden Darstellungen der Amazonen mit Wagen sind auch fast schon alle Vasenbilder des sehr seltenen Themas genannt[6].

Wie Amazonen sich zum Kampf rüsten, hat im späten 6. Jahrhundert v. Chr. aber vor allem ein Vasenmaler namens Hypsis auf einer Hydria eindrucksvoll in Szene gesetzt (Abb. 9.1, 5): Von den drei Amazonen, die alle durch Beischriften

benannt sind, bläst ANTIOPEIA leicht nach vorne gebeugt in ein längliches Blasinstrument (Salpinx), mit dessen als schrecklich, kriegerisch und schrill beschriebenem Klang man zum Sammeln oder wie hier zum Rüsten blies. Es ist besonders reizvoll, wenn hier eine Amazone ein Instrument verwendet, dessen Erfindung der ebenfalls kriegerisch gerüsteten Göttin Athena zugeschrieben wurde[7]: Amazonen werden häufiger mit der Salpinx gezeigt, so auch auf einer kleinen schwarzfigurig bemalten Dose mit sich rüstenden und reitenden Amazonen (Abb. 9.6). Auf der Hydria steht eine Amazone namens ANDROMACHE mit einer Lanze und dem Helm in der Hand abwartend daneben, eine weitere namens HYPOPHYLE blickt sich wie auf das Signal reagierend zu Antiopea um; sie hält Schwert und Rundschild in Händen. Die gezeigte Situation erinnert sehr an eine Beschreibung der Funktion der Salpinx in der philosophischen Abhandlung *Über den Kosmos*, die unter dem Namen des Aristoteles überliefert, jedoch sehr viel später entstanden ist[8]:

> » ... wenn die Salpinx das Lager wachruft. Dann nämlich nimmt, wenn ein jeder die Stimme vernommen, der eine Soldat den Schild auf, dort zieht ein anderer den Brustharnisch an, der legt Beinschienen oder Helm oder Gürtel um.«

Alle drei Amazonen sind wie griechische Krieger mit Helmen, kurzem Gewand, Schwertern und Lanzen ausgestattet, doch führen nur die beiden äußeren einen Rundschild; der eine Schild ist mit einer Efeuranke als Schildzeichen im Profil ge-

9.5 Eine musikalische Rüstungsszene: ANTIOPEIA gibt ein Signal mit der Salpinx, daneben ANDROMACHE; HYPOPHYLE scheint auf das Signal zu reagieren. Attisch rotfigurige Hydria, bemalt von Hypsis, um 510/500 v. Chr. (Kat. 40). Zeichnung K. Reichhold.

9.6 Eine Amazone bläst die Salpinx. Schwarzfigurige Pyxis, um 500 v. Chr. (Kat. 13).

9.7 *Grieche bezwingt Amazone, die bereits flieht. Innenbild einer monumentalen attisch schwarzfigurigen Bandschale, 530/25 v. Chr. (Kat. 41).*

zeigt, der andere in Innenansicht, so dass man den Armbügel und die Handschlaufe zum Halten des Schildes sieht. Und nur die beiden rechten Amazonen tragen Beinschienen: Durch die Variation solcher Details wird die einfache Reihung dreier Figuren kunstvoll gestaltet. Die Namensbeischriften der sich rüstenden Amazonen verweisen mit Antiope und Andromache auf zwei berühmte Königinnen der Amazonen (vgl. Kapitel 12), während Hyphopyle ein beliebiger Name zu sein scheint.

Siegreiche Griechen – Siegreiche Amazonen

Kämpfe zwischen Amazonen und Griechen werden häufig so gestaltet, dass Sieger und Besiegte eindeutig auszumachen sind. Auf drei schwarzfigurigen Vasenbildern des mittleren und späten 6. Jahrhunderts v. Chr. in München sind Zweikämpfe dieser Art sehr ähnlich gestaltet. Fast 20 cm Durchmesser weist dabei das Innenbild einer monumentalen Trinkschale um 530 v. Chr. auf (Abb. 9.7): Ein mit Beinschienen, Panzer, Helm und Schwert gerüsteter Grieche dringt auf eine Amazone ein, die sich fliehend umwendet; die Amazone trägt ein langes Gewand und schützt sich mit einem großen Schild, den ein Pantherkopf schmückt. Ihr Helm weist Tierohren und steil ansteigende Hörner auf, wie es selten auch bei griechischen Kämpfern bezeugt ist. Auch bei dem Innenbild einer etwa gleichzeitigen Schale siegt der mit seinem Schwert angreifende Grieche und weicht die sich wieder umblickende Amazone (Abb. 9.8) – nur die Ausstattung der Kontrahenten ist etwas anders gestaltet als bei dem Bild zuvor, vor allem trägt die Amazone keinen Helm. Ein ähnliches Kampfschema ist schließlich auch zwischen dem großen Augenpaar einer nur unvollständig erhaltenen Schale um 530/20 v. Chr. anzutreffen (Abb. 9.9): Ein nach rechts stürmender Grieche, schwingt mit seinem erhobenen Arm, von dem nur der Ellenbogen erhalten ist, einen Speer gegen seine Gegnerin. Die Amazone entflieht erneut; sie ist mit Beinschienen, Helm und einem etwa zur Hälfte erhaltenen, flach nach vorne gestreckten Schild gerüstet; über ihrem Gewand trägt sie noch ein Tierfell[9].

9.8. *Grieche siegt über fliehende Amazone. Innenbild einer attisch schwarzfigurigen Randschale, 550/25 v. Chr. (Kat. 2).*

Ungewöhnlich ist dagegen das Bild einer Halsamphora, auf der ein gerüsteter Krieger mit seiner Lanze eine bereits in die Knie gehende Amazone bezwingt (Abb. 9.10); ihr Schild ist in einer nur schwer zu meisternden Profilansicht gezeigt. Der Grieche packt die Amazone am Helm, was besonders deutlich werden lässt, dass die Amazone unterliegt. Da nun der Grieche auffälligerweise keinen Helm trägt, hat man an berühmte Helden wie Herakles, Theseus oder Achilleus gedacht, doch fehlt jeder Hinweis für eine sichere Benennung – und auch Amazonen können ja durchaus einmal ohne Helm kämpfen (vgl. Abb. 9.8)[10].

Die Bilder eines großen Skyphos, eines Weinhumpens, der auf beiden Seiten mit derselben Szene bemalt ist, sind auf den ersten Blick etwas verwirrend, zumal die eine Seite des Gefäßes zum Teil stark berieben ist (Abb. 9.11–12): Leicht zu

9.9. *Grieche überwältigt Amazone. Attisch schwarzfigurige Augenschale, um 530 v. Chr. (Kat. 42).*

9.10. Ein griechischer Kämpfer ohne Helm besiegt eine Amazone, die er am Helm packt. Attisch schwarzfigurige Halsamphora der Bompas-Gruppe (Maler von Vatikan G 31), um 500 v. Chr. (Kat. 43).

erkennen sind noch die zwei nach außen laufenden und sich umwendenden Amazonen in kurzem Gewand, von denen jeweils eine wieder eine hohe Mütze trägt. Zwischen ihnen bewegt sich ein Viergespann nach rechts, darunter ein Schimmel. Weiter sind im Bereich der Hinterbeine der Pferde eine Wagenachse und die Räder sowie das Vorderteil des Wagenkastens zu erkennen, während von dem auf dem Wagen stehenden Krieger vor allem der Schild auszumachen ist; auf der einen Seite ist der Schild mit drei weißen Kugeln verziert, auf der anderen war er im Ganzen weiß bemalt. Die zwei nach außen blickenden Sphingen gehören nicht mit zum Bild, sondern rahmen den Henkel. Ein Grieche kämpft also zu Wagen, und die Amazonen fliehen bereits. Das Thema hat so gefallen, dass es sich auf über 35 Skyphoi derselben Werkstatt findet[11].

Jedoch: Amazonen können siegreich sein. Und so bezwingen auf einer Weinkanne vom Ende des 6. Jahrhunderts v. Chr. zwei Amazonen einen bereits zu Boden gestürzten Griechen (Abb. 9.13): Die Amazonen sind wie der überwundene

9.11–12. Amazonen weichen vor Viergespann mit griechischem Krieger. Attisch schwarzfiguriger Skyphos, CHC-Gruppe, um 500 v. Chr. (Kat. 44).

Grieche mit Beinschienen, Untergewand, Rüstung und Helm sowie Schilden ausgestattet. Dass die Amazonen einen Griechen so deutlich wie hier besiegen, zeigt ihre außerordentliche Gefährlichkeit und bleibt in der Vasenmalerei ein eher seltenes Thema[12].

Ähnlich überlegen sind die Amazonen aber auch auf einem rotfigurigen Kolonnettenkrater in Basel, der von einem berühmten Meister, dem Pan-Maler, um 470 v. Chr. bemalt wurde (Abb. 9.14–15)[13]. Das eine Bildfeld ist sehr figurenreich gestaltet und zeigt vorwärts stürmende Amazonen: Von rechts reitet eine Amazone in die Schlacht, die ihren Speer wurfbereit hält; ihre Tracht mit langärmeligem und -beinigem Gewand sowie einer Kappe ist mit einem Rundschild kombiniert, der eine Schlange als Schildzeichen aufweist. Eine weitere, in weitem Schritt nach vorne stürmende Amazone sticht gerade einem Griechen ihr Schwert in die Brust, dem sein Schwert entgleitet und der sich mit seinem großen Rundschild nicht

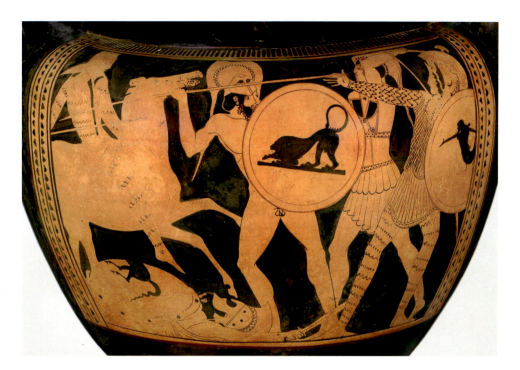

mehr zu schützen vermag; die Amazone packt noch dazu den Schildrand, um jede Verteidigung zu verhindern. Das von vorne gesehene Gesicht des Griechen, aber auch die Wiedergabe eines im Fallen begriffenen Gegenstandes gehören zu den neuartigen Motiven seit dem späten 6. Jahrhundert v. Chr., an denen die Vasenmaler Athens sich immer wieder erproben. Während diese siegreiche Amazone wieder das lange gemusterte Hosengewand sowie ein kürzeres Übergewand trägt und noch Bogen und Köcher mit sich führt – der Bogen ist die typische Waffe der Amazonen – steht hinter dem besiegten Griechen eine griechisch gerüstete Amazone. Sie schwingt mit beiden Armen eine langstielige Axt gegen zwei Griechen, die sich am linken Bildrand zu verteidigen suchen. Es sind zwei jugendliche Krieger mit langem Haar: Der vordere ist in die Hocke gegangen, streckt den einen Arm mit einem Mantel umhüllt und so etwas geschützt nach vorne und holt mit dem anderen zum Wurf einer Lanze aus. Sein mit einer Rüstung bekleideter Gefährte, dessen Helm nach oben geschoben ist, um das Gesicht sehen zu lassen, verteidigt sich mit dem Schwert. Doch das Vordringen der Amazonen scheint kaum aufzuhalten zu sein, auch wenn eine ihrer Gefährtinnen bereits gefallen ist.

Auf der anderen Seite des Gefäßes wird ein Grieche von drei Amazonen angegriffen, der mit Helm, Speer und einem Rundschild gerüstet ist (Abb. 9.15); dass der Helm auf den Kopf hochgeschoben ist, soll wieder den Blick auf den Kopf des Mannes freigeben und ist auch hier nicht als realistische Kampfsituation zu verstehen. Eine reitende Amazone in derselben Tracht wie die Reiterin der Seite (Abb. 9.14) kommt von links gegen den Griechen heran, während ihn von der anderen Seite eine griechisch gerüstete Amazone bedrängt, die mit einer Streitaxt ausholt. Die Amazone ganz rechts, die wieder das orientalische Gewand und darüber ein kurzes Kleidungsstück sowie einen Rundschild trägt, verhält sich ganz anders als ihre Gefährtinnen: Ohne in den Kampf einzugreifen, streckt sie ihren rechten Arm aus – fast als wolle sie zur Versöhnung der Gegner aufrufen. Am unteren Bildrand liegt ein toter Grieche am Boden, dessen Kopf in perspektivischer Verkürzung zu sehen ist; der Körper wird von einem Rundschild verdeckt. Besonders eindrucksvoll ist gestaltet, wie der eine Arm des Griechen kraftlos am Boden liegt, und das Schwert wirkungslos in seiner Hand ruht. Besonderheiten des Vasenbildes wie die Aufteilung des Geschehens in Zweikämpfe oder die kühnen perspektivischen

9.16 Berittene Amazone siegt über zurücksinkenden Griechen. ›Calenisches‹ Gussgefäß mit Relief nach Vorbild um 400 v. Chr. (Kat. 19).

9.17 Amazone siegt über einen Griechen, der auf einem Felsen kauert. Tonabdruck eines Spiegelreliefs um 300 v. Chr. (Kat. 46).

Ansichten werden auf Vorbilder in der Wand- oder Tafelmalerei zurückgeführt, wovon noch die Rede sein wird.

Siegreiche Amazonen finden sich aber nicht nur in der Vasenmalerei Athens. Ein Gussgefäß (Guttus), dessen Reliefverzierung einem Vorbild der Hochklassik um 400 v. Chr. folgt, zeigt eine reitende Amazone mit orientalischer Kopfbedeckung und kurzem wehenden Mantel, deren Pferd sich über einem nackten gestürzten Krieger aufbäumt (Abb. 9.16); in der erhobenen Hand hält sie einen Speer. In der Gattung dieser in Unteritalien und Etrurien hergestellten Gefäße ist das Motiv sogar häufiger als jenes eines griechischen Reiters, der eine Amazone besiegt[14].

Das letzte Zeugnis für überlegene Amazonen bietet hier ein rundes Tonrelief, das von der Verzierung eines bronzenen Spiegeldeckels abgeformt wurde (Abb. 9.17); auf die um 300 v. Chr. entstandene Art der Vorlage weist besonders der Abdruck des Scharniers für den Klappdeckel am oberen Teil des Rundes. Die Szene ist höchst dramatisch: Die Amazone stößt in weitem Ausfallschritt einen Speer gegen einen Griechen, der auf felsigem Untergrund bereits zurücksinkt, doch zur Vertei-

9.18–19 Amazonen kämpfen gegen griechische Reiter. Attisch schwarzfigurige Bandschale, 550/25 v. Chr. (Kat. 8).

digung noch mit dem Schwert ausholt; der Grieche ist bis auf einen um den Arm geschlungenen Mantel nackt. Die Amazone trägt ein kurzes Gewand, das die linke Brust freilässt, und führt den runden Schild mit halbkreisförmiger Aussparung, die für Amazonen typische Pelta.

Man mag sich nun fragen, ob Bilder mit siegreichen Amazonen die Auseinandersetzung in Athen meinen können. Dass dies der Fall ist, wird sich noch an einem Vasenbild erweisen, das mit guten Gründen auf diesen Kampf bezogen wird und in dem zumindest eine Amazone ihren Gegner in die Flucht schlägt (Abb. 9.26).

Unentschiedene Gefechte

Immer wieder wird in den Vasenbildern offengelassen, ob Amazonen oder Griechen siegreich sein werden. So ist das Gefecht auf einer schwarzfigurigen Trinkschale des mittleren 6. Jahrhunderts v. Chr. gestaltet (Abb. 9.18–19): In buntem Reigen sind von jeweils 6 Reitern und 5 Amazonen ein oder mehrere Reiter mit einer oder mehreren Amazonen in Kämpfe verstrickt, wobei die Mitte des Bildfrieses jeweils von einer Amazone eingenommen wird. Der Raum zwischen den Kämpfern wurde wieder mit Buchstaben und buchstabenähnlichen Zeichen angefüllt, die keine Wörter ergeben (»Unsinnsinschriften«).

Auch bei einem rotfigurigen Kolonnettenkrater um 440 v. Chr. ist das Gefecht unentschieden (Abb. 9.20): Eine Amazone zu Pferd stößt ihren Speer gegen zwei

9.20   *Eine reitende Amazone geht gegen zwei Griechen vor, die zu Fuß kämpfen. Auf dem nur teilweise dargestellten Pferd ist eine weitere Amazone vorzustellen.*
Attisch rotfiguriger Kolonnettenkrater, Ariana-Maler, um 440 v. Chr. (Kat. 17).

9.21   Zwei Amazonen kämpfen gegen drei Griechen, von denen einer bereits besiegt ist. Attisch rotfigurige Pelike, um 400 v. Chr. (Kat. 25).

nebeneinander stehende Griechen; auf dem hinter ihr nur zum Teil dargestellten Pferd ist eine weitere Amazone zu vermuten. Die vordere Amazone ist nicht gerüstet, sondern mit einer Kappe und einem kurzen Gewand bekleidet, wie es für Amazonen dieser Zeit typisch ist. Die Griechen, ein Jüngling und ein bärtiger Mann, tragen dagegen Rüstung, Helme und Schilde mit einer Schlange als Schildzeichen; bei dem jüngeren ist der Helm auf die Stirn geschoben, bei dem älteren die Wangenklappen nach oben genommen, so dass ihre Gesichter gut zu sehen sind. Dass der jüngere seinen Fuß auf einen Felsblock stützt, ist wohl nicht nur beliebige Landschaftsangabe. Doch davon später mehr.

Auf einem rotfigurigen amphorenähnlichen Gefäß (Pelike) vom Ende des 5. Jahrhunderts v. Chr. ist der Kampf ebenfalls noch nicht entschieden (Abb. 9.21): Zwar kämpfen hier nur zwei Amazonen gegen drei Griechen, doch ist einer davon bereits bezwungen. Die Amazonen erscheinen erneut in orientalisch anmutender Tracht mit langen Hosen und einem langärmeligen Gewand, über dem sie noch ein kurzes Gewand tragen; beides ist mit einem Strichmuster bzw. Kreismustern, Zickzack-Muster und einem Wellenband reich geschmückt. Die Verzierungen weisen auf die berühmten orientalischen Gewänder mit ihren eingewebten Mustern hin; eine Amazone trägt auch wieder die orientalische Kopfbedeckung[15]. Die hintere Amazone kämpft mit dem Bogen, einer häufigen Waffe der Amazonen (vgl. Kap. 5), während die vordere einen runden Felsen schleudert; an ihm mag das gleichmäßige Punktmuster überraschen, das sich aber auch auf anderen Felsdarstellungen findet[16]. Von ihren Gegnern ist der vorderste bereits besiegt, während der zweite mit seinem Speer gegen die vordere Amazone vorgeht, ein dritter schließlich zu Hilfe eilt. Der nackt wiedergegebene besiegte Grieche führt nur einen Rundschild und stützt sich rückwärts niedersinkend mit der rechten Hand auf. Der zweite Krieger ist mit kappenförmigem Helm, Rundschild und Lanze bewaffnet, der zu Hilfe Eilende trägt außer dem Rundschild einen Helm korinthischer Form und ein kurzes Gewand. Alle drei verbindet das Sternmotiv als Schildzeichen.

9.22 Eine Amazone zu Pferd und zwei weitere zu Fuß kämpfen gegen Griechen. Apulischer Volutenkrater, Unterwelts-Maler, um 330 v. Chr. (Kat. 18).

Auch wenn der Sieg der Griechen vielleicht bereits zu erahnen ist, ist die Gestaltung des folgenden Vasenbildes doch nicht ganz eindeutig. Der in Apulien um 330 v. Chr. gefertigte Krater eines bedeutenden Vasenmalers (»Unterwelts-Maler«) zeigt den Amazonenkampf im Halsbild (Abb. 9.22). Die heftige Auseinandersetzung ist durch gepunktete Höhenlinien in eine räumlich gegliederte Landschaft gesetzt, in der auch Pflanzen und Felsen angegeben sind; zwei Bäume rahmen das Bild. Beiderseits der berittenen Amazone in der Bildmitte kämpfen jeweils ein Grieche und eine Amazone auf unterschiedlichen Höhenniveaus: Auf der linken Seite stößt ein sich umdrehender Grieche, der sich mit dem Schild schützt, einen Speer gegen die höher stehende Amazone; seine Gegnerin holt mit einer Streitaxt aus. Rechts besiegt ein Grieche mit seinem nach unten gerichteten Speer eine Amazone, die über keine Angriffswaffe mehr verfügt. Wie in dem früheren Vasenbild (Abb. 9.10) packt auch hier der Sieger die Amazone am Helm, doch wird der Sieg zumindest dieses Griechen noch durch die kleine geflügelte Siegesgöttin betont, die ihm einen Siegeskranz überbringt. Auch die reitende Amazone wird von einem Griechen hart bedrängt, dessen sie sich mit ihrer Streitaxt zu entledigen sucht. Eine weitere Amazone ist schließlich bereits gefallen; ihr entblößter Oberkörper weist eine blutende Wunde auf. Wie in der apulischen Vasenmalerei dieser Zeit üblich, wird das Bild durch die Verwendung von Farben reich gestaltet. Die griechischen Kämpfer sind durch die unterschiedlichen Helmformen, das Vorhandensein von Schilden bei den zwei linken Kriegern und die Angabe von Beinschienen bei dem linken Krieger variiert. Die Amazonen tragen über den langen, reich gemusterten Gewändern mit langen Ärmeln und Hosen noch kurze Gewänder, die zwei zu Fuß kämpfenden Amazonen führen wieder den halbmondförmigen Amazonenschild (»Pelta«) mit eingebogenen Enden; sie und die Gefallene hatten zudem ein Pantherfell umgelegt, wie es auch griechische Helden aufweisen können. Ihre Helme entsprechen dem phrygischen Helmtypus, der besonders gut zu den orientalischen Gewändern passt.

9.23 Die »Bunte Halle« (Stoa Poikile) in Athen. Rekonstruktionszeichnung W. B. Dinsmoor, Jr.

Amazonenkämpfe in der Kunst Athens: Verlorene Meisterwerke

In Athen wurde die Abwehr der Amazonen auf mehreren berühmten Werken des 5. Jahrhunderts v. Chr. dargestellt, die zwar verloren sind, von denen man aber durch antike Beschreibungen, Nachahmungen oder durch Einflüsse auf andere Kunstwerke eine Vorstellung gewinnen kann: Es sind dies zwei Gemälde des Malers Mikon und die Reliefs am Schild des berühmten Kultbildes der Athena des Phidias auf der Akropolis.

Die »Bunte Halle«

Der Maler Mikon hat in der 1. Hälfte des 5. Jahrhunderts v. Chr. in Athen zwei Gemälde mit Amazonenkämpfen gestaltet, in denen Theseus eine zentrale Rolle zukam. Das eine war in einem Heiligtum des Theseus zu sehen, in dem weitere Bilder mit Taten des athenischen Heros gezeigt wurden. Die zweite Arbeit des Mikon befand sich mit weiteren Gemälden, die berühmte Waffentaten der Athener darstellten, in einer Halle nördlich des antiken Marktplatzes (Agora), zugleich ein Ort für politische und kultische Zusammenkünfte. Die Halle wurde nach den dort angebrachten Werken berühmter Maler als »Bunte Halle« (*Stoa Poikile*) bezeichnet; von ihr trägt die Philosophenschule der Stoa ihren Namen, da ihr Begründer Zenon (344–262/1 v. Chr.) dort gerne lehrte (Abb. 9.23). Aus verschiedenen antiken Texten und Beschreibungen kann man erschließen, dass die Gemälde des Mikon eine vielfigurige Komposition mit zahlreichen Figuren auf unterschiedlichen Höhenniveaus aufwiesen. Weitere Merkmale des Malers waren, dass die Kampfhandlung in Zweikämpfe aufgelöst wurde und die Figuren von Landschaftsangaben überschnitten sind[17].

Durch solche Hinweise lässt sich in Vasenbildern Athens, die um die Mitte des 5. Jahrhunderts v. Chr. einsetzen und verwandte Gestaltungsweisen zeigen, ein Reflex der Bilder des Mikon annehmen. Ein prachtvolles Beispiel dafür bietet ein Volutenkrater in Basel, der mit seinen 42 Figuren ein wahres Schlachtengemälde zeigt (Abb. 9.24–27)[18]. Das zunächst unübersichtlich wirkende Kampfgeschehen

9.24 Amazonen kämpfen gegen Griechen. Besonders betont ist der Grieche, der gerade eine Amazone tötet. Attisch rotfiguriger Volutenkrater, um 450 v. Chr. Basel, Antikenmuseum und Sammlung Ludwig.

9.25 Kämpfende Amazonen. Die Reiterin und die Amazone, zu der der Kopf unten gehört, werden von Landschaftslinien überschnitten. Attisch rotfiguriger Volutenkrater, um 450 v. Chr. Basel, Antikenmuseum und Sammlung Ludwig.

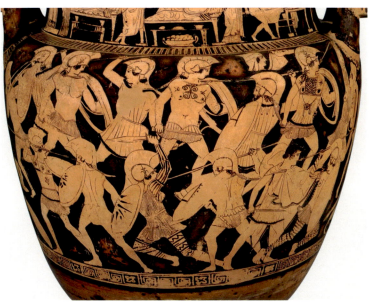

9.26 Amazonen im Kampf gegen Griechen. Das Kampfgeschehen ist in Zweikämpfe aufgeteilt. Attisch rotfiguriger Volutenkrater, um 450 v. Chr. Basel, Antikenmuseum und Sammlung Ludwig.

9.27 Eine Amazone und ein Grieche kämpfen gemeinsam über einem gefallenen Griechen: Theseus und Antiope. Attisch rotfiguriger Volutenkrater, um 450 v. Chr. Basel, Antikenmuseum und Sammlung Ludwig.

ist in Gruppen gegliedert, und manche Figuren wie die reitende Amazone (Abb. 9.25) werden von Landschaftsangaben überschnitten, so dass sich also wesentliche Züge finden, die dem Gemälde des Mikon zugeschrieben werden. Die eine Hauptseite des Kraters mit dem besonders bewegten Kampfgeschehen (Abb. 9.24) wird von der Gruppe eines Griechen und einer Amazone beherrscht, der er einen Speer in die Brust stößt; eine Reiterin dürfte ihrer Gefährtin zu Hilfe kommen. Um diese drei Figuren herum ist das Geschehen in Zweikämpfe aufgelöst, wobei eine gefallene Amazone und ein toter Grieche am unteren Bildrand darauf weisen, dass alle Beteiligten gleichermaßen unterliegen können. Die Rüstung und die Ausstattung der Kämpfenden ist wie auf allen Seiten variiert. Auf der einen Henkelseite (Abb. 9.25) sind um die schon erwähnte Reiterin und eine kniende und sich umwendende Bogenschützin Kampfgruppen angeordnet, in denen die Amazonen stets zurückweichen, also unterliegen. Ein etwas merkwürdig im Raum schwebender Amazonenkopf gehört dabei zu einer Amazone, die wie die Reiterin von einer Geländelinie überschnitten wird. Auf der anderen Hauptseite (Abb. 9.26) sind mehrere Zweikämpfe in Reihung neben- und übereinander angeordnet: Bei den unteren Zweikämpfen und dem ersten Zweikampf oben flieht die Amazone bereits, der Athener siegt also. Nur bei dem Zweikampf daneben zieht sich der

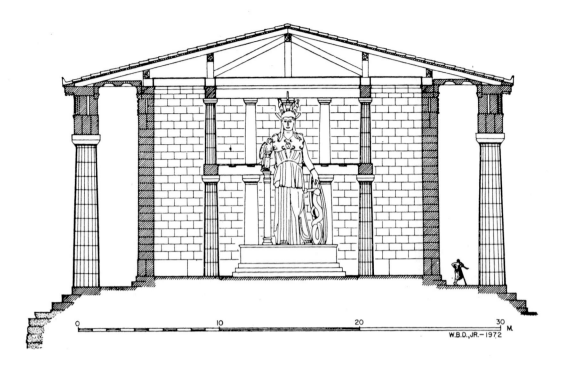

9.28 Rekonstruktion des 438/7 v. Chr. vollendeten Kultbildes der Athena im Parthenon, an deren Schild der Kampf der Amazonen gegen die Athener als Relief wiedergegeben war. Schnitt durch den Tempel. Zeichnung W. B. D. Dinsmoor, Jr.

Grieche zurück. Das ist deshalb von Bedeutung, weil damit auch andere Bilder mit siegreichen Amazonen auf den Kampf in Athen bezogen werden können. Die wichtigste Gruppe des Gefäßes begegnet dann auf der zweiten Henkelseite (Abb. 9.27): Eine ihren Bogen spannende Amazone, die gemeinsam mit dem vor ihr stehenden Griechen kämpft, hinter dessen Körper ihr Bogen verschwindet: in diesen beiden darf man Theseus und Antiope vermuten, so dass der Krater also sicher den

9.29 Amazonen kämpfen gegen Athener. Römische Kopie (»Schild Strangford«) des 3. Jhs. n. Chr. des Schildäußeren der Athena Parthenos (Abb. 9.28). London, British Museum. Hier nach diesem Abguß Museum für Abgüsse Klassischer Bildwerke.

attischen Amazonenkampf zeigt; darauf weist auch das Alpha als Schildzeichen eines Griechen (Abb. 9.24), das vermutlich auf Athen zu beziehen ist. Theseus bezwingt gerade eine Amazone mit seinem Speer, doch dass der Kampf auch anders ausgehen kann, zeigt am unteren Bildrand ein gefallener bärtiger Grieche; neben ihm holt ein Bärtiger mit einem Stein zum Wurf aus. Dass sich die Gruppe von Theseus und Antiope unter dem einen Henkel befindet, weist besonders deutlich darauf, dass das Bild nicht für diese Gefäßform entworfen wurde. Und da sich die Seiten in ihrer Komposition deutlich unterscheiden, wurden wohl zwei unterschiedliche Vorlagen miteinander verbunden.

Der Schild der Athena Parthenos

Für die Athener sicher noch bedeutender war der Amazonenkampf auf dem Schild des Kultbildes der Athena im Parthenon, für die der Beiname Parthenos (»Jungfrau«, »junge Frau«) überliefert ist. Das zwischen 11 und 12 Meter hohe Götterbild aus Gold und Elfenbein stellte eines der berühmtesten Werke des Phidias dar und wurde bereits in der Antike vielfach nachgeahmt und beschrieben (Abb. 9.28)[19]. In den 40er Jahren des 5. Jahrhunderts v. Chr. geschaffen, war es mit vielerlei plastischen Details, darunter auch dem Schildrelief mit dem Amazonenkampf ausgestattet; der Durchmesser des Schildes betrug etwa 4,80 Meter, die Höhe der Figuren etwa 70 bis 80 cm; der Amazonenkampf fand sich im übrigen im Architekturschmuck des Tempels nochmals. Das Thema des Schildreliefs wird bei dem römischen Autor Plinius (23/4–79 n. Chr.) in seiner »Naturgeschichte« genannt, die bei der Behandlung von Themenbereichen wie Marmor oder Bronze auch die Kunstgeschichte einbezieht[20]:

> *Dass Phidias als berühmtester (Künstler) bei allen Völkern gilt, denen der Ruf seines Zeus in Olympia bekannt ist, bezweifelt niemand; damit aber diejenigen, welche seine Werke nicht gesehen haben, wissen, dass man ihn verdientermaßen rühmt, wollen wir kleine Belege anführen, und zwar nur solche mitteilen, die seine Erfindungsgabe beweisen. Wir wollen dazu nicht die Schönheit seines Zeus in Olympia, nicht die Größe seiner Athena … heranziehen, sondern (nur erwähnen), dass er auf ihrem Schild am sich vorwölbenden Rand die Amazonenschlacht … darstellte. Jedes Detail bot ihm Anlass für eine kunstvolle Darstellung.*

Das Relief des berühmten Phidias wurde in der Antike mehrfach kopiert, doch weisen die Kopien in Schildform nicht alle Figuren auf, und andere Kopien wiederholen nur einzelne Figuren oder Gruppen. Die Rekonstruktion des Schildes ist daher im Detail durchaus umstritten. Hier soll eine Kopie des Schildes aus dem 3. Jahrhundert n. Chr. genügen, um die grundsätzliche Komposition des Schildes zu verdeutlichen: Der unvollständig erhaltene »Schild Strangford« im Britischen Museum hat einen Durchmesser von 0,5 m, die Kopie ist also gegenüber dem Original stark verkleinert (Abb. 9.29)[21]. In der Mitte befindet sich ein von Schlangen umgebenes Gorgoneion, der abgeschlagene Kopf der Gorgo Medusa, den Athena ansonsten meist an ihrer Kleidung trägt. Um das Gorgoneion herum sind Zweikämpfe zwischen Athenern und Amazonen im Gange. Die Athener tragen zum Teil Rüstung und Helm, treten aber auch nackt und mit Helm und Mantel auf, die Amazonen tragen ein kurzes Gewand, das wie üblich eine Brust freilässt. Das felsige Gelände, in dem der Kampf sich abspielt, verweist offenbar auf die Akropolis, um die die kriegerische Auseinandersetzung entbrannt ist.

Das Kampfgeschehen auf dem Schild ist klar gegliedert: Im oberen Teil sind die Athener in der Verteidigung der Stadt begriffen, in den Mittelpartien beiderseits des Gorgoneions steht der Kampf unentschieden, in der unteren Schildpartie siegen die Athener. Bei diesen siegreichen Athenern soll Phidias zwei Porträts in das

9.30 *Der Areopag (»Aresfelsen«) unterhalb der Akropolis in Athen.*

Schildrelief eingefügt haben: Ein Selbstporträt als Kämpfer im kurzen Mantel, der mit beiden Armen ausholt, und daneben mit dem Gerüsteten, der ein Schwert schwingt, ein Bildnis des Perikles. Diese Überlieferung findet sich etwa bei dem Philosophen, Priester und Universalschriftsteller Plutarch (1./2. Jahrhundert n. Chr.) in seiner Lebensbeschreibung des Perikles[22]:

Was jedoch den Angriff der Neider gegen Pheidias ausgelöst hatte, war in Wahrheit der Ruhm seiner Werke und ganz besonders die Tatsache, dass er sich selber abbildete, als er den Amazonenkampf auf dem Schilde der Göttin schuf, und zwar in der Gestalt eines kahlköpfigen Alten, welcher mit beiden Händen einen Stein in die Höhe hebt, und dass er überdies ein vortreffliches Bildnis des Perikles, der mit einer Amazone kämpft, in die Darstellung einfügte ...

Die Vorstellung wird zwar kaum zutreffen, da eine solche Anbringung von Bildnissen im Athen des 5. Jahrhunderts v. Chr. kaum vorstellbar ist[23]. Dennoch enthält die Anekdote – wie meist – einen historischen Kern: Zum einen wird deutlich, dass ein Bauwerk wie der Parthenon zum Teil der politischen Debatte werden konnte, und dass man ihn eng mit Perikles verband. Und dass man die Einfügung von Porträts des Phidias und des Perikles in einen Amazonenkampf als Eigenlob des Künstlers und des Staatsmannes verstand, fügt sich zu der großen Bedeutung des Themas für das Selbstverständnis der Athener.

Die Abwehr der Amazonen: Eine Großtat Athens

Dass die Amazonen bis nach Athen vorgedrungen sind, wurde in der Antike sehr konkret mit bestimmten Orten der Stadt verbunden. So erwähnt der Tragödiendichter Aischylos (525/4 – 456/5 v. Chr.) in den 458 v. Chr. aufgeführten *Eumeniden* den Angriff der Amazonen auf Athen. Aischylos lässt die Göttin Athena auf dem Areopag sprechen, dem »Areshügel« (Abb. 9.30), auf dem im mythischen Zusammenhang der Gerichtshof für Mord eingerichtet wird, und den die Amazonen als Lager genutzt haben sollen[24]:

> Bestehn soll auch in Zukunft für des Aigeus Volk
> Auf immer der Gerichtshof dieses hohen Rats.
> Den Areshügel hier, der Amazonen Sitz
> Und Lager, als sie kamen, Theseus voller Hass
> Mit Kampf zu überziehn, und ihre neue Burg,
> Die hochgetürmte hier, entgegentürmten einst
> Und Ares opferten, woher den Namen trägt
> Die Felsenhöh Areopag…

Wenn die Amazonen hier dem Kriegsgott Ares opfern, so liegt dies nicht nur in ihrem kriegerischen Unterfangen begründet, sondern Ares galt zudem als der Vater der Amazonen. Weiter wurden in Athen auch mehrere Gräber von Amazonen gezeigt, wie noch Pausanias im 2. Jahrhundert n. Chr. in seiner *Beschreibung Griechenlands* berichten kann; darunter befand sich das Grab der Antiope, die im Kampf gefallen war[25]:

> Kommt man in die Stadt hinein, so ist da ein Grabmal der Amazone Antiope … Und die Athener haben auch ein Grabmal der Molpadia [ebenfalls eine Amazone].

Solche »Erinnerungsorte« weisen auf die große Bedeutung des Amazoneneinfalls und seiner Abwehr für die Stadt. Und so ist die Abwehr der Amazonen bei vielen antiken Autoren als eine der großen Heldentaten der Stadt gesehen worden, die ähnlich hoch eingeschätzt wurde wie etwa der Sieg über die Perser in der Schlacht von Marathon 490 v. Chr.: In der »Bunten Halle« (Abb. 9.23) waren ja auch Gemälde mit dem Amazonenkampf und mit der Schlacht von Marathon nebeneinander zu sehen. Der Sieg über die Amazonen wird daher eigentlich immer erwähnt, wenn die kriegerischen Erfolge der Stadt herausgestellt werden[26]. Die »Lobrede auf Athen« des Redners Isokrates (463–338 v. Chr.) bietet ein berühmtes Beispiel[27]:

> Es scheint mir jedoch angebracht, noch über die Leistungen Athens im Kampf gegen die Barbaren zu sprechen … Wollte ich nun alle Gefahren aufzählen, die Athen auf sich nahm, so dürfte meine Rede zu lang werden … Wenn auch unter diesen Kriegen [d. h. den bisherigen Auseinandersetzungen der Athener] der Perserkrieg am bekanntesten ist, so sind die früheren Taten der Athener nicht weniger beweiskräftig als Argument gegen Leute, die unsere angestammten Rechte bestreiten wollen … Es kamen die Skythen unter der Führung der Amazonen, der Töchter des Ares, … Von den Amazonen erzählt man, es sei keine einzige derer, die gegen uns ausgezogen waren, wieder zurückgekehrt, die zu Hause gebliebenen seien jedoch wegen der Niederlage in unserem Land gestürzt worden … Zwar sind nun schon diese Taten großartig und würdig eines Volkes, das Anspruch auf die Führung erhebt, ähnliche Taten aber wie die soeben erwähnten und von der Art, wie es von Nachkommen solcher Menschen zu erwarten ist, haben diejenigen vollbracht, die gegen … [die Perser] in den Krieg zogen.

So wie die Athener also die Amazonen und die Perser besiegten, so werden in dieser Sichtweise auch ihre Nachkommen mit allen künftigen Feinden umgehen: Denn wer die »starken Frauen« des Mythos bezwungen hat, den schreckt kein Gegner mehr[28]. M.St.

AMAZONEN

Peter Paul Rubens, »Amazonenschlacht«, um 1618
München, Alte Pinakothek.

Der Mythos der Amazonen hat zu allen Zeiten eine große Faszination auf die abendländische Kultur ausgeübt, galten diese Figuren doch über Jahrhunderte – und gelten bis auf den heutigen Tag – als Inbegriff der »Starken Frauen«. Die Amazonen verkörpern wie kaum eine andere Frauenfigur ein Gegenbild zum »schwachen Geschlecht«. Mit ihnen identifizierte man die verschiedensten Formen der Frauenmacht – sei diese »power« nun bewundert und begehrt oder eher gefürchtet. Im antiken Mythos besitzen diese kriegerischen Wesen, die sich in Konflikte mit den großen griechischen Helden verwickeln, »männergleiche« Fähigkeiten wie Kampfeslust, Unabhängigkeit (von den Män-

nern!), Mut und Tapferkeit – ohne dabei gleich ihre weiblichen Reize zu vernachlässigen. Trotz des Untergangs des Amazonengeschlechts in der antiken Text- und Bildüberlieferung blieb für die nachantike Kultur das Bild von der Stärke der Amazonen prägend, auch wenn das Verhältnis zu dieser Eigenschaft durchaus ambivalent war. Die Kraft der Amazonen verband man nämlich oft auch mit ungezügelter, zerstörerischer Energie, unkontrollierter erotischer Begierde, ja Chaos. Die Amazonen konnten also sowohl Tugenden als auch Laster verkörpern.

In Bildender Kunst und Literatur sowie in der historischen Realität begegnen wir schon seit dem Mittelalter daher

immer wieder in erstaunlich großer Zahl amazonenhaft »Starken Frauen«, die nicht zufällig als Identifikationsfigur der modernen Emanzipationsbewegung herhalten und zu einem der beliebtesten Themen der so genannten »Frauenforschung« (*gender studies*) zählen. Dabei können die Grenzen zu Göttergestalten wie Athena und anderen Heldinnen der Mythologie, Geschichte und Bibel wie Artemisia oder Judith, die über vergleichbare Fähigkeiten verfügen, verschwimmen.

Im Mittelalter tauchen die Amazonen zunächst in der Literatur auf, so etwa in Giovanni Boccaccios »Lebensbeschreibungen berühmter Frauen« (*De claribus mulieribus*, um 1362), oder in den *Neuf preuses*, einem verbreiteten Katalog bekannter tugendhafter Frauen, bis hin zu Autor*innen* wie zum Beispiel Christine de Pizan, die fast feministische Töne anschlagen: In der Verherrlichung eines unabhängigen weiblichen Lebens und dem Vorwurf an die Männer, die Frauen zu unterdrücken, werden hier schon die Weichen für den späteren Kampf der Geschlechter gestellt. Der Höhepunkt des nachantiken Amazonenkults wurde jedoch im 17. Jahrhundert erreicht. Heftiger denn je entfachte die sogenannte *querelle des femmes*, der Streit um die Frauen und ihre Rolle in der Gesellschaft. Es ging um die Freiheiten des weiblichen Geschlechts und die Gleichrangigkeit von Mann und Frau. Eine Vorkämpferin wie Marie de Gournay (1565 – 1645) schwang sich zu so provozierenden Sätzen auf wie: »Nichts ähnelt dem Kater auf der Fensterbank mehr als – die Katze« (aus: *L'Egalité des hommes et des femmes*, Paris 1627, p. 74).

Aber der neue Frauentyp war nicht nur ein Thema literarischer und politischer Schriften, manche Frauen lebten die hier formulierten Ideale auch gleich vor. Jetzt zogen besonders in den Niederlanden und in Frankreich Frauen, vielfach in Männerkleidung, als Soldaten in den Krieg. Eine der berühmtesten Soldatinnen, Anne Marie Louise d'Orléans, Duchesse de Montpensier, beteiligte sich 1652 an der Revolte gegen ihren Vetter, König Ludwig XIV. von Frankreich, und ließ sich daraufhin prompt als Amazone porträtieren. Das neue Selbstverständnis der Frauen fand auch auf politischer Ebene eine Entsprechung. Kaum eine andere Epoche hat so viele Herrscherinnen hervorgebracht wie das 17. Jahrhundert. Katharina und Maria de'Medici, Christina von Schweden und Anna von Österreich sowie Maria Cristina und Giovanna Battista

von Savoyen belebten das Bild der kriegerischen, mutigen Amazone neu, um ihre ungewöhnliche gesellschaftlich-politische Position zu legitimieren. Manche Herrscherin ließ sich im Gewand der Amazone (oder Athena) malen, die gleichwohl auch zu einer »christlichen Amazone« uminterpretiert werden konnte. Unter amazonenhaft starken Frauen verstand man nämlich mittlerweile sowohl Kämpferinnen und Kriegerinnen als auch jungfräuliche, autarke Frauen ohne Mann, deren Vorbild die Jungfrau Maria war. Wie so oft im Nachleben der Antike, blieb selbst die Amazonenfigur nicht von einer christlichen Umdeutung verschont!

Neben diesen Herrscherinnenporträts als Amazonen verbreiteten sich Anfang des 17. Jahrhunderts so genannte »Galerien starker Frauen«, meist Stichserien vorbildhafter Frauen, deren wechselnde Auswahl aus Bibel, Geschichte und Mythologie so bekannte Amazonengestalten wie Penthesila mit einschließen konnte. Auch die Darstellung von »Amazonenschlachten«, die Männer und Frauen zu Fuß oder zu Pferde in Kampfhandlungen zeigen, wurde jetzt sehr populär. Aber diese Bilder illustrieren nun nicht mehr wie in der Antike den Kampf der Griechen gegen – durch die Amazonen verkörperte – fremde Völker und Kulturen, sondern meist die Niederlage der Frauen im Geschlechterkampf.

Peter Paul Rubens blieb in seiner berühmten »Amazonenschlacht« von diesen Traditionen weitgehend unberührt. Das Bild zeigt ein wildes, dramatisches Kampfgetümmel. Von links stürzen sich die griechischen Reiter auf die bereits fliehenden Amazonen. In der Brückenmitte zerren zwei Griechen mit blutigen Händen die Bannerträgerin von ihrem Pferd, während eine andere Amazone die beiden verzweifelt mit ihrer Schlange zu bedrohen sucht. Darunter liegt der Kadaver eines Griechen: Sein Kopf ist abgeschlagen, sein Arm baumelt vom Brückenbogen. Weiter rechts

hält eine behelmte Amazone mit ebenfalls blutüberströmten Händen den Kopf eines Griechen in die Höhe. Von allen Seiten stürzen getötete Frauenleiber in den Fluss hinab.

Obwohl Rubens über eine ungewöhnlich hohe antiquarische Bildung verfügte und in Rom antike Amazonensarkophage studieren konnte, ließ er sich nur für Einzelfiguren von diesen Vorbildern inspirieren. Er übernahm weder deren friesartige Aneinanderreihung der Figuren noch die heroische Auffassung des Themas, welche die Überlegenheit der Griechen über die Amazonen glorifiziert. Ebenso wenig lässt sich eine bestimmte Episode des Amazonenmythos wie den Kampf vor Troja oder die Schlacht am Fluss Thermodon eindeutig erkennen. Auch die in anderen zeitgenössischen Amazonenschlachten gesuchte Andeutung auf den Geschlechterkampf ist offensichtlich nicht beabsichtigt, da dem Bild die erotische Aufladung des Geschehens fehlt. Rubens legt den Akzent vielmehr auf eine drastische Wiedergabe der Kampfszenen, die wie eine brutale, blutrünstige Metzelei erscheinen. Man hat deshalb erwogen, Rubens beabsichtige mit der »Amazonenschlacht« Grausamkeit und Sinnlosigkeit des Krieges vor Augen zuführen und ein Credo für den Frieden abzugeben. Der Maler, der auch als Diplomat in der europäischen Politik tätig war, nahm damit wie in anderen mythologischen Bildern vielleicht auf zeitpolitische Ereignisse Bezug: die Spannungen zwischen Spanien und seinen niederländischen Provinzen.

E.W.W.

Die Galerie der Starken Frauen. Die Heldin in der französischen und italienischen Kultur des 17. Jahrhunderts, Katalog der Ausstellung in Düsseldorf, München 1995; Sabine Poeschel, *Rubens'* Battle of the Amazons *as a War-Picture. The Modernisation of a Myth*, in *artibus et historiae* 43, 2001, pp. 91 – 108; Konrad Renger, Claudia Denk, *Flämische Malerei des Barock in der Alten Pinakothek*, München/Köln 2002, pp. 350 – 354.

10. Amazonen – Städtegründerinnen und Heroinen

10.1 Kopf einer verwundeten Amazone, römische Kopie nach einem griechischen Vorbild, H. 26 cm. Marmor, um 430 v. Chr. (Kat. 47).

10.2 Die Amazone Smyrna, mit Mauerkrone auf dem Kopf und Doppelaxt, reicht der Amazone Nikomedia, mit Mauerkrone und Ruder, die Hand. Vorderseite: Drapierte Büste des Kaisers Commodus. Smyrna, Bronze, 177–189 n. Chr.

10.3 Zwei Amazonen (Smyrna und Ephesos) mit Mauerkrone und Doppelaxt, sich die Hand reichend. Vorderseite: Büste des Kaisers Domitian. Ephesos, Bronze, 91–95 n. Chr.

10.4 Die Amazone Smyrna mit Mauerkrone, Opferschale, Doppelbeil und Schild (Pelta). Vorderseite: Büste der Demeter. Smyrna, Bronze, 242–244 n. Chr. 10.2–4. München, Staatliche Münzsammlung.

Da Athen über Jahrhunderte hinweg eine dominante Rolle in der bildenden Kunst und Dichtung Griechenlands spielte, kennen wir den Amazonen-Mythos vor allem in der athenischen Interpretation. Diese unterlag natürlich gewissen Wandlungen und wurde entsprechend der Zeit den veränderten historischen und gesellschaftlichen Bedingungen angepasst, aber im Grundprinzip blieb das Bild gleich: Die Amazonen sind Frevler gegen die natürliche Ordnung; Feinde, die man einst, in heroischer Zeit besiegen konnte.

In Kleinasien, der ›Heimat‹ der Amazonen, vor allem in den von Griechen bewohnten Gebieten Joniens, Äoliens und am Schwarzen Meer, hat jedoch dieser Mythos eine neue Bedeutung gewonnen. Die Amazonen, die Töchter des Ares, werden als Zeugen einer früheren heroischen Welt in die Gründungssagen vieler griechischer Städte und Heiligtümer, z. B. von Ephesos, Smyrna, Sinope und Myrina, eingebaut (Abb. 10.2–3)[1]. Im 3. Jahrhundert v. Chr. hat Kyme, die bedeutendste Stadt Äoliens, einen weiblichen Kopf auf ihre Münzen geprägt, der höchstwahrscheinlich eine Amazone darstellt: Bei späteren Prägungen wird durch Angabe von Doppelaxt oder Schild die Identifikation eindeutig. Und die Stadt Smyrna setzt, fast ununterbrochen, seit Kaiser Domitian (81–96 n.Chr.) bis in das 3. Jahrhundert n. Chr. auf die Rückseiten ihrer Münzen Bilder von Amazonen. Sie wurden als die Gründerinnen der Stadt verehrt (Abb. 10.4). Diese Gründungssage verband die Ursprünge des eigenen Gemeinwesens mit berühmten Ereignissen aus der Zeit der griechischen Heroen und steigerte so das Ansehen und die Bedeutung der Stadt. Denn zwischen Legende, Geschichtchen und Geschichte haben die Griechen nicht so streng geschieden.

10.5, 6   Kopf und Oberkörper einer Amazone. Die Haut vergoldet. H. 15 cm. Terrakotta, 2.–1. Jahrhundert v. Chr. (Kat. 48).

10.7   Rückseite der Terrakotta 10.5.

Auch die Stadt Amisos hat zur Zeit des Kaisers Caracalla (211–217 n. Chr.) auf die Rückseite ihrer Münzen eine Amazone dargestellt. Man kann es verstehen: Im Gebiet von Amisos liegt Themiskyra, die Amazonenstadt, die einst von Herakles erobert wurde (vgl. Kap. 8). Aus dieser Gegend stammen auch eine Reihe von späthellenistischen Terrakotten, die eine eigenartige, anderswo sonst nie zu findende Form haben: Dargestellt sind Kopf und Oberkörper (sog. Protome) von Frauen, deren eine Schulter und Brust vom Gewand bedeckt sind, während die andere Seite des Oberkörpers nackt bleibt. Die Köpfe haben große Augen, volle Wangen, festes Kinn, herabgezogene Mundwinkel und vor allem ein über der Stirnmitte fontänenartig aufstrebendes Haar – ähnlich wie bei den Bildnissen Alexanders des Großen. Bei all diesen Protomen ist der Kopf stark zur Seite gedreht und die Hand fasst eine der seitwärts am Kopf herabfallenden dicken Locken. Dieses ›In-das-Haar-Fassen‹ ist eine in der Antike verbreitete Gebärde der Trauer.

Bei der Frauenprotome in München (Abb. 10.5–7) hat sich noch die ursprüngliche Farbgebung gut erhalten: Haare und Gewand sind schwarz bemalt, während das Gesicht und die nackten Körperpartien vergoldet sind. Die bisherigen Deutungen dieser Protomen als Mänaden oder Aphroditen waren wenig überzeugend. Erst vor kurzem wurde die m. E. richtige Deutung gefunden[2]: Es sind trauernde Amazonen. Zu ihnen passen die entblößte Brust, das ›heroische‹ Stirnhaar, die pathetische Kopfwendung und schließlich die Vergoldung der Haut, was bei mythischen Wesen nicht selten ist.

Die Amazonen sind ohne Waffen dargestellt. Mit der Gebärde der Trauer zeigen sie an, dass sie besiegt wurden. Aber sie waren tapfere Kriegerinnen einer mythischen Zeit und konnten so zu verehrungswürdigen Heroinen werden.

Unter diesem Gesichtspunkt muss man auch drei berühmte Schöpfungen von Amazonenstatuen aus klassischer Zeit betrachten (Abb. 10.8–12).[3] Sie haben sich nur in römischen Marmorkopien erhalten, die griechischen Bronzeoriginale sind untergegangen. Von den drei Amazonenstatuen gibt es jeweils mehrere römische Kopien, von denen aber keine bei der Auffindung, meist im 17.–18. Jahrhundert, vollständig war. So hat man sie gemäß der archäologischen Kenntnis und dem Geschmack der damaligen Zeit ergänzt. Meist nicht richtig. Die moderne archäologische Forschung konnte jedoch das ursprüngliche Aussehen dieser Figuren durch sorgfältiges Vergleichen der einzelnen Kopien, die jeweils dasselbe griechische Vorbild wiedergeben – in der Archäologie ›Typus‹ genannt –, einigermaßen klar erschließen. Eine große Hilfe dafür waren die Darstellungen dieser Statuen auf

10.8   Verwundete Amazone, ehemals sich auf eine Lanze aufstützend. Mit neuzeitlichen Ergänzungen. Römische Kopie nach griechischem Vorbild, um 430 v. Chr. H. 202 cm. Wohl von Polyklet. Der Kopf (Abb. 10.1) gehörte ehemals zu solch einer Figur.
Rom, Kapitolinisches Museum (Abguss. Museum für Abgüsse Klassischer Bildwerke, München).

10.9   Verwundete Amazone, humpelnd, sich mit beiden Armen ehemals auf eine Lanze stützend. Mit neuzeitlichen Ergänzungen. Römische Kopie nach griechischem Vorbild, um 430 v. Chr. H. 211 cm. Wohl von Phidias.
Rom, Vatikan (Abguss. Museum für Abgüsse Klassischer Bildwerke, München).

10.10   Verwundete Amazone, sich auf einen Pfeiler stützend. Mit neuzeitlichen Ergänzungen. Römische Kopie nach griechischem Vorbild, um 430 v. Chr. H. 202. Wohl von Kresilas.
Berlin, Staatliche Museen (Abguss. Museum für Abgüsse Klassischer Bildwerke, München).

antiken Gemmen, die uns trotz ihres winzigen Formats das Grundmotiv der Bewegung vermitteln.

So sind von der Amazonenstatue (Abb. 10.8) zwar acht römische Repliken erhalten, bei jeder von ihnen fehlte jedoch bei der Auffindung der rechte Arm. Man hat ihn ergänzt. Dass dieser Arm seitwärts nach oben geführt war, erkennt man am Oberarmansatz, der sich bei einer der Kopien erhalten hat. Wie aber der Arm im Ellbogengelenk bewegt war, blieb lange umstritten. Die Lösung brachte der Münchner Amazonenkopf, der diesen Typus wiedergibt (Abb. 10.1)[4]: Im Haar dieses Kopfes sind nämlich noch die Reste eines marmornen Stützsteges erhalten, der einst die Hand mit dem Kopf verband. Indem man beim Meißeln der Figur solch einen verbindenden Steg stehen lässt, kann die Gefahr des Abbrechens des Armes gemindert werden. Solch ein Steg ist ästhetisch nur sinnvoll, wenn die Hand relativ nahe an den Kopf herangeführt war. Eine Gemmendarstellung zeigt diesen Figuren-Typus mit Lanze. Damit liegt das Bewegungsmotiv der Figur fest: Die Amazone stützte sich auf ihre Lanze, die sie nahe an den Kopf herangeführt hat (Abb. 10.11). Es ist ein ermattetes Sich-stützen. Sie blickt nach unten, wo ihre blutenden Wunden sind: Oberhalb der entblößten Brust und an den Rippen unmittelbar darunter wurde sie getroffen. Mit der linken Hand führt sie offensichtlich das Gewand zur Wunde, als wolle sie das Blut abtupfen.

Eine andere Amazone (Abb. 10.9) trug nicht den großen Bogen, wie ihn der Barockbildhauer ergänzte, sondern stützte sich – so zeigen es auch Gemmenbilder – mit dem erhobenen rechten und dem gesenkten linken Arm auf eine Lanze. Offensichtlich ist die Amazone am linken Bein verwundet – bei einer der Kopien ist dort auch eine Wunde angegeben. Die Schmerzgeplagte versucht, durch Stützen auf die Lanze die Körperlast vom verletzten Bein zu nehmen (Abb. 10.12). Dieses Stützmotiv bei vorgeneigtem Körper, schräg geführter Lanze und verwundetem Bein, das die Amazone leicht, sozusagen ›ängstlich‹ anhebt, kann kein ermattetes Stehen, sondern nur eine Bewegung darstellen: Die Amazone humpelt, sich auf die Lanze wie auf einen Stock stützend.

Von der dritten Amazone (Abb. 10.10) gibt es mehrere gut erhaltene römische Kopien, so dass über die Bewegung der Figur kein Zweifel besteht. Die Amazone ist unter dem rechten Arm verwundet. Erschöpft stützt sie sich mit dem linken Unterarm auf einen Pfeiler, die rechte Hand ist auf den Kopf gelegt. Sie hält in ihrer Linken, wie aus der Fingerstellung hervorgeht, keine Lanze.[5]

Seit über 200 Jahren wird in der archäologischen Forschung diskutiert, welche von diesen drei Amazonenstatuen von welchem griechischen Meister geschaffen wurde. Ausgangspunkt aller Überlegungen sind literarische Überlieferungen: Der römische Schriftsteller Plinius berichtet in seinem Buch ›Über die Bronze‹, dass fünf Bildhauer, nämlich Polyklet, Phidias, Kresilas, Kydon und Phradmon, Amazonenstatuen geschaffen haben, die im Heiligtum der Artemis in Ephesos aufgestellt waren. Plinius erzählt weiterhin, man habe beschlossen, die anwesenden Künstler selbst entscheiden zu lassen, welche die schönste sei: »...dabei wurde offenbar, dass es diejenige war, die alle ohne Unterschied nach ihrer eigenen als die zweitbeste beurteilt hatten«. Es war die des Polyklet, danach folgten die Werke in der Künstlerfolge wie oben angegeben. Der Schluss, dass für diese drei oben angeführten unterschiedlichen Amazonentypen, die sich uns in zahlreichen römischen Kopien erhalten haben, nur die Künstler Polyklet, Phidias und Kresilas in Frage kommen, ist wegen der Bekanntheit und Beliebtheit dieser Bildhauer bei den römischen Schriftstellern berechtigt. Offensichtlich entsprach ihr Stil dem römischen Geschmack. Von Kydon und Phradmon hingegen kennen wir nur die Namen.[6]

Plinius erwähnt an anderer Stelle, dass die Amazone des Kresilas verwundet sei. Da alle drei Amazonen Verwundungen zeigen, hilft diese Angabe des Plinius in der Frage der Meisterbestimmung nicht weiter. Der kaiserzeitliche Schriftsteller

10.11 *Rekonstruktionsskizze der Amazone (Abb. 8). Zeichnung A. Neubauer.*

10.12 Rekonstruktion der Amazone Abb. 10.9. Photomontage von J. Floren.

Lukian erwähnt eine Amazone des Phidias » epereidomenen to doratio«, d. h. die sich auf die Lanze lehnt oder stützt. Die Frage, welche der beiden sich stützenden Amazonen nun von Phidias sei, ist aber nur mittels Stilanalyse zu entscheiden. Da wir von all den genannten Bildhauern kein einziges bronzenes Originalwerk besitzen und die römischen Kopien immer etwas vom Stil ihrer Entstehungszeit geprägt sind, muss jede stilistische Zuschreibung fragwürdig bleiben. Es ist hier nicht der Ort, die endlose Forschungsdiskussion über die ›Meister der Amazonen‹ zu referieren. Der augenblickliche Forschungsstand ist folgender: Die grandiose Erfindung der ›Humpelnden‹ wird von vielen Archäologen dem athenischen Bildhauer Phidias zugeschrieben. Bei den beiden anderen Amazonen ist die Meinung geteilt: So nehmen einige Forscher für die ›Amazone ohne Lanze‹ den Bildhauer Kresilas und für die ›ermattet auf die Lanze sich Stützende‹ den berühmten Polyklet aus Argos als Schöpfer an. Andere sehen es umgekehrt. Für beide Meinungen gibt es stilistische Argumente, aber keine schlagenden.[7]

In unserem Zusammenhang ist viel interessanter die Frage, warum diese Amazonenstatuen in der kleinasiatischen Stadt Ephesos aufgestellt wurden:[8]

Die Gründungssagen von Ephesos und vor allem ihres berühmten Artemis-Heiligtums sind eng mit den Amazonen verbunden. Wie so häufig bei griechischen Legenden, gibt es davon unterschiedliche Versionen: So meint der griechische Dichter Pindar, die Amazonen hätten während ihres Feldzuges gegen Athen (vgl. Kapitel 9) das Heiligtum gegründet, und zwar genau an derjenigen Stelle, wo später der berühmte Artemistempel, eines der sieben Weltwunder gebaut wurde. Der kaiserzeitliche Reiseschriftsteller Pausanias hält zwei andere Versionen für glaubwürdiger: Danach wäre das Heiligtum viel älter und die Amazonen hätten auf der Flucht vor dem Gott Dionysos bzw. vor Herakles (vgl. Kapitel 8) in dem schon bestehenden Heiligtum der Artemis Asyl gesucht und Schutz gefunden. Die beiden letztgenannten Sagenversionen bezeugen nicht nur ein mythisch-hohes Alter des Heiligtums, sondern auch eine uralte ›Tradition‹ der Asylgewährung. Denn neben seinem prachtvollen Tempel war das Artemisheiligtum in historischer Zeit vor allem wegen seines Asylrechts berühmt. Davon berichtet schon der griechische Historiker Herodot (5. Jahrhundert v. Chr.) und der römische Historiker Tacitus hebt hervor, dass zu keiner Zeit, auch nicht als Ephesos unter persischer Herrschaft stand, das Asylrecht des Artemisions geschmälert wurde: Es bot jederzeit Griechen, Persern und allen anderen ›Barbaren‹, ob nun Freie oder Sklaven Schutz.

Nicht aus rührender Menschlichkeit haben die Epheser durch geschickte neutrale Politik das Asylrecht über Jahrhunderte hinweg für ihr Heiligtum zu erhalten gesucht, sondern dahinter steckten massive wirtschaftliche Interessen: Nicht nur Asylsuchende fanden Schutz im Heiligtum, sondern viele Städte, Herrscher und Privatpersonen vertrauten ihr Geldvermögen der ›Bank‹ des Heiligtums an. Garant des Lebens und des anvertrauten Besitzes war die Unverletzbarkeit des Heiligtums.

Wie konnten die Epheser einem Besucher ihres Artemisheiligtums die Sicherheit dieses Asyls eindringlicher vor Augen führen, als durch die Darstellung von ›Verwundeten Amazonen‹: Diese kriegerischen Frauen, die einst von Dionysos bzw. von Herakles besiegt und verfolgt worden waren, hatten sich in das Asyl dieses Heiligtums der Artemis geflüchtet und waren schon damals, daran sollen die Statuen erinnern, sogar vor einem Gott und vor dem wütenden Herakles sicher.[9]

Bei diesem Sinn der Ephesischen Amazonen erscheint es mir als sehr unwahrscheinlich, dass sie als tödlich Verwundete dargestellt sein sollen, wie viele Archäologen meinen. So heißt es einmal: »Die Verwundung als Stigma des vorausgegangenen Kampfes und der Vergeltung der Hybris kennzeichnet die Amazonen aber auch in der Nähe des Todes«.[10] Unter dieser Prämisse wird dann der Pfeiler auf den sich eine Amazone stützt (Abb. 10.10) » ein Grabmal, das... die Todesnähe verstärkt zum Ausdruck bringt.« [11] Bei der Amazone (Abb. 10.8,11), so heißt es weiterhin, wird » gedankliche Präsenz durch die formale Gestaltung des geneigten Hauptes sowie des Aufstützens ausgedrückt und mit der Haltung beharrender Ruhe verbunden.« [12] In der Darstellung der Amazone (Abb. 10.10) wird die »höchste Stufe des reflektierenden Bewusstseins gesehen... Der über den Kopf gelegte Arm verdeutlicht die sinnende Haltung und kann in szenischem Zusammenhang auch die Annahme des Schicksals anzeigen.« [13]

Gegen diese Interpretation der Figuren spricht schon, dass eine der Amazonen nur am Oberschenkel verletzt ist. Die Darstellung dieser Verwundung ist notwendig, um das ›Humpeln‹ der Kriegerin zu motivieren. An solcher Verwundung stirbt man zwar nicht, aber sie ist höchst gefährlich, denn sie hindert im Kampf und auf der Flucht. Und dennoch hat diese Amazone – das ist das Thema der Darstellung – es geschafft, das schützende Heiligtum zu erreichen. Und das Gleiche gilt auch für die beiden anderen: Ihre Köperhaltung drückt vor allem ihre Erschöpfung durch Verwundung und Flucht aus. Die Verwundungen sind Zeichen des vorausgegangenen Kampfes und ihrer Tapferkeit.

Keine der Amazonen trägt Schutzwaffen. Den Schild, den man bei der Amazone (Abb. 10.9) sieht, ist, wie der Baumstumpf, eine Beifügung des römischen Kopisten. Alle drei Amazonen sind mit dem kurzen Chiton (Untergewand) bekleidet.[14] Eine Tracht, die auch griechische Männer und Helden auf Darstellungen dieser Zeit tragen.[15] Die Amazonen werden also nicht mehr, wie früher üblich, durch orientalische Kleidung, also Hosen und Ärmelgewand als fremdartig charakterisiert. Sie sind hellenisiert. Diese ›Männertracht‹ lässt den Oberkörper teilweise frei: Männliche Tracht und ›männliche‹ Tapferkeit, Verwundungen zu ertragen, sind bei den drei Statuen mit einer höchst weiblichen Körperbildung und bei der sich auf den Pfeiler stützenden Amazone (Abb. 10.10) mit einer geradezu erotischen Haltung verbunden. Das ist ein für diese Zeit neues, in der uns erhaltenen Großplastik einmaliges und zweifellos positives Amazonenbild. Die Amazonen sind kein fremdartiges und frevlerisches Volk mehr. Das gäbe in Ephesos auch keinen Sinn. Sie waren dort nie Angreifer, nur Verfolgte.

Da alle drei Amazonenstatuen von gleicher inhaltlicher Aussage sind, muss man annehmen, dass die Auftraggeber den Künstlern ein eng bestimmtes Darstellungsprogramm gegeben haben. Dazu passt die eingangs erwähnte Geschichte von dem Wettstreit der Künstler, die selbst entscheiden, welche die beste Figur sei. Die Amazonen müssen ein Ensemble gebildet haben, von dem wir aber nicht wissen, wo es im Heiligtum aufgestellt war. Dass Ephesos es gelang, zumindest drei der berühmtesten klassischen Bildhauer für diesen Auftrag zu gewinnen, spricht für die damalige Bedeutung des Heiligtums und seines Asylrechts.

Die in römischer Zeit gefertigten Marmorkopien sind in den meisten Fällen nicht zu einem ähnlichen Ensemble wie ihre Bronzevorbilder in Ephesos zusammengestellt gewesen. Sie dienten häufig zur Ausstattung von Thermen oder zur Zierde von Theaterfassaden: Man wollte berühmte Werke von berühmten griechischen Künstlern sehen. Und so zitieren nicht selten auch kleine, dekorative Statuen die Formen klassischer Meisterwerke, wobei man oft recht frei mit den Vorbildern umging. Die kleine Amazone (Abb. 10.13) ziert einen kräftigen Baumstrunk, der einst zur Stützung einer mächtigen Figur diente.[16] In der Grundbewegung ähnelt diese Figur der sich aufstützenden Amazone (Abb. 10.8, 11), weicht aber in den sich überkreuzenden Beinen und dem einfachen Faltenwurf von ihrem Vorbild ab. Wenn eine Amazone der Stütze einer Figur, sozusagen als Bildchiffre, beigefügt ist, könnte man daraus schließen, dass in der uns gänzlich fehlenden Figur möglicherweise ein Amazonenbesieger, wie Herakles oder Theseus dargestellt war. Wenn dies zuträfe, wäre aus dem Bild der verwundeten Amazone, die sich glücklich ins Artemis-Heiligtum retten konnte, eine Geschlagene geworden. *R.W.*

10.13 Amazone, sich an einem Baumstrunk lehnend. Teil einer Statuenstütze. H. 58 cm. Marmor. Um 200 n. Chr. (Kat. 49).

11. Amazonen sind schöne Frauen

11.1 Amzone rüstet sich zum Kampf, noch hält sie ihren Helm in der Hand. So sieht man besser, wie schön sie ist. Attisches Wassergefäß, um 500 v. Chr. (Kat. 40).

Dass die Amazonen Krieger aller Klassen sind, haben wir in den vorigen Kapiteln gesehen. Krieger zu sein, ist eigentlich nichts Außergewöhnliches – für den Mann. Aber Amazonen sind Frauen. Sie kämpfen als Frauen wie Männer gegen Männer.

Die Amazonen sind vom Mythos so konstruiert, dass sie weibliches Körpersein und männliches Tun und Ethos vereinen. Sie sind weder einfach wie Frauen, denn sie haben das andere Verhalten, noch sind sie einfach wie Männer, denn sie haben den anderen Körper; noch sind sie Zwitter oder Neutra, denn sie sind Frauen, die von Männern begehrt werden können. Doch dass sie Frauen sind, gewährt ihnen Mythos und Kunst nur innerhalb ihres Kriegertums. Ihre Weiblichkeit müssen wir in den Bildern finden, die uns die Amazonen als Krieger zeigen.

Amazonen sind schön

Die Amazonen der Kunst sind immer schön. Schön von Gesicht und Haar, Leib und Kleidung, Bewegung und Haltung. Das hat nicht viel zu bedeuten, könnte man sagen, denn Frauen haben für den männlichen Blick in einer männerbestimmten Gesellschaft eben schön zu sein, und es ist eine billige Courtoisie der Bilder, diesen Wunsch zu erfüllen.

Aber so einfach funktioniert die Kunst dann doch nicht. Freilich ist das Frauenbild eingeengt, während das Männerbild positive wie negative Abweichungen vom Normfall in einiger Breite erlaubt. Aber auch für die Frau hat die Vasenmalerei Differenzierungen entwickelt.

Gesichter

So kann in der Vasenmalerei seit dem 5. Jahrhundert v. Chr. bei alten Frauen niederen Standes, wie Ammen, das Alter an Gesicht und Körper mit aller Hässlichkeit charakterisiert werden. Hetären werden zuweilen gegen das herrschende Frauenideal mit fettem Leib und unschönem Gesicht dargestellt: Die soziale und ethische Niedrigkeit des Prostituiertenstandes kann so ausgedrückt werden, auch wenn die Hetären in überwältigender Mehrzahl schön wiedergegeben werden! Eine Erinnye fesselt Abb. 11.2 ein Opfer: Wut und Grausamkeit der Rachedämonin zeichnet sich in ihrem Gesicht ab, – freilich selbst bei Erinnyen eine Ausnahme. Aber dass die Kunst solche Möglichkeiten der Charakterisierung prinzipiell bereit hat,[1] heißt: Wenn die Sage von den Amazonen auch nur eine Nebenseite im Wesen dieser Frauen als monströs, abnorm, böse, schrecklich, unedel oder niedrig sich vorgestellt hätte, dann müsste dies hier und da auch in der Bildkunst als Hässlichkeit zum Vorschein kommen. Aber das ist nicht der Fall. Amazonen sind keine Unhol-

11.2 Schreckliche Frisur, böses Gesicht: Frauen müssen nicht immer schön dargestellt werden. Erinnye fesselt einen Frevler. Apulischer Weinmischkessel, um 350 v. Chr., Ruvo.

dinnen, das haben wir diesem Befund abzulesen. Dass sie in Mythos und Bild kriegerisch sind und Männer töten, macht sie nicht böse, grauenhaft oder verächtlich, – und darum auch nicht hässlich, wie es in der Sprache der Bilder hieße.

Aber würde nicht eben dies, das Kriegersein, die Frauen der realen Gesellschaft, in der der Betrachter der Bilder lebte, widerwärtig machen und monströs? Gewiss, doch die Amazonen leben nicht in der Welt des Betrachters. Und der Betrachter, der die Amazonen in aller Ruhe auch als Frauen betrachten kann, weil er nie mit ihnen kämpfen müssen wird, wünscht sich offenbar, dass sie so schön seien, wie Frauen in seiner Welt überhaupt nur schön sein können.

Warum können wir überhaupt vom Gesicht der Kriegerinnen reden? Krieger sind doch behelmt?! Schauen wir die männlichen Krieger in der Kunst an (Abb. 11.3b und 11.9): Zumindest vor dem Ende des 6. Jahrhunderts v. Chr. haben sie meist den korinthischen Helm übergezogen; ein solcher Helm umschließt den ganzen Kopf, lässt Nase, Auge, Mund (und Bartspitze) gerade noch sichtbar sein, schützt und verbirgt Wangen, Kinnlade, Ohr, Nacken und Haupthaar.[2] Hier hat die frauenhöfliche Kunst zu einem einfachen Mittel gegriffen: Sie gibt kriegerischen Frauen, nämlich den Amazonen und der gleichfalls gewappneten Göttin Athena, einen Helm, der möglichst viel vom Gesicht freilässt. Bei den früheren Darstellung des 6. Jahrhunderts v. Chr. ist der Helm im Bild oft gegen jede Realität zu einer Kappe verkürzt (Abb. 11.3b).[3] Auch reale Helmtypen können eingesetzt werden, und zwar solche, wo das Gesichtsfeld offener ist (Abb. 11.3a und c); und selbst bei diesen Helmen wird dann im Bild dem Frauengesicht zuliebe die Wangenklappe oft einfach weggelassen (Abb. 11.3c).

Dass die Kunst bei den behelmten Amazonen (und Göttinnen) – im Gegensatz zur Kriegerfigur des Mannes – soviel wie möglich vom Gesicht aufdeckt und zwar auch auf Kosten des Militärgeräts, ist eine Rühmung ihrer Frauenschönheit.[4] Im schwarzfigurigen Stil, wird die Haut der Frauen in strahlendem Weiß wiedergeben (auf schwarzer Grundierung, die freilich oft wieder zum Vorschein kommt, weil das Weiß leicht abplatzt), sodass das ›nackte‹ Gesicht der Amazonen unter dem ›reduzierten‹, schwarzen Helm besonders hervorleuchtete, wie etwa Abb. 8.1.

11.3a Ein Helm für schöne Frauen: mit offenem Gesichtsfeld. Attische Amphore, um 520 v. Chr. (Kat. 30).

11.3b Der Helm umschließt den Kopf des Kriegers. Um Gesicht und Haar der Amazonen zu rühmen, verkürzt die Kunst den Helm bei ihnen bis zu Unbrauchbarkeit. Attische Amphore, um 540 v. Chr. (Kat.Nr. 29).

11.3c Helm in der Hand der Amazone mit Wangenklappe, auf dem Kopf der Gefährtin entgegen der Realität ohne. Attisches Wassergefäß, um 500 v. Chr. (Kat.40).

Frisuren

Zur körperlichen Schönheit gehört das Haar, das durch die künstliche Frisur zum Schmuck gemacht wird. Hier unterscheiden sich die Amazonen kaum von anderen feinen Frauen. Sie haben wie sie meist langes Haar und (wenn unbehelmt wie Abb. 11.1)) ähnliche Frisuren. Wenn sie den Helm aufhaben, prunkt ihr reiches Frauenhaar gegen die behelmten Männer, und zwar obwohl auch Krieger langes Haar tragen konnten. Besonders der zur Kappe verkürzte Helm der Amazonen lässt das volle im Umriss gewellte Haar sehen, das in den Rücken fließt. Die Helmformen mit offenem Gesichtsfeld und fehlenden Wangenklappen lassen auch Stirn- und Schläfenhaar sichtbar werden. Lange geschlängelte Lockensträhen wie die Amazonen haben allerdings auch die Krieger der Zeit, wenn auch nicht so häufig wie die Amazonen.

Unschönes kommt bei den Amazonenfrisuren nicht vor; nie etwa eine bestimmte Art von Kurzhaarigkeit, mit der in der Vasenmalerei, wenn auch selten genug, Frauen niedrigen Standes charakterisiert werden können. Ab und zu sehen wir seit dem 5. Jahrhundert v. Chr. in Kampfsituationen entfesseltes, und in der Bewegung fliegendes Haar, wie zuweilen auch bei Mänaden oder Dämoninnen.

Seit dem 5. Jahrhundert treten kämpfende Amazonen häufiger ohne Helm oder Ledermütze auf, und manchmal erhaschen Krieger fliehende Amazonen mit einem Griff ins volle Haar, um sie, so muss man die Szene vollenden, zu töten (Abb. 11.4). Uns kommt diese Berührung merkwürdig vor, sie »könnte fast eine Liebkosung sein, wären da nicht die gezückten Schwerter«.[5] Innerhalb der Bildsituation ist aber der Griff ins Haar als brutale Überlegenheitsgeste zu werten: Man wirft den Gegner, ohne die Waffe zu gebrauchen. Und doch ist dies so schön dargestellt! Und musste der Betrachter des Bildes die gleichen Gefühle haben, wie die Protagonisten der Szene, die auf Leben und Tod kämpfen? Der Betrachter betrachtet, er kämpft nicht. Er konnte selbst andere Gefühle entwickeln, als er sie den Figuren des Bildes zuschreiben musste. Der Bildbetrachter verhielt sich dann nicht anders als die Zuschauer einer Tragödie, die – nach Aristoteles – Entsetzen über das dargestellte Geschehen und Mitleid mit den Untergehenden empfinden, also andere Gefühle empfinden als die Protagonisten der dargestellten Handlung.

11. 4 Mit einem Griff ins schöne Haar reißt der Krieger die Amazone vom Pferd. Apulischer Mischkessel, um 350 v. Chr., Ruvo.

11.5 Amzonenfrisur: Schlicht, praktisch und doch auch schön. Auf dem Hinterkopf sind die Strähnen in zwei Heraklesknoten verschlungen. Römerzeitliche Kopie einer der Amazonen von Ephesos, Original um 430 v. Chr.; Rom, Konservatoren- palast.

11.6 Zum Vergleich: Heraklesknoten in Gold. Mitte eines Frauenhals- bandes. 4. Jh. v. Chr., Berlin.

Die Darstellung des Haares bei den Amazonen folgt, wie gesagt, zumeist der Konvention des normalen Frauenbilds. Doch ein Meister der Skulptur aus der Zeit der Hochklassik hat sich bei seiner Amazonendarstellung bemüht, die Frisur zugleich frauenschön und amazonengerecht zu gestalten.[6] Die Glyptothek besitzt das Kopffragment einer römerzeitlichen Kopie einer Amazonenstatue (Abb. 10.1), die um 440/30 v. Chr. mit anderen Amazonenstatuen im Heiligtum der Artemis in Ephesos aufgestellt worden war, die uns eben durch solche Kopien bekannt sind (Kap. 10). Eine ganz erhalten Kopie des Kopfes in Rom zeigt die Frisur vollständig (Abb. 11.5). Die verwundete Amazone hielt den Kopf gesenkt, sodass man von vorn gut sah, wie brav gescheitelt sie ist; doch das ist einfach die Folge davon, dass die Haarsträhnen auf beiden Seiten gleichmäßig nach hinten gezogen und in der Nackengegend rechts und links (teilweise überkreuz) vernestelt sind. Die strömenden Haarsträngen sind schön in ihrer Vitalität und schön als Gestaltungen der Kunst, aber sie fügen sich nicht zur dekorativen Frisur einer Frau, die sich, den Spiegel kontrollierend in der Hand, jeden Morgen das Haar von einer Sklavin zu einem wohlsituierten Aufbau frisieren lässt. Die Zusammenfassung der Haare bei der Amazone dagegen ist sachgerecht: Lange Haare dürfen beim Kämpfen nicht hindern, und sie müssen eng und gleichmäßig am Kopf festgemacht sein, ob ein Helm aufgesetzt werden soll oder nicht. Doch die Nützlichkeit zeigt auch eine schöne Seite: An zwei Stellen sind die Haarsträhnen in ›Heraklesknoten‹ verschlungen, die in der Antike vielleicht so genannt wurden (heute Weber- oder Kreuzknoten), weil der Held in der Kunst so die Beine seines Löwenfells über der Brust verknotet trägt.[7] Bei der Amazone befinden sich die beiden Knoten am Hinterkopf, und eigentlich sieht man sie gar nicht, aber sie sind schön im Verborgenen. Als Form ist dieser Knoten von einer magisch schönen Symmetrie, die ihn übrigens später, ganz zweckfrei und nun an sichtbarer Stelle, zum Frauenschmuck aus Gold und Edelstein machen wird (Abb. 11.6)[8].

Auch Amazonen tragen Schmuck

Und das, obwohl sie sich weder für Männer schön machen wollen, noch Schmuck als Geschenk eines Ehemanns (wie die bürgerliche Frau) hätten tragen können.[9] Die Darstellung denkt nicht an diese sozialen Implikationen. Schmuck ist schön und rühmt die Schönheit seiner Trägerin.

*11.7a Die schöne Penthesilea:
Haarband, Perlkette im Haar,
Ohrgehänge, Armreifen. Attische
Trinkschale, um 460 v. Chr.
(Kat. 50).*

*11.7b Amazone mit Helm, wie ihn
nur die Kunst gibt: ohne Wangenklappe, mit blättergeschmücktem
Diadem (Zeichnung). Attischer
Weinkessel, um 460 v. Chr., Neapel.*

*11.8 Zum Vergleich: Braut mit
Blätterdiadem. Attisches Hochzeits-
gefäß, 440/30 v. Chr., München.*

Die Beispiele sind allerdings zumindest in der Archaik nicht sehr häufig. Halsband und Ohrring kommen seit dem 6. Jahrhundert v. Chr. vor (Abb. 11.3b). Im
Überblick scheinen mir die Amazonen zurückhaltender mit Schmuck versehen, als
Frauen sonst. Doch ist die in Liebe sterbende Penthesilea unserer berühmten Schale ungewöhnlich reich geschmückt. Sie trägt im Haar ein verziertes Band, sie hat
ein Ohrgehänge und an beiden Unterarmen Armreifen (Abb. 11.7a). Der Künstler
hat sie in dieser Situation absichtlich weiblich gemacht. Er gibt ihr kein Kriegsgerät, auch nicht die Orientalentracht ihrer Genossin; er stellt sie einfach als Frau dar
und in einem griechischen Gewand, das durch eine besondere Art der Gürtung auf
Amazonenart gekürzt ist. – Auch bei kämpfenden Amazonen kommen in der
Klassik zuweilen Armreifen am Unterarm vor (Abb. 11. 12). – Natürlich fallen alle
jene Situationen für Amazonen von vornherein aus, in denen Schmuck eine be-
zeichnende Rolle im Frauenleben spielte: Szenen, wo sich Frauen schön machen
und auf die Hochzeit vorbereiten.

Schließlich gibt es aber doch eine Darstellungsfiktion, die die Männlichkeit und
die Weiblichkeit der Amazonen in einer gegenständlichen Figuration vereint: Die
künstlich gesichtsfreien Helme, wie sie die Amazonen tragen, sind zuweilen mit
einem kunstvollen Stirnabschluss versehen, meist mit aufgesetzten Lanzettblätt-
chen (Abb. 11.7b).[10] Diese Form ist natürlich nicht von realen Helmen abgeleitet,
sondern von Schmuckgebilden, wie sie vornehme Frauen ins Haar stecken, und die
wir nicht zuletzt aus der Darstellung von Bräuten (Abb. 11.8) oder Göttinnen in
der Vasenmalerei kennen. Den fraulich geschmückten Helm kann natürlich auch
Athena tragen.

Auch Amazonen haben Brüste

In der modernen Vorstellung haben die Amazonen einen körperlichen Makel, für
den allerdings einige Schriftsteller der Antike die Quelle sind: Die Amazonen,
wussten jene zu behaupten, brennen sich die rechte Brust aus, oder beide Brüste,
oder drücken sie von Kindheit an platt, – um beim Bogenschießen nicht gehindert
zu sein (Kap. 14). Da die Moderne, sich zum Alibi, mit Lust alles Grausige aus der
Vergangenheit aufschnappt, ist gerade dieses Detail ins spärliche Grundwissen
über die Amazonen eingegangen.

Doch Dichtung und Bildkunst der Antike wissen nichts von dieser Sache. Kein
Poet nennt die Amazonen ›einbrüstig‹. Und unter den tausenden von Darstellungen aus der Antike gibt es keine, die eine Amzone mit vestümmelter Brust wiedergibt.[11] Gerade in der späteren Zeit, als die Verstümmelungsgeschichte geläufig
wurde, tragen die Amazonen eine Tracht, die die rechte Brust entblößt – also die,
die beim Kämpfen angeblich stört – und zeigt sie als normale Frauenbrust.

Wie kam es zu dieser merkwürdigen Fabel? All ihre antiken Vertreter, meist Historiker mit ethnographischen Interessen, berufen sich dafür auf den Namen Amazon. Das Wort ist sicher nicht-griechischen Ursprungs, aber das wussten die Griechen nicht, im Gegenteil, sie suchten darin einen griechischen Wortsinn. Es ist wohl ziemlich bezeichnend für Männerphantasie, dass man in Amazon sofort das Wort mazos – ›Frauenbrust‹ heraushörte. Allerding stand dann ein ›a‹ davor, und das ist im Griechischen in dieser Position eine Form der Verneinung. Kurz, so zerlegt, klang der Namen der Kriegerinnen so ähnlich wie die ›Brustlosen‹, – und damit war auch schon die Fabel von der Auslöschung der Brust erfunden.[12]

Aber haben wir diese Idee, als falsche Etymologie entlarvt, schon abgetan? Nicht ganz, denn die ›falsche‹ Erklärung hat Sinn und Botschaft. Dichtung und vor allem die Bildkunst haben von vornherein eine Tendenz zur Rühmung. Die ›Ethnographen‹ dagegen können sich Hintergedanken machen, und da kommt das Problem zum Vorschein, das im Konstrukt der Amazonen liegt: Das Kriegertum muss doch irgendwie, so die Überlegung, die Amazonen als Frauen entstellen; es entstellt sie in ihrer Weiblichkeit, also in ihrer weiblichen Körperlichkeit. Heldenhaft mag daran sein, dass die Frauen sich selbst verstümmeln; ihr Wille siegt über ihre Natur. Sie opfern eine Brust (gleichsam die Hälfte ihrer sichtbaren Weiblichkeit) ihrer männergleichen Kriegslust und ihrer Freiheit vom Mann. Ein hoher Preis, sagt in uns der Mann, sagt in uns die Frau. Die Amazonen, so bedeutet uns die Fabel, wollen nicht schön, wollen nicht begehrenswert sein.

Aber die Kunst sagt, wir wiederholen es noch und noch und mit jedem Amazonenbild, das wir als Museum hüten: Amazonen sind schön. Gehen wir ruhig davon aus, dass die Gedanken der antiken Ethnographen genauso wie die der Künstler männliche Interessen spiegeln. Doch wenn es zum Schwur kommt, wenn die Augen Körper sehen wollen, dann heißt es ohne jede Frage: Amazonen haben vollkommene Frauenkörper! Und das meint auch der Mythos. Zwei große Helden, Achill und Theseus, lieben Amazonen; Helden lieben nur schöne Frauen, und nur vollständige Frauen sind schön. Der Mythos ist kein Ort für ›brustlose‹ Frauen.

Wer sich für die Brüste der Amazonen interessiert, muss sich mit einigen generellen Erscheinungen bei der Darstellung der Geschlechter vertraut machen. – In der Vasenmalerei der Archaik bekommt man auch im Bild der normalen Frau nur ganz selten und allenfalls indirekt etwas von den Brüsten zu sehen. Weiblichkeit stellt sich außer durch die weiße Haut und die Frisur vor allem durch die weibliche Kleidung dar und gerade sie verhüllt den Körper. Im frühen Stil zeichnen sich Körperformen nicht durch Gewand hindurch ab.

Da der Betrachter die weibliche Körperformen zumindest in der Vasenmalerei des 6. Jahrhunderts v. Chr. gar nicht erwartete, darf man sich nicht wundern, wenn die Kriegerinnen in den gleichen Leibpanzern wie die Krieger im Bild auftreten, in Panzern, die natürlich in der Realität weiblichen Brüsten keinen Platz geboten hätten. Das ist zum einen der Panzer aus gestärkten Leinenplatten, der dem Rumpf flach und glatt aufliegt (Abb. 11.16a und 8.15).[13]

Interessanter für uns ist der getriebene Metallpanzer, der in stilisierter Form den nackten Rumpf paraphrasiert. Hier hat es der spätarchaischen Bronzetreibkunst gefallen, die männliche Brustpartie nicht deskripitv aufzunehmen, sondern durch zwei schöne symmetrische Spiralgebilde darzustellen: die mutige männliche Brust also durch ornamentalen Überschuss gleichsam zu feiern (Abb. 11.9a)[14]. Die gleichen Panzer tragen auch die Amazonen im Bild, so hier Abb. 11.9b. (obwohl die Figur uns eigentlich den Rücken zudreht, ist die wichtigere und schönere Vorderseite gezeigt), man beachte auch Abb. 11.3a. Die Brust-Spiralen der Bronzepanzer stammen also aus der Männerwelt und meinen keineswegs die runden Frauen-Brüste. Und doch sind die Brustformen beider Geschlechter unter der poetischen Spiral-Formel gleichermaßen glaubwürdig repräsentiert.

11.9a Krieger im Bronzepanzer mit Brustspiralen. Attisch, um 510 v. Chr., München.

11.9b Amazone im Männerpanzer mit Brustspiralen. Attisch, um 500 v. Chr. (Kat. 1789).

Das ändert sich mit der Klassik. Der bronzene Körperpanzer verzichtet nun auf die ornamentale Überhöhung und gibt das organische Muskelrelief des Körpers ideal wieder. Damit wird auch die Brustpartie als männlich identifiziert. Hier käme es zum Konflikt im wissenden Auge des Betrachters, steckte der Künstler Amazonen in solche Panzer. Der drittrangige und treuherzige Maler des Basler Weinkessels Abb. 11.10 hat sich der Konsequenz gestellt und seinen Amazonen Panzer geschenkt, die auf den Körper so gut eingehen, wie bei den Männern: Panzer mit weiblichen Brüsten. Hier sehen wir also wieder einen Gegenstand, den es nur in der Kunst und nur für Amazonen gibt, so ähnlich wie die verkürzten oder mit Schmuck bereicherten Helme. Unser Beispiel ist vielleicht das einzige, das Amazonen in dieser Zeit noch im Bronzepanzer zeigt; die andern Maler haben das Problem umgangen. Der immer noch übliche Leinenpanzer (oft mit Schuppen versehen) oder die orientalische Tracht ignorieren beim Mann das Körperrelief und fragen dann auch bei Amazonen nicht danach. Die altbewährte Chitontracht dagegen lässt nun im neuen stofflichen Stil der Darstellung fast immer die Brüste der Amazonen sich durchzeichnen (Abb. 9.1).

Unser Abb. 11.10 stellt Krieger und Amazone im jeweiligen Körperpanzer nebeneinander. In beiden Fällen zielt der gegnerische Speer (von Amazone bzw. Krieger) auf die gegnerische Brustpartie (von Krieger bzw. Amazone). Das ist nach alter Auffassung der Sitz des Mutes und der Tatbegierde und, wie jeder weiß, tödlich verletzbarer Organe. Es ist interessant, dass der Speer des Mannes diese sinnbeladene Partie trifft, aber haarscharf das Zeichen der Weiblichkeit, den Brustballen, verschont. Im Krieg der Männer lässt die Kunst Verletzungen in der Halsgrube, an der ›mutigen‹ Brust, den Flanken und an den ›starken‹ Oberschenkeln zu; Gesicht und Geschlecht bleiben immer verschont, selten wir der Bauch getroffen.[15] Diese Zurückhaltung gilt im Allgemeinen auch für den Kampf der Männer gegenüber die Amazonen; ganz selten nur gibt es Waffentreffer in eine der Brüste oder in die Lende; mir ist keine Darstellung bekannt, die dem Krieger einen Stich in den Schoß der Gegnerin erlaubt.[16] Diese Achtung der unverletzlichen Schönheit und des Arkanum der Weiblichkeit erweist wiederum die Ebenbürtigkeit der Amazonen als Krieger – und Frauen.

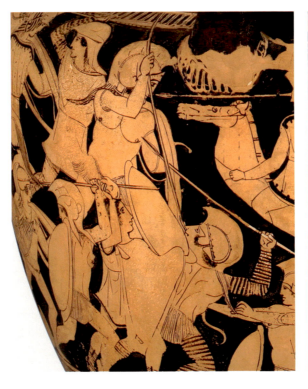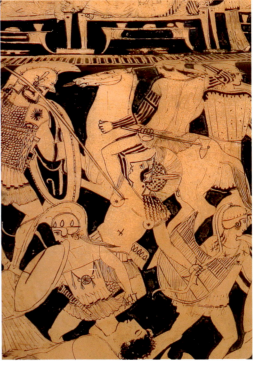

11.10 a) Krieger im Bronzepanzer.
b) Amazone im Bronzepanzer mit
Brüsten, eine Bildfiktion. Attischer
Weinmischkessel, um 450 v. Chr.,
Leihgabe Basel.

Der Moderne wundert sich bei der Betrachtung plastischer Darstellungen vielleicht über die ›kleinen‹ Brüste der Amazonen. Aber kleine Brüste waren in der Antike das herrschende Ideal, keine spezielle Eigenschaft der Amazonen im Bild, die damit etwa zum Männlichen hin stilisiert worden wären.[17] Die Körperbilder der Geschlechter waren in der griechischen Kunst nicht so weit auseinandergelegt wie in vielen anderen Kulturen.[18] Und: Es hat kein spezialisiertes Körperideal für den Krieger gegeben, wie es dies für den Schwerathleten (Boxer, Pankratiasten) ja durchaus gab. Das gesellschaftliche Ideal war nicht der Krieger von Beruf, sondern der freie, auch von Spezialisierung freie Bürger, der zu allem anderen hinzu, wenn erforderlich, auch als Krieger auftreten konnte.[19]

Das Kleid und was es freilässt: ein Paradoxon

Die griechische Kunst begann primitiv – oder besser: radikal – mit einem ›nackten‹ Menschenbild, für Mann wie Frau. Im späten 8. Jahrhundert v. Chr. entwickelt die Kunst neue Darstellunsmöglichkeiten und sie differenziert seither die Bilder der Geschlechter. Die in der Realität bekleidete Frau erscheint im Bild von nun an gleichfalls immer bekleidet, die Männerfigur dagegen kann weiterhin nackt auftreten, entgegen also fast jeder realen Situation, die die Bilder darstellen. Schon allein weil solche Nacktheit nicht realistisch gemeint ist, kann man von ›idealer männlicher Nacktheit‹ reden: Sie kommt nur in der Kunst vor und sie hat seit jenem Umbruch keine Entsprechung im Bild der Frau.[20]

Gehen wir von der ursprünglich allgemeinen ›Nacktheit‹ der Figuren beider Geschlechter im 8. Jahrhundert v. Chr. aus, dann könnte dies besagen: Es ist der Körper (ohne Zutat, aber mit allem, was in ihm ist), der die Personalität des Menschen ausmacht, von Mann wie Frau. Die Körper von Mann und Frau sind physisch verschieden, diesen Unterschied konnte schon die nackte Figur audrücken. Ihre Körper sind aber auch gesellschaftlich verschieden; und seit die Kunst Mittel zur Differenzierung entwickelt hat, zeigt sie diesen Unterschied.[21]

Der Körper der Frau ist erotisch. Daraus ergeben sich je nach sozialer Bestimmung und Szenenkontext verschiedene Darstellungsformen. Der Körper der anständigen Frau ist privat und intim; er ist ihr eigener insofern, als sie ihn für andere zu verwahren hat: zunächst für die Familie als Tauschangebot für externe Verwandschaft, dann für den Ehemann. Die Tugenden dieser Frau sind zugleich Schönheit und Scham. Die Kunst tut zur Realität kaum etwas dazu. Unter Männern in der Bildszene, und sonst meist, erscheinen solche Frauen bekleidet, vom Halsansatz bis zum Fußknöchel: wie in der Realität.

Relativ spät, seit etwa 520 v. Chr., können anständige Frauen in der Kleinkunst (vor allem in der Vasenmalerei) auch nackt beim Sichschönmachen gezeigt werden: Wenn sie in der Szene unter sich dargestellt sind, ohne Männer! Vom Betrachter des Bildes wissen die Figuren nichts, und der männliche Betrachter schaut ein Bild an, nicht Frauen: die Privatheit der anständigen Nacktheit ist also gewahrt.[22]

Die Hetäre dagegen trägt ihre Nacktheit zum Markt und zur Schau; jedermann, der bezahlt, kann ihre Körper mieten. Sie tritt im Bild wie im realen Ernstfall nackt zusammen mit Männern auf; Scham ist weder innerhalb der Bildszene, noch beim Betrachter des Bildes angebracht. – In allen Fällen, gewandet oder nackt, ist der Körper der Frau, in der Kunst wie in der Realität, erotisch (das heißt: von Männern begehrt).[23]

Eine andere Bedeutung hat der nackte Körper des Mannes in der Kunst. Zunächst: Die Nacktheit der Männerfigur sollte offenbar nicht erotisch aufgefasst werden. So können im Bild vornehme ›nackte‹ Männer mit gleichrangigen, bekleideten Frauen zusammen auftreten, obwohl ein solches Zusammensein in der Wirklichkeit das Schamgefühl beider Geschlechter verletzt hätte.[24]

Solche nackten Männerfiguren sind erklärungsbedürftig. Es wäre ein Zeichen von Wahnsinn gewesen, wenn ein vornehmer Mann in der normalen Öffentlichkeit nackt aufgetreten wäre, – wie es die Bilder doch zeigen. Und es hätte den sicheren Tod bedeutet, wenn ein Krieger nackt in den Kampf gegangen wäre, wie es die Kunst darzustellen liebt.

Hinter dieser Darstellungsweise steht eine Ideologie, die sich etwa so formulieren ließe: Wenn man von allem ›Zusätzlichen‹ absieht, besteht die Personalität des Manns in der Leistung seines Körpers (mit innewohndem Mut und Geist): Die nackte Figur ist das Porträt seiner Tatkraft. – Wenn sich in der Realität Männer nackt auszogen, um sportlich gegeneinander zu wettstreiten, so wird damit im künstlichen Reservat des Sports ähnliches ausgedrückt: Dass der Körper den Mann ausmacht und er sich in öffentlicher Leistungs-Konkurrenz verwirklicht. Die Nacktheit der Männerfigur in der Kunst hat keine narrative oder deskriptive Bedeutung; die Nacktheit des Mannes im Sport ist weder ›natürlich‹, noch hat sie einen praktischen Zweck; beide Formen der Nacktheit sind poetische Rühmungen des Leistungskörpers des Mannes und ideale Anschaulichkeit seiner Person.

Der Mann kann seit dem Umschwung im späten 8. Jahrhundert v. Chr. auch voll bekleidet, bzw. gerüstet dargestellt werden. Daneben gibt es viele Zwischenstufen: Figuren, die unrealistisch ›in Auswahl‹ ausgerüstet sind. Bereits ein Mann im Mantel ohne Untergewand oder ein vollgerüstet kämpfender Krieger mit hochgeschobenem Helm gehören hierher: Selbst solche Figuren leben von der Verklärung des puren Leistungskörpers.[25]

Der Unterschied zwischen den Körpern von Mann und Frau ist am anschaulichsten im schwarzfigurigen Stil des 6. Jahrhunderts v. Chr., wo – generell – die nackte Haut des Frauenkörpers in strahlendem Weiß gegeben ist, während die Männer (und die meisten Dinge) in der üblichen schwarzen Glanztonmalerei wiedergegeben sind. Es ist die radikale Farbigkeit der keramischen Maltechnik, die den Unterschied so krass schwarz/weiß macht: zwischen dem durch die Tätigkeit draußen gebräunten männlichen Leistungskörper und dem durch Haus, Kleid und Sonnenschirm behüteten hellen erotischen Körper der Frau.[26]

Wo stehen nun die Amazonen im Vergleich zum üblichen Frauen- und Männerbild? Hier gibt es folgende Regeln:[27]

1. Die weiße Schönheit des Körpers (in der schwarzfigurigen Malerei) teilen die Amazonen mit allen anderen Frauen. – Sie erscheinen nie nackt. Darin unterscheiden sie sich prinzipiell vom Männerbild: Amazonen sind Frauen! Sie unterscheiden sich damit auch von den Hetären: Amazonen sind anständige Frauen![28] Und von den bürgerlichen Frauen, die in den Bildern nackt ihre Schönheit pflegen: Amazonen machen sich nicht für Männer schön!

2. Sie sind nie wie normale Frauen bekleidet: Amazonen sind Frauen, die etwas tun, was andere Frauen nie tun! Mit Ausnahme der Nacktheit, treten sie in fast allen Ausstattungen wie die männlichen Krieger (Griechen und Orientalen) auf.[29]

3. Schließlich gibt es Bildkonstrukte, die nur den Amazonen (und anderen starken Frauen) zukommen und die zwischen den Welten vermitteln: Der ›Amazonenschritt‹, der das Frauengewand zerteilt; die verkürzten und die geschmückten Helme; der Amazonenpanzer.

Betrachten wir nun einige Möglichkeiten Amazonen-Bekleidung. Erinnern wir uns nochmals an die frühesten Amazonenbilder und den ›Amazonenschritt‹ (Abb. 5.1; 5.5): Amazonen sind Frauen, die sich so bewegen, dass das Frauengewand dafür nicht taugt. Das krasse Motiv verschwindet im 6. Jahrhundert v. Chr., von nun an tragen die Amazonen der kurzen Männerchiton. Doch die Bronze Abb. 11.11a bietet ein interessantes Übergangsmotiv.[30] Die flüchtende Amazone rollt mit der Linken ihre Gewand auf dem Oberschenkel auf, obwohl dies sachlich gar nichts zu bringen scheint: Es wird sozusagen gestisch ausgedrückt, dass ein normales Frauengewand zu lang ist, um sich als Amazone zu bewegen (und zugleich ist es sonst feine Frauenart, in das zu lange Gewand zu greifen, beim Tanz etwa). Die Figur ist zugleich das früheste Beispiel der später typischen Amazonen-›Tracht‹, die den Chiton nur auf der einen Schulter geknüpft und die rechte Seite frei lässt, dazu unten.

Das gewöhnliche Kleid der Amazonen ist im 6. Jahrhundert v. Chr. der kurze Chiton (mit oder ohne Panzer), wie ihn sonst nur Männer tragen. Dieses (ärmellose oder ganz kurzärmlige) Gewand lässt die Beine oft bis zur Mitte des Oberschenkels frei, es liegt direkt auf der Haut und bedarf im Bild keines weiteren Kleidungsstücks.[31] Auch die schwerbewaffneten Krieger kommen im Bild oft allein mit dem Chiton bekleidet vor. In der Wirklichkeit trug der Krieger über dem Chiton allerdings den Panzer, das heißt, die leichte Kleidung im Bild ist unrealistisch und wieder ein Fingerzeig auf den Leistungskörper des Mannes.

Bei der Darstellung der Amazone ergibt sich nun wie von selbst ein reizendes Paradoxon: Je mehr das Bild der mythischen Amazone dem eines echten, nämlich männlichen Kriegers angenähert wird, um so mehr kommt von ihrem weiblichen Körper zum Vorschein. ›Eigentlich‹ besagt das kurze Gewand der Amazonen, dass die Amazonen ihren Taten nach ›männergleich‹ sind. Doch ist mit dieser Erklärung ihre offenbar werdende (im Schwarzfigurigen weiß aufblitzende) Weiblichkeit bekleidet? Fürs Auge des Betrachters nicht. Um die Weiblichkeit zur Anschauung zu bringen, verkürzt Kunst, wie wir gesehen haben, das männliche Kriegsgerät, den Helm. Hier funktioniert es umgekehrt, aber im gleichen Sinn. Mit dem Bekleidungs-Paradoxon – je mehr die Amazonen wie männliche Leistungskörper gezeigt werden, umso mehr wird von ihrem erotischen Frauenkörper gezeigt – kommt wie von selbst der innere Widerspruch des Amazonenkonzepts zum Vorschein.[32]

Dabei geht auch in die kurze ›männliche‹ Bekleidung der Amazonen etwas von ihrer Weiblichkeit ein. Zunächst, wie gesagt, schon damit, dass die Amazonen generell bekleidet sind. Eine typische Gegenüberstellung zeigt die Würzburger Schale Abb. 5.16: Amazonen im Chiton gegen ›nackte‹ Krieger; obwohl hier das Frauenweiß abgeplatzt ist, und die schwarze Grundierung der Figuren hervorkommt, kann man so doch auf den ersten Blick die Parteien unterscheiden.

Doch auch bei der Chitontracht selbst gibt es zumindest einen statistischen Unterschied zwischen Kriegern und Amzonen. Vom kurzen Chiton der Männer gibt es mindestens zwei Varianten (und dabei wieder verschiedene Zuschnitte und Tragweisen mittels Überfall und einfacher oder doppelter Gürtung).[33] Der ›knappe‹ Chiton ist so kurz, dass er gerade Gesäß und die Oberschenkel am Ansatz bedeckt. Er ist oft unterhalb der Gürtung (bzw. unterhalb des Panzers) auf der Seite offen, sodass er sich vor allem bei Bewegung auf den Oberschenkeln auffächert und nicht selten beim Mann das Geschlecht freigibt. Der ›weite‹ kurze Chiton ist etwa knielang und in der Regel an der Seite geschlossen.[34] Hier gilt nun, dass der ›knappe‹ Chiton, bei Kriegern etwas häufiger als bei den Amazonen vorkommt, die etwas häufiger den ›weiten‹ kurzen Chiton tragen. Abb. 5.17 zeigt die beiden Chitonarten entsprechend auf Krieger und Amazone verteilt.

Das Amazonenbild Abb. 11.11b zeigt eine um 560 v. Chr. geläufige Version des ›weiten‹ kurzen Chitons, der in seinem Dekor so nur bei Amazonen, nie bei Männern erscheint: Vom oberen bis zum unteren Saum verläuft eine breite Schmuckbahn, in Feldern unterteilt, in denen kleine Figuren zu erkennen sind wie Vierfüßler, Sphingen und Sirenen. Hier ist ein kostbares, mit Bildfeldern besticktes Gewand gemeint, wie es generell nur bei Frauen vorkommt, in der Wirklichkeit also selbstverständlich immer am langen Gewand. So sieht man es zeitgleich bei der fliehenden Niobide Abb. 11.11c.[35] Der verzierte ›Amazonenrock‹ ist wieder ein für das Amazonenbild geschaffenes Hybrid-Ding, das nur im Bild existiert – verwandt am ehesten den geschmückten ›Amazonenhelmen‹. Verzierte Gewänder, Schmuck

11.11a Fliehende Amazone rafft ihr zu langes Gewand. Bronze, 6. Jh. v. Chr., Athen.

11.11b Amazone im kurzen Männergewand, verziert wie die langen Gewänder der Frauen. Ältestes Amazonenbild unserer Sammlung. Attische Amphore, um 560 v. Chr. (Kat. 51).

11.11c Zum Vergleich: Normales Frauengewand mit Schmuckbahn (Zeichnung). Attische Amphore, um 560 v. Chr.

und Luxus generell gehören natürlich indirekt zum erotischen Körper der Frau: Sie sind gleichsam die Ausstrahlung seiner Schönheit und Kostbarkeit (und zwar in öffentlich erlaubter Rühmung). Kurz: Trotz der generellen Übereinstimmung mit der Männertracht wird die Weiblichkeit der Kriegerinnen vom Darstellungssystem mitbedacht.

Der erotische Sinn ist natürlich auch dann und erst recht präsent, wenn jeder ›Vorbehalt‹ in der Kleidung wegfällt. Um 500 v. Chr., wo die Schönheit von Frauen und Männern, von Haar und Stoff besonders kultiviert dargestellt wird, tragen die Amazonen fast alle, genauso wie die Krieger, die kürzere Version des kurzen (aufs feinste gefältelte) Chitons (Abb. 11.1, 5.22). – Seit 500 v. Chr. werden die dünnen Stoffe der Chitone zuweilen durchscheinend dargestellt, sodass man bei Kriegern nicht selten das Glied unter dem Stoff sieht und bei Frauen (in langen Chitonen) zuweilen das Schamdreieck. Diese Darstellungsmöglichkeit betrifft unterschiedslos bürgerliche Frauen, heroische wie Helena oder mythische wie die Mänaden, macht aber vor Göttinnen halt. Ich wage nicht abzuschätzen, ob die Amazonen hier normal oder besonders dezent behandelt werden, jedenfalls kommen sie ziemlich selten so vor. Der Weinmischkessel Abb. 11.12 stellt eine Amazone in hauchdünnem Chiton einem ›nackten‹ Krieger gegenüber.[36] In der Szene gibt es für die Beiden nur den Kampf auf Leben und Tod. Dass das Bild so offensichtlich für uns, die Betrachter, gemacht ist, sagt schon das Wichtigste. Zweifellos sollen wir die Schönheit der Kriegerin bewundern und vielleicht bedauern, dass solche Schönheit zerstört werden könnte. Doch wenige Figuren weiter müssen wir sehen, wie umgekehrt eine Genossin der Schönen gnadenlos ihren Gegner abschlachtet (Abb. 5.20a).

Seit etwa 520 v. Chr. treten die Amazonen immer häufiger auch in der orientalischen Tracht der skythischen Bogenschützen auf, die in Athen seit 560 v. Chr. bekannt waren und bald danach als Leichtbewaffnete in Sold standen (Kap. 7). Wie mit der ›Hoplitentracht‹ werden die Amazonen wiederum dem Bild eines Kriegers, nämlich des skythischen Bogenschützen, ganz gleich gemacht. Das Skythengewand kleidet die Amazone vom Fußnöchel bis zum Handgelenk, sodass sie nun sogar weniger nackte Haut entblößt als die normalgewandte Frau im Bild, die doch immerhin die Arme stofffrei hat. Die skythischen Söldner sind oft unbärtig dargestellt, und in der rotfigurigen Zeichenweise, die in dieser Zeit aufkommt, wird die farbliche Schwarz/Weiß-Unterscheidung der Geschlechter aufgehoben. So ist es manchmal schwierig, eine Figur allein für sich zu identifizieren, erst der Bildzusammenhang lässt dann erkennen, ob Amazone oder Skythe (vgl. Abb. 7.15). Doch hat man eine Amazone in Skythentracht einmal als Amazone erkannt, dann wird das ›Kleiderparadoxon‹ wieder wirksam: Die Amazone ist einerseits wie ein männlicher Krieger gekleidet und sie bewegt sich in dieser praktischen,

enganliegenden Tracht wie ein solcher, also so, wie es einer normalen Frau nie zukäme. Zugleich werden, da sie nun einmal Frau ist, alle Glieder ihres Leibes, obwohl tuchbedeckt, in einer Vollständigkeit sichtbar,[37] wie sie die normale Frau (im Bild) allenfalls nackt beim Sichschönmachen zeigt und allerdings die Hetäre, die ihren Körper preisgibt. Selbstverständlich haben die Amazonen mit beiden nichts zu tun. Facit ist auch hier wieder: Ihr erotischer Frauenkörper scheint in genau dem Maße auf, wie sie wie männliche (skythische) Krieger auftreten.

Nicht weiter vorstellen will ich die fast beliebigen Kombinationen von Orientalentracht und darüber angezogenen, durch Gürtung kurz drapierten Gewändern ›griechischen‹ Typs (einiges dazu Kap. 5). Man betrachte als Beispiele die beiden Amazonen Abb. 11.13. Da solche Kombinationen nur bei Amazonen vorkommen, wird gegenüber der reinen Orientalentracht hier auch durch die Kleidung wieder ein Moment der Weiblichkeit ins Bild gebracht.[38]

Eine Amazonentracht: eine Brust frei

Die paradoxe Einheit von (fast) männlicher Körperfreiheit und weiblicher Ausstrahlung kommt auch in einer anderen Trachteigentümlichkeit zum Vorschein, die seit der Mitte des 5. Jahrhunderts v. Chr. schrittweise häufiger wird.

Der kurze Männerchiton, den auch die Aamzonen tragen, hat, wie auch sonst griechische Kleidung, keine geschneiderten Ärmel; er wird einfach über den Schultern geknüpft. Geht die Knüpfung auf einer Schulter auf, fällt das Gewand an dieser Körperseite herab bis zum Gürtel. Das konnte Absicht sein, oder unabsichtlich geschehen, etwa bei heftiger Bewegung. Absicht ist es bei Handwerkern: Der rechte Arm, der Arbeitsarm, bewegt sich freier ohne Gewand an dieser Seite; ähnliches gilt für Krieger seit dem früheren 5. Jahrhundert (später: Abb. 11.17).

Einen einseitigen Chiton trug schon die Bronzefigur Abb. 11.11a, eine Amazone auf der Flucht! Im 5. Jahrhundert v. Chr. wird die Erscheinung häufiger, so bei den ›ephesischen‹ Amazonen (Kap. 10); auch bei diesen ist nicht immer klar, was Derangierung durch Verletzung, was absichtliche Drapierung sein soll. Bei der Kämpfenden Abb. 11.13 hat sich das Gewand tatsächlich eben gelöst, man sieht den Schulterzipfel des Rückenteils herumflattern. Der Maler gibt dem Betrachter die Gelegenheit, gleich beide Brüste nackt zu sehen.

Immer häufiger ist die einseitige Knüpfung Absicht, seit dem Hellenismus ist dies die konventionelle Amazonentracht; zuweilen ist übrigens auch die linke Sei-

11.13 Kämpfende Amazonen. Hat sich der Chiton aus Versehen geöffnet, oder ist es so praktischer? (Zeichnung) Attischer Weinmischkessel , um 460 v. Chr., New York.

11.14 Amazone in brustfreier Tracht, zusammenbrechend. Tonlampe, 1. Jh. n. Chr. (Kat. Nr. 52).

te geöffnet (Abb. 11.23). Was bei Männern eine prosaische, bei den Handwerkern alltags-praktische Möglichkeit ist, wird bei den Amazonen aufregend: Eine Frauenbrust wird sichtbar, und das ist in der griechischen Kunst nichts Selbstverständliches.[39] Die Männer-Tracht der Kriegerinnen ist praktisch; aber bei ihnen ist sie gleich auch symbolisch: Die Amazonen verzichten auch hier wieder auf die übliche Form weiblichen Auftretens; ihre Kampfarbeit steht ihnen höher und damit ihr Ethos als manngleiche Heldinnen. Seit dem 4. Jahrhundert v. Chr. kann die Darstellung zuweilen noch weiter gehen und drapiert das Obergewand so, dass beide Brüste frei sind (Abb. 11.4); die Gürtung sitzt dann oft unmittelbar unter den Brüsten, wohl eine Erfindung der Kunst für Amazonen (Abb. 11.14); die oberkörperfreie Drapierung des Chitons kommt aber im Prinzip wieder aus der Männerwelt.

Darf der Betrachter solche Amazonen nur als manngleiche Kriegerinnen betrachten? Muss (kann) er die weibliche Nacktheit der Brust ignorieren? Das Dilemma ist von den Künstlern erzeugt, der Betrachter kann es so lösen: Im Bild wissen die Amazonen nichts von ihrer Schönheit, sie wollen nichts anderes als männergleich sein. Ihre männlichen Gegner (im Bild) kämpfen auf Leben und Tod, sie haben für nichts anderes als Kämpfen Zeit und Blick. Doch wir Betrachter haben das Auge für die Schönheit der Amazonen, und das Bild gibt uns alle Zeit zu verweilen. Für die schönheitsblinden Krieger im Bild, aber auch für die ihrer selbstvergessenen Amazonen muss der Betrachter des Bildes mitsehen und mitfühlen.[40]

Die Amazonen sind von vollkommener Unschuld. Die nackten Hetären wissen, dass sie sich für Männer entblößen. Die Bürgersfrauen, die sich baden und schön machen, wissen zwar nicht, dass wir zuschauen, aber sich machen sich doch fürs Angesehenwerden schön. Dass die Amazonen nichts von ihrer Schönheit wissen, macht einen eigenen Reiz aus für die Phantasie der Betrachter des Bildes. Darin unterscheiden sie sich von Frauen, die jeder Mann aus der Realität kennt.[41]

Dass wir die ganze Zeit vom Blickpunkt einer männerbestimmten Gesellschaft aus reden, war uns hoffentlich von Anfang an bewusst.

Was im Krieg der Männer nicht vorkommt

Je konventioneller ein Phänomen in der Kunst ist, um so gültiger ist seine Aussage. So haben wir bisher vorallem die konventionellen Züge des Amazonenbilds untersucht. Doch auch Einzelfälle können typische Möglichkeiten andeuten, unterschwellige Ideen, die nicht bis zur konventionalisierten Form aufstiegen.

Weichherzige Amazonen

Das Motiv der besiegten, um Gnade flehende Amazone haben wir längst kennengelernt. Eines der frühesten Amazonenbilder Abb. 5.7 kannte es schon. Zweihundert Jahre später ist die Szene Abb. 11.16a. Auf der Hauptseite des Mischkessels in Palermo bricht die Anführerin der Amazonen zusammen, das Schwert ist ihr entfallen, die leere Waffenhand streckt sie zum Sieger aus. Ohne Sinn, möchte man sagen; ihr Auge bricht, und der Gegner könnte den tödlichen Stoß gar nicht mehr zurücknehmen.

Erinnern wir uns an das Problem: Die Bitte um Gnade stünde (im Bild) einem Mann im Kampf der Männer nicht an, es wäre Feigheit. Aber wenn eine Amazone dies tun, ist es nicht dasselbe. Es sind ja immer die mutigsten Amazonen, die Vorkämpferinnen, die nun, tödlich getroffen, sich mit dieser Geste, immer vergeblich und zu spät, an den Sieger wenden. Die Amazonen erweisen sich im Moment der Niederlage als Frauen; so mutig sie waren, sie müssen nicht bis zum letzten Augenblick ein ›Herz aus Eisen‹ zeigen. Das Motiv ist übrigens nicht sehr häufig, aber doch konventionell, man vergleiche in unserer Ausstellung noch die Basler Amphore (Abb. 8.15).

Vor dem Hintergrund dieser Konvention leisten sich die Vasenmaler der Klassik zuweilen merkwürdige Variationen. Auf der Hauptseite des Basler Mischkessels (Abb. 11.15a und 5.20b) wird ein in die Knie gebrochener Krieger gnadenlos von einer Amazone abgestochen; die Amazonen haben hier die Griechen in die Defensive gedrängt. Auf der schlichteren Rückseite steht nur noch ein Krieger aufrecht, sein Kamerad liegt erschlagen am Boden und er ist eingekreist von drei Amazonen. Er weicht zurück, deckt sich nach vorn mit Schild und Speer, eine Amazone hat von der Seite seine Deckung unterlaufen und holt beidhändig mit der Streitaxt aus. Doch die Amazone im Vordergund weicht ebenfalls einen halben Schritt zurück, sie wird von seinem Speer angezielt, doch sie nutzt weder ihren Schild als Schutz,

11.15 Gefäß-Vorderseite: Amazone schlachtet einen Gegner ab. Rückseite: Amazone bietet dem Gegner Frieden an. Attischer Weinmischkessel, um 470 v. Chr., Leihgabe Basel.

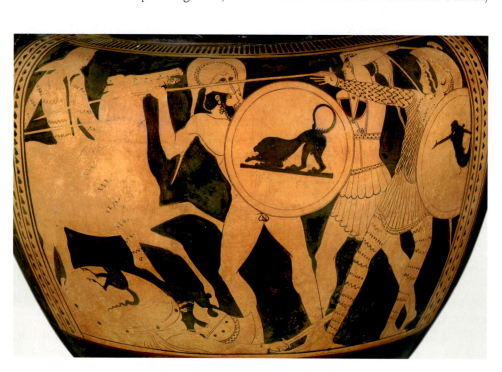

11.16 Gefäß-Vorderseite: Krieger
tötet gnadenlos die Gegnerin.
Rückseite: Krieger riskiert sein
Leben, um der Gegnerin Frieden zu
bieten. Attischer Weinmischkessel,
um 460 v. Chr., Palermo.

noch führt sie eine Waffe, ihren Speer hält sie müßig mit der Schildhand. In großer Geste streckt sie die leere Rechte dem Feind entgegen. Warum? Die Amazone ist nicht zusammengebrochen, nicht verletzt, nichteinmal in Bedrängnis, ja ihr Gegner wird von zwei ihrer Kampfgenossinnen bedroht. Ihre Geste kann keine Bitten um Gnade sein, sondern offenbar eine Frage wie: Müssen wir einander töten wollen? Der Maler hat bei der üblichen Flehgeste angesetzt und sie durch den Bildzusammenhang umgemünzt. Das Verhalten der Amazone zeigt eine Möglichkeit, die beim Krieg unter Männern im Bild nicht vorkommen darf.

Weichherzige Krieger

Gehen wir zur ersten Amazonenschlacht Abb. 11.16a zurück.[42] Hier tötet also ein Krieger gnadenlos die zusammengebrochene Amazone. Auf der bescheideneren Rückseite des Gefäßes ist wiederum eine Art Widerruf ausgeführt. Eine Amazone in halb zurückweichender Stellung (ähnlich dem eben betrachteten Krieger Abb. 11.15a) wendet sich im Oberkörper zum Gegner und schwingt mit beiden Händen die Streitaxt. Der Gegner nun verhält sich nicht ganz unähnlich wie vorhin die Amazone Abb. 11.15b. Auch er kämpft nicht, obwohl tödlich bedroht; er schützt sich nicht mit dem Schild, noch wehrt er sich mit der Lanze, die er in der Linken hält; sein Schwert steckt in der Scheide. Mit der Rechten, der leeren Waffenhand, greift er, eher einhaltend als gegenschlagend, an den rechten Arm der Amazone, die beidhändig mit der Streitaxt ausholt. Was soll das? Glaubt er im Ernst, die Gegnerin sei nicht fähig, allein mit der Linken den tödlichen Schlag auf seinen ungedeckten Hals anzubringen?

Wir haben schon kennengelernt, wie Herakles, der auf den Schild verzichtet hat, mit der freien Linken die Amazonengegnerin packt und mit der Rechten den tödlichen Stoß führt (Kap. 8). Das ist hier gerade nicht gemeint. Unserem Motiv nahe stehen überraschenderweise die ganz frühen Theseus-Antiope-Szenen (Abb. 5.8–10), wo Theseus den tödlichen Kampf verweigert aber die bewaffnete Amazone mit bloßen Händen bezwingt. Doch unser Bild geht weiter bis zur Umkehr: Der Krieger verweigert den Kampf und riskiert sein Leben, um der Amazone Frieden, und das kann hier nur heißen, seine Liebe anzubieten. Da auf der Nebenseite plaziert, und auf der Hauptseite oder sonstwo kein Herakles kämpft, in dessen Gefolge Theseus zu verstehen wäre, kann die Szene wohl nicht das berühmte Liebespaar Theseus-Antiope meinen, und das heißt: das Geschehen ist als prinzipielle Möglichkeit zu verstehen; Krieger und Amazonen sind eben auch Männer und Frauen![43]

Das Verhältnis von Vorder- und Rückseite ist bei beiden hier besprochenen Vasen analog komponiert: Bei dem Basler Mischkessel die gnadenlose und die weichherzige Amazone (Abb. 11.15), auf dem Mischkessel in Palermo (Abb. 11.16) der

11.17 Besiegter Krieger fleht seine Gegnerin um Gnade an. Apulischer Weinmischkessel, um 340 v. Chr., Genf.

todbringende Held und der Held mit dem Liebesangebot. Natürlich ist die ›weiche‹ Lösung – jeweils auf der Rückseite des Gefäßes – eine Ausnahme im prinzipiellen Gewaltverhältnis von Krieger und Amazonen, eine Ausnahme aber, die vorkommen darf. Und die beiden Beispiele zeigen, dass solche Ideen damals in der Luft lagen.

Griechisch-italische Vasenbilder des 4. Jahrhunderts v. Chr. haben manches darstellbar gemacht, was wir so in der attischen Vasenmalerei der Klassik nicht finden. Hier gibt es nun sogar die ›Verkehrung‹, dass besiegte Krieger um die Gnade der Amazonen flehen! Auf dem apulischen Weinkessel in Genf Abb. 11.17 sehen wir zwei Zweikämpfe von Amazonen und Griechen; das Duell im Hintergrund lassen wir beiseite.[44] Im Vordergrund ist der Ältere, zweifellos der Vorkämpfer des Teams, zusammengebrochen, der (zersplitterte) Speer der Reiterin hat ihn im Oberschenkel getroffen. Er stützt sich auf seinem Schild ab, und streckt die waffenlose Rechte um Einhalt bittend der Amazonenreiterin entgegen.

Das heroische Niveau der Amazonenschlacht und die Selbstachtung des griechischen Mannes schließen eine Interpretation von vornherein aus, die dieses Verhalten als feig und verachtenswürdig verstünde.[45] Was der Mann gegenüber einem Mann (im Bild) nie tun dürfte, gestattet die Kunst ihm gegenüber einer Amazone. Der Apell an die Amazone soll sie vielleicht als weichherzige Frau ansprechen, eher vielleicht aber als hohes wunderbares Wesen, dem gegenüber ein solches Verhalten nicht ehrlos ist. – Zu einem Happy End will die Szene natürlich nicht weitergedacht sein: Es würde den hohen Stil der Szene verderben, wenn man sich vorstellte, dass unser Mann am Arm einer amazonischen Samariterin aus der Schlacht humpelt.

Liebesboten in der Schlacht?
Der Amazonenkampf Abb. 11.18 ist das Halsbild einer großen apulischen Grabvase (genau wie das Münchner Bild Abb. 9.22).[46] Die sogenannten apulischen Vasen des 4. Jh.s v. Chr. sind in griechischen Städten Unteritaliens produziert, die Mehrzahl ist von vornherein für die Mitgabe in Gräber gemacht. Was wird dargestellt, außer Grabmälern und ihre Umsorgung, die auf den Grabvasen fast immer nur auf der Rückseite erscheinen? Manchmal große Tragödien wie beim Münchner Stück (Abb. 19.15). Krieg wird seltener dargestellt als früher, aber immer wieder Amazonenkämpfe. Das Hauptthema der apulischen Vasenbilder ist eigentlich das um ein-

11.18 Amazonenschlacht. Dazwischen Liebesvögel mit Kranz und Band. Apulischer Weinmischkessel, um 320 v. Chr., Illinois.

11.18a Zum Vergleich: Liebespaar, darüber Liebesvogel mit Band und Eros mit Band. Apulische Amphore, um 340 v. Chr., Boston.

ander werbende Zusammensein schöner junger Frauen mit schönen jungen Männern; vornehme Leutchen natürlich, die nicht arbeiten müssen, immer in Harmonie, wohlig eingebettet in eine diffuse erotisch-dionysische Athmosphäre.

Nun zum Amazonenkampfbild Abb. 11.18. Am tödlichen Ernst des Geschehens ist auf den ersten Blick kein Zweifel. Zwei verlorene Amazonenschilde und eine Axt liegen am Boden, rechts kauert eine Amazone, entwaffnet und tödlich erschöpft. Im Kampf aufeinander prallen paarweise jeweils eine Amazone zu Pferd auf einen griechischen Fußkämpfer, der sich mit einem großen Rundschild schützt. Die Amazone links schwingt den Wurfspeer gegen den Krieger mit der Stoßlanze, die zweite Amazone führt die Stoßlanze gegen den Krieger mit dem Wurfspeer.

Nicht alles aber passt ins Bild vom tödlichen Kampf: Zwischen der linken Amazone und ihrem Gegner fliegt ein Vogel mit einem Kranz in den Fängen. Dem Krieger rechts außen fliegt ein ähnlicher Vogel hinterher, der ein langes Stoffband trägt. Merkwürdig ist schließlich der halbe Stern, der zwischen den beiden Gegnern rechts am Himmel blinkt.

Da sicher keine Schlacht in der Nacht gemeint ist, bezeichnet der Stern offenbar die Wunderbarkeit und Erhabenheit des Geschehens.[47] Die Vögel aber mit Kranz und Band gibt es sonst eigentlich nur in Liebesszenen. Dahinter steht die Sitte, dass junge Mädchen gern mit zahmen Vögeln umgehen, und junge Männer solche Spieltiere gern den Mädchen schenken (Abb. 11.18a). In den Bildern vermitteln solche Vögel zwischen den Liebenden, oder fliegen ihnen voraus, und sie haben in den Fängen entweder Kranz, oder Stoffband: typische Dinge, wie sie ein junger Mann – oder gleich der Liebesgott Eros selbst – begehrten Mädchen anbietet.[48]

Sicher hat der Maler des Amazonenkampfs mit den Vogelboten und dem Wunderstern nicht sagen wollen, dass sich die Kämpfe in Umarmungen verwandeln werden. Die Liebesvögel sind vage, romantische Zeichen, die eher die Stimmung des Betrachters bewispern: Was hier im Bild geschieht, ist Krieg, aber auch Begegnung von Mann und Frau, und da kann man gar nicht anders, als auch an Liebe zu denken.

11.19a Epinetron, Gerät zur Wollverarbeitung: Hausfrauen zuhause, bei der Wollverarbeitung. Die Sitzende rechts mit Spiegel. Attisch, um 490 v. Chr., Paris.

Hausfrauen und Amazonen

Wir haben die Amazonenbilder bisher mit eher männlichem Blick betrachtet, zweifellos ein adäquater Standpunkt für die griechische Gesellschaft, in deren Vorstellung ja allein die Amazonen existierten. Aber auch das patriarchalischste Patriarchat ist eine Gemeinschaft von Männern und Frauen. Und nichteinmal eine Klassengesellschaft – sehen wir doch einfach unsere an – funktioniert ohne Zustimmung und Teilhabe auch der Beherrschten. Dass die Fiktion des Amazonentums auch die Frauen der realen Gesellschaft etwas von sich selbst wiederfinden ließ, mythisch verfremdet, ins Utopische versetzt und vom verinnerlichten Männerblick aus mitgeformt, ist von vornherein zu erwarten. Im folgenden einige greifbare Befunde, die allerdings keine direkten Selbstzeugnisse von Frauen sind. [49]

Ein Epinetron, Gerät der Hausfrauenarbeit
Das Objekt Abb. 11.19 ist zwar ein Produkt der Töpferkunst und von einem Vasenmaler bemalt, aber kein Gefäß, sondern ein ›Epinetron‹.[50] Ein Epinetron hatte man als Frau im Sitzen auf den Oberschenkel gelegt, um auf der (hier durch eingravierte Schuppen) aufgerauten Oberfläche die Wolle zu einem lockeren Strang zu rollen, aus dem dann der Faden gesponnen werden konnte. Spinnen und Weben, muss man wissen, ist die einzige Arbeit, die auch den Mädchen und Frauen der höheren Stände zu Gesicht stand, und dazu waren sie dann auch verpflichtet.[51] Selbst die Zeustochter Helena, kann sich – in der Odyssee (4,120 ff) – nur mit dem Alibi ihres silbernen Wollkörbchens neben ihren Gatten setzen, der sich mit dem Gast Telemach unterhält.

Das Epinetron zeigt Frauen bei der Wollarbeit; wir sehen Körbe mit weißer Wolle, die Stehende in der Mitte scheint einen Wollstrang aus dem Wollballen in der erhobenen Rechten zu ziehen. Nicht nur an den Fleiß, auch an die Schönheit der Frauen denkt das Bild: die Sitzende rechts betrachtet sich im Spiegel. Auf der andern Seite sehen wir Amazonen, die zu Fuß und zu Pferd zum Kampf aufbrechen. In beiden Bildern sind die Frauen unter sich, aber der Gegensatz könnte nicht größer sein: Hier sesshafte Tätigkeit in häuslicher Geschlossenheit, dort drängende Bewegung und Aufbruch nach draußen. Die knappe Kriegertracht lässt mehr von der schönen weißen Frauenhaut sehen, als das lange Gewand der Hausfrauen. Die beiden Lebensweisen schließen einander aus, aber sie treffen in der Realität ja auch gar nicht aufeinander.

Auch andere Epinetra zeigen als Bildschmuck Amzonen, auch auf beiden Seiten, einmal sogar im Kampf. Während sonst auf den Vasen der Zeit die Bildinhalte

11.19b Gegenseite: Amazonen brechen von zuhause auf in den Kampf. Die Amazonen links holt den Schild von der Wand , dort hing er in Friedenszeiten.

sich fast beliebig entfalten können (solange sie den vornehmen Geschmack bedienen),[52] möchte man bei einem so frauenspezifischen Gegenstand doch eine eigene Aussage erwarten. Die bemalten Epinetra dienten nicht zum Gebrauch, sie sind eigentlich veredelte ›Darstellungen‹ des Geräts; die meisten fanden sich als Votive in Heiligtümern, und zwar von Göttinnen und am häufigsten der Artemis. Artemis ist nicht nur die Herrin der wilden Tiere und der Jagd. Als jungfräuliche Göttin ist sie auch für die Mädchen bis zur Hochzeit zuständig und darüber hinaus (als Göttin des Frauentods) auch für die Schwangeren.

Wollarbeit gehörte natürlich zur Ausbildung der Mädchen,[53] und so ist die Annahme plausibel, dass solche Epinetra vor allem von heiratsbereiten Mädchen der Göttin gestiftet wurden. Zu gern wüssten wir, woher die weihenden Mädchen die Epinetra hatten. Eigenes Geld besaßen sie nicht. Eltern und Verwandte könnten die Epinetra geschenkt haben. Oder Männer, die um die Mädchen werben, oder der Bräutigam? Auf den Epinetra gibt es nicht selten Szenen, wo Männer, Müßiggänger mit Spazierstock, den Frauen bei der Wollarbeit zusehen und sich mit ihnen unterhalten. In der bürgerlichen Realität wären solche Besuche im Frauengemach unmöglich,[54] im Bild ist es möglich und könnte besagen, dass hier heiratsfähige Mädchen zu sehen sind, von Männern umworben und als Bräute begehrt.

Bilder sind für Käufer und Besitzer gemacht. Diese Bilder sollten den Mädchen gefallen, der Göttin Artemis und den Eltern oder den Männern, die die Epinetra den Mädchen schenken wollten. Artemis hat natürlich an Amazonenbildern Freude; die Amazonen verehren die Göttin; und die Göttin, die selbst den Bogen führt und als Jägerin auch Herrin der Ferne ist, weiß sich diesen fremden Frauen nahe. Die berühmtesten Amazonen-Statuen der Antike standen im größten Heiligtum der Artemis, in Ephesos (Kap. 10). Im Übrigen schenkt man den Göttern das, was Menschen gefällt, und dass Amazonenbilder den Männern gefielen, haben uns längst die vielen Bilder auf den Gefäßen gelehrt. Wenn wir davon ausgehen, dass werbende Männer solche Objekte Mädchen schenkten, dann wollten sie, indem sie solche Bilder wählten, den Mädchen wohl etwas damit sagen. Zumindest haben sie angenommen, dass Mädchen das Amazonen-Thema gefällt. Genauer zu interpretieren ist vielleicht irrig, es ist ja gerade das Vage, Vieldeutige, Beziehungsreiche, was Kunst, Poesie, Mythos zu bieten haben, um Sinn zu erzeugen.

Was ist für den Mann (der um eine Mädchen als Ehefrau wirbt) so reizvoll an den sagenhaften Amazonen? Sie haben keine Männer und wollen nicht heiraten! Sie sind schön und wissen es nicht! Es macht sie begehrenswert, dass sie vom Begehren der Männer nichts wissen wollen! Obwohl die Amazonen weder Jungfrauen sind (denn sie müssen ihr Geschlecht ja fortpflanzen) noch künftige Ehefrauen (dann verlören sie ihre amazonische Freiheit), paraphrasieren sie – für einen Moment – in reizvollster Weise den Stand der bräutlichen Mädchen, reizvoll für die Phantasie der werbenden Männer wie für die Mädchen selbst. Und dies funktioniert, obwohl, nein, weil der mythische ›Vergleich‹ nicht mit der Wirklichkeit parallel geht. Wenn der Mythos nur analog wäre, wäre er eine uninteressante Dublette. So aber hat die Parallelisierung Vision, Schick, Schönheit – und verpflichtet zu Nichts.

Ein Alabastron, Utensil der Schönheitspflege

Einen Zusammenhang von Frauengerät und Amazonenbild findet sich wohl auch bei den Salbgefäßen von der Form des Alabastrons. Solche Gefäße für feines Körperöl finden sich zunächst auch in Männergräbern, seit 500 v. Chr. werden sie dann typisch für das weibliche Ambiente: Im Gemach der spinnenden Frauen auf dem Epinetron 11.19a hängt eines an der Wand (zwischen der 2. und 3. Frau). Und das Bild Abb. 11.20 auf einem Alabastron, zeigt wiederum ein Alabastron im Frauengemach. Alabastra waren sicher auch Liebesgeschenke. Männer schenkten sie schönen Frauen, bürgerlichen Mädchen wohl ebenso wie Hetären.[55]

Über ein Dutzend Alabastra zeigen eine Amazone als Motiv.[56] Das Exemplar aus Basel Abb. 11.21 gibt noch mehr. Man sieht eine Amazone im orientalischen Dress mit Streitaxt und Bogen, sie bewegt sich beschwingt im Genuss ihrer Kraft, mit fliegenden Locken. Links steht ein Kranich.[57] Er hat nichts mit dem Amazonenmilieu zu tun, er ist das typische Spieltier griechischer Hausfrauen (siehe Abb. 11.20). Der Kranich schaut neugierig auf einen Mann, der vor der Amazone steht. Der ist kein Krieger, sondern ein junger Dandy der zivilisierten Poliswelt, mit langem Spazierstock und Bürgermantel und der passenden Verhaltensweise: müßiglässig auf den Stock gelehnt und in der Hand des gesenkten Arms ein Haarband, wie man es Mädchen schenkt. Doch er blickt elegisch nach unten und wagt nicht, das Band der schönen Kriegerin anzubieten.[58]

11.20 Frau zuhause, beschwingt im Genuss ihrer Schönheit. Um sie herum: Wollkorb auf dem bequemen Stuhl, Alabastron voll Salböl an der Wand, ein Kranich als Spieltier (Zeichnung). Attisches Alabastron, um 470 v. Chr., Athen.

11.21 Bildphantasie: Vollgerüstet freut sich die Amazone ihrer Kraft; der junge Mann mit Spazierstock wagt nicht, ihr das Band in seiner Hand hinzustrecken; Kranich als Haustier. Attisches Alabastron, um 490 v. Chr., Leihgabe Basel.

11.22 Amazone in Kampfhaltung. Links oben ein Goldstift im Silber. Griechischer Silberring aus einem Frauengrab auf Ithaka. Spätes 4. Jh. v. Chr. (Kat. 53).

11.22a Silberring mit Goldnagel: Aphrodite mit Eros auf der flachen Hand. 4. Jh. v. Chr., München, Staatliche Münzsammlung.

Das Bild lässt sich nicht als vorstellbares Ereignis, real oder fiktiv, nacherzählen: Keine Sage lässt einen attischen Bürger ins Amazonenland spazieren, und bürgerliche Mädchen pflegten sich zu Hause nicht als Amazonen zu kostümieren. An Theseus und Antiope mag man sich erinnern, aber diese Geschichte ist auch nicht dargestellt. Die Unmöglichkeit, das Bild ›wörtlich‹ zu verstehen, kann nur heißen, dass es eine gleichnishafte, ›versteckte‹ Botschaft birgt, die durch die Situation, für die es wohl vorgesehen war,[59] leicht zu entschlüsseln war: Wenn ein Mann ein solches Gefäß dem Mädchen schenkte. Dann sagt das Bild im Auftrag des Werbenden zum Mädchen: »Du bist so schön wie eine Amazone, aber auch so spröde, und ich wage mich nicht Dir zu nähern.« Der Vergleich ist schmeichelhaft und raffiniert: Zum einen schreibt er beiden Partnern die Züchtigkeit zu, die solche Werbung in der gesellschaftlichen Wirklichkeit ja haben musste. Andererseits wird dem Mädchen eine Freiheit zugedichtet, die es realiter nicht hat, die aber der Umworbenen wie dem Werbenden erfreulich wäre. Zu alledem und das ist das Tüpfelchen auf dem i: Die ganze Rhetorik ist von reizendster Scheinheiligkeit. Denn wenn dieses Geschenk die Empfängerin erreicht hat, ist ja der Kontakt, den sich der junge Mann im Bild nicht traut, schon hergestellt. Und natürlich ist die Angesprochene eine brave Bürgerstochter, die spätestens jetzt an Liebe und Heirat denkt und auf keinen Fall daran, aufs Pferd zu steigen und Männer zu töten.[60]

Ein Frauenring, Geschenk zur Verlobung?

Ein Stück unserer eigenen Sammlung ist der Silberring Abb. 11.22, aus einem Grab auf Ithaka. Dargestellt ist eine kämpfende Amazone in typischer Haltung: Wie in halber Flucht hält sie inne und wendet sich mit Schild und Waffe (Axt oder Lanze) zurück. Pathetisch schwingt das Gewand nach, das im Oberkörper durch ein Kreuzband an den Leib gepresst wird. Den Gegner mag man sich vorstellen, das Bild redet nur von der tapferen Amazone. Links im Feld ein goldner Punkt: ein goldener ›Nagel‹ ist durch die Platte getrieben. Dieser Befund ist nicht ganz selten und muss eine symbolische Bedeutung haben.[61] Unser Ring war Besitz einer Frau, wie sein einstiger Grabzusammenhang mit zwei Spiegeln beweist, und er wurde lange getragen, seine Oberfläche ist abgerieben. Die Figur der Amazone ist wie bei Gemmen vertieft eingegraben, aber nicht wie bei jenen spiegelverkehrt: Das Ringbild war also nicht zum Siegeln gedacht,[62] sondern für die Trägerin zum Anschauen! Auf solchen Silberringen mit Goldnagel findet sich z.B. Aphrodite als Bild, wie auf dem Münchner Exemplar Abb. 11.22a; auch Eros, Artemis, Nike, Mänaden kommen vor.[63] Die Götter als Ringbild lassen sich leicht verstehen: Die Trägerin möchte in ihrem Schutz wandeln. Die Mänade und unsere Amazone: Sie sind mythische Bilder von Weiblichkeit, an denen sich die Ringträgerin zweifellos freuen darf.

Die Sitte des Eherings ist fürs Griechische nicht belegt. Aber berücksichtigt man alle Indizien, könnte man die Silberringe mit dem goldenen Nagel als Geschenk des Bräutigams an die Braut gut verstehen: Der Nagel sollte dann sein oder beider Versprechen ›festmachen‹. Denken wir uns in die Situation hinein, dann kann das Amazonenbild nur ein Kompliment des Mannes für die Frau sein. Eine erfreuliche Interpretation des Amazonenbilds für Frau und Mann ist natürlich deswegen möglich, weil das Amazonentum für die Frau keine reale Option war.[64] Der Mythos ist hier und jetzt so schön, weil er hier und jetzt nicht Realität ist.

Verzierung einer Spiegelkapsel

Die Differenz zwischen Realität und Mythos, die ebenso phantastische wie folgenlose Assoziationen zulässt, gab dem damaligen Betrachter vielleicht die Freiheit, das Kampfbild Abb. 11.23 in einer speziellen Weise zu goutieren. Es handelt sich um eine antike Reproduktion in Ton von einem Metall-Relief auf einer Spie-

11.23 Antike Tonabformung einer Spiegelkapsel: Amazone besiegt Grieche. 4. Jh. v. Chr. (Kat. 46).

gelkapsel (mechanisch mittels eines Negativabdrucks hergestellt). Der Tonabdruck war vielleicht Votiv oder Werkvorbild in einer Spiegelwerkstatt, das Original war typischer Besitz einer Frau. – Im Einzelbild eines Amazonenduells siegt in der Regel der Mann, hier siegt glorreich die Amazone! Der Spiegelbesitzerin kann dies nur geschmeichelt haben. Der Produzent und der Käufer, ein Mann etwa, der den Spiegel einer Frau schenken wollte, müssen darauf spekuliert haben. Die Spiegelbesitzerin durfte sich stark fühlen: Immer wenn sie sich vor dem Spiegel schön gemacht hat, schön für ihr eigens Selbstgefühl und für den Mann natürlich. Schönheit war eine unbestrittene Stärke der Frauen; und der Bräutigam, der Ehemann, der Liebhaber durfte ihr gern für einen Augenblick unterliegen... Dass die siegreiche Amazone des Bildes, auf die Wirklichkeit bezogen, den völligen Umsturz dieser Verhältnisse darstellen würde, macht nicht nur nichts, es macht den ›Vergleich‹ erst poetisch![65]

Wie haben vier Untensilien des Frauenbesitzes mit Amazonenbildern besprochen: ein Wollverarbeitungsgerät, ein Salbfläschchen, ein Fingerring, eine Spiegelkapsel. Die Amazonenfiguren ließen sich einigermaßen plausibel auf die Situation eines umworbenen Mädchens bzw. einer geliebten Frau hin interpretieren. Noch eine besondere Perspektive kommt hinzu: Die Griechen waren überzeugt, dass die Kinder die körperlichen und seelischen Eigenschaften beider Elternteile erben. Kriegsmutige Söhne zu bekommen und Töchter, die diese Eigenschaft an ihre Kinder weitergeben, waren das Ziel jeder Ehe. Da durfte, sollte jede Ehefrau auch etwas von einer Amazone haben.[66]

Solche direkten Indienstnahmen mythischer Figuren sind in der griechischen Bildkunst übrigens eher die Ausnahme; und wahrscheinlich war manche der vorigen Interpretationen schon zu eng und zu speziell. Mythos und Bild sind immer mehr, als ein Benutzer nutzen kann.

Grenzen amazonischer Weiblichkeit

Unsere erste Feststellung war, dass Amazonen immer schön dargestellt wurden. Das heißt: Amazonen sind weder dämonische Unholdinnen (wie Gorgonen oder Erinnyen), noch Wilde (wie die Kentauren), noch sozial und ethisch inferior (wie Hetären und Sklavinnen), noch sind sie auffällige Barbaren (wie die tätowierten Thrakerinnen), noch fremdgesichtige Exoten (wie die Neger). Ihre Schönheit stellt sie (im Bild) den freien bürgerlichen Frauen der Gesellschaft gleich und dies stellt sie im Verein mit ihrem Kriegertum den Männern als ebenbürtig gegenüber, und zwar als ebenbürtige Feinde.

Die antiken Schrift-Gelehrten haben aus dem Amazonen-Namen herausfabuliert, dass diese Frauen sich eine Brust verstümmelten. Die Kunst weiß nichts davon. Wer anders als die Bilder sollte aber Zeuge sein, wenn es um Körper geht? Die Amazonen haben nichts von ihrem weiblichen Leib ihrem mannhaften Kriegertum geopfert, sie sind vollkommene Frauen. Die Amazonen sind keine Jungfrauen; damit es Amazonen gibt, müssen sie sich fortpflanzen. Als Frauen, die gebären, sind sie richtige Frauen. Aber sie sind keine Ehefrauen. Denn nur so bewahren die Amazonen ihr Recht auf sich selbst.

Kriegertum, Ehelosigkeit und Selbstbestimmtheit: Das trennt diese Frauen von der Welt der griechischen Polis und allen anderen Lebensweisen, denen man in der Wirklichkeit begegnen könnte. Doch sind die Amazonen keine eigene, über- oder paramenschliche Lebensform, so wie es die Nymphen und Mänaden, die Satyrn und Kentauren, die Mischwesen, Giganten, Dämonen und Götter sind. Die Amazonen sind ganz und gar Menschen, ›Sterbliche‹, wie die Griechen fromm zu sagen liebten. Das Besondere an ihnen ist, dass sie, so geartet und gesittet, Frauen sind. Die Helden der Sage haben mit Göttinnen, Nymphen, Flussgotttöchtern Kinder gezeugt, ja oft sogar ehelich zusammengelebt. Und Männer und Amazonen?

Unglückliche Liebe

Der griechische Mythos exemplifiziert an den beiden Beziehungsgeschichten Achill/Penthesilea und Theseus/Antiope die Spannbreite zwischen Unmöglichkeit und unvollkommener Möglichkeit der Liebe zwischen Amazone und Held (Kap. 12 und 13). Die Liebesgeschichte vor Troja war im alten Epos wohl ganz einseitig konzipiert: Achill erkennt die Schönheit der Gegnerin erst, als er der Leiche die Rüstung vom Leib reißt. Das berühmte klassische Schalenbild Abb. 13.1 zeigt dagegen, wie beide Kontrahenten im tragischen Zuspät ihre gegenseitige Liebe erkennen.[67] Ein neuer Bildtypus des 4. Jahrhunderts v. Chr. wie Abb. 13.8 ist auf wieder andere Weise tragisch: Die Sterbende vermag die verzweifelte Umsorgung Achills gar nicht mehr wahrzunehmen.

Anders Theseus und Antiope, sie werden ein Ehepaar und haben einen Sohn. Die verschiedenen Sagenversionen umkreisen das Problem: Theseus raubt Antiope mit Gewalt, oder sie verrät aus Liebe zu Theseus die Amazonenstadt und geht willig mit nach Athen. Später bekriegen die Amazonen Athen, um Antiope zu rächen oder zu bestrafen. Antiope kämpft auf Seiten des Theseus und fällt. Oder sie selbst hat die Amazonen gerufen, weil Theseus eine anderer Frau, Phädra, heiraten will, und sie wird nun von Theseus oder aus Versehen von einer anderen Amazone während des Kampfes getötet. All die einander widerprechenden Sagenvarianten sind sich darin einig: Die Ehe zwischen zwischen Amazone und Held ist etwas Gewaltsames und sie endet für die Amazone tödlich.

Der unlösbare Konflikt liegt in der Amazone, wie sie der Mythos konstruiert: als Frau und Krieger, als Krieger und Frau. Beim Mann gehört das Kriegertum zu seinem selbstverständlichen Menschsein, und er kann noch alles andere tun, was männlich ist und standesgemäß, auch heiraten. Doch so wie die Frau in der sozialen Wirklichkeit beschränkt ist, nämlich letzten Endes auf ihr Ehefrausein, so wird die Amazone in mythischer Umkehrung beschränkt auf ihr Kriegertum, und sie schneidet sich damit (so sagt der Mythos) die Möglichkeit des ›eigentlichen‹ Frauseins ab.

Der Mythos verunklärt allerdings für unsere Logik die Aussage dadurch, dass er für beide Amazonenschicksale Männer verantwortlich sein lässt, die ihrerseits defizitär im Verhältnis zu Frauen gestaltet sind.[68] Der Mythos entwirft Achill als einen vor der Zeit zu Grunde gehenden Unglückshelden. Die übliche Laufbahn eines Helden, der wenigstens vorübergehend Königstochter und Königreich gewinnt, verpasst er. Er war zu jung, um Helena zu freien. Seinen einzigen Sohn zeugt er mit Deidameia, als er als Mädchen verkleidet unter Mädchen weilt. Die Beutefrau Briseis, deren Mann, Eltern und Brüder er erschlagen hat, bringt ihm sein größtes Unglück, den Tod des Patroklos. Penthesilea erfährt, wie gesagt, gar nichts von seiner Liebe. Auf Wunsch seiner Totenseele wird die jungfräuliche Troer-Prinzessin Polyxene auf seinem Grab geschlachtet, auch sie hat bis zu diesem Augenblick nichts von seiner Liebe gewusst. Erst der entrückte Tote auf seiner Weißen Insel wird von einer späten, freundlichen Sagenversion mit der gleichfalls entrückten Helena glücklich vereint, – soweit das noch möglich ist.

Theseus ist dagegen ein echter Frauenheld, aber auch seine Beziehungen gehen unglücklich aus: Ariadne, die kretische Königstochter, verlässt er, freiwillig oder gezwungen; Antiope wird getötet, von den Amazonen oder von ihm selbst; Phädra tötet sich selbst; Helena, die er raubt, ist noch zu jung und sie wird ihm wieder entrissen.

Wir könnten daraus folgern, dass Achill und Theseus schuld seien am Scheitern der Liebe zu den Amazonen: Sie waren eben nicht die richtigen Männer, um Amazonen zu bekehren. Doch der Mythos verbindet seine Figuren anschaulich und durch Analogie: Wenn Achill und Theseus grundsätzlich Schwierigkeiten mit Frauen haben, dann muss es so sein, dass sie (und nur sie) auch an Amazonen geraten, die gleichfalls fatal in Sachen Liebe konstituiert sind.[69]

Der Sohn der Amazone weiß nichts von Liebe
Dieses Problem des Amazonensein spielt der Dichter Euripides in seiner Tragödie ›Hippolytos‹ (um 428 v. Chr.) kühn am scheiternden Leben eines Amazonen-Sohnes durch. Hippolytos ist das Kind von Theseus und Antiope. Sein amazonisches Herz treibt ihn zur Jagd, er ist ein Gefolgsmann der jungfräulichen Jagdgöttin Artemis, von der Liebe will er nichts wissen. Aphrodite, die Göttin der Liebe, kann diese Missachtung ihrer Macht nicht dulden und zeigt ihre Stärke mit tödlicher Wirkung: Sie lässt die neue Frau des Theseus, Phädra, sich in den Stiefsohn verlieben; der Keusche weist sie zurück; Phädra tötet sich, doch verleumdet sie ihn zuvor bei Theseus; der verflucht wirksam seinen Sohn, der unschuldige Hippolyt wird von seinem Gespann zu Tode geschleift. Für Aphrodite geht es, wie man sieht, im Ernstfall nicht um das Ziel der Ehe (die sie hier zerstört), es geht ihr um die grundsätzliche Aufeinanderbestimmtheit von Mann und Frau. Von der Göttin der Liebe ist kein Verständnis für Amazonen zu erwarten und nicht für einen Mann, der spröd ist wie eine Amazone.

Amazonen werden Mütter eines neuen Volks
Zum Schluss eine Geschichte, die Heldensage, Epos und Bildkunst zu ersinnen nicht fähig waren; hier werden die Grenzen des Amazonentums aufgelöst. Nur vom Geschichtsschreiber Herodot (um 440 v. Chr.) überliefert ist die Erzählung von der Entstehung des Volkes der Sauromaten (Text: Kap.14). Wir wüssten zu gern, ob die Fabel eine Erfindung der Griechen war, oder tatsächlich von den Sauromaten erzählt wurde.[70] Die Geschichte ist eine der menschenfreundlichsten der Antike. Sie steht im Gegensatz zu den Konzepten des Mythos und des heroischen

Epos, denn sie berichtet nicht von hohen Individuen, sondern von Kollektiven und sie schließt nicht tragisch, sondern mit einem Happy End, das – nach Meinung der Erzähler – noch zu ihrer Zeit als Realität fortwährte.

Nun die Geschichte: Die Amazonen werden in ihrer Heimat in Kleinasien von den Griechen geschlagen, die Sieger füllen drei Schiffe mit Gefangenen, um sie als Sklavinnen nach Griechenland zu bringen. Unterwegs befreien sich die Amazonen und töten die Krieger und Matrosen. Der Schiffahrt unkundig, treiben sie schließlich an die Küste des ihnen unbekannten Skythenlands. Sie rauben Pferde und schlagen sich kämpfend durchs Land. Die Skythen merken erst an den Toten, dass ihre Gegner Frauen waren. Nun schicken sie ihre jungen Männer hinterher, sie sollen sich diesen Kriegerinnen nähern, Kampf aber vermeiden. Die Skythen wollen von solch starken Frauen Kinder! Nun beginnt ein gegenseitiger Gewöhnungsprozess. Die beiden Lager rücken einander näher, bald finden sich Männer und Frauen zu Paaren (obwohl keins die Sprache des anderen versteht), die Lager vereinen sich. Schließlich bitten die jungen Skythen die Amazonen (die haben inzwischen Skythisch gelernt), als rechtliche Ehegemalinnen mit ihnen ins Skythenland zurückzukehren. Doch die Amazonen antworten: Wir können nicht wie eure Frauen leben, die zuhaus bleiben und nichts tun, was wir tun. Wenn ihr uns aber wirklich zur Ehe haben wollt, dann lasst euch euer Erbe herausgeben und wir ziehen gemeinsam von hier weg. Und so geschiehts. Die Sauromatenfrauen, so schließt Herodot, gehen noch heute wie die Männer auf die Jagd und in den Krieg. Die sauromatische Sprache ist skythisch, aber etwas verquer, weil die Amazonen damals das Skythische nicht ganz richtig gelernt haben.[71]

Wir wollen nach der historischen Realität dieser Gesellschaft lieber nicht fragen; der Text ist das einzig Reale, das wir haben. Wie jede gute Geschichte erzählt sie etwas Ungewöhnliches: von ungewöhnlich vernünftigem Verhalten. Man frägt sich, ob die Erfindung eher spekulierender Volksweisheit oder philosophischer Spekulation entsprungen ist. Nur ungern befragt man das Konzept näher: Wenn sich die Frauen wie die Männer verhalten, würde dies unter antiken Verhältnissen nur mit Sklaven funktionieren, die die ›Frauenarbeit‹ machen.

Doch nehmen wir die Geschichte einfach in ihrer schlichten Idealität! Ihre Amazonen sind am Ende keine Amazonen mehr; sie haben ihre Einseitigkeit, eine Gesellschaft nur von Frauen zu sein, aufgegeben und leben jetzt aus eignem Entschluss mit Männern zusammen. Aber auch diese Männer sind keine Männer mehr von der Sorte, wie sie die realen Gesellschaften, antike und nachantike, kennen. Denn sie leben aus eignem Entschluss mit Frauen zusammen, die genauso leben wie sie, die Männer.

Die Erzählung hatte keinen weiteren Einfluss auf die Vorstellung von den Amazonen. Die Geschichte von den Amazonen, die nicht zu Hausfrauen, aber zu Ehefrauen und zu Müttern eines neuen Volks von Frauen und Männern werden, die sich genauso frei wie ihre Eltern verhalten, löst den steilen Mythos von den frauenbündischen männerfeindlichen Kriegerinnen auf in ein Märchen vom egalitären Zusammenleben von Männer und Frauen. Herodot erzählt mit Sympathie oder zumindest Interesse und er ist offenbar überzeugt, dass so etwas anderswo gibt – weit weg von der griechischen und der sonst zivilisierten Welt natürlich.[72]   *B.K.*

12. Eine Liebesgeschichte: Antiope und Theseus

So oft auch Amazonen in der antiken Kunst gegen Griechen kämpfen, so gibt es doch eine Erzählung, die von dieser Thematik deutlich abweicht: Hier wird die Liebe einer Amazone zu Theseus in den Mittelpunkt gestellt, dem König und Heros par excellence der Stadt Athen. Und hier handelt es sich nun um eine der berühmtesten, wenn auch nicht ganz unumstrittenen Liebesgeschichten des griechischen Mythos, deren Darstellungen in der attischen Vasenmalerei im späten 6. Jahrhundert v. Chr. einsetzen. Auffällig bleibt dabei allerdings, dass diese Antiope, die mitunter auch Hippolyte genannt wird, im Grunde eine wie ihr Name geradezu austauschbare und eigentlich blasse Figur bleibt. Vermutlich liegt es an der Vorstellung von Theseus als Frauenheld, über dessen umfangreiche Liebschaften es eigene literarische Werke gab, dass sich auch eine der »starken Frauen« des Mythos in ihn verlieben musste[1].

Eine Münchener Amphora (Abb. 12.1), die um 510/500 v. Chr. in der Werkstatt der »Leagros-Gruppe« bemalt wurde, ist eines der frühesten und zugleich ein sehr typisches Bildzeugnis: Das Vasenbild wird von den Pferden eines Viergespanns beherrscht, die sich erregt aufbäumen. Auf dem Wagen steht der mit einem Helm gerüstete Wagenlenker in langem Gewand, der den Stachel zum Antreiben der Pferde (Kentron) hält. Theseus setzt einen Fuß auf den Wagen und umfasst die Amazone; er ist mit Rüstung, Helm und Schwert bewaffnet, sie trägt die bei Amazonen häufige orientalische Tracht mit hoher Mütze und hat ihren Arm um den Hals des Theseus gelegt. Hinter dem Viergespann eilt ein griechischer Krieger nach links, von dem nur der große Rundschild mit einem Vogel als Schildzeichen und der Helm zu sehen sind. Dem Gefährten des Theseus eilt der Meeresgott Poseidon entgegen, der seinen Dreizack wurfbereit erhoben hat. Dass auf diesem und einem weiteren Vasenbild derselben Werkstatt Poseidon erscheint, erklärt sich daraus, dass er als göttlicher Vater des Theseus angesehen wurde, der seinem Sohn im gefährlichen Kampf gegen die Amazonen beisteht – mit seinem Dreizack wehrt er Amazonen in der Ferne ab[2]. Da Poseidon in die eine, der Krieger in die andere Richtung kämpfen, wird die Entführung also nach beiden Seiten geschützt.

Auf die göttliche Unterstützung des Poseidon weist aber auch eine der Inschriften des Bildes, die die Namen fast aller Beteiligten angeben: ANTIOPEIA und THESEUS, der Wagenlenker PONIDAS und unter den Pferden POSEIDON. Der Name PONIDAS ist freilich aus dem Mythos nicht bekannt, doch mag es sich um eine der fehlerhaften oder unsinnigen Beischriften handeln, wie sie gerade in der »Leagros-Gruppe« immer wieder vorkommen[3]. Die Angabe POSEIDONOS über dem Gespann, der Genitiv des Namens, weist darauf hin, dass Theseus bei der Entführung der Antiope eines der berühmten Pferdegespanne seines göttlichen Vaters benutzt: Das lässt an Helden wie Achilleus oder Pelops denken, die eben-

12.1 Theseus entführt Antiopeia mit Hilfe zweier Gefährten und seines göttlichen Vaters Poseidon. Attisch schwarzfigurige Bauchamphora, bemalt in der Leagros-Gruppe. 510/500 v. Chr. (Kat. 54).

12.2　Theseus beim Raub der Antiope. Giebelskulptur des Apollontempels von Eretria auf Euboia. Um 520/10 v. Chr. Hier nach dem Abguß in München, Museum für Abgüsse Klassischer Bildwerke.

falls Göttergespanne besitzen[4]. In dem nicht benannten Krieger hinter dem Viergespann hat man verschiedene Freunde und Gefährten des Theseus wie Phorbas oder Peirithoos vermutet, ohne dass aber eine sichere Benennung möglich wäre[5].

Der kleine Wagen, wie er auch bei Wettrennen oder festlichen Aufzügen verwendet wurde, mag für eine Szene wie hier vielleicht wenig geeignet erscheinen, doch gehört er zum üblichen Repertoire der Bilder mit der Entführung Antiopes; der beim Rennen verwendete Wagen weist auf die Schnelligkeit der Fluchtmöglichkeit hin. Das Bildschema findet sich nicht nur auf attischen Vasenbildern, sondern vor allem auch im Giebel des etwa gleichzeitig mit der Münchener Amphora (Abb. 12.1) errichteten Apollontempels von Eretria auf der Insel Euboia; aus den erhaltenen Fragmenten lässt sich die Komposition der Giebelgruppe noch weitgehend rekonstruieren (Abb. 12.2): Die Göttin Athena steht ihrem Schützling Theseus bei, der Antiope auf den Wagen hebt; während Theseus bis auf einen um die

12.3 *Eine bogenschießende Amazone von demselben Giebel wie Abbildung 12.2.*

Schultern gelegten Mantel nackt ist, trägt die Amazone wie eine Bogenschützin desselben Giebels (Abb. 12.3) ein orientalisches Gewand[6]. Die Wahl des so eng mit Athen verbundenen Themas mag damit zu tun haben, dass Eretria und Athen seit dem 6. Jahrhundert v. Chr. enge Beziehungen pflegten[7].

Die Entführung der Antiope auf einem Wagen ist auf Vasen sehr viel häufiger als die ausgesprochen seltene Version, bei der Theseus die Amazone auf den Armen davonträgt. Ein berühmtes Beispiel für dieses Bildschema bietet die um 510 v. Chr. entstandene Bauchamphora des Vasenmalers Myson in Paris (Abb. 12.4)[8]: Theseus trägt die Amazone in weitem Schritt davon, sein Freund Peirithoos schirmt die schnelle Flucht nach hinten ab. Der Maler hat überaus sorgfältig die Rüstung der Griechen wie das orientalische Gewand der Amazone mit vielerlei Details und reichen Ornamenten verziert. Alle drei halten sich umdrehend nach möglichen Verfolgern Ausschau. Und wie sehr Antiope hier offensichtlich mit ihrer Entführung einverstanden ist, zeigt sich auch daran, dass sie ihre Streitaxt unbenutzt in der einen Hand hält. Ihre ausgestreckte Hand – eine Bittgeste – scheint den Amazonen eher zu raten, sie mit Theseus entfliehen zu lassen, als dass sie diese zur Verfolgung auffordern würde.

Dass alle bislang betrachteten Bilder in die letzten Jahrzehnte des 6. Jahrhunderts v. Chr. gehören, ist kein Zufall, gehören doch alle Zeugnisse der Vasenmale-

rei Athens in die Jahre zwischen 520 und 500 v. Chr. Die Beliebtheit des Themas
in dieser Zeit wie auch sein Verschwinden nach dem Ende des 6. Jahrhunderts
v. Chr. ist noch nicht wirklich erklärt, doch kann auf zwei gleichzeitige Entwick-
lungen verwiesen werden[9]: Zum einen werden in dieser Zeit Vasenbilder mit Theseus sehr beliebt, und es entstehen die ersten Bildzyklen der Theseustaten, in denen die Kämpfe seiner Jugend gegen Wegelagerer und wilde Tiere und vor allem
die Überwindung des Minotauros aneinandergereiht werden[10]. Weiter fügen sich
die Bilder von Theseus und Antiope aber auch zu den jetzt ebenfalls beliebten
Szenen, die als ›Frauenraub‹ oder ›Liebesentführung‹ bezeichnet werden. Bei ihnen
werden immer wieder feine Hinweise auf die mehr oder weniger gewaltsame Art
des Vorgangs gegeben[11]: So zupft etwa die von Theseus entführte Frau auf der
berühmten Münchener Amphora des Vasenmalers Euthymides ihren Entführer
zart am Haarschopf (Abb. 12.5). Wie bei der Amphora des Myson (Abb. 12.4) ist
Theseus auch hier jugendlich wiedergegeben, sein Freund Peirithoos hingegen bärtig; Theseus trägt die Frau mit sich, Peirithoos deckt die Flucht, während eine
zweite Frau die Entführung noch zu verhindern sucht[12].

Ob es sich bei Theseus und Antiope nun um ein Liebespaar handelt, oder die
Amazone mit List oder Gewalt nach Athen gebracht wurde, ist in den unterschied-
lichen Varianten der Überlieferung umstritten. Die verschiedenen Versionen der
Erzählung werden in der Lebensbeschreibung des Theseus durch den delphischen
Priester, Philosophen und Universalschriftsteller Plutarch (46–120 n. Chr.) über-
sichtlich zusammengefasst[13]:

> *Die Fahrt nach dem Pontos Euxeinos [= Schwarzes Meer] unternahm Theseus, wie
> Philochoros [Historiker des 4. Jahrhunderts v. Chr.] und einige andere berichten, als Teil-
> nehmer an dem Feldzug des Herakles gegen die Amazonen und erhielt dabei als Sieges-
> preis die Antiope. Die Mehrzahl der Forscher aber, unter ihnen Pherekydes [Historiker
> des 5. Jahrhunderts v. Chr.], Hellanikos [Historiker des 5. Jahrhunderts v. Chr.] und
> Herodoros [Historiker des 5. Jahrhunderts v. Chr.], behaupten, Theseus habe später als*

12.5 *Theseus entführt Helena.*
Attisch rotfigurige Bauchamphora des
Euthymides. Um 510 v. Chr.

Herakles einen eigenen Zug unternommen und dabei die Amazone als Gefangene mit-
gebracht, und das klingt wahrscheinlicher. Denn von keinem andern unter allen, die
mit ihm gezogen sind, wird berichtet, dass er eine Amazone zur Gefangenen gemacht
habe. Bion [Historiker des 4. Jahrhunderts v. Chr.] behauptet sogar, dass er sich auch
Antiopes nur durch List bemächtigt und sie entführt habe … Dies wurde der Anlass
zu dem Amazonenkrieg, den man offenbar nicht als ein unbedeutendes Unternehmen
von Frauen ansehen darf … Endlich im vierten Monat (der Auseinandersetzung) sei
es zu einem Friedensvertrag gekommen durch Vermittlung der Hippolyte. Hippolyte
nämlich nennt dieser Autor [Hellanikos, griechischer Geschichtsschreiber, 5. Jahrhun-
dert v. Chr.] die Amazone, die mit Theseus zusammenlebte, nicht Antiope … Es ist
auch nicht zu verwundern, dass bei Ereignissen in grauer Vorzeit die Überlieferung
schwankt …

Dass Antiope und Theseus ein wirkliches Liebespaar waren, wird gemeinsam mit
einer weiteren Version in der *Beschreibung Griechenlands* des Pausanias bezeugt
(2. Jahrhundert n. Chr.); die Liebe der Antiope soll dann auch zu ihrem Tod geführt
haben, da sie beim Angriff der Amazonen ums Leben kam (vgl. Kapitel 9)[14]:

Von dieser Antiope sagt Pindar [Böotischer Dichter, 522/18–nach 446 v. Chr.], sie sei
von Peirithoos und Theseus geraubt worden, der Troizenier Hegias [6. Jahrhundert
v. Chr.] hat aber folgendes auf sie gedichtet. Herakles habe Themiskyra [die
Amazonenstadt] am Thermodon [Terme Çayi] belagert und nicht nehmen können, und
Antiope habe sich in Theseus verliebt, denn auch Theseus sei mit Herakles gezogen, und
den Ort übergeben.

Aus der Beziehung von Antiope und Theseus geht Hippolytos hervor, der später
durch die Verleumdung seiner Stiefmutter Phädra ums Leben kommen wird – ein
mythischer Stoff, den nach Behandlungen durch Euripides oder Racine jüngst Hans
Werner Henze musikalisch wieder mit neuem Leben erfüllt hat[15]. *M. St.*

13. Eine Liebestragödie: Penthesilea und Achill

Eine unbewaffnete Frau, die in die Knie sinkt und einen bewaffneten Griechen vom doch eigentlich schon vollzogenen Todesstoß abzuhalten sucht, indem sie ihm einen Arm an die Brust, den anderen an seinen Oberarm legt – und der mit Beinschienen, Helm und Schild gewappnete Grieche, der ihr sein Schwert von oben in die Brust stößt; dazu ein sich zum Geschehen umwendender griechischer Kämpfer und eine tot am Boden liegende Amazone. Die dramatische Komposition dieses Bildes geht fast über die Grenzen auch des mit 40 cm Durchmesser gewaltigen Schalenrundes hinaus, eines um 460 v. Chr. entstandenen Meisterwerks der Vasenmalerei, das dem Maler die moderne Bezeichnung »Penthesilea-Maler« eingetragen hat (Abb. 13.1)[1]. Die Darstellung wird überwiegend als Wiedergabe einer berühmten Episode des Kampfes vor Troja verstanden: Achilleus, der größte Held der Griechen vor Troja, tötet die Amazonenkönigin Penthesilea, die den Trojanern zu Hilfe gekommen war. Diese Geschichte ist auch deswegen so berühmt geworden, weil Achill nach einer Variante der Überlieferung in dem Moment von Penthesileas Schönheit überwältigt wurde, sich gar in sie verliebt haben soll, in dem er sie tötet: Ein Moment höchster Tragik, den man auch auf der Münchner Schale entdecken kann.

Der Mythos von der Liebe Achills

Doch damit zunächst zum mythischen Geschehen. Die Griechen haben Troja schon lange Jahre belagert, und Hektor, der wichtigste Kämpfer der Trojaner, wurde dabei – wie in der *Ilias* erzählt – von Achill getötet. Daraufhin kommen die Amazonen mit ihrer Königin Penthesilea und die Äthiopier unter ihrem Anführer Memnon den Trojanern zu Hilfe. Diese Episoden des Krieges um Troja wurden in dem Epos *Aithiopis* des Dichters Arktinos von Milet behandelt, das sich an die *Ilias* anschloss. Von diesem Epos ist jedoch außer einigen Versen nichts erhalten; immerhin ist eine Inhaltsangabe des 5. Jahrhunderts n. Chr. überliefert[2]:

> *Auf [die Ilias] folgen die fünf Bücher der Aithiopis des Arktinos von Milet, die folgende Geschehnisse enthalten: Die Amazone Penthesilea kommt an, um als Verbündete für die Troer zu kämpfen, eine Tochter des Ares, eine Thrakerin von Geschlecht. Sie hatte unwillentlich Hippolyte getötet und war von Priamos entsühnt worden. Wenn eine Schlacht entbrannte, tötete sie viele, unter ihnen auch Machaon. Und als sie auf dem Schlachtfeld Heldentaten vollbrachte, da tötete Achilleus sie, die Troer aber begruben sie. Und Achilleus tötet den Thersites, als er von diesem beschimpft und wegen seiner angeblichen Liebe zu Penthesilea geschmäht wird.*

13.1 *Achill tötet Penthesilea. Innenbild einer attisch rotfigurigen Schale, Penthesilea-Maler, um 460 v. Chr. (Kat. 50).*

Dass die Amazonen in der *Aithiopis* aus Thrakien kommen sollen, ist eine der vielen Merkwürdigkeiten der Überlieferungen zu mythischen Völkern; es mag dazu passen, dass die Thraker in Athen als ein wildes Volk galten, mit dem man die grausigen Geschichten von Prokne und vom Tod des Orpheus (vgl. Kap. 19) verband. Doch wie dem auch sei: Die Amazonen sind in jedem Fall starke Verbündete der Trojaner, denen ein so prominenter Grieche wie Machaon, Sohn des Asklepios und einer der wichtigsten Heilkundigen des Heeres, zum Opfer fällt[3]. Wichtiger ist in unserem Zusammenhang die umstrittene Frage, ob Achill sich bereits in diesem Epos in die von ihm bezwungene Penthesilea verliebt hat, was der verleumderischen Schmähung durch Thersites nicht zweifelsfrei zu entnehmen ist[4]. Das Motiv der Liebe Achills zu Penthesilea findet sich in der literarischen Überlieferung eindeutig erstmals in einem mythologischen Handbuch wohl des 1. Jahrhunderts n. Chr., das in der Antike einem Autor namens Apollodor zugeschrieben wurde[5]:

> *(Penthesilea) nahm, als es zur Schlacht kam, vielen das Leben, darunter auch Machaon, kam aber später durch Achilleus ums Leben, der sich – nach ihrem Tod – in die Amazone verliebte …*

Weiter begegnet die Überlieferung bei dem römischen Dichter Properz (47 v. Chr. – spätestens 2 v. Chr.) in einem Gedicht über die Macht der Frau, der darauf anspielt, dass Achill der getöteten Amazone den Helm vom Kopf zog (vgl. dazu auch Kapitel 16)[6]:

> *In ihrem Ungestüm wagte es Penthesilea … einst, zu Pferde die Schiffe der Danäer [= Griechen] mit Pfeilen zu beschießen, doch als der Goldhelm ihr Antlitz freigab, besiegte ihre strahlende Schönheit den Sieger.*

Die Vorstellung, dass sich ein Gegner der Amazonen in deren Königin verliebt, ist dabei keineswegs einzigartig: So verliebt sich der ägyptische Fürst Petechonsis in einer ägyptischen romanhaften Erzählung auf einem Feldzug gegen die Amazonen in deren Königin Sarpot, und beide werden zu Verbündeten gegen die Inder, die das Amazonenreich angreifen; das Reich der Frauen wird hier in der Nähe Indiens lokalisiert[7]. Bei Achill stellt sich nun die Frage, seit wann diese erwachende tragische Liebe nachzuweisen ist[8]: In der literarischen Überlieferung erst spät – doch wie steht es mit der Bildkunst?

Achill und Penthesilea in der Vasenmalerei Athens

Bevor aus der Erzählung von Penthesilea und Achill der dramatische Moment der Münchener Schale (Abb. 13.1) wird, sind verschiedene ältere Bildzeugnisse bekannt. Die Bilder des Kampfes zwischen beiden setzen vielleicht bereits im 7. Jahrhundert v. Chr. ein, wobei jedoch immer wieder umstritten bleiben muss, ob ein Kampf zwischen Grieche und Amazone diese Auseinandersetzung meint. Eindeutig auf diesen Kampf zu beziehen ist es natürlich, wenn eine Beischrift die entsprechenden Namen angibt[9]. So sind Achill und Penthesilea auch auf einer schwarzfigurigen Münchener Bauchamphora um 520 v. Chr. (Abb. 13.2) benannt, doch werden sie hier in recht überraschender Weise gegenübergestellt: Die beiden mit Panzern und Helmen nach griechischer Sitte gerüsteten Gegner liefern sich nämlich über einer gefallenen Amazone einen Reiterkampf, Penthesilea schwingt drohend die eine ihrer beiden Lanzen. Die andere Seite der Amphora (Abb. 13.3) lehrt, dass dieses Kampfschema auch für zwei Griechen verwendet werden kann, also keineswegs einer mythischen Erzählung entsprechen muss – und tatsächlich ist ein

13.3 *Zwei Griechen bekämpfen einander zu Pferde, darunter ein gefallener Grieche. Attisch schwarzfigurige Halsamphora, bemalt in der Drei-Linien-Gruppe, um 520 v. Chr. (Kat. 11).*

13.2 *Achill und Penthesilea im Reiterkampf über einer gefallenen Amazone. Attisch schwarzfigurige Halsamphora, bemalt in der Drei-Linien-Gruppe, um 520 v. Chr. (Kat. 11).*

13.4 *Achill tötet Penthesilea.*
Innenbild einer attisch rotfigurigen
Schale, Penthesilea-Maler,
um 460 v. Chr. (Kat. 50).

13.5   Zeichnung des Innenbildes
Abb. 13.4 von Karl Reichhold.

Reiterkampf zwischen Achill und Penthesilea ansonsten auch nicht bezeugt. Dass es sich um diese beiden handelt, ist durch die Beischriften ACHILEOS neben dem linken Reiter und PENTHESILEAS neben der rechten Reiterin aber eindeutig: Die Inschriften geben den Namen der Dargestellten im Genitiv wieder, was sich auf attischen Vasenbildern immer wieder findet[10]. Ein Sieger – eigentlich ja Achilleus – ist in diesem allgemeinen und nur ins Mythische übertragenen Bildschema nicht auszumachen und ebenso liegt jeder Gedanke an eine tragische Verstrickung fern.

Bei dem Innenbild der um 460 v. Chr. bemalten Münchner Schale des Penthesilea-Malers (Abb. 13.1. 4) sind keine Namensbeischriften vorhanden, und so ist die Deutung auch nicht unumstritten; das Schalenrund wird hier auch in der am Beginn des 20. Jahrhunderts entstandenen, höchst qualitätvollen Zeichnung von Karl Reichhold abgebildet, in der verschiedene Details sehr viel besser zu erkennen sind (Abb. 13.5): So die plastisch aufgesetzten Schmuckstücke oder Teile der Beinschienen Achills, was beides ursprünglich vergoldet war. Überhaupt hat der Maler in diesem Bild ungewöhnliche Farbeffekte eingesetzt: So ist der Körper Achills rot lasiert, diejenigen der Amazone und des Kriegers bräunlich, das Schildinnere ebenfalls rot, nach unten hin dann gelb-weiß. Auch solche technischen Details lassen an die Dimensionen großer Malerei denken[11].

Doch wer ist hier nun gemeint? Das Bild wurde außer mit Achill und Penthesilea auch mit Darstellungen des Amazonenkampfes gegen Athen verbunden (vgl.

Kap. 9), so dass hier Theseus als Sieger über eine Amazone zu erkennen wäre. Die so betonte Konfrontation eines Griechen und einer vornehmen Amazone mit Schmuck und Diadem passt allerdings sehr viel besser zu Achill und Penthesilea[12].

Die Gegner sind ausgesprochen gegensätzlich gekennzeichnet: Achilleus ist bis auf Beinschienen, einen hinter dem Rücken herabfallenden Mantel und den Helm nackt; mit dem linken Arm hält er einen großen Rundschild. Die Nacktheit des Achill ist wie andere Darstellungen von nackten Kriegern in Kampfsituationen nicht realistisch gemeint, sondern lässt den schönen Körper des Helden hervortreten[13]. Anders allerdings als bei sonstigen Kampfbildern der Vasenmalerei Athens sind der mit Palmetten und einer Sphinx verzierte Helm Achills nicht nach oben geschoben und seine Wangenklappen nicht nach oben genommen, so dass vom Gesicht vor allem der Blick markant hervorgehoben wird. Penthesilea wirkt dagegen kaum so, als befinde sie sich auf dem Schlachtfeld: Sie trägt ein kurzes Gewand – wie dies allerdings auch andere Amazonen im Kampf tun –, doch dazu ein Diadem und vor allem Ohrringe und Knöchelschmuck, ist jedoch nicht (mehr?) bewaffnet[14]. Sie versucht vergeblich, den Arm mit dem Schwert aufzuhalten, und presst die andere Hand gegen die Brust ihres Gegners. So wird im Moment ihres Todes ihre Hilflosigkeit herausgestellt, durch den Schmuck aber auch ihre Schönheit betont. Dem starr wirkenden Blick Achills wird ihr flehender entgegengesetzt.

Der zweite Grieche und die gefallene Amazone sind ebenfalls gegensätzlich charakterisiert: Die tote Amazone, deren Beine angewinkelt und deren Hände ineinander verkrampft sind, trägt das oft bei Amazonen vorkommende langbeinige und -ärmelige Gewand nach orientalischem Vorbild und ein Diadem. Der nach links eilende und sich zur Mittelgruppe umwendende bärtige Grieche ist dagegen mit Helm und Rüstung ausgestattet, über der er einen Mantel um die Schulter gelegt hat; zudem führt er Lanze und Schwert, und man mag vermuten, dass er der gefallenen Amazonen die noch blutende Wunde zugefügt hat.

In dieser Begegnung von Achill und Penthesilea auf dem Schlachtfeld kann man einen Reflex der Sagenversion erkennen, in dem Achill bei der Tötung Penthesileas von ihrer Schönheit ergriffen wird. Wie sich dies auswirken kann, war in der

13.8 *Achill stützt von Amazonen umgeben die sterbende Penthesilea und wird von der Siegesgöttin und von Eros bekränzt – ein Zeichen seiner erwachenden Liebe; neben Eros ist noch Aphrodite zugegen, die wie Nike und die Amazone links von Geländeangaben überschnitten wird. Apulischer Krater, um 370/60 v. Chr. Basel, Antikenmuseum und Sammlung Ludwig.*

13.9 *Achill hält Penthesileas Leichnam. Rekonstruktion einer Gruppe des 2. Jhs. v. Chr. Basel, Skulpturhalle.*

13.10 *Achill hält die tote Penthesilea und schützt sie mit seinem Schild. Schildzeichen eines Griechen auf einem römischen Silberbecher des 2. Jhs. n. Chr. aus Manching (Kat. 57).*

2. Hälfte des 5. Jahrhunderts v. Chr. in einem nicht erhaltenen Gemälde in Olympia zu betrachten.

Achill und die sterbende Penthesilea

In den 40er Jahren des 5. Jahrhunderts v. Chr. schuf der Maler Panainos, ein Verwandter des Phidias, ein Gemälde in Olympia, auf dem Achill die sterbende Amazone stützt; eine Beschreibung des Bildes ist bei Pausanias in dessen *Beschreibung Griechenlands* erhalten (2. Jahrhundert n. Chr.)[15]:

> *Als letztes Bild ist Penthesilea dargestellt, die ihren Geist aufgibt, und Achilleus, der sie stützt…*

Ein solches Verhalten ist eigentlich nur innerhalb des eigenen Heeres oder unter Verbündeten üblich. Wie hier die Medaillons zweier römischer Tonlampen zeigen mögen, können auch Amazonen ihre verwundeten Gefährtinnen bergen und schützen: Die Amazonen halten jeweils mit einem Arm die unterlegene Gefährtin; auf dem vollständig erhaltenen Lampenmedaillon sind beiderseits der Amazonen zwei Schilde in der charakteristischen Form der Amazonenbewaffnung (Pelta) sowie Schwert und Streitaxt zu sehen (Abb. 13. 6. 7).

Es ist also äußerst ungewöhnlich, dass Achill dasselbe für Penthesilea tut. Zumindest in der unteritalischen Vasenmalerei des 4. Jahrhunderts v. Chr. ist das Motiv sicher mit der erwachenden Liebe Achills verbunden: Auf einem um 370/60 v. Chr. entstandenen Krater in Basel hält Achill die noch lebende Penthesilea, in deren Brust sein abgebrochener Speer haftet; eine Amazone streckt klagend die Hand aus, eine andere holt mit dem Speer gegen Achilleus aus. Achill wird von der Siegesgöttin Nike und dem Liebesgott Eros bekränzt; der Oberkörper der Nike wird wie bei der Amazone links und Aphrodite rechts von Geländelinien überschnitten (Abb. 13.8). Die Bekränzung durch Eros weist eindeutig auf die Vorstellung der erwachenden tragischen Liebe Achills zu der von ihm getöteten Frau hin[16]. Die Gruppe von Achill und Penthesilea war auch in hellenistischer und römischer Zeit noch sehr beliebt, wie die Rekonstruktion einer großplastischen Gestaltung (Abb. 13.9) und die miniaturhafte Wiedergabe als Schildzeichen auf dem Silberbecher von Manching zeigen (Abb. 13.10). In dem Schalenrund des Penthesilea-Malers wird man jedoch weniger den romantischen Zug der Erzählungen des 4. Jahrhunderts v. Chr. und späterer Epochen erkennen als den tragischen Moment des Erkennens der Schönheit im Augenblick des Todes. *M.St.*

14. Die Amazonen in der griechischen Literatur

Nachdem Amazonen auf so zahlreichen Bildern der antiken Kunst begegnen, wie dies in den vorherigen Kapiteln zu sehen war, kann es nicht überraschen, dass sie auch häufiges Thema der antiken Literatur waren. In der griechischen Literatur begegnen sie vom 8. Jahrhundert v. Chr. an in so unterschiedlichen Gattungen wie dem Epos, der Tragödie, der Geschichtsschreibung und der antiken Geographie – denn bei all den unterschiedlichen Zusammenhängen, in denen Amazonen geschildert werden, wurden sie immer wieder als historische Tatsache aufgefasst. In der folgenden Auswahl griechischer Texte zu den Amazonen werden aber nur diejenigen angeführt, die allgemeine Informationen über Lebensweise und Kultur dieser »starken Frauen« enthalten.

Das Epos des 8. Jahrhunderts v. Chr.

Die früheste griechische Quelle zu den Amazonen bildet die *Ilias*, die in der Antike dem Dichter Homer zugeschrieben wurde und meist in das späte 8. Jahrhundert v. Chr. datiert wird. Zwei Stellen des Epos vom Zorn des Achilleus behandeln die Amazonen[1]. In einer davon berichtet der trojanische König Priamos über seine Erfahrungen mit ihnen:

> Text 1. Homer, *Ilias* 3. Gesang, Vers 185 ff. Übersetzung W. Schadewaldt:
> *Einst bin ich auch nach Phrygien gekommen, dem weintragenden:*
> *Da sah ich in Mengen phrygische Männer, rossebewegende,*
> *Die Völker des Otreus und Mygdon, des gottgleichen,*
> *Die damals ihr Heerlager hatten an den Ufern des Sangarios [heute: Sakarya].*
> *Denn auch ich wurde als Verbündeter unter ihnen gezählt*
> *An dem Tag, als die Amazonen kamen, die männergleichen.*

Weiter berichtet der Trojaner Glaukos von den Kämpfen der Amazonen mit Bellerophon, dem Bezwinger des Pegasos:

> Text 2. Homer *Ilias* 6. Gesang, Vers 184 ff. Übersetzung W. Schadewaldt
> *Zum zweiten wieder kämpfte er mit den Solymern [Volk in Lykien], den ruhmvollen;*
> *das war der härteste Kampf, sagte er, in den er je getaucht mit Männern.*
> *Zum dritten wieder erschlug er die Amazonen, die männergleichen.*

Außer der *Ilias* erzählen noch weitere Epen vom Trojanischen Krieg, darunter die *Aithiopis* des Arktinos von Milet. Dieses Epos folgte mit der Schilderung der Kämpfe Penthesileas vor Troja auf die *Ilias*. Für das Ende der *Ilias* sind einige Verse in unterschiedlichen Varianten überliefert, die mit der Prophezeiung der Ankunft Penthesileas zur *Aithiopis* überleiteten; in ihnen begegnet der Kriegsgott Ares als der Vater der Amazonen:

Text 3. *Ilias*, 24. Gesang, Schluss. Übersetzung M. Steinhart:
> ... *Es kam aber eine Amazone,*
> *Des Ares Tochter, des großherzigen, des männermordenden.*

Lyrik des 6. und 5. Jahrhunderts v. Chr.

Die in Text 2 genannten Kämpfe des Bellerophon werden auch in späteren Texten häufig erwähnt, so bei Pindar (522 oder 518–nach 446 v. Chr.), in dessen Preisgesängen auf Sieger bei den großen sportlichen Wettkämpfen in Olympia oder Delphi etwa auch die Kämpfe des Herakles gegen die Amazonen erwähnt werden[2]. Doch vermittelt Pindar in seiner 8. Olympischen Ode zudem eine Vorstellung von der geographischen Einordnung der Amazonen und ihrer Verbindung mit Apollon:

Text 4. Pindar, 8. *Olympische Ode auf Alkimedon aus Ägina*, Sieger im Ringkampf der Knaben in Olympia (wahrscheinlich 460 v. Chr.), Vers 47. Übersetzung D. Bremer:
> ... *So sprach deutlich*
> *der Gott [Apollon] und eilte, zum Xanthos und zu den wohlberittenen*
> *Amazonen und zum Istros [= Donau] lenkend.*

Auf Pindar geht auch eine Nachricht über die Gründung des Artemisheiligtums von Ephesos durch die Amazonen zurück, die bei dem Schriftsteller Pausanias (2. Jahrhundert n. Chr.) kritisch diskutiert wird. Bei Pindar wie vielen späteren Autoren werden die Amazonen am Fluss Thermodon angesiedelt, dem heutigen Terme Cayi, der ins Schwarze Meer mündet.

Text 5. Pindar Fragment 74. Überliefert bei Pausanias, *Beschreibung Griechenlands* Buch 7, 2, 7. Übersetzung F. Eckstein – E. Meyer:
Nicht alles nämlich hat, wie mir scheint, Pindar über die Götter erfahren, der sagte, dieses Heiligtum hätten die Amazonen gegründet auf ihrem Zuge gegen Athen und Theseus. Die Frauen vom Fluss Thermodon opferten nämlich schon damals der ephesischen Göttin, weil sie das Heiligtum von alters her kannten, und auch als sie vor Herakles flohen; einige noch früher auf der Flucht vor Dionysos, die als Schutzsuchende dahin kamen. Es wurde also nicht von Amazonen gegründet...

Wie Pindar verfasste auch der Dichter Bakchylides (6./5. Jahrhundert v. Chr.) berühmte Siegeslieder. In seinem Preislied auf Automedon aus Phlius (nördliche Peloponnes) nimmt der Dichter Bezug auf eine kriegerische Auseinandersetzung zwischen den »lanzenkundigen« Amazonen und den Nachfahren des Flussgottes Asopos, dessen Strom sich bei Phlius befindet.

Text 6. Bakchylides, *Ode auf Automedon von Phlius*, Vers 42 ff. Übersetzung O. Werner:
Die an schönströmender Furt
Sich lagern des Thermodon, Töchter,
Lanzenkundige, des Rossetummlers Ares,
Erprobten...
Deines Stammes Mut...

Die Tragödie in Athen

Bei dem attischen Tragödiendichter Aischylos (525/4–456/5 v. Chr.) begegnen die Amazonen mehrfach[3]. So wird in den 458 v. Chr. aufgeführten *Eumeniden* ihr Bogen als gefährliche Fernwaffe genannt.

> Text 7. Aischylos, *Eumeniden*, Vers 626 ff. Übersetzung O. Werner:
> Apollon spricht:
> *Nicht ist's das gleiche, kommt ein edler Held zu Tod,*
> *Mit zeusverliehenen Szepters Ehr und Macht betreut,*
> *Und zwar von Weibeshänden, nicht durch stürmsche Kraft*
> *Weitschießenden Bogens einer Amazon' etwa…*

Mehr Auskunft über die Lebenswelt der Amazonen geben die vermutlich 463 v. Chr. aufgeführten *Schutzflehenden*, in denen der König von Argos die um Asyl bittenden Töchter des Danaos aus Ägypten mit Libyerinnen und Amazonen vergleicht.

> Text 8. Aischylos, *Die Schutzflehenden*, Vers 277 ff. Übersetzung O. Werner:
> *Unglaublich klingt mir, was ihr, fremde Frauen, sagt,*
> *Dass userm, der Argeier Stamm, ihr zugehört.*
> *Libyschen Frauen seid ihr ja bei weitem mehr*
> *Vergleichbar, keineswegs doch solchen unsres Lands.*
> *…*
> *Mannlose, fleischverzehrnde Amazonen auch,*
> *Trügt Bogen ihr, hätt' ich vermutet wohl in euch.*

In der 428 v. Chr. aufgeführten Tragödie *Hippolytos* des Euripides (485/80 v.Chr.– 406 v. Chr.) wird eine Amazone als »Pferdeherrin« und als »pferdeliebend« (V. 307. 581) bezeichnet.

Geschichtsschreibung und Medizin in klassischer Zeit

Die Amazonen wurden bereits von griechischen Autoren des 6. Jahrhunderts v. Chr. behandelt, bei denen sich Geschichtsschreibung, Geographie und mythologische Arbeiten verbinden; diese Werke sind jedoch nur in späteren Zitaten erhalten. Als erstes ist hier der Historiker und Geograph Hekataios von Milet (560–480 v. Chr.) zu nennen: Aus den Fragmenten verschiedener Werke geht hervor, dass bei ihm die Amazonen mit der Umgebung des Flusses Thermodon und der Stadt Kyme in Kleinasien verbunden wurden, »wo die Amazonen wohnen«; in Kyme soll es zudem ein Heiligtum gegeben haben, das »Amazoneion« hieß (Fragmente 7b. 34. 226). Bei Hellanikos (5. Jahrhundert v. Chr.) fand sich neben Erwähnungen mythischer Kämpfe zwischen Griechen und Amazonen und der Beziehung zwischen Theseus und Antiope (vgl. Kapitel 12), vor allem die früheste Erwähnung einer berühmt-berüchtigten Sitte der Amazonen:

> Text 9. Hellanikos Fragment 107. Übersetzung M. Steinhart:
> *»Amazonen« aber [werden sie genannt] aus einem bestimmten Grund. Weil sie nämlich die rechte Brust abschneiden, damit diese beim Bogenschießen nicht hinderlich ist. Das ist aber eine Lüge… Hellanikos aber sagt …, dass sie ihnen vor dem Anwachsen die Stelle mit einem Eisen brennen, damit sie nicht anwächst.*

Die damit zu vergleichende Verstümmelung der Männer beim Amazonenvolk wird in einer medizinischen Schrift behandelt, die in der Antike dem berühmten Hippokrates (5. Jahrhundert v. Chr.) zugeschrieben wurde.

Text 10. Hippokrates, *Von den Gelenken* 55, 1. Übersetzung M. Steinhart:
Einige berichten, dass die Amazonen bei ihren männlichen Nachkommen sofort als Kleinindern die Gelenke ausrenken, die einen am Knie, die anderen an der Hüfte, damit diese lahm werden, und die Männer den Frauen nicht nachstellen können.

Diese Überlieferung wird in der antiken medizinischen Literatur immer wieder aufgegriffen, da sie zum berühmten Beispiel für künstliche Eingriffe in den menschlichen Körper wurde.

Einen ersten ausführlichen Text zu den Amazonen bietet das Geschichtswerk des Herodot von Halikarnassos (485–424 v. Chr.). Herodot, der in seiner Behandlung des Krieges zwischen dem persischen Reich und den Griechen zahlreiche Exkurse zu den in diesem Zusammenhang begegnenden Völkern bietet, gibt auch vielerlei Informationen zu den Amazonen; Herodot lässt hier die Amazonen zu den Stammmüttern des Volkes der Sarmaten oder Sauromaten im Gebiet des Schwarzen Meeres werden, mit denen die Amazonen in vielen antiken Texten verbunden werden[4].

Text 11. Herodot, *Historien* Buch 4, 110–117. Übersetzung J. Feix:
Über die Sauromaten wird folgendes berichtet: Als die Griechen mit den Amazonen Krieg führten, fuhren die Griechen, nach ihrem Siege in der Schlacht am Thermodon auf ihren Schiffen davon und nahmen auf drei Schiffen alle Amazonen mit sich, die sie hatten fangen können. Auf offener See aber griffen die Amazonen die Männer an und machten sie alle nieder. Nun kannten aber die Amazonen keine Schiffe und wußten mit Steuer und Segeln oder Rudern nicht umzugehen. So fuhren sie also nach der Ermordung der Männer dahin, wie Wind und Wogen sie trieben. Endlich kamen sie nach Kremnoi am Maiotissee (Asowsches Meer). Dort verließen die Amazonen ihre Fahrzeuge und wanderten in bewohntes Gebiet. Als sie auf die erste Pferdeherde stießen, raubten sie die Reittiere und plünderten nun zu Pferde das Skythenland. Die Skythen wußten nicht, wie ihnen geschah. Sie kannten weder Sprache noch Kleidung noch das Volk. Erstaunt, woher sie wohl gekommen seien, hielten sie sie für junge Männer und lieferten ihnen eine Schlacht. Dabei fielen ihnen die Toten in die Hände; und nun sahen sie, dass es Frauen waren. Sie hielten Rat und beschlossen, auf keinen Fall die Frauen mehr zu töten, sondern ihre jüngsten Krieger gegen sie zu schicken, ungefähr ebenso viele, wie sie Amazonen schätzten… Die Skythen hatten dabei die Absicht, Kinder von ihnen zu bekommen. Die abgeordneten Jünglinge taten, was man sie geheißen hatte. Als die Amazonen merkten, dass sie nicht in feindlicher Absicht kamen, kümmerten sie sich nicht um sie. Von Tag zu Tag rückten die beiden Lager einander näher. Wie die Amazonen hatten auch die Jünglinge nichts weiter als Waffen und Pferde bei sich und lebten nicht anders als jene: von der Jagd und vom Raub. Nun pflegten sich die Amazonen um die Mittagszeit allein oder zu zweit zu entfernen; sie zerstreuten sich weiter voneinander, um ihre Notdurft zu verrichten. Als die Skythen das merkten, taten sie das gleiche. Da näherte sich mancher von ihnen einer Amazone, die allein war. Sie stieß ihn nicht von sich, sondern erwies sich ihm willig. Sprechen konnte sie zwar nicht mit ihm, denn sie verstanden einander nicht; aber durch Zeichen gab sie zu verstehen, er solle am nächsten Tag an den gleichen Platz kommen und einen Kameraden mitbringen. Sie deutete durch Zeichen an, dass es zwei sein sollten, sie würde auch noch eine andere mitbringen. Als der Jüngling ins Lager zurückkehrte, erzählte er es den anderen. Am nächsten Tag ging er an die gleiche Stelle und nahm einen Freund mit. Da fand er die Amazone mit einer anderen wartend. Als die übrigen Jünglinge dies erfuhren, machten sie sich die anderen Amazonen gefügig. Nun vereinigten sie die beiden Lager und lebten gemeinsam. Jeder nahm die zur Frau, mit der er zuerst zusammengekommen war. Die Männer konnten die Sprache der Frauen nicht verstehen, aber die Frauen verstanden bald die der Männer. Als sie einander verstehen konnten, sagten die Männer zu den Amazonen: »Wir haben Eltern und auch Besitz. Wir

wollen nicht so weiterleben wie bisher. Kommt, wir wollen zu unserem Volk zurückkehren und dort bleiben. Wir werden euch zu Frauen nehmen und keine andern.« Da erwiderten die Amazonen: »Mit euren Frauen können wir nicht zusammenleben; denn wir haben nicht die gleichen Sitten wie sie. Wir schießen mit Pfeilen und Speeren und leben auf dem Pferd; Frauenarbeit haben wir nicht gelernt. Eure Frauen hingegen tun nichts von dem, was wir aufzählten, sondern leisten Frauenarbeit…, gehen weder auf die Jagd noch anderswohin. Wir werden uns also kaum mit ihnen vertragen können. Wenn ihr uns aber zur Ehe haben und rechtliche Männer sein wollt, dann geht zu euren Eltern und holt euch euer Erbe! Dann werden wir losziehen und für uns allein leben.« Die Jünglinge gehorchten und taten, wie jene gesagt haben. Als sie ihren Anteil von dem väterlichen Besitz erhalten und zu den Amazonen zurückgekehrt waren, sagten die Frauen zu ihnen: »Furcht und Schrecken erfasst uns, wie wir in diesem Land bleiben sollen. Wir haben euch eurer Väter beraubt und dazu noch eurem Land viel Schaden zugefügt. Da ihr uns aber zur Ehe haben wollt, lasst uns also miteinander auswandern, den Tanais [Don] überschreiten und dort wohnen.« Auch darin gehorchten ihnen die Jünglinge, überschritten den Tanais und wanderten drei Tagereisen vom Tanais aus nach Osten weiter, darauf drei Tagereisen vom Maiotissee [Asowsches Meer] aus nach Norden. Dort siedelten sie sich genau an der Stelle an, wo sie noch heute wohnen. Seitdem führen die Sauromatenfrauen die alte Lebensweise. Sie reiten zur Jagd mit und ohne Männer, ziehen in den Krieg und tragen die gleiche Kleidung wie die Männer. Die Sauromaten sprechen die skythische Sprache; doch haben sie darin seit altersher ihre Eigenheiten bewahrt, weil die Amazonen die Sprache damals nicht gut gelernt hatten.

Die Kunst der Rede in klassischer Zeit

Wie in Kapitel 9) zu sehen war, wurde die Abwehr des Angriffs der Amazonen auf Athen als eine Großtat der Stadt verstanden. In seiner Rede auf Athener, die in einem Krieg des frühen 4. Jahrhunderts v. Chr. gefallen waren, berichtet der Redner Lysias (459/8 oder 445–um 380 v. Chr.) in diesem Zusammenhang ausführlich über die Amazonen, ihren Siedlungsraum und ihre Lebensweise.

Text 12. Lysias, 2. Rede, 4–6. Übersetzung I. Huber:
In alter Zeit lebten die Amazonen, Töchter des Ares. Sie wohnten am Fluss Thermodon, waren als einzige unter ihren Nachbarn mit Eisen bewaffnet und bestiegen als erste von allen Pferde. Da ihren Feinden dies fremd war, ereilten die Amazonen auf diese Weise unvermutet die Fliehenden und entkamen den Verfolgern. Man hielt sie wegen ihres Mutes eher für Männer, als dass man sie wegen ihrer Gestalt für Frauen gehalten hätte, denn was ihnen an Körperbildung gegenüber den Männern mangelte, das zeichnete sie an Mut aus. Sie herrschten über viele Völker und hatten sich bereits durch ihre Taten ihre Nachbarn unterworfen, als sie Kunde erhielten vom großen Namen unseres Landes. Verführt durch die Aussicht auf großen Ruhm und die Hoffnung auf Erfolg, versammelten sie die streitbarsten Völker um sich und zogen gegen unsere Stadt. Da sie es aber mit tapferen Männern zu tun bekamen, wurde ihr Mut ihrem Geschlecht entsprechend, und in Widerspruch zu ihrem früheren Ruhm erschienen sie im Kampf mehr als Frauen, als sie es durch ihre Gestalt waren. Ihnen allein war es nicht vergönnt, aus ihren Fehlern zu lernen und sich für die Zukunft besser zu beraten, auch nicht, nach ihrer Rückkehr ihr eigenes Versagen und den Ruhm unserer Vorfahren zu verkünden. Denn sie starben hier, und bestraft für ihre Torheit verschafften sie unserer Stadt unsterblichen Ruhm der Tapferkeit, ihr eigenes Vaterland aber machten sie durch ihr hier erlittenes Unglück namenlos. So verloren sie durch die unrechtmäßige Gier nach fremdem Land zu Recht ihre eigene Heimat.

Die Komödie im 5. und 4. Jahrhundert v. Chr.

Vom 5. Jahrhundert v. Chr. an begegnen die Amazonen als Hauptthema auch in einer ganz anderen literarischen Gattung, der griechischen Komödie. So lässt der Komödiendichter Aristophanes (um 450 v. Chr.–80er Jahre des 4. Jahrhunderts v. Chr.) in seiner 411 v. Chr. aufgeführten *Lysistrata* ein Gemälde des Malers Mikon in der »Bunten Halle« (*Stoa Poikile*) am Marktplatz von Athen beschreiben, das Amazonen im Kampf mit den Athenern zeigt:

> Text 13. Aristophanes, *Lysistrate* Vers 678. Übersetzung L. Seeger:
> *… Sieh die Amazonen an,*
> *Wie auf Mikons Bild sie kämpfen mit den Männern, hoch zu Ross!*

Amazonen konnten aber auch Hauptperson einer Komödie sein, worauf die Titel *Amazones* der Dichter Kephisodoros (5./4. Jahrhundert v. Chr.), Deinolochos (5. Jahrhundert v. Chr.) oder Epikrates (4. Jahrhundert v. Chr.) verweisen. Von diesen Stücken sind jedoch nur wenige und meist kaum aussagekräftige Fragmente oder auch nur der Titel erhalten[5]. In einem Fragment der *Amazones* des Kephisodoros wird der Tanz *apokinos* genannt, der für Frauen typisch ist und den also wohl auch die Amazonen tanzten.

> Text 14. Kephisodoros, *Amazones*, Fragment 1. Poetae Comici Graeci Bd. 4, 63 f. Übersetzung C. Friedrich:
> *Den Tanz jedoch, den man »apókinos« nannte, den … Kephisodoros in den »Amazonen«*
> *… und noch weitere erwähnen, bezeichnete man später mit »maktrismós«.*

Lyrik des 3. und 2. Jahrhunderts v. Chr.

Einen Tanz sollen die Amazonen auch bei der Gründung von Ephesos aufgeführt haben, wie der Dichters Kallimachos (spätes 4. Jahrhundert v. Chr.–nach 250 v. Chr.) in einem Hymnus an Artemis überliefert[6].

> Text 15. Kallimachos, 3. Hymnus, Vers 240 ff. Übersetzung M. Asper:
> *Dir haben auch die Amazonen, Liebhaberinnen des Krieges, an der Küste in Ephesos einst ein hölzernes Kultbild aufgestellt unter dem Stamm eines Eichbaums, vollendet aber hat dir ein Heiligtum Hippo [= Hippolyte? M. Asper]. Darum tanzten die Amazonen selber, o Herrscherin Oupis, zunächst den Waffentanz mit ihren Schilden, dann aber stellten sie sich im Kreis zu einem weiten Reigen auf. Es sang dazu durchdringend die helle Syrinx, damit sie im Takte stampften… Heftig ließen die Tänzerinnen ihre Füße auf den Boden klatschen, es klapperten dazu die Köcher…*

Diese Überlieferung wurde freilich nicht einhellig geteilt.

Wie Kallimachos lebte auch der Dichter Apollonios von Rhodos (3. Jahrhundert v. Chr.) in Alexandria, dessen Epos *Argonautika* die Fahrt der Argonauten zum Schwarzen Meer behandelt. Apollonios nun weiß vielerlei über die Amazonen zu berichten:

> Text 16. Apollonios von Rhodos, *Argonautika*, 2. Buch, Vers 962 ff. Übersetzung R. Glei – S. Natzel-Glei:
> *Am selben Tag bogen sie [die Argonauten] mit weitem Abstand um die Landzunge, die den Hafen der Amazonen umschließt… In deren Bucht landeten sie an den Mündungen des Thermodon, da schwere See ihre Weiterfahrt verhinderte. Dem Thermodon aber gleicht kein Fluss, und keiner lässt, indem er von sich selbst abzweigt, so viele Arme über das Land fließen: Vier fehlen an hundert, falls man sie einzeln abzählen wollte; in*

Wahrheit aber gibt es nur eine Quelle: Diese strömt von hohen Bergen, die, so sagt man, die Amazonischen heißen, in die Ebene herab… Da wären sie, wenn sie noch länger geblieben wären, in eine Schlacht mit den Amazonen verwickelt worden, die nicht ohne Blutvergießen geendet hätte – denn die Amazonen, die die Doiantische Ebene [am Schwarzen Meer] bewohnen, sind nicht besonders umgänglich und respektieren keine Gesetze, sondern kennen nur leidbringenden Frevel und die Werke des Ares: Sie stammen ja von Ares und der Nymphe Harmonia ab, die dem Ares die kriegliebenden Töchter gebar… Sie bewohnten ja zusammen nicht nur eine Stadt, sondern lebten, über das Land verstreut, nach drei Stämmen getrennt.

Ebenfalls nach Apollonios Rhodios haben die Amazonen vor der Südküste des Schwarzen Meeres für ihren Vater Ares ein Heiligtum gegründet[7]:

Text 17. Apollonios von Rhodos, *Argonautika*, 2. Buch, Vers 1169 ff. Übersetzung R. Glei – S. Natzel-Glei:
Danach gingen sie [die Argonauten]… zum Tempel des Ares, um Schafe zu opfern. Sie stellten sich eilig um den Altar aus Ziegelsteinen, der sich außerhalb des ungedeckten Tempels befand. Im Innern war ein schwarzer heiliger Stein aufgestellt, an dem einst alle Amazonen zu beten pflegten. Es war bei ihnen jedoch nicht Brauch, wenn sie vom gegenüberliegenden Festland kamen, Schafs- oder Rinderopfer auf diesem Altar zu verbrennen; sie schlachteten vielmehr Pferde, die sie in großer Zahl züchteten.

In dem aus vielerlei Rätseln und gelehrten Anspielungen bestehenden Gedicht »Alexandra« (ein seltener Nebenname der Kassandra), das im 3. oder 2. Jahrhundert v. Chr. entstanden ist, wird eine Ebene in Italien als Gebiet der Amazonen bezeichnet; so kurz und so wenig inhaltsreich der Text auch ist, bleibt er doch als Zeugnis für Amazonen in Italien von Bedeutung:

Text 18. Lykophron, *Alexandra*, Vers 995. Übersetzung M. Steinhart
Der Amazone… Ebene

Monographien über Amazonen

Der im 3. Jahrhundert v. Chr. schreibende Dionysios Skytobrachion (»Lederarm« – der Beiname ist unerklärt) verfasste ein Werk *Libysche Geschichten oder über die Amazonen*, auf das sich der Universalhistoriker Diodor (1. Jahrhundert v. Chr.) in seinem *Bibliothek* genannten Geschichtswerk für eine Tradition über Amazonen in Libyen beruft:

Text 19. Dionysios Skytobrachion, *Libysche Geschichten oder über die Amazonen*. Überliefert bei Diodor, *Bibliothek*, Buch 3, 52 f. Übersetzung G. Wirth:
Die meisten nämlich glauben, es habe nur die um den Fluß Thermodon wohnenden [Amazonen] gegeben: Dies aber trifft nicht zu, vielmehr liegen die in Libyen zeitlich viel früher und haben ebenfalls bedeutende Taten vollbracht. Wir wissen sehr wohl, dass ein Bericht über sie vielen Lesern etwas Unerhörtes und völlig Fremdes ist. Dieses Amazonengeschlecht nämlich ging bereits viele Generationen vor dem trojanischen Kriege zugrunde: Aber da die vom Thermodon ihre Blütezeit erst kurz vor diesem Ereignis gehabt haben, so ist es sehr wohl erklärlich, dass sie als die Späteren, besser Bekannten den Ruhm der früheren erbten, die wegen der Länge der Zeit bei den meisten bereits in Vergessenheit geraten waren. Wir indes haben eine große Zahl älterer Dichter und Historiker und auch eine ganze Reihe von Späteren gefunden, die sie in Erinnerung bringen. So wollen wir denn versuchen, in großen Zügen ihre Taten zu berichten. Wir schließen uns dabei Dionysios an… Es gab also in Libyen einige Stämme kriegerischer

Frauen, die wegen ihrer Tüchtigkeit im Kampfe sehr bewundert waren... Berichten zufolge wohnte einst im westlichen Teil von Libyen, ganz am Ende der Welt, ein Volk mit Frauenherrschaft und einer Lebensweise, die von der unseren vollkommen verschieden war. Denn dort war es Sitte, dass die Frauen den Kriegsdienst auf sich nahmen; sie hatten eine Zeitlang zu Felde zu ziehen und mussten währenddessen Jungfrau bleiben. Waren diese Jahre vorbei, so verbanden sie sich zwar mit Männern zur Kinderzeugung, Ämter und Staatsverwaltung jedoch blieben völlig in ihrer Hand. Die Männer hingegen führten ein zurückgezogenes Leben zu Hause, ähnlich den Gattinnen bei uns, und hatten den Befehlen ihrer Frauen zu gehorchen... Die Kinder wurden unmittelbar nach der Geburt den Männern übergeben; diese ernährten sie mit Milch und den anderen gekochten Speisen, wie es sich bei diesem zarten Alter gehört. War das Neugeborene ein Mädchen, wurden ihm sogleich die Brüste ausgebrannt, damit diese zur Zeit der Reife nicht mehr zu schwellen beginnen konnten. Denn diese Brüste seien, so nahm man an, im Kriege ja hinderlich. Wegen dieses Mangels an Brüsten nun gaben ihnen die Griechen den Namen »Amazonen« (die Brustlosen). Wie die Sage berichtet, bewohnten sie eine Insel, die wegen ihrer westlichen Lage den Namen Hespera erhielt... Erwähnte Insel nun ist recht groß, voller Fruchtbäume verschiedener Art, die den Einwohnern Nahrung geben. Auf ihr gibt es auch Vieh in Mengen, Ziegen und Schafe, von denen Milch und Fleisch zum Unterhalt ihrer Besitzer stammen. Getreide verwendet das Volk dort grundsätzlich nicht, weil es von solchem Gebrauch nichts weiß. Die Amazonen nun mit ihrer Kriegstüchtigkeit machten sich auf und eroberten erst die Städte der Insel... Sodann unterwarfen sie die Masse der benachbarten Libyer und Nomaden... Dadurch angereizt, machten sie sich an große Unternehmungen, und nunmehr von solcher Absicht bewegt, kamen sie in viele Länder der Erde.

Im 1. Jahrhundert v. Chr. oder 1. Jahrhundert n. Chr. wurde zudem von einem Autor namens Onasos ein Werk *Amazonika* (etwa: Amazonisches) verfasst, in dem die Mythenüberlieferung kritisch hinterfragt wird und Mythen rationell gedeutet wurden. Erhalten ist aber kaum mehr als der Titel.

Ein Handbuch zum Mythos

So kritisch ein Onasos auch Mythen beurteilt hat, so wurden gleichwohl die traditionellen Mythen weiterhin überliefert und gerne auch in Überblickswerken zusammengefasst. Das berühmteste Handbuch dieser Art stellt die wohl im 1. Jahrhundert n. Chr. entstandene *Bibliothek* dar, für die der Autor Apollodoros überliefert ist; hier wird im Zusammenhang der Taten des Herakles über die Amazonen berichtet.

Text 20. Apollodor, *Bibliothek*, Buch 2, 98. Übersetzung K. Brodersen:
Als neunte Arbeit trug er [= Eurystheus] dem Herakles auf, ihm den Gürtel der Hippolyte zu bringen. Sie war die Königin der Amazonen, die am Thermodon-Fluß wohnten, ein im Kriegshandwerk großes Volk. Sie schätzten die Tapferkeit sehr, und wenn sie einmal mit einem Mann schliefen und ein Kind gebaren, zogen sie nur die Mädchen auf. Sie drückten sich die rechte Brust aus, damit sie nicht beim Speerwerfen behindert seien, die linke ließen sie unangetastet, um stillen zu können.

Historiker und Geographen im 1. Jahrhundert v. Chr.

Abgesehen von Herodot (Text 11) waren die bisher zitierten Texte eher kurz. Aus dem 1. Jahrhundert v. Chr. und der römischen Kaiserzeit sind jedoch längere Ausführungen zu den Amazonen erhalten, die auch ältere Meinungen kritisch diskutieren. So zunächst bei Diodor in seiner *Bibliothek*, einer Universalgeschichte, die nach ihrem Namen eine ganze Bibliothek ersetzen können sollte (1. Jahrhundert vor Chr.):

Text 21. Diodor, *Bibliothek*, Buch 2, 45 f. Übersetzung G. Wirth:
Am Fluss Thermodon lebte ein Volk, das von Frauen regiert wurde und in dem Männer und Frauen in gleicher Weise in kriegerischer Betätigung aufgingen. Unter ihnen zeichnete sich eine der Frauen von königlicher Macht besonders durch Energie und Mut aus. Sie stellte ein Heer nur aus Frauen auf, drillte dieses und besiegte dann mit ihm einige seiner Nachbarn. Da auf diese Weise mit dem kriegerischen Ruhm auch die militärische Tüchtigkeit wuchs, zog man allmählich ununterbrochen gegen Nachbarn zu Felde. Das Glück war günstig, das Selbstvertrauen stieg. Sie nannte sich eine Tochter des Ares, wies den Männern vollends Spinnrocken und häusliche Arbeiten zu und verkündete ein Gesetz, nach dem die Frauen zum kriegführenden Teil des Volkes befördert wurden, den Männern hingegen Erniedrigung und eine dienende Rolle zugedacht war. Neugeborenen männlichen Geschlechts waren Schenkel und Arme zu verstümmeln, so dass sie für den Kriegsdienst untauglich waren, weiblichen Kindern hingegen wurde dafür die rechte Brust weggebrannt, damit diese Erhöhung im Kampf keine Behinderung sei; von daher soll das ganze Volk seinen Namen (die Brustlosen) haben. In jeder Hinsicht an Klugheit und militärischem Können überragend, gründete die Königin dann an der Mündung des Thermodon eine große Stadt namens Themiskyra, und erbaute darin ihre Residenz, die zur Berühmtheit gelangte. Im Kriege kümmerte sie sich besonders um die Einhaltung von Disziplin und bezwang alle umliegenden Völker bis zum Tanais [Don]. Und nach solchen Taten soll sie in einer Schlacht nach tapferem Kampf den Heldentod gefunden haben. Die Tochter, die als Königin nun die Herrschaft übernahm, war bestrebt, es der Mutter gleichzutun, übertraf diese aber in jeder Hinsicht noch durch ihre Taten. Sie befahl, die Jungfrauen von frühester Jugend an durch die Jagd zu üben und sie Tag für Tag in militärischen Übungen zu drillen. Auch ordnete sie großartige Opfer für Ares und Artemis an, die bei ihnen den Namen Tauropolos [»Stiertöterin« oder »mit Stieropfern verehrte«] trägt... [Sie unterwarf] alle Völker bis nach Thrakien, kehrte mit vieler Beute nach Hause zurück und baute erwähnten Göttern grandiose Tempel, herrschte indes milde über die Untertanen und erwarb sich deren höchste Zuneigung. Dann zog sie in andere Richtung und brachte große Teile Asiens in ihre Gewalt, wobei sie ihre Macht bis nach Assyrien ausdehnte. Nach deren Tode übernahmen jeweils die nächsten Verwandten die Regierung, herrschten mit Prunk und vermehrten Macht und Ansehen des Amazonenstaates... [Es folgen die Niederlagen der Amazonen gegen Herakles und der Tod Penthesileas vor Troja]... Wie es heißt, war sie die letzte der Amazonen von Tapferkeit, in der Folgezeit sei es dann mit dem Volke immer mehr bergab gegangen. Und wenn deshalb in neuerer Zeit jemand von ihrer kriegerischen Tüchtigkeit berichtet, so glaubt man, er dichte sich seine Geschichte von den früheren Amazonen aus lauter Fabeln zusammen.

Ähnlich ausführlich berichtet Strabon (1. Jahrhundert v. Chr./1. Jahrhundert n. Chr.) in seinem geographisch angelegten Werk über die Amazonen.

Text 22. Strabon, *Geographika* 504 C. Übersetzung S. Radt:
Andere, worunter der Skepsier Metrodoros und Hypsikrates, die ebenfalls der Gegend nicht unkundig waren, sagen, die Amazonen wohnten als Grenznachbarn der Gargareer auf den nördlichen Vorhöhen der Kaukasischen Berge, die »die Keraunischen« genannt

werden. Die übrige Zeit lebten sie für sich, indem sie mit eigenen Händen alles besorgten, was mit dem Ackerbau, der Anpflanzung und dem Weiden, besonders der Pferde, zu tun hat; die streitbarsten beschäftigten sich vor allem mit der Jagd und übten sich im Kriegshandwerk; allen sei seit dem frühen Kindesalter die rechte Brust weggebrannt, so dass sie den Oberarm ungehindert zu allem gebrauchen können, an erster Stelle zum Speerwerfen; sie bedienten sich auch des Bogens, der Sagaris und des kleines Schildes; Helme, Bekleidung und Gürtel machten sie aus dem Fell wilder Tiere. Zwei besondere Monate aber hätten sie im Frühling, in denen sie auf den benachbarten Berg steigen, der sie von den Gargareern trennt; auch diese steigen hinauf um nach einer alten Sitte zusammen mit den Frauen zu opfern und ihnen zum Kinderzeugen beizuwohnen; das geschieht verborgen und im Dunkeln, wie sie gerade aufeinander treffen, und wenn sie sie geschwängert haben, lassen sie sie zurückgehen. Die Frauen behalten was sie an Weiblichem gebären selber, die männlichen Kinder dagegen bringen sie jenen zum Aufziehen; und jeder fühlt sich jedem verbunden, da er ihn wegen seiner Unkenntnis als seinen Sohn betrachtet. … Die Gargareer sollen zusammen mit den Amazonen aus Themiskyra in diese Gegenden hinaufgestiegen sein; dann hätten sie sich gegen sie aufgelehnt und sie bekriegt, später jedoch den Krieg gegen sie unter besagter Bedingung beendet, nur Kinder gemeinsam zu haben, ihr Leben aber getrennt für sich zu führen.

Vielfältige Erwähnungen zu den Amazonen finden sich dann auch bei dem Universalschriftsteller, Philosophen und delphischen Priester Plutarch (46–120 n. Chr.). Hier mag zunächst nur eine Stelle angeführt sein, die angesichts des allgemeinen Tenors der Aussagen zu den Amazonen doch erstaunt:

Text 23. Plutarch, *Theseus* 26. Übersetzung K. Ziegler:
Denn von Natur aus seien die Amazonen durchaus keine Männerfeindinnen…

Historiker und Kulturgeschichte im 2. und 3. Jahrhundert n. Chr.

Auch im 2. Jahrhundert n. Chr. werden die Amazonen häufig erwähnt, was man mit dem allgemeinen historischen und kulturgeschichtlichen Interesse vieler Autoren dieser Zeit verbinden kann. So finden sich etwa bei Pausanias in dessen *Beschreibung Griechenlands* zahlreiche Aussagen über Amazonen, die jedoch bestimmte Mythen betreffen. Pausanias berichtet in seiner *Beschreibung Griechenlands* aber auch von zwei für Griechenland singulären Götterbeinamen in Pyrrhichos, einer Stadt im Umland von Sparta, die auf die Amazonen zurückgeführt wurden:

Text 24. Pausanias, *Beschreibung Griechenlands* Buch 3, 25, 3. Übersetzung E. Meyer – F. Eckstein:
Von den Göttern gibt es bei ihnen im Land Heiligtümer der Artemis mit dem Beinamen Astrateia, weil hier die Amazonen … einen Halt eingelegt haben. Ferner ein Heiligtum des Apollon Amazonios. In beiden stehen Schnitzbilder, und sie seien von den Frauen von Thermodon gestiftet worden.

Etwas später berichtet dann auch der Autor Philostratos (2./3. Jahrhundert n. Chr.) ausführlich über die Amazonen.

Text 25. Philostratos, *Heroikos* 56. Übersetzung A. Beschorner:
An der unwirtlichen Seite des Pontos, an der die Berge des Tauros hingestreckt sind, bewohnen das Land, das die Flüsse Thermodon und Phasis umschließen, Amazonen, die ihr Vater und Erzeuger Ares dazu erzogen hat, mit den Kriegsangelegenheiten

vertraut zu sein und ein Leben in Waffen und auf Pferden zu führen; Pferde, wieviele dem Heer genügen, werden von ihnen in den feuchten Niederungen geweidet. Es ist nicht erlaubt, in ihrem eigenen Land Umgang mit Männern zu haben, und sie selbst gehen, wenn sie Kinder brauchen, zum Fluß Halys hinab, begeben sich auf den Markt und vereinigen sich mit den Männern, wo es sich gerade ergibt, nachdem sie dann zu ihren Wohnsitzen und Häusern zurückgekehrt sind, bringen sie diejenigen Kinder, die sie als männliche geboren haben, an die Grenzen des Landes, damit die Erzeuger sie aufnehmen, diese aber nehmen die auf, die ein jeder zufällig antrifft, und machen sie zu Sklaven; diejenigen Kinder aber, die sie als weibliche geboren haben, lieben sie, so sagt man, und halten sie für Nachkommen desselben Stammes, erziehen sie wie mit mütterlicher Veranlagung, außer dass sie ihnen keine Milch geben; denn dies tun sie im Hinblick auf die Schlachten, damit weder die Kinder weibisch werden noch ihre Brüste herabhängen. Wir müssen glauben, dass der Name den Amazonen aufgrund der Tatsache, dass sie nicht durch die Mutterbrust ernährt werden, beigelegt worden ist; sie nähren ihre Kinder mit der Milch von in der Herde weidenden Stuten und mit der süßen Flüssigkeit des Taus, der sich wie Honig auf die Schilfrohre der Flüsse niederlegt. Aber bei den Skythen waren in der Zwischenzeit zwei junge Prinzen aus dem Königshaus, Plynos und Skolopitos, durch eine Gruppe von Adligen aus ihrer Heimat vertrieben worden und hatten dabei eine ungeheure Menge weiterer junger Leute mit sich gezogen. Diese ließen sich an der Küste von Kappadokien, längs des Flusses Thermodon, nieder, eroberten das Gelände von Themiskyra und nahmen es in Besitz. Dort wurde es ihnen viele Jahre hindurch zur Gewohnheit, ihre Nachbarn auszuplündern, bis sie durch eine Geheimaktion der betroffenen Völker in einen Hinterhalt gelockt und erschlagen wurden. Als nun ihre Frauen sahen, dass zu ihrer Verbannung nun auch noch die Männerlosigkeit gekommen war, griffen sie selber zu den Waffen, um Kriege zuerst nur abzuwehren, dann auch selber vorwärts zu tragen und so ihr Gebiet zu verteidigen. Auch taten sie alle Lust, mit den Nachbarn eheliche Bindungen einzugehen, von sich ab, denn sie nannten dergleichen Knechtschaft, nicht Ehestand. Das war nun freilich ein in allen Jahrhunderten einzig dastehendes Exempel, dass Frauen es wagten, ihr Gemeinwesen ohne Männer zu mehren, und sie es unter Verachtung der Männer überhaupt noch verteidigten. Und damit nicht die einen glücklicher zu sein schienen als die anderen, brachten sie auch noch diejenigen Männer um, welche daheim geblieben waren. Auch nahmen sie für ihre gefallenen Gatten an den Nachbarn dadurch Rache, dass sie auch diese ausrotteten. Dann, nachdem sie sich mit ihren Waffen Ruhe verschafft hatten, suchten sie, damit ihr Stamm nicht aussterbe, irgendwelche Nachbarn zum Kinderzeugen auf. Wenn dann männliche Kinder geboren wurden, töteten sie diese. Die Mädchen übten sie in derselben Weise, die sie selbst pflegten: nicht in Müßiggang und Wollekrempeln, sondern im Waffengebrauch, zu Pferde, auf der Jagd, wozu sie den kleinen Mädchen die rechte Brust ausbrannten, damit beim Bogenschießen der Pfeil durch sie nicht behindert werde. Da kommt denn auch ihr Name her: Amazonen, ›Brustlose‹.

Die Amazonen, Alexander der Große und Pompeius

Im Hellenismus wie in der römischen Kaiserzeit verband man die Amazonen mit noch nicht allzu lang zurückliegenden historischen Ereignissen. So war gerade noch bei Diodor zu lesen, dass nach dem Tod der Penthesilea die Amazonen kaum noch eine Rolle spielten, doch auch er berichtet von einer Begegnung Alexanders des Großen mit einer Amazonenkönigin; die Überlieferung geht auf die Zeit Alexanders (356–323 v. Chr.) zurück:

Text 26. Diodor, *Bibliothek*, Buch 17, Abschnitt 77. Übersetzung M. Steinhart:
Als er [Alexander] nach Hyrkania [Iranische Region am Kaspischen Meer] zurückgekehrt

war, kam die Königin der Amazonen namens Thalestris zu ihm, die das gesamte Gebiet zwischen dem Phasis [Rioni] und dem Thermodon beherrschte. Sie stach durch ihre Schönheit und die Kraft ihres Körpers hervor und wurde bei ihren Stammesverwandten wegen ihrer Tapferkeit bewundert. Sie hatte die Masse ihrer Streitmacht an den Grenzen von Hyrkania zurückgelassen und traf mit dreihundert Amazonen in voller Kriegsrüstung ein. Als der König aber sehr erstaunt über die unerwartete Anwesenheit und die Würde der Frauen Thalestris fragte, zu welchem Zweck sie da sei, antwortete sie, dass sie von ihm ein Kind wolle. Er sei nämlich von allen Männern durch seine Taten der beste, sie aber unterscheide sich von allen Frauen durch ihre Kraft und ihre Tapferkeit. Es sei nun wahrscheinlich, dass ein Nachkomme dieser zwei herausragenden Elternteile an Tüchtigkeit die anderen Menschen überragen werde. Und schließlich war der König erfreut, nahm ihre Bitte an und verbrachte 13 Tage mit ihr.

Sehr viel kritischer wird die Überlieferung zu dieser Begegnung bei Plutarch gesehen.

Text 27. Plutarch, *Alexander* 46. Übersetzung K. Ziegler:
Dort soll die Amazone zu ihm gekommen sein. So erzählen die meisten..., [andere] erklären, dass das eine Erfindung sei, und Alexander selbst, so scheint es, zeugt für sie, denn in einem Brief an Antipatros, in dem er alles genau berichtet, sagt er, dass ihm der Skythe seine Tochter zur Ehe anbot, und sagt kein Wort von einer Amazone.

Die also höchst umstrittene Begebenheit wird gleichwohl bei anderen Autoren genutzt, um weitere Informationen zu den Amazonen zu geben; so vor allem bei Arrian (1. Jahrhundert n. Chr./2. Jahrhundert n. Chr.) in seiner Beschreibung des Alexanderzuges, der geradezu eine kritische Übersicht über die antiken Meinungen zu den Amazonen gibt; Alexander hält sich im Gebiet von Isfahan auf.

Text 28. Arrian, *Der Alexanderzug*, Buch 7, 13. Übersetzung G. Wirth – O. von Hinüber:
Darauf, so wird berichtet, führte Atropates, der Satrap [= Statthalter des persischen Großkönigs] von Medien, ihm 100 Frauen zu und behauptete, dies seien Amazonen. Sie waren wie Reiter gerüstet, trugen aber Äxte statt Speere und statt des großen einen kleinen Schild. Nach einigen soll ihre rechte Brust, die sie im Gefecht nicht bedeckten, kleiner gewesen sein als die linke. Alexander habe sie jedoch sofort wieder zurückgeschickt, um Unruhe im Heer zu vermeiden, die zu Gewalttaten seitens der Makedonen und Barbaren gegen sie führen könnte. Doch habe er ihnen den Auftrag gegeben, ihrer Königin zu melden, er selbst werde sie besuchen, um mit ihr Kinder zu zeugen. Das steht freilich weder bei Aristobulos [Gefährte Alexanders, der die Alexanderzüge beschrieb], Ptolemaios [Feldherr Alexanders und König von Ägypten, beschrieb die Alexanderzüge] noch einem anderen, der als Quelle für derartige Geschichten genügend glaubwürdig erscheint, auch glaube ich persönlich nicht, dass es um diese Zeit noch Überlebende vom Stamme der Amazonen gab, übrigens auch schon vor Alexander nicht... Dass aber dieses Volk von Frauen überhaupt nicht existiert haben soll, scheint mir ebenso wenig glaubhaft, nachdem es von so vielen höchst wichtigen Autoren gefeiert wird. So ist nach der Sage Herakles gegen sie gezogen und hat einen Gürtel ihrer Königin Hippolyte mit nach Griechenland zurückgebracht, haben die Athener unter Theseus den Angriff dieser Frauen gegen Europa als erste in einer siegreichen Schlacht zum Stehen gebracht, und es gibt von der Schlacht zwischen Athenern und Amazonen... ein Gemälde des Mikon. Über diese Amazonen hat an vielen Stellen Herodot berichtet, und wer in Athen auch immer die im Krieg Gefallenen mit Reden feierte, der vergaß nicht, diesen Kampf der Athener gegen die Amazonen unter ihren glanzvollen Taten zu erwähnen. Wenn demnach Atropates Alexander berittene Frauen zuführte, dann sind das meines Erachtens

irgendwelche andere, reitkundige Barbarenfrauen gewesen, die man nach Art von Amazonen ausgerüstet hatte, so gut man dies nach der Kunde eben wusste.

Schließlich wird die Begebenheit auch im sogenannten *Alexanderroman* erzählt, der zahlreiche fabulöse Abenteuer Alexanders enthält, hier aber vor allem auch über das typische Gewand der Amazonen berichtet.

Text 29. Alexanderroman Buch 3,25 ff. Übersetzung H. Weissman – J. John:
Ihre Königin war Thalestris, welche über alle Amazonen zwischen dem Kaukasos und dem Flusse Phasis herrschte. Diese wollte Alexander sehen, verließ die Grenzen ihres Reiches und schickte, als sie nicht mehr fern war, Botschaft voraus, die Königin sei gekommen, mit dem Wunsche, ihn zu sehen und kennenzulernen. Nachdem ihr sofort Erlaubnis zu kommen erteilt worden war, befahl sie ihrem übrigen Gefolge Halt zu machen; sie selbst näherte sich von dreihundert Frauen begleitet. Sobald sie aber den König erblickten, sprang sie vom Pferd, zwei Lanzen in der Rechten haltend. Das Gewand der Amazonen bedeckt nicht den ganzen Körper, sondern die linke Seite bis zur Brust ist nackt, das Übrige dann verhüllt; doch fallen die Falten des Gewandes, das sie in einen Knoten zusammenknüpfen, nicht über die Knie hinab. Die eine Brust bleibt unversehrt, um daran die Kinder weiblichen Geschlechtes zu nähren, die rechte wird ausgebrannt, um leichter den Bogen spannen und Geschosse schleudern zu können. Mit unerschrockener Miene schaute Thalestris den König an und musterte eingehend seine Gestalt, die keineswegs dem Ruhm seiner Taten zu entsprechen schien. Denn alle Barbaren empfinden vor einer majestätischen Körpergestalt Ehrfurcht und halten dagegen niemanden großer Taten fähig, den die Natur nicht mit einem ausgezeichneten Äußeren gewürdigt hat. Auf die Frage, ob sie etwas von ihm zu erbitten wünsche, zögerte sie nicht zu gestehen, sie sei gekommen, um mit dem König Kinder zu zeugen; sie sei es wert, dass er von ihr Erben seines Reiches empfange. Sei es ein Mädchen, so wolle sie es selbst behalten, einen Knaben aber dem Vater zurückgeben… Die Frau, heftiger in ihrer Begierde als der König, veranlaßte ihn, einige Tage Halt zu machen, und nachdem 13 Tage auf Erfüllung ihres Wunsches verwendet waren, begab sie sich in ihr Reich, der König nach Parthiene.

Erfahrungen anderer Art musste nach Plutarch der römische Feldherr Pompeius (106–48 v. Chr.) bei seinem Feldzug gegen die »Albaner« im Kaukasus machen, die von Amazonen unterstützt worden sein sollen – was durch Waffenfunde ›archäologisch‹ belegt wird:

Text 30. Plutarch, *Pompeius*, Abschnitt 35. Übersetzung K. Ziegler:
In dieser Schlacht sollen auch Amazonen an der Seite der Barbaren gefochten haben, die von den Bergen um den Thermodonfluß heruntergekommen waren. Denn die Römer fanden, als sie nach der Schlacht die gefallenen Barbaren ausplünderten, Amazonenschilde und -halbstiefel, doch kam ihnen kein weiblicher Leichnam zu Gesicht. Sie wohnen in den Teilen des Kaukasos, die dem Kaspischen Meer zugewandt sind, grenzen aber nicht an die Albaner, sondern die Gelen und Legen wohnen dazwischen. Mit diesen kommen sie alljährlich zwei Monate lang am Thermodonfluß zusammen und verkehren mit ihnen, dann trennen sie sich wieder und leben für sich.

Auf den Triumph des Pompeius nach diesem Sieg bezieht sich eine Überlieferung des Historikers Appian (90/95–160 n. Chr.), der damit Amazonen in Rom bezeugt.

Text 31. Appian, *Mithridatischer Krieg*, Abschnitt 482 f. Übersetzung O. Veh:
Und auch wegen dieser Erfolge feierte er später in Rom einen Triumph. Unter den Geiseln

und Gefangenen fanden sich zahlreiche Frauen, die nicht weniger Wunden als die Männer aufwiesen. Man konnte an Amazonen denken, sei es nun, dass die Amazonen einer ihrer Nachbarstämme sind und damals zu Hilfe gerufen wurden, sei es, dass die dortigen Barbaren gewisse kriegerische Frauen allgemein als Amazonen bezeichnen.

Commodus Amazonius

Zum Abschluss dieses Überblicks zu wichtigen griechischen Quellen über die Amazonen vom 8. Jahrhundert v. Chr. bis in die römische Kaiserzeit mag noch ein römischer Kaiser bezeugen, wie sehr die Amazonen als »starke Frauen« verstanden wurden. Es geht dabei um den römischen Kaiser Commodus (161–192 n. Chr.), den Sohn von Marc Aurel, und seine Vorliebe für schmeichelhafte Beinamen. Der Historiker Cassius Dio (2./3. Jahrhundert n. Chr.) schreibt dazu in einem nur auszugsweise bekannten Teil seiner *Geschichte Roms*:

Text 32. Cassius Dio, *Geschichte Roms* Epit. 73. Übersetzung O. Veh:
Der Kaiser selbst nahm diese einzelnen Bezeichnungen [= lobende Beinamen] nämlich zu verschiedenen Gelegenheiten an, Amazonius... indes benützte er immer für sich, um dadurch auszudrücken, dass er einfach in allen Beziehungen sämtliche Menschen weit übertreffe.

M.St. / A.P.H.

III. ANDERE STARKE FRAUEN

15. Heldenmädchen

Atalante – ein Heldenmädchen

Atalante ist vielleicht die einzige unter den Starken Frauen der Antike, die man eine Heldin nennen könnte[1]. Und zwar eine Heldin im griechischen Sinne, die an legendären Taten beteiligt ist und sich dadurch unvergessen macht. Sie nimmt zum Beispiel an der berühmten Jagd auf den Kalydonischen Eber teil, und an der Fahrt der Argonauten. An deren Ende tritt sie bei den Wettkämpfen, die nach altem griechischen Brauch zu Ehren des verstorbenen Helden Pelias ausgerichtet werden, im Ringen an. Atalante ist also so stark, dass sie sich im Zweikampf mit Männern messen kann. Sie ringt schließlich sogar mit dem großen Helden Peleus, dem Vater Achills, um den Hauptpreis und siegt[2]. Die Vasenmaler scheinen den Ausgang des Kampfes, der ein beliebtes Motiv auf archaischen Gefäßen war, jedoch unterschiedlich beurteilt zu haben. Auf der schwarzfigurigen Münchner Amphore ist Atalante im Vorteil (Abb. 15.1): Zwar hat der links kämpfende Peleus ihre Rechte

mit seiner Linken am Handgelenk gepackt, doch sie drückt ihm wiederum mit ihrer Linken von oben den Kopf nach unten – der sogenannte Nackenzug, ein beliebter Ringergriff[3]. Um sich diesem zu entziehen, ist Peleus in die Knie gegangen und versucht sich nach hinten wegzuducken, den rechten Arm hat er vor Anspannung angewinkelt. Seine Füße befinden sich nahe beieinander, der Stand ist also labil. Außerdem ist sein Gesicht hinter Atalantes Arm verborgen, was zu einer Siegerdarstellung nicht passen würde (Abb. 15.2). Das Heldenmädchen ist darüber hinaus mit einem mächtigen Körperbau ausgestattet, der dem des Peleus in nichts nachsteht. Da sie nur mit einem Lendenschurz bekleidet ist, wird ihre Körperlichkeit durch die weiße Farbe, mit der man die nackte Haut von Frauen in der schwarzfigurigen Vasenmalerei charakterisierte, noch zusätzlich betont. Weibliche Rundungen fehlen fast vollständig. Hinter Peleus steht ein Schiedsrichter mit einer langen gegabelten Rute, wie wir ihn von zahlreichen antiken Sportdarstellungen her kennen. Hinter Atalante sieht man einen anderen nackten Mann, der die Kämpfenden anfeuert. In ihm ist ebenfalls einer der Teilnehmer an den Ringkämpfen zu erkennen, da ein Zuschauer wohl eher bekleidet dargestellt worden wäre[4]. Zwischen Peleus und Atalante am Boden sitzt ein nackter Mann, bei dem es sich um einen weiteren (von Atalante bereits besiegten?) Kontrahenten handelt. Die Szene gleicht in vielerlei Hinsicht gewöhnlichen Ringerbildern. Allein das Auftreten Atalantes, durch die weiße Körperfarbe markant in Szene gesetzt, gibt dem Bild einen besonderen Reiz. Erstaunlich ist in dieser Hinsicht, dass der am Boden Sitzende seinen Kopf nicht dem ungewöhnlichen Anblick des ringenden Mädchens zuwendet. Sollte er vielleicht vom Sieg des Peleus überzeugt sein?

Bei anderen Bildern in unserer Sammlung ist die Entscheidung, ob Atalante oder Peleus im Vorteil ist, noch schwieriger. Auf dem Fries zwischen den Henkeln einer kleinen schwarzfigurig bemalten Schale (Abb. 15.3) stehen sich die Kontrahenten Stirn an Stirn ebenbürtig gegenüber. Wieder ist die rechte Figur der Gruppe auf den ersten Blick durch die weiße Haut als Atalante zu erkennen. Beide Ringer haben jeweils ein Handgelenk des Gegners gepackt, in der Hoffnung, einen Zuggriff ansetzen zu können. Ihre Unterkörper sind weit nach hinten gestreckt, um zu verhindern, dass sich der Gegner an ihrer Hüfte festklammert. Zwischen ihnen steht der Siegespreis, ein Weinmischkessel. Von den zu beiden Seiten der Ringergruppe stehenden Zuschauern zeigen einige großes Engagement beim Anfeuern der einen oder der anderen Partei. Einen Vorteil für Atalante kann man vielleicht darin sehen,

15.3 *Atalante und Peleus ringen um einen Weinmischkessel, der zwischen ihnen auf dem Boden steht. Sie werden von jeweils einem Helfer engagiert angefeuert. Weitere Zuschauer zu Fuß und zu Pferd stehen ruhig dabei. Attischschwarzfigurige Trinkschale, um 560 v. Chr. (Kat. 59).*

15.4 Sieg für Atalante: Der Kopf und Fell eines Ebers, die zwischen den Ringern aufgestellt sind deuten auf Atalantes zweite Heldentat hin – ihren Erfolg bei der Jagd auf den Kalydonischen Eber. Chalkidische Hydria, um 550 v. Chr. (Kat.60).

15.5 Argonautenversammlung bei den Leichenspielen für Pelias. Atalante und Peleus ringen miteinander. Hinter Peleus die durch Inschriften benannten Argonauten Mopsos und Klytios, hinter Atalante wohl Akastos, der Sohn des Pelias, mit seiner Frau Astydameia. Detail von Abb. 4.

dass auf ihrer Seite mehr Zuschauer stehen als auf der des Peleus, was ihrer Hälfte des Frieses größeres Gewicht verleiht.

Auf dem Hauptbild eines schwarzfigurigen Wassergefäßes (Hydria) liegt zwischen den Ringern anstelle des Weinmischkessels der Kopf eines Ebers auf einem Tisch, sein zotteliges Fell ist im Hintergrund aufgespannt (Abb. 15.4. 5). Diese beiden Gegenstände erinnern an eine andere Heldentat Atalantes, die im Mythos allerdings erst später anzusiedeln ist: die Jagd auf den Kalydonischen Eber (s. u.). Atalante wird Kopf und Fell des Tieres als Trophäen für ihre besonderen Leistungen bei der Jagd erhalten. Vielleicht sollen diese streng genommen anachronistischen Requisiten in unserem Bild ein Hinweis darauf sein, dass Atalante siegen wird?[5] In der Darstellung des Ringkampfes selbst ist das nämlich noch nicht zu erkennen: Wieder lehnen die Kontrahenten mit der Stirn gegeneinander und packen sich an den Armen. Atalante, diesmal auf der linken Seite stehend, hat mit ihrer Rechten Peleus‹ linkes Handgelenk fest umfasst, während er ihr mit seiner Rechten den Unterarm zusammenpresst, wohl um sie zum Loslassen zu bewegen. Ihr linker Arm ist in Richtung auf seine Hüfte ausgestreckt, vielleicht will sie ihn hier zu fassen bekommen. Die große Zuschauerzahl zeigt an, dass der Ausgang des Kampfes mit großer Spannung erwartet wird. Wie auf der vorher gezeigten Schale hat Atalante einen Zuschauer mehr auf ihrer Seite. Unter ihren Anhängern befindet sich auch eine Frau. In diesem Bild sticht Atalantes weißer Körper nicht so stark hervor wie auf den bisherigen, da sie mit einem kurzen roten Wams bekleidet ist und auch zahlreiche Gewandteile der übrigen Figuren in Weiß und Rot gemalt sind, so dass der ganze Fries bunter wirkt. Dies ist eine Eigenart der sog. Chalkidischen Vasen. Diese nahezu ausschließlich in Italien gefundenen, aber mit Inschriften im Alphabet der Stadt Chalkis auf der griechischen Insel Euböa versehenen Gefäße zeichnen sich durch die besondere Vielfarbigkeit ihrer Darstellungen aus[6]. Einigen Figuren in unserem Bild sind Inschriften beigegeben. Die Namen der beiden Ringer verlaufen jeweils parallel zur Krümmung ihres Rückens. Überraschend ist, dass der Maler den Gegner Atalantes nicht Peleus, sondern Mopsos nennt. Mopsos war ein Wahrsager aus dem Stamm der Lapithen, der ebenfalls an vielen mythischen Abenteuern teilgenommen hat. Er war wie Atalante auf der

Fahrt der Argonauten dabei und tatsächlich nimmt er in der Erzählung an den Leichenspielen für Pelias teil, allerdings als Faustkämpfer, nicht als Ringer. Möglicherweise hat sich hier der Maler der Inschriften vertan: dem bärtigen Mann, der hinter
dem als Mopsos bezeichneten Ringer steht, hat er nämlich den Namen »Peleus«
auf das Gewand geschrieben. Richtig ist wohl, in dem Ringenden Peleus, in dem
Zuschauenden Mopsos zu erkennen. Hinter Letzterem steht mit Klytios ein weiterer Argonaut. Die Zuschauer hinter Atalante sind nicht namentlich gekennzeichnet. Sie lassen sich aber trotzdem benennen: Der unmittelbar bei dem Heldenmädchen stehende Mann, der sich wie Mopsos auf einen Speer stützt, wird Akastos
sein, der Sohn des Pelias, der die Leichenspiele für seinen verstorbenen Vater ver-
anstaltet. Hinter ihm ist sodann mit großer Wahrscheinlichkeit seine Frau Astydameia dargestellt, die im weiteren Verlauf des Mythos eine Rolle spielen wird[7]. Ihre
zierliche Gestalt bildet einen sprechenden Gegensatz zum muskulösen Körper
Atalantes.

Völlig ausgeglichen sieht der Ringkampf schließlich auf einer der wenigen plastischen Darstellungen der Atalante aus: Auf einem Henkel, der einst zu einer etruskischen Bronzebüchse gehört hat, ringen Atalante und Peleus in zunächst ungewöhnlich erscheinender Haltung miteinander (Abb. 15.6). Jeder hat eine Hand am
Nacken des Gegners, um diesem den Kopf herunterzudrücken, und jeder versucht
mit der anderen Hand, den Griff des Gegners zu lockern (Abb. 15.7). Dies ist eine
nicht unübliche Situation im Ringkampf, in der beide Kontrahenten versuchen,
den sog. Nackenzug anzuwenden[8]. Merkwürdig erscheint die Haltung hier nur,
weil der Künstler die Oberkörper der beiden Ringer zu einer Seite gewendet hat,
um dem Betrachter ihre Gesichter zu zeigen. Beide lassen dabei jedoch in ihrer
Umklammerung nicht nach. In den spannungsvollen Körpern und dem weiten fe-
dernden Stand spürt man förmlich ihre Kraftanstrengung.

Es gibt auch eine Darstellung des Ringkampfes, bei der Atalante deutlich unterlegen ist: Auf dem Fragment eines Weinmischkessels von der Akropolis in Athen
hat Peleus seinen linken Arm von hinten um Atalantes Schulter geklammert und
blockiert so ihren rechten[9]. Mit seiner rechten Hand hat er sie am linken Handgelenk gepackt. Im nächsten Moment wird er sie hochheben und auf den Boden
werfen (Abb. 15.8). Atalante trägt auf dieser Darstellung einen kurzen karierten
Chiton. Ihre Haare sind in einer für diese frühe Zeit noch untypischen Weise am
Hinterkopf durch ein Band nach oben gezogen – eine Frisur, die »Krobylos« ge-

15.6 Eine tragfähige Verbindung?
Peleus und Atalante haben sich
gegenseitig am Nacken gepackt
und bilden so eine »menschliche
Brücke«, die als Griff für den Deckel
einer etruskischen Ciste gedient hat.
Um 450 v. Chr. (Kat. 61).

15.7 Fingerhakeln auf Griechisch?
Die beiden Ringer versuchen sich
jeweils aus dem Klammergriff des
anderen zu befreien. Ansicht von
oben der Gruppe Abb. 6.

nannt wird, und sich in dieser Zeit v. a. bei Darstellungen männlicher Athleten findet.

Ob Atalante nun als Siegerin aus dem Ringkampf hervorgeht oder nicht – bemerkenswert ist, dass dieser Kampf zwischen Mann und Frau überhaupt stattfindet. Atalante widerspricht vollständig dem konventionellen Bild der antiken Frau (s. Kap. 2). Zwar gab es in der griechischen Antike auch Frauen, die Sport trieben. Dies gilt jedoch hauptsächlich für die weiblichen Mitglieder der Oberschicht von Sparta, die tatsächlich dieselben sportlichen Disziplinen ausübten wie ihre Männer. In anderen Städten beschränkte sich der Frauensport wohl weitgehend auf Wettläufe für die unverheirateten Mädchen, die diese zu Ehren von Göttinnen wie Hera oder Artemis durchführten.[10] Niemals kam es vor, dass sich Frauen und Männer im direkten Vergleich miteinander maßen, wie es Atalante im Ringkampf mit Peleus tut.

Atalante als Jägerin

Wie kommt es dazu, dass Atalante derart aus der (Geschlechter-)Rolle fällt? Durch ein besonderes und zunächst hartes Schicksal: Als Kind wird sie von ihrem Vater Iasios (in anderen Versionen der Geschichte heißt er Schoineus) in Arkadien ausgesetzt, da dieser sich nicht mit einer vermeintlich nutzlosen Tochter herumschlagen und lieber auf die Geburt eines Sohnes warten will[11]. In der Wildnis allein gelassen, wird Atalante von einer Bärin gesäugt und schließlich von Jägern gefunden, die sie zu sich nehmen und sie aufziehen. Ihr gewohntes Umfeld ist also nicht der feste Rahmen einer Familie und einer Stadt, sondern die Wildnis. Dort lebt sie, nachdem sie herangewachsen ist, als jungfräuliche Jägerin, der Artemis gleich. Da sie dieses Leben liebt, beschließt sie niemals zu heiraten. Mit der Hochzeit müsste sie nämlich die liebgewonnene Freiheit aufgeben und fortan im Haus ihres Gatten leben. Eine verheiratete Frau durfte ihr Heim nicht ohne weiteres verlassen, und auf gar keinen Fall durfte sie typisch männlichen Tätigkeiten nachgehen, zu denen die Jagd zählte. Atalante will also unbemannt und selbstständig bleiben und wehrt sich deshalb im wahrsten Sinne des Wortes nach Kräften gegen eine Heirat. Durch ihre Unabhängigkeit von gesellschaftlichen Konventionen und durch die von ihr

ausgeübten Tätigkeiten wie Jagd und Athletik gehört Atalante wie die Amazonen in die Kategorie der »quasimännlichen« Frauen. Mit diesen teilt sie auch das Schicksal, von modernen Forschern immer wieder missverstanden und als »männerhassend« bezeichnet zu werden, was aber nicht dem Ton der antiken Erzählungen entspricht. Dort wird lediglich betont, Atalante wolle keinen Mann haben. Das heißt aber nicht, dass sie männliche Gesellschaft generell scheut. Sie nimmt im Gegenteil in Gemeinschaft mit Männern an der berühmten Jagd auf den Kalydonischen Eber teil. Dieses Untier tyrannisiert die Gegend um die Stadt Kalydon im nordgriechischen Ätolien, da König Oineus versäumt hat, der Göttin Artemis die ihr zustehenden Opfer darzubringen. Meleager, der Sohn des Königs, ruft nun viele mutige Jäger zusammen, um mit ihnen gemeinsam das Tier zu töten. Unter der Jagdgesellschaft befindet sich auch Atalante. Sie erweist sich sogar bei der Jagd als besonders geschickt und erfolgreich. Wie die Göttin Artemis jagt Atalante meist als Bogenschützin und trifft deshalb das Untier bereits aus größerer Distanz mit ihren Pfeilen. Dabei schwächt sie es so sehr, dass die Jäger es anschließend erlegen können. Voll Bewunderung und Respekt schenkt Meleager ihr deshalb Kopf und Fell des Ebers.

Atalantes prominente Rolle auf der Jagd wird in manchen Darstellungen durch eine herausgehobene Position deutlich. So wird sie entweder in unmittelbarer Nähe zum Eber gezeigt, oder ganz am Ende der Jagdgesellschaft. Von der hinteren Position kann sie besonders gut mit ihren Pfeilen auf den Eber zielen. Außerdem ist Atalante – abgesehen von ihrem Geschlecht – durch Kleidung und Bewaffnung aus der Gruppe der Jäger herausgehoben. Auf den Fragmenten eines großen Münchner Wassergefäßes (Hydria) haben sich die beiden gegenüberliegenden Enden eines Frieses mit einer Darstellung der Kalydonischen Jagd erhalten (Abb. 15.9. 10). Auf dem einen Fragment ist der Eber zu sehen. Er hat einen Hund zerrissen, dessen hintere Hälfte sich noch auf dem Rücken des Untiers befindet. Die andere Hälfte liegt unter seinem Bauch. Auf dem zweiten Fragment sieht man Atalante, die, wie durch die sehr weite Schrittstellung angedeutet wird, auf den Eber zueilt. Im Laufen spannt sie den Bogen, mit dem sie im nächsten Moment einen Pfeil abschießen wird. Zwischen Atalante und dem Eber sind zwei weitere Jäger zu ergänzen. Den Ellenbogen und das Ende der Waffe des einen sieht man am Rand des Fragments mit Atalante. Auf einem zugehörigen Bruchstück in den Beständen des

15.9 *Eberjagd Teil 1: Die Beute. Der Eber hat einen Hund zerrissen, dessen zwei Hälften auf seinem Rücken und unter seinem Bauch zu erkennen sind. Fragment einer Caeretaner Hydria, um 540 v. Chr. (Kat. 62).*

15.10 *Eberjagd Teil 2: Die Jägerin. Atalante eilt mit gespanntem Bogen im Laufschritt heran, um den Eber zu töten. Fragment der Caeretaner Hydria (Abb. 15.9).*

15.11 Helfer für Atalante: zwei
weitere Jäger stehen zwischen ihr
und dem Eber und gehen mit langen
Speeren gegen das Untier vor.
Rekonstruktionsversuch des Gefäßes
(Kat. 62) mit einem anpassenden
Fragment in Paris (Inv. AM 1364).
Photomontage Renate Kühling.

15.12 Suchbild: zwei Unterschiede
zu Abb. 11 sind zu entdecken. Die
beiden Jäger tragen Keulen statt
Speere, und die Hundehälften sind
anders verteilt. Caeretaner Hydria
aus Caere in Paris, Louvre Inv. Nr.
E 696, um 530 v. Chr.

Louvre, das an das Fragment mit dem Eber genau anpasst, haben sich weitere Teile der Jäger erhalten (Abb. 15.11)[12]: Vom vorderen die Rückansicht des Oberkörpers, der mit einem ornamental verzierten Panzer geschützt ist. Der Jäger ist mit Schild und Speer bewaffnet und scheint unmittelbar vor dem Wildschwein zu stehen und ihm den Speer in die Brust zu rammen. Der schlangenartige Strich am vorderen Rand des Fragments stammt vom Schwanz des Hundes auf dem Rücken des Ebers. Leider ist an der Bruchkante die Oberfläche leicht abgesplittert, so dass man den Schwanzansatz nicht mehr sehen kann. Vom zweiten Jäger haben sich auf dem Pariser Fragment der Kopf und ein Stück des Speers erhalten. Gut vergleichbar ist eine Darstellung der Kalydonischen Eberjagd auf einer weiteren Caeretaner Hydria im Louvre (Abb. 15.12)[13]: Dort besteht die Gruppe der Jäger ebenfalls aus Atalante und zwei männlichen Gefährten. Wieder jagt sie als letzte in der Reihe mit dem Bogen, während die vor ihr stehenden Männer diesmal Keulen als Waffe verwenden. Und wiederum sind die zwei Hälften eines zerrissenen Hundes auf bzw. unter dem Wildschwein zu sehen. Ein ähnlicher Jagdzug ist auf einem Münchner »Salbgefäß« (Exaleiptron/Kothon) aus der ganz frühen Zeit der schwarzfigurigen Vasenmalerei zu sehen (Abb. 15.13–15): Wieder befindet sich an einem Bildende – diesmal ist es das rechte – das riesige Wildschwein, unter dessen Füßen schon ein getöteter Jäger liegt. Auf dem Rücken des Untieres haben sich zwei Hunde festgebissen und ein dritter in eines der Vorderbeine. Ihm gegenüber stehen vermutlich sechs Jäger, von denen sich aber nur vier auf dem fragmentierten Gefäß erhalten haben. Die letzte Figur in der Reihe ist durch Kleidung und Bewaffnung von den vor ihr laufenden Jägern unterschieden. Sie trägt einen kurzen Chiton und hält einen gespannten Bogen vor sich. In Abgrenzung von den nackten und mit Speeren bewaffneten Jägern vor ihr, kann hier nur Atalante gemeint sein. Dahinter sieht man einen bärtigen Mann mit einem langen Szepter. In ihm ist Oineus zu erkennen, der König von Kalydon und Vater des Meleager, der die Eberjagd befohlen hatte.

Bisweilen finden sich abweichende Darstellungen, die Atalante anstelle des Bogens mit einem Speer zeigen. Ein seltenes Beispiel aus der frühgriechischen Zeit ist auf dem großen Jagdfries eines Mischkessels in Florenz zu sehen (Abb. 7.3). Interessant ist, dass Atalante ausgerechnet auf dieser Vase mit einem Speer dargestellt wird. In der Regel wird durch die von den Jagdgefährten abweichende Bewaffnung ihre Andersartigkeit unterstrichen. Hier sind es hingegen einige andere Jäger, die

15.13 Verlustreiche Jagd. In dieser Ansicht des Gefäßes erkennt man den von zwei Hunden und einem Jäger bedrängten Eber, unter dessen Bauch der Jäger Ankaios liegt, der die Jagd auf das gefährliche Untier nicht überleben wird. Attisch-schwarzfiguriges Exaleiptron/ Kothon, um 560 v. Chr. (Kat. 63).

15.14 Atalante ist in der Reihe der Jäger an ihrem kurzen Chiton zu erkennen. Außerdem spannt sie als einzige einen Bogen, während die übrigen Jäger Speere wurfbereit erhoben halten. Detail von (Kat. 63).

durch Kleidung und Bewaffnung als exotisch gekennzeichnet sind. Bei zweien von ihnen stehen barbarische Namen beigeschrieben (Vgl. dazu o. Kap. 7). Möglicherweise wird hier vor dem Hintergrund der noch eindeutigeren Ausländer Atalante in ihrer Ikonographie wieder den griechischen Jägern angeglichen. Auf einigen hellenistischen und römischen Bildern erscheint sie allein dem Eber gegenüber stehend in direkter Angriffsposition oder gar mit dem bereits in die Brust des Untiers gestoßenen Speer. Solche Darstellungen gehen wohl auf eine berühmte Skulptur des griechischen Bildhauers Skopas zurück. Dieser hatte für den Giebel des Athenatempels von Tegea in Arkadien, Atalantes mythischer Heimat, eine Skulpturen-

gruppe mit dem Thema der Kalydonischen Eberjagd geschaffen. Dass der hier be-
schriebene Atalantetypus auch auf Münzen aus Tegea erscheint (Abb. 15.16)[14],
stärkt die Annahme einer Verbindung zwischen Typus und Vorbild.

Wieder andere Darstellungen zeigen Atalante mit einer Doppelaxt. Sie stammen allerdings überwiegend aus dem etruskischen Kontext, in dem die Axt als
Waffe insgesamt eine sehr viel größere Verbreitung hatte als in Griechenland. Die
Vielzahl derartiger Darstellungen der Kalydonischen Eberjagd auf Spiegeln und Urnen könnte auch auf ein monumentales Vorbild in Malerei oder Rundplastik hindeuten. Auf einem Bronzespiegel aus Basel sieht man, wie Meleager, bis auf Stiefel, Umhang und phrygische Mütze unbekleidet, dem Eber einen Speer in den Leib
stößt. Atalante, in kurzem Chiton mit Kreuzgürtung hinter dem Untier stehend,
holt mit der Axt zum tödlichen Schlag aus. (Abb. 15.17. 18)[15]. Die Namen der beiden sind in einer etruskisierten Variante den Figuren beigeschrieben: Meliacre und
Atlanta. Zu ihren Seiten stehen weitere Jäger, die jedoch am dramatischen Jagd-

*15.16   Allein mit der Bestie.
Atalante tritt dem Eber mit einem
Speer entgegen. Vorbild für diese
Münze der griechischen Stadt Tegea
war die Skulpturengruppe des
berühmten Bildhauers Skopas im
Giebel des Athenatempels der Stadt.
Römische Bronzemünze severischer
Zeit, Paris, Bibliothèque Nationale.*

*15.17   Atalante und Meleager,
beide mit Inschriften bezeichnet, töten
den Eber in Gemeinschaftsarbeit.
Zwei andere Jäger sehen zu. Der
linke hat seine zwei Speere aufrecht
in der Hand und lehnt sich an einen
Baum, der rechte zückt sein Schwert.
Etruskischer Griffspiegel aus
Tarquinia in Basel, (Inv. BS 535),
2. Hälfte 4. Jh. v. Chr.*

*15.18   In der Umzeichnung des
Spiegels von Abb. 16 sind die
Figuren deutlicher zu erkennen.*

geschehen weitgehend unbeteiligt sind. Aktiver sind zwei Jagdhunde, die sich in den Eber verbissen haben. Eine ähnliche Szene ist auf einer Alabasterurne aus dem etruskischen Volterra abgebildet (Abb. 15.19)[16].

Atalante tritt jedoch in den mythischen Erzählungen und den bildlichen Darstellungen nicht nur als die unerschrockene Jägerin auf. Sie ist auch die Heldin einer tragischen Liebesgeschichte: Der Königssohn Meleager verliebt sich in die eigenwillige Jägerin und die beiden werden ein Liebespaar. Ihr Miteinander findet in zahlreichen Bildern seinen Ausdruck, von denen der Großteil aus dem 4. Jh. v. Chr. stammt. In dieser Zeit wurden erotisierende Themen in der griechischen Kunst immer beliebter und begannen, die klassisch-dramatischen Mythen zu verdrängen. Möglich ist, dass die Erotisierung des Atalantemythos eine Folge der starken Betonung des Liebesmotivs in Euripides Tragödie »Meleagros« war, die 416 v. Chr. in Athen uraufgeführt wurde. Ein schönes Beispiel für diese neuen Bilder ist der rotfigurige Glockenkrater in Würzburg, auf dem Atalante mit dem Rücken zum stehenden Meleager sitzt (Abb. 15.20)[17]. Er legt ihr die Hand auf den Rücken, und sie blickt ihn über die Schulter hinweg an. So wie die beiden hier erscheinen, könnten auch sehr vertraute Jagdgefährten gezeigt sein. Dadurch, dass es sich aber um ein Paar aus Mann und Frau handelt, wirken die Berührung und der Blick unwillkürlich erotisch aufgeladen[18]. Zu dieser Atmosphäre tragen auch die Randfiguren der Szene bei: Hier spielt z. B. ein Erosknabe, Sohn der Liebesgöttin Aphrodite, mit einem Hasen, der ein beliebtes Geschenk zwischen Paaren war. Über Atalante und Meleager ist eine liegende Mondsichel abgebildet[19].

Ein ähnliches Liebesthema weist auch der etruskische Bronzespiegel auf, der sich ehemals im Besitz der Antikensammlungen befand und seit dem Krieg verschollen ist. Eine alte Umzeichnung des Bildfeldes zeigt Atalante inmitten einer Familienviergruppe mit Meleager, seiner Mutter Althaia und seinem Großvater Porthaon (Abb. 15.21). Die beiden Jäger stehen im Zentrum der Darstellung unter Beischriften (Atlenta und Meleakr). Meleager ist bis auf die hohen Jagdstiefel und einen Mantel, der ihm im Rücken herabfällt, unbekleidet. Er trägt einen Speer in der rechten und ein Schwert mit Scheide in der linken Hand. Über seiner linken Schulter erscheint der Kopf eines Ebers als Hinweis auf die legendäre Jagd.

15.19 Atalante und Meleager nehmen den Eber in die Zange. Atalante wird ihm im nächsten Moment durch einen Schlag mit ihrer Axt den Garaus machen. Etruskische Alabasterurne aus Volterra in Florenz, Museo Archeologico Inv. 78484, 2. Jh. v. Chr.

15.20 Nach der Jagd. Atalante und Meleager in vertrauter Pose beim Ausruhen. Zu ihren Füßen spielt ein Erosknabe mit einem Hasen – beides sind Symbole, die die Liebesthematik des Bildes unterstreichen. Attisch-rotfiguriger Kelchkrater in Würzburg, Inv. 522, frühes 4. Jh. v. Chr.

15.21 Familienbande. Atalante und Meleager, beide durch spiegelverkehrte Inschriften bezeichnet, stehen gerahmt von Meleagers Mutter Althaia und seinem Großvater Porthaon. Hinter Atalantes Kopf der Holzstoß, der auf den Feuertod Meleagers hindeutet, neben Meleagers Kopf derjenige des Ebers. Etruskischer Spiegel, ehemals im Besitz der Staatlichen Antikensammlungen München, Kriegsverlust. Sp. 4. Jh. v. Chr. (Kat. 64).

Atalante steht zur Rechten Meleagers. Sie ist mit langem ungegürteten Chiton und einem Schultermantel bekleidet. Mit der Rechten hat sie eine Axt geschultert. Am Bildrand neben ihr sitzt eine nackte Frau vor der Folie ihres Gewandes, das nur noch eine Schulter und das linke Knie bedeckt. Allein durch die Beischrift »Althi[…]« ist sie als Althaia erkennbar[20]. Ihr gegenüber, am Bildrand neben Meleager, sitzt Porthaon, der ebenfalls mit einer Inschrift gekennzeichnet ist. In der jugendlich athletischen Gestalt, die wie Meleager nur einen Schultermantel trägt und sich ebenfalls auf einen Speer stützt, würde man sonst kaum seinen Großvater erkennen.

Hinter Atalantes Kopf ist ein Holzstoß zu sehen, der wohl auf den tragischen Tod Meleagers hindeuten soll, mit dem Atalante indirekt zu tun hat. Nachdem Meleager nämlich dieser Kopf und Fell des Kalydonischen Ebers geschenkt hat, beklagen sich seine Onkel, Brüder seiner Mutter, sehr darüber und greifen ihn an. Meleager tötet die beiden. Voller Zorn wirft seine Mutter ein Holzscheit, von dem sie weiß, dass es durch einen Zauber mit dem Leben Meleagers verknüpft ist, ins Feuer. Er stirbt. Eberkopf und Holzstoß im Hintergrund deuten also den mythischen Hintergrund der Figurengruppe an.

Atalante als Läuferin

Eine andere Erzählung zeigt Atalante als Heldin einer weiteren ungewöhnlichen Begebenheit, die letztendlich zum Verlust ihres Heldinnenstatus führt[21]. Wieder handelt sie in einer für Frauen untypischen Weise, da sie sich weigert zu heiraten. Ein Orakelspruch hatte sie vor den Folgen einer Ehe gewarnt, und so ist sie entschlossen, ihre Unabhängigkeit zu wahren. Sie willigt jedoch auf Drängen ihres Vaters ein denjenigen zu heiraten, der sie in einem Wettlauf besiegt. Der Verehrer erhält dabei einen Vorsprung, während Atalante, mit ihren Waffen in der Hand laufend, die Verfolgung aufnimmt. Holt sie den Kontrahenten ein, so darf sie ihn töten. Aufgrund ihrer großen Schönheit finden sich trotz des Risikos immer wieder Bewerber zu diesem Wettlauf bereit, doch Atalante bleibt stets überlegene Siegerin. Schließlich fordert ein junger Mann sie heraus, der in manchen Quellen Meilanion, in anderen Hippomenes heißt. Die Austauschbarkeit seines Namens macht deutlich, dass im Mythos letztendlich nicht seine Person interessiert, sondern nur die Rolle, die er zu erfüllen hat. Bei seinem Vorhaben Atalante zu besiegen erbittet er Unterstützung von der Liebesgöttin Aphrodite. Diese schenkt ihm drei goldene Äpfel, die er während des Wettlaufs nacheinander auf den Boden fallen lässt. Atalante kann den glänzenden Gegenständen nicht widerstehen und bückt sich danach. So verliert sie wertvolle Zeit, und Meilanion gelingt es sie im Lauf zu besiegen.

Ein Wettlauf um eine Braut ist in der griechischen Antike nicht unüblich. Das Besondere ist jedoch, dass Atalante ihren Brautlauf selbst austrägt. Der Lauf ist gleichzeitig eine Jagd, und Atalante ist hier – anders als in dem vorher geschilderten Mythos – gleichzeitig Jägerin und Beute bzw. Siegespreis.

Es existiert keine Darstellung des Wettlaufs zwischen Atalante und einem ihrer Freier in der antiken Kunst. Allerdings gibt es ein Bild, das Atalante laufend zeigt: Auf dem weißgrundigen Ölfläschchen (Lekythos) des Vasenmalers Duris in Cleveland (Abb. 15.22)[22] eilt sie in schnellem Lauf nach rechts. Sie trägt hier – anders als in allen übrigen Darstellungen – eine stoffreiche und üppig verzierte Mädchentracht, bestehend aus einem durchscheinenden langen Gewand (Chiton), das sie mit der linken Hand anmutig lupft, und einem Mantel (Himation). Auf dem Kopf hat sie in gefältetes Tuch, das wohl einen Brautschleier andeuten soll. Um sie herum springen drei Eroten, die Ranken und Zweige zu ihrem Schmuck herbeibringen[23]. Einer von ihnen hat einen Kranz geflochten, den er Atalante zu überreichen versucht. Sie schlägt jedoch abwehrend mit der Hand nach ihm. Es verlangt sie

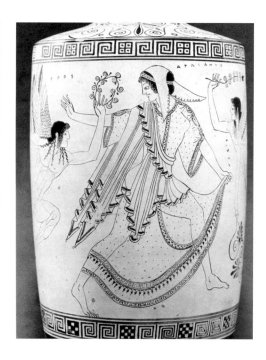

nicht nach einem Brautkranz, der ja das Ende ihrer Souveränität bezeichnen würde. Dieses Vasenbild ist ganz und gar erstaunlich. Ohne die Beischrift »Atalante« käme man nicht auf die Idee, in dem festlich gekleideten Mädchen die jagende Männergesellin und erbarmungslose Wettkämpferin zu erkennen. Nur an der die Eroten abwehrenden Haltung offenbart sich ihr Unabhängigkeitsstreben, das in irritierendem Kontrast zu ihrem bräutlichen Gewand steht. Ohne ihren mythischen Verfolger Meilanion/Hippomenes scheint es als sei Atalante vor sich selbst auf der Flucht. Das Bild, das Duris hier gezeichnet hat, kann nur allegorisch zu verstehen sein: Das Mädchen kann vor seinem Schicksal, d. h. vor der Verheiratung, nicht davonlaufen. Sollte es sich bei diesem besonderen Bild um eine Auftragsarbeit handeln? Vielleicht das Geschenk eines jungen Mannes an die zu zurückhaltende Auserwählte?

Es gibt mehrere Vasenbilder, die Atalante im Ambiente der antiken Sportstätte, des Gymnasions, zeigen. Sie erscheint dann meist mit einem Jüngling zusammen bei den Vorbereitungen zum Sport, oder erschöpft nach dessen Ende. Mit dem Sport kann hier durchaus der Wettlauf gemeint sein, aber das lässt sich aus den Darstellungen nicht ohne weiteres ersehen. Auch diese Bilder Atalantes werden mit der Zeit erotisiert, wie es bei den Jagdbildern zu beobachten ist. Hier bietet vor allem das Thema der Körperpflege nach dem Sport die Möglichkeit, Atalante leicht oder gar nicht bekleidet in mehr oder weniger erotischen Posen zu zeigen. Ein besonders schönes Beispiel dafür findet sich auf einem rotfigurigen Kelchkrater in Bologna (Abb. 15.23)[24]. Hier steht Atalante, links im Bild, nackt hinter einem Waschbecken. Sie trägt reich geschmückte Sandalen und ist gerade dabei, sich die Haare unter eine Kappe zu stecken. Rechts im Bild steht ihr Kontrahent, ebenfalls unbekleidet, der sich mit einem Schaber Staub und Öl vom Training in der Palästra abschabt. Zwischen den beiden, und das ist der eigentliche Clou der Darstellung, sieht man Aphrodite mit ihrem Sohn Eros. Die beiden sind einander zugewandt, und Eros reicht seiner Mutter in seiner Hand verborgene Dinge. Dabei kann es sich nur um die goldenen Äpfel handeln, mit deren Hilfe Meilanion/Hippomenes Atalante um ihren sicher geglaubten Sieg bringen wird. Hinter Atalante lehnt ein bärtiger Mann auf seinem Knotenstock, der ihn als Athener Bürger ausweist. In ihm ist wohl der Vater des Mädchens zu erkennen, der den Wettlauf um die Hand seiner Tochter ausgerufen hatte. Um die Szene herum angeordnet sitzen mehrere Jünglinge in lässiger Haltung als Zuschauer des Geschehens.

15.22 Auf der Flucht. Atalante im reichen Brautgewand sieht sich von drei Eroten umzingelt, die ihr Zweige und einen Kranz bringen. Alle Figuren sind inschriftlich benannt. Das heiratsunwillige Mädchen lupft sein Gewand, um schnell davonzueilen. Attisch-weißgrundige Lekythos des Duris, Cleveland Museum of Art, um 490 v. Chr.

15.23 *Atalante und Meilanion bei der Vorbereitung auf den Wettlauf, beide sind nackt. Sie schiebt sich die Haare unter eine Kappe, während er sich den Staub von der Haut schabt. In der Mitte Aphrodite und Eros, die die goldenen Äpfel austauschen, mit deren Hilfe Meilanion Atalante ablenken und sie besiegen wird. Attisch-rotfiguriger Kelchkrater des Dinos-Malers aus Bologna, Museo Civico Inv. Nr. 300, um 430 v. Chr.*

Die Episode vom Wettlauf der Atalante und ihrer Verbindung mit Meilanion/Hippomenes endet tragisch: Das Paar vergisst in seiner Begeisterung füreinander Aphrodite die gebührenden Dankesopfer zu bringen. Die Liebesgöttin ist daraufhin so erzürnt, dass sie die beiden veranlasst ein Sakrileg zu begehen: Sie vereinigen sich in einem Heiligtum miteinander. Zur Strafe werden sie anschließend von Zeus (in einer anderen Version von Kybele) in Löwen verwandelt[25].

Atalante hatte einen Sohn, Parthenopaios, dessen Name »von der Jungfrau Geborener« die besondere Unabhängigkeit seiner Mutter von einem Mann unterstreicht. Aus diesem Grund ist auch nicht genau bekannt, wer der Vater des Knaben war. Ares, Meleager und Meilanion werden gleichermaßen genannt. Parthenopaios wird später als einer der Sieben am Zug gegen Theben teilnehmen[26].

Atalante in den Bildern

Die Ikonographie Atalantes zeigt, dass sie von den Vasenmalern letztendlich doch nicht als vollständig »männergleich« gesehen wird: Die Maler der frühen, schwarzfigurigen Periode verzichten nicht darauf, die in dieser Zeit für die Darstellung von Frauen übliche weiße Farbe auf ihren Körper aufzutragen, obwohl diese für eine Jägerin, die ihr ganzes Leben in der Wildnis verbringt, kaum passend ist[27]. Des Weiteren wird Atalante in aller Regel bekleidet dargestellt. Weibliche Nacktheit war in der antiken Bilderwelt lange Zeit fast ausschließlich bei der Darstellung von Hetären möglich, selbst die Liebesgöttin Aphrodite ist bis in das 4. Jahrhundert v. Chr. hinein meist züchtig gewandet. Und Atalante war ja gerade keine Hetäre, keine erotische Gespielin, sondern eine lange Zeit keusche Männergesellin. Sie wird folglich zumindest in den frühen Bildern bekleidet dargestellt. Ihre Kleidung variiert jedoch. Mal ist es ein kurzer, mal ein langer Chiton, bisweilen nur ein Lendenschurz. Über der Kleidung kann sie – wie ihr göttliches Vorbild Artemis – ein Tierfell tragen, einmal sogar das eines Löwen (Abb. 15.24)[28]. Dieses erinnert gleichzeitig an ihre geradezu herkulischen Kräfte und an ihre spätere Verwandlung. Auf den Bildern aus dem späteren 5. und dem 4. Jahrhundert v. Chr., die ganz bewusst die erotische Verbindung von Atalante mit Meleager oder auch mit Peleus thematisieren, erscheint sie schließlich auch vollständig nackt (Abb. 15.23).

15.24 *Atalante in Heldentracht: Sie trägt wie Herakles ein Löwenfell um die Schultern geknotet. Das Fell erinnert gleichzeitig an ihre Tapferkeit und daran, dass sie am Ende aufgrund eines Frevels in eine Löwin verwandelt wird. Fragment eines attisch-schwarzfigurigen Dinos, Sammlung R. Blatter, Bollingen (Schweiz), um 560 v. Chr.*

In den Darstellungen der Kalydonischen Eberjagd wird Atalante wie bereits beschrieben häufig auch durch ihre Bewaffnung von ihren männlichen Jagdgefährten unterschieden. Sie trägt dann an Stelle des Speeres einen Bogen. Zwar ist der Bogen in Griechenland keine unübliche Jagdwaffe, bei der Wildschweinjagd wird er jedoch nur sporadisch verwendet. Durch seine Benutzung nähert sich Atalante einerseits der Ikonographie der Jagdgöttin Artemis an, mit der sie im Mythos eng verbunden ist. Andererseits lässt der Bogen auch an die Bewaffnung von Fremden wie Skythen oder Amazonen denken (vgl. dazu Kap. 5). In seltenen Fällen erscheint Atalante tatsächlich mit phrygischer Mütze oder sogar vollständig in orientalischer Tracht, so zum Beispiel auf einer rotfigurigen Amphore in Bari, auf der die sitzende Heldin das Eberfell aus der Hand Meleagers erhält (Abb. 15.25)[29]. Mit der fremdartigen Kleidung wird ausgedrückt, wie sehr Atalante durch ihr Verhalten aus der Norm ihrer griechischen Heimat fällt und in die Nähe anderer quasimännlicher Frauen wie der Amazonen rückt[30]. Wie diese wird sie allerdings gleichzeitig auch als begehrenswertes Wesen begriffen (s. Kap. 11). Dies zeigen die Mythen, die stets damit enden, dass Atalante wider Willen schließlich doch einen Liebhaber findet. Auf der Amphore aus Bari wird dies dadurch deutlich, dass über Atalante und Meleager ein fliegender Eros mit Girlande dargestellt ist.

In ikonographischer Hinsicht lässt sich in den Bildern von Atalante insgesamt eine Entwicklung ablesen: Die Maler der schwarzfigurigen Vasen der frühen Zeit lieben besonders den Ringkampf zwischen Atalante und Peleus. Die Eberjagd ist sowohl im archaischen als auch im frühklassischen Griechenland und Etrurien weit verbreitet. Sie wird jedoch in der Beliebtheit im fortgeschrittenen 5. und dann vor allem im 4. Jahrhundert v. Chr. durch Szenen abgelöst, die Atalante allein oder mit einem Gefährten in der Palästra zeigen, wobei der Kontext deutlich erotisiert wird. Auch in römischer Zeit ist Atalante noch eine präsente Sagengestalt, die vor allem in Darstellungen des Meleagermythos auf Sarkophagen und in der Wandmalerei vorkommt.

15.25 Siegerehrung. Meleager überreicht der sitzenden Atalante das Fell des Kalydonischen Ebers. Durch ihre orientalische Tracht wird sie als Jägerin gekennzeichnet und als eine Frau, die nicht dem Bild der »normalen« griechischen Frau entspricht. Durch den fliegenden Eros mit Girlande über den Köpfen von Atalante und Meleager wird das Bild erotisiert und das Fell zu einer Liebesgabe. Apulisch-rotfigurige Amphore aus Canosa in Bari, Museo Nazionale Inv. Nr. 872, um 330 v. Chr.

Welche Bedeutung hat der Mythos von Atalante?[31]

Atalante provoziert durch ihr Anderssein. Aber wen provoziert sie, oder was? Im Mythos von Atalante geht es wohl nicht um eine Infragestellung des klassischen Frauenbildes der Antike. Das wäre modern gedacht. Hinzu kommt, dass Atalante letztendlich an ihrem Versuch, unabhängig und anders zu sein, scheitert. Die eigentliche Provokation der Erzählung liegt auf einer anderen Ebene. Zunächst einmal fordert Atalante Männer heraus. Im wörtlichen, also kriegerischen und sportlichen, aber auch im übertragenen Sinne. Eine so unbändige, stolze und gleichzeitig begehrenswert schöne Person muss das Verlangen wecken sie zu zähmen und zu besitzen. In dieser Hinsicht ist sie berühmten Amazonen wie Penthesileia und Antiope verwandt (s. Kap. 12. 13). Wie diese beiden geht auch Atalante letztendlich an der männlichen Eroberung zugrunde. Das klassische Rollenbild siegt. Interessanterweise erscheinen die Bilder von Atalante aber nicht ausschließlich auf Gefäßen, die dem Gebrauch durch Männer vorbehalten sind. Im Gegenteil finden sich einige von ihnen auf mehrheitlich von Frauen genutzten Gefäßen wie zum Beispiel Wassergefäße (Hydrien). Atalante war also keine reine Männerphantasie, sondern wir müssen davon ausgehen, dass Frauen ebenfalls Gefallen an ihrer Darstellung fanden.

Durch ihr Verhalten, und hierbei vor allem durch die körperliche Betätigung, erregt Atalante Zweifel an ihrer sozialen und sexuellen Identität. Häufig wird sie deshalb als eine Identifikationsfigur für griechische Jungen und Mädchen in der Zeit des Heranwachsens gedeutet, in der diese noch nach ihrem Platz in der Gesellschaft suchen müssen.

Es gab in der Antike tatsächlich Riten, die junge Menschen vollziehen mussten, um das Überschreiten der Grenze zum Erwachsenendasein zu markieren, sogenannte Übergangsriten *(rites de passage)*. Einige davon verlangten Dinge zu tun, die normalerweise Angehörigen des anderen Geschlechts vorbehalten waren. Bei einem bestimmten Fest verkleideten sich zum Beispiel junge Athener als Mädchen. Griechische Mädchen hingegen führten bei Götterfesten Wettläufe durch (zum Beispiel bei den Arkteia im Artemisheiligtum von Brauron und den Heraia in Olympia). Atalante könnte als ein mythisches Bild für diese Lebensphase zwischen Kindheit und Erwachsenendasein dienen, in der die Heranwachsenden in keine Schublade so recht gehören wollen. Zwei der wichtigsten Tätigkeiten, die Atalante ausübt, gehören nämlich tatsächlich in den Kontext von Übergangsriten: die Jagd und der Wettlauf. Es war ein wichtiges Ereignis für junge Männer, wenn sie ihre erste Jagdbeute vorweisen konnten. Wettläufe für junge unverheiratete Mädchen wurden bereits erwähnt. Der Mythos von Atalante als Läuferin vereint nun diese beiden Riten, indem die Männer ihre Beute, das heißt Atalante, erringen müssen, während Atalante selbst den für weibliche Initiation typischen Wettlauf vollführt. Bezeichnend ist, dass Atalante sich im Mythos am Ende durch golden glitzerndes Spielzeug überlisten lässt – ein typisch weibliches Klischee. In einer späten Version des Mythos aus der Feder des römischen Dichters Ovid symbolisiert Atalante in besonderem Maße die Unsicherheit ihrer Schwellensituation: Sie ist hin und her gerissen, ob sie nicht doch lieber den Wettlauf verlieren möchte, da sie an ihrem Herausforderer Meilanion/Hippomenes aufgrund seiner Schönheit und seiner mutigen Rede großen Gefallen gefunden hat[32]. Will sie sich ihre Unabhängigkeit bewahren und damit einen eigenen Weg gehen, oder will sie sich dem verführerischen Jüngling hingeben, auf die Gefahr hin, dabei in die vorher verschmähte Rolle als Ehefrau zu fallen?

Der Wettlauf, der Teil des Mythos also, der am ehesten in den Kontext von Übergangsriten passt, wird allerdings in der antiken Kunst nur sehr selten dargestellt. Dies sollte gegenüber der Überbewertung einer solchen Deutung vorsichtig stimmen. Die Erzählung von der jagenden und der ringenden Frau passen nicht in

Atalante

Die jungfräuliche Atalante, eine unerschrockene Jägerin und unbesiegbare Athletin, scheute sich nicht, immer wieder ihre Kräfte mit Männern zu messen. So gewann sie im Ringkampf gegen Peleus und nahm zusammen mit den berühmtesten Helden Griechenlands, darunter auch Meleager, an der Jagd gegen den kalydonischen Eber teil. Sie schaffte es, das Untier so zu verwunden, dass Meleager es erlegen konnte. Kein Wunder, dass er sich in die schöne Jägerin verliebte und ihr sehr zum Ärger der anderen Jagdteilnehmer den Kopf und das Fell des Tiers schenkte.

Während in der nachantiken Kunst der Ringkampf mit Peleus keine Rolle spielt, ist die Geschichte von Atalante und Meleager sehr verbreitet. Gerard van Honthorst, ein vom Stil Caravaggios beeinflusster Maler, zeigt aber nicht wie viele antike und manche neuzeitlichen Darstellungen die eigentliche Jagd, sondern eine Szene nach vollbrachter Tat: Die Brust amazonenhaft entblößt präsentiert die Jägerin in Begleitung Meleagers den riesigen Kopf des erlegten Ebers, während eine tanzende und Tambour spielende Mänade und zwei Putten sie bejubeln. Der Akzent ist ganz auf den triumphalen Aspekt der erfolgreichen Tötung des Tiers und auf die darauf entflammte Liebe des Paars gelegt, was die einander zugewendeten Blicke deutlich zeigen. Der nach Meleagers Übergabe der Jagdtrophäe entflammte Streit mit den anderen Jägern, den Maler wie Jacob Jordaens zum Thema machen, ist hier völlig ausgeklammert. Andere Beispiele der flämischen Malerei reduzieren den Mythos von Atalante und Meleager gänzlich auf das Liebesverhältnis der beiden (Peter Paul Rubens, Alte Pinakothek).

In der Malerei der Frühen Neuzeit begegnen wir noch einer weiteren Geschichte des Mythos, die die antike Vasenmalerei nicht kennt. Dem Drängen des Vaters, ihr ungewöhnliches Leben aufzugeben und zu heiraten, widersetzte sich Atalante lange Zeit erfolgreich, denn keiner ihrer Bewerber erfüllte die von ihr gestellte Bedingung, sie im Wettlauf zu besiegen. Erst Hippomenes (Meilanion) bezwang sie, indem er drei goldene Äpfel, die Aphrodite ihm gegeben hatte, zu Boden fallen ließ. Davon unwiderstehlich angezogen, bückte sich Atalante und wurde dabei von Hippomenes überholt.

Ein besonders anschauliches Beispiel für diese Szene bietet Guido Reni, der in einer kühnen, wild bewegten Figurenkomposition von zwei auseinanderstrebenden Körpern den entscheidenden Moment festhält, in dem Atalante den fatalen Fehler begeht, sich umzudrehen und nach den Äpfeln zu greifen. Es fällt auf, dass Atalante im Unterschied zu vielen antiken Darstellungen eine betont weibliche, für moderne Begriffe »unsportliche« Figur hat, die im Widerspruch zu ihren athletischen Fähigkeiten zu stehen scheint. Wie so viele andere Mythen des klassischen Altertums hatte auch die Geschichte von Atalante und Hippomenes im christlichen Zeitalter eine moralisierende Umdeutung erfahren und sich damit vom antiken Ursprung weit entfernt. Wie Ovidinterpretationen des Mittelalters und der Neuzeit sowie auch andere Texte belegen, galt Atalante als Inbegriff der *Voluptas* sowie – gleichsam wie Eva, die auch nach den Äpfeln greift! – der leichten Verführbarkeit und der Gier nach vergänglichen Gütern. In diesem Sinn hat man auch die auffällig abweisende Handbewegung Hippomenes zu erklären versucht: Er hat zwar Atalante besiegt, begehrt sie aber nicht mehr und avanciert so zum tugendhaften Exempel.   *E.W.W.*

Literatur: E. Larsen, »Meleager und Atalante« in der Konzeption von Abraham Janssens, Rubens und Jordaens, Jaar boek van het Koninklijk Museum voor schone Kunsten te Antwerpen 1995 (1997), 177–194; M. Fumaroli, *Une peinture de méditation; à propos de l'Hippomène et Atalante du Guide*, in: »Il se rendit en Italie: études offertes à André Chastel« (1987) 337–358.

Linke Abb.: Gerard van Honthorst, »Meleager und Atalante«, 1632, Potsdam-Sanssouci, Neues Palais.

Rechte Abb.: Guido Reni, »Wettlauf der Atalante und des Hippomenes«, 1622–25, Madrid, Prado.

15.26 *Zwei Frauen auf der Eberjagd – Atalante im Doppelpack? Es gibt keinen Mythos, der von einer solchen Begebenheit erzählt, und so kann nur das Interesse des Vasenmalers an den leuchtend weißen Frauenkörpern zu dieser ungewöhnlichen Darstellung geführt haben. Attisch-schwarzfigurige Schale in deutschem Privatbesitz, um 550 v. Chr.*

diesen Kontext und müssen daher aus anderem Grunde zu einem so beliebten Bildthema geworden sein. Auffällig ist, dass es zwar einige Darstellungen des Ringkampfes gibt, auf denen Atalante einen leichten Vorteil gegenüber Peleus hat, dass sie aber nie als überlegene Siegerin gezeigt wird. Es geht also zumindest in der bildlichen Umsetzung des Mythos keineswegs um »Frauenpower«. Auf der Suche nach einer anderen Erklärung für die vielen Atalantebilder sollte man den Blick auf einen oft unterschätzten, da so offensichtlichen Aspekt richten: Zumindest in der Zeit der schwarzfigurigen Vasenmalerei, aus der ein Großteil der Jagd- und Ringkampfdarstellungen mit Atalante stammt, bereichert eine Frauendarstellung, zumal an prominenter Position, eine Vase im wahrsten Sinne des Wortes um einen Farbtupfer. Möglicherweise sind Atalantebilder in dieser Zeit schlicht so beliebt, da sie die ewig gleiche Reihe von Männerdarstellungen unterbrechen? Dies könnte auch erklären, warum auf einer Vase, einer schwarzfigurigen Schale in deutschem Privatbesitz sogar insgesamt vier »Atalanten« vorkommen (Abb. 15.26)[33]. Es handelt sich um reine Typenbilder mit vollständig symmetrischer Anlage, bei denen auf jeder Seite des Ebers eine »Atalante« und ein berittener Jäger in völlig spiegelbildlichen Posen abgebildet sind. Mit einer Wiedergabe einer bestimmten mythischen Begebenheit im Bild hat das wenig zu tun.

Die rotfigurigen Jagd- und Palästraszenen hingegen, in denen Atalante mit Meleager oder Meilanion in erotisiertem Kontext erscheint, gehören in eine andere Kategorie. In diesem Fall dienen die Darstellungen eines prominenten mythischen Liebespaares mit einer dramatisch endenden Geschichte dazu, das in den Bildern der klassischen Zeit überaus beliebte Liebesthema heroisch aufzuwerten[34]. Das Eberfell wird dabei zur Liebesgabe und die Körperpflege nach dem Sport zum Vorwand für die Präsentation des nackten Frauenkörpers.

Prokris und Kyrene

Zwei weitere Frauen im griechischen Mythos sind für ihren Jagdeifer bekannt: Prokris und Kyrene. Ihre Geschichten sind jedoch sehr verschieden.

Prokris

Prokris war die Tochter des Erechtheus, eines mythischen Königs von Athen. Sie war mit dem Jäger Kephalos verheiratet. Die beiden liebten sich sehr. Eines Tages wurde Kephalos von Eos, der Göttin der Morgenröte, geraubt, da diese sich aufgrund seiner Schönheit und Tapferkeit in ihn verliebt hatte. Kephalos war jedoch nicht glücklich über diese göttliche Zuneigung, und sprach ununterbrochen von seiner geliebten Prokris und davon, wie sehr er sich zu ihr zurück sehne. Eos ließ ihn schließlich verärgert ziehen. Zuvor hatte sie aber einen Zweifel in sein Herz gesät, ob ihm seine Gemahlin wohl auch treu geblieben sei. Kephalos ging deshalb zunächst in Verkleidung zu Prokris zurück und versuchte sie mit Hilfe von vorgetäuschten Reichtümern zu verführen. Nachdem sie sich eine Weile tapfer gewehrt hatte, gab Prokris schließlich nach und wollte sich dem vermeintlich Fremden hingeben. Als Kephalos sich ihr zu erkennen gab, floh sie vor Scham und auch vor Wut über das Misstrauen ihres Mannes zur jungfräulichen Göttin Artemis in die Wälder.[35] Mit dieser lebte sie für eine Weile jagend in der Wildnis. Artemis sah jedoch, wie sehr sich Prokris nach ihrem Mann sehnte, und führte schließlich eine Aussöhnung mit Kephalos herbei. Zum Abschied schenkte sie Prokris einen Jagdhund und einen unfehlbaren Speer, der darüber hinaus den Vorzug hatte, stets von selbst zu seinem Besitzer zurückzukehren. Als Beweis ihrer noch immer bestehenden Zuneigung überließ Prokris diese beiden Gaben ihrem Mann. Dieser zog weiterhin jeden Tag in die Wälder zum Jagen und blieb oft sehr lange aus. Einmal wurde er von einem anderen Jäger dabei beobachtet, wie er sich erschöpft von der Hatz

unter einen Baum legte und nach einer kühlen Brise (gr. Aura) rief, die ihn erqui-
cken solle. Der geheime Zuhörer dachte, Kephalos habe nach einer Geliebten gerufen, und ging zu Prokris, um ihr von der vermeintlichen Untreue ihres Mannes
zu berichten. Prokris war zutiefst bestürzt und lief in den Wald, um Kephalos mit
der Geliebten zu überraschen. Sie schlich sich durch die Büsche an die Stelle heran,
an der er lagerte. Ein Rascheln der Zweige unter ihren Füßen ließ Kephalos hoch-
schrecken und da er sie für ein wildes Tier hielt, warf er seinen Speer. Die göttliche
Waffe verfehlte ihr Ziel nicht und traf Prokris in die Brust. Sie starb in den Armen
ihres untröstlichen – und unschuldigen – Mannes.

Darstellungen von Prokris sind selten. Auf einem rotfigurigen Kolonnettenkrater in London (Abb. 15.27)[36] sieht man sie sterbend zu Boden sinken. Sie bemüht
sich vergeblich mit letzter Kraft den Speer, der in ihrer rechten Brust steckt, heraus-
zuziehen. Ihre Augen sind bereits geschlossen, und über ihrem Kopf fliegt ein
»Seelenvogel«, der andeutet, dass ihre Seele bereits im Begriff ist, den sterbenden
Körper zu verlassen. Vom Betrachter aus links steht Kephalos mit seinem Hund,
der ein Geschenk der Prokris war. Der Jäger schaut fassungslos auf seine sterbende
Frau und rauft sich mit der Linken die Haare. Ihm gegenüber, auf Prokris' anderer
Seite, steht ein bärtiger Mann mit einem langen Szepter, der anklagend die Hand
gegen Kephalos ausstreckt. Es handelt sich um Erechtheus, Prokris' Vater, den
König.

Auf der eben beschriebenen Vase ist Prokris mit einem kurzen Chiton bekleidet, der nach Art der Amazonen eine Brust frei lässt. Ihre Füße sind nackt. In anderen Darstellungen trägt sie hingegen hohe Stiefel, einen Chiton, der ihren Oberkörper ganz bedeckt, auf einer Lekythos in Mainz auch eine Ledermütze (Abb. 15.28)[37].
Meist hält sie zwei Speere in der Hand, die sie als Jägerin ausweisen, und hat einen
oder mehrere Hunde bei sich.

Auf einem Münchner Spendegefäß (Rhyton) des Sotades[38], der besonders für
seine phantasievollen figürlichen Gefäße bekannt ist, steht in der Bildzone eine
schlanke Gestalt in ungewöhnlicher Tracht (Abb. 15.29–30). Sie ist mit einem
kurzen Gewand bekleidet, über das anscheinend ein Tierfell gegürtet ist, das etwa
bis zur Hüfte reicht. Unter diesem schauen die Enden eines ›Schals‹ hervor, die
kurz oberhalb der Knie enden. Zu dieser Aufmachung trägt die Gestalt hohe Stiefel
und eine gewickelte Fellmütze und hält zwei Speere in den Händen. Auf den ersten Blick ist das Geschlecht der Person nicht leicht zu bestimmen. Die Tracht mit

Tierfell und hohen Stiefeln sowie die Speere lassen zunächst an einen männlichen Jäger denken. Dazu passt allerdings die Kopfbedeckung nicht so recht. Die Haare sind unter der Fellmütze sehr weit am Hinterkopf hochgebunden ohne dass einzelne Locken im Nacken sichtbar bleiben. Dies findet sich so in der Regel nur bei Frauendarstellungen[39]. Vermutlich trug die Frau, die auf dem Vasenbild der Figur mit den Speeren gegenübersteht, die Haare in derselben Art hochgesteckt. Sie reicht der Speerträgerin ein Fläschchen (Alabastron), das gewöhnlich zur Aufbewahrung kostbarer Duft- und Salböle verwendet wird. Solch ein Gefäß wird unter

Prokris

Luca Giordano, 1697–1700
Escorial, Casita del Principe, Copyright © Patrimonio Nacional

Die traurige Geschichte von Kephalos und Prokris handelt von einem klassischen Eifersuchtsdrama: Der passionierte Jäger Kephalos lässt sich von Eos (Aurora), deren Zuneigung er nicht erwidert, dazu verleiten, die eheliche Treue seiner Gattin Prokris auf die Probe zu stellen, und muss mit Entsetzen feststellen, dass er sich nicht darauf verlassen kann. Wieder versöhnt verdächtigte alsbald Prokris ihren Gemahl des Ehebruchs und belauschte ihn daher bei der Jagd. Da Kephalos seine mit einem Fell getarnte Frau für ein Wildtier hielt, tötete er sie versehentlich mit dem unfehlbaren Speer, den Prokris ihm einst geschenkt hatte.

In der Bildenden Kunst der Neuzeit werden verschiedene Episoden des Mythos dargestellt: die Begegnung des Kephalos mit Eos, die Versöhnung der Eheleute und der tragische Tod der Prokris. Auch der neapolitanische Maler Luca Giordano setzt das dramatische Ende ins Bild, deutet zugleich aber eine glückliche Wende des Geschehens an, die die Antike noch nicht kannte. Verzweifelt über die töd-liche Verwundung seiner Gemahlin wendet sich Kephalos an die soeben herannahende Artemis. Diese Figur der Jagdgöttin zeigt ebenso wie die kleine Hintergrundsszene mit einem Faun, der Prokris verfolgt, dass Giordano nicht nur Ovids *Metamorphosen* als Vorlage benutzte, sondern auch das berühmte Theaterstück *Cefalo* von Niccolò da Correggio (1487). Darin findet die Geschichte durch das Erscheinen der Artemis ein Happy-End, denn die Göttin erweckt Prokris wieder zum Leben. Diese Veränderung unterlegt dem antiken Mythos eine christliche Bedeutung. Das Schuldbewusstsein und die Reue des Kephalos ermöglichen die Erlösung der Prokris. Und auch die christliche Moral von der Geschichte bleibt nicht aus: Artemis ermahnt Prokris dazu, nie mehr eifersüchtig zu sein, und verlangt von Kephalos, niemals andere Frauen zu begehren. Die Geschichte von Kephalos und Prokris hat sich in der Neuzeit zu einer Parabel der Warnung vor ehelicher Eifersucht und Untreue entwickelt – ein Thema, das nie an Aktualität verlieren sollte! *E.W.W.*

Irving Lavin, *Cephalus and Procris. Transformations of an Ovidian Myth*, in *Journal of the Warburg and Courtauld Institutes* 17 (1954), pp. 260–287, 366–372.

Frauen und als Geschenk eines Mannes an eine Frau häufig verwendet. Dass eine Frau es jedoch einem Manne reicht, kommt äußerst selten und fast ausschließlich im Kontext von Grabkult vor. Mit großer Wahrscheinlichkeit handelt es sich also bei der Figur mit den Speeren um eine Frau, und zwar um eine, die jagt. Die Interpretation des Bildes ist nicht einfach, da man sich fragen kann, was eine Jägerin mit dem Duftöl anfangen soll? Wird hier darauf hingewiesen, dass sie trotz ihrer männlichen Kleidung und ihrer männlichen Tätigkeit eine schöne Frau ist? Oder wird sie aufgefordert, das Jagen sein zu lassen und sich lieber auf die klassischen weiblichen Tugenden wie Haushalt, Schönheitspflege und Grabkult zu besinnen? Viele jagende Frauen sind aus dem griechischen Mythos nicht bekannt. Atalante scheidet aus, da ihre Ikonographie, die hinreichend bekannt ist, anders aussieht (s. o.). Könnte Prokris gemeint sein? Ihre Gestalt vereint dem Mythos zufolge beide Qualitäten: Sie jagt zusammen mit der jungfräulichen Göttin Artemis in der Wildnis, ist aber – genau wie Atalante – gleichzeitig eine schöne und begehrenswerte Frau.

Der Mythos von Prokris zeigt einen weiteren Versuch einer Frau, unabhängig von den Regeln der griechischen Gesellschaft zu leben. Prokris lebt für eine Weile in quasimännlicher Art als Jägerin in der Wildnis. Dies geschieht in ihrem Fall allerdings nicht aus grundsätzlicher Neigung, sondern erst, nachdem sie gekränkt durch das Misstrauen ihres Mannes aus ihrem Haus flieht. Dadurch erweist sie sich – im Gegensatz zum Verhaltensideal der »Normalen Frau« – nicht als stille Dulderin, sondern sie entschließt sich, ihr Schicksal aktiv in die Hand zu nehmen und aus der ihr nun unmöglich erscheinenden Ehesituation auszubrechen. Thema des Mythos sind auch Misstrauen und Eifersucht und ihre schlimmen Folgen. Hätte Kephalos sich nicht von Eos dazu überreden lassen Prokris' Treue auf die Probe zu stellen, und hätte diese nicht sofort auf die Anschuldigung des anonymen Jägers reagiert und sich entschlossen ihren Mann heimlich zu beobachten, so könnten beide ein langes glückliches Leben gehabt haben.

15.29 Figurengefäß. Ein Krokodil, das einen »Negerknaben« gepackt hat, dient als Ständer für ein Trinkhorn mit rotfiguriger Bemalung (Kat. 65).

15.30 Detail von Abb. 15.29. Zwei Frauen. Die linke ist durch ihr kurzes Gewand, die hohen Stiefel und zwei Speere als Jägerin gekennzeichnet, die rechte trägt die übliche Frauentracht. Sie reicht der Jägerin ein Parfumfläschchen. Ist dies eine Aufforderung zur Körperpflege?

15.31 Löwenkampf I. In der Stadt Kyrene im heutigen Libyen waren mehrere solcher Statuen der mythischen Stadtgründerin aufgestellt. Hier trägt sie mit kurzem Chiton und Stiefeln die Tracht eines Jägers. London, British Museum Inv. 1384, 2. Jh. n. Chr.

Kyrene

Eine starke Frau im wahrsten Sinne des Wortes war hingegen die Thessalierin Kyrene. Als Tochter des Lapithenkönigs Hypseus hütete sie die Herden ihres Vaters am Peliongebirge. Sie war eine ausgezeichnete Jägerin und so stark, dass sie einmal einen Löwen, der ihre Herde bedrohte, mit bloßen Händen tötete[40]. Dies sah der Gott Apollon und er verliebte sich in sie. Er entführte sie auf seinem von Schwänen gezogenen Wagen nach Libyen. Dort gründete sie eine Stadt, die ihren Namen tragen sollte, Kyrene. Die Legende von der löwenbezwingenden Gründerin blieb in der Stadt lange lebendig, und so finden sich zahlreiche Darstellungen des ungleichen Kampfes in Kyrene, wie die Statue im British Museum in London (Abb. 15.31)[41]. Auch in Sparta, das enge Handelsbeziehungen mit Kyrene hatte, war der Mythos präsent. Dies belegt das einzige erhaltene Vasenbild des Ringkampfes zwischen Löwe und Mädchen, das sich auf einer spartanischen Trinkschale im Museum von Tarent befindet (Abb. 15.32)[42].

Kyrene bekam von Apollon einen unsterblichen Sohn, Aristaios. Dieser erbte vom Vater die Heilkunst und von seiner Mutter die Jagdleidenschaft und den unerschrockenen Umgang mit Tieren – er gilt als der Erfinder der Bienenzucht. *V.C.K.*

15.32 Löwenkampf II. Kyrene, diesmal in reicher Mädchentracht, hat den Löwen in den Schwitzkasten genommen. Innenbild einer lakonischen Trinkschale, Tarent, Museo Nazionale, Inv. I. G. 4991, um 510 v. Chr.

16. Frauen – Herrscherinnen über Männer

Frauen, die Männer durch ihre Reize oder auch mit List beherrschen, sind in der Vorstellungswelt der Antike eine verbreitete Erscheinung, die sich in so unterschiedlichen Bereichen wie dem Mythos, in Theaterstücken oder auch in anekdotischen Berichten über berühmte Griechen oder Römer findet. Die Häufigkeit solcher Erzählungen weist darauf hin, dass ›Frauenherrschaft‹ bei Griechen und Römer ein im kulturellen Gedächtnis fest verankertes Element darstellte[1].

Frauenstaaten

Dabei sollen hier weniger die Vorstellung von Staaten im Vordergrund stehen, die von Frauen gelenkt wurden, oder Herrscherinnen behandelt werden, als vielmehr ›männerbeherrschende‹ Frauen aus Geschichte und Mythos wie die Zauberin Kirke, die Königin Omphale von Lydien, Xanthippe, Aspasia oder Kleopatra im Vordergrund stehen. Doch mag zu Beginn daran erinnert sein, dass man in der Antike verschiedene Staatswesen kannte, in denen Frauen das Sagen haben. Das betrifft natürlich vor allem Staaten, in denen es keine Männer (mehr) gab: Das hier bereits behandelte Amazonenreich, aber auch eine mythische Begebenheit auf der Insel Lemnos in der nördlichen Ägäis, wo die Frauen blutig die Macht übernahmen; knapp zusammengefasst ist das Geschehen in einer Sammlung von Mythen des 1. Jahrhunderts n. Chr.[2]:

> *Die Insel [= Lemnos] war damals [als die Argonauten dort vorbeikamen] gerade ohne Männer und stand unter der Königsherrschaft der Hypsipyle, der Tochter des Thoas, und zwar aus folgendem Grund: Die Lemnierinnen hatten der Aphrodite die gebührende Ehre vorenthalten, worauf sie ihnen üblen Geruch verlieh. Da nahmen sich ihre Männer kriegsgefangene Frauen … und schliefen mit ihnen. Die Frauen aus Lemnos waren deshalb gekränkt und töteten ihre Väter und Männer. Nur Hypsipyle versteckte ihren eigenen Vater Thoas und rettete ihn so. Lemnos also war nun von Frauen regiert, und als die Argonauten auf der Insel landeten, schliefen sie mit den Frauen.*

Neben dieser Überlieferung existieren weitere Varianten, in denen von anderen Bluttaten der Frauen die Rede ist, die mit dieser Insel aber in jedem Fall die Erinnerung an schreckliche Verbrechen verbunden sein ließ: Die »lemnischen Übeltaten« waren geradezu sprichwörtlich[3].

Im historischen Athen ist eine solche Frauenherrschaft nicht denkbar. Doch entwarf hier der Komödiendichter Aristophanes (um 450 v. Chr. – um 380 v. Chr.) in einer seiner berühmten Komödien – einer kabaretthafte Mischung aus politischer Satire, feinsinnigen Anspielungen und höchst derb ausfallenden Witzen –

16.1   Kopf der Omphale im Löwenskalp. Römisches Schmuckrelief aus Ton, Zeit des Augustus. Ehemals München, Glyptothek (Kat. 66).

die politische Utopie einer Frauenherrschaft. Die 390 v. Chr. aufgeführten *Ekklesiazusen*, die »Frauen bei der Volksversammlung«, schildern in phantastischer Weise die Übernahme der Stadt durch die Frauen. Der Machtwechsel wird mit zweierlei Vorschriften verbunden, zum einen der Gütergemeinschaft; Praxagora, die Anführerin der Frauen, erläutert die neue Regelung[4]:

> *Das wollt ich ja eben erörtern: Nun seht, zuvörderst erklär ich die*
>   *Äcker*
> *Zum Gemeingut aller, auch Silber und Gold und was alles der*
>   *Einzelne sein nennt!*
> *Wenn also die Güter vereinigt sind, werden wir euch ernähren und*
>   *pflegen.*
> *Wir verwalten und sparen und rechnen, besorgt, nur das Beste von*
>   *allen zu fördern.*

Der V. 617 ff. geschilderte Teil der neuen Gesetzgebung betrifft die erotischen Freuden der Athenerinnen und Athener:

> *Stumpfnasige, hässliche Weiber sind stets an der Seite der hübschen*
>   *Gelagert,*
> *Wer die Schöne begehrt, der bequeme sich nur, erst das hässliche*
>   *Weib zu besteigen.*

Die Auswirkungen des Ganzen werden als grandioser Fehlschlag vorgeführt: Die hintertriebenen und unehrlichen Bürger sichern ihr Vermögen, das die ehrlichen Athener hingegen dem Staatswesen abliefern. Und eine junge Frau gerät in Verzweiflung, während ihr Geliebter zunächst seinen Pflichten bei allen Frauen nachkommen muss, die weniger attraktiv sind als sie.

In seiner Komödie *Lysistrata* (aufgeführt 411 v. Chr.) lässt Aristophanes die Frauen ganz anders über die im Peloponnesischen Krieg befindlichen Athener und Spartaner herrschen, der seit 431 v. Chr. die gesamte griechische Welt in Mitleidenschaft zieht. Die Frauen zwingen die Männer durch sexuelle Verweigerung dazu, miteinander Frieden zu schließen[5]:

> *Rufet die Götter auch, die uns die Zeugen sind,*
>   *Ewig gedenkende, unseres*
> *Herzen erfreuenden Bundes des Friedens, den*
>   *Hier Aphrodite gestiftet hat.*
>   *Voller Freude jauchzet: Heil!*
>   *Springet hoch und jubelt laut*
>   *Unseres Sieges freud'gen Sinns!*

Die Utopie wurde freilich nicht Wirklichkeit, denn 404 v. Chr. wird dieser Krieg mit der verheerenden Niederlage Athens enden. Der Erfolg der Frauen um Lysistrate lässt gleichwohl an andere mythische und historische Frauen der Antike denken, die die Männer fest ›im Griff‹ gehabt haben sollen: Und dies durch Zauberkunst, Liebreiz und raffinierte Inszenierung.

Kirke: Die Macht der Zauberkunst

Auf dem heutigen Ithaka, Teil des Reiches von Odysseus, gab es vor Jahren eine Bar mit dem Namen »*Circe's Palace*«. Als ein wissbegieriger englischsprachiger Altphilologe sich einmal nach dem Grund dieser Namensgebung erkundigte, war die lapidare Antwort der griechischen Besitzerin: »*Because men come in and pigs go out.*« Und damit ist der Mythos von Kirke zumindest schon einmal in wesentlichen Zügen erfasst!

Die Erzählung der Odyssee und die Bildkunst
Kirke, die Tochter des Sonnengottes Helios, lebt nach antiker Überlieferung auf der Insel Aiaia, wohin es Odysseus und seine Gefährten auf ihrer an Abenteuern reichen Heimfahrt von Troja verschlägt[6]:

> *Und wir kamen zur Insel Aiaía; aber es wohnte*
> *Kirke dort, mit schönen Flechten, die redebegabte*
> *Mächtige Göttin, die Schwester des bösegesinnten Aietes;*
> *Beide waren entsprossen dem Helios, welcher den Menschen*
> *Leuchtet …*

Am nächsten Tag bilden die Griechen zwei Gruppen, von denen die eine mit Odysseus bei ihrem Schiff bleibt, während die andere unter der Führung des Eurylochos die Insel erkunden soll; und diese trifft auf die Besitztümer der Kirke:

> *Und sie fanden im Tal der Kirke Häuser gebaut aus*
> *Zugehauenen Steinen in rings umhegtem Gelände;*
> *Ringsum trieben sich Löwen herum und Wölfe der Berge;*
> *Diese hatte sie selbst mit bösen Mitteln verzaubert;*
> *Und sie stürmten nicht los auf die Männer, sondern sie standen*
> *Auf und umwedelten sie mit ihren Schwänzen, den langen.*
> *…*
> *Und sie standen im Tor der Göttin mit lieblichen Flechten,*
> *Kirke; sie hörten drinnen mit schöner Stimme sie singen …*

16.2   Kauerndes Mischwesen aus Schwein und Mensch. Terrakotte des 6. Jhs. v. Chr. (Kat. 67).

Die Gefährten betreten das Haus, und nur Eurylochos, der Unheil ahnt, bleibt zurück:

> *Die aber [Kirke] führt' sie hinein und ließ sie auf Sessel und Throne*
> *Sitzen, Käse und Mehl und gelben Honig verrührend*
> *Mit … Wein; doch mischte sie noch in die Speise*
> *Böse Kräuter, damit sie das Vaterland gänzlich vergäßen.*
> *Aber nachdem sie's gegeben und die es getrunken, da schlug sie*
> *Gleich mit der Gerte an sie und sperrte sie ein in den Kofen.*
> *Die nun hatten von Schweinen die Köpfe, die Stimme, die Borsten*
> *Und die Gestalt; jedoch der Verstand blieb ständig wie früher.*
> *Also waren sie eingesperrt und weinten; doch Kirke*
> *Warf ihnen Eckern und Eicheln vor und Kornelkirschfrüchte,*
> *Wie's die am Boden sich sielenden Schweine zu fressen gewohnt sind.*

Anders als in der *Odyssee* erzählt, zeigen Vasenbilder des 6. und 5. Jahrhunderts v. Chr. die Gefährten des Odysseus als vielgestaltige Tiermischwesen mit Körperteilen von Löwen, Schweinen oder Widdern[7]. Eine Münchner Terrakotte des späten 6. Jahrhunderts v. Chr. gibt dagegen ein Schweinemischwesen wieder: Ein kauernder Mensch mit Schweinekopf, der einen Arm vor den Bauch gelegt hat (Abb. 16.2).

16.3 *Odysseus bedroht Kirke, die vor ihm zu fliehen sucht. Attisch rotfigurige Lekythos, um 470 v. Chr., Erlangen, Universität.*

Eurylochos entkommt und berichtet Odysseus von dem Geschehenen. Dieser ergreift Schwert und Bogen und macht sich zu Kirke auf, wobei ihm unterwegs der Götterbote Hermes begegnet und das magische Kraut Moly mit auf den Weg gibt:

*Aber ich will dich vom Übel erlösen und will dich bewahren.
Da, empfange dies treffliche Kraut, und gehe zu der Kirke
Häusern; es wird den schlimmen Tag vom Haupte dir wehren.
Alle verderblichen Ränke der Kirke will ich dir sagen:
Einen Trank bereitet sie, wirft in die Speise dann Kräuter.
Aber auch so wird sie dich nicht zu verzaubern vermögen,
Das verhindert das Kraut, das treffliche, das ich dir gebe.
Wenn aber dann die Kirke dich mit der Gerte, der langen,*

Schlägt, dann ziehe das scharfe Schwert von der Hüfte und stürme
Drohend auf Kirke los, als ob du sie umbringen wolltest.
Sie aber wird dich fürchten und wird zum Lager dich bitten;
Dann verweigere länger nicht das Lager der Göttin,
Auf dass sie die Gefährten löse und selber dich pflege…

Odysseus trifft also gut vorbereitet auf die Zauberin, und die packende Begegnung wurde seit dem 6. Jahrhundert v. Chr. immer wieder dargestellt. Auf einem um 470 v. Chr. in Athen gefertigten Salbölgefäß (Abb. 16.3) stürmt Odysseus auf Kirke mit dem Schwert ein, und die Zauberin lässt bereits das Gefäß mit dem Zaubertrunk und das Rührstäbchen fallen[8]. Aber noch in römischer Zeit ist das Aufeinandertreffen von Magie und Klugheit ein beliebtes Motiv. So ist auch das Bild einer römischen Tonlampe des 1. Jahrhunderts n. Chr. in München auf mehreren Lampen erhalten (Abb. 16.4)[9]: Odysseus, dessen Hand auf seinem Schwert ruht, steht nackt, mit kurzem Mantel und kegelförmiger Mütze (Pilos) vor Kirke. Die Zauberin sitzt ein Szepter haltend auf einem Thron und wird mit einem Strahlenkranz als Tochter des Helios ausgewiesen. Im Hintergrund ist eine Architekturangabe zu sehen, vielleicht ein Fenster, die mit drei Pferdeköpfen verbunden ist; es handelt sich dabei um die verwandelten Gefährten des Odysseus.

Bei dieser Begegnung muss Kirke nun feststellen, dass ihre Zauberkünste bei Odysseus fehlschlagen und sie weiß auch sogleich, wem sie da unterlegen ist:

… Unbeugsam muss dir dein Sinn in der Brust sein.
Du bist Odysseus, der vielgewandte, von welchem mir immer
Sagte der Argostöter [= Hermes] mit goldenem Stab, dass er komme…

Doch schließlich endet die Episode der *Odyssee* in der von Hermes vorausgesagten friedvollen Einigkeit, nachdem Kirke geschworen hat, Odysseus nicht zu hintergehen:

So sprach ich; sie schwur sogleich, wie ich es verlangte.
Aber nachdem sie den Schwur getan und zu Ende geleistet,
Da bestieg ich das überaus schöne Lager der Kirke.

16.4 Odysseus begegnet der thronenden Kirke; im Hintergrund sind die in Pferde verwandelten Gefährten zu sehen. Römische Tonlampe, 1. Jahrhundert n. Chr. (Kat. 68).

16.5 *Odysseus trifft Kirke in einem Speiseraum. Böotischer Skyphos gegen Ende des 5. Jhs. v. Chr.*

16.6 *Die in Schweinemischwesen verwandelten Gefährten des Odysseus mit Trinkgefäßen und Rudern. Böotischer Skyphos gegen Ende des 5. Jhs. v. Chr.*

Ein Jahr verbringen die Griechen dann bei Kirke, bevor Odysseus das Heimweh zu sehr packt; vor der Abfahrt prophezeit die Zauberin ihm und seinen Gefährten die Gefahren des Heimwegs, ein zweiter, kurzer Aufenthalt auf der Insel der Kirke bleibt bloße Episode.

Der Zauberin Kirke kommt in der *Odyssee* eine sehr wesentliche Rolle zu: So beziehen sich auch fast alle Darstellungen der antiken Kunst auf die Begegnung der Kirke mit Odysseus, genauer gesagt auf die Verwandlung der Gefährten und das Aufeinandertreffen von Kirke und dem klugen Held der *Odyssee*. Damit wird Kirke neben Medea zu der Zauberin der Antike schlechthin, auf die sich etwa der Dichter Theokrit (3. Jahrhundert v. Chr.) eine ihrer weniger berühmten Nachfolgerinnen beziehen lässt[10]:

Mache mir diesen Zauber so wirksam wie jenen der Kirke,
Wirksam wie den der Medea …

Kirke als Zauberin und die Komik der Verwandlung

Im Athen klassischer Zeit gab es mehrere Komödien und ein heiteres Theaterstück des Aischylos (525/4–456/5 v. Chr.), ein »Satyrspiel«, in dem die Begleiter des Dionysos in die Geschichte von Kirke eingefügt wurden[11]. Die Beliebtheit als komischer Stoff wird hauptsächlich auf die Tierverwandlung der Gefährten zurückgehen, die zu zahlreichen Späßen genutzt werden kann; entsprechende Tierkostümierungen gehören zu der frühesten Erscheinungsform des griechischen Theaters[12].

In diesem heiteren Sinn wird man auch die Darstellung auf einem Gefäß aus einem Heiligtum in Böotien verstehen dürfen, das im späten 5. Jahrhundert v. Chr. in bunter Farbigkeit bemalt wurde (Abb. 16.5)[13]: Auf der einen Seite steht Odysseus mit gezücktem Schwert der Kirke gegenüber, die ihm ein zweihenkliges Gefäß mit dem Zaubertrunk entgegenstreckt und das Stäbchen zum Umrühren hält; hinter Odysseus und Kirke stehen je ein Stuhl mit geschwungenen Beinen und Lehne (Klismos), zwischen ihnen ein Tisch mit Speisen und einem Trinkgefäß – die Begegnung spielt sich also in einem Speiseraum ab. Auf der anderen Seite des Trinkbechers sind die Gefährten des Odysseus als Schweinemischwesen zu sehen, die verschiedene Gerätschaften mit sich führen (Abb. 16.6): ein zweihenkliges Trinkgefäß (Kantharos), einen Henkelkorb, einen zweiten Kantharos; dazu trägt jeder ein Ruder. Das Ganze macht einen überaus vergnügten Eindruck[14].

Kirke in Italien

Wird in der *Odyssee* die Insel der Kirke in östlichen Gefilden vermutet, so lokalisiert eine fast ebenso alte Tradition Kirke auch im westlichen Mittelmeer. Bereits in dem Epos *Theogonie* des Hesiod (7. Jahrhundert v. Chr.) wird Kirke nämlich mit Italien verbunden, in dem ihre Söhne über die Tyrsener, also die Etrusker, herrschen[16]:

> *Kirke, Tochter des Helios aus Hyperions Stamme,*
> *gab in Liebe sich hin dem Dulder Odysseus und schenkte*
> *Agrios und Latinos das Leben, den kraftvollen Helden.*
> *Auch die Geburt des Telegonos wirkte die goldene Göttin.*

Kirke

Kirke, die Tochter Apolls, besaß die Fähigkeit, mit ihrem Zauberstab Menschen in Tiere zu verwandeln. Auch die Gefährten des Odysseus fielen ihren magischen Künsten zum Opfer. Der erzürnte Odysseus machte sich daraufhin ausgerüstet mit einem Heilkraut, das ihn gegen die Wirkung des Zauberstabs feite, zu Kirke auf und verlangte von ihr, seinen Gefährten die menschliche Gestalt zurückzugeben.

Den Mythos der Magierin Kirke stellten die Künstler in Renaissance und Barock immer wieder bildlich dar. Sie wird inmitten ihrer Tiere (Dosso Dossi) oder in dem Moment, in dem Odysseus ihr entgegentritt (Annibale Carracci, Fresko, Rom, Palazzo Farnese), gezeigt. Nur selten begegnen wir dem so anschaulichen und zugleich drastischen Motiv der Verwandlung, wie es Giovanni Bonatti, ein Nachfolger des berühmten Bologneser Malers Guercino, gemalt hat. Wie eine Königin in einem palastartigen Gebäude thronend ist Kirke gerade dabei,

Giovanni Bonatti, « Kirke verwandelt die Gefährten des Odysseus in Schweine«, Repubblica di San Marino, Cassa di Risparmio

durch Berührung mit ihrem Zauberstab die Gefährten zu verwandeln. Während der Kopf schon Schweineform angenommen hat, bewahrt der Körper noch die menschliche Gestalt, aber auch ihn wird jeden Moment die Metamorphose ereilen. Im Hintergrund lauert ein Löwe, auch eines ihrer Opfer.

Die Figur der Kirke war wie so manch andere starke Frau der antiken Mythologie in christlicher Zeit negativ besetzt. Neuzeitliche Autoren, die sich mit der Mythologie beschäftigten, darunter der Florentiner Humanist Pico della Mirandola sowie Erasmus von Rotterdam, vertraten die Ansicht, Kirke verkörpere die fleischlichen Versuchungen der Menschen. Sie stellte somit eine Bedrohung der menschlichen Vernunft und der Tugendhaftigkeit, natürlich insbesondere der Männer, dar. Ihre Fähigkeit zu zaubern, rückt sie in die Nähe der allzeit als gefährlich erachteten Hexen.

Ob auch Giovanni Bonatti sein Bild in diesem Sinn verstand, lässt sich nicht mit Sicherheit entscheiden. Aber die leicht dämonisierte Atmosphäre der Darstellung spricht für diese Interpretation[15].   *E.W.W.*

Die gewannen im Schoß der fernen, heiligen Inseln
Über alle Tyrsener, die hochberühmten, die Herrschaft.

Und so ließ Kirke ihre Zauberkunst denn auch die Einwohner Italiens spüren; so soll sie Kalchos, den König der in Süditalien lebenden Daunier, in den Wahnsinn getrieben haben[17]:

> *Es wird aber auch erzählt, dass sich in Kirke, zu welcher Odysseus kam, ein gewisser Kalchos aus Apulien verliebte, ihr die Herrschaft über Apulien übergeben und viel anderes zu Gefallen tun wollte; sie aber, für Odysseus, der damals gerade bei ihr war, entflammt, habe ihn verschmäht und am Betreten der Insel gehindert. Doch da er immer wieder kam, wurde sie sehr zornig und lockte ihn in eine Falle, rief ihn zu sich und stellte ihm einen Tisch hin, den sie mit vielerlei Speise besetzt hatte. Es waren nun aber diese Gerichte von Zaubermitteln durchtränkt; kaum hatte Kalchos gegessen, verfiel er schon in Wahnsinn, und sie trieb ihn zu den Schweineställen. Da nun aber nach einiger Zeit ein Heer aus Apulien auf der Suche nach Kalchos die Insel anfuhr, entließ sie ihn, nachdem sie ihn erst durch Schwüre gebunden hatte, niemals mehr, weder als Freier noch in einer anderen Sache, zur Insel zu kommen.*

Der italische König Picus dagegen wurde von Kirke aus verschmähter Liebe ›wirklich‹ in ein Tier verwandelt; die Sage überliefert etwa Vergil (70–19 v. Chr.) in seiner *Aeneis*, dem römischen Nationalepos[18]:

> *Um ihn (= Picus) warb, von Liebe erfasst, die herrliche Circe und schlug ihn mit dem Zauberstab. Sie verwandelte ihn durch ihr Giftgebräu, machte ihn zum Vogel und sprenkelte bunt sein Gefieder.*

Wie schon in der *Odyssee* wird Kirke aber auch in Italien als Göttin verstanden und kultisch verehrt. So nennt etwa der Universalschriftsteller Plinius (23/4–79 n. Chr.) in seiner *Naturgeschichte* Kirke eine Göttin; Plinius geht dabei von der Vorstellung aus, dass Frauen Männern in der Zauberkunst überlegen seien[19]:

> *Doch kein Wunder! Wohin verbreiten sich nicht die Sagen von der Medea aus Kolchis und von anderen Zauberinnen, vor allem von der italischen Kirke, die man sogar zu den Göttern rechnete? Von daher erklärt es sich auch, dass Aischylos, einer der ältesten Dichter (525/4–456/5 v. Chr.) sagte, Italien sei reich an kräftigen Kräutern, und dass viele dies auch von Circei behaupten, wo die berühmte (Kirke) lebte.*

Und so wurde die machtvolle Zauberin also auch in Süditalien zur verehrungswürdigen Gottheit.

Kirke und die Macht der männlichen Lüste

Passt nun zu dieser machtvollen Zauberin und Göttin die am Anfang zitierte moderne Anekdote, die auf eine ganz andere Ebene abzielt? Tatsächlich lassen sich ähnliche Auffassungen bereits in der griechischen Klassik fassen: Kirkes Zauber als Ausdruck mangelnder Selbstbeherrschung, Zauberei verstanden als Allegorie[20]. Xenophon (430/20–um 350 v. Chr.), attischer Militär, Schriftsteller und Schüler des Sokrates (469–399 v. Chr.), überliefert in seinen *Erinnerungen an Sokrates* eine solche Auslegung des Mythos durch den Philosophen[21]:

> *Wollte er einmal auf eine Einladung hin ein Gastmahl besuchen, so hütete er sich, was den meisten sehr schwer fällt, ganz ohne Schwierigkeiten davor, sich über die Sättigung hinaus zu füllen ... Er glaube übrigens, so fügte er scherzend hinzu, dass auch Kirke*

durch das Vorsetzen von derart vielen Speisen die Menschen zu Schweinen gemacht habe; Odysseus aber habe sich auf den Rat des Hermes und aus eigener Enthaltsamkeit davon ferngehalten, über die Sättigung hinaus davon zu nehmen, und deshalb sei er nicht zum Schwein geworden.

Im 4. Jahrhundert v. Chr. verfasste der Philosoph Antisthenes (um 445–um 365 v. Chr.) ein Werk »Über Kirke«, in dem die Zauberin wahrscheinlich ebenfalls in diesem Sinne gedeutet wurde. Dass die Zauberei der Kirke nichts anderes darstellte als das Anstacheln von Gelüsten, vertrat dann im 1. Jahrhundert v. Chr. auch der Philosoph Heraklit – nicht mit dem berühmteren Namensvetter aus Ephesos zu verwechseln – in seiner Schrift über »Homerische Probleme«[22]. Ebenso unterhaltsam wie prägnant wird die Vorstellung viel später in einem Gedicht des Palladas (355–430 n. Chr.) zusammengefasst, das in einer Sammlung antiker Lyrik erhalten ist[23]:

> Jeden, der Kirke besuchte, verwandelte diese aus einem
> Menschen zum Schwein oder Wolf; also erzählt uns Homer.
> Doch ich streite das ab; sie machte als heillose Dirne
> Jeden nur ärmer als arm, der auf den Köder ihr biss.
> Dann aber nahm sie ihm gleich den ganzen Verstand eines Menschen,
> und sobald er den Rest eigenen Wertes verlor,
> hielt sie ihn drinnen im Haus gleich einem vernunftlosen Tiere.
> Nur Odysseus war klug; närrischer Jugend entwöhnt,
> hatte er gegen den Zauber Vernunft als Mittel; die aber
> hat ihm nicht Hermes verliehn, sondern die eigne Natur.

Der Gedanke der Schwelgerei führt zur nächsten beherrschenden Frau: Omphale.

Omphale: Die Magie der Schönheit

Die Lyder im Bereich des heutigen Kleinasiens galten in der Antike als verweichlicht und in schwelgerischem Luxus lebend. Damit wurde auch begründet, warum sie von einer Königin regiert wurden, wie etwa der Philosoph Klearchos (4. Jahrhundert v. Chr.) feststellte; seine Ausführungen sind bei einem Autor des 3. Jahrhunderts n. Chr. überliefert[24]:

> Die Lyder haben aus Prunksucht Parks angelegt, sie vor Sonneinstrahlung geschützt und zu einem schattenspendenden Gebiet ausgebaut, weil sie glaubten, dass es einem gehobenen Lebensstil mehr entsprach, wenn man sich nicht in vollem Ausmaß den Sonnenstrahlen aussetzte. Als sie es in ihrer Willkür noch ärger trieben, versammelten sie die Frauen und jungen Mädchen [der anderen (?)] an dem Ort, der aufgrund des Geschehens ›Hagneon‹ (›Heiliger Ort‹) genannt wurde, und vergewaltigten sie dort. Schließlich veränderte sich ihr Wesen derart, dass sie alles Männliche ablegten und sich wie Frauen benahmen, woraufhin ihnen das Leben eine Frau als Herrscherin bescherte, und zwar Omphale, eine von denen, die vergewaltigt worden waren. Diese begann dann mit der Bestrafung der Lyder, wie sie es verdienten. Da sie nun ihrerseits von hemmungsloser Leidenschaft erfüllt und entschlossen war, sich für die früher angetane Gewalt zu rächen, lieferte sie die Töchter der Angehörigen der Herrenschicht in der Stadt der Willkür der Sklaven an demselben Ort aus, an dem sie von jenen vergewaltigt worden war. Sie brachten die Frauen unter Zwang dahin und legten sie mit den Sklaven zusammen. Die Lyder nennen den Ort daraufhin, indem sie das Grausame der Tat beschönigen, ›Zur beglückenden Umarmung‹.

Omphale

Die lydische Königin Omphale war so »stark«, dass sie sogar Herakles in ihrer Macht hatte. Als der große, tapfere Held zur Strafe für frevelhafte Taten Omphale als Sklave dienen musste, nahm sie ihm Keule und Löwenfell, die Symbole seiner männlichen Macht, ab und zwang ihn, in Frauenkleidern typisch weiblichen Tätigkeiten wie das Spinnen zu verrichten. Dennoch verliebte er sich in sie und tat ergeben alles, was sie von ihm verlangte.

Seit dem Spätmittelalter galt Omphale als eine jener »Weibermacht«-Figuren, vor denen man sich in Acht nehmen sollte. Man warf diesen Frauen vor, – zu denen auch Eva gerechnet werden konnte! – den Mann durch geschickte erotische Verführung seiner Macht zu berauben und ihn damit zum »Pantoffelhelden« zu erniedrigen. Die Geschichte des mythischen Paares Herakles und Omphale führte anschaulich vor Augen, welche Folgen diese »Weibermacht« und die Torheiten der Liebe haben konnten: eine verkehrte Welt des Rollentausches von Mann und Frau! Mit dieser politisch-moralischen Warnung verband sich manchmal eine ironisierende Deutung des Mythos, die die Lächerlichkeit, der sich selbst so ein Held wie Herakles im Liebesrausch hingibt, hervorhebt.

Ende des 17. Jahrhunderts sah man Herakles' Unterwerfung unter eine Frau hingegen positiv als Zeichen seiner großen Liebe.

Als Thema der Bildenden Kunst war die Episode seit der Renaissance sehr verbreitet. Das verkehrte Machtverhältnis zwischen Mann und Frau bringen die Kunstwerke oft durch die hochmütige, gebieterische Haltung und die körperlichen Reize Omphales zum Ausdruck. Ihr wird Herakles mit den typisch weiblichen Attributen des Spinnens in demütiger, niedriger Sitzposition gegenübergestellt. Manche bildlichen Darstellungen spielen vor allem mit der großen erotischen Spannung des Themas.

Das gilt auch für Bartholomäus Sprangers Bild, das im Auftrag Kaiser Rudolf II., einem großen Liebhaber erotischer Themen, entstand. Zugleich macht Spranger unmissverständlich deutlich, wer hier das Sagen hat. Omphale präsentiert sich aufrecht stehend in Rückenansicht, den völlig nackten Körper in aufreizender Pose geschwungen, die Keule lässig geschultert und den Blick provokant über die Schulter an den Betrachter gerichtet. Herakles wirkt mit seiner gebückten Sitzhaltung, dem traurigen Blick, den Spinngeräten und der albernen weiblichen Aufmachung eindeutig unterlegen. Durch die Fingergeste der Assistenzfigur im Hintergrund bringt der Maler auch noch einen ironischen Ton in die Szene: Die beiden Finger symbolisieren den gehörnten, und damit dem Spott ausgesetzten Ehemann.

E.W.W.

Thomas DaCosta Kaufmann, Éros *et* poesia: *la peinture à la cour de Rodolphe II,* in: Revue de l'art 69 (1985), pp. 29–42; Cordula Bischoff, *Die Schwäche des starken Geschlechts: Herkules und Omphale und die Liebe in bildlichen Darstellungen des 16. bis 18. Jahrhunderts,* in: Hausväter, Priester, Kastraten. Zur Konstruktion von Männlichkeit in Spätmittelalter und Früher Neuzeit, hrsg. von Martin Dinges, Göttingen 1998, pp. 153–186.

Bartholomäus Spranger, »Herkules und Omphale«,
Ende des 16. Jahrhunderts, Wien, Kunsthistorisches Museum.

Nach harmloser Überlieferung hatte Omphale die Königsherrschaft von ihrem Vater übernommen. Doch wie dem auch sei: In diese Umgebung geriet nun Herakles, als er wegen einer Blutschuld in die Sklaverei verkauft wurde und der Königin Omphale dienen musste; die Überlieferung findet sich bei Pherekydes, einem griechischen Historiker des 5. Jahrhunderts v. Chr.[25]:

> *Herakles habe ihn [= Iphitos]... auf eine steil abfallende Mauer geführt und hinabgestoßen ... Zeus ... sei erbost gewesen über den Mord an einem Gast und habe Hermes befohlen, Herakles zur Strafe für die Bluttat (als Sklaven) zu verkaufen. Hermes habe ihn nach Lydien gebracht und der Omphale, die dort Königin war, für den Preis von drei Talenten übergeben.*

Der Held besiegt im Auftrag der Königin zunächst verschiedene ihrer Gegner, doch dann verfällt er vollkommen ihrer Schönheit, überlässt ihr seine Waffen und wendet sich dem süßen Leben, aber auch Frauenarbeiten wie dem Spinnen und Weben zu. Für das Verständnis der Erzählung besonders aufschlussreich sind so auch die Bildzeugnisse, in denen Omphale das Löwenfell des Herakles überzieht und so gleichsam in die Rolle des Helden schlüpft. Die gesicherten Darstellungen des Kleidertausches setzen erst im 4. Jahrhundert v. Chr. ein und bleiben bis zur römischen Kaiserzeit recht selten. Bis 1945 befand sich auch in München eine Omphale in Herakleskleidung: Auf einem Terrakottarelief augusteischer Zeit ist der nach rechts gewandte Kopf der Königin zu sehen, dessen strenges Profil vom Löwenskalp und den zusammengeknoteten Löwenpranken umgeben wird (Abb. 16.1)[26].

Mit der Geschichte der Omphale war – neben anderen literarischen Bearbeitungen – natürlich ein idealer Stoff für komische Theaterstücke gegeben, in denen Herakles und Omphale seit dem 5. Jahrhundert v. Chr. mehrfach behandelt wurden; allerdings sind von diesen Stücken nur wenige Fragmente erhalten[27]. Soweit noch zu erkennen, scheint auch hier der Kleidertausch zwischen Herakles und Omphale erst im 4. Jahrhundert v. Chr. bezeugt zu sein. Omphale wird dabei durch die Kleidung des Herakles gleichsam zum Mann, wie es Ovid (43 v.Chr.–18/19 n. Chr.) in einem seiner *Liebesbriefe* mythischer Frauen unnachahmlich kurz zum Ausdruck gebracht hat; Ovid lässt Deianeira an ihren Mann Herakles schreiben[28]:

> *Mit deinen Waffen stolzierte das Bräutchen, des Iardanes Tochter [= Omphale],*
> *stahl dem verliebten Mann seine Trophäen sogar!*
> *Geh hin, blähe dich auf und berichte von tapferen Taten;*
> *was du, so meint sie, nicht kannst: Mann nannte sie sich zu Recht ...*
> *O welche Schmach! In das rauhe Fell, das dem zottigen Löwen*
> *du von den Rippen zogst, hüllt sich ein schmiegsamer Leib!*

Herakles freilich fühlte sich bei Omphale keineswegs unwohl.

Wie hoch die Reize der Omphale eingeschätzt wurden, ist noch der Statue einer römischen Matrone des frühen 3. Jahrhunderts n. Chr. abzulesen (Abb. 16.7–9): Die Figur verbindet den Porträtkopf einer Frau, die eine typische Modefrisur ihrer Zeit trägt, mit einem aphrodisisch anmutenden, nackten Körper; Löwenfell und Keule weisen sie als Omphale aus. Es handelt sich dabei um das Bildnis einer Verstorbenen, mit dem diese in einer für heutige Betrachter vielleicht nur schwierig nachvollziehbaren Weise gerühmt werden sollte: Schön und verführerisch wie Omphale war diese Römerin[29]. Omphale konnte dementsprechend sehr leicht als typische Erscheinung einer Frau verstanden werden, die ihren Mann durch ihre Reize beherrscht: Und so begegnet sie häufig als Vergleich für historische Frauen wie Aspasia oder Kleopatra.

Vom Mythos zur Historie: Die Macht der Ehefrauen und der Geliebten

Erzählungen von dominanten Ehefrauen werden in antiken Witzen ebenso gepflegt wie in Anekdoten zu historischen Persönlichkeiten. Drei Fälle derartiger ›Frauenherrschaft‹ sind bereits in der Antike besonders berühmt gewesen: Xanthippe, die Frau des Sokrates; Aspasia, die Frau des Perikles; Kleopatra, Königin von Ägypten.

16.7–9 Eine römische verstorbene Frau als Omphale: Der Bezug auf die mythische Königin betont die Schönheit der Verstorbenen. Vatikan. Hier nach Abguss München, Museum für Abgüsse Klassischer Bildwerke.

Xanthippe: Der Weg »zum schlimmsten Hausdrachen aller Zeiten«

Xanthippe – übersetzt die »blonde Stute« – ist als die unleidliche und herrschsüchtige Ehefrau des Sokrates (469–399 v. Chr.) zu einer weitverbreiteten Vorstellung geworden, die die Nachwelt bis hin zu dem Eintrag im Duden zwischen Xanthin und Xanthophyle geprägt hat[30]: »²Xan|thip|pe, die; -, -n (ugs. für zanksüchtige Frau)«. Doch immerhin unterscheidet auch der Duden zwischen dieser umgangssprachlichen Verwendung und »¹Xan|thip|pe (Gattin des Sokrates)«[31]. Denn auch in der Antike stellt sich die Überlieferung keineswegs einhellig da. In den zeitgenössischen Zeugnissen begegnet die Ehefrau des Sokrates – mit einer folgenschweren Ausnahme – als vielleicht eigenwillige oder schwierige, aber keineswegs als charakterlich unangenehme Erscheinung; und dies gilt vor allem für Aussagen des Sokrates selbst und seines Umfeldes[32]. Sehr uneinheitlich beurteilt wird dabei eine Überlieferung bei Platon (428–348/7 v. Chr.) in dessen Dialog *Phaidon*. Der hochberühmte Dialog über die Unsterblichkeit der Seele spielt in den letzten Lebensstunden des Sokrates, der zu Beginn folgende Bitte äußert[33]:

Eine Frau, die auf einem Mann reitet?

Eine ganze Reihe von Darstellungen greift dieses Motiv auf, in dem der antike Philosoph Aristoteles (384–322 v. Chr.) zu erkennen ist, der von einer Schönen namens Phyllis ›gezähmt‹ wird[34]: Auf dem Münchner Blatt reitet die mit Kleid und Barett reich gewandete Phyllis ihre Peitsche schwingend auf einem sehnsuchtsvoll zu ihr hochblickenden bärtigen Aristoteles. Im Hintergrund betrachten Alexander der Große, Schüler des Aristoteles, und sein Vater Philipp die Szene. Nach der mittelalterlichen Überlieferung, wie sie etwa in der Verserzählung »Aristoteles und Phyllis« erhalten ist, hatte Aristoteles zuvor Alexander ermahnt, seiner Geliebten Phyllis nicht allzu sehr zu verfallen. In der Gestaltung des Stoffes durch Hilgart von Hürnheim im 13. Jahrhundert findet sich eine Formulierung für die Ermahnung des Philosophen, die an die Gefährten des Odysseus denken lässt:»O gemächiger Kaiser, du sollst nit naigen zu dem gelust der weibe. unkeusch ist ain ... aigenschaft der schwein«[35]. Da daraufhin die Beziehung mit Alexander beendet ist, ›becircte‹ die erzürnte Phyllis den Philosophen so sehr, dass er ihr auch nur zu gerne als ›Reittier‹ diente.

Aus der Antike gibt es nur kurze Erwähnungen, dass Aristoteles sich mehrfach in »Konkubinen« verliebt haben soll[36]: »Aristoteles war derjenige unter den Schülern Platons, der ihm an Geisteskraft am nächsten stand. Er stieß beim Sprechen mit der Zunge etwas an ..., auch war er schwach auf den Beinen ... und kleinäugig, kleidete sich aber stattlich und ließ es an Fingerringen und

Der Philosoph Aristoteles steht der schönen Phyllis als Reittier zur Verfügung: Eine Allegorie der Macht der Frauen. Darstellung des Meisters M Z, um 1500. München, Staatliche Graphische Sammlung.

Haarpflege nicht fehlen. Er hatte auch einen Sohn Nikomachos von seiner Konkubine Herpyllis ... Aristipp [Schüler des Sokrates, um 430–355 v. Chr.] aber im ersten Buch über die Schwelgerei der Alten berichtet, Aristoteles habe sich in die Konkubine des Hermeias

[Herrscher im nördlichen Kleinasien, um 350 v. Chr.] verliebt, Hermeias habe sie ihm abgetreten, er habe sie geheiratet ...« Doch findet die Geschichte vom Weisen, den eine Frau beherrscht, motivische Vorbilder etwa im indischen Bereich. Da Aristoteles in seiner *Nikomachischen Ethik* vor der Lasterhaftigkeit warnt und als Philosoph gerade auch im Mittelalter hochberühmt war, war das Motiv als Allegorie der Macht der Verführung über den Geist, der Frauenlist sowie als Warnung vor den Folgen verfehlter Liebe besonders geeignet. Hans Sachs hat 1534 die Blamage des Philosophen resümiert, den er nach Simson, David und Salomon anführt[37]:

Der vierdt ist Aristoteles
Dem niemand war an kunst
gemeß /
Den machet frawen lieb zum
thoren,
Dass er sich reytten ließ mit
sporen /
Dardurch er kam in spott
und schand.

Der »gerittene Aristoteles« begegnet in verschiedensten Gattungen der Bildkunst wie Glasgemälden, Architekturplastik oder auch auf einem Wandteppich. Das hier abgebildete Münchner Blatt wurde um 1500 von einem mit M Z signierenden Meister gestaltet, der vielleicht mit dem in München tätigen Matthäus Zachinger identisch ist. *M.St.*

Neben ihm [= Sokrates] saß die Xanthippe – du kennst sie ja – und hielt sein Knäblein auf dem Arm. Als sie uns sah, begann sie zu jammern und sagte allerlei, was Weiber etwa zu sagen pflegen: »Sokrates, zum letzten Male also werden jetzt deine Freunde mit dir reden und du mit ihnen.« Sokrates schaute den Kriton an; »Kriton«, sagte er, »es soll sie doch einer nach Hause bringen.« Da führten sie einige von den Leuten des Kriton weg, während sie schrie und sich an die Brust schlug.

Man wollte diese Stelle häufig so deuten, dass Sokrates die Xanthippe wegbringen lässt, weil sie ihm lästig fällt, doch lässt sich sein Auftrag an Kriton als Rücksicht-nahme auf Frau und Kind verstehen[38]. Auf ein gutes Verhältnis zwischen Sokrates und Xanthippe weist eine Unterhaltung zwischen Sokrates und seinem Sohn hin, die der Sokrates-Schüler Xenophon (um 430–um 350 v. Chr.) überliefert[39]:

Er bemerkte auch einst, dass sein ältester Sohn Lamprokles sich gegen seine Mutter ungehörig betrug. Sage mir, mein Sohn, so sprach er, kennst du irgendwelche Menschen, welche undankbar genannt werden?

Nachdem sein Sohn dies bejaht hat, weist Sokrates auf die Wohltaten hin, die Kin-der von ihren Eltern empfangen. Dabei wird die Rolle der Frau sehr hervorgeho-ben, also auch diejenige der Xanthippe:

Und der Mann gibt der Frau, die ihm Kinder schenkt, den Unterhalt und schafft für die kommenden Kinder alles an, was er etwa zu ihrem Leben für nützlich hält, und davon soviel er nur irgend kann. Die Frau aber trägt nach der Empfängnis diese Bürde unter Mühen und Lebensgefahr und gibt von ihrer eigenen Nahrung, und wenn sie das Kind mit vielen Schmerzen getragen und geboren hat, dann nährt sie es und umsorgt es, und zwar ohne dass sie zuvor etwas Gutes erhalten hat …

Und auf den Einwand des Sohnes, dass seine Mutter ihm Dinge sage, »die man nicht ums ganze Leben hören möchte«, weist Sokrates schließlich auf den ent-scheidenden Punkt hin[40]:

Du aber weißt wohl: Was die Mutter dir sagt, das sagt sie nicht, weil sie dir irgendwie böse gesonnen ist, sondern sie wünscht dir vielmehr wie keinem anderen alles Gute; und du willst ihr zürnen? Oder glaubst du, deine Mutter sei dir nicht wohlgesinnt? Durchaus nicht, erwiderte jener, das glaube ich allerdings nicht. Da meinte Sokrates: Und sie, die dir so zugetan ist und sich, wenn du krank bist, mit allen Kräften um dich kümmert, damit du wieder gesund wirst und dir nichts Notwendiges fehlt, und die überdies noch alles Gute bei den Göttern für dich erbittet und darum Gelübde tut, die nennst du unerträglich? Ich für meine Person glaube allerdings, wenn du eine solche Mutter nicht ertragen kannst, dann kannst du das Gute nicht ertragen.

Das Bild der eng verbundenen Eheleute wird auch noch in einem bei Cicero (106–43 v. Chr.) überlieferten Ausspruch der Xanthippe fassbar; die Rede ist vom philosophischen Gleichmut gegenüber Furcht und Freude, Unglück und Glück[41]:

Dies ist ja doch jene immer gleiche Miene, die nach dem Worte der Xanthippe ihr Gatte Sokrates gehabt haben soll: sie habe ihn immer gleich aus dem Hause gehen und zum Hause zurückkehren sehen.

Xanthippe wird hier als eine Frau charakterisiert, die nicht nur die Erinnerung an ihren Mann pflegt, sondern ihn auch zu Lebzeiten als Philosophen erkannt und gewürdigt hat, den seine Umwelt völlig unbeeindruckt lässt – ein Bild also, das dem üblichen Klischee entgegensteht.

Die Tradition der üblen Xanthippe hat allerdings ebenfalls ein Zeitgenosse des Sokrates begründet. Der Philosoph Antisthenes (um 445 – um 365 v. Chr.) bezeichnete nach einer Überlieferung wiederum bei Xenophon Xanthippe mit dem griechischen Wort *chalepos*, das unter anderem lästig, unangenehm, unwillig oder feindlich bedeuten kann – und das auch noch im Superlativ [42]:

> *Da sagte Sokrates: »Wie in vielen anderen Dingen, so zeigt es sich auch in dem, was das Mädchen leistet, dass die weibliche Natur nicht schlechter ist als die des Mannes, wenngleich sie der Einsicht und Stärke ermangelt. Hat daher einer von euch eine Frau, so unterrichte er sie getrost in allem, wovon er wünscht, dass sie es wisse.*
> *»Ei,« sagte da Antisthenes, »wenn das deine Meinung ist, Sokrates, warum erziehst du denn nicht auch deinerseits die Xanthippe, sondern lebst mit einem Weibe, das von allen, die es gibt, ja ich glaube, von allen, die es jemals gegeben hat und jemals geben wird, das widerspenstigste ist?«.*
> *»Weil ich sehe,« sagte Sokrates, »dass auch diejenigen, die Pferdebändiger werden wollen, nicht die folgsamsten, sondern die feurigen Pferde nehmen. Sie glauben nämlich, wenn sie diese im Zaume zu halten wissen, vermöchten sie auch mit den anderen leicht fertig zu werden. So habe nun auch ich, da ich mit Menschen zu leben und umzugehen wünsche, mir diese Frau genommen, in dem sicheren Bewusstsein, wenn ich es mit ihr aushalte, werde ich auch mit allen anderen Menschen leicht auskommen.«*

Die Antwort des Sokrates lässt freilich auf nichts anderes als auf eine starke Persönlichkeit Xanthippes schließen, deren Vergleich – der »blonden Stute« mit einem feurigen Pferd – zudem höchst positiv anmutet. Dennoch war es die Einschätzung des Antisthenes, die die Vorstellung späterer Zeit beherrscht: Finden sich in der römischen Kaiserzeit doch unzählige Anekdoten über Xanthippe, die sie als unbeherrscht, jähzornig oder anders unangenehm auffallend beschreiben. Dass Xanthippe hier oft nur bloße Stichwortgeberin für Sokrates ist, wird etwa in der folgenden Überlieferung deutlich [43]:

> *Zur Xanthippe sagte er, als sie sich erst in Schmähungen gegen ihn erging und ihn dann sogar mit schmutzigem Wasser übergoss: »Sagte ich nicht, daß Xanthippe, wenn sie donnert, dann auch Regen bringt?« Und als Alkibiades äußerte: »Unausstehlich ist doch die keifende Xanthippe,« da entspann sich folgendes kleine Wortgefecht: »Aber ich bin doch längst daran gewöhnt, geradeso, wie man sich an das unaufhörliche Geräusch einer Rolle gewöhnt; und auch du lässt dir doch das Geschrei der Gänse gefallen.« – »Dafür bringen sie mir auch Eier und Junge.« – »Auch ich habe von Xanthippe Kinder bekommen.«*

Im Grunde wird bei diesen wie bei vergleichbaren Anekdoten nichts Wesentliches über Xanthippe ausgesagt, die lediglich als Vertreterin der ›schlimmen Frau‹ erscheint. Doch merkt man diesen Erzählungen an, wie sehr die Beurteilung des Antisthenes Wirkung gezeigt hat.

Aspasia und Perikles: Die »neue Omphale«?

Doch damit zur wohl berühmtesten aller ›beherrschenden‹ Ehefrauen Athens, der solche Ambitionen bereits in der zeitgenössischen Bewertung zugeschrieben wurden: Aspasia, die Frau des Perikles (um 490–429 v. Chr.), der dem Athen des 5. Jahrhunderts v. Chr. politisch wie kulturell – man denke nur an das Bauprogramm auf der Akropolis von Athen – seinen Stempel aufgedrückt hat [44]. Als Gefährtin eines Politikers gilt für sie, was Aristoteles in seinem Werk *Politik* bemerkt hat[45]: »Aber was ist der Unterschied, ob die Frauen herrschen oder sich die herrschenden Männer von ihren Frauen beherrschen lassen? Es läuft auf das gleiche hinaus.«

Eine Zusammenstellung der bekannten Überlieferungen zu Aspasia gibt der bereits zitierte Plutarch in seinem *Leben des Perikles*[46]:

> *Aspasia stammte aus Milet [in Kleinasien] und war eine Tochter des Axiochos. So weit stimmen alle Quellen überein. Man sagt ihn nach, sie habe … nur für die mächtigsten und angesehensten Männer Interesse gehabt … Die einen behaupten, Perikles habe Aspasia nur wegen ihrer Weisheit und politischen Einsicht umworben. Denn auch Sokrates besuchte sie zuweilen mit seinen Schülern, und ihre Freunde brachten oft die eigenen Gattinnen zu ihr, damit sie ihr zuhören könnten. … Und doch war es offensichtlich nicht nur dies [= Weisheit und politische Einsicht], sondern vielmehr echte Liebe, was Perikles zu Aspasia hinzog. Er war nämlich mit einer Verwandten verheiratet … Da sie aber nicht glücklich miteinander lebten, gab er sie mit ihrer Einwilligung einem anderen zur Frau. Er selber nahm Aspasia, an der er in inniger Liebe hing; denn man erzählt, er habe sie jeden Tag, wenn er das Haus verließ und wenn er … heimkehrte, zärtlich geküsst.*

Dieses Idealbild einer glücklichen Beziehung wird auch in anderen antiken Texten gezeichnet, darunter auch von solchen Autoren, die Sokrates nahestanden: Aspasia wird bereits bei zeitgenössischen Autoren mehrfach als Gesprächspartnerin des Sokrates genannt[47]. Es muss im übrigen auffallen, dass mit Aspasia und Xanthippe beide so hart kritisierten Frauen des 5. Jahrhunderts v. Chr. dem Kreis um Sokrates zugerechnet wurden – und ebenso, dass sich die negative Tradition zu beiden mit dem Namen des Antisthenes verbindet[48].

Neben dem gerade zitierten Bild der vollkommenen Beziehung lässt Plutarch aber auch Einblicke in Traditionen zu, die Aspasia in ein negatives Bild setzen sollen: Aspasia habe »nämlich Hetären [Prostituierte] in ihrem Hause« unterhalten, auch sie selbst wurde wiederholt als »Hure« bezeichnet[49]. Aspasia und ihr angebliches Etablissement wurden in einer 425 v. Chr. aufgeführten Komödie des Aristophanes dann auch für die Entstehung des Peloponnesischen Krieges zwischen Athen und Sparta verantwortlich gemacht[50]:

> *Nun stahlen junge Burschen, die zuviel*
> *Gebechert, die Simaitha weg, die Metze,*
> *aus Megara [Stadt auf der Peloponnes]; in brünst'gem Schmerz erhitzt,*
> *Entführten drauf die Megarer zwei Huren*
> *Aspasiens. So brach das Kriegsgewitter*
> *Denn los in Hellas dreier Metzen wegen.*

Der Komödiendichter inszeniert in seinem nach dem Tod des Perikles aufgeführten Stück den Beginn des Peloponnesischen Krieges also in Entsprechung zu demjenigen des Krieges um Troja, der ja auf den Raub der schönen Helena zurückgeführt wurde[51]. Dass der aktuelle Frauenraub die Stadt Megara betrifft, hat damit zu tun, dass ein Handelsverbot Athens mit dieser Stadt in der Nähe Korinths als einer der Gründe für den von 431–404 v. Chr. andauernden Peloponnesischen Krieg angesehen wurde, der die gesamte griechische Welt erschütterte.

Aspasia wurde in der Komödie aber auch »Omphale« genannt, was auf die Unterdrückung ihres Mannes hinweisen soll[52]. Diese Vorstellung wird auch in anderen Vorwürfen der Zeitgenossen deutlich, nach denen Aspasia militärische Entscheidungen des Perikles beeinflusst habe. Dies betrifft vor allem einen Feldzug gegen die Insel Samos in den Jahren 441–439 v. Chr., mit dem Milet, aktueller Kriegsgegner von Samos, unterstützt wurde. Aspasia hätte damit ihrer Vaterstadt

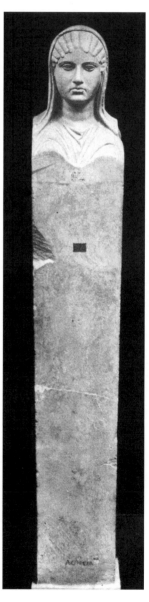

16.10 Das Porträt der Aspasia ist in römischen Kopien bezeugt und durch eine Namensinschrift auf dem Hermenschaft gesichert. Die Aufstellung von Porträts in Hermengestalt lässt sich in München etwa im Garten der Villa Stuck nachvollziehen.

militärische Unterstützung verschafft. Die Angriffe gegen Aspasia gipfelten schließlich 432 v. Chr. in einem Prozess gegen die Frau des Perikles, wie wiederum bei Plutarch zu lesen ist[53]:

Um diese Zeit wurde auch Aspasia in einen Prozess wegen Gottlosigkeit verwickelt ... Für Aspasia konnte Perikles einen Freispruch erwirken, freilich nur so, dass er ... während der Verhandlung reichliche Tränen für sie vergoss und die Richter um Gnade anflehte.

Nun sind solch emotionalen Auftritte bei Gerichtsprozessen in Athen zwar sehr verbreitet gewesen, doch muss man sich vor Augen halten, dass Perikles als einer der besten Redner seiner Zeit und höchst einflussreicher Mann hier gewissermaßen zu letzten Mitteln greifen musste, um Aspasia von der Anklage zu entlasten. »Gottlosigkeit« – griechische *Asebia* – war dabei ein schwerwiegender Vorwurf, der zugleich in seinen vielen Schattierungen schwer zu entkräften war; dazu gehört etwa, nicht an der Verehrung der Götter der Stadt teilzunehmen, die Götter geleugnet zu haben und anderes mehr. Dass der Prozess eigentlich weniger der Aspasia als vielmehr Perikles galt, wird besonders daran deutlich, dass gleichzeitig Verfahren gegen den Bildhauer Phidias (wegen Unterschlagung) und den Philosophen Anaxagoras (wegen ›Asebie‹) initiiert wurden, die beide Perikles nahegestanden haben[54].

Perikles starb 429 v. Chr. Aspasia heiratete erneut, und die Notiz des Plutarch zu dieser Hochzeit lässt den Ruhm der Frau aus Milet erkennen, der so viel Einfluss auf ihren Mann zugesprochen wurde[55]:

Aischines [Redner, 430/20 – nach 376/5 v. Chr.] berichtet, der Viehhändler Lysikles, ein Mann ohne jedes höhere Interesse, sei zu einer der ersten Persönlichkeiten Athens geworden, weil er nach Perikles' Tod mit Aspasia zusammen lebte.

Ein mit der antiken Inschrift »Aspasia« erhaltenes Porträt kann zeigen, dass man sich noch in römischer Zeit für die berühmte Frau interessierte (Abb. 16.10). Der Kopf einer Frau mit ebenmäßigen Zügen und dem über den Kopf gezogenen Mantel ist, wie in römischer Zeit häufig, auf einen Hermenschaft gesetzt[56].

Kleopatra: Die machtvolle Inszenierung

16.11 Das Bildnis der Kleopatra wurde durch den Vergleich mit Münzbildnissen erschlossen. Porträt Vatikanische Museen, hier nach dem Abguss München, Museum für Abgüsse Klassischer Bildwerke.

Noch stärkere Wirkung als Aspasia und Xanthippe entfaltete in ganz anderer Weise Kleopatra, die legendäre Königin des Reiches der Ptolemäer in Ägypten (70/69–30 v. Chr.)[57]. Sie ist die letzte Vertreterin dieses von Ptolemaios (367/6–282 v. Chr.), einem General Alexanders des Großen, begründeten Herrscherhauses, deren Aussehen durch zahlreiche Münzbilder und auch großplastische Bildnisse bezeugt ist (Abb. 16.11)[58]. »Starke Frauen« haben im makedonischen Königshaus eine lange Tradition, die mit Olympias, der Mutter Alexanders des Großen einsetzt, doch werden diese wie andere Herrscherinnen – etwa die Königin Zenobia von Palmyra – aus den im Vorwort genannten Gründen nicht einbezogen[59]: Kleopatra indes muss hier aufgrund ihrer Wirkung auf zwei der wichtigsten Feldherrn und Staatsmänner Roms behandelt werden, auf Caesar und Antonius.

Die historische Sachlage ist kompliziert. Nach dem Tod ihres Vaters Ptolemaios XII. »Neos Dionysos« (Der neue Dionysos) im Jahre 51 v. Chr. herrschen aufgrund der testamentarischen Verfügung Kleopatra VII. Philopator (»Die ihren Vater liebt«) und ihr Bruder Ptolemaios XIII. gemeinsam, wobei Rom der Part der Schutzherrschaft zufällt. Die Folgen zweier Regenten an einem Königshof wären wohl absehbar gewesen, und bald kommt es denn auch zu unterschiedlichen Allianzen, wobei Kleopatra sich nacheinander mit zwei der führenden Persönlichkeiten Roms verbündet. Der erste ist C. Iulius Caesar (100–43 v. Chr.), der im Osten seinen Erzrivalen Pompeius besiegt hat und den Kleopatra bei seinem Aufenthalt in Alexandria zu gewinnen weiß, wie Plutarch in seiner Lebensbeschreibung Caesars überliefert[60]:

> (Kleopatra) wählte aus ihrem Gefolge einen einzigen Begleiter, Apollodoros von Sizilien, und bestieg mit ihm einen kleinen Nachen, der bei hereinbrechender Dunkelheit in der Nähe des königlichen Palastes anlegte [wo Caesar sich aufhielt]. Da sie sonst keine Möglichkeit sah, unentdeckt hineinzukommen, legte sie sich der Länge nach in einen Bettsack, Apollodoros schnürte ihn mit Riemen zusammen und trug das Bündel durchs Schlosstor zu Caesar hinein. Schon dieser listige Einfall, der Kleopatras mutwilliges Wesen verriet, gewann Caesars Herz, und vollends erlag er ihrer Anmut und dem Reiz ihres Umgangs.

Aus der Verbindung mit Caesar ging der gemeinsame Sohn Ptolemaios XV. Kaisar hervor, den später Augustus ermorden lassen wird.

Nach der Ermordung Caesars an den Iden des März 43 v. Chr. stellt sich Kleopatra im Krieg um die Macht zwischen dem von Caesar adoptierten späteren Kaiser Augustus und dem berühmten Feldherrn Antonius auf die Seite des letzteren; dieses mal ist ihre Selbstinszenierung eine ganz andere; nach Plutarch benutzt Kleopatra ein Prunkschiff mit vergoldetem Heck und Purpursegeln[61]:

> Sie selbst lag unter einem reich mit Gold verzierten Sonnendach, gekleidet und geschmückt, wie man Aphrodite gemalt sieht, und Knaben wie gemalte Liebesgötter standen zu beiden Seiten und fächelten ihr Kühlung. Ebenso standen die schönsten Dienerinnen … teils an den Steuerrudern, teils bei den Tauen. Herrliche Düfte von reichlichem Räucherwerk verbreiteten sich über die Ufer … [Kleopatra erobert Antonius mit ihren Mitteln] … Denn an und für sich war ihre Schönheit, wie man sagt, gar nicht so unvergleichlich und von der Art, dass sie beim ersten Anblick berückt, aber im Umgang hatte sie einen unwiderstehlichen Reiz, und ihre Gestalt, verbunden mit der gewinnenden Art ihrer Unterhaltung, und der in allem sie umspielenden Anmut, hinterließ einen Stachel. Ein Vergnügen war es auch, dem Klang ihrer Stimme zu lauschen … Den Antonius eroberte sie so vollständig, dass er … sich einfach von ihr nach Alexandria mitnehmen ließ, dort mit Scherz und Zeitvertreib das Leben eines unbeschäftigten jungen Mannes führte und das kostbarste Gut … verprasste: die Zeit.

31 v. Chr. besiegt Augustus jedoch Antonius in der berühmten Schlacht bei Actium in Nordwestgriechenland, und nach dem Tod des Antonius nimmt sich Kleopatra mit Gift das Leben. Ob sie sich dabei einer Giftschlange bediente, oder das Gift anders zu sich nahm, war schon in der Antike sehr umstritten[62].

Wie sich nun von den starken Frauen des Mythos zu den Männerbeherrscherinnen der Geschichte eine klare Linie ziehen kann, zeigt sich besonders deutlich an einem Gedicht des römischen Dichters Properz (um 50 v. Chr.–Ende 1. Jahrhundert v. Chr.). In einem seiner berühmten Werke klagt er über das harte Los, von einer Frau beherrscht zu werden; dazu werden mythische Frauen und Kleopatra als Vergleich herangezogen[63]:

> Weshalb wunderst du dich, dass eine Frau mein Leben regiert, mich als Mann zum Sklaven macht und ganz in ihrer Gewalt hat? Warum beleidigst du mich und behauptest einfach so, ich sei ein feiger Kerl, weil ich nicht mein Joch zerbreche, meine Fesseln

Ariadne

Die Faszination der Kleopatra und ihres Selbstmordes am 12.8.30 v. Chr. wird besonders daran fassbar, dass die Art ihrer Selbsttötung zur Benennung einer Skulptur herangezogen wurde: Eine junge Frau liegt langgestreckt auf einem Felsen und hat ihren Kopf auf die Linke gestützt, während die Rechte über den Kopf gelegt ist – eine beliebte antike Geste des Ausruhens. Die Frau trägt ein mit vielen Faltenschwüngen reich gestaltetes Gewand, das gleichwohl eine Brust freilässt; Ruhe und Bewegtheit, reiche Gewandung und teilweise Entblößung bilden bei dieser beeindruckenden Skulptur eine vielschichtige Einheit. Die Figur wurde hochgeschätzt, wie verschiedene Nachbildungen, aber auch rühmende Gedichte auf die Statue belegen, die sich seit 1512 im Vatikan befindet. Die Liegende galt bis ins 18. Jahrhundert als Kleopatra nach ihrem Selbstmord, da sie am Oberarm ein Schlangenarmband trägt, das als Hinweis auf die Giftschlange gedeutet wurde. Wie Johann Joachim Winckelmann erkannte, handelt es sich dabei jedoch um eine verbreitete Form eines Schmuckstücks, das nichts mit der Königin am Nil zu tun hat. Heute wird die schöne Schlafende, eine römische Kopie nach einem hellenistischen Meisterwerk der Jahre um 200 v. Chr., als Ariadne gedeutet: Von Theseus verlassen, ruht sie, bis Dionysos sie entdecken und zur Frau nehmen wird[64]. Was sich zuvor ereignete, wird in Kapitel 19 behandelt.

M.St.

Die Skulptur einer dahingestreckt schlafenden Frau galt wegen eines Armbandes in Schlangengestalt Jahrhunderte hindurch als Kleopatra, es handelt sich aber um Ariadne. Vatikanische Museen, hier nach dem Abguss München, Museum für Abgüsse Klassischer Bildwerke.

sprengen kann? … So wie du prahlte ich früher in meiner Jugend; lerne jetzt an meinem Beispiel die Angst.

Medea zwang flammenschnaubende Stiere unter ein stahlhartes Joch und säte Streit in einen Boden, aus dem Krieger wuchsen; sie schloss den Schlund des wilden Hüterdrachens, damit das Goldene Vlies ins Haus von Iason gehen konnte. In ihrem Ungestüm wagte es Penthesilea vom See Maiotis einst, zu Pferde die Schiffe der Danäer [= Griechen] mit Pfeilen zu beschießen, doch als der Goldhelm ihr Antlitz freigab, besiegte ihre strahlende Schönheit den Besieger. Die Lyderin Omphale, die im See des Gyges badete, war so berühmt für ihre Schönheit, dass der Held [= Herakles], der an den Grenzen der von ihm befriedeten Welt Säulen errichtet hatte, ihr mit seinen harten Händen weiche Wollstränge spann...

… Was soll ich über die Frau sagen, die vor kurzem unsere Kriegsmacht beleidigte und unter ihren Sklaven von Hand zu Hand ging [Kleopatra]? Als Preis für ihren verwerflichen Ehebund forderte sie die Stadt Rom und wollte, dass der Senat ihr als Königin huldige! Alexandria, du verbrecherisches, für Verrätereien überaus begabtes Land! …

Und doch konntest du [Kleopatra] in die seichten Arme des feigen Nils entfliehen, und deine Hände mussten keine römischen Ketten tragen; du hast gesehen, wie deine Arme von den heiligen Schlangen gebissen wurden, und gefühlt, wie das einschläfernde Gift heimlich in deinen Körper drang …

Nach dem Inhalt der ersten Verse sieht sich der leidende Dichter einer ähnlich beherrschenden Frau gegenüber[65]. Und so gerät die letzte Königin Ägyptens dann auch wieder in ganz alltägliche Sphären.

M.St.

17. Frauen wider göttliche Begierde

Die Liebe der Götter wurde in der Antike durchaus als Bedrohung empfunden, denn viele Göttergeliebte hatten unter den Folgen einer solchen Beziehung sehr zu leiden: Manche wie Leto oder Io, Geliebte des Zeus, wurden von dessen eifersüchtiger Gattin Hera verfolgt, andere wie etwa Danae mit einem halbgöttlichen Kind aus der Heimat vertrieben. So ist es also kaum überraschend, dass sich immer wieder Frauen dem Werben der Götter entzogen haben[1]. Von solchen Frauen, die nicht ›schwach‹ werden wollten, sind hier drei ausgewählt, die sich alle dem Gott Apollon verweigerten, aber unterschiedliche Aspekte dieses Sagenmotivs verkörpern: Marpessa, die einen Sterblichen vorzog; Kassandra, die zur Strafe zur Seherin wurde, der niemand glaubt; und Daphne, die in einen Lorbeer verwandelt, sich dem göttlichen Werben entzog.

Marpessa: Die Entscheidung für einen Sterblichen

Marpessa, Tochter von Euenos und Alkippe, war von großer Schönheit und wurde daher von vielen zur Frau begehrt. Ihr Vater, der eifersüchtig über das Schicksal seines Kindes wachte, forderte jeden der Freier zu einem Wagenrennen auf Leben und Tod. Die Köpfe seiner besiegten Gegner ließ er als Mahnung an weitere Bewerber von den Mauern seines Hauses herabhängen[2]. Doch davon ließ sich Idas, ein Sohn des Meeres- und Pferdegottes Poseidon, nicht abschrecken. Er wollte unbedingt die Hand der schönen Marpessa gewinnen. Da ihn sein Vater mit einem Wagen ausgestattet hatte, der von geflügelten[3] Pferden gezogen wurde, gewann Idas das Rennen und damit Marpessa. Euenos soll sich vor Gram in einen Fluss gestürzt haben, der fortan seinen Namen trug[4]. Die griechische Sage kennt eine Reihe solcher eifersüchtiger Väter, die ein tragisches Ende nehmen. Das berühmteste Beispiel spielt in Olympia und ist der mythische Vorläufer des Wagenrennens bei den Olympischen Spielen: Dort lebte König Oinomaos, der in der gleichen Weise wie Marpessas Vater Euenos seine Tochter Hippodameia nicht heiraten lassen wollte. Auch er forderte jeden Bewerber zu einem Wagenrennen heraus. Schließlich wurde er durch Pelops besiegt und kam zu Tode. Pelops hatte wie Idas einen Wagen mit geflügelten Pferden von Poseidon erhalten, da er einst der Geliebte des Gottes gewesen war. Die Mythen der Wagenrennen von Idas und Pelops stehen einander in ihrer Erzählstruktur so nahe, dass man davon ausgehen kann, einer von ihnen wurde in Kenntnis des anderen entwickelt. Aufgrund seiner größeren Berühmtheit und Durchsetzungskraft ist man geneigt, denjenigen mit Pelops und Oinomaos für die ursprüngliche Version zu halten[5]. Es tut dem Bild des griechischen Helden dabei keinen Abbruch, dass er nur mit göttlichem Beistand, oder

17.1 *Einer, der auszog seine Frau zu verteidigen: Idas zielt mit Pfeil und Bogen auf Apollon, der ihm Marpessa streitig macht. Attisch-rotfiguriger Weinkühler, um 480 v. Chr. (Kat. 69).*

17.2 Duell der Bogenschützen. Apollon, links, wird von Artemis begleitet, Idas hat seine Frau Marpessa an seiner Seite. In der Mitte Euenos, Marpessas Vater als Schlichter. Umzeichnung des Bildfrieses von Kat. 69.

besser: mit göttlicher Ausrüstung siegen kann. Solche überirdische Hilfe zum Erreichen eines ersehnten Zieles kommt in der griechischen Sage immer wieder vor. Vergleichbar ist z. B. die Erzählung vom Wettlauf um die Hand des jungfräulichen Heldenmädchens Atalante (vgl. Kap. 15). Nachdem bereits viele Freier durch ihre Niederlage den Tod gefunden haben, gelingt schließlich Meilanion (in manchen Quellen Hippomenes) der Sieg, weil er Atalante mit Hilfe goldener Äpfel ablenkt, die er von der Liebesgöttin Aphrodite bekommen hatte.

Idas und Marpessa lebten äußerst glücklich und zufrieden zusammen. Eines Tages erblickte jedoch der Gott Apollon die junge Frau und verliebte sich in sie. Er entführte sie, um sie für sich selbst zu haben. Idas war aber nicht bereit Marpessa aufzugeben und schreckte auch vor der Konfrontation mit einem der höchsten Olympischen Götter nicht zurück: Wild entschlossen forderte er Apollon zum Zweikampf mit dem Bogen heraus[6]. Um die Ehre seines Sohnes fürchtend – ans Leben konnte es dem unsterblichen Apoll immerhin nicht gehen –, griff der Göttervater Zeus ein und stellte Marpessa vor die Wahl: Idas oder Apollon[7]. Marpessa entschied sich für Idas. Sie kannte die Art und Weise der griechischen Götter nur zu gut, ihre sterblichen Geliebten stets bereits nach einer einzigen gemeinsamen Nacht oder zumindest schon nach kurzer Zeit zu verlassen. Von einem Gott begehrt zu werden, galt in der griechischen Antike keineswegs als ein Glück, sondern eher als unheilvoll. Ein deutliches Zeichen dafür sind die vielen Verfolgungsszenen in der antiken Kunst, in denen ein Gott oder eine Göttin einem Sterblichen nachstellt[8]. Marpessa befürchtete, spätestens beim ersten Verblassen ihrer jugendlichen Schönheit von ihrem unsterblichen Liebhaber verlassen zu werden. Lieber wollte sie gemeinsam mit ihrem sterblichen Mann Idas ihr befristetes Leben verbringen, ohne sich einer solchen Kränkung auszusetzen.

Der Mythos zeigt eine starke Frau im Spannungsfeld zwischen Gott und Mensch. Marpessa wird als klug und mutig dargestellt und zeichnet sich durch Weitsicht aus, indem sie sich nicht von den momentanen Launen eines verliebten Gottes beeindrucken lässt, sondern ihrem Mann die Treue hält. Ihm wird sie eine Tochter mit Namen Kleopatra gebären, die den großen Helden Meleager heiratet.

Auf einem prachtvollen rotfigurig bemalten Weinkühler (Psykter)[9] ist eine Gruppe aufgeregt gestikulierender Figuren zu sehen (Abb. 17.1–5). Die Hauptakteure, zwei Männer, stehen sich, durch drei Personen voneinander getrennt, gegenüber (Abb. 17.2). Beide sind bis auf ein Mäntelchen unbekleidet, und jeder von ihnen trägt einen Bogen in der Hand und einen reich verzierten Köcher auf dem Rücken[10]. Interessant ist, dass die Bögen der Männer unterschiedlichen Typen angehören: Der linke trägt einen einfachen Stabbogen, der rechte einen Reflexbogen. Der linke Mann, der sich gerade anschickt einen Pfeil in seinen Bogen einzulegen, ist durch seine Bartlosigkeit, die Frisur mit den im Nacken lang herabfallenden Haaren und den Lorbeerkranz auf dem Kopf als Apollon gekennzeichnet (Abb. 17.3). Vor ihm steht seine göttliche Schwester Artemis, die man an dem um den Hals geknoteten Tierfell und der sie begleitenden Hirschkuh erkennt. Sie trägt ebenfalls einen Köcher auf dem Rücken, in dem auch ihr Bogen stecken muss. Der rechte Mann hingegen trägt Bart und weist keinerlei göttliche Attribute auf (Abb. 17.4). Er hat den Bogen bereits gespannt und zielt auf seinen Kontrahenten. Vor ihm steht eine zweite Frau, die in der Position, Haltung und Bekleidung der Darstellung der Artemis sehr ähnlich ist. Lediglich die Gestik der rechten Hand ist leicht verändert und das für die Göttin charakteristische Tierfell und der Köcher fehlen. Auch die Frisuren der Frauen gleichen sich: Sie tragen beide den sog. Krobylos, eine Frisur, bei der die Haare am Hinterkopf durch ein Band, oder wie in diesem Fall durch Diademe nach oben gezogen werden. Identisch ist auch die Blickrichtung, was dazu führt, dass die zweite Frau nicht der Mitte des Bildfrieses, sondern dem hinter ihr stehenden Bogenschützen zugewandt ist (Abb. 17.4). Hier sind Marpessa und ihr Mann zu erkennen. Idas ist bereit, auf Apollon loszugehen. Ganz im Zentrum der Darstellung steht ein dritter Mann, der wie Idas bärtig ist. Anders als dieser und Apoll trägt er jedoch ein langes Gewand (Chiton) und darüber einen reich gefältelten Mantel. In der Hand hält er einen Knotenstock, das Würdezeichen attischer Bürger. Seine Arme sind gegen die Bogenschützen ausgestreckt und es scheint, als wolle er mit dieser abwehrenden Geste ein Zusammentreffen der beiden um jeden Preis verhindern. Der Mann übernimmt also innerhalb des Bildes eine Art Schlichterfunktion. Man hat deshalb, der Überlieferung beim archaischen Dichter Simonides folgend, mitunter den Göttervater Zeus in ihm sehen wollen, was aber nicht wahrscheinlich ist. Dieser erscheint nämlich – eindeutig identifizierbar – auf der Rückseite des Gefäßes. Stattdessen muss Euenos gemeint sein, Marpessas Vater[11]. Zwar stirbt dieser in allen Versionen des Mythos bereits vorher, doch eignet er sich aufgrund der überlieferten Besessenheit, mit der er das Schicksal seiner Tochter zu kontrollieren versucht, gut für die Rolle desjenigen, der

17.3 Apoll beim Einlegen des Pfeiles in den Stabbogen. Neben ihm seine Schwester, die Göttin Artemis, mit ihrem Wappentier, dem Reh. Detail von Kat. 69.

17.4 Idas kurz vor dem Schuss. Er hat seinen Reflexbogen schon gespannt. Marpessa wendet sich zu ihm um. Detail von Kat. 69.

einen Kampf um ihre Ehre entscheidet. Es ist darüber hinaus keine Seltenheit, dass
einen Kampf um ihre Ehre entscheidet. Es ist darüber hinaus keine Seltenheit, dass
Vasenmaler eigene Versionen eines Mythos entwerfen, die sich nicht direkt mit
einer literarischen Überlieferung verbinden lassen. Die Dramatik des Zweikampfes
auf der Vorderseite hat auch die Figuren auf der Rückseite des Gefäßes erfasst
(Abb. 17.5): zwei Männer und eine Frau sind mit denselben aufgeregten Gesten
dargestellt wie sie die Figuren der Hauptseite charakterisieren. Der Mann ganz
links trägt einen Umhang (Chlamys), der auf der rechten Schulter von einer Fibel
zusammengehalten wird, und hohe Stiefel. Durch den im Nacken hängenden Hut
und den Botenstab mit dem aus Schlangenköpfen gewundenen Ende ist er als Hermes identifizierbar. In der Mitte der Dreiergruppe steht ein bärtiger Mann, der einen langen, reich gefältelten Chiton und einen Mantel trägt. In seiner Linken hält
er ein Szepter, das ihn als den Göttervater Zeus ausweist. Er blickt über seine
Schulter zu Hermes und scheint ihm mit ausgestreckter Hand eine Anweisung zu
geben. Hier wird offensichtlich dargestellt, wie Zeus den Götterboten Hermes aus-
sendet, den Streit zwischen Idas und Apollon durch seinen weisen Rat zu schlichten, Marpessa die Entscheidung zu überlassen[12]. Zeus selbst greift aufgrund seiner
überragenden Stellung nur sehr selten direkt in ein Geschehen ein, an dem auch
Menschen beteiligt sind. Die Frau ganz links trägt Chiton, Mantel und Diadem,
wie die Frauen auf der Vorderseite. Weiter ist sie durch kein Attribut gekennzeichnet, ihre Deutung ist deshalb problematisch. Es könnte sich um Hera handeln, die
Gattin des Zeus, die im Olymp an seiner Seite sitzen bzw. stehen sollte. Auch Leto,
die Mutter Apolls, die von der Sorge um ihren Sohn getrieben wird, wäre denkbar.

Die Geschichte von Marpessa und Idas wurde nur selten im Bild wiedergegeben. Die Münchner Vase trägt die umfangreichste und schönste Darstellung, bei
der alle im Mythos vorkommenden Figuren auftreten. Eine andere Umsetzung
zeigt eine rotfigurige Amphore in London[13] (Abb. 17.6): Diesmal sind nur vier Personen an der Handlung beteiligt und der Streit ist bereits entschieden. Apoll, ganz
links, wendet sich enttäuscht zum Gehen, blickt aber noch einmal über die Schulter zurück. Neben ihm steht die geflügelte Iris, angetan mit kurzem Chiton und
geflügelten Stiefeln. In der Hand hält sie den Stab mit den Schlangenenden, der sie
als Botin der Götter ausweist. Vermutlich hat sie den Ratschluss von Zeus über-
bracht, dass Marpessa selber zwischen Apoll und Idas wählen solle. Das Ehepaar
nimmt den rechten Teil der Szene ein. Marpessa, neben Iris stehend, hat sich ihrem
Gatten zugewandt und kehrt Apoll den Rücken. Sie ist mit reich verziertem Chiton, Schleier und Mantel bekleidet und so als verheiratete Frau gekennzeichnet.

17.5   Zeus, in der Mitte mit
Szepter, gibt Hermes den Auftrag,
den Streit zwischen Idas und Apollon
zu schlichten. Marpessa soll selbst
wählen, bei wem sie bleiben will.
Rückseite des Bildfrieses von Kat. 69.

17.6   Marpessa und Idas haben
sich wieder, ihre Verbundenheit wird
durch die gegenseitige Berührung
ausgedrückt. Am linken Bildrand der
enttäuschte Apollon im Weggehen,
neben ihm die geflügelte Götterbotin
Iris. Attisch-rotfigurige Amphora in
London, British Museum
Inv. 95.10–31.1, um 450 v. Chr.

17.7 Marpessa zwischen Idas und Apollon. Umzeichnung eines etruskischen Spiegels in Chiusi, Museo Etrusco, Inv. 2193, um 470 v. Chr.

Idas erscheint mit kurzem Chiton und Brustpanzer als Krieger. Passend dazu hält er auch keinen Bogen wie auf der Münchner Vase, sondern einen Speer in der Hand[14]. Er nimmt Marpessa bei der Hand, um sie wegzuführen. Dieses Vasenbild betont nicht die kühne Herausforderung des Gottes durch den Sterblichen, sondern sie zeigt die Folgen der Entscheidung, die Marpessa zugunsten ihres Ehemannes trifft. Völlig entschärft erscheint der mythische Konflikt auf einigen etruskischen Spiegeln: Hier ist stets eine Dreiergruppe abgebildet, bei der Marpessa von den beiden Rivalen Idas und Apollon flankiert wird, die beide den Bogen in der Hand halten. Die schönste Darstellung dieser Art findet sich auf einem Spiegel in Chiusi (Abb. 17.7)[15]. Hier stehen die drei Protagonisten in scheinbarer Harmonie friedlich nebeneinander. Das Motiv bietet sich für die Dekoration von Spiegeln an: Eine Frau die nicht nur von zwei Männern, sondern sogar von einem Gott bewundert und begehrt wurde, kann ungeheuer inspirierend wirken, während man sich gerade selbst (für einen Mann♂) schön macht!

Kassandra: Die Vergeblichkeit der Sehergabe

Kassandra, die Tochter des Königs Priamos von Troja, hatte ein trauriges Schicksal. Sie war eine Seherin, die den Untergang Trojas voraussah, der jedoch niemand Glauben schenken wollte[16]. So musste sie den Untergang ihrer Stadt erleben, in dessen Verlauf sie der Grieche Aias am Kultbild der Athena bedrohte und nach einer Überlieferung gar vergewaltigte: Eine attisch schwarzfigurige Amphora in München zeigt, wie Aias mit dem Schwert auf Kassandra eindringt, die sich unter das Kultbild der Athena geflüchtet hat (Abb. 17.8). Damit beging Aias einen Frevel, den er auf dem Heimweg von Troja mit einem schmählichen Tod im Seesturm büßen musste. Kassandra wurde von Agamemnon mit nach Mykene genommen und dort mit dem Herrscher von Mykene von dessen Frau Klytaimnestra und ihrem Geliebten Ägisth getötet.

Kassandra wird bei verschiedenen Autoren des 5. Jahrhunderts v. Chr. als Seherin erwähnt, doch erst in einem mythologischen Handbuch wohl des 1. Jahrhun-

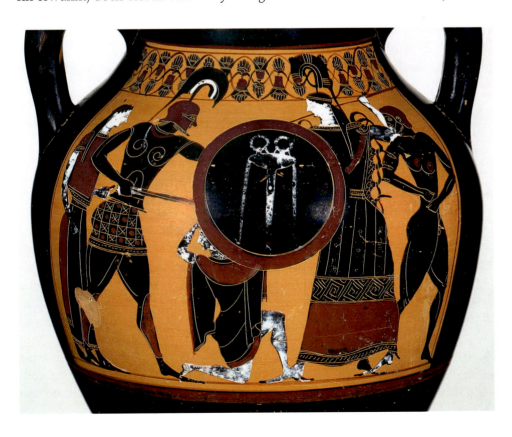

17.8 Aias bedroht Kassandra am Kultbild der Athena von Troja. Attisch schwarzfigurige Amphora, um 540 v. Chr. (Kat. 70).

derts n. Chr. wird ausgeführt, wie es zu der tragischen Situation der Priamostochter kam[17]:

(Kassandra) wollte Apollon umarmen, indem er versprach, sie in der Seherkunst zu unterweisen, Nachdem sie aber unterwiesen war, entzog sie sich der Umarmung des Gottes; deshalb nahm Apollon ihrem Weissagen die Kraft, Glauben zu erwecken.

17.9 *Kassandra will Paris töten, der sich an einen Altar geflüchtet hat, und den weitere Krieger bedrohen. Eine Göttin und ein Priester in etruskischer Tradition versetzen den griechischen Mythos in die Kultur Etruriens. Aschenurne Volterra, 2. Jh. v. Chr.*

Kassandra geht hier also mit List und Tücke vor, versucht sie doch einen Gott zu betrügen. Die deshalb stets vergeblichen »Kassandrarufe« wurden auch schon in der Antike sprichwörtlich.

In anderem Zusammenhang bewies Kassandra wirkliche Stärke. Da sie vorhersah, dass ihr Bruder Paris der Stadt Troja den Untergang bringen wird, beschwor sie die Trojaner »das große Verderben für des Priamos Stadt« zu töten, was diese jedoch verweigerten[18]. Bedenkt man wie eng das Verhältnis von Brüdern und Schwestern im antiken Griechenland war (vgl. zu Antigone Kap. 18), so ist dieser Einsatz der Kassandra für ihre Stadt zwar vergeblich geblieben, doch umso eindrucksvoller. Die Episode eines Angriffs der Kassandra auf Paris, die literarisch erst sehr spät bezeugt ist, wurde in der Bildkunst nur selten dargestellt. Besonders beliebt ist sie bei etruskischen Aschenurnen: So zeigen zwei Alabasterurnen in Volterra übereinstimmend, wie sich Paris vor der beilschwingenden Kassandra an einen Altar geflüchtet hat (Abb. 17.9); auch weitere Krieger scheinen auf ihn einzudringen. Eine etruskische geflügelte Göttin und der etruskische Priester mit seiner spitzen Kopfbedeckung rechts verleihen dem griechischen Mythos Züge der etruskischen Kultur, wie dies immer wieder vorkommt[19].

Daphne: Die Flucht in die Verwandlung

Während Marpessa also einen Sterblichen vorzog und Kassandra vergeblich versuchte, Apollon zu täuschen, entzog sich Daphne demselben Gott durch Verwandlung in einen Lorbeer[20]. Die Episode ist am schönsten in den Metamorphosen des Ovid überliefert, die bereits zitiert wurden (vgl. Vorwort). Danach ist Daphne die Tochter des Peneus, eine Nymphe, die sich dem Werben Apollons entzieht und zum Lorbeer wird. Nach einer anderen Variante folgte Daphne ähnlich wie Marpessa dem Werben eines Sterblichen, des Leukippos, den Apollon aus Eifersucht zu Tode brachte[21].

Darstellungen der Daphne in der Antike sind nicht sehr häufig und stammen mit Mosaikbildern und Wandmalereien überwiegend aus der römischen Kaiserzeit sowie der Spätantike.

Eine eindrucksvolle Ausnahme bildet die Skulptur der »Daphne Borghese«, die aus dem späten 1. Jahrhundert v. Chr. stammen dürfte (Abb. 17.10)[23]: Kopf und Arme fehlen. Der Oberkörper der schlank emporwachsenden Figur weist nur ein einziges Lorbeerblatt auf, doch aus Unterleib und Beinen entsprießen bereits reiche Lorbeerzweige und -blätter – man fühlt sich an Darstellungen der Niobe erinnert, die ebenfalls vom Boden an zu versteinern beginnt (vgl. Kap. 20). Doch Daphne wird eben nicht zu Stein, sondern zur Pflanze Apollons; so hält Apollon oft einen Lorbeerzweig, trägt Lorbeerkränze oder hatte in Eretria auf Euböa den Beinamen Daphnephoros (»Lorbeerträger«)[24]. Über die musische Bedeutung des Gottes führte dies zum ›Dichterlorbeer‹. Sich zu verwandeln, um der erotischen Verfolgung eines Gottes zu entgehen, mag zu Recht als sehr dramatische Lösung empfunden werden, ist aber keineswegs nur für Daphne typisch. So entzog sich etwa die Nymphe Syrinx den Nachstellungen des Pan, indem sie sich in Schilf verwandelte. Aus dieser Pflanze fertigte Pan dann die nach ihm benannte Flöte, in der Syrinx weiterlebt[25].

17.10 *Daphne verwandelt sich in Lorbeer. Marmorstatue des späten 1. Jhs. v. Chr.*

Daphne

Der Mythos von Apoll und Daphne zählt zu den beliebtesten Themen der nachantiken Kunst, denn die Geschichte aus Ovids *Metamorphosen* veranschaulicht nicht nur die menschliche Erfahrung der unerfüllten Liebe, sondern entspricht auch vollkommen dem christlichen Ideal der Keuschheit. Daphne war nämlich die berühmteste der Frauen, die Apolls Begehren widerstand. Amor hatte zwei Pfeile verschossen: Ein goldener Pfeil ließ Apoll in Leidenschaft zur schönen Nymphe entflammen. Doch Daphne, von einem stumpfen Pfeil unempfindlich für die Liebe gemacht, verschmähte den Gott und versuchte, seinen Verfolgungen zu entkommen. In ihrer Not flehte sie ihren Vater um Hilfe an, der sie daraufhin in einen Lorbeerbaum verwandelte.

Während wir in der antiken Vasenmalerei und Skulptur nur die Einzelfigur der Daphne kennen, fand seit den ersten Illustrationen des Mittelalters zu Ovid die Darstellung des Figurenpaars von Apoll und Daphne in der Malerei Verbreitung. Obwohl schon diese Bilder versuchen, den Handlungsablauf der Geschichte zu erzählen, gelang erst dem römischen Bildhauer Bernini die künstlerische Lösung des Problems. Er schuf nicht nur die erste monumentale Skulpturengruppe zum Thema, sondern vermochte es auch, die verschiedenen zeitlich aufeinander folgenden Episoden in einer einzigen Szene zu verschmelzen. In der Schrittstellung der Figuren, ihren gebauschten Haaren und dem wehenden Umhang stellt Bernini die Verfolgung Apolls und die Flucht Daphnes dar. Aber im Moment höchster Spannung ist ihr Bewegungswirbel gleichsam erstarrt, denn Apoll hat sein Ziel schon erreicht und umfasst die Nymphe. Erstaunt muss er jedoch feststellen, wie sie sich seinem Zugriff buchstäblich entwindet, und ihre Metamorphose einsetzt: Rinde umschlingt ihren – noch menschlichen –

körper, die Füße werden zu Wurzeln, aus Händen und Haaren sprießen Lorbeerblätter, mit denen sich der enttäuschte Gott fortan bekränzt. Die Schilderung einer Erzählabfolge war eigentlich eine Domäne der Dichtkunst und scheint im Widerspruch zum harten, dauerhaften Material des Marmors zu stehen. Bernini hat diesen Gegensatz beabsichtigt, um den Wettstreit zwischen Bildhauerei und Dichtung zu thematisieren.

Dass das Thema von Apoll und Daphne hier im christlichen Sinn gemeint war, erkennt man am Epigramm Kardinals Maffeo Barberinis, dem späteren Papst Urban VIII., das im Sockel der Skulpturengruppe eingraviert ist: *Quisquis amans sequitur fugitivae gaudia formae/fronde manus implet seu carpit baccas amaras* (Wer als Liebender den Freuden flüchtiger Form nachjagt, der füllt seine Hand mit Laub und erntet bit-

Gian Lorenzo Bernini, »Apoll und Daphne«, 1622–25. Rom, Galleria Borghese

tere Beeren). Diese moralisierende Ausrichtung machte den Mythos für die Villa eines Kardinals tauglich – auch wenn die Warnung vor der Vergänglichkeit irdischen Genusses und der Appell an die keusche Liebe auf den ersten Blick in gewissem Kontrast zur sinnlichen Schönheit der Marmorfiguren zu stehen scheint: Der Auftraggeber von Berninis Werk war der Papstneffe Scipione Borghese, der die Marmorgruppe zusammen mit drei weiteren Skulpturen des Künstlers in seiner noch heute bekannten Villa auf dem Pincio in Rom aufstellte.

E.W.W.

Wolfgang Stechow, *Apollo und Daphne*, Leipzig, Berlin 1932 (Nachdruck Darmstadt 1965); Anna Coliva, Sebastian Schütze (Hrsg.), *Bernini scultore: la nascita del Barocco in Casa Borghese,* Ausstellungskatalog, Roma 1998; Arne Karsten, *Bernini. Der Schöpfer des barocken Rom*, München 2006

Syrinx

Die schöne Nymphe Syrinx entzog sich wie Daphne der erotischen Begierde eines Gottes durch Verwandlung. Als Pan, dieses ungezügelte Wesen von halb menschlicher und halb tierhafter Gestalt, ihr auf seinen Streifzügen durch die Wälder wollüstig nachstellte, wurde Syrinx, von »panischem Schrecken« erfasst, zu Schilfrohr. Daraus machte sich der enttäuschte Gott dann seine berühmte Flöte.

Die Geschichte von Pan und Syrinx, die durch Ovids *Metamorphosen* überliefert war, erfuhr in der Nachantike unterschiedliche Ausdeutungen. Nach christlichem Verständnis verkörperte Syrinx die Keuschheit, während Pan in seiner animalischen Triebhaftigkeit als Urbild des Teufels galt. Aber »Gut« und »Böse« konnten auch genau umgekehrt zugewiesen werden: Pierre Bersuire, der Autor des berühmten *Ovidius moralizatus* (um 1340–50) sah in Syrinx »die den weltlichen Genüssen verfallene, sündige Seele« und in Pan ein Symbol der erlösenden Liebe Gottes. Italienische Autoren der Renaissance (wie Ludovico Dolce) faszinierte hingegen mehr das Motiv der tragischen, unerfüllten Liebe, deren Macht der sterbliche Mensch so wie der Gott Pan hilflos ausgesetzt ist.

Als Bildmotiv war die Geschichte in der Frühen Neuzeit sehr verbreitet, vor allem in der flämischen Malerei des 17. Jahrhunderts. Im Unterschied zum Daphne-Mythos zeigen die Darstellungen nur selten den einsetzenden Verwandlungsprozess der Syrinx, sondern meistens das vorangehende, plötzliche Auftauchen des Pan beziehungsweise seine Verfolgungsjagd. Aber die von üppigem Schilfrohr beherrschte Vegetation, die den noch intakten Körper der Nymphe umgibt, spielt oft schon auf die bevorstehende Metamorphose an. Auch Hendrick van Balen und Jan Brueghel d.Ä. wählen diesen Bildtypus: Syrinx versucht verzweifelt, vor dem im hoch

Hendrick van Balen und Jan Brueghel d.Ä. (?), um 1615
London, National Gallery
Photo © The National Gallery London

aufwachsenden Schilf überraschend erschienenen Pan zu fliehen. Diese Darstellungskonvention geht vermutlich auf vergleichbare Stiche in den illustrierten Ovidausgaben des 16. Jahrhunderts zurück.

Von einer christlich-moralisierenden Vereinnahmung des Mythos ist freilich in diesem Bild nicht viel zu spüren. Der Kontrast zwischen Syrinx' zart-sinnlichem Körper und dem kraftstrotzenden Muskelpaket Pan in dunklem Inkarnat verweist eher auf die erotische Brisanz des Themas. In der überbordenden Natur kann man zudem eine Anspielung auf den durch Pan repräsentierten Kosmos sehen[26].   *E.W.W.*

17.11 Aphaia von Zeus verfolgt. Rekonstruktion einer Gruppe im Aphaiaheiligtum von Ägina; Reste der Gruppe befinden sich in der Glyptothek. Um 510/500 v. Chr.

17.12 Die Meeresgöttin Thetis versucht, sich dem sie umfassenden Peleus durch Verwandlung in einen Löwen zu entziehen. Attisch schwarzfigurige Amphora, München. Um 510/500 v. Chr.

Andere Frauen oder Nymphen versuchten indes vergeblich, sich durch eine Verwandlung vor männlicher Nachstellung zu schützen. Die in gewissem Sinn radikalste Möglichkeit wählte dabei die Nymphe Aphaia, als sie von Zeus verfolgt wurde: Sie wurde schlicht unsichtbar und danach auf Ägina als Göttin verehrt (Abb. 17.11)[27]. Üblicherweise verwandeln sich verfolgte Frauen jedoch in sichtbare Gestalt, deren Unterschiedlichkeit auch verschiedene Funktionen hat: Während Daphne sich als Pflanze vor Apollon sicher sein kann, verwandelte sich etwa Thetis, die Mutter Achills, in einem Ringkampf mit Peleus in Raubtiere oder Feuer; der ihr zugedachte Sterbliche ließ sich davon aber nicht beirren und konnte so die Meeresgöttin erobern. Auf attischen Vasen werden die Verwandlungskünste der Thetis so dargestellt, dass sie kleine Tiere mit sich zu führen scheint: Eine attisch schwarzfigurige Amphora in München zeigt nuanciert, wie Thetis entsetzt mit erhobenen Armen dem sie umschlingenden Peleus zu entkommen sucht, während ein kleiner Löwe den bekränzten Brautbewerber angreift; weitere Meeresnymphen und der Vater der Thetis umgeben die Szene (Abb. 17.12)[28].

Die Nymphe Arethusa hingegen verwandelte sich mit ähnlicher Absicht wie Daphne oder Syrinx in eine Quelle: Der Jäger Alpheios verfolgte sie in der Umgebung Olympias, worauf sie zu Wasser wurde, entfloh und als Quelle in Syrakus wieder zum Vorschein kam. Auch Alpheios wurde daraufhin zu einem Fluss, der das Mittelmeer durchquerte und sich in Sizilien mit der Geliebten vereinte. Der Kopf der Arethusa, von Delphinen umspielt, erscheint auf den berühmten Prägungen der mächtigen Stadt vom 6. Jahrhundert v. Chr an (Abb. 17.13. 14)[29]. Und schließlich Nemesis, die Göttin der gerechten Vergeltung, die bei ihrem Versuch, sich Zeus zu entziehen, die Möglichkeiten der Gegenwehr und des sich Entziehens kombinierte: Sie entfloh Zeus in Gestalt von Wasser und verwandelte sich in allerlei schreckliche Kreaturen, um dann in einer Sagenvariante zur Mutter Helenas zu werden[30].

Von all diesen Mythen hat freilich gerade Daphne durch alle Zeiten immer wieder fasziniert und zu Neuschöpfungen wie jüngst der Figur von Markus Lüpertz angeregt (vgl. Vorwort). Wenn sie sich wie so viele andere Frauen oder Nymphen Apollon entzieht, mag dies damit zu tun haben, dass dieser Gott auch der Gott der Reinheit ist[31].   *V.C.K. (Marpessa) /M.St.*

17.13 Kopf der Nymphe Arethusa mit Perlhaarband und Halskette, von drei Delphinen umgeben. Die Beischrift nennt die Bürger der Stadt als Prägeherren: »(Münze) der Syrakusaner«. Tetradrachme von Syrakus, zwischen 485 und 461 v. Chr.

17.14 Kopf der Arethusa mit Schilfkranz, Ohrringen und Halskette, umgeben von von vier Delphinen; inschriftlich genannt die Bürger der Stadt als Prägeherren. Unten ist noch ein Rest der Signatur des Stempelschneiders Euaine(tos) zu erkennen. Dekadrachme von Syrakus, spätes 5. Jh. v. Chr./ Anfang 4. Jh. v. Chr.

18.1 Iphigenie begegnet ihrem
Bruder Orest. Als Priesterin im Land
der Taurer soll sie ihn der Artemis
opfern. Detail des Sarkophags
18.10. (Kat. 73).

18. Heroinen der Frauentugend

»Mitzulieben, nicht mitzuhassen bin ich geboren.« [Sophokles, *Antigone* 523]

Zur im Altertum fest akzeptierten Rolle der Frau gehörte es, dass sie Eigeninteressen gegenüber den Belangen ihrer Familie, ihres Gatten oder dem Gemeinwesen zurückzustellen hatte. Nur Männer führten üblicherweise ein selbstbestimmtes Leben (vgl. Kap. 2 & 15). Die Sage kennt aber eine Reihe von Frauenfiguren, die in ihrem tugendhaften Verhalten noch weit über das hinausgehen, wozu eine ›schwache‹ Frau verpflichtet ist und gerade damit eine Stärke gewinnen, die man von der normalen Frau nicht erwartet.

Sich opfern für die Liebe

Alkestis

Eine nach antiker Vorstellung über alle Maßen vorbildliche Frau ist Alkestis, die Tochter des Pelias, des Herrschers von Iolkos (heute Volos) in Thessalien, und Gattin des Admet, König im thessalischen Pherai. Schon Homer erwähnt sie in der *Ilias* (2, 714–715) als Mutter des Eumelos und als *»die Fürstin aller Fraun, die schönste von Pelias' blühenden Töchtern«*. Die weitere Geschichte erfahren wir jedoch erst durch

18.2–3   Alkestis sitzt auf dem Braut- und Totenbett; sie nimmt Abschied von dem trauernden Admet (links) und ihren Kindern; die Amme und der Pädagoge rechts sind typische Figuren des Theaters. Apulische Loutrophoros, Basel, um 340 v. Chr.

das 438 v. Chr. in Athen aufgeführte Drama *Alkestis* des Euripides. Eine ältere Tragödie gleichen Titels des Phrynichos ist bis auf ein winziges Fragment verloren[1].

Die Sage lässt sich folgendermaßen zusammenfassen: Weil ihr Gatte Admet bei der Hochzeit vergessen hat, der Artemis die angemessenen Opfer darzubringen, verheißt ihm die Göttin einen frühen Tod. Schon bei der Brautwerbung hatte Apoll Admet entscheidend unterstützt, und auch jetzt greift der mächtige Gott ein und besänftigt seine göttliche Zwillingsschwester. Weiter bringt er mit einer List die Moiren, Töchter des Zeus, die den Lebensfaden eines jeden Menschen spinnen, aber auch abschneiden, dazu, dass sie Admet weiterleben lassen, wenn ein anderer bereit ist, für ihn zu sterben. Von dem verhängnisvollen Schicksalsspruch bis zu seiner Erfüllung vergeht eine geraume Zeit, jedenfalls genug, um Kinder in die Welt zu setzen (Abb. 18.2–4). Als es schließlich soweit ist, findet sich niemand, der sich für Admet opfern will, nicht einmal seine Eltern sind trotz ihres vorgerückten Alters bereit, für den Sohn zu sterben. Allein Alkestis gibt freiwillig ihr Leben für ihn. Die schriftliche Überlieferung der Ereignisse bis zu ihrem Tod ist ausgesprochen lückenhaft. Dass Alkestis von dem Todesorakel und der Möglichkeit, ihren Mann zu retten, weiß, weil sie ein Gespräch zwischen Admet und seinen Eltern mitgehört hat, legen Darstellungen auf römischen Sarkophagen des 2. Jahrhunderts n. Chr. nahe[2].

Solche Gattenliebe bis zur Selbstaufgabe ging auch in der Antike weit über das Maß an ehelicher Treue hinaus, welches man von einer Frau erwartete. Alkestis Tugendhaftigkeit strahlt umso mehr, als ihr Mann sein Unglück – wenigstens nach Apollodor, *Bibliothek* 1, 9, 15 – durch einen Frevel gegen Artemis selbst verschuldet und eher in der zweiten Reihe an verschiedenen Unternehmungen – der kalydonischen Eberjagd, der Argonautenfahrt und den Leichenspielen für Pelias – teilgenommen hat. Die geringe Rolle des Gatten spiegelt sich auch in den Bildern, die seit dem 5. Jahrhundert v. Chr. üblicherweise Alkestis ins Zentrum stellen[3].

Auf einer großen apulischen Loutrophoros in Basel (Abb. 18.2–3), einer Sonderform der Amphora, mit der – wie der Name sagt (*loutron* – Bad; *phero* – bringen) – Wasser vor allem für das rituelle Brautbad gebracht wurde, sitzt in der Mitte des oberen Bildstreifens Alkestis auf einem Bett. Die umgebende Architektur verweist darauf, dass sich das Geschehen im Palast ihres Mannes in Pherai zuträgt. Nicht nur aufgrund ihrer zentralen Position, sondern auch durch ihre schiere Größe – wenn sie sich aufrichtete, würde sie alle anderen bei weitem überragen – ist sie herausgehoben. Auch ist nur ihr Name beigeschrieben. Weiter überstrahlt sie durch ihren reichen Schmuck – Armband, Halskette und Perlen im Haar – alle anderen, so auch Admet, der trauernd neben ihr steht und keine königlichen Würdezeichen trägt. Ihr Mann, die Kinder, welche sie im Arm hält, und auch die Amme und der Pädagoge rechts im Bild richten ihre Blicke traurig und besorgt auf Alkestis, deren geneigtes Haupt und Gesichtsausdruck ebenfalls Trauer verraten. Aber sie ist gefasst und zeigt ihren Schmerz dezent. Dem allgemeinen Rollenverständnis entsprechend reagieren ihre Tochter und die alte Amme deutlich emotionaler, wie an ihrer Gestik deutlich wird. Vieles spricht dafür, dass dieses Bild unmittelbar vom Theater angeregt worden ist, ein verbreitetes Phänomen auf Vasen aus den unteritalischen Griechenstädten. Schon die Säulenarchitektur und die Figur des Pädagogen sind charakteristisch für die Tragödie. Das Bildthema, Alkestis' Abschied vom Gatten und den Kindern, nimmt in der Tragödie des Euripides breiten Raum ein, sodass wir sogar annehmen dürfen, dass der Maler sich von dessen *Alkestis*, der bekanntesten literarischen Behandlung des Sagenstoffes, hat inspirieren lassen.

Auch die römische Kunst hat das Thema des Abschieds von Alkestis übernommen, insbesondere auf Sarkophagen (Abb. 18.4–5). Dabei geschah es freilich häufig, dass die mythischen Protagonisten Porträtzüge der Verstorbenen bzw. hinterbliebenen Auftraggeber erhielten.

Ungeachtet der dominanten Rolle der Alkestis in Bildkunst und Literatur machte die Antike – anders als die moderne Sekundärliteratur – dem Gatten, der seine Frau für sich sterben lässt, keinen moralischen Vorwurf für sein Handeln. Euripides etwa zeichnet ihn vielmehr als untadeligen Menschen – seine Verfehlung gegenüber Artemis mag eine relativ späte Erfindung sein.

Antike Autoren haben Alkestis wiederholt als Ideal ehelicher Treue gepriesen. Bei Platon heißt es im *Gastmahl* (179 C):

> »Und in der Tat schien sie denn auch hiermit nicht bloß den Menschen, sondern auch den Göttern ein so schönes Werk vollbracht zu haben, dass diese, obwohl sie unter den vielen, welche viele rühmliche Taten ausführten, doch nur einer geringen Anzahl die Ehre gewährten, ihre Seele wieder aus dem Hades zu entlassen, trotzdem die ihrige entließen aus Bewunderung ihrer Tat.«

Der Römer Properz hat das Frauenlob in seiner Cornelia-Elegie noch gesteigert, aber auch das individuelle Schicksal der Verstorbenen in den Hintergrund treten lassen. Eine Entsprechung zur moralistischen Umgestaltung des römischen Dichters findet sich in der Wiedergabe der Alkestis auf Sarkophagen (Abb. 18.4)[4].

Alkestis' Opfermut wird auch dadurch nicht geringer, dass sie schließlich doch wieder ins Leben zurückkehren darf. Das verdankt sie nach Euripides dem Herakles, nach Platon und Apollodor jedoch den Göttern bzw. der Unterweltsgöttin Persephone[5]. Das Leben des Herakles ist mehr als bei jedem anderen Helden von Frauen bestimmt. Die Göttin Hera verfolgt ihn zeitlebens mit ihrem Hass, und seine letzte Ehefrau, Deianeira, verschuldet seinen grausamen Tod. Auch »Starken Frauen« begegnet er immer wieder: Der Amazonenkönigin Hippolyte entreißt er den Gürtel (Kap. 8), mit Atalante unternimmt er die Argonautenfahrt (Kap. 15) und der Lyderkönigin Omphale unterwirft er sich (Kap. 16). Im Fall von Alkestis revanchiert sich der Held für die Gastfreundschaft des Admet. Auch wenn Herakles im euripideischen Drama bisweilen derb und trinkfroh auftritt, die gerade Verstorbene dem Tod (Thanatos) im wörtlichen Sinne am Grabe abzuringen, ist eine Leistung, die selbst unter den großen Helden kein anderer vermag[6]. Doch dieser Ringkampf hat keinen erkennbaren Niederschlag in der antiken Bildkunst gefunden. Vasen und Reliefs zeigen den Helden lediglich bei der Rückführung von Alkestis. Der oben schon erwähnte Sarkophag im Vatikan (Abb. 18.5) scheint sogar die unterschiedlichen Sagenversionen bei Euripides und Platon bzw. Apollodor miteinander zu harmonisieren. Herakles führt Admet seine Gattin zu, doch das geschieht hier mit dem Einverständnis der Götter, denn am rechten Bildrand macht der thronende Hades eine zustimmende Geste, seine Frau Persephone mit Fackel in der Hand redet ihm gut zu.

Die unbeabsichtigte Tötung ihres Vaters Pelias (Kap. 18), der schon von Hesiod (*Theogonie* 996) als »vermessen« und »unersättlicher Frevler« gebrandmarkt wird, scheint keinen Schatten auf Alkestis geworfen zu haben. Dafür spricht schon ihre einhellig positive Beurteilung in den Textquellen. Nach der älteren Überlieferung war sie womöglich gar nicht beteiligt. Erst späte Autoren haben sich mit der Frage auseinandergesetzt, ob sie als älteste der Peliaden am Vatermord mitgewirkt hat[7]. Unter den bildlichen Darstellungen findet sich jedenfalls keine einzige, die Alkestis als Täterin zeigt.

Als Sinnbild der treuliebenden Ehefrau und durch die Verbindung mit der Unterwelt war Alkestis ein ideales Bildmotiv in der Grabkunst. Allerdings findet sich trotz der verschiedenen dramatischen Bearbeitungen kaum eine Darstellung im griechischen Mutterland. Loutrophoren wie das großartige Basler Stück (Abb. 18.2–3) wurden häufig unverheirateten jungen Frauen mit ins Grab gegeben. Auf römischen Sarkophagen (Abb. 18.4–5) steht oft die Lobpreisung der untadeligen verstorbenen Ehefrau im Vordergrund. Das Leid des mythischen Vorbilds, aber auch der dem antiken Betrachter gewiss gegenwärtige glückliche Ausgang der Geschichte waren in beiden Fällen geeignet, den Hinterbliebenen Trost zu spenden[8].

Laodameia

Ein weiteres prominentes mythisches Beispiel vorbildlicher Gattenliebe geben Protesilaos und Laodameia. Während über ihren Mann schon in der *Ilias* (2, 698–702) und in den *Kyprien* berichtet wird, dass er als erster Grieche vor Troja an Land geht und von Hektor erschlagen wird[9], erfahren wir erst drei Jahrhunderte später aus dem heute weitgehend verlorenen Drama *Protesilaos* des Euripides etwas über den weiteren Fortgang der Ereignisse und das Schicksal der Laodameia. Protesilaos' früher Tod ist deswegen besonders tragisch, weil der frisch Vermählte schon am Tag nach der Hochzeit in den Krieg ziehen muss. Selbst die Götter der Unterwelt haben Mitleid und gewähren ihm die Bitte, noch einmal für kurze Zeit mit seiner Gattin zusammen zu sein. Als er sie erneut verlassen muss, nimmt sich Laodameia das Leben. Auch sie kann zum Ideal ehelicher Treue werden, wenn sie sich – wie im nur bruchstückhaft überlieferten Drama des Euripides – beharrlich weigert, dem Wunsch ihres Vaters Akastos zu folgen, nach dem Tod ihres Gatten wieder zu heiraten[10]. Während der Tod des Protesilaos seit dem 5. Jahrhundert v. Chr. gelegentlich dargestellt wird, findet sich die tragische Liebesgeschichte erst sehr viel später, auf kaiserzeitlichen römischen Sarkophagen (Abb. 18.6), die rührende Gattenliebe thematisieren. Dabei kann der Mythos stark an die Alkestissage angeglichen sein, wenn Laodameia freiwillig zu ihrem Gatten in die Unterwelt hinabsteigt[11]. Der antike Betrachter sah wohl in beiden Fällen Allegorien der Liebe, die den Tod überwindet, den Hinterbliebenen mit der Hoffnung auf ein Weiterleben nach dem Tod tröstet.

18.6 Verschiedene Episoden aus dem Leben des Protesilaos (von links nach rechts): Der Held macht den ersten Schritt vom Schiff auf ein Landungsbrett, Hektor tritt ihm entgegen. Daneben liegt schon der tote Protesilaos, über ihm sein Schatten, in einen Mantel gehüllt, im Gespräch mit dem Seelengeleiter Hermes, der ihn gleich darauf zum Palast führt. Dort, in der Bildmitte, steht er vor der Architektur mit Laodameia durch Handschlag verbunden, Sinnbild ehelicher Eintracht (concordia). Die unfertigen Köpfe der mythischen Eheleute sollten noch die Gesichtszüge der römischen Verstorbenen erhalten. Weiter rechts trauert der Held am Bett der Gattin, sein Schatten entschwebt bereits wieder. Über ihr verweisen ein Schrein mit Theatermaske, Thyrsosstäbe und Krotalen auf den Dionysoskult; der Weingott war auch ein Herrscher im Jenseits. Ganz rechts führt Hermes den Schatten zu Charon, der in seinem Nachen wartet, um Protesilaos endgültig in die Unterwelt zu bringen. Hauptseite eines stadtrömischen Sarkophags, 160–170 n. Chr. Vatikan.

Iphigenie

Gaben die vorgenannten Frauen ihr Leben freiwillig für den geliebten Ehemann, so ist Iphigenie, die Tochter des Agamemnon, des Königs von Mykene, hilfloses Opfer militärisch-politischer Ziele. Ihr Schicksal lässt sich folgendermaßen zusammenfassen: Die griechische Flotte kann nicht gen Troja in See stechen, sondern wird durch widrige Winde in Aulis festgehalten, weil Iphigenies Vater, Agamemnon, der Heerführer der Griechen, durch einen Frevel die Göttin Artemis gegen sich aufgebracht hat[12]. Die fordert nun, dass statt des üblichen Opfertiers die Tochter am Altar geschlachtet werde. Unter dem Druck des Heeres ringt sich der verzweifelte König schließlich dazu durch, sein liebstes Kind nach Aulis zu locken. Man sagt ihr, sie solle mit Achill, dem größten Helden im Griechenheer, vermählt werden. Tatsächlich aber wird sie am Altar von Agamemnon geopfert, damit der Feldzug nicht scheitert, bevor er richtig begonnen hat.

Die literarische Überlieferung ist uneinheitlich. Homer erwähnt weder Probleme beim Einschiffen der Griechen in Aulis noch eine Agamemnontochter namens Iphigenie[13]. Unter dem Namen Iphimede taucht sie erstmals gegen 700 v. Chr. im *Frauenkatalog* des Hesiod auf. Dort und in weiteren frühen Dichtungen, bei Stesichoros (um 600 v. Chr.) und in den *Kyprien*, einem Epos des 6. Jahrhunderts v. Chr., wird Iphigenie gewaltsam zum Altar geschleppt. Während sie aber im *Frauenkatalog* wohl wie ein Tier geschlachtet wird, greift in den übrigen Werken stets Artemis im letzten Moment ein, entführt das unschuldige Mädchen vom Altar und ersetzt es durch eine Hirschkuh. Bei Pindar (*11. Pythische Ode* 17–25) und Aischylos (*Agamemnon* 228–249) im frühen 5. Jahrhundert v. Chr. stirbt sie jeweils in Aulis. Das verzeiht ihre Mutter Klytämnestra dem Gatten nicht, mit den bekannten Folgen (Kap. 19). Bei Sophokles und Euripides dagegen wird Iphigenie von der Göttin gerettet.

Die Dramen der attischen Tragiker haben vor allem die Rolle des Vaters ganz unterschiedlich gezeichnet. Im *Agamemnon* des Aischylos oder in Euripides' *Iphigenie in Aulis* (87–107; 352–353) verhindern die Eitelkeit und Ruhmsucht des Königs sowie die Schmähungen seines Bruders Menelaos, der ihm Schwäche und mangelnden Patriotismus vorwirft, dass er seine Tochter rettet. Dagegen steckt der verzweifelte Agamemnon in Sophokles' *Elektra* (563–576) oder in Euripides' *Iphigenie im Taurerland* in einem unauflöslichen Dilemma und wird weitgehend von Schuld am Tod Iphigenies freigesprochen.

Während Iphigenie nach der älteren Überlieferung passives Opfer ist, gibt ihr Euripides in seiner erst nach dem Tod des Dichters 405 v. Chr. in Athen aufgeführten *Iphigenie in Aulis* eine ganz neue Rolle. Hier – und nur hier! – ist sie wahrlich eine starke junge Frau, denn freiwillig gibt sie ihr Leben für das Vaterland (Euripides, *Iphigenie in Aulis* 1378–1390).

> *Heute blickt das große Hellas, blickt ganz Griechenland auf mich.*
> *Unsre Ausfahrt, Trojas Ende liegt allein in meiner Hand,*
> *auch dass fremde Männer künftig nie sich wieder unterstehn,*
> *unsre Frauen fortzuschleppen aus dem stolzen Griechenland,*
> *wenn der große Räuber Paris seine Tat so schwer bezahlt!*
> *All das wird mein Tod beenden, hoher Ruhm wird mir zuteil,*
> *und mich nennen alle Zungen Griechenlands Befreierin.*
> *Warum soll denn dieses Leben immerfort behütet sein,*
> *das du mir für alle Griechen, nicht für dich allein geschenkt?*
> *Tausend tapfre Männer drängen Schild an Schild in Reih und Glied,*
> *Tausend sitzen an den Rudern, weil die Heimat in Gefahr,*
> *stürzen sich auf ihre Feinde, sterben für ihr Griechenland.*
> *Und da soll mein kleines Leben alledem entgegen sein?*

Übersetzung: E. Buschor

Die Beliebtheit dieser Randgeschichte des Trojanischen Krieges, die von den attischen Dramatikern immer wieder aufgegriffen worden ist – und auch in der Neuzeit mit der Übersetzung von Schiller und den Bearbeitungen von Racine (*Iphigénie*), Goethe (*Iphigenie auf Tauris*) und Gerhart Hauptmann (*Iphigenie in Aulis*) eine Fortsetzung gefunden hat –, spiegelt sich in der Bildkunst nicht wieder. Nur wenige Vasenbilder des 5. Jahrhunderts v. Chr. (Abb. 18.7) zeigen wie das unschuldige Mädchen zum Altar geschleift oder geführt wird[14]. Die Rettung durch Artemis wird häufig angedeutet. Dass Iphigenie aus freien Stücken zum Altar geht, zeigt erst viele Jahrzehnte später das Bild auf einem Weinmischkrug im British Museum (Abb. 18.8)[15], denn die Jungfrau steht ungeleitet am Altar. Auch wenn direkte Hinweise auf das Theater fehlen, so folgt der unteritalisch-griechische Vasenmaler doch der späten Sagenversion, wie sie sich erstmalig in der *Iphigenie in Aulis* des Euripides findet.

Noch offensichtlicher auf die dramatische Vorlage gehen dann hellenistische Reliefbecher zurück, die verschiedene Szenen der *Iphigenie in Aulis* wiedergeben (Abb. 18.9)[16]. Diese sog. Homerischen Becher entstanden im späten 3. Jahrhundert v. Chr. in Makedonien, wo man sich damit in die Tradition griechischer Kultur stellen wollte. Die Beliebtheit gerade von Euripidesdramen gründet nicht allein auf dem hohen Ansehen dieses Dichters, sondern auch auf dem Umstand, dass Euripi-

Opferung Iphigenies

Iphigenie zählt zu den großen Opfergestalten der abendländischen Kultur. Um die Windstille, die Artemis zur Strafe für eine Kränkung gesendet hatte, aufzuheben und der griechischen Flotte die Weiterfahrt nach Troja zu ermöglichen, soll Agamemnon das Leben seiner Tochter Iphigenie einsetzen. Nach einer Version der Überlieferung erbarmt Artemis sich im letzten Moment und sendet als Ersatzopfer eine Hirschkuh.

Genau diese Episode erzählt das Fresko Giovanni Battista Tiepolos in Vicenza. Eine illusionistisch gemalte Säulenreihe öffnet den Blick auf das dramatische Geschehen. Schicksalsergeben an den Opferaltar gelehnt erwartet Iphigenie den Dolchstoß des Priesters, während ein Helfer schon die Schale zum Auffangen des Bluts bereithält. Als Hinweis auf ihren bevorstehenden Tod ist ein monumentales Grabmal errichtet. Doch da wird die Aufmerksamkeit der Anwesenden plötzlich von einer göttlichen Intervention angezogen: die auf einer Wolkenbank erscheinende Hirschkuh. Nur der rechts von den Doppelsäulen stehende verzweifelte Agamemnon, der sein Gesicht mit dem Mantel verhüllt, hat nicht bemerkt, dass – die in einem Fresko an der Decke dargestellte – Artemis sich erbarmt hat. Tiepolos »Iphigenie« gehört zu einem Zyklus von Fresken mit verschiedenen Themen aus berühmten Werken antiker und neuzeitlicher italienischer Autoren. Besonders hervorzuheben ist, dass sich die »Iphigenie« nachweislich an Euripides' gleichnamigem Drama orientiert; andere Szenen des Zyklus gehen auf Homers *Ilias* zurück. Den literarischen Werken der griechischen Antiken brachte man in Italien im 18. Jahrhundert wieder verstärkt Interesse entgegen.

Das Thema der bedingungslosen Opferbereitschaft aus starkem Pflichtgefühl machte Iphigenie zu einer zentralen Gestalt der nachantiken Literatur, Musik und Bildenden Kunst. Man denke nur an die Opern von Domenico Scarlatti, Baldassare Galuppi und Christoph Willibald Gluck – um nur einige wenige zu nennen –, an Goethes Drama sowie an die zahlreichen bildlichen Darstellungen. In der bühnenartigen Inszenierung des Geschehens hat man sogar den direkten Einfluss der zeitgenössischen Oper erkennen wollen. Das Bildmotiv der Iphigenie auf dem Opferaltar folgt jedoch ganz der ikonographischen Tradition des Themas und nähert sich einer anderen dramatischen Opferszene der Bibel an, der Opferung Isaaks durch seinen Vater Abraham. *E.W.W.*

Michael Levey, *Tiepolo's Treatment of Classical Story at Villa Valmarana*, in *Journal of the Warburg and Courtauld Institutes* 20 (1957), 298–317

Giovanni Battista Tiepolo, 1737. Vicenza, Villa Valmarana ai Nani, Palazzina, Atrium

des seine letzen Lebensjahre am makedonischen Hof in Pella zubrachte und dort die *Iphigenie in Aulis* schrieb. Mit bescheidenen künstlerischen Mitteln werden verschiedene Szenen des Dramas dargestellt und die Namen der Figuren sowie des Dichters und des Stückes beigeschrieben.

Schon in frühen Textquellen wird auch das weitere Schicksal Iphigenies erwähnt; in der *Orestie* des Stesichoros und in den *Kyprien* gelangt sie ins Land der Taurer, das heißt auf die Krim, wo nach griechischer Vorstellung wilde Barbaren lebten, und wird in der einen oder anderen Weise unsterblich: als »Artemis Enodia« (Artemis am Weg) oder als Hekate[17]. Die ausführlichste Behandlung aber ist mit Euripides' Drama *Iphigenie im Taurerland* auf uns gekommen, wo das Mädchen erstmals nicht als Göttin, sondern nun als Priesterin der Artemis begegnet.

Die Geschichte verläuft in knappen Worten wie folgt: Mehr als zehn Jahre sind seit den Ereignissen in Aulis vergangen, der Trojanische Krieg ist vorbei. Wegen des Verlustes ihrer Tochter hat sich Klytämnestra von ihrem Gatten entfremdet und zusammen mit ihrem Geliebten Aigisth den heimgekehrten Agamemnon ermordet. Iphigenies Bruder Orest und ihre Schwester Elektra wiederum haben einige Zeit danach den Tod des Vaters gerächt. Um sich vom Muttermord zu entsühnen, soll er ein altes Artemisbild aus dem Taurerland zurückbringen. Dort trifft Orest völlig unvermittelt auf Iphigenie, die bei den Barbaren der Artemis als Priesterin dient. Unter dramatischen Umständen erkennen sich die Geschwister wieder, und es gelingt ihnen die gemeinsame Flucht in die Heimat.

Im Drama steht Orest im Vordergrund bzw. sein Bemühen, sich der Verfolgung durch die Rachegöttinnen zu entziehen. Iphigenie spielt eher eine Nebenrolle. Diesen Eindruck vermitteln auch die Bilder. Besonders auf römischen Sarkophagen des 2. Jahrhunderts n. Chr. ist die Geschichte ein beliebtes Thema. Ein Sarkophag in

18.11 Im Artemisheiligtum – kenntlich nicht nur am Bildnis der Göttin, sondern auch am mit einer Binde umwickelten Baum, dem brennenden Altar und der Säulenarchitektur im Hintergrund – werden die Freunde mit auf dem Rücken gefesselten Händen vor Iphigenie geführt. Detail des Sarkophags 18.10.

der Glyptothek erzählt den Mythos ausführlich (Abb. 18. 10). Im Zentrum der Hauptseite sitzt Orest, dem sein Gefährte Pylades unter die Arme greift um ihn aufzurichten. Rechts über ihm erkennt man an ihrer Fackel eine der Erinnyen, die ihn seit seinem Muttermord verfolgen. Links setzt sich die Geschichte fort (Abb. 18.11): Orest und Pylades werden der Artemispriesterin Iphigenie zugeführt, die einem grausamen lokalen Brauch folgend, die Fremden am Standbild der Göttin opfern soll. Dem Rat Apolls folgend war Orest mit dem Freund ins Taurerland gekommen, um sich durch die Rückführung der dortigen hölzernen Artemisstatue nach Griechenland zu entsühnen[18]. Die Geschwister blicken sich direkt in die Augen (Abb. 18.1), doch sie erkennen sich noch nicht. Was dem Freundespaar droht, machen die abgeschlagenen Häupter deutlich, die an der Tempelfront und in den Zweigen eines Baumes hängen.

Ein halbes Jahrtausend früher hält ein herrlicher apulischer Weinmischkessel in Basel (Abb. 18.12)[19] den dramatischen Höhepunkt des euripideischen Dramas fest. Iphigenie hat einem der ihr noch unbekannten Landsleute die Freiheit verspro-

18.12 Im Zentrum steht IPHI-GENEIA vor einer Säule mit Kultbild der Artemis und dem Altar, auf dem ein Ölzweig liegt. Sie ist im Begriff, ein verschnürtes Wachstäfelchen dem links auf seinen Stock gestützt stehenden PYLADES zu überreichen. Rechts sitzt ORESTES auf einer Säulentrommel und blickt zu seiner Schwester; er hält einen Stab wie sein Freund, trägt ferner ein Schwert und einen Reisehut. Rechts oben liebkost Artemis eine Hirschkuh und hält zwei Speere im Arm. Von links oben fliegt Nike herbei, um Iphigenie mit einer Girlande zu bekränzen. Die Namen der Protagonisten sind beigeschrieben. Apulisch-rotfiguriger Kelchkrater, um 340 v. Chr., Basel.

chen, wenn er eine Nachricht an ihren Bruder in Mykene übermittelt. Auf dem Vasenbild überreicht sie Pylades gerade den Brief. Sie weiß noch nicht, dass der Jüngling auf der Säulentrommel Orest ist. Damit er den Inhalt auch dann in der Heimat übermitteln kann, wenn er das Schreiben verlieren sollte, lässt sich Pylades den Inhalt vorlesen, und so kommt es zur glücklichen Wiedererkennung der Geschwister. Die herbeischwebende Nike deutet an, dass das Abenteuer für alle Beteiligten gut ausgehen wird. Im Vergleich mit den Sarkophagreliefs ist es eine friedliche Szene, Haltung und Gestik der Beteiligten lassen die Dramatik kaum erahnen. Nur der kundige Betrachter des Vasenbildes weiß, dass es hier um Leben und Tod geht. Der Bildhauer des Münchner Sarkophags hat diesen Moment des Geschehens auf eine der Schmalseiten verlegt und nicht vollständig ausgeführt (Abb. 18.13).

Die gemeinsame Flucht findet sich im rechten Abschnitt des Münchner Sarkophags (Abb. 18.14). Im Drama des Euripides hatte Iphigenie die Taurer überzeugt, dass Orest als Muttermörder zunächst auf See entsühnt werden müsse, bevor man ihn der Artemis opfern könne. Doch hier müssen sich Pylades und Orest mit Gewalt den Weg zu dem Schiff freikämpfen, das ihnen die Heimkehr ermöglichen soll. Links haut einer der beiden gleich zwei Barbaren nieder, um Iphigenie, die mit dem Artemisbild im Arm wartet, den Weg zu bahnen. Rechts steht sie bereits neben einem Diener im Schiff und blickt zurück, wie der andere der beiden Freunde die Planke zum Schiff hinaufläuft. Ähnliche Schiffsszenen finden sich auf Sarkophagen häufig. Gerade weil Iphigenie hier verschleiert erscheint, soll damit möglicherweise an die Jenseitsfahrt der Verstorbenen erinnert werden. Die äußerliche Ähnlichkeit des Freundespaares ist beabsichtigt, denn gerade in der römischen Literatur galten Orest und Pylades als Inbegriff treuer Freundschaft[20].

Orest bringt schließlich das Götterbild nach Halai in Attika, wo er einen Artemiskult einrichtet, Iphigenie aber wird Artemispriesterin in Brauron. So findet der athenische Dichter eine mythische Erklärung für die Entstehung zweier bekannter attischer Heiligtümer dieser Göttin[21].

Allein Euripides und nur in seiner letzten Tragödie (*Iphigenie in Aulis*) hat Iphigenie zu einer starken Frau gemacht. Dagegen demonstriert sie im Tauererland durch ihr Handeln keine besondere Stärke. Trotzdem begegnet sie uns auch dort als mächtige Frauengestalt. Allerdings in ganz anderer Weise, nicht in dem von uns definierten Sinne als unabhängige Frau, die ihr Schicksal selbst in die Hand nimmt, sondern weil sie unsterblich wird und damit über übermenschliche Fähigkeiten verfügt, als Artemis »Enodia« (am Wege) oder Hekate, eine Göttin, die insbesondere für Geburt und Aufzucht der Kinder zuständig ist.

18.13 *Iphigenie liest den Gefangenen (nicht vollständig ausgearbeitet) ihren Brief an Orest vor. Der Taurer links hängt einen von den Fremden erbeuteten Schild an die Wand. Schmalseite des Sarkophags 18.10.*

18.14 *Flucht von Iphigenie, Orest und Pylades. Detail des Sarkophags 18.10.*

Makaria

In den Dramen des Euripides opfern immer wieder junge Menschen ihr Leben für eine höhere Sache[22]. Wie Iphigenie in Aulis so fällt auch Makaria, Tochter des Herakles aus seiner Ehe mit Deianeira in dieses Schema. In seiner Beschreibung Griechenlands berichtet Pausanias (1, 32, 6)[23]: »*Als nach dem Tode des Herakles der König Keyx von Trachis* [wo Herakles zuletzt mit seiner Familie gelebt hatte] *die Herakleiden gegen die Nachstellungen des feindlichen Eurystheus nicht schützen konnte, begaben sie sich in den Schutz des Theseus nach Tetrapolis, wo bei Marathon eine Quelle später Makaria hieß. Infolge dessen kam es zwischen Eurystheus und den Athenern zum Kriege. Letztere erhielten den Orakelspruch, sie würden nur dann den Sieg erringen, wenn eins von den Kindern des Herakles sich opfere. Da ging Makaria freiwillig in den Tod und wurde von den siegreichen Athenern prächtig bestattet.*« Schon der sprechende Name (»die Selige«) ist ein deutliches Indiz, dass es sich bei Makaria nicht um eine eigenständige Figur der Sage handelt. Selbst in den *Herakliden* des Euripides tritt sie nur namenlos auf.

Herakles' Kinder aus der Ehe mit Deianeira begründen erst nach dem Tod des bösartigen Königs von Mykene, Eurystheus, eine Dynastie, auf die sich später die dorischen Griechen zurückführen. Doch zunächst haben sie, wie schon ihr Vater, unter Eurystheus zu leiden. Mit attischer Hilfe und dank dem Opfertod der Schwester Makaria besiegen sie schließlich den König und seine Söhne. Obwohl Aischylos und Euripides das Schicksal der Kinder des Helden jeweils dramatisch bearbeitet haben, lassen sich nur wenige Bildwerke mit dieser Sage verbinden (Abb. 18.15).

Das geringe Interesse der Künstler liegt wohl darin begründet, dass sie keine alte Sagenfigur ist, wahrscheinlich hat erst Euripides sie erschaffen, vor allem aber, weil sie nicht zu einem heroischen Vorbild wurde, an das man in patriotischen Reden rühmend erinnerte. Bei den attischen Rednern taucht sie jedenfalls nicht auf, wohl nicht zuletzt, weil sie eine Peloponnesierin war.

Trotz des Sieges über Eurystheus scheitern jegliche Versuche, auf die Peloponnes zurückzukehren[24]. Erst den Ururenkeln des Herakles, Aristodemos, Temenos und Kresphontes, gelingt es, in die Heimat des Helden zurückzukehren und die Halbinsel unter sich aufzuteilen[25].

18.15   Ausschnitt aus den Kämpfen der Herakleiden mit den Nachfahren des Eurystheus: Ein totes Mädchen, vielleicht die Heraklestochter Makaria, wird von zwei unbewaffneten jungen Männern weggetragen, rechts eine Kampfszene, darüber die Siegesgöttin Nike in einer Quadriga. Apulischer Volutenkrater, um 360 v. Chr., Bari.

Was Alkestis, Laodameia, Iphigenie und Makaria miteinander verbindet, ist die Tatsache, dass sie jeweils selbstlos ihr Leben für die geben, die sie lieben. Darüber hinaus spielen sie im griechischen Mythos meist keine Rolle. Ihre Zahl ließe sich leicht noch vermehren. Auch die Töchter des Erechtheus, eines mythischen Königs von Athen, sterben für die Heimat, als das Orakel ihrem Vater verkündete, dass die Athener in einem Krieg mit Eleusis nur dann siegreich wären, wenn der König eine seiner Töchter opfere. Da beschließen sie ihr gemeinsames Ende. Auch diese Sage ist eine Schöpfung des Euripides, der in der Zeit des Peloponnesischen Krieges mit einem mythischen Exempel der Vaterlandsliebe an die Opferbereitschaft der Mitbürger appelliert[26]. Noch weniger bekannt ist das Schicksal der Töchter des Orion, die sich mit einem Weberschiffchen erstechen, um die Heimat Böotien von einer Seuche zu erlösen. Weil sie nicht mit Athen zu verbinden sind, wurden sie nur von Korinna, einer lokalen Dichterin besungen[27]. Doch die Aufopferung all dieser Frauen ist noch seltener bildlich dargestellt worden als bei den besprochenen Beispielen. Wie bei den erstgenannten ist ihre Stärke nur momenthaft.

Antigone. Weibliche Pflicht gegen autoritäre Staatsräson

Zu den auch heute noch bekannten Heldinnen der griechischen Mythologie gehört Antigone. Ihr Schicksal fügt sich ein in die Ödipussage und den Zug der Sieben gegen Theben, die zum sog. Thebanischen Kyklos gehören, dem zweiten großen Sagenkreis neben dem Trojamythos. Die Ereignisse spielen – nach der Sagenchronologie – eine Generation vor dem großen Trojanischen Krieg. Der Zug der Sieben gegen Theben wird schon in Homers *Ilias* (4, 376–398) sowie in Hesiods *Werke und Tage* (161–163) erwähnt, doch erst aus dem 5. Jahrhundert v. Chr. besitzen wir eine Reihe ausführlicher Textquellen, Pindar, Bakchylides und eine Vielzahl dramatischer Bearbeitungen.

Bei Sophokles spielt Antigone, die Tochter von Ödipus, König von Theben, und Iokaste, zweimal eine wichtige Rolle. Zunächst als liebende Tochter, die ihrem Vater in unverbrüchlicher Treue in die Verbannung folgt. Ödipus hat nämlich herausgefunden, dass er seinen Vater Iolaos getötet und seine Mutter Iokaste geheiratet hat, sticht sich daraufhin die Augen aus und geht nach Kolonos bei Athen. Das Verhalten Antigones kann hier als vorbildlich gelten, insofern sie in selbstloser Kindesliebe zum Vater steht, während ihre Brüder ihn im Stich lassen. Doch sie verhält sich nicht heroisch. Sophokles' *Oidipus auf Kolonos*, wo diese Geschichte erstmals ausführlich behandelt wird, ist am Lebensende des Dichters, viele Jahre nach seiner *Antigone* entstanden. Antigones Charakterstärke, aber auch die sich andeutende Sturheit, die ihr später zum Verhängnis werden sollen, sind wohl vom älteren Drama geprägt.

Als starke Heldin erscheint Antigone erst bei der Auseinandersetzung zwischen ihren Brüdern Eteokles und Polyneikes im Kampf der Sieben gegen Theben. Diese hatten sich nach dem Weggang des Vaters zunächst die Herrschaft in Theben geteilt, bis Eteokles den Bruder vertrieb. Polyneikes sammelte daraufhin in Argos ein Heer gegen die Heimatstadt, das »siebentorige Theben«. Das ist Thema von Aischylos' Tragödie *Sieben gegen Theben*, in dem Antigone noch nicht auftritt[28]. Der Angriff scheitert, aber im direkten Zweikampf fallen beide Brüder[29]. Ihr Onkel Kreon wird nun König und erlässt unter Androhung der Todesstrafe ein Verbot, den als Landesverräter geächteten Polyneikes zu bestatten. An diesem Punkt der Handlung setzt Sophokles' 442 v. Chr. aufgeführte *Antigone* ein. Die Heldin widersetzt sich der Anordnung Kreons. Sie beruft sich auf die ungeschriebenen göttlichen Gesetze, die sie über die Ordnung der Menschen stellt.

Offenkundig unter dem Eindruck dieser Theaterbearbeitung hat der Maler eines lukanischen Kessels in London (Abb. 18.16)[30] die Heroine dargestellt. Doch nur der

18.16 Zwei Wächter haben Antigone vor König Kreon geführt. Der Redegestus ihrer linken Hand lässt erkennen, dass sie im Begriff ist, ihren Standpunkt vor dem König von Theben zu vertreten. Detail einer lukanisch-rotfigurigen Nestoris, um 380 v. Chr. London.

kundige Betrachter kann die Dramatik erkennen. Rechts von der Mitte steht Antigone – wie im sophokleischen Drama beschrieben – mit geneigtem Haupt, den Mantel leicht über den Kopf gezogen; während die rechte Hand im Mantel verhüllt ist, zeigt der Gestus der Linken an, dass sie spricht. Sie wird gerahmt von zwei Wächtern, jugendlichen Lanzenträgern. Links thront der Adressat von Antigones Rede im herrscherlichen Gewand mit Szepter und (persischer) Tiara, ihr Onkel Kreon. Es ist ein übliches Theaterkostüm, das die Königsmacht Kreons bezeichnet, aber es ist auch kein Zufall, dass er im Ornat eines orientalischen Despoten erscheint.

Als Antigone bei der Totenpflege für Polyneikes entdeckt und vor den Herrscher geführt wird, lässt Sophokles die junge Frau die folgenden Worte sprechen (*Antigone* 450–470):

> Nicht Zeus hat dies Verbot erlassen noch
> hat Dike, die mit Totengöttern thront,
> uns Menschen solche Satzung auferlegt
> noch maß ich deiner Botschaft soviel bei,
> daß ungeschriebnes, ehernes Gesetz
> der Götter vor den Menschen weichen soll;
> denn dies ist nicht von heut und gestern, nein,
> von Ewigkeit, den Ursprung kennt kein Mensch.
> In diesem Recht durft ich aus Menschenfurcht
> niemals den Göttern schuldig werden. Daß
> ich einmal sterben muß, wie wüßt ichs nicht
> auch ohne deine Drohung? Wird die Zeit
> verkürzt, so acht ichs für ein großes Glück:
> Wer so im bittren Leide lebt wie ich,
> dem ist das Sterben wahrlich nur Gewinn.
> Das Todeslos ist nicht mein größter Schmerz,
> doch hätt ich meines eignen Bruders Leib
> ganz unbestattet liegen lassen: das
> wär bittrer Schmerz; das andre zähl ich nicht.
> Wenn du mich heute eine Törin nennst,
> so spricht dies Wort doch nur der größre Tor!

Übersetzung: E. Buschor

Trotz der Bitten seines Sohnes Haimon, der mit Antigone verlobt ist, und gegen die späten Warnungen des Ältestenrates verhängt Kreon das Todesurteil. Antigone wird bei lebendigem Leib eingemauert; um dem Hungertod zuvorzukommen, erhängt sie sich. Da zeigt sie sich doch als typische Frau – Erhängen ist eine ›klassische‹ Form des weiblichen Selbstmords, man denke nur an ihre Mutter Iokaste, aber auch an Arachne, Andromache, Phaidra, Leda etc. – der gewaltsame Tod durch das Schwert ist in der Regel Männersache. In der Folge nehmen sich auch Haimon – der ohne Antigone nicht mehr leben will – und anschließend dessen Mutter Eurydike, Kreons Frau, – untröstlich über den Verlust des Sohnes – das Leben. Erst angesichts seiner ausgelöschten Familie gelangt schließlich auch der verblendete Herrscher zur Einsicht[31].

Mit ihrem kompromisslosen Eintreten für die ungeschriebenen Gesetze, die den Schwestern als letzten Nachkommen ihrer Sippe die Ausführung der Totenbräuche für Polyneikes auferlegen, und für eine humane Handlungsweise, zugespitzt in ihrem eingangs zitierten Diktum (»*Mitzulieben, nicht mitzuhassen bin ich geboren*«), kann Antigone seit ihrer erstmaligen Aufführung vor fast 2500 Jahren als moralisches Vorbild dienen. Kaum ein antikes Drama wird deshalb noch heute so oft gespielt und hat ein ähnlich umfangreiches Nachleben in Literatur und Musik (unter anderen Hölderlin [1804], Hegel [1835–1838], Rilke [1907], Elliott [1947], Brecht [1947], Hochhuth [1963] – Händel [1727], Gluck [1767], Orff [1949]). Für Sophokles diente 442 v. Chr. die Verbannung des Themistokles, des Siegers in der Seeschlacht gegen die Perser 480 v. Chr. bei Salamis, als Anlass, die Frage nach der moralischen Berechtigung des Widerstandes gegen den eigenen Staat, wenn dieser gegen ethische Werte verstößt, im Theater zu behandeln. Sophokles vertritt diesen Standpunkt einer übergeordneten, allgemeingültigen religiösethischen Ordnung. Auch in der Neuzeit, in der Klassik, verkörpert Antigone das Humanitätsideal, doch bereits seit der Antike mischt sich auch Kritik in das Urteil über die tragische Königstochter. Trotzig steht das Mädchen vor dem König zu seinem Handeln, entschlossen nimmt es sein Todeslos an, beklagt bitter sein Schicksal, um das Ende schließlich furchtlos zu beschleunigen. Doch ihr unversöhnliches Beharren auf der eigenen Position, das weder auf die Schwester noch auf den Verlobten Rücksicht nimmt, wurde auch als überheblich angesehen.

In ihrer Schwester Ismene, die Antigone vergeblich von ihrem Tun abhalten will, verkörpert der Dichter die ›normale Frau‹, die sich in die gesellschaftlichen Normen einfügt. Sie ist nicht stark wie ihre Schwester, sie beugt sich der Macht Kreons und fühlt sich Antigone gegenüber schuldig. Aber sie betrachtet die Dinge auch realistischer als jene und ist sich der Konsequenzen des Handelns bewusst. Zu Beginn von Sophokles' *Antigone* (58–68) erwidert sie der Schwester:

> ... *Denke doch*
> *des schlimmen Endes, wenn wir mit Gewalt*
> *dem Machtgebot des Herrschers widerstehn.*
> *Wir müssen lernen, dass wir Frauen sind,*
> *zum Kampfe mit den Männern nicht bestimmt*
> *und dienstbar den Gewalten, die uns bald*
> *noch Schlimmeres verhängen als nur die.*
> *So fleh ich zu den Toten, dass sie mir*
> *erlassen, was Gewalt verwehrt, und bin*
> *der Obrigkeit gehorsam. Schrankenlos*
> *zu handeln ist doch eitle Narretei!*

Übersetzung: E. Buschor

Kreon, der in seiner Hybris ewige Gesetze, moralisch-religiöse Traditionen missachtet, auch gegen die Stimme des Volkes und seines Sohnes, steht für den autoritären Staat. Er lässt auch keinen Zweifel, dass er Antigones Standpunkt schon deshalb ablehnt, weil es ihr als Frau gar nicht zusteht, sich in die Politik einzumischen (Sophokles, *Antigone* 672–678).

> *Das schlimmste Übel ist Rebellion;*
> *sie unterwühlt die Häuser, stürzt den Staat,*
> *zersprengt die Reihen, treibt der Bündner Heer*
> *zum Rückzug. Immer wo ein Staat gedeiht,*
> *hat der Gehorsam ihm das Haus gebaut.*
> *Was Ordnung schafft, das muß verteidigt sein*
> *und niemand beuge sich vor Frauenmacht!*

Übersetzung: E. Buschor

In Athen zur Zeit des Sophokles waren Frauen *a priori* von jeglicher politischer Betätigung ausgeschlossen (vgl. Kap. 2). Selbst wenn der Dichter Antigone seine persönlichen Überzeugungen aussprechen lässt, so darf man darin sicher kein Votum für eine Emanzipation der Frauen in seiner Heimatstadt verstehen.

Aufgrund der bruchstückhaften Überlieferung der frühen Epen – die *Thebais* und die *Oidipodia* sind weitgehend verloren – können wir nicht sicher entscheiden, ob die Geschichte des fluchbeladenen thebanischen Königshauses zunächst noch ohne den heldenhaften Auftritt Antigones ausgekommen oder ob das Schicksal der Ödipustochter schon dort behandelt worden ist. Vor Sophokles' *Antigone* bleibt sie für uns jedenfalls eine kaum fassbare Gestalt der Sage und wir haben Grund anzunehmen, dass erst der attische Dramatiker ihr eine tragende Rolle verschafft hat.

Die Spärlichkeit der Antigonebilder, ja das gänzliche Fehlen vor dem 4. Jahrhundert v. Chr. ist ein starkes Argument für die Annahme, dass sie in den Epen archaischer Zeit allenfalls eine unbedeutende Nebenrolle gespielt hat. Die meisten Darstellungen stammen aus Unteritalien, wo sich im 4. Jahrhundert v. Chr. die attischen Tragödien des 5. Jahrhunderts v. Chr. selbst und die Darstellungen daraus in der Vasenmalerei besonderer Beliebtheit erfreuten.

Penelope. Heldin der Gattentreue

Eine weitere prominente Frau des griechischen Mythos soll hier nur ganz kurz besprochen werden: Penelope, die Gattin des Odysseus. Zwanzig Jahre wartet sie geduldig auf den Mann, von dem sie nicht einmal weiß, ob er überhaupt noch lebt. Ihr Verhalten erscheint vorbildhaft vor dem Hintergrund, dass andere Ehefrauen griechischer Helden ihrem Mann weit weniger die Treue gehalten haben. Der heimgekehrte Diomedes findet seine Frau in Argos mit einem anderen vor und sucht schnell das Weite. Noch schlimmer trifft es Agamemnon, den Heerführer der Griechen, der in Mykene von Klytämnestra und ihrem Liebhaber Ägisth gemeinschaftlich ermordet wird. Dagegen weist Penelope die Adligen, die in Ithaka um sie werben, beharrlich ab. Da die Herrschaft verwaist ist – der Sohn Telemach ist noch nicht alt genug, um an die Stelle seines Vaters zu treten –, können die Freier nach antikem Verständnis durchaus berechtigte Argumente vorbringen, wenn sie Penelope zur erneuten Heirat drängen. Allein ihre Ruchlosigkeit disqualifiziert sie als Nachfolger in der Herrschaft. Mit einer List, die ihres listenreichen Mannes würdig ist, wehrt Penelope lange die Bewerber ab. Drei Jahre gibt sie vor, für ihren Schwiegervater Laertes ein Leichentuch weben zu müssen, das nie fertig wird, weil sie das Gewebte nachts wieder auftrennt. Als ihre List von einer untreuen

Penelope

Odysseus' Gattin Penelope erfreute sich in nachantiker Zeit höchster Wertschätzung, da sie in vollkommener Weise dem christlichen Tugendideal ehelicher Treue entsprach. Obwohl Penelope nach dem Ende des Trojanischen Krieg jahrelang nichts über das Schicksal ihres Gemahls wusste, wimmelte sie alle Freier, die sie zur Ehe drängten, ab. Schließlich willigte sie auf Anweisung Athenas ein, denjenigen Bewerber zu heiraten, der im Wettschießen mit Odysseus' großem Bogen siegen würde. Aber nur der inzwischen unerkannt heimgekehrte Odysseus selbst vermochte es, den Bogen zu spannen und durch zwölf Äxte hindurch, wie gefordert, zu schießen. Penelopes Standhaftigkeit hatte sich also gelohnt.

Als Inbegriff ehelicher Treue fand Penelope seit dem Mittelalter Eingang in die Literatur. Zu ihrer Bekanntheit trugen vor allem Boccaccios Schriften über die Genealogie der Götter (1347-60) und über berühmte Frauen (um 1362) sowie Andrea Alciatis Emblembuch von 1531 bei, wo Penelope als Verkörperung der Ehe erscheint. Die bildliche Darstellung des Themas passte besonders gut in Räumlichkeiten, die von Frauen bewohnt wurden. Die Gemahlin des Großherzogs der Toskana, Eleonora von Toledo, ließ 1561 einen Raum ihres Appartements im Palazzo Vecchio in Florenz mit Fresken zum Penelope-Mythos ausmalen. Penelope konnte aber auch in größere Bildzyklen zu den Abenteuern des Odysseus integriert werden. Zu den beliebtesten Motiven zählen Penelope am Webstuhl oder ihre glückliche Vereinigung mit dem heimgekehrten Gemahl. In Odysseus-Zyklen ist auch das Wettschießen zu sehen.

Penelopes Übergabe des Bogens an die Freier, die Padovanino ins Bild gesetzt hat, gilt als höchst ungewöhnlich. Von rechts schreitet die standhafte Heldin majestätisch mit Odysseus' Bogen heran. Sobald sie die Bedingung für eine Eheschließung genannt hat, wird das feucht-fröhliche Gelage der Freier ein Ende haben. Einen von ihnen hat Penelope schon gebieterisch mit einer Handgeste in die Knie gezwungen. Vor ihm liegen die Äxte, die es zu treffen gilt. Leider wissen wir nicht, für wen dieses Bild bestimmt war, und ob es zu einem Zyklus gehörte, der weiteren Aufschluss über die Deutung des antiken Mythos geben könnte. Aber eines lässt sich schon aus dem Bild selbst ablesen: Penelope wird uns als starke Frau gezeigt, die die Männer in Schach hält und tugendhaft bleibt. *E.W.W.*

Ugo Ruggeri, *Il Padovanino* (1993); Marco Lorandi, *Il mito di Ulisse nella pittura a fresco del Cinquecento italiano* (1996)

Alessandro Varotari, gen. Padovanino, um 1630, Courtesy of the National Gallery of Ireland Photo © National Gallery of Ireland

18.17 *Die versunkene Penelope wird kaum gewahr, als sich ihr Gatte Odysseus nähert. Die antiken Bildwerke zeigen Penelope in verschiedenen Zusammenhängen immer wieder in diesem charakteristischen Sitzmotiv, den Kopf trauernd auf die Hand gestützt. Melisches Tonrelief, um 460 v. Chr. (Kat. 74).*

Dienerin öffentlich gemacht wird, sucht sie nach einem neuen Ausweg. Sie verspricht dem die Ehe – und damit auch die Herrschaft –, der mit dem Bogen ihres Mannes einen Pfeil durch zwölf hintereinander gereihte Axtlöcher schießt. Sie hofft, dass allein der verschollene Odysseus dies vermag. Die Rückkehr des Helden bewahrt sie vor weiteren Proben. Doch inzwischen ist sie schon so skeptisch, dass sie den Gatten erst nach vorsichtiger Annäherung erkennt (Abb. 18.17).

Penelope geht zwar wie die anderen Frauen in diesem Kapitel in ihrer Tugendhaftigkeit, namentlich ihrer ehelichen Treue, weit über das zu erwartende Maß hinaus, bringt dadurch sogar den gesamten Haushalt in Gefahr, doch sie arbeitet mit den Mitteln einer Frau. Sie setzt sich weniger aktiv zur Wehr, als dass sie klug die Männer hinhält; sie sucht nicht den offenen Konflikt. So ist sie in unserem Sinne keine »Starke Frau«, sondern das Ideal einer Ehefrau, die sich nicht außerhalb der von der Gesellschaft gesetzten Normen bewegt. So preist sie auch Agamemnon (Homer, *Odyssee* 192–198), der mit Klytämnestra weniger Glück hatte:

> *Glücklicher Sohn des Laertes, erfindungsreicher Odysseus;*
> *wahrlich, du hast eine Frau von großer Tugend erworben;*
> *gut und vernünftig war die untadelige Penelopeia,*
> *des Ikarios Tochter; wie treu gedachte sie immer*
> *ihres Gatten Odysseus; drum wird der Ruhm ihrer Tugend*
> *nie vergehn; es werden den Erdenmenschen die Götter*
> *lieblichen Sang verleihn für die kluge Penelopeia.*

Übersetzung: R. Hampe

Frauen, die zum Äußersten getrieben werden

In Extremsituationen erwachsen auch ›normalen‹ Frauen ungeahnte Kräfte. Diese Erkenntnis ist nicht neu, und sie spiegelt sich gelegentlich auch in der griechischen Bildkunst, die zu allermeist die Figuren in einer Weise darstellt, die für sie typisch ist. Wir wollen hier in einer zufälligen Auswahl drei solche ungewöhnlichen Fälle betrachten.

Küchengerät I. Verzweiflungskampf der Troerinnen

Auf einem Meisterwerk, einer Hydria in Neapel, hat der Kleophrades-Maler verschiedene Episoden der Eroberung Trojas nebeneinander ins Bild gesetzt (Abb. 18.18)[32]. Im Zentrum stehen die Frevel der griechischen Sieger, am Rande finden sich die Flucht des Äneas und die Befreiung der Mutter des Theseus. An die Ermordung des greisen Trojanerkönigs Priamos und seines Enkels Astyanax in der Bildmitte schließt sich rechts eine ungewöhnlich Kampfszene an. Mit einem Haushaltsgerät, einer gewaltigen ›Mörserkeule‹, greift eine Frau einen Griechen an. Ob ein solches Gerät im Alltag tatsächlich zum Zerstoßen von allerlei Dingen in einem Mörser diente, bleibt dahingestellt; hier ist sie – wie unser neuzeitliches Nudelholz – eine charakteristische Verlegenheitswaffe der Hausfrau. Der ungleiche Kampf – schwache Frau gegen starken Mann, ungeschützt mit einem Haushaltsgerät gegen einen schwer gewappneten Krieger – ist Ausdruck der völligen Verzweiflung auf der Seite der Trojaner. Die wehrfähigen Männer sind im Bild bereits alle erschlagen oder haben die Stadt verlassen, nur noch Greise, Kinder und Frauen verbleiben. Das Motiv der Trojanerin mit Mörserkeule findet sich auf weiteren attisch-rotfigurigen Vasen der ersten Hälfte des 5. Jahrhunderts v. Chr. In einem Fall ist die Frau inschriftlich als Andromache gesichert, doch nur mit großer Ungewissheit können wir diese Benennung auch für das hier besprochene Bild übernehmen. Auf einer Schale des Brygos-Malers im Louvre verteidigt sie ihren Sohn Astyanax, auf dem hier gezeigten Bild dagegen liegt dieser bereits erschlagen auf den Knien des Großvaters.

Die in der *Ilias* von Homer als vorbildliche Gattin des trojanischen Vorkämpfers Hektor geschilderte Andromache bleibt in der Bildkunst zumeist eine unspezifische Randfigur. Griechische Vasen, die sie beim Zusammentreffen mit dem Gatten zeigen, wie im 6. Gesang der *Ilias* ausführlich geschildert, oder bei der Toten-

18.18 *Die Griechen wüten unter den Trojanern: Im Zentrum hockt König Priamos blutend auf dem Altar, der erschlagene Astyanax liegt auf seinem Schoß, Neoptolemos, der Sohn des Achill, versetzt ihm im nächsten Moment den tödlichen Streich; am Boden ein erschlagener Trojaner. Links davon reißt der »kleine« Aias Kassandra vom Kultbild, ganz links rettet Äneas sich und seine Familie. Rechts attackiert Andromache einen Griechen mit einer Mörserkeule, Akamas und Demophon retten ihre Großmutter Aithra. Umzeichnung einer attisch-rotfigurigen Hydria des Kleophrades-Malers, um 480 v. Chr. Neapel.*

klage für den erschlagenen Hektor, folgen den üblichen Bildschemata. Dagegen bilden Bilder der sich verzweifelt wehrenden Trojanerin seltene und originelle Ausnahmen. Der Kampf einiger Trojanerinnen, die sich mit dem Mut der Verzweiflung den Angreifern entgegenwerfen, wurde in den Quellen gelegentlich thematisiert (Quintus Smyrnaeus 13, 118–122), doch dass Andromache mit einer Mörserkeule einem Griechen zuleibe rückt, ist eine Erfindung der attischen Vasenmaler. Während die übrigen Frauen im Bild – dem antiken Rollenverständnis folgend – passiv bleiben und entweder ihr Schicksal beklagen oder wie Kassandra vom »kleinen« Aias weggezerrt werden, leistet Andromache mit einem Gerät, das eigentlich friedlichen Zwecken dient, Widerstand, auch wenn ihre Niederlage absehbar ist. Für den Mythos ergeben sich aus dem Bild des Kleophrades-Malers einerseits der Untergang Trojas und andererseits die unausweichliche Bestrafung der frevlerischen Sieger. Das in der Zeit der Perserkriege geschaffene Vasenbild hielt den Zeitgenossen in Athen aber auch die schrecklichen Folgen eines Krieges für die Zivilbevölkerung vor Augen, wenn die Ordnung so aus den Fugen gerät, dass selbst Frauen zur Waffe greifen[33].

Weil in aller Regel ihre Männer und Väter über sie bestimmen, kommt den Frauen in Krisensituationen vielfach nur die Rolle des passiven Opfers zu. Im griechischen Drama wird dies mehrfach thematisiert, etwa in den *Troerinnen* des Euripides – aufgeführt in Athen während des Peloponnesischen Krieges. Ohne eigenes Zutun müssen vor allem die Frauen die grausamen Folgen der Katastrophe tragen: Vergewaltigung, Verlust des Mannes und bisweilen auch der Kinder sowie anschließende Versklavung. Dieses Bild am Ende des Trojanischen Krieges entspricht im gesamten Altertum und auch über die griechische Welt hinaus weitgehend der Realität. Weil also jedermann mit einem derartigen Schicksal rechnen musste, berührte das Stück des Euripides die attischen Bürger auch so unmittelbar. Wenn Hekabe, die Frau des erschlagenen Trojanerkönigs Priamos, ihr Los beklagt, dann weiß jeder im Theater, wovon sie spricht. Aber so tapfer Hekabe und ihre Töchter auch mit ihrem Schicksal umgehen, im Sinne unserer Definition können sie doch nicht als stark gelten, weil sie sich weitgehend widerstandslos in die weibliche Opferrolle fügen.

Küchengerät II. Nereus' Tochter kämpft für das Gut ihres Vaters
Das von der Neapler Hydria bekannte Motiv begegnet auch auf einer von Myson bemalten Münchner Pelike, einer sackartigen Variante der Amphora: Eine Frau mit wehendem Haar und entschlossenem Blick schwingt die Keule (Abb. 18.19). Ihr Gegner findet sich auf der gegenüberliegenden Seite des Gefäßes, es ist Herakles, der größte Held der griechischen Sage (Abb. 18.20), leicht zu erkennen an dem Löwenfell, das er trägt, seit er den Löwen von Nemea getötet hat; seine charakteristische Waffe, die Keule, hat er hier abgelegt. Er steht bis zu den Waden im Wasser, wie der Maler mit verdünntem Malschlicker angezeigt hat, und mit einem Dreizack macht er sich an einem großen Henkelgefäß zu schaffen, eine Schale und eine Kanne schwimmen um ihn herum. Der Dreizack gibt den entscheidenden Hinweis zum Verständnis der Szene, denn es ist die Waffe der Meergötter, mit der Poseidon, aber auch geringere Gottheiten auf die Jagd gehen. Die Überlieferung der Heraklessage weiß von einem Zusammentreffen mit dem ehrwürdigen »Meergreis« Nereus, der mit seiner Gattin Doris und 50 Töchtern, den Nereiden – die bekannteste unter ihnen ist Thetis, die Mutter Achills –, in seinem Palast auf dem Meeresgrund residiert (Homer, *Ilias* 1, 358). Der mit Sehergabe ausgestatte Meergott sollte dem Helden helfen, den Weg zu den Hesperiden zu finden. Doch der sonst stets als freundlich geschilderte Alte zeigt sich wenig hilfsbereit. Nach den Schriftquellen muss Herakles Nereus in einem Ringkampf bezwingen, um ihn zur Preisgabe seines Wissens zu zwingen. Die besondere Schwierigkeit besteht darin,

18.19   Eine Tochter des Nereus stürmt eine Mörserkeule schwingend und mit aufgelöstem Haar einem Feind entgegen, der auf der anderen Seite des Gefäßes dargestellt ist. Attisch-rotfigurige Pelike, bemalt von Myson, um 500 v. Chr. (Kat. 75).

dass dieser wie alle Meergottheiten über die Fähigkeit verfügt, seine Gestalt mehrfach zu wandeln, in eine Schlange, in Wasser und schließlich sogar in Feuer. Auch davon gibt es Darstellungen in der Bildkunst. Myson hat nun aber offensichtlich eine Alternativversion geschaffen – ob sie auf eine literarische Vorlage, vielleicht ein verlorenes Satyrspiel zurückgeht, wissen wir nicht: Der Held verwüstet den Palast des Meergreises, dem er schon seine Waffe entrissen hat. Während andere Vasenmaler den alten Nereus zeigen[34], der Herakles gestenreich auffordert sein Zerstörungswerk zu beenden, tritt auf der Münchner Vase nur eine Frau dem Helden tapfer entgegen. Dabei muss es sich um seine Gattin Doris oder eher noch um eine seiner zahlreichen Töchter handeln. Dass da einer kommt und im Palast ihres Vaters ein heilloses Chaos anrichtet, bringt die namenlose Nereide so in Rage, dass sie sich mit dem übermächtigen Helden anlegt. Auch diese Auseinanderset-

18.20 *Herakles demoliert den Hausrat des Meergottes Nereus. Gegenseite der Pelike von Abb. 18.19. (Kat. 75).*

zung wird ein versöhnliches Ende finden, denn einerseits gehört die Nereustochter zu den Unsterblichen, andererseits wird Herakles am Ende die gewünschte Auskunft von ihrem Vater erhalten, um die goldenen Äpfel der Hesperiden rauben zu können und damit die zwölfte und letzte der von Eurystheus gestellten Aufgaben zu erfüllen.

Insbesondere vor dem Hintergrund, dass ihr Vater dem Tun des Helden hilflos zuschaut, kann die tatkräftige Gegenwehr der Nereide als heldenhaft gelten. Mit einem Augenzwinkern bedient der Vasenmaler das gängige Klischee, dass die tüchtige Hausfrau kaum etwas mehr hasst, als wenn jemand ihre häusliche Ordnung durcheinanderbringt. Das für eine der liebreizenden Nereustöchter ungewöhnlich ungeordnete Haar und ihre durch den langen Chiton scheinenden »wippenden« Brüste verstärken den Eindruck, dass Myson mit Humor bei der Sache war.

Laokoons Frau als ›Löwenmutter‹

Ein großer lukanischer Glockenkrater in Basel (Abb.18.21)[35] zeigt eine weitere Frau, die beherzt zur Waffe greift, während der nebenstehende Mann untätig bleibt. Über dem Kopf schwingt sie eine Axt und stürmt auf ein Kultbild zu. Dass es sich bei der Figur links um eine Statue, nicht um eine »lebendige« Person handelt, erkennen wir an der zweistufigen Basis, auf der sie steht. Zudem ist ihr Standmotiv eigentümlich steif. Nicht zufällig im sog. Kuros-Schema der archaischen Epoche hat der Maler die langhaarige männliche Figur dargestellt, die mit Lorbeer bekränzt ist und in der Rechten einen Bogen, in der Linken einen Lorbeerbaum hält. Durch ihre Attribute ist die Statue als altertümliches Kultbild des Apollon zu erkennen, um das sich zwei Schlangen winden, die die Angreiferin anblicken. Hinter ihr folgt ein reifer bärtiger Mann, der sich bestürzt die Haare rauft. Ganz rechts steht ruhig der jugendliche Gott Apoll persönlich. Er greift nicht gestisch in das Geschehen ein, doch es besteht kein Zweifel, dass er es ausgelöst hat. Von seinem Standbild unterscheidet er sich durch das stärker bewegte Standmotiv, das Mäntel-

18.21　Die Frau des Laokoon attackiert die beiden Schlangen am Kultbild des Apollon, die ihren Sohn zerstückelt haben, rechts anschließend betrachten ihr Mann und der Gott das Geschehen. Lukanisch-rotfiguriger Glockenkrater, um 430 v. Chr. Basel.

chen über den Schultern, die zarte Körperbehaarung und dass sein Bogen eine Sehne besitzt. Teile eines Knaben – Rumpf mit Kopf, das Auge geschlossen, ein Unterschenkel, ein Unterarm sowie zwei schwer bestimmbare Teile – zu Füßen des Götterbildes geben eindeutigen Aufschluss über den mythischen Zusammenhang. Es handelt sich um einen der Söhne des Laokoon, der im Heiligtum des Apollon Thymbraios von den Schlangen zerstückelt und teilweise wohl auch schon aufgefressen worden ist, jedenfalls fehlen Körperteile.

Der Laokoonmythos ist vor allem durch die einzige bekannte großplastische Darstellung bekannt, die 1506 gefundene Gruppe im Vatikan. Sie zeigt den trojanischen Apollonpriester Laokoon mit seinen beiden Söhnen im verzweifelten Kampf mit den Schlangen. Apoll hat das dämonische Schlangenpaar gesandt, um ihn und einen Sohn – so nach der ältesten erhaltenen literarischen Quelle, der *Ilioupersis* des Arktinos von Milet – oder aber beide Söhne vor den Augen des Vaters – wie in der nur fragmentarisch erhaltenen Tragödie *Laokoon* des Sophokles – oder aber alle drei zu töten. In dieser Frage ist die Überlieferung uneinheitlich. Der Basler Mischkrug folgt der zweiten Version. Der Gott signalisiert mit diesem grausigen Omen, dass er die Stadt nicht weiter schützt und sie dem Untergang preisgegeben ist. Die Trojaner – mit Ausnahme von Äneas und seinem Vater Anchises, dem Bruder Laokoons, – missverstehen das göttliche Zeichen und ziehen das Hölzerne Pferd mit den bekannten Folgen in ihre Stadt.

Für unser Vasenbild bedeutet das, dass Laokoons Frau, Antiope, mit der Axt, mit der ihr Mann üblicherweise die Opfertiere schlachtet, vermutlich nicht das Kultbild, sondern die Reptilien attackiert. In jedem Fall kommt sie zu spät, um das schreckliche Ende ihrer unschuldigen Söhne zu verhindern. Gleichwohl ist es ein starker Auftritt der Mutter, die wie eine Löwin für ihre Kinder kämpft, obwohl sie zumindest ahnen muss, dass die Schlangen von einem Gott gesandt worden sind. Ihre ganz unweibliche Aktivität kontrastiert scharf mit der Passivität ihres Mannes, seiner verhaltenen Trauer.

Die Frauen auf den hier gezeigten Vasenbildern (Abb. 18.18–21) sind stark, heldenhaft kämpfen sie für ihre Stadt, für ihren Vater oder Gatten und für ihre

Kinder gegen übermächtige Gegner, die Frau des Laokoon scheut nicht einmal die Auseinandersetzung mit einem Gott. Damit fallen sie aus der üblichen weiblichen Rolle. Doch zumindest in den beiden ersten Fällen es ist zweifelhaft, ob die Maler damit sagen wollen, dass Andromache und die anonyme Nereide ›starke Frauen‹, große Heldinnen sind. Sie erscheinen unspezifisch und man fragt sich, ob hier nicht eher eine grundsätzliche Fähigkeit der Frauen angedeutet werden soll, sich auch (fast) wie ein Mann körperlich zur Wehr zu setzen, wenn sie zum Äußersten getrieben werden. Bei Laokoons Frau Antiope geht ihre heroische Rolle wahrscheinlich auf eine attische Tragödie zurück, die – wie oben gesehen – gerade in der zweiten Hälfte des 5. Jahrhunderts v. Chr. eine deutliche Neigung zeigt, weibliche Helden zu kreieren.

Die Tugendheldin – Eine Schöpfung des Theaters
Die Heroinen der Frauentugend, wie wir sie hier nennen, sind kein alter Bestandteil des griechischen Mythos, sondern eine Schöpfung der attischen Tragödiendichter des 5. Jahrhunderts v. Chr., des Sophokles und Euripides. Das erklärt ihr relativ spätes und zahlenmäßig geringes Auftreten in der Bildkunst. Während einige von ihnen – vor allen anderen Antigone – durch ihr eigenständiges Handeln gegen alle Konventionen verstoßen, können die meisten von ihnen nur bedingt als »stark« gelten, da sie letztlich doch nur selbstbestimmt eine Rolle einnehmen, die den Frauen traditionell zukam, die des Opfers.   *F.S.K./A.P.H.*

19. Frauen von mörderischer Stärke

Frauen morden – wenn auch weitaus seltener als Männer. Nur etwa 10–15 % aller Morde eines Jahres gehen, zumindest in Deutschland, auf das Konto eines weiblichen Täters.[1] Und es gibt weitere deutliche Unterschiede zwischen Männern und Frauen beim Thema Mord: Frauen morden in der Regel subtiler und von langer Hand geplant. Aufgrund ihrer geringeren Körperkraft greifen sie häufiger zum Gift oder betäuben zumindest ihr Opfer, bevor sie es umbringen. Dies hat ihnen den Ruf besonderer Heimtücke eingebracht, so dass Frauen für ihre Taten oft weitaus härter von den Gerichten bestraft werden als Männer, die ihre Opfer vorzugsweise mit eigener Körperkraft und bloßen Händen – oft im Affekt – töten. Zwar gibt es auch durchaus Überschneidungen bei den Tatmotiven z. B. Eifersucht oder Habgier. Weitaus häufiger geben Frauen dessen ungeachtet Motive wie Selbstschutz, Selbstachtung und Selbsterhaltung an, geht doch der Tat ein oft jahrelang andauerndes Martyrium voraus. Vor allem aber in der Opferstruktur treten eklatante Unterschiede zwischen den Geschlechtern zutage: Die Opfer der Frauen gehören in der Regel zu ihrem engsten, familiären Umfeld – der Partner, die Kinder, die Eltern.[2]

Doch gelten diese, aus der Moderne gewonnenen Erkenntnisse auch für die Mörderinnen des antiken Mythos? Ihre Namen zumindest sind heute noch bekannt – die Kindsmörderin Medea, Klytämnestra, die ihren Gatten Agamemnon erschlug, und die unerbittliche Rächerin Elektra. Doch auch die Geschichte der heute weniger bekannten mythischen Mörderinnen soll an dieser Stelle erzählt werden. Was macht sie – nicht nur für ihre Zeit – so außergewöhnlich, dass ihr zweifelhafter Ruhm bis heute überdauert hat?

Die Gattenmörderinnen – Klytämnestra und die Danaiden

In der Tat ist das Phänomen Gattenmord in Europa deutlich zurückgegangen – nicht zuletzt dank liberalerer und frauenfreundlicher Scheidungsgesetze.[3] Doch diese waren der Antike freilich unbekannt. Im Folgenden sollen uns daher zwei prominente Fälle des antiken Mythos beschäftigen, die sich zwar formal ähneln, aber dennoch völlig unterschiedlich zu bewerten sind: Klytämnestra und die Danaiden.

Klytämnestra
Klytämnestra ist sicherlich die bekannteste Frau der Antike, die ihren Mann tötet. Doch als Mörderin erscheint sie im Mythos nicht von Beginn: Homer schildert sie als durchaus tugendhaft. Sie sträubt sich zunächst – wie jede anständige Ehefrau – gegen die Verführung durch Ägisthos, während ihr Mann Agamemnon fern

19.1   Medea tötet ihren Sohn, um sich an ihrem untreuen Mann Jason zu rächen. Das orientalische Gewand weist sie als ›Barbarin‹ aus und auf ihre Herkunft aus dem fernen Kolchis hin. Detail eines apulisch rotfigurigen Kraters, aus Sizilien, um 330 v. Chr. (Kat. 18).

der Heimat im Trojanischen Krieg kämpft. Erst nach einer Weile ergibt sie sich dem beharrlichen Werben des Ägisthos und wird als seine Geliebte in das Mordkomplott verstrickt. Doch es ist ihr Liebhaber Ägisthos, der den heimkehrenden Ehemann tötet, nicht Klytämnestra. Eine genauere Schilderung ihres Anteils gibt Homer in seiner Odyssee. Darin sucht Odysseus das Totenreich auf, dort berichtet ihm Agamemnon's Geist von seiner »grausigen Gattin« (*Odyssee* 1, 409), die mit ihrem Geliebten gemeinsame Sache gemacht hat. Sie tötet zwar nicht ihren Ehemann, wird jedoch selbst zur Mörderin, als sie die Trojanerin Kassandra, die ihr Mann als Kriegsbeute mitbrachte, erschlägt (*Odyssee* 11, 422 – 424).

An anderer Stelle der homerischen Erzählung bezichtigt der tote Agamemnon jedoch seine ungetreue Gattin ihn höchstselbst getötet zu haben und bezeichnet sie als Mörderin.[4] Dies ist aber nur allzu leicht als literarische Zuspitzung zu durchschauen. Klytämnestra und ihr niederträchtiges Verhalten dienen hier allein als Kontrast zum leuchtenden Vorbild weiblicher Tugendhaftigkeit – Penelope, die treu und geduldig auf ihren Gatten Odysseus wartet und nicht der Versuchung durch die Freier erliegt (vgl. Kap. 18).

Die frühen überlieferten Bilder zeigen den Mord an Agamemnon als Gemeinschaftstat von Ehefrau und Liebhaber (Abb. 19.2–3): Interessanterweise schickt sich Klytämnestra dabei nicht in das traditionelle Rollenbild, indem sie dem Mord lediglich beiwohnt. Sie übernimmt den aktiven, eigentlich dem Manne zukommenden Part und führt den tödlichen Streich mit dem Schwert gegen ihren Ehemann aus. Ihrem Geliebten Ägisthos bleibt nur, das Opfer festzuhalten, damit seine Geliebte die Tat ausführen kann.

Zur Einzeltäterin, die ihren aus dem Krieg heimgekehrten Ehemann arglistig in der Wanne erschlägt, macht Klytämnestra erst die nachhomerische Dichter-Tradition.[5] Zugleich werden aber auch die Beweggründe der Tat näher beleuchtet: Rache für den Verlust ihrer geliebten Tochter Iphigenie, die ihr Mann einst aus politischem Kalkül den Göttern opferte. Zu allem Überfluss bringt Agamemnon ihr nach zehnjähriger Abwesenheit noch die trojanische Seherin Kassandra als Kriegsbeute und Geliebte mit ins Haus. Grund genug für Klytämnestra auch diese zu töten. In den Bildern ersticht Klytämnestra ihre Rivalin mit dem Schwert (Abb. 19.4) oder erschlägt sie mit der Doppelaxt (Abb. 19.5).[6]

Während die Dichtung der Klassik Klytämnestra zur alleinigen Mörderin ihres Mannes macht, erzählen uns die Bilder jener Zeit eine andere Geschichte. Auf

19.4   *Klytämnestra hat ihre Rivalin, die Trojanerin Kassandra, an einer Stirnlocke gepackt und stößt ihr das Schwert in den Rücken. Bronzenes Schildband, aus Olympia, um 600 v. Chr., Olympia.*

19.2–3   *Agamemnon wird von seiner Ehefrau Klytämnestra und deren Liebhaber Ägisthos ermordet. Es ist jedoch die Frau, die hier den tödlichen Streich mit der Waffe ausführt, während ihr Geliebter mit der Hand nach dem Szepter des Agamemnon – dem Symbol der Macht – greift. Beide Tonreliefs stammen aus einer Werkstatt auf Kreta. Tonplakette aus Gortyn, um 620 v. Chr., Würzburg (links) und Heraklion (rechts).*

19.5 Klytämnestra erschlägt unberührt von der bittflehenden Geste ihre Nebenbuhlerin Kassandra mit der Doppelaxt. Die Waffe und der Altar, an den sich Kassandra geflüchtet hat, geben der Szene den Charakter eines blutigen Opfers für die Götter. Umzeichnung einer attisch rotfigurigen Trinkschale, um 430 v. Chr., Ferrara.

einem Weinmischgefäß in Boston ersticht nicht Klytämnestra, sondern ihr Geliebter Ägisthos den Gatten (Abb. 19.6).[7] Als einzige der Frauen ist Klytämnestra bewaffnet. Während die anderen Frauen fliehen und mit Gesten des Entsetzens die Handlung kommentieren, eilt Klytämnestra von links auf das zentrale Geschehen zu – die Rechte umklammert fest eine Doppelaxt. Unklar bleibt, ob sie diese Waffe gegen ihren Ehemann richten wird, oder ob sie damit seine Sklavin Kassandra erschlagen wird, die wohl in der rechten Bildhälfte zu entkommen versucht. Da ihr Mann jedoch bereits tödlich getroffen ist und heftig aus einer tiefen Brustwunde blutet, erscheint es wahrscheinlicher, dass sie die Axt gegen Kassandra erheben wird. Äußerst raffiniert führt uns das Bild allerdings ihre Verwicklung in das Mordkomplott vor Augen: Die Gestalt des Agamemnon umschließt ein hauchdünnes, reich verziertes Gewand, das ihn gleichsam nackt erscheinen lässt – letzteres wohl ein Verweis darauf, dass er gerade dem Bade entstiegen ist. Doch in diesem Kleid hat sich Agamemnon wie in einem Netz verfangen; seine Hände versuchen vergeblich den dünnen Stoff zu durchstoßen – ein deutlicher Verweis auf die Überlieferung, dass Klytämnestra die Arme- und Kopföffnung des Kleidungsstückes zugenäht hatte. Das Gewand steht hier geradezu paradigmatisch für die weibliche Hinterlist und Heimtücke: Es ist das Produkt weiblicher Heimarbeit *par excellence* (siehe Kap. 2), das Agamemnon wehrlos macht und ihn seinem Gegner hilflos ausliefert.[8]

Danaiden

Etwas anders liegt der Fall bei den Töchtern des Danaos – den Danaiden. Ihre Geschichte wird in verschiedenen Varianten erzählt: Nach einem Streit mit seinem Bruder Aigyptos, dem König von Ägpyten, flüchtete Danaos in die Argolis, dem Land aus dem seine Urgroßmutter Io stammte. Doch die 50 Söhne des Aigyptos fuhren ihm nach und verlangen, die 50 Töchter des Danaos zu heiraten. Um Konflikte zu vermeiden, stimmt Danaos widerwillig der Eheschließung zu. Für jede Tochter lost er einen Bräutigam aus. Zugleich gibt er einer jeden einen Dolch und

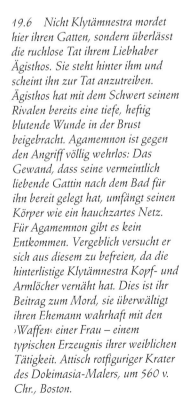

19.6 Nicht Klytämnestra mordet hier ihren Gatten, sondern überlässt die ruchlose Tat ihrem Liebhaber Ägisthos. Sie steht hinter ihm und scheint ihn zur Tat anzutreiben. Ägisthos hat mit dem Schwert seinem Rivalen bereits eine tiefe, heftig blutende Wunde in der Brust beigebracht. Agamemnon ist gegen den Angriff völlig wehrlos: Das Gewand, dass seine vermeintlich liebende Gattin nach dem Bad für ihn bereit gelegt hat, umfängt seinen Körper wie ein hauchzartes Netz. Für Agamemnon gibt es kein Entkommen. Vergeblich versucht er sich aus diesem zu befreien, da die hinterlistige Klytämnestra Kopf- und Armlöcher vernäht hat. Dies ist ihr Beitrag zum Mord, sie überwältigt ihren Ehemann wahrhaft mit den ›Waffen‹ einer Frau – einem typischen Erzeugnis ihrer weiblichen Tätigkeit. Attisch rotfiguriger Krater des Dokimasia-Malers, um 560 v. Chr., Boston.

befiehlt, damit in der Hochzeitsnacht die frischgebackenen Ehemänner zu töten. Allein Hypermestra widersetzt sich seiner Anordnung ihres Vaters und verschont den ihr angetrauten Lynkeus.[9]

An den Beginn der Danaidengeschichte führt uns eine Hydria in München (Abb. 19.7). Sie zeigt die Ankunft des Königs mit seinen 50 Töchtern in Argos, worauf der Schiffsbug in der Darstellung verweist. Im Zentrum der Darstellung thront umgeben von zweien seiner Töchter Danaos auf einem Felsensitz. Eine seiner Töchter hält einen Fächer, als Zeichen des Herrschers. Eifrig entladen sie das Schiff, darunter mögen auch Geschenke sein, mit denen die Familie den König von Argos gewogen stimmen will. Eine der jungen Frauen schleppt sogar einen prall gefüllten Weinschlauch – eine wahrhaft ›starke‹ Frau. Freilich sind aus Platzgründen nicht alle 50 Töchter dargestellt, sondern nur einige. Die Mädchen unterscheiden sich deutlich in unterschiedliche Altersstufen, einige sind jünger, andere älter dargestellt. Zahlreiche der entladenen Gegenstände, wie die Spendenschale, Kisten oder die Hydria, die vor dem Thronenden auf dem Boden steht, sind gewöhnlich im Bereich der Frau anzutreffen und gehören zu den kostbaren Besitztümern einer Frau. Die groben Arbeiten indessen, die die jungen Frauen hier verrichten, wie das Heranschleppen eines Weinschlauches, sind eigentlich Aufgabe von Bediensteten oder Sklaven. Die Danaiden erweisen sich somit als wahrhaft gehorsame, ihrem Vater treu ergebene Töchter. Genauso willig werden sie ihm folgen als er ihnen befiehlt, ihre Ehemänner zu töten.

Das Hochzeitsmorden ist jedoch äußerst selten dargestellt. Auf zwei zusammengehörigen Fragmenten eines Weinmischgefäßes hat sich ein Teil der Szene erhalten (Abb. 19.8).[10] Durch einfache weiße Säulen, die einen Innenraum andeuten, getrennt sind die Betten zu erkennen, auf denen junge Männer liegen. Doch den Schläfern droht Schlimmes: Am rechten Rand des einen Fragments erscheint eine Hand mit gezückten Schwert – offenbar eine Danaide, die zu ihrer blutigen Tat schreitet. Auf dem anderen, zugehörigen Fragment liegt eine Schwertscheide am Boden, das dazugehörige Schwert wird wohl die Laufende in der Hand gehalten haben, von der nur noch die Beine erhalten sind.

19.7 Die Töchter des Danaos entladen nach ihrer Ankunft in Argos das Schiff. Danaos selbst thront auf seinem Felsen und scheint Anweisungen für das Ausladen der kostbaren Güter vom Schiff zu geben. Eine der Töchter schleppt sogar einen schweren Weinschlauch herbei – eine wahrhaft ›starke‹ Frau! Dass die Mädchen hier Arbeiten verrichten, die sonst Sklaven und Dienern überlassen wurden, beweist ihre treue Ergebenheit für den alten Vater. Attisch rotfigurige Hydria, um 450 v. Chr. (Kat. 76).

19.8 Die zwei erhaltenen Fragmente eines größeren Weinmischgefäßes zeigen junge Männer, die auf mit reich verzierten Kissen gepolsterte Betten lagern. Die weißen Säulen deuten einen Innenraum an. Der schöne Schläfer, der sich auf der einen Scherbe erhalten hat, trägt im Haar noch den festlichen Kranz der Hochzeit. Doch ihm droht Gefahr! Am rechten Bildrand ist eine Hand mit einem gezückten Schwert zu erkennen. Sie gehört wohl zu einer Danaide, die sich anschickt ihren frisch angetrauten Ehemann zu töten. Auch auf der zweiten Scherbe sind die Beine einer nach rechts eilenden Frau zu erkennen. Am Boden liegt eine Schwertscheide, das zugehörige Schwert hielt die Laufende vermutlich in ihren Händen, um damit ihren Gatten zu meucheln. Apulisch rotfiguriger Krater, um 360/350 v. Chr., ehemals Rom.

19.9 Eifrig schöpfen am linken Bildrand zwei junge Frauen Wasser in ein großes Vorratsgefäß, dass im Boden eingelassen ist. Es sind die Danaiden, die in der Unterwelt die Strafe für den Mord an ihren Ehemännern büßen. Neben ihnen thronen die Herrscher der Unterwelt: Hades und Persephone. Der Götterbote Hermes eilt Herakles hinterher, dessen Löwenfell noch an der Bruchkante erkennbar ist. Er hat Kerberos, den mehrköpfigen Hund, der den Zugang zum Jenseits bewacht, geraubt. Kalksteinrelief, wohl von einem Grabbau aus Tarent, 325–280 v. Chr. (Kat. 77).

Weitaus häufiger ist die aus dem Gattenmord für die Danaiden resultierende Strafe dargestellt, wenn auch die Berichte über die Folgen dieser Bluthochzeit auseinander gehen: Nach der einen Überlieferung werden die Danaiden von ihrer Blutschuld gereinigt und heiraten ein zweites Mal, wobei die Freier zuvor einen Wettlauf bestehen müssen[11]. Nach einer weiteren, wohl späteren Version starben die mörderischen Schwestern unverheiratet und wurden von den Totenrichtern dazu verurteilt, als Buße für ihre schändliche Tat auf ewig Wasser in ein durchlöchertes oder bodenloses Fass zu gießen.[12] So werden sie denn auf den meisten bekannten Darstellungen als Wasserträgerinnen gezeigt – wie etwa auch auf einem Kalksteinrelief in München (Abb. 19.9). Im Zentrum thronen die Herrscher der Unterwelt Hades und Persephone. Nach rechts eilt Hermes, der die Seelen in die Unterwelt geleitet, hinfort, während links zwei junge Frauen Wasser in einen im Boden eingelassenen Pithos gießen. Die Darstellung der Unterwelt erscheint ein überaus passendes Thema für den einstigen Verwendungszweck dieses kleinen Frieses, der wahrscheinlich von einem Grabbau aus Tarent stammt. Wie das Münchner Relief kommt auch die Mehrheit der Vasen, die dieses Thema zeigen, aus Unteritalien. Dort erfreute sich die Thematik der in der Unterwelt büßenden Frauen offenbar einer gewissen Beliebtheit, zumal auch die meisten dieser Gefäße ebenfalls aus Gräbern stammen.[13]

Die meisten Darstellungen der Bestrafung stammen aus dem 4. Jahrhundert v. Chr., möglicherweise angeregt durch die Wiederaufführung einer Dramentrilogie des Aischylos, in der die Geschichte der blutigen Hochzeit der Danaiden und ihrer Bestrafung in der Unterwelt erzählt wurde. Doch zeigt bereits ein sehr viel älteres Bild auf einer schwarzfigurigen Amphora in München ein ganz ähnliches Motiv (Abb. 19.10)[14]: Kleine geflügelte Gestalten gießen aus den bekannten griechischen Wassergefäßen (Hydrien) Wasser in ein großes, in den Boden eingelassenes Vorratsgefäß. Dass die Szene in der Unterwelt anzusiedeln ist, zeigen uns die anderen Szenen dieses Gefäßes: Unmittelbar neben den Wasserträgern ist der bekannteste aller Büßer der Unterwelt zu sehen. Es ist Sisyphos, verdammt seinen Stein ewig den Berg hinaufzurollen. Auf der Gegenseite entführt Herakles den Höllenhund Kerberos aus der Unterwelt. Könnte es sich bei den Wasserträgern also doch um eine frühe Darstellung der Danaiden handeln? Ihr Geschlecht jedenfalls ist nicht eindeutig bestimmbar. Sie sind in kurze, in der Taille gegürtete Gewänder gekleidet und haben langes, wohlfrisiertes Haar. Die Flügel weisen dar-

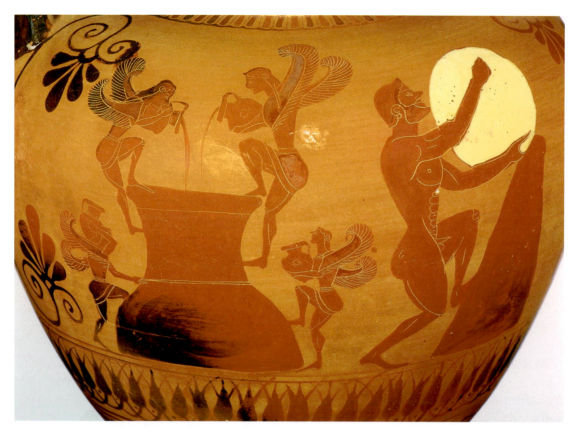

19.10 *Kleine geflügelte Gestalten gießen Wasser in ein großes Gefäß, das in den Boden eingelassen ist. Es handelt sich um so genannte Eidola, die Seelen Verstorbener, die im Hades Buße tun – so wie der berühmte Sisyphos, der neben den Flügelgestalten beständig seinen Stein den Berg hinaufrollt. Attisch schwarzfigurige Amphora, aus Vulci, um 540 v. Chr. (Kat. 78).*

auf hin, dass es sich bei diesen Geschöpfen um so genannte *eidola* handelt, also nicht um wirkliche Menschen, sondern um deren Seelen in Menschengestalt. Ihre Tätigkeit, das ständige Wasserholen und Einfüllen in ein großes Gefäß, ist offenbar eine der alten Unterweltsstrafen, handelt es sich doch wie die Arbeit des Sisyphos um eine nie endende Mühsal. Verhängt wurde dieses Schicksal über Menschen, die nicht in die Mysterien eingeweiht waren[15], wohl aber auch über solche, die nicht verheiratet waren.[16] Da sie ihr eigentliches ›Lebensziel‹ die Ehe nicht erreicht hatten, mussten sie nun auf ewig das Wasser für das Hochzeitsbad tragen. Da sich die Danaiden ihrem naturgegebenen Schicksal – der Ehe – durch Mord zu entziehen versuchten, erscheint es folgerichtig, dass ihnen in der Unterwelt genau jene Tätigkeit aufgebürdet wurde, die für Unverheiratete charakteristisch ist. Wann genau diese Vorstellung auf den Mythos der Danaiden übertragen wurde, ist nicht bekannt. So lässt sich also nicht mit Sicherheit sagen, ob wir in den Münchner Flügelgestalten schon die Danaiden erkennen dürfen oder nicht.

Zwei Fälle von Gattenmord – unterschiedliche Tatmotive

Vergleichen wir nun den Fall der Klytämnestra mit jenem der Danaiden so werden doch eklatante Unterschiede in der Motivation ihres Handelns deutlich. Rache für ihre geopferte Tochter und Selbstachtung treiben Klytämnestra an. Als er die gemeinsame Tochter Iphigenie in Aulis tötete, verriet Agamemnon das Vertrauen und die unbedingte Loyalität seiner Ehefrau, zumal er Klytämnestra und die gemeinsame Tochter unter einem Vorwand nach Aulis gelockt und sie somit über seine wahren Absichten arglistig getäuscht hatte.[17] Nach seiner Rückkehr aus dem Trojanischen Krieg konfrontiert er Klytämnestra mit einer jüngeren Rivalin, der Trojanerin Kassandra. Diese Nebenfrau bedeutet eine Gefährdung ihrer bislang unangefochtenen Stellung als Königin und Ehefrau. Zugleich prangert Klytämnestra die Ungerechtigkeit der herrschenden Gesellschaft an, in der Männern das Recht auf Untreue vorbehalten ist, der Frau aber nicht: »*Zwei Frauen hielt er nämlich! / Nun sind wir Frauen von kindischer Art, / Und bricht uns der Gatte die Treue*

19.11 Ein römischer Glasbecher überliefert die römische Variante der Geschichte: Eine der Danaiden – HYPERMESTRA – verfolgt mit wehendem Gewand und Dolch in der Hand ihren frisch angetrauten Gemahl LYNKEUS, der vor ihr im Laufschritt flieht. Da er den Kopf zu seiner Verfolgerin zurückgewendet hat, sieht er nicht, dass im PO-THOS, das Liebesverlangen, zu Hilfe eilt. Seine Macht wird Hypermestra dazu bringen sich unsterblich in ihren Gatten zu verlieben und von ihrem Mordvorhaben abzulassen. Die Namen der Protagonisten sind in griechischer Schrift beigeschrieben. Römischer Glasbecher, 3. Jh. n. Chr., Köln.

des Betts, So trachten wir nach dem neueren Freund. / Aber dann wird nur auf die Frauen geschmäht, Der schuldvolle Mann bleibt immer im Recht.« (Euripides, *Elektra* 1134–1139)

Hierin unterscheidet sich Klytämnestra von den Danaiden. Während Klytämnestra gute Gründe für den Mord an ihrem Ehemann sucht und findet, folgen die Danaiden, wie es sich für brave Töchter gehört, genau den Anweisungen ihres Vaters. Sie handeln nicht auf eigene Initiative. Ganz im Gegenteil: Hypermestra (Abb. 19.11)[18] ist die Einzige, die es wagt, sich nachdrücklich dem Willen ihres Vaters zu widersetzen. Doch sie muss sich für diese Pflichtvergessenheit gerichtlich verantworten. So überlieferte es wahrscheinlich der Dichter Aischylos im dritten Stück seines Danaidendramas. Hypermestra wird gleichwohl durch den Beistand der Aphrodite freigesprochen.[19] Doch an ihrer Person manifestiert sich das grundlegende Dilemma, indem die Danaiden stecken: Die Pflicht zum Gehorsam gegenüber den Eltern steht dem Gesetz der Ehe gegenüber.[20] Hypermestra entscheidet sich für den einen Weg – die Ehe, Ziel und Bestimmung einer jeden Frau – und gegen den Vater. Ihre Schwestern hingegen treffen eine andere Entscheidung. Sie leitet die Furcht vor der Ehe, wie sie als Begründung mehrfach betonen. Wie die Frauen, die sich den Göttern entziehen (Kap. 17), versuchen sie sich ihrem vorherbestimmten Schicksal zu entziehen. Anstatt sich dem Ehemann zu unterwerfen, nehmen sie – zumindest in einer Erzählvariante – lieber die harte Bestrafung im Jenseits für diesen Frevel auf sich.

Die Kindsmörderinnen – Medea und Prokne

Der Mord am eigenen Kind erscheint als das abscheulichste und unfassbarste aller Verbrechen. Wie kein anderes stellt es unsere Vorstellungen von Mütterlichkeit und natürlicher Kinderliebe in Frage.[21] Dass eine Mutter ihr eigenes Kind, ein hilfloses Wesen, dass ihrem Schutz und ihrer Pflege anvertraut ist, einfach tötet, erscheint unvorstellbar, weshalb es an Erklärungsversuchen von der Antike bis in die jüngsten Schlagzeilen nicht mangelt. Aus der Antike kennen wir zwei Figuren, die sich ebenfalls des Verbrechen der Kindstötung schuldig gemacht haben: die Kolcherin Medea und die athenische Königstochter Prokne. Das Schicksal beider ist Gegenstand der Tragödiendichtung gewesen, doch hat die Geschichte der Medea bis in die Gegenwart einen weitaus größeren Nachhall gefunden. Weshalb wir uns hier zunächst der weniger bekannten Prokne zuwenden wollen.

Prokne

Das tragische Schicksal der Prokne ist vor allem durch das Drama »Tereus« des Sophokles überliefert.[22] Der athenische König Pandion, Proknes Vater, verheiratet seine Tochter aus politischem Kalkül mit dem Thrakerfürsten Tereus, wofür er militärische Hilfe von seinem Schwiegersohn erhofft. Indessen quält Prokne im fernen Thrakien das Heimweh. Sie wünscht sich den Beistand und die Gesellschaft ihrer Schwester Philomela. Doch ihr Ehemann Tereus, der für das sichere Geleit der Schwester sorgen soll, vergewaltigt diese, schneidet ihr die Zunge heraus, um ihr Schweigen zu sichern, und versteckt sie auf dem Land. Prokne lügt er vor, Philomela sei auf der Heimreise umgekommen. Trotzdem findet die Geschändete einen Weg ihrer Schwester eine Nachricht zukommen zu lassen: Sie webt ihre Geschichte in ein Gewand ein, so dass sich die Schwestern schließlich finden können. Ihre Rache an dem betrügerischen Ehemann ist überaus grausam: Prokne tötet den gemeinsamen Sohn Itys, zerstückelt ihn und setzt ihn seinem Vater zum Mahle vor. Als Tereus bewusst wird, welche grausige Speise er zu sich genommen hat, verfolgt er die beiden Schwestern, um sie zu töten. Doch er kann sie nicht stellen, denn Zeus verwandelt alle Protagonisten in Vögel: Tereus in einen Wiedehopf, Philomela in die Schwalbe und Prokne in eine Nachtigall, die mit ihrem Gesang ewig um den getöteten Sohn trauert.

Eine leider stark zerstörte Schale in München (Abb. 19.12) zeigt das Verbrechen in seiner ganzen Grausamkeit: Prokne hält mit der linken Hand ihren Sohn auf dem Bett fest, während sie ihm mit der anderen das Schwert in die Brust stößt. Anrührend streckt der Knabe seine Rechte um Hilfe flehend der unerbittlichen Mutter entgegen. Das mit Kissen reich geschmückte Bett, die an der Wand aufge-

19.12 a–b   *Prokne tötet ihren Sohn ITYS, der auf einem Bett lagert. Sie ignoriert seine ausgestreckte Rechte, mit der er um Hilfe und Gnade fleht, sondern ersticht ihn mit dem gezückten Schwert. Die Beischrift der Mörderin nennt nicht den Namen Prokne, sondern lautet AEDONAI. Homer (Odyssee 19, 518–23) erzählt die Geschichte der Prokne unter diesem Namen, der offenbar älter ist und auf ihre Verwandlung in eine Nachtigall durch Zeus anspielt. Zeichnung und heutiger Zustand einer attisch rotfigurigen Trinkschale, 510–500 v. Chr. (Kat. 79).*

19.13 *Prokne ermordet in gleicher Weise wie auf der Münchner Schale (Abb. 19.12) ihren Sohn Itys. An die Stelle des Gelagebettes ist eine zweite Person getreten, von der nur ein Fuß und Überreste des Gewandes erhalten sind. Es handelt sich wahrscheinlich um ihre Schwester Philomela, die von Proknes Ehemann missbraucht und verstümmelt wurde. Für die diese blutige Rache vollzogen wird. Fragmente einer attisch rotfigurigen Trinkschale, 500–490 v. Chr., Basel, Privatsammlung.*

19.14 *Der Torso von Prokne und ihrem Sohn Itys wurde auf der Akropolis, dem zentralen Heiligtum der Stadt Athen gefunden. Eng schmiegt sich der Knabe an die Beine seiner Mutter. Leider sind ihre Arme heute verloren, so dass sich nicht mit letzter Sicherheit rekonstruieren lässt, ob sie tatsächlich ein Messer in ihren Händen hielt. Wohl aber scheint hier ein letzter Moment des Abwägens vor der Tat gemeint zu sein. Für den antiken Betrachter, dem der Ausgang die tragische Geschichte wohl vertraut war, muss die Nähe zwischen Mutter und dem bewegten, an sie gedrängten Kindkörper eine eindrucksvolle Wirkung gehabt haben – sucht das Kind doch ausgerechnet bei der Person Schutz, die es töten wird. Werk und Stiftung des athenischen Bildhauers Alkamenes, um 430/20 v. Chr., Athen, Akropolismuseum.*

hängte Leier, das am Boden abgestellte Gefäß zeugen derart von räumlicher »Normalität«, dass die Tat umso fruchtbarer und unfasslicher erscheint.

In ähnlicher Haltung erscheinen Mutter und Sohn auch auf einem Schalenfragment aus Basel (Abb. 19.13).[23] Doch Itys, wie die Beischrift verrät, liegt hier nicht auf einem Bett, sondern scheint hilflos in der Luft zu strampeln. Offenbar hatte der Vasenmaler das Motiv des auf dem Bett ermordeten Knaben in der Weise verändert, dass er eine zweite Person diesem Mord hinzufügte. Von dieser zweiten Figur ist nur noch der Fuß und Teile der Kleidung erhalten, die sie allerdings eindeutig als Frau ausweisen. Es kann sich hierbei wohl nur um Philomela, die misshandelte Schwester der Prokne handeln, die ihrer Schwester bei der Ausführung der Tat hilft. Durch die Hinzufügung der zweiten Person fiel allerdings das Bett in der Darstellung weg und so erklärt sich die seltsame Haltung des Knaben.

Ganz anders zeigt die Mordtat allerdings eine berühmte Marmorgruppe, die von der Athener Akropolis stammt (Abb. 19.14).[24] Sie dürfte etwa um 430/20 v. Chr. entstanden sein und wird mit einer Figurengruppen verbunden, von der uns der Reiseschriftsteller Pausanias (1, 24, 3) berichtet: *»Die Figur der Prokne, die die Untat gegen ihren Sohn ersonnen hat, und Itys stellte Alkamenes auf«.* Offenbar war der berühmte griechische Bildhauer Alkamenes Stifter und Schöpfer dieser Skulptur zugleich. Ihre Wirkung erhält diese Figur vor allem aus der Beziehung zwischen dem Knaben und der Frau. Itys schmiegt sich so dicht an die Beine der Mutter als versuche er, in den sicher scheinenden schweren Falten ihres Gewandes Schutz zu finden. Die Tracht der Prokne, die sie mütterlich und beschützend wirken lässt, steht in auffälligem Kontrast zu ihrem Vorhaben. Da jedoch beide Arme verloren sind, ist nicht sicher zu entscheiden, ob sie in ihrer wohl erhobenen Rechten das Messer für die Tat hielt. Vielleicht ist hier – ähnlich wie bei Figuren der Medea (vgl. Abb. 19.16–17) – ein Moment des Innehaltens gemeint, indem Prokne noch vor der Ausführung des Kindermordes zurückzuscheuen scheint.[25] Der Anlass für diese außergewöhnliche Weihung ausgerechnet in das Hauptheiligtum der Stadt Athen ist in der modernen Forschung jedoch umstritten, verschiedene Deutungsmöglichkeiten wurden in Erwägung gezogen: als politische Botschaft, eine Drohung vor den unzuverlässigen ›Ausländern‹, als Mahnung vor Entfesslung von Triebkräften, ja sogar als Warnung für die Männer, sich der Loyalität ihrer Frauen nie zu sicher zu sein.[26] Doch könnte, wie jüngst vorgeschlagen wurde, die Tat der Prokne nicht so grundsätzlich negativ gewertet worden sein – vor allem unter Berücksichtigung antiker Moralvorstellungen. Prokne steckt in einem wahrhaft tragischen Dilemma: Sie muss sich zwischen ihren Verpflichtungen als Ehefrau, Mutter und Schwester entscheiden. Als Ehefrau schuldet sie ihrem Ehemann absolute Loyalität. Doch bleibt eine Frau, auch nach ihrer Heirat, Teil ihrer Herkunftsfamilie und dieser verpflichtet. Damit ist Prokne gezwungen die Schandtaten ihres Mannes an ihrer Schwester Philomela zu vergelten. Dieser Blutrache kommen üblicherweise die männlichen Mitglieder einer Familie nach, doch da diese abwesend sind, muss Prokne an ihre Stelle treten. Die Schwere der begangenen Tat, Schändung und Verstümmelung der Philomela, kann nur durch ein gleichwertiges Opfer gesühnt werden. Und dieses Opfer bedeutet die Tötung der Nachkommen des Missetäters. Doch Prokne ist auch die Mutter des Sühneopfers. Egal wie sie sich entscheidet, ihr bleibt nur das Abwägen: Der Betrug ihres Ehemannes entbindet sie gewissermaßen ihrer Loyalität ihm gegenüber. Und die Verpflichtungen der Blutsbande, also zur Geburtsfamilie und der eigenen Schwester, werden in der antiken Vorstellung wiederum höher eingeschätzt als die gegenüber dem eigenen Kind, da ein Kind ersetzbar sei.[27] Das Innehalten oder Sinnieren über der Tat in der Statue brachte wohl Proknes inneren Zwiespalt der Gefühle bestens zum Ausdruck: Familienehre und die Zuneigung zur Schwester oder Mutterliebe. Dem Betrachter dieser Statue, der den Ausgang ihrer Geschichte kannte, war klar, was den Sieg davontragen würde.

19.15 Brutal hat Medea den Haarschopf ihres Sohnes gepackt, der auf einem Altar steht. In ihrer Hand hält sie das Schwert bereit ihm den Todesstoß zu versetzen. Hinter ihr führt ein nackter, junger Mann den zweiten Sohn zur Seite. Er hat seine Hand auf seinen Kopf gelegt, als ob er ihm vor dem grausamen Anblick des Bruders schützen wolle. Von links eilt der bärtige Jason herbei. Im Zentrum wartet OISTROS, die Wut, als Wagenlenker auf Medea, um sie im Schlangenwagen ihres Großvaters Helios straflos davonzutragen. Detail eines apulisch rotfigurigen Kraters, aus Sizilien, um 330 v. Chr. (Kat. 18).

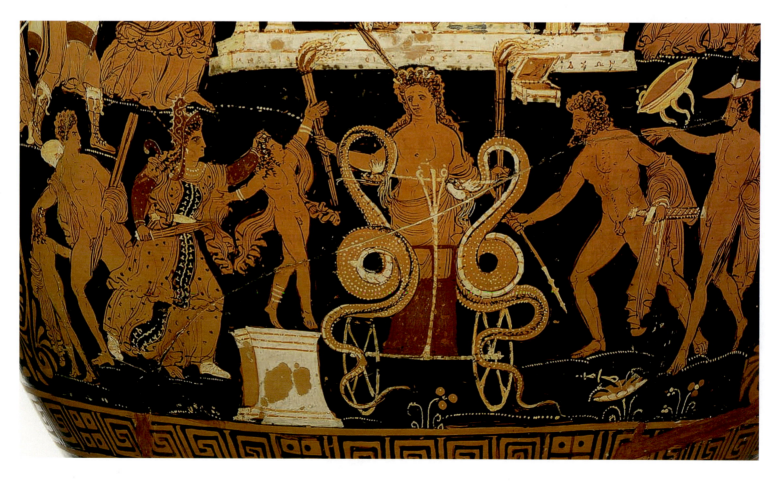

19.16 *Medea hält in der Linken bereits das Schwert, scheint aber noch über ihre Tat zu sinnen. Hinter ihr sind, von einem Pädagogen aufmerksam beobachtet, ihre Söhne ganz in ihr Spiel mit den Astragalen, kleinen Würfelknochen, versunken. Sie ahnen nichts von dem schrecklichen Schicksal, dass ihnen bevorstehen wird. Römisches Wandgemälde aus Pompeji, Haus der Dioskuren, um 50–70 n. Chr., Neapel.*

19.17 *Medea ist im Begriff ihr Schwert zu ziehen. Die Kinder schmiegen sich ängstlich an ihre Beine und suchen Schutz in den Falten ihres Gewandes. Grabstatuette, 2.–3. Jh. n. Chr., Arles.*

Medea

Weitaus bekannter als die Geschichte der Prokne ist jene der Medea – eine Figur, die bis in die Gegenwart einen höchst kontroversen Widerhall findet.[28] Doch Medea ist in der Überlieferung nicht von Anfang an die Mörderin ihrer Kinder. Erst Euripides macht sie in seinem gleichnamigen Drama, das 431 v. Chr. uraufgeführt wurde, zur Kindsmörderin.

Medea ist darin die Tochter des Aietes, Herrscher über das an der Schwarzmeerküste gelegene Kolchis. Als der Grieche Jason mit seinen Gefährten dorthin kommt, um von dort das Goldene Vlies zu rauben, verliebt sie sich in ihn. Indem sie ihm hilft, wird sie zur Verräterin an der eigenen Familie. Gemeinsam mit ihrem Geliebten flieht sie nach Griechenland, wo sie sich schließlich in Korinth niederlassen. Dort plant Jason seinen gesellschaftlichen Aufstieg in das Königshaus, indem er die Tochter des Königs Kreon heiraten will. Doch Medeas Rache an dem untreuen Liebhaber ist fürchterlich: Sie tötet nicht nur seine Braut (s. u.), sondern auch seine Kinder, die nach allgemeiner griechischer Vorstellung den Fortbestand seiner Familie hätten sichern sollen. Damit ist ihre Rache perfekt. Jason selbst soll nicht sterben, sondern mit der Schuld, den Tod der eigenen Kinder verursacht zu haben, weiterleben.

Der berühmte Kindsmord ist auf einem großen Krater in München dargestellt (Abb. 19.15). Das prächtige orientalische Gewand kennzeichnet Medea als Nicht-Griechin, als Ausländerin, als Barbarin.[29] Sie hat ihr Schwert gezückt, um ihren Sohn zu töten, dessen lockigen Haarschopf sie brutal mit der rechten Hand ergriffen hat. Die Arme Hilfe flehend ausgestreckt steht der Knabe in tänzelnder Haltung auf einem Altar. Hinter Medea hat ein junger Mann seine Hand auf den abgewendeten Kopf des zweiten Kindes gelegt, als wolle er es vor dem Anblick der grausigen Szene und damit dem eigenen Schicksal schützen. Doch es wird seinem Schicksal ebenso wenig entgehen wie Jason, der von rechts herbei eilt, rechtzeitig zu seiner Rettung kommen wird. Doch Medea wird für ihre grausige Tat nicht zur Rechenschaft gezogen. Sie entkommt auf ihrem Schlangenwagen, der zugleich ein Hinweis auf ihre göttliche Abkunft ist (s. u.), und den auf dem Münchner Gefäß ein Wagenlenker für sie bereithält. Sein Name lautet in der Beischrift Oistros, die Wut. Wie die griechischen Rachegöttinnen, den Erinyen, trägt er Fackeln und in seinem Haar winden sich Schlangen.[30] In der bildlichen Angleichung der personifizierten Wut an die göttlichen Rächerinnen, die ihre Opfer grausam und unerbittlich in den Wahnsinn treiben, wird die erbarmungslose Rache der Medea sein. So wie die Erinyen die Macht besitzen Fruchtbarkeit zu vernichten[31], so zerstört Medea den hoffnungsvollen Nachwuchs ihres Mannes. Indem sie ihren Sohn auf dem Altar tötet, bekommt seine Ermordung den Charakter einer Opferhandlung.

Die meisten Darstellungen des Kindsmordes stammen aus der unteritalischen Vasenmalerei. Diese Gefäße waren vorrangig für den Grabgebrauch vorgesehen. Der Betrachter sollte sich dabei wohl kaum mit der Kindsmörderin Medea identifizieren. Ihr Wüten und die Ermordung der Kinder standen wohl vielmehr für die Erbarmungslosigkeit des Todes, der über die Menschen hereinbricht und ebenso wild unter ihnen wütet.[32] Erst in der römischen Kunst wird auch der Augenblick vor dem Mord gezeigt: Medea hält das Schwert oder die Schwertscheide bereits griffbereit in der Hand – doch sie zögert, scheint ihr Vorhaben noch einmal zu überdenken (Abb. 19.16–17).[33]

Zwei Kindsmörderinnen – zwei Bewertungen der Tat

Obgleich die Kindsmörderinnen Prokne und Medea eine Reihe von Gemeinsamkeiten aufweisen, werden ihre Taten unterschiedlich bewertet. Beide Frauen mussten ihre Heimat verlassen und folgten ihrem Mann in die Ferne: die Griechin Prokne dem Tereus ins nördliche Thrakien, die Kolcherin Medea dem Jason ins griechische Korinth. Beide Frauen wurden von ihren Männern betrogen. Doch hier werden die Unterschiede deutlich: Während Proknes Stellung als Ehefrau trotz des Betrugs ihres Mannes unangefochten ist, muss Medea um ihre Stellung fürchten, soll sie doch durch eine neue Frau ersetzt werden. Ihr Handeln erfolgt also aus eigennützigen Beweggründen, nämlich dem Erhalt ihrer Position und der Wunsch nach Rache für die erlittene Zurücksetzung. Prokne hingegen folgt einer anderen Motivation, die aus dem Verrat ihres Ehemanns resultiert. Es ist die Familienehre, die Verpflichtung zur Rache, die sie zum Handeln zwingt. Sie verteidigt folglich die Werte der antiken Gesellschaft. Medea handelt hingegen aus freiem Entschluss und eigennützigen Motiven. Letztlich entkommen beide Frauen, so scheint es zumindest, ihrer gerechten Bestrafung. Prokne klagt auf ewig als Nachtigall um ihren getöteten Sohn. War doch Proknes Tat in den Augen der Antike durchaus gerechtfertigt, weshalb sie von ihrer Schuld loszusprechen ist. Medea entflieht in ihrem Schlangenwagen und wird in Athen eine neue Ehe eingehen. Bei ihr ist es wohl eher die göttliche Herkunft als Enkelin des Sonnengottes Helios, der ihr seinen Schlangenwagen zur Verfügung stellt, die sie vor der Strafe bewahrt.[34]

Aus moderner Sicht mag die Ermordung der eigenen Kinder eine völlig überzogene und unverständliche Rachemaßnahme darstellen. Doch ihr wohnt der antike Gedanke inne, dass ein erlittenes Unrecht durch Gleiches oder besser Schlimmeres zu vergelten sei. Medea verwehrt bei Euripides Jason sogar die Anwesenheit bei der Bestattung der eigenen Kinder, die sie selbst in das Heiligtum der Hera in Korinth bringt. Jason bleibt nur das Eingeständnis der völligen Niederlage.

»Verschwinde, Abschaum und blutrünstige Kindermörderin.
Mir bleibt nur, mein unglückliches Schicksal zu bejammern,
denn weder werde ich an meiner neu Vermählten Freude haben,
noch die Kinder, die ich gezeugt und aufgezogen habe, mehr als
Lebende ansprechen können. Also bin ich vernichtet.«

Euripides, *Medea* 1345–1349

Doch nicht seine physische Vernichtung strebte Medea an, sondern seine gesellschaftliche. Als Überlebender dieses Dramas ist er gezwungen mit seiner Schuld am Tod der Kinder und seiner Vergangenheit zu leben.

Obgleich Kinder sicherlich von ihren Eltern geliebt wurden, galten sie in den Augen der antiken Gesellschaft als unvollkommen und durchaus ersetzbar. Der Wert der Geschwister oder Eltern wurde höher geschätzt als jener der eigenen Kinder. Hierfür finden sich zahlreiche Beispiele aus dem Mythos: So lässt Althaia ihren Sohn Meleagros sterben, weil er ihre Brüder getötet hat. Und Sophokles' Antigone betont an einer Stelle, dass sie für Kinder oder ihren Ehemann niemals das auf sich nehmen würde, was sie für ihren Bruder tut (Sophokles, *Antigone* 904–912, Kap. 18).[35]

Von Mord zu Mord – Medea

Wie eine Blutspur zieht sich das Thema Mord durch Medeas[36] Leben. Neben dem bereits ausführlich geschilderten Kindermord werden ihr eine Reihe weiterer Verbrechen zur Last gelegt: Sie verrät ihren Vater Aietes (Abb. 19.18), indem sie ihrem Geliebten Jason zum Goldenen Vlies verhilft.[37] Darüber hinaus tötet sie auf der gemeinsamen Flucht aus ihrer Heimat Kolchis ihren Bruder Apsyrtos. Medea selbst klagt, ob dieses Frevels: »Oh Vater, o Heimat, die ich verriet,/Bruder, den ich so schmählich erschlug!« (Euripides, *Medea* 166f.). Nach den verschiedenen Sagenversionen soll Medea ihren Bruder nicht nur getötet haben, sondern zudem seine Leiche zerstückelt und die Teile ins Meer geworfen haben, um die Verfolger abzu-

19.18 *Der Geist des Kolcherkönigs Aietes (EIDOLON AIETES) erscheint ebenfalls auf einem Weinmischgefäß, auf dem auch die beiden berühmtesten Morde seiner Tochter Medea dargestellt sind: Die Tötung ihrer Kinder (Abb. 19.15) und ihrer Rivalin Kreusa/Glauke (Abb. 19.23). Detail eines apulisch rotfiguriger Krater, aus Sizilien, um 330 v. Chr., (Kat. Inv. 3296).*

Medea

Medea ist als große Liebende und Zauberin, aber vor allem als skrupellose Mörderin in die Geschichte der abendländischen Kultur eingegangen. Nachdem sie sich in den Argonautenführer Jason verliebt hatte, half sie ihm mit ihren Zauberkünsten, das Goldene Vlies zu erlangen, den Schwiegervater Aison zu verjüngen und Konkurrentin für den Herrscherthron den Pelias zu töten. Später verstieß Jason sie jedoch, um die korinthische Königstochter Glauke zu heiraten. Aus Rache tötete Medea nicht nur die Nebenbuhlerin und deren Vater, sondern auch ihre beiden von Jason stammenden Söhne.

Anselm Feuerbach, 1870, München, Neue Pinakothek.

Die christlich geprägte Literatur des Mittelalters verdammt einerseits Medea als eine von übermäßiger Leidenschaft getriebene Frau, deren unkontrolliertes, ihrem Geschlecht nicht angemessenes Verhalten unweigerlich in die Katastrophe führen muss. Andererseits verstand man sie aufgrund ihrer Fähigkeit zur Verjüngung auch als Symbol der Beherrschbarkeit der Natur. Mit der zunehmenden Skepsis der Frühen Neuzeit gegenüber der Zauberei, die nun als »schwarze Magie« dämonisiert wurde, wandelte sich die Figur jedoch zu einem Exempel für die Vergeblichkeit, den Tod zu überwinden: Medea wurde zum *memento mori*. Dementsprechend stellen die ohnehin seltenen Gemälde Medea meist als Zauberin dar, die Aison verjüngt. Für die bildliche Gestaltung des Motivs spielten seit der Renaissance die erhaltenen Medea-Sarkophage neben den Stichen in den Ovidausgaben eine immer wichtigere Rolle. Erst seit die Barockzeit und dann vor allem die romantische Bewegung des 19. Jahrhunderts den psychischen Befindlichkeiten des Menschen und den ihn beherrschenden Leidenschaften (»Affekte«) einen höheren Stellenwert einräumten, rückte das Thema der wahnsinnigen Kindesmörderin und triumphierenden Rächerin in das Zentrum des künstlerischen Interesses (z. B. bei Eugène Delacroix, 1838).

Feuerbach weicht von dieser Traditionslinie deutlich ab. Medea erscheint hier als mächtige, antikische Sitzfigur am Meeresufer, in Gedanken versunken ihren Kindern zugewandt. Nur die düster verhüllte Amme im Trauergestus verweist auf die bevorstehende Tat. Das ungewöhnliche Motiv der Argonauten, die Medeas Fluchtboot ins Wasser lassen, geht auf ein Theaterstück von 1865 zurück. Feuerbachs neue undramatische Auffassung des Medea-Mythos als Sinnbild der Melancholie stieß bei den Zeitgenossen auf Kritik. *E.W.W.*

Literatur: E. Kepetzis, *Medea in der Bildenden Kunst vom Mittelalter zur Neuzeit* (1997).

lenken.[38] In Iolkos hat sie den Tod des Königs Pelias zu verantworten, der den Thron ihres angebeteten Jason usurpiert hatte. In Korinth, wohin es das Paar anschließend verschlägt, verrät Jason seine Geliebte als er die Königstochter Glauke oder Kreusa, wie sie in einigen Quellen genannt wird, heiraten will.[39] Medea rächt sich nicht nur durch den Kindermord, sondern tötet darüber hinaus auch die Rivalin. Dadurch verursacht sie indirekt ebenfalls den Tod des Königs Kreon. Ihrem ungetreuen Mann sagt sie ein schmähliches Ende voraus. Er werde von einem herabfallendem Stück der morschen Argo erschlagen – jenem Schiff mit dem er einst nach Kolchis segelte, wo er nicht nur das Goldene Vlies, sondern auch das Herz der schönen Medea errang.

In einer Sagenvariante flieht Kreusa nach ihrem Wüten in Korinth nach Athen. Dort heiratet sie den attischen König Ägeus, der mit ihr einen Sohn zeugt. Als jedoch sein Erstgeborener – Theseus – in Athen auftaucht, fürchtet Medea um das

Ariadne – Eine starke Frau?

Ariadne ist die Tochter des Minos, des Königs von Knossos, der einer ganzen Epoche auf Kreta den Namen verliehen hat, und der Pasiphaë. Sie wird bereits in der *Ilias* (18, 592) erwähnt, und

1 Eine junge Frau und ein Jüngling verfolgen den Kampf zwischen Theseus und Minotauros. Attisch-schwarzfigurige Amphora, um 540 v. Chr. Staatliche Antikensammlungen.

in der *Odyssee* (11, 321–325) trifft Odysseus in der Unterwelt auf »*Ariadne, die schöne Tochter des Minos, des bösgesinnten, welche aus Kreta Theseus einst zum Hügel Athens, des heiligen, führen wollte – vergeblich; denn auf der umfluteten Dia* [mythischer Name der Insel Naxos] *schon vorher tötete Artemis sie, da Dionysos wider sie zeugte.*« Eine vollständigere Erzählung der Sage fand sich vielleicht schon bei Hesiod (vgl. *Fragment 298 Merkelbach – West*): König Minos hat wieder einmal von den Athenern den alle neun Jahre zu entrichtenden Tribut in Form von sieben Knaben und sieben Mädchen gefordert. Die Kinder wurden in Knossos dem Minotauros geopfert, einem Unhold, halb Stier, halb Mensch, den Pasiphaë mit einem Stier gezeugt hat-

te. Theseus hat sich freiwillig der athenischen Delegation angeschlossen, um das Menschenopfer abzuwenden. Ariadne verliebt sich in den Anführer der Athener. Tatsächlich gelingt es Theseus mit Ariadnes Hilfe, den Minotauros zu töten und aus dem Labyrinth herauszufinden. Die kretische Königstochter hat ihm ein magisches Schwert und ein Garnknäuel, den sprichwörtlichen Ariadnefaden, mitgegeben. Mit dem Geliebten verlässt Ariadne ihre Heimat, doch schon auf Naxos lässt Thesus sie zurück. Mal geschieht dies aus Treulosigkeit, mal auf Weisung der Götter. Während Ariadne bei Homer auf Naxos von Artemis getötet wird, kennt schon Hesiod (*Theogonie* 947–948) eine andere Version. Danach findet sie dort der Weingott Dionysos, dem die Insel Naxos heilig ist, und nimmt sie zur Frau.

Die frühe griechische Bildkunst des 7. Jahrhunderts v. Chr. zeigt Ariadne, wie sie Theseus das Garnknäuel reicht. Vor allem die attischen Vasenmaler stellen sie dann seit dem 6. Jahrhundert v. Chr. immer wieder als Zuschauerin beim Kampf des Theseus mit Minotauros dar. Dabei greift sie nur noch

gestisch ein, und es bleibt meist fraglich, ob Ariadne oder ein attisches Mädchen wiedergegeben ist (Abb. 1–2). Ihr Verlassenwerden (Abb. 16.13) und die Hochzeit mit Dionysos (Abb. 3) wer-

2 Die Frau hinter Theseus könnte Ariadne sein, während rechts im Palast des Minos vielleicht ihre Schwester Phaidra steht. Attisch-rotfiguriger Stamnos, um 460 v. Chr. Staatliche Antikensammlungen.

den erst seit dem 5. Jahrhundert v. Chr. häufiger dargestellt und sind im Hellenismus und in der Kaiserzeit beliebte Motive[41].

Wie Medea entscheidet sich auch Ariadne aus Liebe für einen Fremden. Wie die kolchische Königstochter stellt sie sich dabei gegen die eigene Familie und leistet Beihilfe zur Ermordung ihres Halbbruders Minotauros. Doch anschließend verhält sie sich wieder so, wie man es von Frauen erwartete: Als sie auf der Fahrt nach Athen auf Naxos sitzengelassen wird, sinnt sie nicht auf Rache an dem notorischen Weiberheld. Weitgehend widerstandslos fügt sie sich in die weibliche Opferrolle. So kann Ariadne in unserem Sinne nicht wirklich als »stark« gelten. F.S.K.

3 Hochzeit von Dionysos (Bacchus) und Ariadne. Detail eines römischen Sarkophags, 150–160 n. Chr. Glyptothek.

Erbe ihres Sohnes. Sie versucht Theseus zu vergiften, der allerdings den Mordanschlag überlebt. Medea muss erneut fliehen und geht gemeinsam mit ihrem Sohn Medos in ihre alte Heimat zurück.[40]

Zwar werden Medeas Schandtaten in der Literatur ausführlich behandelt, doch nur wenige von ihnen fanden Eingang in die künstlerische Darstellung: neben dem Tod der Königstochter Glauke/Kreusa vor allem das Ableben des Pelias. Beide stehen in enger Verbindung mit dem Ruf der Medea als mächtige Zauberin.

Pelias

Über die Peliasgeschichte kursieren zwar verschiedene Versionen, die aber alle davon ausgehen, dass Pelias,[42] nachdem er die Herrschaft in Iolkos widerrechtlich an sich gebracht, Jason zu seinem lebensgefährlichen Abenteuer nach Kolchis aussandte, um ihn von der Thronfolge auszuschließen. Bei seiner Rückkehr setzt Medea all ihre Künste als berühmte Zauberin ein, um ihren Geliebten zu rächen. Da der greise Pelias keinen männlichen Thronerben besitzt und nur Töchter gezeugt hat, verspricht Medea ihm Jugend und Potenz zurückzugeben. Als Demonstration ihrer Zaubermacht zerstückelt sie einen Widder, den sie in einem Kessel mit Zauberkräutern kocht. Schließlich entsteigt der Widder verjüngt und in einem Stück vor den Augen der staunenden Töchter des Pelias ihrem Zauberkessel (Abb. 19.19). Überzeugt und begeistert von diesem Wunder beschließen die Töchter des Pelias ihren Vater ebenfalls zu schlachten, zu zerstückeln und in einem großen Topf aufzukochen, um ihn auf diese Weise zu verjüngen. Doch der Zauber misslingt und Pelias verliert sein Leben, da Medea den Töchtern die hilfreichen Zauberkräuter versagt.

Seit dem ausgehenden 6. Jahrhundert v. Chr. erscheint diese Geschichte auf attischen Vasen, wenn auch die literarische Überlieferung erst später einsetzt.[43] Die frühen Darstellungen zeigen eher das Verjüngungswunder, wie eine Halsamphora

19.19 Zwei Töchter des Königs Pelias bestaunen das Wunder, das Medea mit ihren Zauberkünsten bewirkt hat: Nachdem sie einen Widder zuvor getötet, zerstückelt und dann mit Zauberkräutern gekocht hat, entsteigt dieser verjüngt und in einem Stück ihrem Zauberkessel. Attisch schwarzfigurige Halsamphora, aus Vulci, um 510/500 v. Chr. (Kat. 80).

in München (Abb. 19.19). Es dient vornehmlich dazu, die Peliaden von der Wirksamkeit des Zaubers zu überzeugen. Medea erscheint in diesen Bildern vielmehr als machtvolle Zauberin, denn als Mörderin des Pelias. Erst die späteren Bilder verlagern allmählich den Schwerpunkt der Erzählung: Beliebter werden nun Darstellungen, in denen die Peliaden ihren Vater von der »Verjüngungskur« zu überzeugen versuchen und ihn damit seinem sicheren Ende zuführen.

Diese Entwicklung lässt sich gut an einem Gefäß aus München und einer Schale aus Basel verfolgen. Der Münchner Stamnos zeigt auf der einen Seite die bereits bekannte Verjüngung des Widders (19.20a): Links wirkt Medea ihren Zauber, wäh-

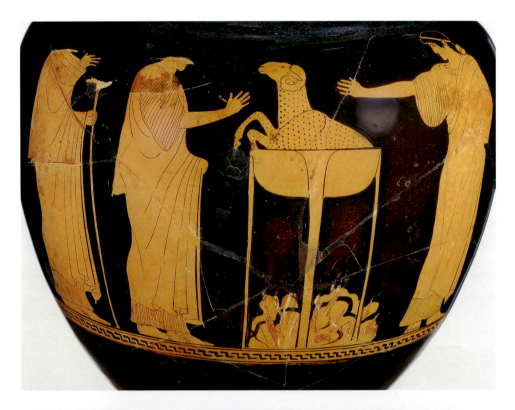

19.20a Während Medea ihren Zauber wirkt, klettert aus dem Dreifußkessel der verjüngte und wieder belebte Widder hervor. Rechts beobachtet eine der Töchter des Pelias das Geschehen und macht mit ihrer Rechten eine Geste des Erstaunens und der Begeisterung. Hinter Medea steht gewissermaßen als lebendiger Beweis ihrer Zauberkraft Jason, der ebenfalls diesem Verjüngungszauber unterworfen wurde (vgl. Abb. 19.21). Attisch rotfiguriger Stamnos, aus Vulci, 480/70 v. Chr. (Kat. 81).

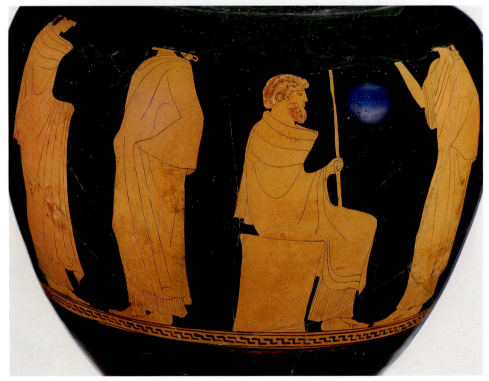

19.20b Heftig gestikulierend redet eine Peliade auf ihren vor ihr sitzenden Vater ein, um ihn von der Wirksamkeit der Magie zu überzeugen. Zwei weitere Töchter des greisen Herrschers sind in ein angeregtes Gespräch vertieft. Attisch rotfiguriger Stamnos, aus Vulci, 480/70 v. Chr. (Kat. 81).

19.21 Medea, in deren Gewand ihr Name METAIA eingeritzt ist, wirkt ihren Verjüngungszauber. Aus dem Kessel steigt ein nackter, junger Mann – wohl Jason – empor. Etruskische Weinkanne, Bucchero mit Relief- und Ritzverzierung, aus einem Grab in Cerveteri, um 630 v. Chr.

rend der junge Bock aus dem Dreifußkessel emporsteigt, unter dem ein Feuer lodert. Eine Peliade kommentiert das Geschehen mit einer Geste, die sowohl ihr Erstaunen als auch ihre Begeisterung ob des Wunders ausdrücken soll. Hinter Medea steht ein bartloser Mann, der tief in seinen Mantel gehüllt ist und einen Greisenstab hält, der im Gegensatz zu seiner jugendlichen Erscheinung steht. Es ist wohl Jason, ein lebender Beweis für die Wirksamkeit ihrer Zauberkraft, da sie an ihm bereits einmal erfolgreiche ihre Verjüngungsmagie praktiziert hat. Dies belegt ein bereits um 630 v. Chr. in Etrurien entstandenes Gefäß mit Reliefverzierung. Medeia, deren Identität durch die eingeritzte Inschrift gesichert ist, steht mit einer Art »Zauberstab« in der Hand vor einem Kessel, aus dem sich ein nackter junger Mann erhebt, wohl der von ihr verjüngte Jason (Abb. 19.21).[44]

Auf der Rückseite des Münchner Gefäßes hingegen versuchen die Töchter den greisen Pelias davon zu überzeugen, sich dem offenbar so wirksamen Verjüngungszauber zu unterwerfen (19.20b): lebhaft gestikulierend redet eine der Peliaden auf ihren Vater ein, der auf einem würfelförmigen Sitz (gr. *thakos*) sitzt. In ihrer Kleidung ähnelt sie der jungen Frau auf der Gegenseite, die der Widderzauber so stark beeindruckt hat. Hinter Pelias sind zwei junge Frauen – vermutlich weitere seiner Töchter ins Gespräch vertieft.

Eine Schale aus Basel zeigt in ihrem Innenbild gewissermaßen die Fortsetzung der Geschichte (Abb. 19.22).[45] Eine der Peliastöchter hat das Schwert bereits griffbereit in der Hand, um ihren Vater zu zerstückeln. Zum Schutz gegen das Blut trägt sie einen um ihre Hüfte geschwungenen und vorne verknoteten Schurz, wie er von mythischen und nicht-mythischen Frauen oft beim Opfer getragen wird. Mit weit ausgestrecktem Arm scheint sie enthusiastisch ihren greisen Vater aufzufordern,

19.22 Alkandra, die Tochter des Pelias, steht vor ihrem Vater, der seine Hand sorgenvoll an den Kopf gelegt hat. In der Hand hält sie das Schwert mit dem sie ihn zerstückeln wird. Um ihre Hüften hat sie einen vorn verknoteten Schurz geschlungen, wie er oft beim Opfer getragen wird. Im Hintergrund steht der unheilvolle Topf bereit, indem der Vater bei dem vermeintlichen Verjüngungszauber seinen Tod finden wird. Attisch rotfigurige Trinkschale, um 450 v. Chr., Basel, Privatbesitz.

doch das Ritual zur Verjüngung zu vollziehen. Der greise Pelias in Himation und auf seinen Stock gestützt hat die Hand in völliger Resignation an den Kopf gelegt. Hinter der jungen Frau steht der verhängnisvolle Kessel bereit, indem Pelias seinen Tod finden wird. Sprechend ist auch der Name der Peliade, die mit dem Schwert ihren Vater töten wird – Alkandre. Es ist die weibliche Form des recht geläufigen männlichen Vornamens Alkandros. Dieser bedeutet soviel wie »der wehrhafte Mann« und bezeichnet hier die besonders männlich agierende Frau, die mit ihrem Schwert wahrhaftig wehrhaft wie ein Mann ist.[46]

Kreusa

Auch im Fall ihrer Nebenbuhlerin Kreusa[47] setzt Medea Gift als bösen Zauber ein. Als Hochzeitsgeschenk lässt Medea der Rivalin durch ihre unschuldigen Kinder ein vergiftetes Gewand und ein goldenes Diadem überbringen. Diese kann den kostbaren Präsenten nicht widerstehen und schmückt sich arglos mit ihnen. Für Kreusa bedeutet diese fatale Entscheidung den grausamen Tod. Euripides schildert in seiner Tragödie »Medea« eindrucksvoll Kreusa's schmerzliches Sterben. Auf dem

19.23 *Kreusa bricht sterbend auf einem prachtvoll verzierten Thron zusammen. Die Hochzeitsgaben der Medea – ein vergiftetes Gewand und Diadem – töten sie. Rechts versucht ein junger Mann noch ihr den unheilvollen Kopfschmuck abzunehmen. Ihr Vater, der König von Korinth Kreon, eilt bereits prächtig für die Hochzeit gekleidet herbei. Seine Rechte hat er in einer Geste des Entsetzens auf sein weißes Haupt gelegt. Doch seine Hilfe kommt zu spät, die Tochter wird sterben und ihn mit in den Tod reißen. Denn als er sich helfend über die Tochter beugt, wird auch er vom Gift ihrer tödlichen Gewänder verzehrt werden. Detail eines apulisch rotfigurigen Kraters, aus Sizilien, um 330 v. Chr. (Kat. 18).*

Gipfel ihrer Qualen verätzt das vergiftete Gewand nicht nur ihren Körper, sondern geht schließlich in Flammen auf und verbrennt die einst hoffnungsfrohe Braut: »Und das schöne Antlitz, es troff das Blut/mit Feuer vermischt ihr vom Scheitel, das Fleisch/schmolz herab von den Knochen wie Fichtenharz: Unsichtbar fraßen die Zähne des Gifts./Ein furchtbares Bild!« (1198–1202). Als sich der unglückliche Vater Kreon über seine tote Tochter wirft, wird auch er von den Flammen des tödlichen Giftes verzehrt.

Auf einem großen Weinmischgefäß der Münchner Sammlung steht dieser grausame Tod von Vater und Tochter im Zentrum der Darstellung (Abb. 19.23). In der unteren Bildhälfte desselben Gefäßes ist der zeitlich darauf folgende Kindsmord der Medea zu sehen (Abb. 19.15). Durchaus passende Themen für ein Gefäß, das wohl einst auf oder in einem Grab gestanden hat, zeigt doch die Darstellung in besonderer Weise die Grausamkeit und Unerbittlichkeit des Todes.

Die Giftmörderin – Medea

Charakteristisch für diese der Medea zur Last gelegten Morde ist, dass sie nicht, wie der Kindermord mit roher Gewalt ausgeführt wurden, sondern vielmehr von List und Tücke zeugen. Der Dichter Euripides lässt sie sagen: »auch erschuf Natur/uns Frauen wohl in edlen Künsten ungeschickt,/in allem Bösen listig und erfinderisch« (*Medea* 407–409). Hilfreich sind dabei ihre Kenntnisse als mächtige Zauberin. Ihre Kräfte verdankt sie ihrer göttlichen Abkunft. Ist sie doch die Enkelin des Sonnengottes Helios und nach einigen Quellen die Tochter der Unterweltsgöttin Hekate. Die Schwester ihres Vaters Aietes und damit ihre Tante ist die Zauberin Kirke, die Odysseus Gefährten verwandelte (Kap. 16). Ihr Name Medea bedeutet zwar soviel wie »die Guten Rat wissende« aber ihre Kenntnisse können sowohl zum Guten wie zum Verderben genutzt werden. Der Giftmord wird bis heute als charakteristisch für die Frau angesehen – ein Urteil, dass schon die Antike vollauf teilte. Da Frauen die männliche Kampfkraft und Stärke fehlt, sind sie gezwungen diese ›Schwäche‹ durch Giftmord, Zauberei und Hinterhältigkeit auszugleichen.[48]

Kollektivmord – Thrakerinnen

> »*Da werden Weiber zu Hyänen*
> *Und treiben mit Entsetzen Scherz,*
> *Noch zuckend, mit des Panthers Zähnen,*
> *Zerreißen sie des Feindes Herz.*«
> Schiller, *Das Lied von der Glocke*, 366–369

In den so genannten Revolutionsstrophen seines berühmten Liedes von der Glocke schildert Friedrich Schiller anschaulich den weiblichen Anteil an den Gewaltexzessen der Französischen Revolution. Völlig außer Kontrolle geraten lassen sie jegliche Hemmungen fallen und wüten sie schlimmer als jedes Raubtier. Schiller's Vorstellung von der mangelnden emotionalen Kontrolle der Frauen deckt sich im Wesentlichen mit antiken Annahmen, dass Frauen nicht über die Besonnenheit und Beherrschung des Mannes verfügen. Völlig entfesselte Frauen, die gemeinschaftlich Männer töteten, finden sich in zwei mythischen Überlieferungen – den Geschichten des Orpheus und des Pentheus.

Orpheus

Der Sänger Orpheus[49] galt als Sohn des Thrakers Oiagros und der Muse Kalliope. Durch die Schönheit seines Gesanges be- und verzauberte er gleichermaßen. Der Augenblick seines höchsten Triumphes jedoch verwandelt sich zugleich in seine bitterste Niederlage. Er steigt in die Unterwelt hinab, um seine kürzlich verstorbene, über alles geliebte Frau Eurydike ins Leben zurückzubringen. Mit seinem Gesang erweicht er die Götter der Unterwelt und bekommt die Erlaubnis die Geliebte mit in die Oberwelt zu nehmen. Doch eine Bedingung ist an diese Gnade gebunden: Auf keinen Fall darf er sich auf dem Weg an die Erdoberfläche zu seiner Ehefrau zurückwenden. Doch Orpheus wird schwach und wendet sich trotz des strikten Verbotes um. So verliert er die geliebte Frau auf ewig.[50]

Allein kehrt er in seine Heimat Thrakien zurück, wo er von den thrakischen Frauen getötet wird. Die Gründe für den rasenden Zorn der Frauen werden sehr unterschiedlich überliefert[51]: Nach einer Version soll Orpheus sich nach dem tragischen Verlust seiner Geliebten von den Frauen abgewandt und die Knabenliebe in Thrakien eingeführt haben. Nach einer vom römischen Reiseschriftsteller Pausanias (9, 30, 5) überlieferten Fassung waren die Frauen darüber erbost, dass Orpheus die Männer mit seinem Gesang so betörte, dass sie darüber ihre Pflichten als Ehegatten vergaßen (Abb. 19.24).[52] Der griechische Mythograph Konon (FGrHist 26F1, 45) vermutet, Orpheus sei von den zornigen Thrakerinnen getötet worden, weil er entweder alle Frauen gehasst oder sie von gewissen Kulthandlungen ausgeschlossen habe.

Ein Stamnos aus Basel (Abb. 19.25–26)[53] zeigt den grausamen Tod des Orpheus besonders drastisch: Gleich sieben Frauen – drei auf der Rückseite des Gefäßes, vier auf der Vorderseite – stürzen sich auf den zu Boden gegangenen Sänger. Ein langer Bratspieß steckt tief im Fleisch seines Oberschenkels und ›nagelt‹ den Gestürzten förmlich fest. Hilflos versucht er sich mit seiner Leier, die er in der erhobenen Rechten hält, gegen den Angriff der wütenden Frauen zu verteidigen.[54] Doch die Leier wird ihm als Waffe nichts nützen. Die hinter ihm stehende Thrakerin mit entblößten Brüsten[55] hat mit ihrer Linken den Kopf des Unglücklichen ergriffen und treibt mit der Rechten ein Schwert in seine Kehle. Orpheus ist dem Tod geweiht, denn heftig spritzt das Blut aus der tödlichen Wunde. Doch dessen nicht genug eilen von allen Seiten Frauen mit den unterschiedlichsten Mordinstrumenten herbei: Vor ihm hat eine Frau mit beiden Händen einen schweren Stein erhoben, um damit den Sterbenden zu zerschmettern. Von rechts und links hasten zwei weitere herbei, die Mörserkeule zum Schlag erhoben. Auch die Frauen auf der Rückseite schwingen ihre Waffen: einen Bratspieß, einen kleineren Stein und die Doppelaxt. Nahezu alle Gegenstände, die als Waffen benutzt werden können sind auf diesem Bild vereint. Die Rasenden treibt offenbar nicht allein das gemeinsame Ziel den verhassten Barden zu töten, sondern dazu noch auf nahezu jede denkbare Art und Weise: vom Stein zerschmettert, von der Keule erschlagen, mit dem Messer aufgeschlitzt, mit dem Bratspieß erstochen und von der Doppelaxt erschlagen. Doch nicht jeder dieser Gegenstände diente ursprünglich als Waffe. Mörserkeule (Abb. 19.27) und Bratspieß gehören eindeutig in den Bereich der Speisezubereitung. Vor allem die Mörserkeule ist oft auf Darstellungen zu finden, in denen Frauen ihr Heim verteidigen – so auch auf einer Münchner Pelike, wo eine Nereide mit der Mörserkeule den Helden Herakles bedroht, der in den Palast ihres Vaters eingedrungen ist (Abb. 18.19).

Die Doppelaxt (Abb. 19.28) ist uns einerseits als Waffe der Amazonen bekannt (vgl. z.B. Abb. 7.11) anderseits auch als typische Gerätschaft beim Opfer. Dort wurde sie benutzt, um das Opfertier mit einem Schlag in den Nacken oder seltener auf die Stirn zu betäuben, bevor die Halsschlagader mit einem Messer durchtrennt wurde. Auch die Thrakerin, die Orpheus tötet, durchtrennt dieses lebenswichtige Blutgefäß. Doch sie benutzt dazu ein Schwert, dessen Klinge nicht zur charakteristischen Form eines Opfermessers passt. Dennoch bleibt eine starke Assoziation des Tötungsaktes mit dem Opfer, denn auch der Bratspieß fand dort Verwendung. Nachdem nämlich das Opfertier getötet war, verbrannte man die ungenießbaren Teile wie Haut und Knochen für die Götter und briet das Fleisch des Opfertieres

19.24   Orpheus singt auf einem Felsen sitzend. Die um ihn stehenden trhakischen Männern lauschen verzückt seinem Gesang. Attisch rotfiguriger Krater, aus Gela, um 440 v. Chr., Berlin.

19.27   Die länglichen Mörserkeulen waren in der Mitte etwas schmaler, um sie dort gut umgreifen zu können. Sie dienten normalerweise als Stößel um in einem steinernen Mörser Teig zu kneten, Getreide zu mahlen oder Früchte und Gewürze zu zerkleinern. Dieses typische Haushaltsgerät wird von den Thrakerinnen als Mordinstrument zweckentfremdet. Detail von Stamnos Abb. 19.25.

19.28   Die Doppelaxt ist einerseits als Waffe der Amazonen, anderseits als Opfergerät bekannt. Detail von Stamnos Abb. 19.26.

19.25 Die Thrakerinnen stürzen sich mit den unterschiedlichsten Waffen auf Orpheus, um ihn zu töten. Er ist schon auf den Boden gesunken, ein langer Bratspieß steckt in seinem Oberschenkel. Er wird sterben: Die hinter ihm stehende Thrakerin sticht das Schwert in seine Halsschlagader, aus der er heftig blutet. Attisch rotfiguriger Stamnos, aus Vulci, um 470 v. Chr., Basel, Antikenmuseum.

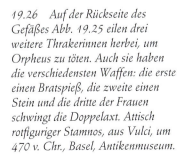

19.26 Auf der Rückseite des Gefäßes Abb. 19.25 eilen drei weitere Thrakerinnen herbei, um Orpheus zu töten. Auch sie haben die verschiedensten Waffen: die erste einen Bratspieß, die zweite einen Stein und die dritte der Frauen schwingt die Doppelaxt. Attisch rotfiguriger Stamnos, aus Vulci, um 470 v. Chr., Basel, Antikenmuseum.

auf langen Eisenspießen, ähnlich jenem der im Oberschenkel des Orpheus sitzt. Die Bedeutung dieser Anspielung bleibt jedoch unklar. Könnte es sich um eine besonders raffinierte Form der Rache handeln, indem die Frauen Orpheus, der sie von gewissen Kulthandlungen ausgeschlossen hatte, nun ihrerseits zum Kultopfer machen? Oder finden wir hier eine Erklärung dafür, dass den Anhängern des Orpheus der Genuss von Fleisch und das Töten von Tieren zu Opferzwecken verboten war?[56] Unabhängig davon charakterisiert es Orpheus als schwachen Mann, der wie ein »Opferlamm« der rohen Gewalt der Frauen ausgesetzt ist.

Die mörderischen Thrakerinnen finden sich ebenfalls auf dem Schulterbild einer Hydria aus Würzburg (Abb. 19.29).[57] Auch hier ist die Variationsbreite der Waffen groß: Die von links Heraneilende hat sich mit einem Stein und der Mörserkeule bewaffnet, während die vor ihr laufende mit dem langen Bratspieß den gestürzten Orpheus erstechen will. Die dritte im Bunde hält eine Sichel in der Hand. Dieses Instrument diente in der Wirklichkeit zur Ernte des Getreides, wurde allerdings in der griechischen Kunst für die Enthauptung und im Mythos zur Kastration genutzt.[58] So entmannte einst Kronos seinen Vater Uranos mit einer Sichel. Liegt hier also ein Angriff der Thrakerinnen auf Orpheus Männlichkeit vor? Wohl kaum, die Sichel deutet hier wohl eher auf die drohende Enthauptung hin. Die Überlieferung berichtet nämlich, dass sich die Frauen nicht mit dem Tod des Musikers zufrieden gaben. Sie enthaupteten ihn und warfen den Kopf ins Wasser. Über den Fluss Hebron trieb das abgetrennte Haupt singend weiter bis zum Meer und gelangte schließlich nach Lesbos. Dort diente der singende Kopf als Orakel oder Quelle der Inspiration für die Dichter, bis Apollon die unheimliche Stimme zum Schweigen brachte.

Der Tod des Orpheus durch die Thrakerinnen ist seit der Zeit um etwa 500 v. Chr. ein äußerst populäres Thema in der Vasenmalerei, doch verschieben sich mit der Zeit die Schwerpunkte dessen, was dargestellt wird. Auf den frühen Bildern, wie dem Basler Stamnos (Abb. 19.25) steht noch der Tod des Orpheus im Vordergrund, dessen Körper von den Waffen der Frauen durchbohrt wird. Um etwa 450 v. Chr. verschiebt sich allmählich das Interesse. Nicht mehr das Sterben des Sängers wird thematisiert. Der Held lebt vielmehr noch und versucht seinem Schicksal zu entkommen. So zeigt es auch eine Amphora aus München (Abb. 19.30): Eine Thrakerin mit aufgelöstem Haar läuft mit gezücktem Schwert heran.

19.30 Eine Thrakerin mit häckchenförmigen Tätowierungen auf dem Arm verfolgt mit dem Schwert in der Hand Orpheus, der in weitem Ausfallschritt versucht zu fliehen. Seine Leier hat er zur Abwehr bereit über den Kopf erhoben. Die Verfolgung des Mannes bedeutet eine Umkehrung der sonst üblichen Rollen (vgl. Abb. 19.31). Nolanische Amphora, aus Süditalien, 440–430 v. Chr. (Kat. 82).

19.31 Ein Jüngling mit Petasos und Chlamys verfolgt mit gezücktem Schwert ein fliehendes Mädchen. Attisch rotfigurige Pelike, 460/450 v. Chr.

Mit ihrer ausgestreckten Linken versucht sie nach dem Sänger zu greifen, der mit weitem Ausfallschritt versucht, ihr zu entkommen. Seine Leier hat er zur Abwehr ihres Angriffes erhoben. In dieser Verfolgungsszene hat sich das übliche Rollenverhalten geradezu verkehrt. Den ›Normalzustand‹ gibt eine Szene auf einer Münchner Pelike wieder. Dort verfolgt ein Jüngling mit gezücktem Schwert ein Mädchen. (Abb. 19.31)[59]. Auf der Amphora (Abb. 19.30) hingegen schlüpft die Thrakerin gewissermaßen in die die Rolle des Mannes: Sie besitzt wie der Jüngling ein Schwert und verfolgt ihre Beute, in der Umkehrung der Verhältnisse natürlich den Mann.[60]

19.32 Auf der Vorderseite (a) eilt eine Thrakerin in schnellem Laufschritt. Sie hat ihr Schwert gezückt, die dazugehörige Scheide hält sie in ihrer Linken. Ihre Arme und Beine schmücken aufwändige Tatowierungen – sogar in Tierform. Um ihre Hüften hat sie ein gemustertes Tuch geschlungen. In Analogie zu Abb. 19.30 ist anzunehmen, dass sie Orpheus verfolgt, um ihn zu töten, doch auf der Rückseite des Gefäßes (b) ist nur eine weitere Thrakerin dargestellt. Attisch rotfiguriger Krater, aus Sizilien, um 460/450 v. Chr. (Kat. 83).

Auf dieselbe Szene bezieht sich wohl auch die Darstellung einer Thrakerin auf einem attischen Weinmischgefäß in München (Abb. 19.32). Im schnellen Lauf begriffen blickt sie sich nach hinten um. In den Händen hält sie Schwert und Schwertscheide. Doch Orpheus fehlt, denn auf der Gegenseite ist eine weitere Thrakerin zu sehen. Offenbar war die Szene so geläufig, dass eine Darstellung des Orpheus gar nicht notwendig war, um die Thrakerinnen mit diesem Mythos zu verbinden.

Bei den beiden Gefäßen aus München ist die Herkunft der Frauen weitaus deutlicher herausgestellt als auf den älteren in Basel und Würzburg. Die Frauen tragen zwar den griechischen Chiton, ihr langes Haar ist hingegen wild gelöst. Auf den Armen und in einem Fall sogar auf den Beinen zeigen sie darüber hinaus zahlreiche Tätowierungen, die von einfachen Hakenmustern (Abb. 19.30) bis hin zu komplizierten Mustern und figürlichen Darstellungen (Abb. 19.32) reichen. Sie galten als Zeichen ihrer thrakischen Herkunft, wobei nach Herodot sich nur die Vornehmen mit ihnen schmücken durften.[61]

In ihrer Wildheit und fremdartigen Körperbemalung stellen die Thrakerinnen wohl ein Gegenbild zur respektablen athenischen Frau dar. Zugleich ähneln sie in ihrer Zügellosigkeit den Mänaden (Kap. 21). So wird in einem leider verlorenen Drama des Aischylos Orpheus auch von den so genannten Bassariden zerrissen. Dabei handelt es sich um mänadenähnliche Frauen aus Thrakien, die Gott Dionysos sandte, weil Orpheus aufgehört hatte ihm zu huldigen. Diese Variante zeigt enge Parallelen zur Geschichte des unglücklichen König Pentheus, der ebenfalls von den Anhängerinnen des Dionysos getötet wird.

19.33 Agaue, die Mutter des Pentheus, tanzt in wilder Ekstase den Kopf. In einen Hand hält sie ein Schwert, in der anderen das abgetrennte Haupt ihres Sohnes. Griechischer Goldring, 450–400 v. Chr., Paris, Cabinet des Medailles.

19.34 Die Bakchen tragen verschiedene Körperteile des von ihnen zerrissenen Pentheus. Attisch rotfigurige Hydria, um 500 v. Chr., Berlin.

19.35 Zwei Frauen haben Pentheus an den Armen und am Bein gepackt, um ihn auseinander zu reißen. Deckel einer attisch rotfiguriger Büchse (Pyxis), um 440/430 v. Chr., Paris, Louvre.

Pentheus

König Pentheus[62] von Theben weigerte sich Dionysos, den Sohn seiner Tante Semele und des Göttervaters Zeus, als Gott anzuerkennen und ließ seinen Kult in Theben verbieten. Die Rache des Dionysos wegen dieser Kränkung ist fürchterlich: Er lässt Wahnsinn über die Frauen von Theben kommen, die ihm darauf als Anhängerinnen, den so genannten Bakchen, in die Wälder folgen und ihm in Rausch und ekstatischer Verzückung huldigen. Pentheus möchte heimlich das Treiben der Frauen, unter denen sich auch seine Mutter befindet, beobachten, doch er wird entdeckt. In ihrer gottgesandten Verblendung stürzen sich die Bakchen – an ihrer Spitze Pentheus' Mutter Agaue – auf den König und töten ihn grausam. Er wird von den verzückten Frauen in ihrer Raserei wie ein Tier in Stücke gerissen. Neben anderen überliefert der griechische Dichter Euripides die Geschichte ausführlich in seiner Tragödie »Bakchai«, die 406 v. Chr. uraufgeführt wurde. Das Stück endet überaus dramatisch: Agaue erwacht aus ihrem Wahn und sieht voller Entsetzen auf ihrem Thyrsos – jenem Stab, der sie als Anhängerinnen des Dionysos ausweist – den Kopf ihres Sohnes, den sie ihm im Blutrausch vom Körper gerissen hat. Auf den überlieferten Darstellungen jedoch tanzt Agaue noch ekstatisch, den Kopf weit in den Nacken zurückgeworfen (Abb. 19.33).[63] In der einen Hand hält sie das Haupt ihres unglücklichen Sohnes, in der anderen ein Opfermesser oder zuweilen auch ein Schwert. Obgleich der Kopf nicht mit der Waffe vom Körper getrennt wurde, verweist sie auf den Opfercharakter des Getöteten, der von den Bakchen in ihrer Verblendung für ein Opfertier gehalten wurde.

Doch muss die Geschichte schon vor Euripides Fassung bekannt und populär gewesen sein, da die ältesten Darstellungen aus dem späten 6. Jahrhundert v. Chr. stammen. Sie zeigen vor allem die Bakchen mit den blutenden Körperteilen des zerrissenen Pentheus. So trägt auf dem Schulterbild einer Hydria in Berlin die Vorderste den Kopf und ein Bein, vermutlich ist es Agaue. Ihr folgt eine zweite mit dem Oberkörper und einem Arm, während die letzte in der Reihe den anderen Arm und das zweite Bein in Händen hält (Abb. 19.34).[64] In der überwiegenden Mehrheit der späteren Darstellungen hingegen ergreifen die wilden Frauen Pentheus, um ihn zu zerreißen (Abb. 19.35).[65] So haben auf dem Deckel einer Büchse, die sich heute in Paris befindet, zwei Frauen Pentheus an Armen und Bein gepackt und versuchen allein durch ihre Körperkraft, ihn zu zerfetzen. Ihre Gewänder haben sie in Art von Opferschlächtern geschürzt, was den brutalen Mord als Opfer erscheinen lässt. Das Bildschema unterstreicht diese Aussage: In gleicher Weise zerreißen auf einem anderen Büchsendeckel zwei Mänaden ein Rehkitz (Abb. 19.36).[66] In ihrer Verblendung hielten die mörderischen Frauen Pentheus für ein solches.

19.36 Zwei Mänaden zerreißen in wildem Rausch ein Rehkitz. Deckel einer attisch rotfigurigen Büchse (Pyxis), um 420/410 v. Chr., London.

An den Beginn der Tragödie führt uns die Darstellung auf einer Münchner Hydria (Abb. 19.37). Pentheus kniet von den Bakchen noch unbemerkt zwischen zwei Bäumen. Um sein Versteck herum tanzen die Frauen ihren ekstatischen Reigen. Pentheus hält zwar ein Schwert in der Hand, doch dem Betrachter des Gefäßes, der die Geschichte kannte, wird klar gewesen sein, dass ihm dieses gegen die Übermacht der rasenden Frauen nichts nutzen wird.

»Da werden Weiber zu Hyänen«

So hieß es beim eingangs zitierten Dichter Friedrich Schiller. Entsprechend zeigen auch die beiden antiken Mythen sehr anschaulich, was der weibliche Kontrollverlust anrichtet. Wie die wilden Tiere stürzen sich die Frauen auf ihre Opfer, die angesichts ihrer Übermacht keine Chance haben zu entkommen. Doch zwischen den Thrakerinnen, die Orpheus töten, und den Bakchen, die Pentheus zerreißen, gibt es durchaus auch Unterschiede. Die Thrakerinnen handeln aus eigenem Antrieb, weil sie sich von Orpheus bedroht fühlen. Die Bakchen und mit ihnen die unglückliche Agaue hingegen können nicht anders. Sie stehen unter dem unheilvollen Einfluss des Dionysos, der ihnen seinen Willen aufzwingt und somit die Frauen zum Werkzeug seiner Rache macht.

Anstiftung zum Mord – Elektra

»Schlag zu, wenn du die Kraft hast, zum zweiten Mal«

Sophokles, *Elektra* 1415

Frauen, die gemeinsam mit Männern morden, sind oftmals die treibende Kraft, wie eine moderne Studie besagt.[67] Eine solche Tätergemeinschaft bildet für die Antike das Geschwisterpaar Orest und Elektra. Die tragische Geschichte ihrer Familie zwingt die Beiden den Tod ihres Vaters Agamemnon zu rächen, der von seiner eigenen Frau Klytämnestra oder in der homerischen Fassung von ihrem Liebhaber Ägisthos ermordet wurde (s. o.).

Die Rolle der unnachgiebigen Rächerin schreiben Elektra jedoch erst die klassischen Dichter zu.[68] Ihr Schicksal wird besonders ergreifend geschildert: Trotz schmählicher und unstandesgemäßer Behandlung durch Mutter und Stiefvater bleibt sie ihrem toten Vater Agamemnon treu ergeben. Ihr ganzer Lebensinhalt gilt der Totenklage für den Gemordeten. So zeigen denn auch die weitaus meisten Darstellungen Elektra als treue Wächterin am Grab ihres Vaters in tiefer, stiller Trauer versunken (Abb. 19.38). In diesen Bildern verhält sie sich auch völlig entsprechend ihrer Rolle als Frau. Ihnen oblag sowohl die Totenklage als auch die Ausübung des Totenkultes – wir würden heute wohl eher Grabpflege sagen (s. Kap. 2). Sie schmückten das Grab und brachten regelmäßig Totenopfer dar.

Zudem verhält sich Elektra zunächst völlig passiv. Sie kann ihre Rache nicht ohne ihren Bruder vollziehen und muss erst auf seine Rückkehr warten. Erst jetzt

19.37 Pentheus kniet zwischen zwei Bäumen, um das rauschhafte Treiben der thebanischen Frauen zu beobachten, über die Dionysos den Wahnsinn gelegt hat. Diese umtanzen im Rausch und ekstatischer Verzückung mit der sie dem Gott huldigen das Versteck des Pentheus, in dem er noch unentdeckt und sicher ist. Apulisch rotfigurige Hydria, 380–370 v. Chr. (Kat. 84).

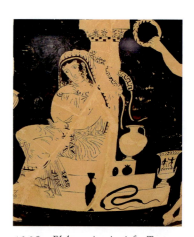

19.38 Elektra sitzt in tiefer Trauer versunken am Grab ihres ermordeten Vater Agamemnon. Es ist prächtig mit Bändern und verschiedenen Gefäßen geschmückt. Somit verhält sie sich in völliger Übereinstimmung mit ihrer Rolle als Frau. Als solcher obliegt nämlich ihr die Pflege des Grabes. Nicht sie kann Rache für den Mord an ihrem Vater nehmen. Sie muss auf ihren Bruder warten. Lukanische Hydria, um 340 v. Chr. (Kat. 85).

19.39 *Orest (mit Beischrift) ersticht mit dem Schwert den Geliebten seiner Mutter, den Thronräuber Ägisthos. Die Geste seiner Schwester Elektra, durch eine rückläufige Inschrift ebenfalls namentlich bezeichnet, bedeutet wohl keineswegs eine Aufmunterung zur Tat, sondern – wie eine vergleichbare Darstellung in Bosten zeigt (Abb. 19.40) – ist vielmehr als Warnung zu verstehen, mit der sie in auf die Gefahr in seinem Rücken hinweist. Von dort kommt seine Mutter herbeigeeilt, um ihrem Geliebten gegen den eigenen Sohn beizustehen. Rotfiguriger Stamnos, um 480 v. Chr., Basel, Sammlung Cahn.*

kann Elektra eine aktivere Rolle übernehmen – sie ist es, die mitleidlos ihren zögernden Bruder zum Muttermord antreibt.[69] Immerhin stachelt sie bei Sophokles ihren Bruder mit den Worten »*schlag zu, wenn du die Kraft hast, zum zweiten Mal*« (*Elektra* 1415) zur blutigen Tat auf. Allein bei Euripides mordet Elektra gemeinsam mit ihrem Bruder, wie dies die letzten Worte der Klytämnestra suggerieren: »*Ihr Kinder, bei Gott, schlagt die Mutter nicht*« (*Elektra* 1165). Doch die eigentliche Tat blieb den Augen der Zuschauer verborgen. Er vernimmt lediglich diesen letzten Aufschrei der Gemordeten, die ihr Leben hinter der Bühne aushaucht. Der Chor kommentiert den Auftritt des Geschwisterpaares folgendermaßen: »*Da kommen die beiden zur Türe heraus,/bespritzt mit der Mutter vergossenem Blut,/leibhaftiges Zeugnis des furchtbaren Schreis*« (1172–1174). Elektra versucht den verzweifelten Bruder zu trösten, indem sie sich als die treibende Kraft an dem Muttermord bezeichnet und die Schuld für das schreckliche Geschehen auf sich nimmt: »*Weine, weine! O mein Bruder! Schuld bin ich. Feuerschnaubend tat ich solches meiner Mutter, deren Schoß mich gebar.*« (1182–1184).

In den wenigen überlieferten bildlichen Darstellungen dieses berühmten Muttermordes[70] erscheint Elektra jedoch nie als Täterin. Ein Gefäßfragment aus Basel (Abb. 19.39), das um 480 v. Chr. entstanden ist, zeigt sie bei der Ermordung des Liebhabers und Komplizen ihrer Mutter, Ägisthos. Jener hatte sich nach dem Mord an Agamemnon zum Herrscher aufgeschwungen. Orest übernimmt hier den aktiven Part und übt mit dem Schwert blutige Vergeltung an dem Ururpator.[71] Elektra hat den rechten Arm in Richtung ihres Bruders weit ausgestreckt. Doch was sagt uns diese Geste? Fordert sie ihn hiermit, wie im Drama, nachdrücklich zum Mord auf – »*Schlag zu, wenn du die Kraft hast*«? Wohl kaum, wie wir anhand einer vollständigeren Überlieferung dieser Szene ebenfalls auf einem Weinmischgefäß in Bosten sehen können (Abb. 19.40). Hier wird die Geste deutlich: Klytämnestra nähert sich von hinten eilig, die Doppelaxt fest in ihrer Hand, um ihren Sohn zu töten. Elektra läuft von der anderen Seite herbei, um mit ihrer ausholenden Bewegung den Bruder vor der drohenden Gefahr in seinem Rücken zu warnen. Elektra tritt auf diesen Gefäßen also nicht als Rächerin auf, sondern vielmehr als Beschützerin ihres Bruders. Somit ist, was ihre Figur betrifft, ganz das »klassische« Frauenbild gewahrt! Elektra ergreift nicht die Initiative zum Mord, sondern handelt ganz im Rahmen dessen, was von einer anständigen Frau erwartet wird. Anders ihre

Elektra

Frederic Leighton,
»Elektra am Grab Agamemnons«, um 1868
Ferens Art Gallery: Hull City Museums,
Art Galleries and Archives.

Die Figur der Elektra fand erst das Interesse der Künstler, nachdem die Wiederentdeckung der griechischen Antike in der zweiten Hälfte des 18. Jahrhunderts sie mit den Tragödien der großen Dramatiker vertraut gemacht hatte. Doch auch nach dieser Rückbesinnung auf die Texte von Aischylos, Euripides und Sophokles wurde Elektra nur sehr selten bildlich dargestellt. In Literatur und Musik erfuhr das Thema hingegen bis ins 20. Jahrhundert – es sei nur an Richard Strauss' Oper erinnert – mehrfach Bearbeitungen. Elektra entbrennt nach der Ermordung ihres Vaters Agamemnon durch seine eigene Frau Klytämnestra und deren Geliebten Ägisthos in unstillbaren Hass und findet nicht eher Ruhe, bis ihr Bruder Orest diesen Tod gerächt hat.

Der englische Maler Frederic Leighton zeigt Elektra nicht als unbeugsame Rächerin und Muttermörderin, sondern als Trauernde am Grab ihres Vaters. Das Bild wird ganz von der monumentalen dunklen Gewandfigur der im Schmerz versunkenen Elektra beherrscht. Das Thema ist möglicherweise von antiken Vasen inspiriert, die damals bei Ausgrabungen in großer Zahl ans Licht kamen.

Nicht zufällig zeigt Leighton ein solches Gefäß zu Füßen Elektras. Zugleich verweist diese Schale auf die literarische Kenntnis des Malers. Ein Freund Leightons überliefert, diese Schale spiele auf das in Aischylos' *Orestie* geschilderte Trankopfer Elektras an.

Für Totenkult und Totenklage waren nicht nur in der Antike weitgehend die Frauen zuständig. Auch die bürgerliche Gesellschaft sah seit dem späten 18. Jahrhundert die Trauer der Frau um den verstorbenen – heldenhaften – Mann als moralisch und gesellschaftlich bedeutsame Aufgabe an. Frauen galten aufgrund ihrer besonderen Empfindsamkeit als besonders prädestiniert für die Sorge um die Toten. Sowohl Leightons »Elektra« als auch die vielen anderen bildlichen Darstellungen trauernder Frauen aus Mythologie und Geschichte stehen möglicherweise im Zusammenhang mit dieser Entwicklung.

E. W. W.

Frederic Leighton 1830–1896, Ausstellungskatalog, London 1996; Ellen Spickernagel, *Groß in der Trauer. Die weibliche Klage um tote Helden in Historienbildern des 18. Jahrhunderts*, in *Sklavin oder Bürgerin? Französische Revolution und neue Weiblichkeit 1760–1830*, Ausstellungskatalog hrsg. von Viktoria Schmidt Linsenhoff, Frankfurt 1989.

Mutter, die ihr in diesen Bildern direkt gegenübergestellt ist: Klytämnestra wird aktiv und greift zur Waffe, womit sie überaus männliche Verhaltensweisen okkupiert.

Bilder und Texte zeigen offensichtlich unterschiedliche Seiten an Elektra's Persönlichkeit. Während sie in der antiken Literatur als von Rachegelüsten getriebene, misshandelte Frau dargestellt wird, zeigen die Bilder eine andere Elektra. Nicht sie mordet, sondern sie lässt morden. Elektra handelt ganz im Rahmen dessen, was für eine Frau als akzeptabel angesehen wird. Sie greift eben nicht zur Waffe, sondern warnt lediglich aus dem Hintergrund ihren Bruder vor Gefahr. In ihrer unverbrüchlichen Treue zum ermordeten Vater und zum Bruder gleicht sie im übrigen Antigone (Kap. 18), so dass Elektra durchaus auch einen Platz unter den Heroinen der Frauentugend verdient hätte. So suggerieren es auch die Bilder. Doch es ist eben

19.40 Orest ersticht den Thronräuber Ägisthos auf seinem Thron. Von
links eilt Klytämnestra mit der
Doppelaxt herbei. Doch die von
rechts kommende Elektra weist wie
auf dem Gefäß aus Basel (Abb. E5)
mit weit ausgestrecktem Arm ihren
Bruder auf die drohende Gefahr in
seinem Rücken hin. Elektra zeigt sich
hier nicht als die aus den Dramen
bekannte unerbittliche Rächerin,
sondern handelt völlig dem üblichen
Rollenbild der Frau entsprechend.
Nicht sie mordet, sondern sie
überlässt das Töten ihrem Bruder,
der dafür als Krieger entsprechend
gerüstet ist. Allein ihre Mutter
überschreitet ihre Grenzen, indem sie
zur Waffe gegriffen hat, und ihren
eigenen Sohn angreift. Attisch
rotfiguriger Krater des Dokimasia-
Malers, um 460 v. Chr., Boston.

jene unverbrüchliche Treue zum Vater, die zwangsläufig zum Tod der Mutter führt,
die in der modernen Rezeption mit äußerstem Misstrauen betrachtet wurde. So
führte 1913 der berühmte Psychologe C. G. Jung in seiner Schrift »Versuch einer
Darstellung der psychoanalytischen Theorie« in Analogie zum Ödipus-Komplex
den Begriff des Elektra-Komplexes ein. Damit bezeichnet er die überstarke Bindung der Tochter an den Vater, die zugleich mit der feindseligen Ablehnung der
Mutter verbunden ist.

Sind Mörderinnen ›starke‹ Frauen?

»Sag mir, Medea, war Jason nicht eigentlich zu unbedeutend, um deiner Rache würdig
zu sein? Aber ich vergaß: du liebtest ihn noch. Die Liebe einer bedeutenden Frau gibt
einem mittelmäßigen Manne immer noch soviel Gewicht, dass ihre Rache an ihm sie
nicht lächerlich macht«

Penthesileia. Ein Frauenbrevier für männerfeindliche Stunden
(1907, Reprint 1982)

Penthesileia, so bezeichnet sich die Autorin Anna Costenoble in dieser frühen fe-
ministischen Schrift, hat ihr Urteil – zumindest für Medea – klar gefällt: Ja, die
Mörderin ist eine ›starke‹ Frau. Aber teilt die Antike ihr Urteil?

Der Schwerpunkt des antiken Interesses lag wohl auf dem inneren Konflikt,
indem sich die mordenden Frauen befanden. Nahezu alle Mörderinnen müssen
zwischen den an sie gestellten Anforderungen und Verpflichtungen wählen, und
nicht immer findet ihre Wahl allgemeine Zustimmung. Bei Klytämnestra wie auch
Medea herrscht Einigkeit über die Verurteilung ihrer Taten. Proknes Kindermord
hingegen wird durchaus mit Anerkennung betrachtet, stellte sie doch die Verpflichtungen der eigenen Familie über die emotionale Mutterliebe.

Gemeinsam ist allen an dieser Stelle vorgestellten Frauen, dass sie in vielfältiger
Weise die ihnen von der Gesellschaft auferlegten Grenzen überschreiten:

Nicht nur indem sie zur Waffe greifen, adaptieren sie männliche Verhaltensweisen. Der Kampf ist das Privileg des Mannes. Er ist es, der in den Krieg zieht und
damit Heim und Heimat verteidigt. Die Frau muss daheim bleiben. Sie darf ihm
allenfalls die Waffen reichen, wenn er in den Krieg zieht, um ihm bei der Rüstung

zu helfen (Abb. 19.41). Doch unsere mörderischen Frauen greifen nicht nur zum Schwert. In ihren Händen können auch Alltagsgegenstände zur tödlichen Bedrohung werden wie die Mörserkeule oder der Bratspieß. Hier zeichnet sich im Übrigen eine interessante Parallele zur modernen Welt ab. Die meisten Mordtaten von Frauen werden neben der Schusswaffe mit dem Küchenmesser vollzogen.[72]

Doch die Protagonistinnen unserer Geschichten verweigern sich der geforderten weiblichen Passivität, sie werden zu aktiv handelnden Personen. Über das von der Gesellschaft geforderte Geschlechterverhältnis lässt der Dichter Euripides seine Hauptfigur Medea folgendes äußern:

> »Von allem, was auf Erden Geist und Leben hat,/sind wir Frauen das armseligste Gewächs./Zuerst müssen wir mit einer Unsumme Geld/einen Gatten kaufen und einen Herrn über unseren Körper,/dieses Übel ist noch schlimmer als das erstgenannte;/Dann ist das größte Wagnis, ob er edel ist,/oder böse: denn unrühmlich ist's dem Weibe,/sich/vom Manne zu trennen; und ebenso ist es nicht möglich, ihn zurückzuweisen./…. Und wenn wir mit redlicher Mühe erreicht haben, dass der Gatte gut mit uns zusammenlebt und das Joch ohne Widerstreben trägt,/ist das Leben beneidenswert; wenn nicht,/sollte man sterben./Ein Mann aber, wenn daheim ihn Ärger quält,/geht nach draußen und befreit sein Herz vom Überdruss/und wendet sich entweder einem Freund oder einem Altersgenossen zu./Für uns aber besteht die Notwendigkeit, auf eine einzige Seele zu blicken./Sie [sc. Die Männer] sagen wohl, dass wir zu Hause ein gefahrloses Leben/führen, während sie aber mit dem Speer kämpfen./Übel denken sie. Lieber würde ich dreimal in die Schlacht/mich werfen als einmal gebären.«
>
> Euripides, *Medea* 230–251

Diesen geforderten Verhaltensweisen verweigern sich unsere Mörderinnen, wenn auch ihre Motive im Einzelnen, wie gezeigt wurde, durchaus unterschiedlich sind. Klytämnestra beispielsweise nimmt sich nicht nur das Recht auf einen Liebhaber. Zugleich verteidigt sie, wie auch Medea, aktiv ihre Stellung als Ehefrau. Der Gedanke an Rache für erlittenes Unrecht – eigentlich den männlichen Familienmitgliedern anvertraut – leitet nahezu alle der vorgestellten Mörderinnen. Selbst die sonst so folgsamen und rollenkonformen Danaiden verweigern sich der ihnen auferlegten Pflicht zur Ehe.

Darüber hinaus handeln sie überaus klug, was bei Frauen durchaus nicht allzu erwünscht war (vgl. auch Kap. 2).[73] Euripides legt seinem Helden Hippolytos folgende Worte in den Mund, die diese Haltung unterstreichen: »Am besten fährt noch, wessen Weib, ein träges Nichts,/unnütz in Einfalt brütend still im Hause sitzt./Die Kluge hass ich: unter meinem Dache soll/kein Weib verweilen, klüger, als es Frauen ziemt« (Euripides, Hippolytos 638–641). Klytämnestra selbst kokettiert sogar mit dem Understatement: »Wohl sind die Weiber töricht, ich bestreit es nicht…« (Euripides, Elektra 1035), und widerlegt allein durch ihr Handeln diese Aussage.[74]

Doch ihre vermeintlichen ›Stärken‹ müssen die Heldinnen unserer Geschichte zumindest im Mythos immer büßen und wurden offenbar nur wenig geschätzt, da sie die antike Ordnung in Frage stellten. Doch scheint es fast als seien es gerade genau diese Eigenschaften, die die Erinnerung an diese Frauen bis in die Moderne lebendig halten. Warum die Namen der berühmtesten Mörderinnen bis heute nicht in Vergessenheit geraten sind. Klytämnestra, die gemeinsam mit ihrem Liebhaber nach der Macht greift und sich an ihrem untreuen Ehemann rächt, oder Medea (Abb. 19.42), die selbstbewusst ihr Leben in die Hand nimmt und beständig um ihr persönliches Glück kämpft, dürfen in der Gegenwart sogar weit mehr Verständnis für ihr Handeln erwarten als in ihrer Zeit. Gleicht doch der große Dialog zwischen Medea und Jason (Euripides, Medea 453ff.) einem modernen Ehedrama: Da steht

19.41 Hier ist die klassische Rollenverteilung gewahrt! Der Krieger rüstet sich, um in den Kampf zu ziehen. Die Frau darf ihm allenfalls helfend die Waffen reichen. Ihre Aufgabe ist es daheim zu bleiben und das Haus zu hüten. Nolanische Amphora, um 440–430 v. Chr.

zum einen der gegenseitige Vorwurf der Undankbarkeit im Raum. Sie habe ihm das Goldene Vlies verschafft und er sie in die Zivilisation gebracht. Zum anderen der Streit um die gemeinsamen Kinder: Medea wirft Jason vor, er vernachlässige sie. Er rechtfertigt sich damit, dass er ihnen als Mitglieder der Königsfamilie eine bessere Ausgangsposition verschaffe. Die Anknüpfungspunkte für die moderne Rezeption sind vielfältig, stehen doch diese Frauen paradigmatisch für Grundkonflikte menschlichen Zusammenlebens.[75]   *S. L.*

19.42 *Das große Weinmischgefäß zeigt eindrucksvoll das verheerende Wirken der Medea: Im Zentrum der vielfigurigen Darstellung bricht die Königstochter Kreusa sterbend zusammen, während ihr Vater, der weißhäutige Kreon sie zu retten versucht (Detail Abb. 19.23). Das vergiftete Gewand, das Medea ihr zur Hochzeit schenkte, tötet nicht nur die Rivalin, sondern wird auch ihren Vater töten. Darunter ist der Kindermord der Medea zu sehen. Medea tötet ihre eigenen Söhne, um den untreuen Jason zu strafen (Detail Abb. 19.1, 19.15). Dieser wollte Medea verlassen, um Kreusa zu heiraten. Am rechten Bildrand mit spitzer phrygischer Mütze ist der Geist von Medeas Vater Aietes zu sehen (Detail Abb. 19.18). Ihn hatte sie einst betrogen als sie in Kolchis Jason zum Besitz des Goldenen Vliess' verhalf. Apulisch rotfiguriger Krater, aus Sizilien, um 330 v. Chr., (Kat. 18).*

20. Bestrafte Frevlerinnen

20.1 Niobe hält ihre sterbende Tochter. Detail des römischen Marmorsarkophags Abb. 20.10, 160–170 n. Chr. (Kat.86).

Seit frühester Zeit berichten zahlreiche griechische Sagen von der Bestrafung großer Frevler durch die olympischen Götter. Im 5. Jahrhundert v. Chr. haben die großen attischen Tragiker diesen Stoff dann wiederholt aufgegriffen. Auch für die bildenden Künstler waren diese Mythen ein beliebtes Motiv. Sowohl in monumentalem Format, etwa als figürlicher Tempelschmuck, als auch in der Kleinkunst finden sich zahlreiche mahnende Bilder, die Frevel und Sühne thematisieren. Durch die Bestrafung wird die gerechte Weltordnung wieder hergestellt. Auch Frauen finden sich unter den großen Frevlern.

Niobe

Die prominenteste ist Niobe. Sie stammt aus Lydien und ist die Tochter des Tantalos und der Dione[1]. Ihr Vater ist einer der größten Frevler des griechischen Mythos überhaupt, und er muss dafür in der Unterwelt die sprichwörtlichen Qualen erleiden (Abb. 20.2). Auch seine Nachkommen – insbesondere sein Sohn Atreus, sein Enkel Agamemnon und sein Urenkel Orest – sind fluchbeladen. Einer von Niobes Brüdern ist Pelops, der in einem Wagenrennen gegen Oinomaos, den König von Pisa, dessen Tochter Hippodameia als Braut, die Herrschaft über die Stadt und schließlich die gesamte, in der Folgezeit nach ihm benannte Halbinsel Peloponnes gewinnt. Niobe ist vermählt mit dem thebanischen König Amphion, einem Sohn des Zeus und der sterblichen Antiope. Von Hermes mit der Leier beschenkt ist er einer der großen Sänger der griechischen Sage. Eine aktivere Rolle spielt er in einer anderen Sage, wenn er noch als junger Mann zusammen mit seinem Bruder Zethos die Königin Dirke von einem wilden Stier zu Tode schleifen lässt, die auf dieselbe Weise die Mutter der Brüder, Antiope, hatte hinrichten lassen wollen.

20.2 Tantalos büßt für seine Frevel im Hades, wo er in ständiger Furcht unter einem überhängenden Felsen leben muss. Griechisch-apulische Grabvase. Hauptwerk des Unterwelts-Malers, um 330 v. Chr.

Niobes Stärke besteht unter anderem in ihrer Super-Weiblichkeit, denn sie hat 14 Kinder geboren, sieben Söhne und sieben Töchter. Doch wie andere Frevler, die zunächst vom Schicksal und von den Göttern begünstigt werden, verleitet sie dieses Glück zur Hybris, zu Selbstüberhebung.

Die älteste schriftliche Überlieferung des Mythos fassen wir bereits im 8. Jahrhundert v. Chr. Im letzten Gesang der *Ilias* fordert der griechische Held Achill den Trojanerkönig Priamos auf, trotz seines Schmerzes um den Sohn mit ihm zu speisen. Er erinnert seinen Gast in diesem Zusammenhang an das Schicksal der Niobe, die noch größeres Leid erdulden musste:

Denn auch Niobe selbst, die lockige, dachte der Speise,
welche zugleich zwölf Kinder in ihrem Hause verloren,
sechs der lieblichen Töchter und sechs aufblühende Söhne.

Ihre Söhn' erlegte mit silbernem Bogen Apollon,
zornigen Muts, und die Töchter ihr Artemis, froh des Geschosses,
weil sie gleich sich geachtet der rosenwangigen Leto:
Zwei nur habe die Göttin, sie selbst so viele geboren,
prahlte sie; des ergrimmten die zwei und vertilgten sie alle.
Jene lagen nunmehr neun Tag' in Blut; und es war nicht,
der sie begrub; denn die Völker versteinerte Zeus Kronion.
Drauf am zehnten begrub sie die Hand der unsterblichen Götter.
Doch gedachte der Speise die Trauernde, müde der Tränen.
Jetzt dort in den Felsen, auf einsam bewanderten Bergen
Sipylons, wo man erzählt, dass göttliche Nymphen gelagert
ausruhn, wann sie im Tanz Acheloös' Ufer umhüpfet:
Dort, auch ein Fels nur noch, fühlt jene das Leid von den Göttern.

Übersetzung: J. H. Voß

Niobe prahlt also gegenüber Leto mit ihrem Kinderreichtum, wähnt sich ihr gar überlegen, weil die Göttin nur zwei habe. Über die Zahl der Kinder herrscht in den antiken Textquellen Uneinigkeit. Nach Homer (*Ilias* 24, 603–604) und einem anderen frühen Dichter, Pherekydes, hat Niobe je sechs Söhne und Töchter, seit den attischen Tragikern lesen wir oft von sieben Söhnen und sieben Töchtern. Wieder andere Autoren vermehren die Kinderzahl noch einmal auf bis zu zehn Knaben und Mädchen oder aber reduzieren sie auf insgesamt zehn, wobei offen bleibt, wie viele Söhne und Töchter es jeweils sind[2]. Auf jeden Fall war es selbst für antike Begriffe eine stattliche Zahl. Leto, eine Göttin von niederem Rang, weiß sich nicht selbst zu wehren und sucht daher Hilfe bei ihren mächtigen Kindern. Apoll und Artemis nehmen fürchterliche Rache, indem sie die Kinder der Königin mit ihren unfehlbaren Pfeilen töten[3].

Niobe stammt – wie Leto, die Göttin, mit der sie sich vergleicht – aus dem südwestlichen Kleinasien. Nach einigen antiken Autoren war sie anfänglich auch mit der Mutter von Apoll und Artemis in Freundschaft verbunden[4]. Die Ereignisse, die der fürchterlichen Strafe des göttlichen Zwillingspaares vorausgehen, ließen sich kaum wirkungsvoll ins Bild setzen. Jedenfalls besitzen wir lediglich eine einzige antike Darstellung, die mit der Vorgeschichte zu verbinden ist. Ein kaiserzeitliches Marmorbild aus Herculaneum (Abb. 20.3)[5], das wohl auf eine hochklassische Vorlage zurückgeht, zeigt die beiden Mütter noch vor (oder bei?) ihrer folgenreichen Auseinandersetzung. Im Vordergrund spielen AGLAIE und HILEAIRA, zwei uns nicht näher bekannte junge Frauen mit Astragalen – eine beliebte Beschäftigung Heranwachsender[6]. Im Hintergrund steht im Zentrum NIOBE, rechts hat ihre Tochter PHOIBE eine Hand auf die Schulter der Mutter gelegt und bildet so eine Einheit mit ihr. Niobe reicht der links stehenden LETO einen Gegenstand, vielleicht einen Gürtel. Die Göttin hält mit den Zähnen einen Mantelzipfel fest, ein übliches Motiv für Frauen bei der Toilette[7]. Niobe assistiert der Göttin offensichtlich dabei. Blicke und Körperhaltung der beiden Hauptpersonen scheinen Verstimmung zu signalisieren, und auch Phoibe vermittelt den Eindruck, als wolle sie ihre Mutter drängen, einen Schritt auf Leto zuzugehen. Es ist wenig plausibel, dass man in augusteischer Zeit ein klassisches Vorbild kopiert hat, das eine völlig belanglose Szene wiedergibt. Das Bild erhielte eine tiefere Bedeutung, wenn man das Gürtungsmotiv auch mit der Geburt verbindet. So löst Leto, bevor sie Apollon gebiert, ihren Gürtel (Kallimachos 4, *Hymne* 209. 222)[8]. Die Gürtelreichung Niobes könnte daher der antike Betrachter als deutlichen Hinweis auf den unseligen Wettstreit der Frauen um ihren Kinderreichtum verstanden haben.

Die ältesten Bilder der Sage finden sich auf attischen Vasen des frühen 6. Jahrhunderts v. Chr. Thema ist jeweils der Kindermord; Niobe erscheint gar nicht im

20.3 Die jugendliche Niobe reicht der vor ihr stehenden Leto einen Gürtel. Marmortafelbild, signiert von Alexandros aus Athen, Neapel, Nationalmuseum, aus Herculaneum, augusteisch nach klassischem Vorbild.

Bild. Nur in einem Fall, auf einer Amphora in Tarquinia (Abb. 20.4)[9], darf man wohl eine Frau, die sich mit ausgebreitetem Gewand den Göttern entgegen und somit schützend vor zwei Kinder (♀) stellt, als deren Mutter deuten. Doch da die frütharchaischen Vasenbilder oft nicht zwischen Kindern und Erwachsenen unterscheiden – der Fliehende rechts ist bärtig –, bleibt die Identifizierung mit Unsicherheit behaftet; es könnte sich auch um eine weitere Niobide handeln. Sieht man in der Frau im Zentrum jedoch Niobe, dann müsste die weibliche Figur links hinter Apoll und Artemis Leto sein.

In klassischer Zeit erlangt der Niobe-Mythos seine größte Beliebtheit. Zunächst ließen sich daran das Ausgeliefertsein der Menschen und die Macht der Götter exemplifizieren. Die archaischen Bilder stellen die gnadenlose Bestrafung des Frevels durch das Götterpaar ins Zentrum. Nun begegnen sich Götter und Sterbliche nicht mehr so häufig im Bilde, die Distanz zwischen ihnen wird größer.

Das Bild auf dem Krater im Louvre (Abb. 20.5)[10] zeigt Apollon und Artemis unerbittlich mit dem Bogen ihr Ziel verfolgend. In felsiger Landschaft[11] sind die Götter und ihre menschlichen Opfer locker verteilt und individuell charakterisiert. Auf den tyrrhenischen Amphoren erschienen die Niobiden noch oft als Erwach-

20.4 Apoll und Artemis verfolgen mit Pfeil und Bogen eine Frau und einen Mann (Niobiden?), die nach rechts laufen und sich umschauen. In der Bildmitte stellt sich den göttlichen Zwillingen eine Frau (Niobe?) entgegen und hebt den über den Kopf gelegten Mantel – in diesem Zusammenhang vielleicht ein Trauergestus. Auch ganz links breitet eine Frau (Leto?) ihren Mantel aus. Die Beischriften sind sinnlos. Umzeichnung einer sog. tyrrhenischen Amphora, um 560 v. Chr. Tarquinia.

20.5 In felsigem Gelände strecken Apoll und Artemis die Niobiden mit ihren Pfeilen nieder. Umzeichnung des attisch-rotfigurigen Kelchkraters des Niobidenmalers, 460–450 v. Chr. Paris, Louvre.

sene, die Söhne bisweilen bärtig, nun sind alle jugendlich. Apollon und Artemis sind einerseits durch ihre erhöhte Position, andererseits durch ihre streng aufrechte Haltung von der menschlichen Sphäre abgehoben. Die Kinder dagegen sind stark bewegt. Sie vertreten alle Stadien des Leidens und Sterbens, von dem auf der Flucht Verwundeten, über den ins Knie Gebrochenen, der sich den tödlichen Pfeil aus der Brust ziehen will, bis zu den tot Dahingestreckten. Sie stehen allesamt für die völlige Hilflosigkeit der Menschen gegenüber der Macht und dem unergründlichen Willen der Götter. Das Motiv für die göttliche Strafe, der Frevel Niobes, ist hier im Bild nicht mehr zu greifen, das Handeln der Unsterblichen damit für den Menschen unfassbar. Es ist schon lange gesehen worden, dass dieses Vasenbild wohl auf eine berühmte Bildvorlage, wahrscheinlich ein verlorenes Wandgemälde zurückgeht. Aus jener Epoche, der frühen Klassik, sind uns – freilich nur literarisch – eine Reihe großformatiger Gemälde überliefert, allerdings keines mit der Niobesage.

Ungefähr gleichzeitig mit diesem großartigen Vasenbild, um die Mitte des 5. Jahrhunderts v. Chr., sind eine Reihe von Darstellungen der Niobidentötung entstanden, sowohl in der Kleinkunst auf Vasen aus Athen als auch in der großformatigen Plastik. Die berühmteste Behandlung des Themas sind die – wohl à jour ge-

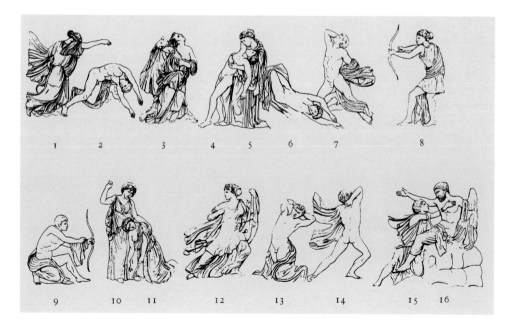

20.6 Tötung der Niobiden durch Apoll und Artemis. Zeichnerische Wiedergabe der am Thron des Zeus in Olympia zu rekonstruierenden Figurentypen. Thron und Zeusstatue aus Gold und Elfenbein schuf Phidias 440–430 v. Chr.

20.7 Niobe beugt sich über die jüngste Tochter und presst sie an sich. Aus einer Statuengruppe, Ende 4. Jh. v. Chr. Florenz (nach Abguss Museum für Abgüsse Klassischer Bildwerke München).

20.8 a–b Ein Sohn der Niobe liegt tödlich getroffen am Boden. Er dreht den Körper noch vor Schmerz, während die linke Hand bereits erschlafft auf dem Bauch liegt, die Rechte greift ins Leere. Der geöffnete Mund signalisiert das Leiden, die Augen sind bereits gebrochen. Zu der Statuengruppe der ›Florentiner Niobiden‹ gehörend. Ende 4. Jh. v. Chr. (Kat. 87).

arbeiteten – Friese vom Thron der Zeusstatue im Tempel des Göttervaters in Olympia, welche unter der Oberaufsicht des Phidias entstanden sind. Aus einer Vielzahl von Marmorreliefs sowie kleinformatigen Wiederholungen aus Ton lassen sich Figurentypen des Originals rekonstruieren (Abb. 20.6)[12].

Es ist auffällig, dass die meisten klassischen Wiedergaben in der Bildkunst auf Leto und Niobe verzichten. Allein am Zeusthron spricht manches dafür, dass die Frau mit einem sterbenden Knaben im Arm (Abb. 20.6: 4/5) die Mutter Niobe ist. Möglicherweise war hier der Mythos in seiner gesamten Breite dargestellt, denn es lassen sich gute Gründe anführen, dass dort selbst der ansonsten kaum dargestellte Amphion (Abb. 20.6: 16) und vielleicht auch Leto zugegen waren[13]. Auf den älteren Darstellungen der Sage stehen jeweils die rächenden Götter im Zentrum. Spätestens seit der mit 16 Figuren größten Skulpturengruppe des Altertums, den sog. Florentiner Niobiden (Abb. 20.7–8), im späten 4. Jahrhundert v. Chr. ver-

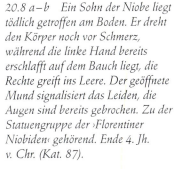

schiebt sich das Interesse; nun sind die leidenden Menschen das eigentliche Thema. Entsprechend können die göttlichen Zwillinge Artemis und Apoll ganz entfallen und die Kinder der Niobe von unsichtbaren Gottheiten niedergestreckt werden. Dadurch verliert die Darstellung einerseits den erzählenden Charakter, welcher noch die frühklassischen Bilder kennzeichnete. Andererseits wird die Florentiner Gruppe jetzt um einen Pädagogen erweitert, eine typische Figur des Theaters. Dieser begegnet auch schon wenige Jahre zuvor auf spätklassischen unteritalischen Vasen (Abb. 20.14), die den Mythos handlungsreich schildern und häufig Einflüsse des Theaters zeigen. Wie schon im Vasenbild des Niobidenmalers (Abb. 20.5) agieren die Figuren in felsigem Gelände. Die Gruppe war sicher im freien Raum, wahrscheinlich ursprünglich in einem Heiligtum der beiden hier wirkenden Gottheiten aufgestellt. Die Mehransichtigkeit der Figuren schließt eine Verwendung als Giebelschmuck aus. Ob es sich um die in der *Naturgeschichte* des Plinius (36, 28) erwähnte Niobidentötung im Apollo-Sosianus-Tempel in Rom handelt, bleibt ungewiss[14]. Skopas oder Praxiteles, jedenfalls einer der größten Bildhauer der Zeit, soll die Skulpturen geschaffen haben, die schon in der Antike durch Kunstraub nach Rom gelangten. Die Berühmtheit des Originals führte dazu, dass seit hellenistischer Zeit eine große Zahl von Kopien entstanden. Auch die Glyptothek besitzt einen Sterbenden (Abb. 20.8), der das berühmte Vorbild wiederholt. Die Brutalität ist durch das Fehlen der mordenden Götter gemildert, doch das unsichtbare Verhängnis spiegelt sich in den flehentlichen Blicken der Kinder wie auch von Niobe (Abb. 20.7)[15] und einem Pädagogen, die sie vergeblich zu schützen suchen. Ihre Angst ist für den Betrachter mit Händen zu greifen.

Als Ludwig I. im frühen 19. Jahrhundert den Torso eines jungen Mannes (Abb. 20.9) erwarb, wurde diese Neuerwerbung als »Perle der Glyptothek« gerühmt. Der Kronprinz hatte einen Liebhaberpreis für die Skulptur gezahlt, die aufgrund des

20.9 *Torso eines knienden Jünglings, sog. Ilioneus. Aus einer Statuengruppe. Um 300 v. Chr. (Kat. 88).*

20.10 a – c Auf der Langseite
zwischen Artemis links und Apollon
rechts fünf Töchter und fünf Söhne
der Niobe, die neben Artemis stehend
ihre jüngste Tochter hält. Eine greise
Amme mit einer weiteren Niobide
schließt sich an, rechts von der Mitte
legt ein alter Pädagoge dem jüngsten
Knaben die Hand auf die Schulter.
Zwischen den Beinen der Götter ist
jeweils ein totes Kind im Flachrelief
angegeben. Auf den Schmalseiten
finden sich die verbliebenen Kinder
Niobes, ebenfalls von Pfeilen
getroffen. Oben auf dem Deckel
erscheinen noch einmal die Leichen
der 14 Niobiden, auf den Schmalseiten die trauernde Mutter und ein
Eichenkranz mit Binden. Römischer
Marmorsarkophag, 160 – 170 n.
Chr. (Kat. 86).

vormals erhobenen rechten Armes als Schutzsuchender gedeutet werden kann.
Der Vorbesitzer, Leibarzt des österreichischen Kaisers und kenntnisreicher Kunst-
sammler, deutete die Figur als Ilioneus, jüngster Sohn der Niobe. Mit bekannten
Darstellungen der Niobiden, wie der ungefähr gleichzeitigen Florentiner Gruppe,
lässt er sich nicht verbinden, und so bleibt die Interpretation unsicher.

In der römischen Kaiserzeit erfreut sich der Mythos großer Beliebtheit auf Sarkophagen. Ein Sarkophag in der Glyptothek (Abb. 20.1; 20.10) zeigt Niobe mit
sieben Töchtern und sieben Söhnen – jeweils zwei Kinder finden sich auf den
Schmalseiten – sowie einem Pädagogen und einer alten Amme. Die Götter agieren
jeweils von den beiden Enden des Bildfrieses aus. Auf dem Deckel werden die dahingestreckten Niobiden noch einmal wiederholt. Mehrere Einzelmotive belegen,
dass der Bildhauer ältere Bildvorlagen benutzte. Wir tun uns heute schwer mit der
offenkundigen Beliebtheit dieses grausigen Themas. Einstweilen bleibt als einzige
plausible Erklärung, dass die antiken Menschen – im 2. Jahrhundert n. Chr. ebenso
wie schon fast ein Jahrtausend zuvor Homer – darin ein simples, aber eindrucksvolles Trostexemplum sahen[16]. Nicht die Strafe für den Frevel, sondern das für die
Menschen unverständliche Schicksal steht im Vordergrund. Niobe steht daher am
linken Bildrand neben Artemis und stützt ihre jüngste Tochter, die bereits leblos
auf ihrem Oberschenkel ruht. Es wirkt besonders hilflos, den Mantel über das tote

Kind zu erheben. Auch die Figur der Mutter wird auf der linken Schmalseite des Deckels noch einmal wiederholt: Trauernd sitzt sie zwischen Felsen.

Anders als die Schöpfer großplastischer Gruppen und Sarkophage haben sich die Vasenmaler schon aus Platzgründen nie um die vollzählige Darstellung sämtlicher Kinder bemüht, sondern sie haben deren Schicksal nur auszugsweise dargestellt. In anderen Gattungen, etwa bei geschnittenen Steinen (Abb. 20.11)[17], bestand auch die Möglichkeit, einzelne Figuren oder Zweiergruppen darzustellen. Man fragt sich unwillkürlich, warum ein derartiges Thema offenkundig häufig als Motiv für Ringsteine gewählt worden ist. Der Trostgedanke ergibt bei diesem Bildträger keinen Sinn. Vielleicht stand für den Besitzer des Rings auch weniger das Thema als vielmehr die Tatsache im Vordergrund, dass das Bildmotiv auf ein berühmtes klassisches Vorbild, etwa die phidiasischen Reliefs (Abb. 20.6) verweist[18].

Während der Vater Amphion nach dem Tod der Kinder von Apoll getötet wird oder durch Selbstmord endet[19], kehrt Niobe in ihre kleinasiatische Heimat nach Lydien zurück. Am Berge Sipylos wird sie dann von Zeus in einen Fels verwandelt, der dauernd Tränen vergießt. Die zwischenzeitliche Versteinerung nicht nur der Mutter, sondern der gesamten Bevölkerung Thebens, wodurch eine Bestattung der Kinder zunächst verhindert wird, überliefert allein die oben genannte Homerstelle. Die Versteinerung ist auf jeden Fall nicht als zusätzliche Strafe für Niobe zu verstehen. Vielmehr erlöst Zeus sie dadurch von ihrem Schmerz, auch wenn sie selbst noch als Fels unaufhörlich Tränen vergießt.

Aischylos' *Niobe* war eine seiner bekanntesten Tragödien, doch wir besitzen lediglich ein kleines auf Papyros erhaltenes Fragment. Wir entnehmen dem, dass Gegenstand der Handlung das Leiden der unglücklichen Mutter nach dem Verlust all ihrer Kinder ist. Durch Aristophanes' Komödie *Die Frösche* (911–926) wissen wir ferner, dass Niobe zu Beginn des Stückes auf die Bühne tritt und trauert: »*sitzend brütet sie vor sich hin auf dem Grab ihrer toten Kinder*«[20]. Erst zum Ende hin bricht sie ihr Schweigen. Die Haltung der Niobe auf einer Amphora in Tarent (Abb. 20.12)[21] entspricht genau der Beschreibung bei Aristophanes. Die zwei großen Grabgefäße zwischen denen Niobe sitzt, waren in der Antike gebräuchliche Beigaben für Mädchengräber, könnten hier also auf die Gräber der Niobiden verweisen. Zwei Personen wenden sich mit einem Redegestus an die Trauernde: Von links kommend ein alter, vornehm gewandeter Mann, der sich auf ein Szepter stützt, ihr Vater Tantalos – sein Mitwirken im Drama des Aischylos ist belegt –, bei der alten Frau rechts könnte es sich entweder um eine Amme ihrer Kinder oder aber um ihre Schwiegermutter, Antiope, handeln. Viele unteritalische Vasen zeigen Einflüsse von Theateraufführungen, und solche zusätzlichen Figuren sind oftmals ein Indiz

20.11 Ein Jüngling legt seinen Arm um den Hals einer stehenden Frau in langem Gewand und Mantel (Niobe oder Niobide?). Sie hält den tödlich Verwundeten mit beiden Armen. Römische Glaspaste, 1. Jh. v. Chr.–1. Jh. n. Chr. München, Staatliche Münzsammlung.

20.12 Auf einer altarartigen Basis über einem Grabbau sitzt Niobe und trauert. Zwei Grabamphoren flankieren sie. Ihr Vater Tantalos und eine weißhaarige Frau reden auf sie ein. Apulisch-rotfigurige Amphora, um 340 v. Chr. Tarent.

für eine dramatische Vorlage. Ähnlich wie bei Homer gelangt Niobe schließlich auch bei Aischylos zu der Einsicht, dass das Leben weitergehen muss. Neben dem Aspekt der göttlichen Strafe für menschliche Hybris war Niobe ganz offensichtlich auch die gesamte Antike hindurch ein Paradebeispiel heroischer Trauer, somit prädestiniert als Bildthema für den Grabkontext.

Attische Vasen zeigen häufig das Massaker an den Kindern (Abb. 20.4–5), solche aus den Griechenstädten in Unteritalien dagegen nur selten. Umgekehrt ist gerade bei den sog. Westgriechen die Darstellung des auf den Tod der Kinder folgenden Geschehens besonders beliebt, wohingegen es auf Vasen aus Athen nie begegnet. Während das Tarentiner Bild (Abb. 20.12) auffallend enge Parallelen zur *Niobe* des Aischylos aufweist – jedenfalls soweit wir das Stück kennen –, zeigen die meisten unteritalischen Vasenbilder der Sage die Königin wie sie langsam versteinert (Abb. 20.13–14). Beispielhaft steht dafür eine große Amphora in Bonn (Abb. 20.13)[22]. Abweichend von der oben besprochenen Tragödie steht die unglückliche Mutter hier in einem tempelartigen Grabbau zwischen zwei großen Grabgefäßen, während eine andere Frau, Amme oder Verwandte, in einem Trauergestus sitzend dargestellt ist. Und auch der von rechts kommende Tantalos signalisiert mit seiner erhobenen Hand Bestürzung. Er wird gewahr, wie seine Tochter zu Stein wird. Der Maler hat das sinnfällig gemacht, indem der untere – bereits versteinerte – Teil der Niobe ebenso mit Deckweiß gemalt ist wie die Steinarchitektur, die sie umgibt. Weitere Frauen und Soldaten in orientalischer Tracht rahmen die Szene. Das Geschehen spielt also wohl in der alten Heimat von Tantalos und Niobe, in Lydien.

Auf einem apulischen Wassergefäß in Princeton (Abb. 20.14) steht Niobe wie auf der Bonner Amphora in einem Grabbau, die Versteinerung hat gerade eingesetzt[23]. Doch darunter sitzt eine junge Frau auf einem Grab; sie hält einen Zweig in der Hand, wie er auch in einer Hydria neben ihr steckt. Die fragmentarisch erhaltene Inschrift AMPH[…] auf der Grabfront lässt an Niobes Gatten Amphion denken. Links daneben steht ein junger Mann in ›heroischer Nacktheit‹. Die Beischrift

20.13 *Niobe steht in einem Grabbau; die Versteinerung hat schon eingesetzt. Vier anonyme Frauen stehen um sie herum. Apulisch-rotfigurige Amphora, um 340 v. Chr. Bonn.*

weist ihn als Niobes Bruder PELOPS aus. Er trägt ein Schwert, eine orientalische Mütze und »tragische« Stiefel – ein Theaterrequisit. In dieser Konstellation darf man bei der jungen Frau an die jüngste Niobetochter denken, die in der antiken Überlieferung den Namen Chloris oder Meliboia trägt. Nach einer argivischen Version der Sage zeigten Apoll und Artemis Erbarmen und ließen einen Knaben und ein Mädchen am Leben[24]. Beide Gottheiten verfolgen das Geschehen auf einem Felsen sitzend von links oben. Nach der genannten Überlieferung soll Chloris später bei der Hochzeit ihres Onkels Pelops mit Hippodameia die erste Siegerin beim Lauf der Mädchen bei den ersten Olympischen Spielen mit weiblicher Beteiligung gewesen sein (Pausanias 5, 16, 4; 2, 21, 10). Neu ist auch die Frau, die flehend vor Niobe kniet. Sie ist inschriftlich als MEROPE benannt, ein aus der literarischen Überlieferung der Sage unbekannter Name. Auch die Amme und der Pädagoge, welche rechts von Niobe und Chloris (?) stehen, typische Figuren des Theaters, die enger mit den Kindern als mit der Mutter zu verbinden sind, erweitern die Sage im Sinne eines szenischen Handlungsablaufes. Niobes Vater Tantalos dagegen erscheint hier nicht im Bild. Oben rechts steht noch ein junger Pan, daneben sitzt eine Frau in orientalischer Tracht; die fragmentarische Beischrift lässt sich zu S[I]PYL[O]S ergänzen. Es handelt sich also um die Personifikation des Gebirges in der alten Heimat Niobes, wo sie schließlich zu Stein wird. Bei der Vase in Princeton – und vielen verwandten Darstellungen – stehen die Kinder und der Bruder Pelops mindestens ebenso im Vordergrund wie Niobe selbst. Zahlreiche Details lassen an eine Theatervorlage denken, doch in Anbetracht unserer spärlichen Textüberlieferung bleibt dies Spekulation[25]. Dabei wird Niobe konsequent stehend wiedergegeben. So ist der Bezug zur aischyleischen Tragödie weniger explizit als bei der Amphora in Tarent, und man möchte eher an eine andere dramatische Behandlung des Themas denken. Auch Sophokles hat eine *Niobe* geschrieben, von der uns aber ebenfalls nur geringe Fragmente erhalten sind[26].

Der Niobemythos war ein bedeutendes Thema, was allein schon durch die Tatsache belegt ist, dass er – wie gesehen – in mehreren großen Heiligtümern an

20.14 Niobe steht in einem Grabbau; die Versteinerung hat schon eingesetzt. Eine kniende Frau links vor der Architektur (Merope) fleht sie an, rechts eine alte Frau und ein Pädagoge. Oben links Artemis und Apoll (mit Kithara), rechts ein junger Pan und die Personifikation des Sipylosgebirges auf einem Felsen. Unten Pelops mit gezücktem Schwert vor bekränzter junger Frau auf dem Grab des Amphion (Inschrift). Apulisch-rotfigurige Loutrophoros, 340–330 v. Chr. Princeton.

Niobe

Die tragische Geschichte der Niobe konnten die Künstler der Renaissance und des Barock im Unterschied zu vielen anderen Mythen nicht nur in den Werken der Dichtkunst nachlesen. An den erhaltenen antiken Kunstwerken konnten sie auch die bildliche Darstellung des Themas studieren. Daher erkennt man an vielen Niobe-Bildern der Neuzeit neben dem Text von Ovids *Metamorphosen* auch den Einfluss antiker Bildbeispiele, allen voran der großen Skulpturengruppe der so genannten »Florentiner Niobiden«, die 1583 ausgegraben und im Garten der Villa Medici in Rom für jedermann zugänglich aufgestellt wurden.

Auch der niederländische Maler Abraham Cornelisz Bloemaert ließ sich von antiken Vorbildern inspirieren. Die völlig verzweifelte Niobe erscheint mit dramatischer Gebärde zwischen ihren toten Kindern, die eine dicht gedrängte, fast das gesamte Bild ausfüllende Gruppe von bewegten nackten Körpern bilden. Im Hintergrund rechts versuchen einige Kinder noch, den tödlichen Pfeilen zu entkommen, die Apoll und Artemis von einer Wolkenbank auf sie herab schießen. Aber die beiden Götter vernichten alle Kinder Niobes, um sich für die Beleidigung ihrer Mutter Leto, nur zwei Kinder geboren zu haben, zu rächen.

Bloemaert konzentriert sich auf die Verzweiflung der Frevlerin Niobe, während der eigentliche Kindermord in den Hintergrund gedrängt ist, und die dem Schmerz folgende Versteinerung der Mutter ganz ausgeblendet wird. Auch auf andere Elemente der ovidschen Erzählung wie die nacheinander erfolgte Tötung von Söhnen und Töchtern und das Reiten der Söhne zu Pferde verzichtet Bloemaert. Derartige Abweichungen von Ovid verbinden das Bild mit der Florentiner Niobidengruppe, auch wenn der Maler sie nie persönlich in Rom ge-

Abraham Bloemaert, »Niobe tötet ihre Kinder«, 1591
Kopenhagen, Statens Museum for Kunst

sehen, sondern nur auf dem Umweg von anderen Kunstwerken kennen gelernt haben kann. Andererseits verzichtet Bloemaert auf das in der antiken Statuengruppe so wichtige Motiv der Niobe, die ihr jüngstes Kind schützend umarmt, ebenso wie auf die zahlreichen Gewand- und Bewegungsmotive der übrigen Kinderfiguren. Der verzweifelte Gestus von Bloemaerts Niobe sowie die durcheinander gewühlten Körper erinnern vielmehr an ein christliches Thema von ähnlicher Bildkomposition: den Bethlemitischen Kindermord.

Die zahlreichen nachantiken Darstellungen der Niobe veranschaulichen immer wieder unterschiedliche Aspekte des Mythos, rollen mitunter aber auch in einem Zyklus von mehreren Szenen die gesamte Geschichte Ovids auf, so etwa in der Landshuter Stadtresidenz. Das Thema erfreute sich deswegen seit den Editionen Ovids des Spätmittelalters so großer Beliebtheit, da sich am Beispiel der Niobe, ähnlich dem Daphne-Mythos, das antike Gedankengut bestens mit christlichen Vorstellungen versöhnen ließ: Niobe galt als Verkörperung des typisch weiblichen (!) Lasters des Hochmuts, der zu allem Überfluss auch noch die Begierde förderte. Das Schicksal der Mutter sollte vor der Verachtung göttlicher Allmacht warnen. Vor allem in Frankreich konnte diese typisch christlich-moralisierende Interpretation des antiken Mythos noch um eine politische Deutung bereichert werden: Das Niobidenmassaker wurde als Anspielung auf die Bekämpfung der Feinde der Herrschers verstanden.   *E.W.W.*

E. Wiemann, *Der Mythos von Niobe und ihren Kindern. Studien zur Darstellung und Rezeption*, Worms 1986

prominenter Stelle dargestellt wurde. Stand zunächst die erbarmungslose Bestrafung menschlicher Hybris durch die Götter im Vordergrund und beherrschten anfangs Apoll und Artemis das Bild, so wurde seit klassischer Zeit zunehmend das Leiden der Menschen zum eigentlichen Bildthema. Damit änderte sich auch das Bild der Niobe. War zu Beginn noch ihr Frevel als Ursache des Unglücks anschaulich, so wird sie in der Folgezeit zum Paradebeispiel für heroisches Leiden[27] und dafür, dass auch nach den größten Schicksalsschlägen das Leben doch weitergehen muss. So kann sich in Smyrna im 1./2. Jahrhundert n. Chr. eine Mutter in einem Grabgedicht mit der mythischen Königin vergleichen:

O meine Tochter, ich schwinde dahin in Tränen des Jammers:
Ach nur der Eisvogel ruft so nach den Jungen, mein Kind.
Widerhallen der Stein und das Grab, das verhasste, die Klage,
das aus dem Leben gelöscht, die meine Sonne du warst.
O wie Niobe einst der Tränen Fluten erstarrten,
werd' ich am Grab hier gebannt ewig nun sitzen in Leid.
Hades, grausamer Gott, gib einmal noch frei meine Tochter,
lass sie mich einmal noch schaun, wie ich im Leben sie sah:
wird doch Persephone selbst die kurze Frist nicht verargen,
wenn nun der Mutter das Kind, ach nur im Traume, du zeigst.

Metrische Übertragung: W. Peek.

Arachne

Der Fall einer ähnlichen Frevlerin ist uns ausschließlich literarisch überliefert[28], in der Neuzeit entstanden jedoch bedeutende Bildfassungen der Sage (siehe Kasten). Wie Niobe stammt Arachne aus Lydien und wie jene zeichnet sie sich dadurch aus, dass sie über eine typisch weibliche Fertigkeit in überragendem Maße verfügt. Arachne ist nämlich eine hervorragende Weberin. Ausführlich schildert den Mythos Ovid (*Metamorphosen* 6, 5–145), der wie schon Vergil (*Georgica* 4, 246–247) und später Plinius (*Naturgeschichte* 7, 196) auf eine wesentlich ältere, aber nicht erhaltene Quelle zurückgreift. Arachne ist die Tochter des Purpurfärbers Idmon (»*der Wissende*«) aus Kolophon, also von niederer Herkunft. Doch durch ihre Werke erregt sie Bewunderung in ganz Lydien und selbst bei den unsterblichen Göttern. Sie bestreitet jedoch, das Weben von Athena, der Göttin des Handwerks, erlernt zu haben und verweigert dieser die Anerkennung. Athena erscheint darauf bei ihr in der Gestalt einer alten Frau und rät Arachne zur Demut. Doch diese zeigt keine Einsicht, sie fordert vielmehr die Göttin zum Wettkampf heraus. Diese enthüllt nun ihre wahre Gestalt und lässt sich auf den Wettstreit ein. Athena webt einen wunderbaren Teppich, der die Überlegenheit der olympischen Götter einerseits und den Hochmut der Menschen und ihre Bestrafung andererseits zum Gegenstand hat. In kühnem Übermut stellt Arachne wiederum die Götter bei ihren Liebeseskapaden und ihre schon fast menschlichen Fehler dar. Ihre Arbeit ist äußerst kunstfertig, sodass selbst Athena keinen Fehler entdecken kann. Eifersüchtig und zornig über das anmaßende Motiv zerstört die Göttin den Teppich und schlägt die Frevlerin mit der Spindel. Da bekommt es Arachne mit der Angst zu tun und erhängt sich. Doch Athena lässt sie nicht sterben, sondern verwandelt sie in eine Spinne. So sind Arachne und ihre Nachkommen dazu verdammt, ihr ganzes Leben zu weben und an Fäden zu hängen.

Wie auch schon im Namen ihres Vaters anklingt, gehört Arachne zu jenen Handwerker-Künstlern der frühen Sage, die den Göttern die Geheimnisse ihrer Kunst zu entwenden suchen. In der geschilderten Version ist der Mythos mit einer Erklärung für die Webkunst der Spinne verknüpft[29].

Arachne

Arachne führt vor Augen, welches Schicksal einen Sterblichen ereilte, wenn er sich anmaß, den Göttern ebenbürtig zu sein. Sie forderte Athene, die Schutzherrin des Webens und Spinnens, zu einem Wettstreit im Teppichweben heraus. Athene musste zwar die technische Perfektion von Arachnes Werk anerkennen, war aber über das dargestellte Thema – die Liebesabenteuer der Götter, darunter der Raub der Europa – so empört, dass sie ihre Konkurrentin zur Strafe in eine ewig webende Spinne verwandelte.

Aus der Antike kennen wir kein einziges und aus der Neuzeit nur wenige Kunstwerke mit diesem Thema. Das wohl berühmteste Beispiel ist Diego Velazquez Gemälde »Las Hilanderas«, dessen mythologischer Inhalt sich dem Betrachter aber erst auf den zweiten Blick erschließt. Im Vordergrund sitzen mehrere Frauen beim Spinnen und Garnaufwinden. Die Szene im Hintergrund liefert den Schlüssel zum tieferen Verständnis des Bildes. Durch eine bühnenartige Öffnung erkennt man die behelmte Figur der erzürnten Athena, die erhobenen Armes die vor ihrem Teppich stehende Arachne bedroht. Als Vorlage für diese Figurengruppe diente Velazquez eine Radierung desselben Themas aus Antonio Tempestas Illustrationen zu Ovids *Metamorphosen*. Die Darstellung des Teppichs an der Wand orientiert sich an Tizians Bild »Raub der Europa« aus der Sammlung des spanischen Königs, gibt also genau eines der Motive wieder, das Arachne für den Wettstreit mit Athena gewählt hatte. Dieser Bezug von Arachnes Teppich zur Bilderfindung des venezianischen Malers gilt als Hinweis auf ein weiteres, allgemeineres Thema des Bildes: Die mythologische Hintergrundszene stellt die Malerei als eine hohe Kunst vor, der ein – göttlich inspirierter – Entwurf zugrunde liegt, und setzt sie gegen die niederen handwerklichen Tätigkeiten ab, welche die Spinnerinnen im Vordergrund repräsentieren. Die antike Mythologie eignete sich also auch dazu, komplexe kunsttheoretische Diskussionen zu veranschaulichen. Zugleich liefern Velazquez »Spinnerinnen« ein beredetes Zeugnis dafür, welchen Einfluss die Stichserien neuzeitlicher Ovid-Ausgaben auf die Monumentalmalerei ausübten.   *E.W.W.*

Literatur: M. D. Henkel, *Illustrierte Augaben von Ovids Metamorphosen im XV., XVI. und XVII. Jahrhundert*, in: *Vorträge der Bibliothek Warburg 1926–27* (6) (1930) 56–144; K. Hellwig, *Aby Warburg und das »Weberinnenbild« von Diego Velazquez*, Zeitschrift für Kunstgeschichte 69, 2006, 548–560.

Diego Velazquez, »Las Hilanderas« (»Die Spinnerinnen«), 1656, Madrid, Museo del Prado

Die Töchter des Proitos

Hybris ist auch das Vergehen der Töchter des Proitos, des Königs von Tiryns, und der Stheneboia. Ihr Schicksal wird in den antiken Quellen sehr unterschiedlich geschildert[30]. Nach der ältesten Version bei Hesiod (*Fragment* 129–133 Merkelbach – West) gibt es drei Schwestern, Lysippe, Iphianassa und Iphinoe. Sie scheinen besonders schön zu sein, jedenfalls wirbt ganz Hellas um sie. Vielleicht auch Dionysos? Auf jeden Fall hören wir, dass die Jungfrauen dem Weingott den Kult verweigern. Dafür schlägt er sie mit Wahnsinn. Sie streifen durch die Wildnis und zerreißen sogar Säuglinge – solch ungezügeltes Verhalten ist ein Kennzeichen des orgiastischen Dionysosdienstes und erinnert nicht zufällig an die Mänaden aus dem Gefolge des Weingottes (vgl. Kap. 21)[31]. Der heilkundige Seher Melampus bietet dem Vater gegen Überlassung von einem Drittel seines Reiches die Heilung der Töchter an, was Proitos zunächst ein zu hoher Preis zu sein scheint. Doch als sich die Situation daraufhin noch verschärft, weitere Frauen der Raserei verfallen (Herodot 9, 34), willigt er ein, auch wenn Melampus nun noch ein weiteres Drittel für seinen Bruder Bias verlangt. Ebenfalls auf Hesiod geht eine Variante zurück, wonach die Proitiden (Proitostöchter) wegen ihrer Mannstollheit von Aphrodite noch mit einer grässlichen Hautkrankheit, weißen Flecken und Flechten, sowie dem Verlust ihrer Haare gestraft werden. Nach Akusilaos, einem Genealogen und Geschichtsschreiber des 6./5. Jahrhunderts v. Chr., frevelten die Proitostöchter nicht gegen Dionysos, sondern gegen Hera. Ihr Vergehen besteht hier darin, dass sie das alte hölzerne Kultbild der Göttin verspotten, nach Pherekydes, einem Historiker des 5. Jahrhunderts v. Chr., dagegen ihren Tempel, weil jener weniger reich sei als das Haus ihres Vaters. Noch deutlicher wird ihr Frevel, wenn sie sogar ihre Schönheit über die der Hera stellen (Servius' Kommentar zu Vergil, *Eklogen* 6, 48). Im von der Göttin verhängten Wahn halten sie sich fortan für Kühe, der Hera heilige Tiere, und ziehen brüllend auf fremden Wiesen umher.

Wie alle Quellen berichten, verlassen die Proitostöchter die Heimat und verfallen in Raserei. Jedoch werden sie von dem heilkundigen Seher Melampus, bisweilen auch von der Göttin Artemis, geheilt. Der Seher verfolgt die rasenden Proitiden in die Berge. Die Älteste, Iphinoe, kommt dabei um, die beiden anderen Schwestern gelangen durch Sühnung wieder zur Besinnung und werden von ihrem Vater Melampus und Bias zur Frau gegeben. Die Heilung ist in der Bildkunst gelegentlich dargestellt worden (Abb. 20.15)[32]. Auf einem unteritalischen Gefäß aus dem frühen 4. Jahrhundert v. Chr. in Neapel hocken im Zentrum die drei Proitostöchter in unordentlicher Kleidung und mit aufgelöstem Haar – deutliche Zeichen ihrer Verwilderung. Zwei von ihnen sitzen auf einem Altar und zu Füßen eines Kultbildes der Artemis, die Heilung findet also in einem Heiligtum der Göttin statt. Der Narthex (Riesenfenchel) in der Hand der linken verweist auf Dionysos. Die dritte Proitide befindet sich hinter einem Dreifuß; vielleicht handelt es sich um Iphinoe. Der Seher Melampus hat die Rechte im Redegestus erhoben. Dionysos mit seinen charakteristischen Attributen, Kantharos und Narthex, verfolgt die Reinigung vom rechten Bildrand aus. Der Silen ganz links gehört zu seinem Gefolge.

Frauen, die sich überschätzen

Inwiefern können nun Niobe, Arachne und die Töchter des Proitos als starke Frauen angesprochen werden? Sie sind es nicht in dem Sinne wie die Amazonen oder Atalante, die sich nicht in die übliche Frauenrolle einfügen. Gerade Niobe ist vielmehr eine Super-Frau, indem sie eine große Kinderschar gebiert. Ihre Stärke besteht aber auch in ihrem heroischen Leiden. Auch Arachne brilliert in einer klassischen Frauendisziplin, beim Spinnen und Weben. Die Proitostöchter hingegen scheinen »nur« besonders schön gewesen zu sein.

Was die hier besprochenen Frauen verbindet und im von uns definierten Sinne als stark erscheinen lässt, ist ihre Hybris. Denn zu dieser Selbstüberhebung ist nicht jeder fähig. Zunächst zeichnet sich solch eine große Frevlerin in der Regel dadurch aus, dass sie in ihrem Metier – zumindest unter den Sterblichen – alle anderen überragt. Ihr daraus erwachsender Hochmut lässt sie anschließend ganz tief fallen. Das gilt für die Töchter des Proitos nicht im gleichen Maße wie für Niobe und Arachne, und so werden erstere am Ende auch geheilt. Ihr frevelhaftes Verhalten ist fraglos eng mit dem Erreichen der Geschlechtsreife und dem Übergang vom Mädchen zur Frau sowie dem Verlassen des elterlichen Hauses bei der Eheschließung verbunden. In ihrem zügellosen Treiben fern der Heimat äußert sich der

20.15 Der Seher Melampus heilt die Proitostöchter in einem Artemisheiligtum. Auch der Weingott ist beteiligt. Umzeichnung einer lukanisch-rotfigurigen Nestoris, um 380 v. Chr., Neapel.

Widerstand gegen die Ehe, deren Schützerin Hera ist. Zu dieser Unsicherheit der jungfräulichen Mädchen können körperliche Probleme kommen, wie sie in der von Aphrodite verhängten Krankheit anklingen. So ist es nur folgerichtig, wenn schließlich Artemis bei der Heilung mitwirkt, also die Göttin, die besonders für den Schutz der Heranwachsenden – gerade auch der Mädchen – Sorge trägt. Sowohl Proitos als auch Melampus stiften ihr zum Dank Tempel. Die Beispiele von Niobe und Arachne zeigen jedoch auch mit schonungsloser Härte, was diejenigen erwartet, die die Grenzen ihrer Macht nicht kennen. Weil sie die Götter herausfordern, ereilt sie eine grässliche Strafe. Dass im Fall der Niobe die unschuldigen Kinder getötet werden, um die Frevlerin größtmöglich leiden zu lassen, erschien schon den antiken Menschen als ausgesprochen grausam.

Hybris ist weder typisch weiblich, noch typisch männlich, aber die Frevlerinnen sind Männern durchaus ebenbürtig. Auch andere Frauen fallen dadurch aus der Rolle, dass sie frauengemäßes Verhalten ins Ungeheure steigern, etwa die von uns so genannten »Heroinen der Frauentugend« (Kap. 18), aber diese geraten dabei nicht mit den Göttern in Konflikt. Niobe und Arachne hingegen wähnen sich mit ihren spezifisch weiblichen Fähigkeiten selbst den Göttern gewachsen und fordern sie heraus. Als Athena in Gestalt einer alten Frau Arachne rät, sich der Göttin unterzuordnen und demütig um Verzeihung zu bitten, da entgegnet ihr jene kühn (Ovid, *Metamorphosen* 6, 37 – 42):

Arm an Verstand, so kommst du daher, und geschwächt durch das Alter!
Wirklich, es schadet, zu lange zu leben! Der Tochter, der Schwieger-
tochter, sofern du sie hast, ihnen predige solches Geschwätze!
Ich – ich besitze des Rates genug. Du bilde dir nicht ein,
mich mit Erfolg zu belehren: mein Standpunkt ist immer derselbe!
Sage: Was kommt sie nicht selbst herbei? Was flieht sie den Wettstreit?

Übersetzung: H. Breitenbach.

Ein starkes Stück! So selbstbewusst tritt kaum ein Mann auf.   *F.S.K.*

IV. GRENZFÄLLE

21. Mänaden
Frauen in Ekstase

In der Umgebung des Dionysos werden weibliche Wesen wie Nymphen oder Mänaden bis in das späte 6. Jahrhundert v. Chr. gezeigt, wie sie im dionysischen Kreis tanzen, sich mit Satyrn der Liebe hingeben oder auch dem Gott als Mundschenk dienen[1]. Doch in der attisch rotfigurigen Vasenmalerei der 20er Jahre des Jahrhunderts ändert sich das Bild der Mänaden in verblüffender Weise, wie es hier die berühmte Spitzamphora des Kleophrades-Malers vor Augen führen kann, die um 500/490 v. Chr. bemalt wurde (Abb. 21.1–5): Der Gott des Weines, des

21.1–5 Dionysisches Treiben: Der Gott wird von tanzenden Mänaden und Satyrn umgeben, die musizieren oder Mänaden nachstellen. Attisch rotfigurige Spitzamphora des Kleophrades-Malers, um 500/490 v. Chr. (Kat. 89).

Theaters, der Ekstase schreitet sich umblickend inmitten eines Zuges von Satyrn
und Mänaden weit aus und hält in der
gesenkten Rechten sein typisches Trinkgerät, den Kantharos, in der erhobenen
Linken einen Weinstock, das Zeichen
seiner Macht (Abb. 21.1–2). Vor ihm
versucht ein höchst erregter Satyr mit
Halbglatze, bekränzt und ein Rehfell
über die Schulter gelegt, sich einer Mänade zu nähern – doch diese, ganz »starke
Frau«, dabei reichgewandet bis hin zu
einem Sakkos, einer Kopfhaube, wehrt
den Satyr mit der Hand ab und hat ihren
Thyrsosstab – das für Dionysos und seine Begleiter typische Attribut aus dem
Stamm des wilden Fenchels und einer
Efeubekränzung – bedrohlich platziert
(Abb. 21.3); die »blonde Mänade« daneben sieht dem Geschehen leicht aus-
schreitend ungerührt zu, ihr Thyrsos ist
nonchalant über die Schulter gelegt; über
ihrem Gewand trägt sie ein Rehfell und

21.6 Eine Mänade in eiligem Lauf, der ihren
dionysischen Taumel andeutet; sie trägt den
Thyrsosstab und hat eine Schlange um den Arm
geschlungen. Attisch rotfigurige Schale des späten
6. Jhs. v. Chr., bemalt vom Epeleios-Maler
(Kat. 90.)

um ihren linken Arm windet sich eine
Schlange. Die Blonde schreitet von einem
Satyr weg, der leicht nach vorne gebeugt
den Doppelaulos spielt, ein oboenartiges
Instrument mit zwei stets gleichzeitig
gespielten Röhren. Vor ihm tanzt denn
auch eine Mänade, wieder reich gewandet, die einen Thyrsos hält, und den Kopf
ekstatisch nach hinten wirft (Abb. 21.4).
Und es folgt eine Mänade, die ganz ähnlich wie Dionysos gestaltet ist – nach
vorne schreitend, sich umblickend –, erneut reich gewandet und noch mit der
Kopfhaube angetan; ihr nähert sich mit
geradezu bittender Geste ein sehr erregter Satyr, der ein Rehfell über der
Schulter trägt und an ihren Thyrsos greift.

21.7 Eine Mänade wehrt mit Hilfe einer Schlange
einen Satyr ab. Attisch rotfigurige Kanne um 470
v. Chr., bemalt vom Providence-Maler (Kat. 91).

21.8 Die Mänade der Abb. 21.7 mit ihrer
eindrucksvoll drohenden Schlange (Kat. 91).

Doch die Mänade entzieht sich, und auch
die um ihren Arm gewundene Schlange
scheint den Satyr abwehren zu wollen
(Abb. 21.5).

Die Spitzamphora des Kleophrades-
Malers ist eine der berühmtesten Wiedergaben des dionysischen Taumels, der
den Gott umgibt und von seinem Wirken
kündet. Die »starken Frauen«, als die die
Mänaden hier mit der Abwehr der Satyrn
und mit den wilden Tieren gezeigt werden, die sie wie die Schlangen mit sich
führen, oder wie die Rehe getötet haben,
begegnen mit mancher Variante aber
auch sonst in der attischen Vasenmalerei[2].

Mänaden, die Tiere zähmen und töten
Auf der Amphora des Kleophrades-Malers führen die Mänaden Schlangen mit
sich. Dasselbe Motiv begegnet auch auf
einer attisch rotfigurigen Schale des
späten 6. Jahrhunderts v.Chr., in deren
Tondo eine Mänade nach links eilt, die
sich nach hinten umblickt; in ihrer Linken hält sie einen Thyrsos, mit der Rechten packt sie eine Schlange am Hals, die
sich um ihren Arm windet (Abb. 21.6);
neben ihr findet sich die Inschrift »Epe-
leios ist schön«, ein in der attischen Vasenmalerei beliebter Preis der *jeunesse
dorée*, der mit dem jeweiligen Bild in keinem Zusammenhang stehen muss. Auch
auf einer attisch rotfigurigen Kanne, die
um 470 v. Chr. bemalt wurde, hält eine
fliehende Mänade einem Satyr eine
Schlange entgegen, der sie mit erhobener
Rechter verfolgt (Abb. 21.7–8)[3].

Mänaden werden aber auch mit anderen Tieren verbunden, wobei neben Re-
hen insbesondere eine Raubkatze beliebt
ist, die üblicherweise als Panther bezeichnet wird, ohne dass dies eine zoolo-
gische Festlegung meinen muss. Dass der
»Panther« und vor allem die Pantherin
dem Dionysos lieb war, wird in der antiken Literatur damit begründet, dass »sie
das hitzigste aller Lebewesen ist, kraftvollen Sprunges und doch ebenso voller
Zuneigung«[4]. Und so trägt denn auch
eine reich gewandete Mänade auf einem
prachtvollen attisch weißgrundigen Schalenbild des frühen 5. Jahrhunderts v. Chr.

einen kleinen Panther kopfüber vor sich her (Abb. 21.9), die noch dazu eine züngelnde Schlange um ihren Kopf gebunden hat; die nach rechts eilende und sich umblickende Mänade erinnert spiegelbildlich an die Mänade der Schale (Abb. 21.6). Sie wurde von einem der bedeutendsten Vasenmaler seiner Zeit, dem sogenannten Brygos-Maler, in einer Technik gestaltet, die die Zeichenkunst der attischen Vasenmaler besonders hervortreten lässt und hier wildes Einherstürmen in einer gleichwohl beherrscht wirkenden Pose vorführt. Auf der Außenseite der Schale erwehrt sich wieder eine Mänade mit einer Schlange eines Satyrn, die dazu einen Thyrsos schwingt (Abb. 21.10). Die wilde dionysische Ekstase gehört zum Wesen des dionysischen Thiasos, wie dies etwa Euripides in seinen 406 v. Chr. aufgeführten *Bakchen* schildert; hier sind die Frauen von Theben zu Mänaden geworden, die nun gerade aus dem Schlaf erwachen[5]:

> *Das Rehfell, dessen Spangen sie gelöst,*
> *Ward frisch gebunden, Schlangen*
> *züngelten*
> *Als Gürtel um der Hirsche bunten Pelz.*
> *Sie nahmen kleine Rehlein auf den Arm*
> *Und wilde Wölfchen, gaben ihnen Milch*
> *…*

Das idyllische Bild wird dann aber vom wilden Sturm der Mänaden abgelöst:

> *Da sah man manche Milchkuh mit*
> *Gebrüll*
> *Verenden in dem gnadenlosen Arm,*
> *Dort wurden Kälber gleicherweis*
> *zerstückt*
> *Und manche Rippe, manch gespaltner*
> *Huf*
> *Flog durch die Luft, verfing sich im Geäst*
> *Der Tannen, träufelte den blutgen Tau.*

Wie die Rehfelle auf manchen unserer Vasen schon gezeigt haben, werden Tiere von den Mänaden eben auch getötet. Dieses Schicksal kann sogar gefährliche Raubtiere wie den Wolf ereilen: So tragen zwei Mänaden auf einer attisch schwarzfigurigen Augenschale des spä-

21.9 Eine daherstürmende Mänade schwingt einen kleinen Panther; um ihren Kopf ist eine züngelnde Schlange gebunden. Weißgrundiges Innenbild einer Schale des Brygos-Malers, um 490/80 v. Chr. (Kat. 92).

21.10 Mänade erwehrt sich mit Hilfe einer Schlange eines zudringlichen Satyrs. Rotfiguriges Außenbild der Schale Abb. 21.9.

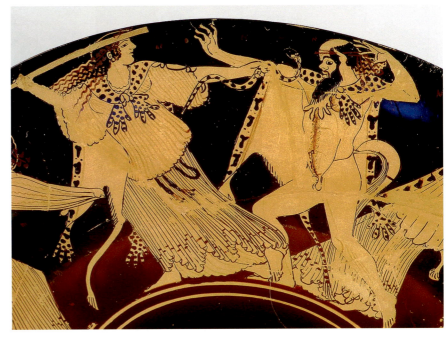

ten 6. Jahrhunderts v. Chr. ein Wolfsfell[6] (Abb. 21.11): Auf beide Seiten der Schale ist zwischen zwei große Augen eine nach rechts eilende und sich dabei umblickende Mänade gesetzt, die über dem langen Frauengewand ein Wolfsfell verknotet hat – dass es sich um einen Wolf und nicht etwa um einen Löwen handeln wird, zeigen vor allem die kleine Mähne und der lange Schwanz des Tieres. Ähnlich gefährlich können Mänaden aber auch den Satyrn werden.

Mänaden, die sich Satyrn verweigern
Die Mänaden folgen zusammen mit den Satyrn ihrem gemeinsamen Herrn, Dionysos (Abb. 21.1–5). Aber auf Vasenbildern treten sie häufig auch ohne den Weingott auf, jedoch fast immer zusammen mit den ausgelassenen, lüsternen Begleitern des Gottes. Diese Naturwesen haben in den hier gezeigten ausschließlich rotfigurigen Vasenbildern des späten 6. bis 4. Jahrhunderts v. Chr. äußerlich schon viel von ihrer Wildheit eingebüßt, sind stark vermenschlicht und dem männlichen Körperideal angeglichen. In der archaischen Bildkunst sind sie oft noch halb Mensch, halb Tier. Doch ihre Pferdebeine und Hufe haben sie nun ver-

21.11 *Mänade mit Wolfsfell. Attisch schwarzfigurige Augenschale um 530/520 v. Chr. (Kat. 93).*

loren, es bleiben Pferdeohren und Pferdeschwanz. Ihre derbe Sinnlichkeit verraten sie rein äußerlich auch noch an den unedlen Zügen, wulstiger Stirn, kräftigen Brauenwülsten und knolliger Stupsnase.

In unendlichen Variationen stellen die attischen Vasenmaler dar, wie die Satyrn

sich dem Wein hingeben oder aber – mindestens ebenso häufig – wie sie den Mänaden nachstellen[7]. Oft geht auch beides Hand in Hand. Die Mänaden erscheinen dabei immer als schöne Frauen – anders als die Satyrn sind sie nicht durch ein animalisches Äußeres entstellt. Während ihre männliche Begleiter oft grotesk wirken, wenn sie versuchen, die Mänaden durch ihren Tanz zu beeindrucken, bewegen sich die Mänaden fast immer elegant, wenn auch bisweilen für eine ›anständige‹ Frau zu heftig bewegt. Sie tragen auch dieselben Gewänder wie ›normale‹ Frauen, darüber jedoch häufig Tierfelle. Während diese sie als unzivilisierte Naturwesen erweisen, stehen das aufgelöste Haar und die Efeukränze für ihre rauschhafte Ergriffenheit von Dionysos. Solches Verhalten war ›normalen‹ Frauen nur im Rahmen kultischer Feste gestattet. Beim Lenäenfest durften die attischen Frauen an einem Tag im Jahr zu Mänaden werde. Nach antiker (männlicher) Auffassung kam dabei freilich auch eine charakteristisch weibliche Eigenschaft zum (geregelten) Ausdruck, nämlich ›Hysterie‹. In den Mänaden ist dieser Wesenszug dauerhaft verkörpert. Männern ist in der Antike – und darüber

21.12 *Eine Mänade wehrt einen zudringlichen Satyr ab. Innenbild einer attisch rotfigurigen Schale, bemalt von Makron, um 480 v. Chr. (Kat. 94).*

21.13 *Eine Mänade macht einem aufdringlichen Satyr ihre Ablehnung deutlich. Detail eines Außenbildes der Schale Abb. 21.12.*

21.14 Wie eine Lanze setzt eine Mänade ihren Thyrsosstab gegen einen Satyr ein. Das Kompositionsschema ist von Kampfdarstellungen bekannt. Attisch rot-figuriger Kelchkrater, um 350 v. Chr. (Kat. 95).

hinaus[8] – das deutliche Zeigen von Emotionen verboten, wie es etwa auch bei der extremen Form der weiblichen Totenklage zum Ausdruck kommt.

Die Mänaden wissen sich gegen die ständigen lüsternen Attacken ihrer Begleiter seit dem 6. Jahrhundert v. Chr. wirkungsvoll zur Wehr zu setzen. Dabei können sie auch Schlangen oder Panther einsetzen, um die zudringlichen Satyrn abzuwehren (Abb. 21.7 und 21.10). Als Waffe dient ihnen dabei meist der Thyrsosstab, ein an der Spitze mit Efeu umwickelter Riesenfenchel (Abb. 21.12 und 21.14). Häufig werden von den Vasenmalern Bewegungsmotive gewählt, die aus Kampf- oder Kampfsportdarstellungen bekannt sind; reale Waffen werden durch phantastische ersetzt. Schon durch ihre energische Gegenwehr sind die Mänaden für uns als ›starke‹ Frauen erkennbar (Abb. 12.13). Sie sind sexuell selbstbestimmt und ergeben sich nicht den männlichen Begierden. Doch sie sind deshalb nicht deren Feinde – beide dienen demselben Gott. Und obwohl sie ohne (Ehe-)Männer leben, sind sie deswegen doch keine Jungfrauen. Aber nur bei schlafenden Mänaden gelangen die Satyrn an ihr Ziel. Nicht aus Männerfeindlichkeit, sondern weil sie einem höheren Herrn, Dionysos, dienen, versagen sich die Mänaden den Satyrn.

Die Mänaden sind wie alle Naturdämonen wesenhaft stark, und ihre Stärke beziehen sie aus ihrem Dienst für den Weingott. Ekstatisch und des Gottes voll schwärmen sie tanzend mit ihm über die Berge und durch die Wälder. Wie die Satyrn sind sie gleichermaßen in einem Rausch, aber während ihre Ekstase allein dem Gott gilt, ist ihren derben Begleitern leicht anzusehen, dass neben dem Wein vor allem der Anblick der schönen Trabantinnen des Dionysos sie in Erregung versetzt – ihr Glied ist oft erigiert und sie greifen lüstern nach dem Gewand und den Brüsten (vgl. Abb. 21.3, 5, 12). Nie geben die Mänaden dem Werben nach, geradezu spielerisch wehren sie die wilden Männer ab. Ihre Beherrschtheit in der Ekstase lässt die Mänaden gegenüber den männlichen Satyrn deutlich als edel und überlegen erscheinen.

21.15   Rasende Mänaden: Die Dionysos-
Trabantin unten schwingt einen Knaben in der Luft.
Attisch rotfigurige Pyxis um 410/400 v. Chr.
London, British Museum.

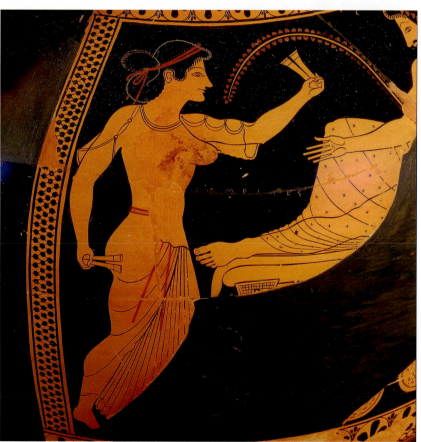

21.16   Wie eine Hetäre tanzt die Mänade
EUMELPES zum Rhythmus der Krotalen – einem
kastagnettenähnlichen Instrument – in ihren Händen
vor dem tafelnden Weingott. Detail von einer attisch
rotfigurigen Amphora, um 520 v. Chr., bemalt von
Psiax (Kat. 96).

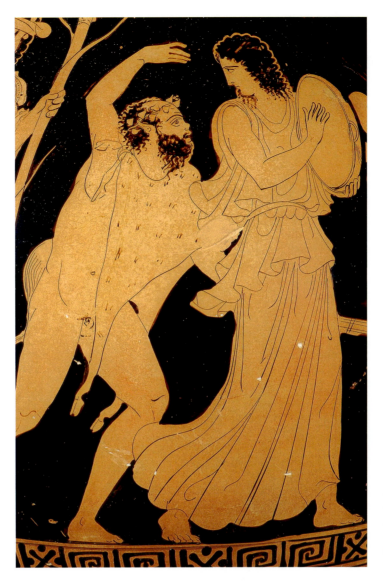

21.17 Geradezu harmlos erscheint
der Annäherungsversuch des Satyrs
gegenüber der Mänade, die auf dem
Tympanon spielt. Attisch rotfigurige
Pelike des Kleophon-Malers,
um 440 v. Chr. (Kat. 97).

Da sie nicht zu den Sterblichen gehören, sind die Mänaden generell stärker als Menschenfrauen. Obwohl sie ganz fraulich erscheinen, können sie auch bisweilen ein Verhalten an den Tag legen, das sonst nur Männern zukommt.

Dazu gehört etwa, dass Mänaden Tiere töten – wie oben beschrieben. Damit überschreiten sie bereits die ›normalen‹ Frauen gesetzten Grenzen. Die Pentheussage macht deutlich, dass sie auch die Stärke besitzen, Menschen, ja sogar Männer zu töten (Kap. 19). Die Vasenmaler stellen die Mörderinnen des frevlerischen Königs von Theben in einigen Fällen – z.B. auf dem apulischen Wassergefäß (Abb. 19.37) in der Antikensammlung – eindeutig als Mänaden dar[9]. Dagegen wird Pentheus in der literarischen Überlieferung von Thebanerinnen getötet, die der Gott in Raserei versetzt hat. Doch bei dieser Tat handeln die Mänaden im Auftrag des Dionysos. Ähnlich verhält es sich, wenn sie mit ihrem Herrn am Kampf der Olympischen Götter gegen die Giganten teilnehmen[10]. Normalerweise töten sie jedoch keine Menschen. Die geilen Satyrn – die gegen geltende Verhaltensnormen verstoßen – werden lediglich in ihre Schranken gewiesen. Bilder, die sie mit kleinen Kindern zeigen (Abb. 21.15) werden von manchen so gedeutet[11]. Doch es bleibt zweifelhaft, ob die Mänaden die Kinder anschließend zerreißen, wie sie das bei Tieren mehrfach deutlich erkennbar tun.

In einigen Fällen (Abb. 21.16) schlüpfen die Mänaden auch in die Rolle von Hetären – einer anderen starken ›Frauen-Klasse‹ (Kap. 23) – wenn sie Dionysos, der wie ein Zecher gelagert ist, musikalisch unterhalten. Anders als die Hetären verlieren sie jedoch auch dabei nie ihre Würde. Seit dem mittleren 5. Jahrhundert v. Chr. können Mänaden auch gleichsam als bürgerliche Frauen dargestellt werden. Die nun recht harmlos wirkenden Satyrn umschmeicheln sie eher wie ein ungeschickter Liebhaber, als dass sie ihnen noch aggressiv nachstellen (Abb. 21.17).

Alle wesentlichen Aspekte der Mänaden führt gemeinsam die Spitzamphora des Kleophrades-Malers vor Augen (Abb. 21.1 – 5): Ein Meisterwerk auch als Zeugnis für »Starke Frauen«.

F.S.K. / M.St.

22. Sappho und Alkaios

Es ist ein höchst eigenartiges Gefäß, das um 480/70 v. Chr. von einem der bekanntesten Vasenmaler seiner Zeit, dem sogenannten Brygos-Maler, bemalt worden ist (Abb. 22.1): Ein steil emporsteigendes Mischgefäß für Wein und Wasser beim Symposion, das oberhalb des Fußes eine röhrenförmige Ausgussöffnung aufweist, und für dessen Formgebung eindeutige Parallelen fehlen. Doch nicht viel weniger überraschend ist die Darstellung auf diesem Gefäß: Ein bärtiger Mann mit gesenktem Kopf in festlicher Tracht, der mit der Rechten in die Saiten einer Leier greift und in der Linken das Plektron, ein Stäbchen zum Anreißen der Saiten, hält. Ihm gegenüber steht eine Frau, sich halb abwendend, doch noch zu ihm blickend, ebenfalls Leier und Plektron haltend. Dass es sich in beiden Fällen um ein Barbiton, die beim Symposion verwendete Form der Leier, handelt, verweist auf eine musikalische Darbietung, die in diesen Bereich gehört. Noch deutlicher sind die Namensbeischriften, die zwei überaus berühmte Dichter der Insel Lesbos nennen: Alkaios und Sappho (vgl. Abb. 22.2). Dazu steht zwischen beiden »Dama(s) kalos«, »Damas ist schön« – eine der in der attischen Vasenmalerei verbreiteten ›Lieblingsinschriften‹, mit denen die allgemein bewunderten Knaben der *jeunesse dorée* Athens genannt werden.

Beide Dichter werden in der antiken Tradition um 600 v. Chr. angesetzt: Sappho wurde wie Alkaios auf Lesbos geboren und hatte zwei Brüder, Larichos und Charaxos, der wegen seiner Liaison mit einer ägyptischen Hetäre bekannt geworden ist, und eine Tochter Kleis. Sie gehörte zum Kanon der berühmtesten neun griechischen Dichter, doch ist sie vor allem auch deswegen besonders bekannt geworden, weil sie in Lesbos Mädchen oder junge Frauen um sich scharte. In der Tat scheint es sich hier um einen in erster Linie literarisch-musischen Kreis gehandelt zu haben, in dem insbesondere die Töchter des Adels unterrichtet wurden; darauf weisen auch zahlreiche Gedichte Sapphos zur Thematik der Hochzeit. Weiter enthalten die nur fragmentarisch erhaltenen Verse Hymnen an Aphrodite oder Gedichte über die Liebe; dabei gelingen Sappho immer wieder reizvolle Landschaftsdarstellungen (vgl. Kapitel 2) oder wie in einem fragmentarisch erhaltenen Werk feine Gestaltungen von Seelenzuständen[1]:

Scheinen will mir, dass er den Göttern
gleich ist,
jener Mann, der neben dir sitzt, dir nahe
auf den süßen Klang einer Stimme
lauscht und,
wie du voll Liebreiz

ihm entgegenlachst: doch, fürwahr, in
meiner

Brust hat dies die Ruhe geraubt dem
Herzen.
Wenn ich dich erblicke, geschiehts mit
einmal,
dass ich verstumme.

Denn bewegungslos liegt die Zunge,
feines
Feuer hat im Nu meine Haut durchrieselt,
mit den Augen sehe ich nichts, ein
Dröhnen
braust in den Ohren,

und der Schweiß bricht aus, mich befällt
ein Zittern
aller Glieder, bleicher als dürre Gräser
bin ich, dem Gestorbenensein kaum
mehr ferne
schein ich mir selber

Aber alles muss man ertragen, da
doch …

Berühmt ist der Kreis um Sappho freilich vor allem durch die oft traktierte Frage geworden, wie erotisch oder wie musisch die Atmosphäre dieser Mädchenschar aufzufassen ist – wer allerdings den Film »Mädchen in Uniform« mit Lilli Palmer, Romy Schneider und Therese Giehse kennt oder sich der erotischen Beziehungen im Kreis um Stefan George erinnert, weiß ohnehin, wie unscharf solche Grenzziehungen sein können[2]. Der Mädchen- und Frauenkreis auf Lesbos wurde in jedem Fall von einer auffallenden »starken Frau« begründet, deren Einfluss aber offenbar nicht erwünscht

22.1 Die Dichter Sappho und Alkaios vereint. Attisch rotfiguriges Mischgefäß für Wein, bemalt vom sogenannten Brygos-Maler, um 480/70 v. Chr. (Kat. 98).

war: Wie Alkaios ging auch Sappho ins Exil – sie nach Sizilien, er nach Ägypten. Bei Alkaios verwundert dies nicht, da er politisch aktiv war, und von ihm neben Liebes- und Symposionsweisen vor allem auch politische Verse erhalten sind, in denen er mit einer berühmt gewordenen Metapher die politischen Verhältnisse seines Gemeinwesens mit einem Schiff im Seesturm vergleicht[3]. Ganz andere Nöte sind aber wohl auf dem Gefäß des Brygos-Malers thematisiert.

Die Zusammenstellung von Alkaios und Sappho bringt einen prominenten Dichter und seine vermutlich noch berühmtere ›Konkurrentin‹ zusammen, die in der Antike als »zehnte Muse« gepriesen wurde[4]. Damit handelt es sich um eines der wenigen Bilder mit historischen Persönlichkeiten des frühen 5. Jahrhunderts v. Chr. Sappho erscheint dabei mit Namensbeischrift vom späten 6. Jahrhundert v. Chr. bis nach der Mitte des 5. Jahrhunderts v. Chr. auf noch zwei weiteren attischen Vasen[5]. Doch ist das Bild des Brygos-Malers vielleicht noch konkreter zu verstehen. Denn nach einer Ankedote, die in der *Rhetorik* des Aristoteles erhalten ist, soll Alkaios sich in Sappho verliebt haben, die jedoch seine Annäherung mit einem tadelnden Vers zurückwies; das Zitat findet sich in der Behandlung schändlicher Dinge[6]:

»… über die schändlichen Dinge nämlich schämt man sich, wenn man sie sagt, tut und beabsichtigt, wie auch Sappho auf die Äußerung des Alkaios:
›Ich will etwas sagen,
aber es hindert mich die Scham',
dichtend antwortete:
›Wenn du Sehnsucht nach Anständigem
oder Schönem hättest
und deine Zunge nicht Verwerfliches
aufrühren würde, um es zu sagen,
würde Scham nicht deine Augen angefüllt
haben,
sondern du hättest über Rechtes
gesprochen‹.«

Dieser Moment wurde auch auf dem Gefäß des Brygos-Malers erkannt: Wie die kleinen Kreise zeigen, die vom Mund des Alkaios ausgehen (Abb. 22.2), singt er. Doch Sappho, Alkaios zurückweisend, wendet sich ab. Ein verschmähter Liebender also, der von einer Kollegin zurückgewiesen und zurechtgewiesen wurde, die um die Schönheit und die Fallstricke der Liebe gleichermaßen wusste: Und in den zwei Figuren des Brygos-Malers ist das Geschehen als inneres Drama mit einer Kopfsenkung und einer abgewandten Körperhaltung gestaltet.

M.St.

22.2 Umzeichnung des Gefäßes Abb. 22.1 durch Karl Reichhold. Hier erkennt man die Namensbeischriften Alkaios und Sappho, aber auch die Kreise, die vom Mund des Alkaios ausgehen: Er singt.

23.1   Zwei Hetären beim Symposion, scheinbar allein. Sie schleudern den Weinrest auf ein Ziel, die linke sagt dabei: »Für Dich, schöner Euthymides«. Sind die Männer also doch anwesend? Attisches Wassergefäß vom Maler Phintias, um 510 v. Chr., München.

23. Hetären: Die Stärke ist nur ein Spiel

Wenn Männer tun, was Männer so tun, ist das nichts Besonderes. Doch wenn Frauen so auftreten, wie es sonst nur Männer tun, dann können wir sie meist schon deswegen zu den ›Starken Frauen‹ zählen. Dass Männer gleichen Standes einander als prinzipiell Gleiche behandeln, ist normal. Dass eine Frau sich aber wie eine Gleiche zwischen die Männern mischt, erweist sie als starke Frau. Das deutlichste Beispiel einer solchen Frau ist Atalante (Kap. 15); sie lebt unter Männern (sogar starken Männern, nämlich Helden), und nimmt erfolgreich an ihren Taten teil: Jagd, Abenteuerfahrt, Sportwettkämpfe. Solche Verhältnisse haben nur im Mythos Platz, und selbst da ist es nur möglich, solange die starke Frau keinen (Ehe-) Mann über sich hat.[1]

Wenn im folgenden versucht wird, einige Phänomene der Darstellung von Hetären zwischen 560 v. Chr. und 500 v. Chr. unter dem Aspekt der ›starken Frauen‹ zu betrachten, wird jeder, der die antiken Verhältnisse kennt, von vornherein skeptisch sein.[2] Missachten wir damit nicht schon als erstes unsere eigene Behauptung, dass es starke Frauen als Typus nur im Mythos gibt und nicht in der Wirklichkeit (Kap. 3)? Dagegen sei vorläufig und etwas spitzfindig gesagt: Wir betrachten hier Bilder, nicht die Wirklichkeit. Und ferner, und dazu bald mehr: Die Wirklichkeit des Hetärentums, auf die sich die Bilder beziehen, ist doppelbödig: ein Teil davon ist ein Spiel, das die Realität, auf der es fußt, auf den Kopf stellt. Die Figur der Hetäre ist, so sei vorweg behauptet, einer Verschiebung und Verkehrung der Realität zu verdanken, also einem Verfahren, das dem des Mythos nicht unähnlich ist.

Akzeptiert man, dass wir hier etwas betrachten, was man als Spiel, Fiktion, Phantasma, Utopie oder schönen Schein bezeichnen muss, dann stellt sich zuvor erst recht die Frage nach der Realität des Hetärenwesens. Und da wäre es wirklich blanker Hohn, Hetären als ›starke Frauen‹ zu bezeichnen. Denn wenn es das erste Kriterium einer starken Frau ist, dass sie Herr ihrer selbst ist, dann sind dies die Hetären am allerwenigsten.

Zunächst, was sind Hetären? Hetären sind Prostituierte. Allerdings nicht die billigen im Bordell für die Laufkundschaft. Sondern die teureren für die feine Herren, privatim oder fürs Symposion, das gemeinsame Trinkgelage der vornehmen Bürger: In diesem Milieu werden die Hetären meist dargestellt und zwar vor allem auf jenen Gefäßen, die bei solchen Symposien ihren Dienst taten. Gute Hetären waren nicht nur schön, sondern ausgebildete Künstlerinnen, in der sexuellen Bedienung von Männerwünschen, ebenso wie in allen andern Arten gesellschaftlicher Unterhaltungskunst, im Instrumentenspiel wie in der Stegreifdichtung (eine Ausbildung, die Geld gekostet hat). Sie werden, zumindest in Athen, oft gebildeter gewesen sein, als die jung geheirateten Ehefrau, die solche Künste, um Kinder zu gebären, auch nicht zu können brauchten.[3] Dies und die Fälle, dass einzelne Hetären zu Ruhm, Reichtum und als Mätressen großer Männer zu Einfluss gekommen sind, hat in der Moderne zu einer gewissen Glorifizierung des Hetärentums geführt. Wir kümmern uns hier nicht um die anekdotenumrankten Einzelfälle, sondern um den gesellschaftlichen Typus (in seiner Darstellung im Bild).

Über den sozialen Rahmen, innerhalb dessen der Hetärenberuf ausgeübt werden konnte, wissen wir zumindest für das 6. Jahrhundert v. Chr., das uns hier interessiert, nicht viel. Man muss sich aber klar sein, dass in der Regel eine Hetäre in einer fatalen Weise eine ›Frau ohne Mann‹ war, – sonst Voraussetzung für die selbständige, ›starke Frauen‹. Für einen bürgerlichen Mann wäre sie als Ehefrau gar nicht in Frage gekommen. Sie gehörte nicht einer niederen Bürger-Klasse an, sie stand unterhalb, genauer außerhalb der bürgerlichen Klassenordnung. Diese ›Freiheit‹ war die Voraussetzung, dass sie beliebig Männern gegen Geld sich vermieten konnte, – oder vermietet werden konnte. Denn häufig war sie Besitz, also Sklavin, eines Unternehmers, der Geld in ihren Kauf und ihre Ausbildung gesteckt hat, und nun Gewinn daraus ziehen wollte. Auch als Freigelassene oder Zugereiste wurde sie nicht bürgerlich. In vielen griechischen Staaten waren Frauen gar nicht besitz- und rechtsfähig, schon deshalb brauchten Hetären einen Patron; zumindest konnte sie auf eigenen Namen keinen Grund- und Hausbesitz erwerben.

23.2 *Rauschfest nach dem Gelage:*
Zecher und Hetären.
Attische Amphore, um 560 v. Chr., München.

Die Tätigkeit der Hetäre war für die Frauen bezahlte Arbeit, für die Männer zu bezahlender Luxus (und als solcher war die Sache auf den Vasen fürs bessere Publikum darstellenswert). Der Unterschied, die Ungleichheit, das Gefälle zwischen Kunde und Hetäre ist krass, wenn auch nicht so wie zwischen Herr und Sklave: War der Dienst geleistet, für den der Lohn ausgemacht war, war die Hetäre ›frei‹ (wenn auch nicht frei von ihrem eventuellen Besitzer). Und das war die Hetäre sozial-politisch gesehen im besten Fall: freie Lohnarbeiterin, die sich selbst verdingt, oder anders: Unternehmerin ihrer selbst (aber sie konnte, immerhin, im Einzelfall im Gegensatz zum normalen Lohnarbeiter reich werden).

Die sexuelle Arbeit der Hetäre wird in der Vasenkunst gezeigt. In der frühen Darstellung um 560 v. Chr. (Abb. 23.2) sehen wir Männer und Hetären im Komos, dem Tanzfest der Zecher, das sich an das Symposion anschließen konnte. Männer und Frauen tanzen und finden sich zu Kopulationen zusammen. Die Männer sind immer nackt, die Frauen nackt oder in jenem kurzen (Männer-)Gewand, das bürgerliche Frauen nie tragen, jedoch Amazonen oder die Jägerin Atalante: Frauen, die sich stärker bewegen als Hausfrauen, und zwar auf ›eigene Rechnung‹. Das gilt nun für die Hetären nicht; der antike Betrachter wusste, dass die Männer für ihr Vergnügen bezahlen, die Frauen für ihre Arbeit bezahlt werden. Das Bild sagt nichts davon, Männer wie Frauen erscheinen gleichermaßen beschwingt und sexbegeistert. Einen kleinen Hinweis gibt immerhin die Gruppe links von der Mitte. Ein Mann ist von hinten auf die Partnerin gesprungen, sie wendet ihr Gesicht freundlich zu ihm zurück (was so übrigens nur im Bild möglich ist). Sie trägt den Mann, ist also kein schwaches Weib; man könnte sogar einen Rollentausch vermuten, denn sonst in solchen Szenen trägt natürlich der Mann die Frau (wie bei der Gruppe ganz links); doch genauer überlegt, sieht man hier doch, wer Ross und wer Reiter ist! Eindeutiger spricht die spätere Darstellung Abb. 23.3, um 490 v. Chr.[4] Hier steht die Hetäre auf allen Vieren, wirklich wie ein Pferd oder ein Möbel, ein Mann greift sie sich von hinten, der andere von vorn; unser Bild bleibt dezent, der Betrachter wusste, wie die Hetäre beide Kunden gleichzeitig bedienen konnte. Solche Bilder kommen seit 510 v. Chr. zu den schöneren und lustigeren hinzu, die es weiterhin gibt. Hier wird zweifellos etwas von der krassen Realität der Hetärenarbeit gezeigt. Man ist vielleicht bestürzt, dass hier wie bei keinem anderen Milieu Verfügbarkeit und Untertänigkeit eines Menschen mit solcher Selbstverständlichkeit dargestellt werden kann; fast nie werden Sklaven (oder Arbeiter) im

23.3 *Hetäre bei der Arbeit. Attische Trinkschale,*
um 490 v. Chr., Basel.

23.4 *Männer bei Mahl und Gelage: auf einer Liege haben Zweie Platz. Korinthischer Mischkessel, um 590 v. Chr., Paris.*

Bild ähnlich erniedrigt gezeigt. Aber natürlich sind solche Handlungen Bestandteil des ausgemachten Geschäfts, keine persönlich gemeinte Demütigung. Jedenfalls wird diese Seite der Realität dargestellt, und um so interessanter sind vor diesem Hintergrund die Bilder, die wir im folgenden betrachten.

Hetären beim Symposion: ›Gefährtinnen‹

Das Symposion, das gemeinsame Trinkgelage (nach dem gemeinsamen Speißen) war in der griechischen Kultur die schönste Form vornehmer Männergeselligkeit. Zumindest im griechischen Mutterland waren die Ehefrauen nicht dabei. Das hat mit der Anwesenheit ›fremder‹ Männer zu tun. Denn bei dem privaten Hausher-

renmal zeigen die Bilder die Ehefrau immer anwesend, wenn auch nicht mittafelnd und trinkend, sondern neben dem auf dem Speisebett liegenden Gatten vornehm auf einem Lehnstuhl sitzend. Beim Symposion jedoch lud der Hausherr Freunde gleichen Standes ein, und es wäre offenbar ganz inakzeptabel gewesen, wenn jeder seine Ehefrau mitgebracht hätte.

Die Ehefrau erweist sich hier wiedereinmal als behüteter Privatbesitz ihres Gatten, sie ist ihm untergeordnet, sie kann nicht gleichberechtigt aktiv werden; die Freunde ihres Mannes sind nicht ihre Freunde, sie hat keine männlichen Freunde außer in der Verwandschaft. Die Ehefrau ist gesellschaftsfähig insofern,

als nur sie ihrem Mann ebenbürtige Kinder gebären kann. Doch ist sie sozusagen nicht gesellichkeitsfähig, nichteinmal in der begrenzten und handverlesenen Öffentlichkeit eines Symposions. Und hier setzt nun die Aufgabe der Hetäre ein: Sie ist nicht gesellschaftsfähig, und eben darum gesellichkeitsfähig.

Die Liege, auf der man beim Symposion mit aufgestütztem Oberkörper lag, hatte Platz für Zwei. Auf dem Weinmischkessel Abb. 23.4 sehen wir ein familiäres Mahl zu Ehren eines Gastes (nämlich des Herakles, aber die Geschichte interessiert hier nicht). Rechts ein Einzelner auf der Liege, links der Vater mit einem seiner Söhne. Bei einem Freundschaftsymposion wären es die eingela-

23.5 *Männer und Hetären beim Symposion, die Hetären nackt unterm Mantel wie Männer. An der Wand Leier und Flöte im Futteral. Attische Amphore, um 560 v. Chr., Omaha.*

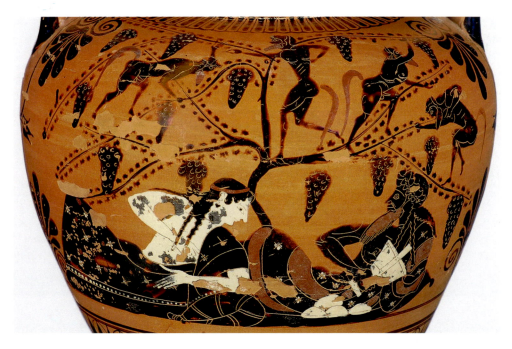

23.6 Dionysos mit seiner Frau Ariadne unterm Rebstock gelagert: Fast wie Zecher und Hetäre. Attische Amphore, um 530 v. Chr.

denen Genossen, oft paarweise ein Älterer und ein Jüngerer. Man beachte die Trinkschalen in der Hand und auf dem Tisch und die Jagdhunde, die zu solchen Männern gehören und die hier die heruntergefallenen Brocken aufnehmen. Im Bild Abb. 23.5 sehen wir nun ein normales Symposion mit Hetären, paarweise Mann und Frau gemeinsam auf einer Liege, auch der Hund des Männermilieus gehört wieder dazu. Zwei Frauen tragen den Oberkörper nackt (wie der Mann rechts), die Frau links hat wie die andern beiden Männer den Mantel um die linke Schulter drapiert, auch ihr Oberkörper ist nackt, wie bei den Männern, – aber wie nie bei anständigen Frauen! Die Hetären erscheinen hier zunächsteinmal fast wie

sonst die männlichen Genossen, allerdings wird die linke Hetäre von ihrem Partner liebkost, eine Geste, die beim reinen Männersymposion nicht vorkommt. Doppeldeutig sind Lyra und Flötenfutural an der Wand, denn die Männer waren als Dilettanten, die Hetären als Professionelle fähig, beim Symposion Musik zu machen und Lieder vorzutragen. Von Sex ist hier nicht die Rede, aber die Männer im Bild und die Betrachter des Bildes wussten, was sich anschließen wird, siehe Abb. 23.2. Abgesehen von dieser (in der Liebkosung angedeuteten) Perspektive, spielen die Hetären die Rolle von Symposion-Genossen, also von Männern, in ›Auftreten‹ und Bekleidung. Und das Spiel ist darum so reizvoll für

die Männer, weil die Gefährten Frauen sind und alles ganz anderes ist, als es scheint: sie sind nicht gleich, sondern die Männer sind ihre Herren.

Hier ist die richtige Stelle, auf das Wort ›hetaira‹ einzugehen. Es begegnet zum erstenmal bei dem Geschichtsschreiber Herodot (um 440 v. Chr.), es wird älter sein. Es heißt etwa ›Gefährtin‹, ›Genossin‹; das männliche Äquivalent ›hetairos‹ hat einen hohen Klang; eine ›hetairia‹ meint eine Verbindung vornehmer Genossen gleicher Herkunft oder gemeinsamer politischer Interessen. Natürlich ist die ›Hetäre‹ keine Ebenbürtige, die Bezeichnung ändert nichts an ihrer sozialen Inferiorität, es bezeichnet das Spiel, das sie zu spielen hat.

23.7 Bildidealität: Männer werben um schöne Knaben und Hetären. Der Speer erweist den Knaben als Mann von Stand; die Hetäre wird ihm gleich gestellt. Attische Trinkschale, um 540 v. Chr., Paris.

Da die Hetären Frauen sind und weil sie so gesittet daliegen, hat man auch davon gesprochen, dass sie den »Part einer Ersatzfrau« spielen: Ersatz für die standesgemäße, ebenbürtige Frau, die nicht teilnehmen darf … Das mag eine ganz fern anklingende utopische Nuance gewesen sein, die ich hier nur deshalb zu erwähnen wage, weil es Bilder wie Abb. 23.6 gibt. Denn hier wird die symposiastische Hetärenikonographie tatsächlich auf ein eheliches Gelage übertragen. Unter einem Rebstock mythischen Ausmaßes (in dem Satyrn herumsteigen und so tun, als würden sie Trauben jagen) liegt groß in Zecherhaltung der Weingott Dionysos, mit dem Kantharos in der Hand und einem Teller weißer Brote neben sich. Dabei ist seine Frau Ariadne, in Position und Haltung wie nur ein Mann oder eine Hetäre: liegend, mit dem Mantel über der linken Schulter, mit bloßem Oberkörper. Nichts unterscheidet sie von einer Hetäre – nur der Kontext ist anders. Es ist hier kein Symposion unter Genossen gemeint, das Götterpaar ist ganz für sich, im mythischen Draußen, das sein Zuhause ist. Trotzdem ist Ariadnes Verhalten erstaunlich, denn bei der Situation des normalen ›Hausherrenmahls‹ (das hier ungefähr gemeint sein könnte), sitzt die Gattin neben dem liegenden Gatten. Dionysos, der Gott des Weines, ist, so wie er sich hier im Bild gibt, zweifellos als Urbild für die Sitte, im Liegen zu trinken, zu verstehen.[5] Und hier, so könnte man sagen, nimmt sich Ariadne den Gatten und Gott als erste zum Vorbild. Doch damit zeigt sie sich ihrem Gatten so ebenbürtig, wie es in der gesellschaftlichen Wirklichkeit die Ehegattin nicht zeigen durfte, und wie es die Hetäre nur spielen konnte!

Wenn man davon ausgeht, dass der Hetärendienst ein (bezahltes) Spiel ist, und die Bildkunst mit ihren Möglichkeiten das Spiel idealisiert, indem sie es verdoppelt, mag man auch Bilder besser verstehen, für die ein realer Hintergrund fraglich ist. Seit 510 v. Chr. kommen in den Bildern Szenen vor, die Hetären beim Symposion zeigen – ohne Männer, unter sich. Da es die reinen Männernympo-

23.8 Hetäre. Nackt, aktiv, eine Blüte genießend wie eine Dame, mit dem Hund spielend wie ein Mann. Attische Amphore, um 530 v. Chr., Paris.

sien weiterhin gab, erwecken diese Bilder den Anschein, als organisierten sich die Hetären nun genauso vornehm und selbstbestimmt zu Symposien wie – ihre Kunden. Man muss dazu noch wissen, dass die Hetären bei den echten Symposien fast nie trinkend oder auch nur mit einem Gefäß in der Hand dargestellt werden.[6] In diesen Bildern trinken sie endlich selber den Wein! Wenn dem in der Realität so gewesen wäre, dann wäre dies wiederum ein Spiel gewesen, das die Vasen nur zum Amusement der vornehmen Gesellschaft in ihre Bildwelt aufgenommen hätten.[7] Das Hetären-Symposion der Bilder, könnte aber auch gleich eine Bildfiktion sein, eine witzige, die die Männer zum Lachen brachte (›bezahlen die sich jetzt selbst?‹). Entscheiden lässt sich dies, soweit ich sehe, nicht.

Unser Bild Abb. 23.1 zeigt eine fülligere, ruhigere, wohl ältere Hetäre und eine schlankere, quickere Freundin, also so wie beim reinen Männersymposion oft ein älterer und ein jüngerer Mann auf einer Liege plaziert waren.[8] Beide schwingen ihre Trinkbecher am Henkel, so wie

man es machen musste beim ›Kottabosspiel‹, wo man die Weinneige auf eine auf einem Stab balancierte Metallscheibe schleudern musste, um sie mit Scheppern zu Fall zu bringen. Ein Kunst- und Glückswurf, den die vordere Hetäre einem Manne widmet; der Maler hat ihre Worte beigeschrieben: »Für dich schöner Euthymides!« Sie verhalten sich also so, als ob doch Männer anwesend wären. [9] Falls das Bild darstellen wollte, dass Hetären starken Frauen mimen, indem sie sich wie die Männer zu eigenen Symposien gesellen, wird hier gleich klargestellt, dass ihre Gedanken dann doch – bei den Männern (und Kunden) sind.

Hetären, so frei wie schöne Knaben

Ein Mann von Stand und einigem Reichtum im 6. Jahrhundert v. Chr. hatte zu Hause natürlich eine Ehefrau, aus gutem Hause und wohlbehütet, die ihm legitime Kinder gebären sollte. Soweit zu seiner Pflicht als Bürger. Doch in Sachen Liebe hatte er außer Haus sein Renomée zu pflegen, unabhängig von der privaten Orientierung: Er hatte sich sowohl um schöne Hetären, wie um schöne Knaben zu kümmern. Zwischen beiden gab es einen entscheidenden sozialen Unterschied. Die Hetären sind, es sei nochmal wiederholt, unebenbürtig, außerhalb der bürgerlichen Ordnung und sie vermieten sich für Geld, es kam nur auf den Preis an, den man zahlen konnte. Anders bei der Liebe zu Knaben. Sicher gab es auch käufliche, außerhalb jeder Bürgerehre, eventuell ein eigener Sklave. Aber standesgemäß und schick für einen Bürger war nur die Bemühung um freigeborene, ebenbürtige Knaben des eigenen Standes. Hier kam es auf die Persönlichkeit des Liebhabers an, sein Ansehen, sein Auftreten, sein Geschick, ein Gespräch zu führen, seinen Charme. Kurz hier hieß es werben, um zu gewinnen, und nicht nur bezahlen, wie bei der Hetäre. Geschenke allerdings waren erlaubt.

Die Trinkschale Abb. 23.7 steht dem Hetärensymposion Abb. 23.5, das die Hetären wie Ebenbürtige der Männer darstellt, nicht zufällig zeitlich noch nahe. Der umlaufende Bildfries stellt die

Werbung von Männern um schöne Knaben und schöne Hetären in abwechselnder Reihe nebeneinander, als wäre beides die gleiche Sache und zwar auf gleich hoher Stufe! Der werbende bärtige Mann (in sportlicher Kurzhaarfrisur) steht mit einem Tier als Geschenk jeweils dem / der Umworbenen gegenüber. Die Knaben sind deutlich kleiner, sie sind ja noch nicht erwachsen. Aber auch die Hetären sind nur so groß wie die Knaben; das ist auffällig, denn sonst macht die Vasenkunst Männer und Frauen in der Regel gleich groß. Alle sind nackt, bei den Männern nichts Besonderes, sei es realistisch oder nicht. Aber eine Frau, nackt unter Männern, ist keine Bürgerin, sondern eine Hure. Doch das Bild tut alles, was in seiner Macht steht, um Knabe und Hetäre so gleich wie möglich erscheinen zu lassen – nur ihre in Männerdunkel und Frauenweiß geschiedene Körperlichkeit bleibt unüberbrückbar. Beide tragen langes, durch Bänder gefasstes Haar. Beide stehen im gleichen aktiven Schritt – wenn auch nicht so offensiv wie die werbenden Männer. Am erstaunlichsten ist die Gleichheit im Körperbau (wenn man vom Glied absieht), Mann wie Frau haben die gleiche Brust. Beide tragen in der Linken einen Kranz. Erst dann kommen die Unterschiede. Der Knabe hält einen Speer, Ausweis seiner Kriegsfähigkeit und seines Bürgerstandes. Der Werbende überreicht ihm hier einen Hasen, an anderer Stelle sogar einen lebenden Hirsch: damit wird auf die männliche und prestigeträchtige Tätigkeit der Jagd angespielt. Die Hetäre ist mit Halsband und Ohrring geschmückt und ergözt sich an einer Blüte. Und sinnig bietet ihr der Werbende eine Henne.

Der hohe Stand des umworbenen Knaben ist durch seinen Speer verdeutlicht, die Hetäre gleicht ihm im selbstbestimmten Auftreten so sehr, dass man beinahe ihre Nacktheit so selbstverständlich nimmt wie die der Männer. Es wird so getan, als ob die Frau genauso frei über sich verfügen könne wie ein Mann, und dass um sie genauso geworben werden könne und müsse wie um einen Knaben. So männergleich wie hier Hetären dargestellt sind, erfüllen sie fast das Bild der Starken Frau. Fast: denn sie werden Knaben, nicht erwachsenen Männern gleichgestellt, und: anders als der Mythos ist das Bild doch nicht ganz eine Welt für sich, das Wissen des Betrachters über die Wirklichkeit kann das Bild nicht anullieren.

Zum Schluss das Bild einer Hetäre, wie bei sich zu Haus, aber natürlich ganz für den Betrachter des Bildes gemacht: Nackt, in freiem Schritt, ergözt sie sich als Dame vornehm am Duft einer Blüte und spielt zugleich mit ihrem munteren Jagdhund, indem sie ihm ein Leckerbissen gibt, wie je nur ein Mann, – oder die Jägerin Atalante (Abb. 15.25) oder die Amazonen (Abb. 5.24; 6.11a)!

Als quasimännliche Gefährtin des Mannes und als hyperweibliche Sexgespielin tritt die Hetäre in relativer Öffentlichkeit als selbstbestimmte, männergleich starke Frau in einer Weise auf, wie es der bürgerlichen Frau nicht anstünde. Die Hetäre kann diese Rolle spielen, weil sie gesellschaftlich unterhalb jeder Position steht, wo ein solches Verhalten ernstzunehmen wäre. Ihre Schwäche ist ihre Stärke, – ein schwacher Trost. Die Bilder, vor allem die des 6. Jahrhunderts v. Chr., nahmen dieses (von den Männern gewünschte und bezahlte) Rollenspiel auf und gaben den schönen Schein der Kunst noch dazu!

B.K.

24. »Herrisch wie eine Amazonenkönigin«. Die Figur der Amazone im historischen Wandel

Ich sage Dir, sobald ich wieder die Nase hinaus stecken kann, werde ich Eure Froschgesellschaft jagen und hetzen mit Trompetenschall, Peitschengeknall und Bluthunden, – wie Penthesilea wollte ich sagen, aber Ihr seid bei Gott kein Achilleus«, schrieb Rosa Luxemburg 1916 aus dem Gefängnis an ihre Freundin Mathilde Wurm, begierig sich wieder in den politischen Tageskampf zu werfen, in dem sie ebenso wie ihr antikes Vorbild den Tod finden sollte.[1] »Schön wie eine Kriegsgöttin und herrisch wie eine Amazonenkönigin« soll Erika Mann aufgetreten sein, als sie gegen Ende des Zweiten Weltkriegs in amerikanischer Uniform ins zerstörte Deutschland kam.[2] »Sie war mitreißend, eine Amazone, eine Artemis«, erinnert sich der Reformpädagoge Hartmut von Hentig an die junge Marion Gräfin Dönhoff, als diese noch als Comtesse auf Schloß Friedrichstein in Ostpreußen residierte.[3]

Wann immer Frauen ihre gesellschaftlich vorgegebene Rolle verlassen und Grenzüberschreitungen in die Sphäre der Männer vornehmen, Rosa Luxemburg als Revolutionärin, Erika Mann als Kriegsberichterstatterin, Marion Gräfin Dönhoff als Herausgeberin einer renommierten Wochenzeitschrift, wurde und wird auf das Bild der Amazone Bezug genommen. Amazonen geben positive wie negative Identifikationsfiguren ab, fungieren als Vorbilder und Feindbilder zugleich,

nicht nur aus männlicher, sondern auch aus weiblicher Sicht. Die hohe Identifikationskraft, die von den kriegerischen Frauen ausgeht, wusste schon Sir Walter Raleigh zu nutzen, als er Elisabeth I. mit dem Hinweis auf den Widerstand, den südamerikanische Amazonenvölker den Spaniern entgegen gebracht hatten, zur Ausrüstung einer eigenen Expedition nach Guayana animierte.[4] Als oberste Kriegsherrin einer Flotte betrachtete er die englische Königin den Amazonen ebenbürtig. Die Verfasserin einer antiemanzipatorischen Streitschrift gegen das Frauenwahlrecht dagegen nutzte um 1900 die Amazonenerzählung als Warnung vor dem Verlust der Weiblichkeit, indem sie den Kampf der mit Feder und Griffel bewaffneten Streiterinnen um das Frauenwahlrecht als »Amazonenschlacht« desavouierte.[5] Vor »den Penthesileas dieser Welt, vor ihrer verzweifelten Egozentrik« meinte noch nahezu hundert Jahre später ein Leserbriefschreiber in Reaktion auf einen Artikel des Spiegels zur Frage »Sind Frauen klüger?« warnen zu müssen.[6]

In der langen Geschichte der Antikenrezeption haben die Amazonen einen ebenso prominenten wie umstrittenen Platz. Mittelalterliche Stadtchroniken berichten von erfolgreichen Abwehrkämpfen gegen feindliche Amazonenheere.[7] Frühneuzeitliche Herrscherinnen ließen sich stolz als Amazonen darstellen.[8]

Zahlreiche Dichter, von mittelalterlichen Minnesängern bis zu modernen Dramatikern, haben sich der Figur der Amazone angenommen.[9] Auch in Christine de Pizans »Stadt der Frauen« aus dem frühen 15. Jahrhundert, einem Lesebuch für Frauen, das sich aus der antiken Mythologie und biblischen Erzählungen speist, fehlen die Amazonen nicht.[10] In enger Anlehnung an antike Erzählungen schildert die Venezianerin aus gelehrtem Hause, die im Umkreis des französischen Königshofes aufwuchs und zeitweise ihren Lebensunterhalt mit dem Abschreiben fremder Werke verdiente, die Taten vor allem königlicher Amazonen wie Penthesileia oder Tamaris, denen ihre ganze Bewunderung gilt. Pizans Amazonen haben eine edle Gesinnung und zeichnen sich durch große Tapferkeit aus; kein Reich, so preist sie am Schluß, habe länger Bestand gehabt als das der Amazonen.[11] Für den Naturforscher Alexander von Humboldt gehört die antike Amazonensage gar zu den »Träumereien und Ideen, in welchem die dichterische und religiöse Einbildung sämtlicher Menschenrassen und aller Zeitalter sich herumbewegt.«[12]

Wer nach Amazonen sucht, findet sie an den Grenzen der bekannten Welt, sei es in räumlicher, sei es in normativer Hinsicht. Seit der Antike gehört die zeitliche und räumliche Randständigkeit zu den Merkmalen der Amazonenvorstellung.

Wer immer von den antiken über die kriegerischen Frauen berichtet, hat sie nie von Angesicht zu Angesicht gesehen, sondern weiß von ihnen nur vom Hörensagen, vom Weitererzählen. Zeitlich angesiedelt wurden die Taten der Amazonen in einer heroischen Vorzeit schon vor Beginn des Trojanischen Krieges, doch greifen sie mit Penthesilea im 10. Jahr des Krieges auf Seiten der Trojaner ein; räumlich verortet wurden sie an den Randzonen der damals bekannten Welt, an den Küsten des Schwarzen Meeres in Erzählungen der archaischen und klassischen Zeit, an der Peripherie des libyschen Kontinents in der römischen Kaiserzeit.[13] In den antiken Erzählungen sind es stets jene Heroen, die für die Erforschung und Eroberung unbekannter Räume stehen, denen die Begegnung mit Amazonen nachgesagt wird. Herakles, der Heros der Zwölf Taten, durchschreitet bei der Erfüllung seiner Aufgaben im Dienst des mykenischen Königs Eurystheus den gesamten Kosmos der antiken Welt und gelangt dabei auch zu den Amazonen am Schwarzen Meer, deren Königin er den Gürtel raubt.[14] Theseus, der attische Kulturheros, der den Raum sicher passierbar macht, indem er ihn von Wegelagern befreit, holt sich vom Schwarzen Meer eine Amazone als Ehegefährtin.[15] Auch in der Vita des Prototypus des Welteroberers, Alexander des Großen, darf eine Begegnung mit Amazonen nicht fehlen. Hier sind es in Umkehrung zu den mythischen Helden die Amazonen selbst, die eine weite Reise zu Alexanders Heerlager nicht scheuen, weil ihre Königin den Helden als Beischläfer begehrt (vgl. Kap. 14).[16] Römische Feldherren stießen auf ihren Kriegszügen an der Peripherie ihres Weltreiches ebenfalls auf Amazonen. Unter den Kriegsgefangenen des Zuges Kaiser Aurelians gegen die Goten, der ihn im Jahre 271 n. Chr. jenseits der Donau führte, befanden sich nicht nur der Gotenkönig selbst, sondern auch zehn Frauen, »die Aurelian, als sie in Männertracht unter den Goten kämpften, gefangen genommen hatte, nachdem viele getötet worden waren, und die eine Tafel als vom Stamm der Amazonen be-

zeichnete.«[17] Dringen Amazonen in das Zentrum der bekannten Welt vor wie das Frauenheer, das den Athenern mitten in ihrer Stadt eine Schlacht liefert, so bleiben sie dort nie auf Dauer. Nur ihre Gräber sind gegenwärtig, an denen sie wie die männlichen Heroen verehrt wurden.[18]

Angesiedelt an den Grenzen der bewohnten Welt ist den antiken Amazonen eine weitere Grenzziehung wesensimmanent: Die Grenze zwischen Leben und Tod. In dieser Hinsicht sind sie den Heroen gleich, mit denen sie kämpfen und an deren Grab- und Kultbauten sie dargestellt wurden.[19] Der Tod, den die Amazone im Zweikampf mit den Heroen findet, entspricht dem Tod des männlichen Kriegers in der Schlacht, der dauerhaften Ruhm gewährt. Keine Amazone, die auf dem Schlachtfeld stirbt, wird negativ dargestellt und keine von ihnen ist jemals alt – ganz anders als sie ein neuzeitlicher Karikaturist wie Honoré Daumier in seinen Kalenderblättern »Les Bas Bleus« (Die Blaustrümpfe) zeichnet, in denen eine fettleibige Amazonenkönigin auftritt, die ihren Kriegerinnen beim Zureiten der Pferde zusieht.[20] Antike Amazonen stehen wie Götter und Heroen stets in der Blüte ihrer Jahre. In vielen antiken Amazonenerzählungen sind es nur die jungen, unverheirateten Frauen, die *parthénoi* bzw. *virgines*, die dem Geschäft des Krieges nachgehen.[21] Auch wenn sie als Gegnerinnen griechischer Heroen und Heere auftreten, besitzen ihre Taten doch paradigmatischen Charakter. Dargestellt auf Symposionsgeschirr, an Götterstatuen, an Tempelwänden und – in der römischen Kaiserzeit (meist 2. Jh.) – auch auf Sarkophagen, geben sie Einblick in den jeweiligen kriegerischen Wertekanon ihrer Zeit.[22]

Diese (lebens)zeitliche wie räumliche Randständigkeit bleibt ein Muster der Amazonenerzählung auch in nachantiken Zeugnissen. Das Reich der Amazonen beginnt im Mittelalter da, wo sich die Handelswege der Araber ins Imaginäre verlieren. Adam von Bremen (11. Jh. n. Chr.) spürt sie in der Ostsee an den Küsten des Baltischen Meeres auf: »Auch

sollen an den Küsten des Baltischen Meeres Amazonen in dem Lande wohnen, das jetzt terra feminarum heißt. Einige behaupten, daß sie durch Wassertrinken geschwängert werden. Andere dagegen erzählen, daß sie von den gelegentlichen dorthin kommenden Handelsleuten oder von Gefangenen, die sie bei sich haben, oder von Ungeheuern, die dortzulande nicht selten sind, empfangen, und dies kommt uns glaubhaft vor. Die Kinder werden, wenn sie männlichen Geschlechts sind, Hundsköpfe, aus den weiblichen aber werden die schönsten Mädchen«.[23] Für chinesische Autoren des 7. nachchristlichen Jahrhunderts breitet sich das Reich der Amazonen im Südwesten von Byzanz aus. Der Chinese Hüan-tsang bereichert die Sage um eine Variante, die wie ein Motiv seiner eigenen Reisen klingt. Die Amazonen erweisen sich nicht nur als kriegerisch und männerlos, sondern auch als Besitzerinnen begehrter Kleinodien. »Auf einer Insel im Südwesten des Königreichs Folin (= Byzanz) findet sich das Reich der Frauen des Westens. Man sieht dort nur Frauen und keinen einzigen Mann. Dieses Land weist eine große Menge von seltenen und kostbaren Gegenständen auf, die man im Königreich Folin verkauft. Daher sendet ihnen der König von Folin alljährlich Männer, um sich mit ihnen zu begatten. Wenn sie dann aber Knaben das Leben geben, gestattet ihnen das Gesetz des Landes nicht sie aufzuziehen«.[24]

Die jeweilige geographische Verortung korreliert mit der Perspektive des Betrachters. Die Amazonen befinden sich immer dort, wo der Betrachter nicht ist, aus der Sicht der Griechen und Römer in Asien und Afrika, aus dem Blickwinkel der Araber in Nordeuropa, aus der Perspektive der Chinesen in Europa. Entsprechend der räumlichen Expansion der Europäer tauchen sie mit Beginn der Kolonisation an den Stätten der Eroberung auf.

Bilden die Amazonen Teil der eigenen Kultur des Erzählers, so verbleiben sie wie in den Erzählungen der Griechen in der (mythischen) Vorgeschichte. Comas von Prag, der im 12. Jahrhundert n. Chr. eine Chronik Böhmens vom Beginn der Přemysliden-Dynastie an schrieb, weiß sowohl von der Herrschaft einer Frau in Prag als auch von einer Stadt der Amazonen zu berichten. Ihm zufolge errichten die Amazonen zur Zeit der Herrschaft der Libuše, die sich durch ein Höchstmaß an Gerechtigkeit auszeichnet, in der Nähe Prags eine eigene Stadt der Jungfrauen, die jedoch nicht von langer Dauer ist, obwohl die tschechischen Amazonen aus dem Kampf mit jungen Kriegern aus Prag immer siegreich hervorgehen. Deshalb greifen die unterlegenen Männer zu einer List und bemächtigen sich während einer Waffenstillstandsfeier der nunmehr unbewaffneten Frauen, verschleppen sie und setzen ihre Stadt in Brand.[25] Nach Patrick J. Geary nehmen die Erzählungen auf historisch verbürgte Herrscherinnen wie Mathilde von Tuscien Bezug, nutzen sie aber zu paradigmatischen Aussagen über das Verhältnis zwischen dem böhmischen Volk und seinen Herzögen. In seinen Augen wolle die »Geschichte um Libuše und die Amazonen nicht einfach zum Ausdruck bringen, daß Männer notwendigerweise sogar über kompetente, tugendhafte Frauen herrschen müssen.« Vielmehr sei es darum gegangen, »das böhmische Volk als feminin (zu) charakterisieren und damit die Notwendigkeit eines starken Regenten (zu) begründen. Das Zeitalter Libušes präfiguriert gleichsam das künftige Verhältnis zwischen dem böhmischen Volk und seinen Herzögen. [...] Selbst die beste Frau muß den Männern die Macht überlassen, selbst die Böhmen müssen die Macht ihrer Herzöge akzeptieren.«[26]

Auch die historische Forschung, die im 19. Jahrhundert die antiken Amazonenerzählungen einer wissenschaftlichen Betrachtung zuführte und nicht mehr einfach an die Existenz der Amazonen glaubte und die Geschichten von ihnen umschrieb, ist diesem Muster verhaftet geblieben. Hatte sie Friedrich Creuzer zu Beginn des 19. Jahrhunderts zu Priesterinnen der Göttin Artemis gemacht und damit in die Ordnung der antiken Welt integriert,[27] so gerieten die Amazonen

mit den Forschungen von Johann Jakob Bachofen über das Mutterrecht von 1861 zu Erinnerungsfiguren einer versunkenen gynaikokratischen Welt. Für den Basler Patrizier stehen die Amazonen für eine vergangene mutterrechtliche bzw. gynaikokratische Phase der Menschheitsgeschichte und damit am Rande der Geschichte.[28] Mit Beginn der archäologischen Forschung wurden die Amazonen mit tatsächlichen Völkern an der Peripherie der griechischen Welt identifiziert, bei denen man das Mutterrecht vermutete: mit Hethitern, Phrygern, Kimmerern.[29] Seit dem Siegeszug der strukturalistischen Mythenforschung in den Jahren nach dem Zweiten Weltkrieg und dem Vordringen feministischer Betrachtungsweisen in den 1970er Jahren ist diese Suche nach dem realen Volk an der zeitlichen oder räumlichen Peripherie der antiken Welt einer Verortung an normativen Grenzen gewichen. Die Amazonenerzählungen wurden nun ungeachtet von archäologischen und historischen Nachweisen einer Kriegstätigkeit von Frauen[30] als verkehrte Welt gedeutet, als Umkehrbilder patriarchaler Männerherrschaft, als Sinnbild des Barbarentums, als Gegenwelt schlechthin.[31]

Die Darstellung der Amazonen in persisch-skythischer Tracht in der Vasenmalerei des 5. Jahrhunderts sowie das Motiv der fliehenden und knieenden Amazone drücken nach Mandy Merck die soziale Unterlegenheit der Frauen in der Gesellschaft Athens aus, da diese von der politischen Macht ausgeschlossen waren. Die Rechtfertigkeit einer faktischen Männerherrschaft betrachtet Merck als eigentliche Funktion des Mythos.[32] In ähnlicher Weise deutete Jeannie Carlier-Detienne in den 1980er Jahren den Mythos als Ausdruck der Angst der Männer von einer Umkehrung der gesellschaftlichen Verhältnisse in Athen, »als ob in der Beteuerung des Gegenbildes eine sichere Garantie für den Bestand dieser Ordnung läge.«[33] Nach Meinung von William Blake Tyrrell, der Mitte der 1980er Jahre eine umfangreiche Monographie zu den Amazonen vorlegte, symbolisiert der Sieg der Helden über die

kriegerische Jungfrau die Domestizierung des Weiblichen. Das kriegerische Dasein der Amazone markiert für ihn nur ein fiktives Gegenmodell zur eigentlichen Lebensaufgabe der Frau, zu ihrer Funktion, dem Mann legitime Kinder zu gebären. So ist der Mythos in seinen Augen »ein Produkt der griechischen Ansicht über die menschliche Verfassung als zivilisiert, sterblich, griechisch, und vor allem männlich. Wenn Männer aufhören, Männer zu sein, hört die Welt auf, geordnet zu sein; und die auf den Kopf gestellte Welt der Amazonen ist das Resultat.«[34] Auch wenn in jüngster Zeit stärker auf die durchweg positive Darstellung von Amazonen im Bildbefund abgehoben wird, so ist doch dieser Erklärungsansatz nach wie vor dominant. Nach Renate Bol erzählen die Amazonenmythen von der Auflehnung gegen die allgemein gültige Lebensordnung der Griechen und thematisieren damit das Problem der *hýbris*, der Normtransgression. Diese *hýbris* der Amazone richte sich gegen die angestammte weibliche Rolle, der sich die Amazonen als weibliche Kriegerinnen widersetzten, und beinhalte einen Verstoß gegen den männlichen Überlegenheitsanspruch.[35]

Im Gepäck tragen diese Deutungen der Amazonengesellschaften als Umkehrprojektionen ein genormtes Bild von einer patriarchalen Gesellschaft, das selbst wieder projektiven Charakter hat. Das hermetisch geschlossene Bild vom Patriarchat hat ebenso wie das vom Matriarchat, Konstruktcharakter. Beide Konzepte wurden in der zweiten Hälfte des 19. Jahrhunderts entwickelt und bilden weniger historische Sachverhalte als vielmehr Deutungsmuster ab, mit denen in der modernen Geschichtswissenschaft das Geschlechterverhältnis erfasst wird. Vorherrschaft von Gemeinnutz gegenüber Eigennutz und Privateigentum bildete am Ende des 19. Jahrhunderts ein wesentliches Unterscheidungsmerkmal zwischen Matriarchat und Patriarchat; Friedlichkeit und Sorge für die Umwelt unterschied seit der zweiten Hälfte des 20. Jahrhunderts die matriarchale Gesellschaftsordnung vom Patriarchat, das mit

Krieg, Naturbeherrschung und allgemeiner Männerdominanz gleichgesetzt oder oftmals nur aus dem Vorherrschen einer geschlechtsspezifischen Arbeitsteilung abgeleitet wurde. Als analytische Begriffe zur Beschreibung vergangener Gesellschaften haben sie nur begrenzte Aussagekraft.[36] Auch stellt sich das Verhältnis zwischen den Geschlechtern in der Antike, wie jüngere Forschungen ergeben haben, inzwischen nicht nur in zeitlicher und räumlicher Hinsicht, sondern auch innerhalb der athenischen Gesellschaft als differenzierter dar, als es obige Zuschreibungen erkennen lassen. Untersuchungen zum Bürgerstatus athenischer Frauen lassen gerade die athenische Gesellschaft als weit weniger von männlichen Normen geprägt erscheinen, als es etwa Tyrrells oder Mercks Deutungen suggerieren. Aufgrund der dominanten Rolle im Kult hat sich inzwischen der Begriff der Kultbürgerschaft durchgesetzt, um die spezifisch weibliche Bürgeridentität zu fassen.[37]

Diachrone Betrachtungen machen deutlich, dass Amazonen immer Züge aus der Kultur derjenigen tragen, die von ihnen erzählen: Sie transportieren die Ideale und das Wertesystem der Erzähler und fungieren als Projektionsfläche für Konflikte zwischen den Geschlechtern, die weniger persönlicher als struktureller Art sind.[38] Zwar tauchen Amazonenerzählungen gerade in solchen Gesellschaften auf, die von einem starken Geschlechterantagonismus geprägt sind. Aber sie repräsentieren ebensowenig wie die Helden, mit denen sie kämpfen, konkrete Individuen, sondern abstrakte Prinzipien und politische Räume, die allerdings geschlechtsspezifisch unterschiedlich konnotiert sind.[39] So lässt sich die Amazonengemeinschaft, wie sie in der attischen Tragödie und in den öffentlichen Grabreden im 5. und 4. Jahrhundert v. Chr. in Athen imaginiert wird, als ein Gegenbild zur attischen Kriegergemeinschaft deuten, deren Strukturprinzipien aufgegriffen werden: Verstehen sich die Athener als Kinder der Stadtgöttin Athena, so werden die Amazonen als Töchter des Ares bezeichnet.

In Umkehrung zu den attischen Hopliten, unter denen sich keine Frau findet, schließen die Amazonen die Männer vom Kriegshandwerk aus. Es handelt sich um einen politischen Mythos, der der Stiftung einer kriegerischen Identität der Athener nach den Perserkriegen dient, nicht um einen Mythos, der die Beziehung zwischen Männern und Frauen thematisiert. Dies tut er nur in indirekter Hinsicht, indem die Erzählungen nach dem Muster Eros und Kampf strukturiert sind und auf diese Weise die Sphären der Geschlechter miteinander in Beziehung setzen. Achill erkennt nach dem Kampf mit Penthesileia seine Liebe zur sterbenden Amazone (Kap. 13);[40] Herakles raubt der Amazone den Gürtel (Kap. 8), das Symbol kriegerischer Kraft als auch der geschlechtlichen Verbindung.[41] Theseus, der attische Kulturheros, heiratet sogar eine Amazone (Kap. 12). Das Kriegerinnendasein ist entsprechend nur an eine bestimmte Phase im Leben der Amazone gebunden; die Ehe beendet das Amazonendasein. In der engen erzählerischen Verknüpfung der Motive »Kampf« und »Eros« wird deutlich, dass der potentielle Feind, den die Amazone darstellt, sich in eine Bündnis- bzw. in eine Ehepartnerin verwandeln kann. Dies erklärt ihren Charakter als *parthénos*, den sie im übrigen mit der Stadtgöttin der Athener teilt.[42] Die Erzählung vom Raub der Antiope durch Theseus und von der attische Amazonomachie, die der attische Politiker Kimon an den Wänden der *Stoa poikíle* in Athen gestalten ließ, kann als Reflex auf diese Praxis verstanden werden, über Heiratsbeziehungen Bündnispartner zu gewinnen. Denn Kimon war einer der letzten attischen Politiker, der als Abkömmling einer Ehe zwischen einem Athener und einer Fremden, einer Thrakerin, zu politischem Einfluß gelangt.[43] Da es solche Ehebündnisse waren, über die im archaischen Griechenland weiträumige Beziehungen geknüpft und Friedensschlüsse bekräftigt wurden, bedurfte es der Konstruktion einer ambivalenten Figur der Fremden, die beide Aspekte, den des Krieges als auch der Ehe, verkörperte und sowohl ideale als auch negati-

ve Züge tragen musste. Dass in attischen Grabreden des 4. Jahrhunderts das Motiv des Eros, der Raub der Antiope, an Bedeutung verliert, wenn an den Zug der Amazonen nach Attika erinnert wird, liegt an eben diesen neuen Heiratsnormen. Der attische Redner Lysias verweist nur noch auf die Maßlosigkeit der Amazonen, womit er den Athenern ein warnendes Beispiel vor Augen führt.[44] Oder es wird – so in den Reden des Isokrates – der Amazone Hippolyte, die Theseus folgte, eben der Verstoß gegen die Heiratsnormen vorgehalten, die in Athen seit 451 v. Chr. galten.[45]

In der römischen Rezeption wirken bezeichnenderweise andere Verkehrungen: Thematisiert wird in den literarischen Überlieferungen stärker der Arbeitsrollentausch: Frauen gehen dem Geschäft des Krieges nach; Männer verrichten häusliche Arbeiten wie spinnen und weben. Nach Diodor verbringen die Amazonen ihre Zeit mit Kriegszügen, während sich die Männer der Wollarbeit und der Aufzucht der Kinder widmen; nach Strabon übernehmen die Amazonen alle Arbeiten, die außerhalb des Hauses anfallen, wie Pflügen, Pflanzen, Weiden, Kämpfen.[46] Die Akzentuierung der Verkehrung der Arbeitsrollen, der auch in der römischen Rezeption des Mythos von Herakles und Omphale auffällt, lässt sich auf die Geschlechterrollen innerhalb eines römischen Hauswesens beziehen und reflektiert die Andersartigkeit der politischen Struktur: Es geht nicht um den Gegensatz von Gemeinwesen (Polis) und Hauswesen (Oikos) wie in der attischen Adaption, sondern um den politischen Charakter eines römischen Hauswesens: Wo Frauen Männerrollen übernehmen, so die Botschaft, droht der Zerfall des republikanischen Wertesystems. Wenn beispielsweise Marcus Antonius von seinem politischen Gegner Octavian als Herakles dargestellt wird, der für die lydische Königin Spinndienste leistet, während Kleopatra VII. als Omphale gestaltet wird, die sich des Löwenfells und der Keule des Helden bemächtigt, dann wird damit Kritik an der Übernahme hellenistischer Herrschaftspraktiken geübt.[47] Auch das erotische Motiv, das in der römischen Rezeption des Amazonenmythos stärker in den Vordergrund tritt, bestätigt die Ausrichtung auf das Hauswesen, die auch jenseits politischer Konflikte bedeutsam ist. Denn auch einfache Römerinnen werden nun als Amazone dargestellt. So wird in einer anonymen Grabinschrift des 2./3. Jahrhunderts n. Chr. aus Rom die Verstorbene Marcia Helike von ihrem Gatten als zu Lebzeiten schön wie Aphrodite und im Tode schön wie eine Amazone gepriesen.[48] Auch die bildliche Gestaltung der sterbenden Penthesilea, die von Achill aufgefangen wird, lässt sich auf das Hauswesen beziehen und als Sinnbild ehelicher Eintracht lesen, wie dies aus Astrid Fendts Analyse des Amazonenmotivs auf kaiserzeitlichen Sarkophagen hervorgeht.[49] Die kriegerische Seite verschwindet indes nicht: Als Verkörperung soldatischer Tüchtigkeit und Tapferkeit wird die Amazone ebenso in kaiserlichen Palästen wie in städtischen Wohnhäusern goutiert.[50]

Im Zuge der Rezeption frühgriechischer Amazonenerzählungen verändert die Amazone nicht nur ihren geographischen Ort, sondern auch ihren Charakter: Transportieren Amazonen in der Antike vorwiegend kriegerische Ideale, so sind sie in mittelalterlichen Erzählungen mit höfischen und christlichen Werten verbunden, mit Minne und Krieg auf der einen Seite, mit christlicher Keuschheit und ritterlicher Tugend auf der anderen Seite. Auch wenn die Amazonen ihrem antiken Vorbild entsprechend als männerlos gelten und ihnen nur gelegentliche Kontakte mit einem Mann zugeschrieben werden,[51] so wird nun Treue das Kennzeichen dieser Beziehung. Die Frauen wählen jedes Jahr immer wieder denselben Mann, dem sie bereits zuvor verbunden waren. Im Alexanderroman des Rudolf von Ems aus dem 13. Jahrhundert gestattet die Amazonenkönigin ihren Gefolgsfrauen »ein weiteres Zusammenleben bis zu einem Jahr, wenn der Mann in übergroßer Liebe darum bittet. Nur im Falle eines Krieges muß er in deutlicher Umkehr zur höfisch-rit-

terlichen Welt, in welcher der Mann ausziehen muß, um sich auf âventiuren zu bewähren, die Frau zum Waffendienst wieder ins Amazonenreich entlassen.«[52] Es sind damit höfische Werte wie triuwwe, minne und staete angesprochen, mit denen sich die Figur der mittelalterlichen Amazonen deutlich von ihrem antiken Vorbild unterscheidet. Auch dem höfischen Schönheitsideal entsprechen die mittelalterlichen Amazonen. Selbst die waffentüchtige Amazone zeichnet sich durch weiblich sanfte Rundungen, weiße Haut, roter Mund und rote Wangen aus. Anders als bei ihren antiken Vorbildern wird ihr Oberköper nie entblößt dargestellt.[53] Es bleibt höchstens das rechte Bein unbekleidet. In der Gestalt der mittelalterlichen Amazone verbinden sich, so Claudia Brinker-von der Hyde, »anbetungswürdige Minnedame und minnedienstwilliger Ritter«.[54]

Als Jungfrau, die dem Geschäft des Krieges nur vor der Ehe nachgeht wie in der herodoteischen Amazonenüberlieferungen oder in der Erzählung Vergils über Camilla, ist die Amazone darüber hinaus in ein christliches Weltbild integrierbar. Die virgo militans ist nach Brinker-von der Hyde das Idealbild christlich-weiblicher Lebensführung schlechthin.[55] Camilla, die tugendhafte Heldin im Eneasroman des Heinrich von Veldecke (um 1150), trotzt mit ihrer männlichen Rüstung sowohl den kriegerischen Angriffen als auch den erotischen Verlockungen und stirbt als keusche Jungfrau den Heldentod, der ihr dauerhafte memoria sichert.[56] Allerdings existiert auch ein gegenteiliges Bild. Penthesileia, die positive Heldin in Rosa Luxemburgs Briefen aus dem Gefängnis, gerät in Herbort von Fritslar (12. Jh.) Liet von Troye und in der Erzählung des anonymen Fortsetzers des Trojaromans von Konrad von Würzburg zum teuflischen Wesen. Letzterer verurteilt sie und ihre Gefährtinnen »als laut und grimmig schreiende, vom Teufel besessene Mannweiber«, denen als Strafe für ihre Überheblichkeit folgerichtig die Bestattung verweigert wird.[57] Anders als in antiken Erzählungen ist das Motiv der Liebe getilgt. Achilleus verliebt sich nicht

in die sterbende Amazone; auch ist es nicht er selbst, sondern sein Sohn, der die Amazonenkönigin besiegt.

Diese Anpassung an das zeitgenössische Wertesystem und gesellschaftliche Ordnungen erfahren auch Amazonen, die jenseits der europäischen Kultur angesiedelt werden. In den Überlieferungen über südamerikanische Amazonen zeichnen sich diese durch ihren Goldreichtum aus, womit ein wesentliches Motiv der Entdeckungsreisen angesprochen ist. So überliefert es der Dominikaner Gaspar de Carvajal, der einen Bericht über die erste europäische Amazonasexpedition des Jahres 1541 hinterlassen hat. Während einer Expedition über die Kordilleren zum Oberlauf des Amazonas hatte demnach Gonzalo Pizarro, Sub-Gouverneur von Ekuador, den Hauptmann Francisco de Orellana mit rund 60 Mann flussabwärts geschickt, um Proviant zu requirieren. Dabei kam es, wie der Chronist berichtet, zu kriegerischen Auseinandersetzungen mit Anwohnern des damals noch Marañon genannten größten Strom Südamerikas, der später den Namen Amazonas erhielt.[58] Carvajal zufolge zeichneten sich die Indianerinnen durch weit größere Kampfeskraft als ihre männlichen Kampfgenossen aus. Während das Wissen von der Kampfeskraft dieser Frauen mit eigenen Erfahrungen begründet wird, beruht die Darstellung ihrer Sitten auf der Befragung indianischer Gewährsmänner. Demnach lebten die südamerikanischen Amazonen, wie es von ihren antiken Vorbildern überliefert ist, ohne Männer, entführten jedoch gelegentlich Männer, um mit ihnen Kinder zu zeugen, wobei sie jedoch den männlichen Nachwuchs töteten und die Töchter zu Kriegerinnen ausbildeten. Trotz des abstoßenden Brauchs des Kindsmordes erscheinen die südamerikanischen Amazonen in den Augen des spanischen Chronisten keineswegs als monströse Wesen. Ihre Kampfeskraft macht sie den Spaniern ebenbürtig; ihre Wohnweise und Kleidung – sie wohnen in Steinhäusern und tragen Kleidung aus feinster Wolle – hebt sie auf die Höhe der spanischen Kultur; ihr unermesslicher

Goldreichtum macht ihre Eroberung begehrenswert.[59] Mit den positiven Eigenschaften der europäischen Zivilisation ausgestattet, verkörpern die Bewohner der ›unzivilisierten‹ Welt, somit ein in die Fremde verschobenes Idealbild des Europäers. Zum Teil aber haften ihnen jene monströse Eigenschaften an, mittels derer den europäischen Rezipienten vor allem in der Literatur der Aufklärung ein Zerrspiegel ihrer eigenen dekadenten Praktiken vorgehalten wurden.[60]

Im Zeitalter der restlos erforschten Welt verwundert es nicht, wenn Amazonen nunmehr nicht mehr auf der Erde, sondern im Weltraum bzw. in der virtuellen Welt der Video- und Computerspiele angesiedelt werden wie etwa die Amazone der Science-Fiction-Welt, Lara Croft.[61] Auch haben ihre Erzähler längst das Genre gewechselt und schreiben nur selten hohe Literatur: In den 1940er Jahren wurde als weibliches Pendant zu Helden wie »Superman« die Comicfigur »Wonder Woman« konzipiert, die das Böse dieser Welt bekämpft. Sie reflektiert nicht nur die Eroberung der modernen Armee durch Frauen, denn »Wonder Woman« hat auch eine andere, rein weibliche Seite und agiert im Alltag nicht als Soldatin, sondern als Krankenschwester. Sie und ihre amazonischen Schwestern stehen ebenso wie ihre antiken Vorbilder vielmehr auch für allgemeine politische Werte. Aufgebrochen von der imaginären Insel »Themyscira«, hinter der sich unschwer die Vereinigten Staaten von Amerika erkennen lassen, tritt sie im Auftrag der dort ansässigen Amazonen als Botschafterin demokratischer Ideale auf.[62] Auch im rationalen Zeitalter bedarf es der Konstruktion imaginärer Amazonenreiche, über die sich trefflich Idealbilder transportieren lassen.

Imaginiert werden die Amazonen zugleich auch als Feindgestalten, die eben dieser demokratischen Ordnung den bewaffneten Kampf angesagt haben und der Welt des Terrors angehören: »Amazonentum, das ist ein auf Gesellschaft und Staat zielender Aufstand, der sich institutionalisieren will als Frauenstaat, mit Umkehrung aller Werte«, schrieb 1982 Klaus Rainer Röhl im Blick auf die Terroranschläge der RAF. Für den Ex-Ehemann von Ulrike Meinhof stellt sich dieser »Gegenentwurf« als ein »Haßtraum von Terror und Gegengewalt« dar, der »in immer neuen Blutbädern die Unterdrücker zu überbieten sucht.«[63] In der sozialistischen Adaption des Amazonenmythos, wie ihn der Dramatiker Stefan Schütz in den 1970er Jahren in seinem Stück »Die Amazonen« kreiert hat, bilden Theseus und die von ihm geraubte Amazonenkönigin Antiope dagegen ein Liebespaar, das seine Liebe gegen die Staatsräson, vertreten sowohl durch das Heer der Amazonen als durch die athenischen Staatsorgane, zu behaupten sucht – vergeblich. Theseus gibt am Ende des Stückes seiner geliebten Antiope den Todesstoß.[64] Das individuelle Glück, so die Botschaft, hat im sozialistischen Staat keine Chance. Keine der hier vorgestellten Varianten der Amazonenerzählungen könnte weiter entfernt sein vom antiken Vorbild als diese DDR-kritische Imagination der Amazonomachie.   B.W.H.

Atalante und Peleus ringen miteinander.
Chalkidische Hydria, um 550 v. Chr.
(Kat. 60).

Anmerkungen

I. Einführung

2. Die Welt der griechischen Frau

1 Zu Frauen im antiken Griechenland vgl.
P. Brulé, Women of Ancient Greece, 2003;
W. K. Lacey, Die Familie im antiken Griechenland, dt. 1983; S. Lewis, The Athenian
Women. An Iconographic Handbook, 2002;
S. B. Pomeroy, Frauenleben im klassischen
Altertum, dt. 1985; S. I. Rotroff – R. D. Lam-
berton, Women in the Athenian Agora,
2006; W. Schmitz, Haus und Familie im
antiken Griechenland. Enzyklopädie der
griechisch-römischen Antike, 2007, bes.
10 ff. 27 ff. 59 ff. sowie den Forschungs-
überblick zu den einzelnen Kapiteln 67 ff.;
G. Wickert-Miknat, Die Frau, Archaeologia
Homerica R, 1982. – Zu den Ansätzen der
»gender studies« vgl. hier Kapitel 16
Anm. 1.
2 Zu den Frauen in Sparta vgl. S. B. Pomeroy,
Spartan Women, 2002; M. Steinhart, in:
E. Csapo – M. Miller (Hrsg.), Poetry,
Theory, Praxis. The Social Life of Myth,
Word and Image in Ancient Greece, 2003,
204 ff.; L. Thommen, Museum Helveticum
56, 1999, 129 ff.
3 Brulé ebenda 75 ff.; A. E. Hanson –
R. Flemming, in: K.-H. Leven (Hrsg.), Antike
Medizin. Ein Lexikon, 2005, 307 ff. s. v.
Frau.
4 Zitiert nach Hanson – Flemming ebenda
309.
5 München, Staatliche Antikensammlungen
1538; vgl. CVA München (9) Taf. 7,3.
6 Zur großen Bedeutung von Frauen in der
griechischen Religion vgl. J. B. Connelly,
Portrait of a Priestess, 2007; U. Kron, in:
P. Hellström (Hrsg.), Religion and power in
the ancient Greek world, 1996, 139 ff.
7 München, Staatliche Antikensammlungen
1441. Beazley, ABV 243, 44 ; Connelly
ebenda 189 f.; H. Mommsen, Der Affecter,
1975, 109 f. Nr. 106.
8 Vgl. jetzt Connelly ebenda 62.
9 Vgl. W. Müller, in: R. Vollkommer (Hrsg.),
Künstlerlexikon der Antike I, 2001, 163 f.
10 Für die überaus seltene Darstellung einer
Verkäuferin vgl. Rotroff – Lamberton ebenda 11 Abb. 6 (Bern, Kunsthistorisches
Museum 12227.)
11 Vgl. J. Davidson, Courtesans and Fishcakes.
The consuming Passions of Classical
Athens, 1997; C. Reinsberg, Ehe, Hetärentum und Knabenliebe im antiken Griechenland, 1989, 80 ff.

12 München, Staatliche Antikensammlungen
8935. Beazley, ARV² 1619,3bis; B. Gossel-
Raeck, in: K. Vierneisel – B. Kaeser (Hrsg.),
Kunst der Schale – Kultur des Trinkens,
Ausstellungskatalog München² 1992, 233 ff.
13 München, Staatliche Antikensammlungen
2421. Beazley, ARV² 23,7; K. Vierneisel –
B. Kaeser (Hrsg.), Kunst der Schale – Kultur
des Trinkens, Ausstellungskatalog München² 1992, 237 Abb. 37.5.
14 Ihr Schicksal wird in einer Gerichtsrede des
Apollodoros behandelt, der Prozess fand
um 340 v. Chr. statt; vgl. D. Hamel, Der Fall
Neaira, 2003.
15 Xen. Oik. 7, 1 ff. Übersetzung G. Audring;
vgl. S. B. Pomeroy, Xenophon. Oeco-
nomicus. A social and historical commentary, 1994.
16 Vgl. außer der allgemeinen Literatur besonders auch J. H. Oakley – R. H. Sinos, The
Wedding in ancient Athens, 1993.
17 München, Glyptothek Gl. 498. B. Vierneisel-Schlörb, Glyptothek München. Klassische Grabdenkmäler und Votivreliefs.
Katalog der Skulpturen III, 1988, 121 ff.
Nr. 19.
18 *Anthologia Graeca* 6, 276. Übersetzung nach
H. Beckby.
19 Xen. Oik. 7, 35 ff. Übersetzung G. Audring.
20 Allerdings gibt es Inschriften auf Grenzstei-
nen, die eine Frau als Besitzerin ausweisen;
vgl. Rotroff – Lamberton ebenda 13.
21 München, Staatliche Antikensammlungen
6452. Beazley, ARV² 1147,62; CVA München (5) Taf. 231,2. 9 – 11.
22 Für Frauen in Zusammenhang mit Kindern
und für Kindheit und Jugend von Frauen
vgl. J. Neils – J. H. Oakley, Coming of Age in
ancient Greece. Images of Childhood from
the Classical Past, Ausstellungskatalog
Hanover 2003; H. Rühfel, Das Kind in der
griechischen Kunst, 1984; dies., Kinder-
leben im klassischen Athen, 1984, 41 ff.
23 München, Staatliche Antikensammlungen
TC 5253. F. W. Hamdorf (Hrsg.), Hauch des
Prometheus. Meisterwerke in Ton, Ausstellungskatalog München 1996, 209 Nr. 17.12.
24 München, Staatliche Antikensammlungen
2676. Beazley, ARV² 393, 27; R. Wünsche –
F. Knauß (Hrsg.), Lockender Lorbeer,
Ausstellungskatalog München 2004, 497
Kat. 240.
25 Mädchenstatue, Rom Konservatorenpalast
1107; vgl. H. Rühfel, Das Kind in der griechischen Kunst, 1984, 243 f.
26 München, Staatliche Antikensammlungen
2305. Beazley, ARV² 182,4; CVA München
(4) Taf. 173,1 – 2.
27 Vgl. K. Karakasi, Archaische Koren, 2001,
134. Übersetzung W. Peek.
28 München, Glyptothek Gl. 491. Vierneisel-
Schlörb ebenda 19 ff. Nr. 4.
29 München, Staatliche Antikensammlungen
6248. Beazley, ARV² 1022,138; J. H. Oakley,
The Phiale Painter, 1990, 88 f. Nr. 138.

30 München, Glyptothek Gl. 199. Vierneisel-
Schlörb ebenda 65 ff. Nr. 12.
31 Vgl. dazu Steinhart ebenda.
32 Sappho, Fragment 4 D. Übersetzung
M. Treu.

4. Frauenstaat – Realität oder Fiktion?

1 Lediglich bei Diodor 2, 46, und Strabon 11,
5, 3, klingen Zweifel an.
2 G. Frohnhaus, Schwert in Frauenhand:
Emanzipationsmodell oder Schreckensvision?, in: G. Frohnhaus/B. Grotkamp-
Schepers/R. Philipp (Hrsg.), Schwert in
Frauenhand. Weibliche Bewaffnung (1998)
15.
3 Dazu vor einigen Jahren ausführlich J. Blok,
The Early Amazons (1995), die ebenda
21 ff. ausführlich die Wissenschafts-
geschichte referiert.
4 Durch seine Gleichsetzung der Amazonen
mit den Hethitern, die scheinbar im Ein-
klang mit Priamos' Kampf gegen die Amazonen in Phrygien stand, schlug W. Leon-
hard, Hettiter und Amazonen (1911) zwei
Fliegen mit einer Klappe: Das in griechischen Bildern und Schriftquellen so
präsente Amazonenvolk ließ sich endlich
identifizieren und das nach Ausweis der
archäologischen Zeugnisse mächtige
Hethiterreich, das in griechischen Texten
keinen Niederschlag gefunden hat, erkannte er in dem beliebten Sagenmotiv.
5 R. Rolle, Skythische ›Amazonen‹: Kriegerinnen in der archäologischen Realität, in:
G. Frohnhaus/B. Grotkamp-Sche-
pers/R. Philipp (Hrsg.), Schwert in Frauenhand. Weibliche Bewaffnung (1998) 19.
Noch weiter und vollends in die Irre geht
der Versuch der Amerikanerin J. Davis-
Kimball, die über die DNA einer sauromatischen »Kriegerin« des 4./3. Jhs. v. Chr.
noch die heutigen Nachkommen der Amazonen zu ermitteln sucht.
6 In der Certomlyk-Nekropole finden sich
z. B. in 53 Gräbern nur sechs bewaffnete
Frauenbestattungen; Rolle, a. O. 21.
7 Man denke nur an Athen, wo wir über die
schwache Position der Frauen sehr gut
unterrichtet sind. Dort finden sich jedoch
zahlreiche Frauengräber, die aufwändiger
ausgestattet sind als die von männlichen
Mitgliedern der Familie.
8 Vgl. dazu grundlegend A. M. Snodgrass,
An Archaeology of Greece (1987) bes.
132 – 169, der ausführlich diskutiert, inwieweit die Interpretation des Bildmaterials
durch die jeweilige Meinung zur Funktion
der Artefakte beeinflusst wird.
9 D. Weber, Geschichtsschreibung in Augsburg. Hektor Mülich und die reichsstädtische Chronistik des Spätmittelalters,
Abhandlungen zur Geschichte der Stadt
Augsburg. Schriftenreihe des Stadtarchivs

Augsburg, Bd. 30 (1984) Nr. 58 und 77; P. Geary, Am Anfang waren die Frauen (2006).

10 Dazu der Bericht des Dominikaners Gaspar de Carvajal über die Expedition des Francisco de Orellana im Jahr 1541. Sein Bericht über die indianischen Kriegerinnen wird bis heute in Zweifel gezogen wird. Dies ist freilich auch nur eine, keineswegs unstrittige Theorie zum Ursprung des Flussnamens.

11 S. Alexijewitsch, Der Krieg hat kein weibliches Gesicht (1989) 8–9; E. MacDonald, Erschießt zuerst die Frauen (1992) 16.

12 Der Ursprung der Familie, des Privateigentums und des Staates (1884).

13 C. Eller, The Myth of Matriarchal Prehistory (2000). Neuere Definitionen des Matriarchats sowie einflussreiche Theorien zum Übergang vom Matriarchat zum Patriarchat hat im deutschsprachigen Raum vor allem die Philosophin Heide Göttner-Abendroth in einer Vielzahl von Publikationen formuliert. Einen für unsere Fragestellung hilfreichen Überblick gibt B. Wagner-Hasel, Matriarchatstheorien der Altertumswissenschaft (1992).

14 G. Frohnhaus, Schwert in Frauenhand: Emanzipationsmodell oder Schreckensvision?, in: G. Frohnhaus/B. Grotkamp-Schepers/R. Philipp (Hrsg.), Schwert in Frauenhand. Weibliche Bewaffnung (1998) 9–17. In »H1« (Magazin der Universität Bielefeld) Ausgabe März 2007, S. 19 sagt Dr. Thorsten Voß, Leiter des Seminars »men's Studies« im Rahmen eines Interviews: »Gender Studies haben nachgewiesen, dass es kein vorgefertigtes Geschlecht gibt – es ist ein Konstrukt, abhängig von historischen und kulturellen Kontexten.«

II. Amazonen

5. Amazonen sind Kriegerinnen

1 Zu den frühen Erwähnungen J. H. Blok, The Early Amazons, 1995, 145 ff., sonst unergiebig. – Zu den Darstellungen Lexicon Iconographicum Mythologiae Classicae sv Amazones Nr. 168 (Abb. 5.1); Nr. 1 (Abb. 5.5); Nr. 254 (Abb. 5.7); Nr. 298 (Abb. 5.19a); Nr. 296 (Abb. 5.19b); Nr. 233 (Abb. 5.20). Lexicon Iconographicum Mythologiae Classicae sv. Antiope II,1 (Abb. 5.9). – Zu allem Mythologischem T. Gantz, Early Greek Myth, 1993.

2 Vgl. ferner Ilias 2, 811 ff : »Diese Kuppe nennen die Männer ›Battieia‹, die Götter aber ›das (Grab-)Mal der springlustigen Myrine‹«. Vertraut man der späteren Sage, die Myrine als Amazonenkönigin kennt, heißt dies für die homerische Anschauung, dass gerade die Götter die Amazonen-

heldin in ihr ehrendes Gedächtnis aufgenommen haben.

3 Andromache (die weibliche Form des Adjektivs) heißt in der Ilias auch Hektors Frau; ihr Name ist hier Rühmung Hektors, wie der seines kleinen Sohnes Astyanax – ›Herr der Stadt‹. – Das homerische Beiwort macht ein Vasenmaler zum Amazonennamen Antianeira (Lexicon Iconographicum Mythologiae Classicae sv Amazones Nr. 243). – Der Name ist später sogar als bürgerlicher Frauenname bekannt, was bedeutet, dass hier das Adjektiv als ›mannebenbürtig‹, nicht als ›mannfeind‹, verstanden wurde.

4 Die Einreihung in die Knechtstaten des Herakles ist merkwürdig, und vielleicht nicht ursprünglich. Herakles darf sich bei seinen Arbeiten sonst nie helfen lassen (darum wird ihm in einer Version das Hydra-Abenteuer aberkannt), auch kann er als Dienstmann des Eurystheus eigentlich nicht als Führer einer adligen Genossenschaft auftreten.

5 Zumindest in der Vasenmalerei kommen die Amazonen so gut wie nicht vor, die in Lokalsagen von griechischen Städten in Kleinasien als Asylanten und Stadtgründerinnen auftreten (Kap. 10).

6 Dazu und zum Folgenden immer wieder: N. Himmelmann, Ideale Nacktheit in der griechischen Kunst, 1990.

7 Der sog. Peplos kann nicht so drapiert werden, dass der hintere Saum nachschleppt wie bei den Amazonen Abb. 5.5. Diese typische Tragweise des vornehmen Frauengewands ist wohl vom langen Chiton oder von einer bestimmten Drapierung des langen Mantels übertragen. – Seitlich offene Chitone gab es zumindest bei der kurzen Version. – Die Darstellungen können nicht immer verifiziert werden, die archaische Kunst vereint nicht selten die Charakteristika verschiedener Gewänder.

8 Auch darin sind die Amazonen den Möglichkeiten des Männer-Bilds angeglichen: In der Wirklichkeit hat der Mann wohl in der Regel einen kurzen oder langen Chiton zum kurzen bzw. langen Mantel getragen; die Bilder geben Männern mit Mantel nicht selten ohne Chiton.

9 Diese ›Freiheit‹ des Gewandes ist immerhin eine Geste: Die griechische Kleidung zwingt die Frau nicht zu Trippelschritten wie z.B. die japanische Tracht.

10 Gorgonen: Schefold, Götter- und Heldensagen der Griechen in der früh- und hocharchaischen Zeit, 1993, Abb. 61; Gorgo als Herrin der Tiere: ebd. Abb. 62; geflügelte Artemis als Herrin der Tiere: Lexicon Iconographicum Mythologiae Classicae sv Artemis Nr. 29; Nike: Lexicon Iconographicum Mythologiae Classicae sv Nike Nr. 3; Nr. 66; Harpyien: Schefold Abb. 286, Mänade: ebd Abb. 213; Nereiden: ebd Abb. 318;

Thetis: ebd. Abb. 320 und 320bis; ›Atalante‹: W. Hornbostel, Aus der Glanzzeit Athens, 1986, 40 f. Einmal auch Helena, bei der Heimführung durch den mit dem Schwert sie bedrohenden Menelaos: Schefold Abb. 315bis; hier Zeichen ihrer erotischen Offensive (verbunden mit der Situation, dass sie mitgeht).

11 Auch die Fliehenden in diesem Motiv sind supranormale Wesen: Harpyien, Nereiden, Mänaden.

12 Allerdings einmal für Artemis als geflügelte Potnia theron, s. Anm. 10.

13 Noch in der Tradition die Amazone Abb. 5.17 (um 550 v. Chr.). Immerhin konnte diese ›Geste‹ auch spontan neu erfunden werden, wie auf dem spätklassischen bemalten Marmor-Sarkophag aus Tarquinia: Lexicon Iconographicum Mythologiae Classicae Amazones Etruscae Nr. 29 b.

14 Falls nicht gemeint ist, dass der Held die Amazone am Helmbusch hochhebt und sie im Leeren zappelt.

15 Zur realen Schildhandhabung und zur den Möglichkeiten der Schilddarstellung in dieser Zeit: B. Kaeser, Zur Darstellungsweise der griechischen Flächenkunst von der geometrischen Zeit bis zum Ausgang der Archaik, 1981, 27 ff. – Auch der Tonschild selbst, gibt wohl noch den geometrisch/epischen Schildtypus wieder, der mit der Mittelhandhabe nach vorn gehalten wird.

16 Wird der Schild in der geometrischen Vasenmalerei dargestellt, tritt er an die Stelle des Rumpfes und verunklärt so die Aktion. Dass der Körper den Schild überschneidet (und umgekehrt!), kann noch nicht dargestellt werden. – Das Bild kann die ›schildlose‹ Kriegerfigur mit beiden Händen Angriffswaffen führen lassen, realiter genauso unmöglich wie die Schildlosigkeit. Zu diesen Erscheinungen Kaeser a. O. 18 ff.

17 Freilich hätte man gern unseren ›Herakles‹ so deutlich charakterisiert gesehen, wie auf der Fibel Hampe, Sagenbilder Taf. 9 Nr. 10, wo der behelmte Speerkämpfer einen großen Köcher mit Bogen auf dem Rücken trägt. Auf der ikonographisch verwandten Fibel Taf. 14 trägt der Held immerhin sehr auffällig schräg über dem Leib das Schwert in der Scheide, was an die Hervorhebung des Schwertgurts beim Helden des tirynther Schildes erinnert (plausible Deutung der beiden Fibeln: Fittschen, Sagendarstellungen, 73: Herakles und Geryoneus).

18 Bogenschützen wie Paris, Teukros, treten in der Ilias auch als Hopliten auf, auch Pandaros hätte als Wagenritter nach Troja kommen können; das rehabilitiert sie sozusagen. Paris versagt im Nahkampf gegen Menelaos. Pandaros spricht dem eigenen Bogen ein vernichtendes Urteil (Ilias 5, 212 ff.). Paris, auch Pandaros bei seinem Schuss auf Menelaos, erscheinen als ethisch

19 Herakles, Apoll und Artemis, die stets den Bogen benutzen, sind keine Krieger und stehen in ihrem unvergleichlichen Anderssein jenseits jeder Kritik am Bogen. Den beiden Göttern ist der Bogen positiver Ausweis ihrer Göttlichkeit, sie werden nicht handgemein, ihr Zorn trifft aus der Ferne.

20 Das gilt beinahe auch für den typischen Bogner Herakles, der im Amazonenkmapf mit Speer, Schwert und Keule kämpft und sich nur ganz ausnahmsweise mit Pfeil und Bogen gegen die Überzahl der Amazonen wehrt.

21 Das heißt, die Bogenkunst der Amazonen im 7. Jh. kann nicht aus einer, uns verschollenen, epischen Quelle des 8. Jh.s abgeleitet sein, in der die Amazonen ebenso wie ihre griechischen Gegner auch den Bogen einsetzten. Aber selbst wenn dies so wäre, hätte sich die Bedeutung des Bogengebrauchs in den Bildern des 7. Jh.s prinzipiell geändert, weil die männlichen Gegner darauf verzichten.

22 In der Ilias sind die Pfeilschüsse oft nicht tödlich, sie setzen tapfere Nahkämpfer außer Gefecht (so auch der Meisterschuss des Paris in Achills Ferse, wohl schon in der Ilias vorausgesetzt). Dennoch ist die Ilias – das sei gegen eine Spätdatierung eingewendet – in der Akzeptanz des Bogners auf dem Niveau der geometrischen Kampfdarstellungen, nicht der Früharchaik. – Die Phalangen der Ilias gibt es längst in der geometrischen Vasenmalerei (Kaeser a. O.), ja schon spätmykenisch.

23 Das gilt auch für die griechische Seite: Die Bogenschützentruppe besteht hier aus Kretern. Die ethnische Bindung bedeutet positiv: ›diese Kunst ist die besondere Fähigkeit dieses Stammes‹ und negativ: ›diese Kunst ist nicht von generellem Wert‹.

24 Der Kreter Meriones ist zwar bei dem Vogeljagd-Spiel bei den Leichenspielen der besste Bogenschütze, aber als Krieger tritt er schwerbewaffnet auf. Zum Sinn Kaeser in: Lockender Lorbeer, Hrsg. R. Wünsche 2004, 28.

25 W. Raeck, Zum Barbarenbild in der Kunst Athens (1081). Seit 500 v. Chr. wohl auch bei griechischen Leichtbewaffneten und vielleicht auch bei Epheben, wenn auch hier nicht als reguläres Kriegswerkzeug, denn ein Mann von Stand ist auch weiterhin kein Bogner-Krieger.

26 An der Mündung der Schwertscheide sieht man die ›Zunge‹, die (beidseitig) in eine entsprechende Aussparung am Schwertgriff einrasten soll. Das Detail ist schon auf dem tirynther Schild Abb. 5.1 wiedergegeben.

27 Schreibweise: AMAZON. Natürlich ist die Ilias älter, aber nicht als materiell erhaltene Schrift.

28 Im Epos fand die ›Erkenntnis‹ wohl nur bei Achill statt, der beim Spolieren der Leiche sieht, wie schön die Amazone war. Die frühere Bildkunst konnte die Geschichte so nicht darstellen; vielleicht hat nur die Kunst die Liebeserkenntnis in die Kampfszene hineinverlegt und musste dann allerdings die Amazone als auslösender Part darstellen.

29 Allerdings sind es in der Ilias nur Krieger auf troischer Seite, die sich ergeben. So könnte die Geste der Aufgabe einen ›orientalischen‹ Beigeschmack haben, wie es für den Bogengebrauch zu vermuten war: ›Barbaren sind nicht immer so tapfer wie wir‹. – Die Amazone des korinthischen Fragments trägt einen Helm mit einer Mundloch-Aussparung in der Helmwange; dieses Detail ist von Korinth aus gesehen ›fremd‹, es findet sich bei Helmen Kretas, Zyperns und im ionischen Osten.

30 Berlin 31573 v 76, aus Sammlung Karo, 15,3 cm x 12,8 cm, mit Resten weißer Engobe. Ich danke M. Maischberger für Hilfe bei der Identifizierung, für die Angaben und die Publikationserlaubnis. Foto: Staatliche Museen zu Berlin – Preußischer Kulturbesitz, Antikensammlung, Bodestr. 1–3, 10178 Berlin; Foto: Johannes Laurentius.

31 Theseus war also mit seinem beiden ›aushäusigen‹ Taten, dem Minotauros-Kampf und der Gewinnung der Amazone, im 7. Jh. international bekannt. Und wie beim Minotauroskampf sind auch die frühesten Bilder des Antiope-Abenteuers nichtattisch. – Es ist sachlich nicht anders möglich, als dass Theseus Antiope an den Handgelenken festhält; aber es erinnerte den Betrachter vielleicht doch auch an den typischen Griff an die Handwurzel, mit dem der Mann die Braut heimführt oder zu seiner Frau redet, wie Odysseus, als er sich so von Penelope verabschiedete. Vgl. auch Abb. 5.2.

32 Es kommte darauf an, wie die Antiope-Erzählung damals ausgebildet war. – Vielleicht war es eine Strafe Aphrodites für Antiope (oder eine besondere Gnade für Theseus), dass sich die Amazone Antiope in den Landesfeind verliebt. Nach der Sagenversion, die den Theseus als Genossen des Herakles kennt, konnte die Amazonenstadt erst durch den Verrat Antiopes zu Fall gebracht werden.

33 E. Simantoni-Bournia, Anaskaphes Naxou, Anaglyphoi Pithoi, 1990, K20

34 Schefold, Götter- und Heldensagen der Griechen in der früh- und hocharchaischen Zeit, 1993, Abb. 127. Im fehlenden Feld hätte wohl eine Tier-Protome Platz, die die Frau als die sich verwandelnde Thetis bezeichnete. Der ›Amazonenschritt‹ ist für die verfolgte Thetis belegt, ebd. Abb. 320 und 320bis.

35 Wie viel später wieder Penthesilea Abb. 13.1

36 Herodot stellt sich die Amazonen als Kriegerinnen und Jägerinnen vor, siehe Kap. 14.

37 In den Texten der antiken Historiker dagegen wird der Staat der Amazonen zu einem möglichst normalen Staat gemacht, der den Krieg im traditionellen Sinn der Herrschaftsausweitung- und Sicherung einsetzt, s. Kap. 14.

38 Auf den Zusammenhang aufmerksam gemacht hat: H. A. Shapiro, Amazons, Thracians, and Scythians; Greek, Roman and Byzantines Studies, 24, 1983, 105 ff.

39 Kaum ein anderes Volk hat seine Kriege wie ›just for fun‹ geführt: Kaeser in Lockender Lorbeer, Antikensammlungen München 2004, Hrsg. R. Wünsche, 31. – Zur ›Fremdheit‹ des Dionysos als mythensprachlicher Aussage: Kaeser in Kunst der Schale, Kultur des Trinkens, Antikensammlungen München 1990, Hrsg. K. Vierneisel, 349 f. – Die ›Verwurzelung‹ im Ausland bei Ares und Dionysos wird zuweilen als Reflex historischer Vorgänge der Art gedeutet, dass Dionysos und Ares deswegen ›ungriechische‹ Züge trügen. Das halte ich für Ideologie, altgriechische bzw. klassizistische.

40 Eine Ausnahme Lexicon Iconographicum Mythologiae Classicae sv Amazones 49; Athena sieht jedoch der Tötung der Amazone nicht zu, sondern wendet sich mit dem Kopf zu einem Gespann zurück. – Etwas anderes sind Tempelgiebel, die eine göttliche Mitte brauchen. – Eine Sache für sich sind im 4. Jh. v. Chr. die Vasenbilder mit Achill und Penthesilea, wo Athena und Aphrodite anwesend sein können (Lexicon Iconographicum Mythologiae Classicae sv Achilleus 740; 744; sv Amazones 380a) oder die friedliche Verhandlung von Herakles und Hippolyte wie Lexicon Iconographicum Mythologiae Classicae sv Amazones 778a.

41 Allerdings auch in der minoisch-mykenische Glyptik; eine echte Bildtradition zu den (seltenen) spätgeometrischen gegengleichen Kampfpaaren muss man ausschließen.

42 Halsamphora München 1483, CVA 8 Taf. 394.

43 Dabei werden die Perser in aller Regel nicht verächtlich gemacht: sie kämpfen, fliehen nicht haltlos, erscheinen nicht als Masse, nicht in Überzahl. Zum ganzen Komplex T. Hölscher, Griechische Historienbilder 1973, z. B. 38. ff, 91 ff. – Zu dem unterliegenden Griechen auf dem Südfries des Nike-Tempels Hölscher 93 und 98. – Die verlorenen Monumentalgemälde bleiben hier außeracht, dazu Hölscher 66.

44 Diese Regel gilt oft sogar beim Herakleskampf, allerdings nicht bei dem Münchner Beispiel.

45 Martin-von-Wagner-Museum Würzburg 451, ABV 57,114. Foto Museum Würzburg

46 Herakles ist mehr als ein Kriegsheld: Kaeser in Herakles, Herkules, hrsg. R. Wünsche (2003), 64 f.

47 Auch in normalen Kämpfen des späten 6. Jh.s v. Chr. kommt der schildlose zupackende Krieger einigemal vor, z. B. ABV 364,57.

48 Mythen und Menschen, Martin-von-Wagner-Museum der Universität Würzburg, 1997, 140 ff (E. Simon). Vgl. Kap. 11

49 Vorn und Hinten, Rechts und Links, sind hier wie sonst oft in der Archaik bei ›verdrehten‹ Figuren noch nicht körperlich konsequent identifiziert. Zu dem schon von Ohly-Dumm bemerkten: Beim Leinenpanzer sind Element der Vorder- und Rückseite vereint.

50 Die hoplitisch auftretenden Kontrahenten über der sterbenden Amazone in orientalisierender Tracht Lexicon Iconographicum Mythologiae Classicae sv Amazones Nr. 177 (um 480 v. Chr.) unterscheiden sich nur durch den Wangenflaum des Kriegers. Die Unterscheidung geschieht hier praktisch nur durch den Erzählkontext.

51 Im Epos sind es noch Zweigespanne, in den Bildern sind es Viergespanne, die sich in der zweiten Hälfte des 8. Jh.s v. Chr. durchgesetzt haben.

52 Das Bild ist konfus. Meine Überlegung, dass die Figuren des Wagenkorbs in der Schwarzgrundierung als Athena und Herakles geplant, hat sich nicht recht bestätigt; immerhin hat die hintere Amazone keinen Helm und zeigt vorn gebuckeltes Haar.

53 Rotfigurig z. B. Lexicon Iconographicum Mythologiae Classicae sv. Amazones Nr. 295 (a); Nr. 298 (a): Antiope mit Wagenlenkerin auf Seiten der Griechen. – In Gespannen kommen noch im 4. Jh. v. Chr. die epischen Gegner Penthesilea und Achill zum Kampf: Lexicon Iconographicum Mythologiae Classicae Nr. 380 a. – Auf dem bemalten etruskischen Sarkophag Lexicon Iconographicum Mythologiae Classicae Amazones Etruscae 29 kämpfen Amazonen vom Wagen aus gegen Griechen zu Fuß.

54 Hund verfolgt Hase auf Vorder- und Rückseite unter den Pferden von Hoplit/Knappe verteilt z. B. ABV 81,4. – Hunde erscheinen im Griechischen fast nie bei der Jagd zu Pferd; die Fuchsjagd englischen Typs gibt es hier nicht.

55 Halsamphore München 1511, CVA 8, Taf. 415. – Die Darstellungsweise ist episierend nach dem Modell Ajas/Tekros stilisiert, aber wohl doch auch in der sozialen Realität fundiert: Vermutlich war es damals Pflicht jedes Hopliten, einen Sykthensöldner zu finanzieren (und womöglich bei sich zu Hause zu ernähren).

56 Man bedenke noch Folgendes: Bei den skythischen Söldnern wurde die ›Erhöhung‹ im Bild durch die Realität, in der sie nur Mietlinge und keine Mitbürger waren, konterkarriert. Die Amazonen dagegen, die nur im Bild und im Kopf existieren, werden durch die Bildidealität ohne Verlust hochgehalten.

57 Es gibt ikonographische Indizien, dass (z. B. am Maussoleion oder am Tempel von Magnesia) die Bekleidung so gemeint ist, wie sie plastische ausgeführt ist, und keine Ärmel- und Hosentracht durch Malerei ergänzt war.

6. Wie aus den Amazonen ein ›Reitervolk‹ wurde

1 Schale aus Marmaro in Rhodos; L. Laurenzi, Necropoli Ialisie, Clara Rhodos VIII, 1936, Abb. 98. 103–107 Taf. 5; ABV 198, 1.

2 Um die Wende vom 1. zum 2. Viertel des 7. Jhs. v. Chr. gibt es auf protokorinthischen Vasen die frühesten Bilder des reitenden Bellerophon im Kampf gegen die Chimaira (z. B. Skyphosfragment aus Aigina: K. Schefold, Frühgriechische Sagenbilder [1964] Taf. 22) und etwa gleichzeitig auch von den Dioskuren (Aryballos aus Theben: CVA Oxford [2] IIIC Taf. 1,5; Schefold, a. O. 39 Abb. 10; K. Fittschen, Untersuchungen zum Beginn der Sagendarstellungen bei den Griechen [1969] 161–164 GT 1). Allerdings ist die Deutung der Reiter als Dioskuren hier wie bei einem weiteren protokorinthischen Aryballos im Louvre (Schefold, a. O. 39 Abb. 9; Fittschen, a. O. 186. 189–190 SB 104; Lexicon Iconographicum Mythologiae Classicae III (1986) s. v. Dioskouroi 582 Nr. 174 [A. Hermary]) umstritten. Die früheste gesicherte Darstellung eines reitenden Dioskuren – in diesem Fall des inschriftlich bezeichneten Kastor – findet sich auf einem korinthischen Skyphosfragment aus dem frühen 6. Jahrhundert v. Chr. in Athen (T. J. Dunbabin, Perachora II [1962] Taf. 100. 163,8 Nr. 2469).

3 M. Schäfer, Zwischen Adelsethos und Demokratie (2002) Abb. 4.

4 Dessen ungeachtet führte man um die Wende vom 8. zum 7. Jahrhundert v. Chr. auf Euböa einen erbitterten Krieg um die Lelantische Ebene, das beste Ackerland und die besten Weideplätze für die Pferdezucht. Dazu O. Murray, Das frühe Griechenland (1982) 101–105; V. Parker, Untersuchungen zum Lelantischen Krieg und verwandten Problemen der frühgriechischen Geschichte (1997). Die kleinräumige Geographie Griechenlands bedingte wohl, dass Pferdezucht in größerem Umfang nur in wenigen Regionen, in Thessalien, Makedonien, Böotien und in Westgriechenland betrieben wurde, wo ausgedehnte Ebenen zur Verfügung standen. Zu den ungünstigen Voraussetzung für die Pferdezucht zuletzt M. Schäfer, a. O. 9–15.

5 CVA München (11) Taf. 55,1–2 (Inv. Nr. 2240); Kunst der Schale (1991) Taf. 2.19; 14.6; 17.3; 19.4.

6 Zum Pferdesport zuletzt ausführlich A. Schmölder-Veit, in: Lockender Lorbeer (2004) 180–204.

7 G. R. Bugh, The Horsemen of Athens (1988); I. G. Spence, The Cavalry of Classical Greece (1993). Wegen der Parteinahme vieler ihrer reichen Mitglieder für die Tyrannis nach dem Ende des Peloponnesischen Krieges verlor die Reiterei in Athen nach dem Sturz der Dreißig jedoch wieder stark an Ansehen.

8 Die wenigen Beispiele auf spätgeometrischen Vasen (vgl. Anm. 3) sind noch unspezifisch, auf jeden Fall kein Nachweis für berittene Streitkräfte in so früher Zeit. Es bleibt offen, wer dargestellt ist, und möglicherweise signalisierte das Pferd nur einen herausgehobenen Status bzw. Reichtum; M. Schäfer, a. O. 49–50. Im späten 7. (und frühen 6.) Jahrhundert v. Chr. finden sich auf Vasen aus Korinth (P. Greenhalgh, Early Greek Warfare [1973] Abb. 46–48; 52. 54–55) und auf einem lakonischen Elfenbeinrelief (Greenhalgh, a. O. Abb. 49) Krieger hoch zu Ross, doch handelt es sich meist um Hopliten (Schwerbewaffnete), die das Pferd nur als Transportmittel nutzen. Ein attischer Lekanisdeckel (Greenhalgh, a. O. Abb. 56) zeigt deutlich, dass üblicherweise nur Leichtbewaffnete mit Speer zu Pferd kämpften, während Hopliten vom Pferd stiegen, sobald sie das Schlachtfeld erreicht hatten und ein unbewaffneter »Knappe« sich der Tiere annahm.

9 I. Scheibler, Bild und Gefäß, JdI 102, 1987, 82 mit Anm. 90; I. Vogt, Studien zu Pferd und Reiter in der frühgriechischen Kunst. Diss. Bonn 1990 (1991) 152; M. Schäfer, a. O. 51.

10 Etwa der ›Reiter Rampin‹ aus der Zeit um die Jahrhundertmitte und die wohl noch etwas frühere Reiterstatue aus Vari; M. Schäfer, a. O. Abb. 25–26. Aber schon seit etwa 530 v. Chr. stiften auch Handwerker Reiterstandbilder (M. Schäfer, a. O. 142). Deren Beliebtheit gerade in jener Zeit könnte mit der Einrichtung der Klasse der Hippeis zu Beginn des 6. Jahrhunderts v. Chr. unter Solon in Zusammenhang stehen. Freilich bleibt heftig umstritten, ob damals bereits eine Kavallerieeinheit gebildet worden ist; dazu zuletzt M. Schäfer, a. O. 25–26 mit Anm. 128–133.

11 CVA München (11) Taf. 21,1–3 (Inv. Nr. 9436); Kunst der Schale (1991) Taf. 17.4; 23.1. Neben der leichten Kavallerie hat es aber wohl auch kämpfende Reitereinheiten mit schwerer Panzerung gegeben; vgl. oben sowie CVA München (8) Taf. 413,1; 414; 418 (Inv.Nr. 1509).

12 Dinos des Malers von Akropolis 606, Athen NM; B. Graef/E. Langlotz, Die anti-

ken Vasen von der Akropolis zu Athen (1925) Taf. 31; Chr. Ellinghaus, Aristokratische Leitbilder – Demokratische Leitbilder (1997) Abb. 17.

13 M. Schäfer, a. O. 25–28. Ders., ebenda 69–73 sieht u. a. in den Vasenbildern einen Beleg dafür, dass es schon deutlich früher im 6. Jh. v. Chr. eine Kavallerie in Athen gegeben hat.

14 FR I Taf. 13. Ein weiterer Bogenschütze mit Spitzmütze scheint dagegen aufgrund seines Namens (»Euthymachos«) Grieche zu sein; auch andere fremde Ausrüstungsteile wie der Reflexbogen konnten von Griechen, und nicht nur von Herakles, getragen werden. Zu weiteren frühen Skythendarstellungen M. F. Vos, Scythian Archers in Archaic Attic Vase-Painting (1963) 2–5. Literarische Hinweise auf griechisch-skythische Kontakte finden sich schon deutlich früher, bei Homer und Hesiod; vgl. B. Bäbler, Fleissige Thrakerinnen und wehrhafte Skythen (1998) 164.

15 Ebendort wurde bezeichnenderweise als eines der ältesten griechischen Fundstücke eine Scherbe des Malers von Athen 606 gefunden, also von einem attischen Vasenmaler, dem auch eines der frühesten Skythenbilder zugeschrieben werden kann; Vos, a. O. 5 mit Anm. 2.

16 CVA München (1) Taf. 9,3–4 (Inv.Nr. 1375). Vgl. zur »Thrakermode« in Athen im späten 6. Jahrhundert v. Chr. W. Raeck, Zum Barbarenbild in der Kunst Athens im 6. und 5. Jh. v. Chr. (1981) 69–71.

17 Auch zu den Thrakern bestanden schon deutlich früher Kontakte. Schon im frühen 7. Jahrhundert v. Chr. gründeten Griechen Kolonien in der nördlichen Ägäis, an der thrakischen Küste. Der Dichter Archilochos berichtet von wiederholten Kämpfen mit diesem wilden Volk.

18 CVA München (9) Taf. 29,1–2; 30; 34,2 (Inv.Nr. 1500).

19 G. Fischer, Die jungen Reiter am Parthenonfries, in: R. von den Hoff/St. Schmidt (Hrsg.), Konstruktionen von Wirklichkeit (2001) 193–194. Gleichwohl findet sich dieses Bewegungsmotiv in hochklassischer Zeit selbst bei Bildern vom Pferderennen (J. H. Oakley, The Phiale Painter [1990] Taf. 43b; 44–46), woran deutlich wird, dass es sich nicht um den Versuch einer naturalistischen Wiedergabe handelt.

20 Das Motiv ist alt, findet sich bereits auf einem frühkorinthischen Aryballos (T. J. Dunbabin, Perachora II [1962] Taf. 61 Nr. 1590).

21 Auf einem attischen Lekanisdeckel in Neapel um 560 v. Chr. (MonAnt 22, 1913, Taf. 57) sind die Reiter schon abgesprungen und reihen sich in die Phalanx ein.

7. Die Heimat der Amazonen

1 Einerseits waren große Heiligtümer wie das des Zeus in Olympia oder das Heraion von Samos durchaus »international«, andererseits gab es aber auch exklusiv griechische Veranstaltungen wie die großen Spiele mit ihren sportlichen Wettkämpfen; vgl. Lockender Lorbeer (2004) 37. 44 ff.

2 Obwohl gerade die Karer kulturell sehr eng mit den Griechen verbunden waren, hebt Homer nur bei ihnen die fremde Sprache hervor. Das könnte daran liegen, dass der Dichter wahrscheinlich aus Ionien stammte, also eben jener Landschaft, wo eingewanderte Griechen mit autochthonen Karern zusammenlebten. Im täglichen Umgang war ihm deren fremde Sprache natürlich besonders bewusst.

3 Die Lebensweise der Fremden dagegen erschien nicht im Bild, lediglich ihre Kampftaktik, wenn sie sich signifikant von der griechischen unterschied.
Auch jetzt und in der Folgezeit beschränkte sich die Darstellung von Fremden auf wenige Völker. Obwohl etwa phönizische und etruskische Kaufleute mit Sicherheit ebenso zum Stadtbild griechischer Städte gehört haben wie schwarze Sklaven oder Skythen, lassen sie sich in der Bildkunst nicht ausmachen.

4 Zuletzt Mythos Troja (2006) Abb. 18.9 Kat. Nr. 52; vgl. ebenda Abb. 12.8; 13.1. Ein Vorschlag zur Farbrekonstruktion Bunte Götter (2003) Abb. 132.

5 FR I Taf. 13.

6 Vgl. dazu M. F. Vos, Scythian Archers in Archaic Attic Vase-Painting (1963) 61 ff.; W. Raeck, Zum Barbarenbild in der Kunst Athens im 6. und 5. Jahrhundert v. Chr. (1981) 14–15. 18. 63–66; skeptisch Chr. Ellinghaus, Aristokratische Leitbilder – Demokratische Leitbilder (1997) 243 ff. Allein die Staatlichen Antikensammlungen besitzen eine Vielzahl von Skythendarstellungen aus dem späten 6. Jh. v. Chr.; vgl. z. B. CVA München (8) Taf. 415,2 (Inv. Nr. 1511); CVA München (1) Taf. 36,4 (Inv. Nr. 1408).

7 CVA München (11) Taf. 63,4–5 (Inv. Nr. 2104); Kunst der Schale (1991) Taf. 1.6; 2.29; 14.7. Vgl. dazu ausführlich Vos, a. O. 55–57 Taf. 18; Raeck, a. O. 217–219. 223. 225. Zu Tracht und Bewaffnung der Skythen zuletzt: Im Zeichen des goldenen Greifen. Königsgräber der Skythen. Ausst. Kat. Berlin (2007) 140–147 Abb. 9–11 [V. I. Molodin/N. Polos'mak]; 158–161 Abb. 1–4 [B. Jacobs].

8 Christie's London, 6. Juli 1994, 182–183 Nr. 521; Beazley, Paralipomena (1971) 61.

9 Paris, Louvre E 875; Abb. hier: Zeichnung DAI Rom; CVA Louvre 5, III Hd Taf. 18–20; Bothmer, a. O. 8 Nr. 25 Taf. 14–16; Vos, a. O. 2 Nr. 5; Lexicon Iconographicum Mythologiae Classicae I (1981) s. v. Amazones 588 Nr. 16 [P. Devambez/A. Kauffmann-Samaras].

10 CVA München (8) Taf. 373.2; 375 (Inv.Nr. 1485); Herakles – Herkules (2003) Abb. 37.1–3 Kat.Nr. 132.

11 Auch wenn die älteste literarische Erwähnung in der Aithiopis des Arktinos in das 6. Jahrhundert v. Chr. datiert (vgl. Kap. 14), ist es durchaus möglich, dass diese Vorstellung schon sehr viel früher existierte.

12 Er bezeichnet Themiskyra, wo der Fluss ins Schwarze Meer mündet, jedoch nicht wie spätere Autoren explizit als ihre Hauptstadt. Der römische Feldherr Lucullus eroberte dann im Krieg gegen Mithridates das von Griechen bewohnte Themiskyra, das seine Gründung den Amazonen zuschrieb (vgl. Kap. 14).

13 St. Petersburg, Ermitage Inv.Nr. 1479; A. Rumpf, Chalkidische Vasen (1927) Nr. 104 Taf. 109; Bothmer, a. O. 111 Nr. 1; Lexicon Iconographicum Mythologiae Classicae I (1981) s. v. Amazones 605 Nr. 288 [P. Devambez/A. Kauffmann-Samaras].

14 Dazu ausführlich M. Rostovtzeff, The Parthian Shot, AJA 47, 1943, 174–187; siehe auch K. Jettmar, Die frühen Steppenvölker (1965) 220.

15 London, British Museum 1857.12–20.268. R. Lullies, Griechische Plastik ⁴(1979) Taf. 201 oben; B. F. Cook, Relief Sculpture of the Mausoleum at Halicarnassus (2005) Taf. 8,9.

16 CVA München (5) 21 Abb. 1 Taf. 226,17 (Inv.Nr. 8708).

17 N. Himmelmann, Alltag der Götter (2003) 39–40 Abb. 14–16; demnach ließe sich die geöffnete Hand auch als Betgestus deuten.

18 Paris, Louvre CA 1710. ARV² 663, 2; Bothmer, a. O. 153. 160 Nr. 87 Taf. 73,7; Lexicon Iconographicum Mythologiae Classicae I (1981) s. v. Amazones 627–628 Nr. 656 [P. Devambez/A. Kauffmann-Samaras].

19 Auf persischen Bildwerken, auf Siegeln oder den Apadana-Reliefs in Persepolis, aber auch auf kleinasiatischen Bildern wie den bemalten Holzbalken aus dem Grab von Tatarli (L. Summerer, Picturing Persian Victory: The Painted Battle Scene on the Munich Wood, in: Ancient Civilizations from Scythia to Siberia 13, 2007, Abb. II) sind Skythen und Perser konsequent und eindeutig durch die jeweils spezifische Form ihrer Mützen unterschieden. Die vermeintliche Herkunftsbezeichnung »phrygisch« geht darauf zurück, dass man diese Kopfbedeckung zunächst bei den Amazonen beobachtete und mit deren vermeintlicher Heimat in Phrygien in Verbindung brachte.

20 z. B. CVA München (4) Taf. 169,1; 170,1; 171,1–2; 172,1–2 (Inv.Nr. 2308). Vgl. auch CVA München (8) Taf. 415,2 (Inv.Nr. 1511);

CVA München (1) Taf. 36,4 (Inv.Nr. 1408); Inv.Nr. 2619, ARV² 74,40 (Epiktet).

21 M. Miller, Athens and Persia in the Fifth Century BC (1997).

22 Das kann soweit gehen, dass die hoffnungslos unterlegenen Feinde wie auf der Eurymedon-Kanne regelrecht gedemütigt werden. Dazu zuletzt noch einmal W. Raeck, Das Perserbild in der griechischen Kunst, in: Das Persische Weltreich. Ausst.Kat. Speyer 2006 (2006) 152–159. 164–165.

23 Vgl. T. Hölscher, Griechische Historienbilder des 5. und 4. Jahrhunderts v. Chr. (1973) 46. 71–73; E. Thomas, Mythos und Geschichte. Diss. Köln 1972 (1976) 35–46.

24 Herodot stellt in seinen *Historien* erstmalig einen grundsätzlichen Gegensatz zwischen Europa und Asien her, der zwangsläufig in militärischen Auseinandersetzungen mündet, zuletzt in den Perserkriegen. Dabei wird der Unterschied zwischen den Gesellschaftsordnungen, orientalischer Despotie auf der einen und griechischer Demokratie oder Oligarchie auf der anderen Seite, herausgestellt. Nicht der einzelne Grieche ist dem einzelnen Perser überlegen, aber der griechische *nomos*, die soziale und politische Ordnung. Erst seit der Krise des Peloponnesischen Krieges setzt sich in Athen vermehrt die Ansicht der natürlichen oder gottgewollten Überlegenheit der Griechen durch.

25 Vgl. H. Schoppa, Die Darstellung der Perser in der griechischen Kunst bis zum Beginn des Hellenismus (1933) 46–55; Raeck, a.O. 151– 152; E. Rehm, Purpur und Gold – Die persische Tracht, in: Das Persische Weltreich. Ausst.Kat. Speyer 2006 (2006) 203–209.

26 Böotisch-rotfiguriger Kelchkrater Athen, Nationalmuseum 12683; Geschenke der Musen. Musik und Tanz im antiken Griechenland. Ausst.Kat. Musikinstrumenten-Museum Berlin 10.6.–31.8.2003 (2003) 92. 256–257 Nr. 131; attisch-rotfigurige Oinochoe in Würzburg Inv.Nr. 623a; E. Langlotz, Martin-von-Wagner-Museum der Universität Würzburg. Griechische Vasen (1932) 120 Taf. 173; Raeck, a.O. 155.

27 München, Staatliche Antikensammlungen Inv.Nr. 9682; Bilder der Hoffnung. Ausst. Kat. Hamburg (1995) 40–41 Nr. 12.

28 Kieselmosaik in Eretria: D. Salzmann, Untersuchungen zu den antiken Kieselmosaiken von den Anfängen bis zum Beginn der Tesseratechnik (1982) 90–91 Nr. 37 Taf. 26,1–3; Terrakottarelief aus Capua: R. Lullies, Vergoldete Terrakotta-Appliken aus Tarent, RM 7. Erg.H. (1962) Taf. 32,2.

29 Vgl. bereits K. Schefold, Untersuchungen zu den Kertscher Vasen (1934) 147.

8. Starke Frauen gegen den stärksten Helden

1 Dazu ausführlich : Ausst. Kat. Herakles – Herkules, München 2003, S. 34 ff..

2 Die unteritalische Vasenmalerei kennt eine ganze Reihe von Darstellungen, wie eine Amazone dem Herakles einen Gürtel übergibt. Es muss also zu dieser Zeit eine dementsprechende friedliche Sagenversion gegeben haben. Vgl . M. Giuman, Il cinto della regina Eracle e Ippolita: Esegesi di un episodio mitico tra rito e funzione, in: Iconografia 2001, Atti del Convegno, Padua 2002, S. 225 ff.

3 Die Darstellung auf einer schwarzfigurigen Lekythos in London ist als Herakles mit Gürtel gedeutet worden : Der gegen eine Amazone kämpfende Krieger mit einem Gürtel in der Hand trägt jedoch einen Helm und ein Hirschkalbfell und kann nicht Herakles sein. Abg. in Ausst. Kat. Herakles-Herkules a. O. 139.

4 Manchmal schützt er sich mit dem Schild.

5 Unzutreffend die Beschreibung zu dieser Kampfgruppe in Ausst. Kat. Herakles – Herkules a. O. 139: »Die rechte Amazone liegt auf dem Boden, so dass ihr Gegner sie mit dem Fuß niederhalten kann, während er den tödlichen Stoß mit seiner Lanze ausführt.«

6 Auch die Finger der rechten Hand sind zur Verdeutlichung der zugreifenden Faust, von ›außen‹, wie eine linke Hand gegeben.

7 München, Antikensammlung 592. Dazu ausführlich: Ausst. Kat. Herakles-Herkules, a. O. 184 ff..

8 Dazu ausführlich: D. v. Bothmer, Amazons in Greek Art , 1957.; Kat . Ausst. Herakles-Herkules , a. O. passim.

9 Zu den aktuellen dänischen Forschungen zum Mausoleum von Halikarnassos vgl. The Maussolleion at Halikarnassos publiziert. – Fries: B. F. Cook, Relief Sculpture of the Mausoleum at Halicarnassus, 2005. – Darstellung der Amazonen: Lexicon Iconographicum Mythologiae Classicae I, 1981, 593 Nr. 102.

10 London, British Museum 1847.4–24.7; vgl. Cook ebenda 49 f. Nr. 13. Hier nach dem Abguss München, Museum für Abgüsse Klassischer Bildwerke.

11 Vgl. zum Tempel G. Gruben, Griechische Tempel und Heiligtümer, 52001, 426 ff. – Fries: A. Yaylayi, Der Fries des Artemisions von Magnesia am Mäander, 1976. – Darstellung der Amazonen: Lexicon Iconographicum Mythologiae Classicae I, 1981, 594 Nr. 104.

12 Istanbul, Archäologisches Museum; vgl. Yaylayi ebenda 46.

9. Amazonenkämpfe – gegen die Athener?

1 Vgl. etwa Lexicon Iconographicum Mythologiae Classicae I, 1981, 602 Nr. 240 s. v. Amazones.

2 Zur Problematik vgl. J. Boardman, in: D. C. Kurtz – B. Sparkes (Hrsg.), The Eye of Greece, 1982, 1 ff.; Lexicon Iconographicum Mythologiae Classicae I, 1981, 587 ff. s. v. Amazones.

3 Vgl. F. Lissarrague, L'autre guerrier, 1990, 33.

4 Würzburg, Martin von Wagner Museum der Universität, L 310. Vgl. Beazley, ABV 666 f.; E.P. Manakidou, *Parastaseis me armata* (8.–5. ai. p. Chr.) Paratiriseis stin Eikonographia tous, 1994, 100 Nr. 32; E. Simon (Hrsg.), Führer durch die Antikenabteilung des Martin von Wagner Museums der Universität, 1975, 115.

5 Zum Bildschema vgl. D. von Bothmer, Amazons in Greek Art, 1957, 106 ff.

6 Vgl. Manakidou ebenda 103 (drei Beispiele).

7 Zur Salpinx vgl. P. Krentz, in: V. D. Hansen (Hrsg.), Hoplites. The classical Greek Battle Experience, 1991, 110 ff.; D. Paquette, L'instrument de musique dans la céramique de la Grèce antique, 1984, 74 ff. – Athena und Salpinx: A. Serghidou, in: S. Deacy – A. Villing (Hrsg.), Athena in the classical world, 2001, bes. 69.

8 »Über den Kosmos« 399 b. Übersetzung nach H. Strohm.

9 Zu diesem Bildschema vgl. auch die Schale Kat. 100 und die Kanne Kat. 101.

10 Vgl. CVA München (14) zu Taf. 50, 4 zur Frage der Benennung.

11 Vgl. Beazley, ABV 617 f. Nr. 1–36; I. Scheibler, Antike Kunst 43, 2000, 51. – Die sehr fragmentierte Kanne Kat. 99 lässt ein ähnliches Geschehen nur mit noch mehr Mühe erkennen.

12 Vgl. CVA München (12) zu Taf. 40, 4. 5, S. 49.

13 Basel, BS 1453. P. Blome, Antikenmuseum Basel und Sammlung Ludwig, 1999, 67 ff.

14 Vgl. P. G. P. Meyboom, in: H. A. G. Brijder – A. A. Drukker – C. W. Neeft (Hrsg.), Enthousiasmos. Essays on Greek and Related Pottery presented to J. M. Hemelrijk, 1986, 200.

15 Vgl. dazu M. Miller, Athens and Persia in the fifth century BC, 1997, 49. 171.

16 Vgl. etwa M. B. Moore, Attic Red-Figured and White-Ground Pottery, The Athenian Agora 30, 1997, 150 f. Nr. 117.

17 Vgl. W. Ehrhardt, in: R. Vollkommer (Hrsg.), Künstlerlexikon der Antike Band II, 2004, 82 ff. s. v. Mikon; M. Jung, Marathon und Plataiai. Zwei Perserschlachten als »lieux de mémoire« im antiken Griechenland, 2006, 109 ff.

18 BS 486. Maler von Bologna 279. CVA Basel (3) Taf. 3–5; Lexicon Iconographicum Mythologiae Classicae I, 1981, 606 Nr. 302 s. v. Amazones.

19 Vgl. K. D. S. Lapatin, Chryselephantine Statuary in the ancient Mediterranean World, 2001, 63 ff.; G. Nick, Die Athena Parthenos. Studien zum griechischen Kultbild und seiner Rezeption, 19. Beiheft der Mitteilungen des Deutschen Archäologischen Instituts, Athenische Abteilung, 2002; V. M. Strocka, in: R. Vollkommer (Hrsg.), Künstlerlexikon der Antike Band II, 2004, 209 ff., bes. 220 ff. Nr. 9 s. v. Pheidias.

20 Plinius nat. hist. 36, 18. Übersetzung nach R. König.

21 London, British Museum 303. N. Leipen, Athena Parthenos. A reconstruction, 1971, 8 Nr. 31; Lexicon Iconographicum Mythologiae Classicae I, 1981, 602 Nr. 246 f s. v. Amazones; Nick ebenda 177; Strocka ebenda 222.

22 Plutarch, *Perikles*, Kapitel 31. Übersetzung K. Ziegler.

23 Vgl. Strocka ebenda 222.

24 Aischylos, *Eumeniden* V. 683 ff. Übersetzung O. Werner.

25 Pausanias, *Beschreibung Griechenlands* 1, 2, 1. Übersetzung E. Meyer.

26 Vgl. etwa Herodot, *Historien* 9, 27, 4. Platon, *Menexenos* 239 b. Demosthenes, *Totenrede* 8. – Vgl. auch Isokrates, *Archidamos* 42. Isokrates, *Panathenaikos* 192.

27 Isokrates, *Panegyrikos*. 380 v. Chr. Absatz 68 ff. Übersetzung C. Ley-Hutton.

28 Vgl. Boardman ebenda 1 ff.; Jung ebenda 114.

10. Amazonen – Städtegründerinnen und Heroinen

1 RE, 1, 1894, s. v. Amazonen 1756 ff. (J. Toepffer).

2 Von L. Summerer u. S. Atasoy: Talanta, 32–33, 2000–2001, 27 ff.

3 Die Statuen ausführlich behandelt, von R. Bol, Amazones Volneratae, Mainz 1998.

4 R. Wünsche, Münchner Jahrbuch, 46, 1995, 187 ff.

5 In Merida ist vor kurzem eine vollständige Amazone dieses Typus' aufgefunden worden, bei der sich auch die Finger weitgehend erhalten haben. Sie schließen das Halten einer Lanze aus: Die Handhaltung ist ähnlich wie bei der Reliefplatte aus Ephesos in Wien (Kunsthistorisches Museum) und wie sie auch bei mehreren dieser Statuen richtig ergänzt wurde (vgl. Bol, a. O. Tf. 134, a, c, d; 133 f). Die Statue in Merida stützt sich auf einen Pfeiler, wie er sich auch an den Statuen in Berlin und New York ansatzweise erhalten hat. Das spricht gegen den Gedanken von M. Weber, dass sich die originale Statue auf eine Streitaxt stützte und der Pfeiler eine Zufügung des

römischen Kopisten sei (M. Weber, JdI, 91, 1976, 32; JdI. 99, 1984, 92). An der Statue in Merida haben sich reichlich Farbreste erhalten: Der Pfeiler ist gänzlich rot. Ebenso sind der untere Gewandsaum des Chitons und der Gürtel rot gefärbt. Auch die Iris ist gemalt. Ein weiteres Beispiel dafür, dass in römischer Zeit die Farbe oft zur Pointierung von Einzelformen diente. (Vgl. R. Wünsche in Kat. Ausst. Bunte Götter, Hamburg 2007, 23, hrsg. V. Brinkmann-R. Wünsche.) Der Augustus von Primaporta und zahlreiche andere römische Skulpturen sind offensichtlich nur partiell farbig gefasst gewesen. Wieweit dies auch auf diese Amazone zutrifft, ob z. B. der nackte Körper, das Inkarnat, dieser Amazonenstatue wie auch bei einem in Herculaneum neu gefundenen Kopf einer Amazone des gleichen Typus, unbemalt blieb, ist noch nicht erwiesen. (zu diesem grundsätzlichen Problem: J. S. Ostergaard, in Kat. Ausst. The Color of Life, J. P. Getty Museum 2008, 40 ff., ed. R. Panzanelli).

6 Von dem Bildhauer Kydon wissen wir sonst nichts. Sein Name folgt bei Plinius unmittelbar nach Kresilas. Da Kresilas aus Kydonia stammt, ließe sich, wie schon öfters erwogen, diese Angabe des Künstlernamens auch als ein Missverständis des Plinius erklären.

7 Zusammengestellt bei: R. Bol, a. O. 6 ff.

8 Erfrischend, die Bemerkungen zur politischen Bedeutung und dem Sinn dieser und anderer Denkmäler: T. Hölscher, BCH, Suppl. 38, 2000, 205 ff.

9 Die Bedeutung des Asyls von Ephesos und der dortigen Amazonendarstellungen prägnant dargestellt von R. Fleischer, JdI, 117, 2002, 185 ff.

10 R. Bol, a. O. 117.

11 R. Bol, a. O. 117.

12 R. Bol, a. O. 121.

13 R. Bol, a. O. 122.

14 Nur eine (Abb. 8) hat noch einen Reitermantel, der über ihren Rücken fällt.

15 Zur Tracht: B. Schmaltz, AA (1995) 339 ff.

16 W. Christ, Abh..Bayr. Akad. d. Wiss., Bd. 10,2, München 1866, S. 377 ff. R. Stupperich in: Kat. Ausst.: Der Pfälzer Apoll, 2007, S. 89 f.

11. Amazonen sind schöne Frauen

1 Dazu gehört noch die Kurzhaarigkeit von Sklavinnen und Arbeiterinnen, oder als Einzelfall die Physiognomie der Adikia auf der Pelike in Wien: LIMC sv Dike. – Die böse Erinnys LIMC sv. Nr. 8.

2 Indem der Nasenschutz beim übergezogenen Helm (in Profilansicht) weggelassen wird, macht die Darstellungsweise ein Zugeständnis auch an das Gesicht des Kriegers, – wenn auch eher aus zeichnerischer Bequemlichkeit.

3 Der ›Kappenhelm‹ wäre in der Realität bei der ersten Bewegung vom Kopf gefallen (zumal mit dem hohen Helmbusch, der ihm als Kompensation aufgesetzt wird). Die ›Verkürzung‹ auch sonst bei behelmten Göttinnen (z.B. im Gigantenkampf); aber auch bei einem behelmten Apoll (ABV 97,32), hier Abb. 20. 4: eine Reverenz vor der Schönheit dieses Gottes und in Unterscheidung zum Kriegsgott Ares. – Die Bildgestaltung des ›reduzierten‹ Helms wird im Archäologenjargon zuweilen ›attischer Helm‹ genannt, als ob es sich um einen Typus der Wirklichkeit handele.

4 Es sind gerade die auf diese Weise sichtbar gemachten Wangen, die seit Homer bei Frauen gerühmt werden.

5 So E. Simon (zum Stück hier Abb. 5.18) in: Mythen und Menschen. Griechische Vasenkunst aus einer deutschen Privatsammlung. 1997, 144.

6 Zur Frisur: B. Schmaltz, AA 1995, 335 f. Schmaltz plädiert nicht zuletzt wegen der Anlage der Frisur wieder für die Zuschreibung an Polyklet. – Rom Konservatorenpalast Inv. 1091. Abb. 11.5a: DAI Rom 68.3420; 11.5b: Foto Fittschen-Badura.

7 Dass die Bezeichnung mindestens so weit zurückreicht, schließe ich daraus, dass seit dem späteren 5. Jh. v. Chr. der kleine Becher (Kothon), der in dieser Zeit dem Herkles heilig wird, zuweilen diesen Knoten am Henkel trägt.

8 Halsband Berlin: A. Greifenhagen, Schmuckarbeiten in Edelmetall, II (1975), Taf. 6.

9 Die bürgerliche Frau konnte mangels frei verfügbaren Vermögens sich nicht nach Belieben Schmuck kaufen. Er war Teil ihrer Mitgift oder Geschenk ihres Mannes.

10 Vgl. schon um 560 v. Chr. LIMC Amazones Nr. 9: Blüte als Stirnzier. – Die Stephane am Helm wohl am frühesten bei Athena.

11 Die spätarchaische Darstellungsweise führt bei Frauenfiguren in Halbprofil und Dreiviertelansicht nicht selten nur eine Brust im Kontur aus, nämlich die ›grundnähere‹ (zB. Abb. 9.1); das gilt generell und ist keine Charakterisierung der Amazonen.

12 Die Deutung des Namens im Sinne von ›brustlos‹ geht ins 5. Jh. v. Chr. auf Hellanikos zurück. Interessant ist die früheste Schreibweise (Abb. 5.7) Amazon, was außer an mazoϛ auch an maϛtoϛ (gleichfalls: ›Frauenbrust‹) anklingt. – Eine andere Etymologie dieser Zeit, indirekt zum erstenmal bei dem Dichter Aischylos belegt, versteht den Namen der Amazonen als ›Brotlose‹ (von máza – Gerstenbrot), die kein Akerbau kennen und darum ›Fleischesser‹ sind (so bei Aischylos). Diese Eigenschaft präzisiert sie einerseits als Barbaren. Man vergleiche andererseits bei Herodot den niedereren Rang der sesshaften ›acker-

bautreibenden‹ Skythen gegenüber den ›Königsskythen‹, die dergleichen nicht tun.

13 Der Leinenpanzer führt auch in der plastischen Darstellung zur völligen Angleichung an den Männerkörper. Man vergleiche bei den Metopen von Selinunt E die Amazone im Leinenkoller (LIMC sv Amazones Nr. 96) mit Hera und Artemis im fraulichen Gewand.

14 München 1563, CVA 8 Taf. 365.

15 Während die Kentauren nicht selten gerade an diesen Stellen von den Kriegern getroffen werden. Die Kentauren sind Unholde und Halbtiere, die Amazonen nicht.

16 Speer quer durch eine Brust: Mythen und Menschen. Griechische Vasenkunst aus einer deutschen Privatsammlung. Würzburg (1997), 144f. Brutalitäten sind selten: LIMC sv Amazones Nr. 399 (unter der Gürtellinie).

17 Natürlich gibt es auch Ideale zweiten und dritten Rangs und eine Spannbreite von Möglichkeiten. Die Brüste der kauernden Aphrodite sind voller als die der Knidia. Ich will auch nicht ausschließen, dass Amazonen absichtlich flachbusig dargestellt werden konnten, so vielleicht LIMC sv Nr. 100. – Das moderne vollbusige Frauenideal, von dem sich der moderne Betrachter griechischer Kunst distanzieren muss, scheint in der früheren Neuzeit aufgekommen zu sein.

18 Während heute zuweilen formuliert wird, die Griechen hätten ihr Bild der Frau als ein defizitäres Bild des Mannes konstruiert, haben etwas frühere Betrachter vom ›mann-weiblichen‹ Körperideal der Griechen gesprochen.

19 Die bürgerliche Auffassung ging mit der heroischen des Epos konform: Auch seine Helden sind keine Berufsmenschen, sondern souveräne, allseits kompetente Personen.

20 Zum Komplex: N. Himmelmann, Ideale Nacktheit in der griechischen Kunst, 1990. – Die nichtdeskriptive Nacktheit der Männerfigur als Möglichkeit neben realistischeren Darstellungen lässt sich ins Minoisch-Mykenische zurückverfolgen. Die Neufassung der geometrischen Kunst besteht in der zeitweise Generalisierung auf beide Geschlechter und auf jede Situation.

21 Den gesellschaftlichen Unterschied hat freilich auch die ältere geometrische Kunst schon bezeichnen können, zB. durch Attribute, Handlung, Position in der Szene.

22 U. Kreilinger, Anständige Nacktheit, 2007. – Diese Erscheinung der spätarchaischen Kunst zeigt eine neue Reflektiertheit gegenüber der Darstellung als Kategorie des Sichtbaren, wie sie sich auch in der systematischeren Anwendung perspektivischer Elemente in dieser Zeit niederschlägt. – Die nackten Mädchen als Stützfiguren der früheren lakonischer Standspiegel lassen

sich als ideales erotisches Selbstbild der Frau verstehen. Das Gerät war – anders als die Bilder auf den Vasen – nicht beliebigen männlichen Blicken preisgegeben.

23 Die Nymphen, die in der spätkorinthischen Vasenmalerei nackt mit Satyrn verkehren und ebenso vielleicht die Nymphe Kirke, die in der Archaik nackt ihren Verwandlungsopfern und Odysseus gegenübersteht, sind übermenschliche (aber untergöttliche) Frauen, die eigenmächtig über ihren erotischen Leib verfügen können (bei der Kirkeszene wird wohl zugleich auch auf die Vereinigung mit Odysseus vorausgewiesen). Hier sind irgendwie die dämonischen Mädchen anzuschließen, die Atlas beim Tragen helfen: Schwarzfigurige Halsamphora München, CVA 8 Taf. 428,2; dazu: D. Bremer, Atlas oder Prometheus? in: Ut poesis pictura (1993), 99 ff. – Nackt dargestellt werden kann (bis 490 v. Chr.) auch Kassandra am Kultbild, um anzudeuten, dass sie von Ajas vergewaltigt werden wird.

24 Auch durch die nackten Männerstatuen auf den Gräbern wurden die dem gleichen Stand angehörigen Frauen, denen der Grabkult oblag, offenbar nicht affiziert. – Umstritten ist die Anwesenheit von Frauen als Zuschauer bei gymnischen Wettkämpfen (wie es die Bilder zuweilen darstellen). – Zur Nacktheit im Sport: Kaeser in: Lockender Lorbeer, Hrsg. R. Wünsche, 2004, 26 ff.

25 Die Ausstattung der Figur kann nicht nur minimiert, sonder auch amplifiziert werden, so können z.B. gepanzerte Krieger im Kampf symmetrische Mäntel tragen, wie heldische Figuren, die allein damit ›bekleidet‹ sind. Dies wird gleichmaßen auch auf Amazonen übertragen.

26 »Lilienarmig«, »silberfüßig«, »rosig« sind frühe poetische Rühmungen dieser Qualität.

27 Zum Folgenden die augezeichnete Untersuchung von R. Veness, Investing the Barbarian? The Dress of Amazons in Athenian Art, in: Women's Dress in the Ancient Greek World, Hrsg. Lloyd Llewellyn-Jones, 2002, 95 ff.

28 Man kann noch hinzufügen: Nicht nackt, wie die Nymphen, die sich Satyrn ergeben. Auch nicht nackt wie Kirke oder die Dämoninnen, die Atlas stützen: Amazonen sind ganz menschlich.

29 Wenn man die Amazonendarstellungen als Gesamtheit nimmt. Epochenweise gibt es allerdings Unterschiede. So kommen ab 450 v. Chr. keine Amazonen mehr im Metallpanzer vor. Auch der Hoplitenschild wir immer seltener, kommt aber noch im 4. Jh. v. Chr. vor.

30 LIMC Nr. 676 ff; ferner Nr. 679. Diese Figuren von Stabdreifüßen stehen offenbar durch die Gerättradition in einer ikonogra-

phischen Überlieferung, die ins frühe 6. Jh. v. Chr. zurückreicht.

31 In der Realität genügte der Chiton alleine wohl nur Kindern, Handwerkern und den professionellen Jockeis (kurz) und Wagenlenkern (lang).

32 Immerhin hätte es die Alternative gegeben, die Amazonen wie Athena und die Göttinnen im Gigantenkampf im langen Gewand kämpfen zu lassen.

33 Es kommt hier nicht auf den wirklichen antiken Namen der Gewänder an. Auch Probleme des realen Schnitts und der Tragweise der Gewänder und der sozialen und situativen Konventionen ihres Gebrauchs in der Wirklichkeit seien hier teilweise ignoriert. Es werden hier Bilder untersucht und Figuren mit Figuren verglichen. Es sei hier nochmals auf die Möglichkeiten der archaischen bis frühklassischen Flächenkunst hingewiesen, gegen die Realität verschiedene Trachten und Gewandqualitäten zu kombinieren oder zu verschmelzen.

34 Der ›weitere‹ kurze Chiton mag schon bei der frühesten Amazonendarstellung Abb. 5.1 und bei der starken Frau der Liebeskampfgruppe Abb. 5.11 den realen Hintergrund für die Darstellungsweise gegeben haben.

35 Eine andere Gewandhybride dieser Art ist das Gewand Atalantes in Eberjagdfries des Klitias-Kraters: oben Peplos, ab der Gürtung kurzer Chiton.

36 LIMC sv Amazones Nr. 233. Während Duris bei seinen Amazonen mit durchscheinendem Gewand immer das Schamhaar wiedergibt, folgt der Maler hier einer gängigen Mode der Zeit, wo die Frauen sich die Schamhaare entfernt haben.

37 Bei den Amazonen in der konventionellen Skythentracht werden allerdings die Brüste ignoriert.

38 Man vergleiche noch die Kombination von Männerchiton und heldischem Schultermantel (LIMC sv Antiope II Nr. 17 und unsere Marmorstatuette hier Abb. 10.13), oder die Hybride von Peplosoberteil und Männerchiton (LIMC sv Amazones Nr. 729 und Baltimore CVA 1 Taf. 28)

39 Dem moderne Publikum ist der differenzierte Umgang der griechischen Kunst mit dem erotischen Körper der Frau nicht recht bewusst. Da man aus der griechischen Kunst die Darstellungen nackter Frauen und des Sexualakts kennt, schließt man mit einer Primitivität, zu der uns das Christentum erzogen hat, auf die völlige Indezenz der griechischen Kunst.

40 Nicht jede Entblößung ist schön. Nicht bei einer Unholdin wie der grässlichen Erinnye Abb. 11.2. Beklagenswert ist die Nacktheit (für den Betrachter) bei Kassandra, die vergewaltigt werden wird; ebenso die Entblößung der Lapithinnen, die von Kentauren belästigt werden (LIMC sv Theseus

Nr. 266). Nur weil die Amazonen stark und edel sind, ist alles was man an ihnen sieht, auch schön.

41 Ein Sonderfall von unschuldiger Entblößung und reizvollem Anblick ist Penthesilea, die in den Armen Achills stirbt. Erst in ihrer völligen Ohmächtigkeit enthüllt sich die Schönheit Penthesileas, und erst jetzt vermag Achill sie in ihrer überwältigenden Schönheit zu erkennen. Hier erfährt ausnahmsweise der Protagonist im Bild das Gleiche, was auch der Betrachter sieht. – Die etruskische Kunst des 4./3. Jh.s v. Chr. entwickelt eine Darstellungsweise, die in Richtung einer ›idealen weiblichen Nacktheit‹ zu gehen scheint. Dort gibt es nackte Amazonen, so nackt wie Krieger (LIMC sv Amazones etruscae).

42 Arias/Shefton – Hirmer, A History of Greek Vase Painting (1962), T. 176 ff.

43 Vielleicht ist jedoch eine Sagenversion gemeint, in der Theseus und Peirithoos gegen die Amazonen ziehen. Dann wäre es auf der Hautpseite (der ältere) Peirithoos, der die Amazonenkönigin tötet, während Theseus ihre Schwester Antiope gewinnt.

44 LIMC sv Amazones Nr. 376. Diese Amazone bedroht nicht, wie es den Anschein haben könnte, den Gestürzten, sondern den jugendlichen Krieger, der seinen Speer vergeblich auf den Schild der Gegnerin geworfen hat und nun das Schwert zieht.

45 Man würde die Geste zur Not als Erschrecken deuten (wie vielleicht LIMC sv Amazones etruscae Nr. 21), wenn es nicht eine eindeutigere Parallele gäbe: Trendall, The Red-Figured Vases of Lucania … T. 133,3; hier hat der zu Boden gegangene Krieger sogar noch sein Schwert in der Rechten und fleht mit der LInken. – Bei der Darstellung indigener Krieger im Kampf unter ihresgleichen in der westgriechischen Vasenmalerei gibt es allerdings zuweilen die Geste um Gnade; bezeichnenerweise wird für dieses Milieu auch dargestellt, wie Gefangene gemacht werden.

46 Illinois W 82.6.1, CVA 1, Taf. 41-

47 Sterne in der Amazonenschlacht LIMC sv Amazones Nr. 381 ff.

48 Die Vögel mit Kranz und Tänie kommen übrigens nicht nur in den Mann-Frau-Tändeleien vor, sondern auch in den Bildern, wo Laios den schönen Knaben Chrysipp gewaltsam entführt; der Liebesvogel kann auch hier durch einen kranzbringenden Eros ersetzt werden (LIMC sv Chrysippos). – Man könnte auch überlegen, ob die Vögel nicht als eine Art Vogel-Omen die beiden Krieger als künftige Sieger bezeichnen sollen. Aber der normale ikonographische Kontext der Vögel mit Kranz oder Band scheint mir diese so sehr auf die erotische Bedeutung festzulegen, dass ich hier eher einer Erweiterung dieser Bedeutung ins

Ungefähre plausibel finde, als eine Umdeutung ins Spezifischere.

49 Zum Folgenden T. Hölscher in: Gegenwelten zu den Kulturen Griechenlands und Roms in der Antike, Symposion Heidelberg 1999, Hrsg. T. Hölscher.

50 P. Badinou, La Laine et le Parfum (2003), T. 12 E 19.

51 Arbeit nicht zur Warenproduktion für den Markt, sondern fürs eigene Haus, darum standesgemäß!

52 Die Funktion der Bilder scheint es lange Zeit geradezu zu sein, über die Welt der Zwecke und Notwendigkeiten hinauszuführen. Wenn man freilich sagt, dass dies ja genau der Zweck z.B. der sympotischen Keramik sein, kommen Gebrauchszweck und Bildaussage wieder zusammen. Dazu Kaeser in: Kunst der Schale, Kultur des Trinkens, Hrsg. K. Vierneisel, 1990, 82 ff.

53 Man denke an die bekannte Trinkschale aus Tarent, nach der Aufschrift »Siegespreis der Melosa, die im Wollekrempeln alle andern Mädchen besiegt hat«, CVA New York 2, Nr. 39. – Auch Epinetra sind als solche Siegespreise vorstellbar, die dann wiederum ins Heiligtum geweiht wurden, – oder zuweilen auch, wie die Schale aus Tarent, ins frühe Grab kamen.

54 Es sei denn, es handelte sich um ein Bordell. – Sollte es nach einem uns unbekannten Brauch einen konvetionellen Anlass gegeben haben, dass Hetären solche Epintera weihten, müsste weder die Weihung an Artemis verwundern, noch das Amazonenthema: Es wäre eine besonders elegante (Hetero- wie Auto-) Stilisierung der Hetären, sich mit den libertinen, ehemannfreien Amazonen zu vergleichen.

55 Und den Bildthemen nach auch schönen Knaben, die im päderastischen Verhältnis ja sich zur passiven weiblichen Rolle analog zu verhalten hatten.

56 Liste J. Neils in AntK 23, 1980 18 ff.

57 Zum Jungfernkranich E. Böhr, Festschrift D. v. Bothmer (2002), 37–47.

58 Zu Stück und Thema: F. Lissarrague, L'autre guerrier (1990), 184 ff. – Der Typus des Mannes ist als typische Randfigur von – meist päderastischen – Werbeszenen bekannt, vgl. unter den Alabastra Badinou, La Laine et le Parfume (2003), Taf. 76. – Die Figur der Amazone ist umgeben von der Inschrift »ho pais kalos – der Knabe ist schön«, die sich weder auf sie, noch auf den jungen Mann beziehen kann. Man mag die Inschrift konventionell nennen, sie zeigt jedenfalls, dass hier Männerinteressen bestimmend sind (vgl. auch hier Abb. 5.22.) – Ich zweifle übrigens keinen Augenblick, dass ein Mann dieses Gefäß auch einem schönen Knaben hätte schenken können.

59 Und zwar marktmäßig vorfabriziert, es gibt eine Replik dazu: AntK 23, 1980 Taf. 6.

60 Wie ich die Sache hier ausmale, ist natürlich beliebig. Die vage Allegorik des Bilds funktionierte auch, wenn Mann das Gefäß einer Hetäre oder einem schönen Knaben schenkt, oder eine verheiratete Frau sich das Stück für sich selbst auf dem Markt kaufte.

61 Offensichtlich kommt es bei diesem Symbolismus darauf, dass ein goldener Nagel die silberne Platte penetriert; auch das könnte für eine Geschlechter-Symbolik sprechen.

62 Wie auch sonst zuweilen Edelmetallringe mit Bild, aber nie Gemmen (mit Ausnahme der Amulette). – Eine Frau braucht keinen Siegelring: Besitz, Briefe, Urkunden mit dem Siegel zu zeichnen, gehört in die Verfügungsgewalt des Mannes. – Das vertiefte Bild unseres Rings ist ganz scharf, nur die Oberfläche der Platte ist abgenutzt.

63 Die Münchner Exemplare im Besitz der Staatlichen Münzsammlung, E. Brandt, AntK 12, 1969, Taf. 33,4.5 und 9. – Eine Liste der Stücke im Britischen Museum: Marshall, Fingerrings, xxxiii, Anm. 3. Ich spreche hier nur von den Stücken des 4./3. Jh.s v. Chr.

64 Und genausowenig der Mänadismus der Art, wie es die Mänade mit Messer praktiziert: Marshall, Fingerrings Nr. 1085.

65 Natürlich sind diese Erwägungen rein spekulativ. Beweiskräftig wäre es, wenn das Motiv der siegreichen Amazone notorisch als Zier von Spiegeln und Frauengerät aufträte, aber das ist nicht der Fall. – Unser zweites Beispiel einer siegreichen Amazone im Einzelkampf befindet sich immerhin auf Ölkännchen Abb. 9.16 (deren Bild beliebig oft aus der Form reproduzierbar war), vielleicht ebenfalls ein Frauenutensil.

66 So ähnlich hat sich meiner Erinnerung nach einmal T. Hölscher in einem Vortrag ausgedrückt.

67 In einer archaischen Bilderfindung von herzzereißender Sachlichkeit, rettet der Held die von ihm Erschlagene aus der Schlacht, wie sonst der Krieger den toten Genossen: Sein einzige Liebesdienst gilt der Leiche.

68 Beide Helden sind als Muttersöhne konzipiert. Thetis ist für Achill dominant von der Wiege bis zur Bare. Aithra war alleinerziehend.

69 Der Mythos bildet hier wiedereinmal einen Zusammenhang ab, der in der Wirklichkeit nur allzu oft so funktioniert.

70 Was noch keine unabhängige Amazonenüberlieferung bewiese, denn benachbarte Völker dockten sich nicht selten an die griechische Sage an. Bekanntestes Beispiel sind die Römer, die sich als Nicht-Griechen mythisch identifizieren, indem sie sich an die griechische Trojasage anschließen.

71 Das ist eine scheinbare Asymmetrie in der Geschichte: Die Frauen lernen die Sprache

der Männer. Aber deren unperfekte Sprache wird dann das Sauramatische, weil es die Mütter sind, die den Kindern die Sprache beibringen.

72 Diese Verortung ist, man beachte den Tonfall Herodots, nicht Verachtung. Sondern einfach Reflex der Tatsache, dass diese denkbare Möglichkeit der menschlichen Gesellschaft in den bekannten Hochkulturen nirgends existierte.

12. Eine Liebesgeschichte: Antiope und Theseus

1 Vgl. J. Boardman, in: D. C. Kurtz – B. Sparkes (Hrsg.), The Eye of Greece, 1982, 1 ff.; Lexicon Iconographicum Mythologiae Classicae I, 1981, 857 ff. s. v. Antiope II; Lexicon Iconographicum Mythologiae Classicae VII, 1994, 236 ff. Nr. 59 ff. s. v. Peirithoos; Lexicon Iconographicum Mythologiae Classicae VII, 1994, 943 s. v. Theseus; H. A. Shapiro, Art and cult under the tyrants in Athens, 1989, 148 f.; E. Touloupa, *Ta enaetia glypta tou naou tou Apollonos Daphnephorou stin Eretria*, 2002, 50 ff.

2 Vgl. Boardman ebenda 8; Shapiro ebenda 149. Poseidon ist auch auf der Amphora der Leagros-Gruppe Neapel, Nationalmuseum 128333 wiedergegeben; vgl. Lexicon Iconographicum Mythologiae Classicae ebenda 858 Nr. 5.

3 Zum Vorschlag einer Lesung als Konnidas vgl. Lexicon Iconographicum Mythologiae Classicae VI, 1992, 99 Nr. 1 s. v. Konnidas; Poniras: vgl. die Database des Beazley Archive, Vase Nr. 302082. – Inschriften in der Leagros-Gruppe: H. A. Immerwahr, Attic Script, 1990, 71.

4 Vgl. jetzt E. Simon, Pferde in Mythos und Kunst der Antike, 2006, 9 ff.

5 Vgl. Lexicon Iconographicum Mythologiae Classicae VII, 1994, 237 s. v. Peirithoos; Lexicon Iconographicum Mythologiae Classicae VIII, 1997, 991 Nr. 9 s. v. Phorbas I.

6 Rom, Konservatorenpalast 981; vgl. Touloupa ebenda 66 f. Nr. 58.

7 Chalkis, Museum; vgl. Touloupa ebenda.

8 Paris, Musée du Louvre G 197; vgl. Lexicon Iconographicum Mythologiae Classicae ebenda 858 Nr. 10; Lexicon Iconographicum Mythologiae Classicae VII, 1994, 237 Nr. 66 s. v. Peirithoos; Touloupa ebenda 51 Nr. 7. Dieselbe Version auch Lexicon Iconographicum Mythologiae Classicae ebenda 858 Nr. 7.

9 Vgl. Boardman ebenda 9; Shapiro ebenda 148 f.

10 Vgl. Lexicon Iconographicum Mythologiae Classicae VII, 1994, 949 f.

11 Vgl. dazu S. Kaempf-Dimitriadou, Die Liebe der Götter in der attischen Kunst des 5. Jahrhunderts v. Chr., 11. Beiheft Antike Kunst, 1979, 43; F. Knauß, in: R. Wünsche (Hrsg.), Mythos Troja, Ausstellungskatalog München 2006, 124 f.; M. Steinhart, Bulletin antieke Beschaving. Annual Papers on Classical Archaeology 84, 2009 (im Druck); A. Stewart, in: E. D. Reeder (Hrsg.), Pandora, Ausstellungskatalog Basel 1996, 74 ff. (m. Lit. zur »Liebesentführung«).

12 München 8731. Vgl. R. Wünsche (Hrsg.), Mythos Troja, Ausstellungskatalog München 2006, 432 Nr. 11; zu den Namensbeischriften auf der Amphora, nach denen Theseus Korone entführt und Helena eingreift, vgl. B. Kaeser ebenda 85.

13 Plut. *Theseus* 26 ff. Übersetzung nach K. Ziegler.

14 Pausanias, *Beschreibung Griechenlands* 1, 2, 1. Übersetzung E. Meyer. Vgl. Lexicon Iconographicum Mythologiae Classicae ebenda 858 Nr. 1 ff. (Entführung); 859 Nr. 15 (tot); 859 Nr. 16 ff. (im Kampf).

15 Vgl. H.-W. Henze – Chr. Lehnert, Phädra. Ein Werkbuch, 2007. – Zu Hippolytos vgl. Lexicon Iconographicum Mythologiae Classicae V, 1990, 445 ff.

13. Eine Liebestragödie: Penthesilea und Achill

1 Zum Thema vgl. F. Knauß, in: R. Wünsche (Hrsg.), Mythos Troja, Ausstellungskatalog München 2006, 245 ff.; Lexicon Iconographicum Mythologiae Classicae I, 1981, 587 ff. s. v. Amazonen; Lexicon Iconographicum Mythologiae Classicae VII, 1994, 296 ff. s. v. Penthesilea; K. Schefold – F. Jung, Die Sagen von den Argonauten, von Theben und Troja in der klassischen und hellenistischen Kunst, 1989, 241 ff.

2 Proklos. Übersetzung M. Steinhart. Zu hellenistischen Darstellungen, die Inhalte des Epos wiedergeben, vgl. Lexicon Iconographicum Mythologiae Classicae VII, 1994, 296 ff. s. v. Penthesilea; N. Valenzuela Montenegro, Die Tabulae Iliacae, 2004, 98 ff. Dass Amazonen und Äthiopier in diesem Epos als Verbündete der Trojaner auftreten, hat möglicherweise zu ihrer gemeinsamen Darstellung auf weißgrundigen Salbölgefäßen geführt; vgl. G. Hedreen, Capturing Troy, 2001, 76.

3 Vgl. K. Lange, in: K.-H. Leven (Hrsg.), Antike Medizin. Ein Lexikon, 2005, 579 f. s. v. Machaon.

4 Zu Thersites, der der toten Amazone ein Auge ausschießt, vgl. Knauß ebenda 250.

5 Apollodor, *Epitome* 5,1. Übersetzung K. Brodersen.

6 Properz, Elegien 3, 11, 13 ff. Übersetzung nach G. Luck.

7 Vgl. zu dieser Erzählung (»Ägypter und Amazonen«) jetzt F. Hoffmann – J. F. Quack, Anthologie der demotischen Literatur, 2007, 107 ff.

8 Hier werden nur die Bilder des Kampfes zwischen Achill und Penthesilea besprochen: Wie Antiope oder andere berühmte Amazonen konnte aber auch Penthesilea einzeln dargestellt werden. Vgl. Lexicon Iconographicum Mythologiae Classicae VII, 1994, 296 Nr. 1 ff. s. v. Penthesilea.

9 Vgl. auch die Schildbandreliefs des 6. Jhs. v. Chr. mit der Angabe Pen(thesilea); Lexicon Iconographicum Mythologiae Classicae VII, 1994, 296 Nr. 10 s. v. Penthesilea.

10 Vgl. dazu N. Himmelmann, Alltag der Götter, 2003, 34 m. Anm. 32.

11 Vgl. B. Cohen, in: B. Cohen (Hrsg.), The colors of clay, Ausstellungskatalog Malibu 2006, 111; H. Diepolder, Der Penthesilea-Maler, 1936, 14 Anm. 32.

12 Vgl. dazu Lexicon Iconographicum Mythologiae Classicae ebenda; Schefold – Jung ebenda.

13 Zur Diskussion über die Funktion der Nacktheit vgl. N. Himmelmann, Ideale Nacktheit in der griechischen Kunst, 26. Ergänzungsheft des Jahrbuchs des Deutschen Archäologischen Instituts, 1990; dazu die Rez. von T. Hölscher, Gnomon 65, 1993, 519 ff. sowie jetzt N. Himmelmann, Bryn Mawr Classical Review 2007.06.47.

14 Das Motiv begegnet auch in Bildern, in denen Penthesilea bewaffnet war und z. B. noch einen Bogen führt, aber keine Pfeile mehr zur Verfügung hat; vgl. M. B. Moore, in: Greek Vases in the J. Paul Getty Museum 6, 2000, 179.

15 Paus. 5, 11, 6. Übersetzung E. Meyer. – Zum Gemälde und zum Maler vgl. W. Ehrhardt, in: R. Vollkommer (Hrsg.), Künstlerlexikon der Antike Band 2, 2004, 180 f. s. v. Panainos.

16 Volutenkrater, bemalt im Umkreis des Lykurg-Malers. Basel, Antikenmuseum und Sammlung Ludwig; Lexicon Iconographicum Mythologiae Classicae I, 1981, 165 Nr. 741 s. v. Achilleus; vgl. ebenda Nr. 742.

14. Die Amazonen in der griechischen Literatur

1 In der *Ilias* wird noch das Grab der Myrine genannt (2, 811 ff.), die eine Amazonenkönigin war; vgl. Diod. 3, 54.

2 Bellerophon: Pind. 13. Olymp. Ode, V. 87 – Herakles: Pind. 3. Nemeische Ode, V. 38; vgl. auch Pind. Fragment 172 V. 5. Euripid. *Ion* V. 1145.

3 Im *Gefesselten Prometheus*, dessen Zuschreibung an Aischylos umstritten ist, wird V. 723 der Wohnraum der Amazonen am Kaukasus lokalisiert.

4 Vgl. Ktesias (5./4. Jh. v. Chr.) Fragmente 3 c. 8 a. Jacoby Nr. 688. Ephoros (ca. 400–330 v. Chr.) Fragment 160 a 6. Jacoby Nr. 70. Pseudo-Skymnos 874 ff.

5 Poetae Comici Graeci Bd. 1, 178. Bd. 5, 153.

6 Bei Diodor (4, 16) werden die Amazonen als Begleiterinnen der Artemis genannt.

7 Eine andere ›archäologische Hinterlassenschaft‹ der Amazonen bildet eine Stele in Itonia; vgl. den unter der Autorschaft des Platon überlieferten Dialog *Axiochos* 365 a.

III. ANDERE STARKE FRAUEN

15. Heldenmädchen

1 Zum Mythos von Atalante und seiner Darstellung in der antiken Kunst siehe zusammenfassend J. Boardman, in: Lexicon Iconographicum Mythologiae Classicae II (1984) 940–950 s. v. Atalante.

2 Der Ringkampf ist hauptsächlich bei Apollodor überliefert (Bibliothecae 3, 9, 2).

3 Zum antiken Ringen und seiner Darstellung in der Bildkunst vgl. R. Wünsche, in: Lockender Lorbeer, Katalog München (2004) 148–157.

4 Zu Zuschauern und Zuschauerdarstellungen siehe B. Kaeser, in: Kunst der Schale – Kultur des Trinkens, Katalog München (1990) 151–156; S. Lorenz, in: Lockender Lorbeer, Katalog München (2004) 246–249; M. Stansbury O'Donnell, Vase Painting, Gender, and Social Identity in Archaic Athens (2006) (Vgl. jedoch A. Steiner, Rez. zu M. Stansbury O'Donnell, Vase Painting, Gender, and Social Identity in Archaic Athens [2006], BMCR 04. 08. 2007).

5 J. Boardman, in: Lexicon Iconographicum Mythologiae Classicae II (1984) 949 s. v. Atalante vermutet, dass es sich bei der Verbindung der beiden Erzählungen in einem Bild um ein Motiv ostgriechischen Ursprungs handelt.

6 Zu chalkidischen Vasen siehe A. Rumpf, Chalkidische Vasen (1927); J. Keck, Studien zur Rezeption fremder Einflüsse in der chalkidischen Keramik (1988); M. Iozzo, Ceramica »calcidese«, Atti e memorie della società della Magna Grecia Ser. 3 II (1994); DNP 2 (1997) 1088 f. s. v. Chalkidische Vasenmalerei (Steinhart).

7 Zur Geschichte von Peleus und Astydameia siehe z. B. Apollodor Bibliothecae 3, 13, 2 f.; Nikolaos von Damaskus FGrH 90 F 55 und Lexicon Iconographicum Mythologiae Classicae VII (1994) 251 s. v. Peleus (Vollkommer).

8 Vgl. z. B. Lockender Lorbeer, Katalog München (2004) Abb. 17.2, 17.3, 17.6.

9 Athen, N. M. 15466, um 560 v. Chr. Zu diesen Fragmenten siehe O. Broneer, Hesperia 2, 1933, 340 f. Abb. 12; M. Z. Pease, Hesperia 4, 1935, 226 f.; C. Roebuck, Hesperia 9, 1940, 146 f.

10 Vgl. dazu den Beitrag von A. Schmölder-Veit zum Frauensport, in: Lockender Lorbeer, Katalog München (2004) 277–285 mit weiterer Literatur.

11 Das Motiv des Aussetzens kommt in mythischen Erzählungen immer wieder bei Kindern vor, die später zu einer besonderen Gestalt heranwachsen, so auch bei Telephos und Ödipus im griechischen Mythos. Ähnlich ergeht es Romulus und Remus im römischen und Moses im jüdischen Kontext.

12 Louvre, Inv. AM 1364. Abgebildet in J. Hemelrijk, Caeretan Hydriae (Mainz 1984) Nr. 37 Taf. 126 b.

13 Paris, Louvre, Inv. E 696. J. Hemelrijk, Caeretan Hydriae (Mainz 1984) Nr. 10 Taf. 51a.

14 Auf einer Bronzemünze der Julia Domna. Siehe F. Imhoof-Blumer – P. Gardner, A Numismatic Commentary on Pausanias (1885–1887)108 Taf. V Abb. XX; Lexicon Iconographicum Mythologiae Classicae II (1984) 940–950 s. v. Atalante (Boardman) Nr. 26*.

15 Antikenmuseum und Sammlung Ludwig Basel, Inv. Nr. BS 535. Siehe P. Blome, Antikenmuseum und Sammlung Ludwig (1999) 31 Abb. 31; CSE Schweiz 1 (2001) Nr. 15. Wohl in Orvieto hergestellt, Umkreis des Menelaos-Malers (Jucker).

16 Florenz, Museo Archeologico, Inv. Nr. 78484, 2. Jh. v. Chr. Siehe Lexicon Iconographicum Mythologiae Classicae II (1984) 949 s. v. Atalante (Boardman) Nr. 21*.

17 Martin-von-Wagner-Museum, Inv. L 522, ca. 400–375 v. Chr., Meleager-Maler. Siehe ARV² 1410, 14; Addenda² 374; Lexicon Iconographicum Mythologiae Classicae II (1984) 940–950 s. v. Atalante (Boardman) Nr. 41c.

18 Etwas irritierend ist ein zweiter Jäger, der genauso wie Atalante und Meleager gekleidet ist und sich damit von den übrigen Randfiguren absetzt. Zudem scheint es, als berühre er mit seiner linken Hand Atalantes Oberschenkel. Diese Figur lässt sich mit keinem aus dem Mythos bekannten besonders herausragenden Jagdgefährten identifizieren, allenfalls könnte Meilanion, der spätere Gefährte Atalantes gemeint sein, der auf wenigen Darstellungen der Kalydonischen Jagd ebenfalls erscheint (z. B. auf der François-Vase). Im Repertoire des Meleager-Malers erscheint Atalante allerdings mehrfach von zwei Jagdgefährten flankiert. Vgl. den Volutenkrater in Wien, Kunsthistorisches Museum Inv. 158 und die Halsamphora in Athen, Nationalmuseum Inv. 15113.

19 Die liegende Mondsichel, das sogenannte Mondschiffchen, ist eine seltene Naturerscheinung, die in Athen eigentlich nicht in vollständiger Form beobachtet werden kann. Zu diesem Phänomen vgl. E. Künzl, Antike Himmelsgloben und Sternkarten. Astronomie und Astrologie in Vorzeit und Altertum (2005); R. Gautschy, Eine Hydria mit einer astronomischen Darstellung, AntK 50, 2007, 36–50.

20 So auch D. Emanuelle-Rebuffat, La légende du sanglier de Calydon sur un nouveau miroir étrusque, Studi Etruschi 70, 2004, 117–133. hier 121–123. Anders J. Boardman, in: Lexicon Iconographicum Mythologiae Classicae II (1984) 940–950 s. v. Atalante. hier 943 Nr. 33, der die Korrektheit der Inschriften anzweifelt und die nackte Frau mit Atalante, die bekleidete mit Artemis identifiziert. Ähnlich I. Krauskopf, in: Lexicon Iconographicum Mythologiae Classicae VI (1992) 419–422 s. v. Meleagros II Etruskisch. hier 422 Nr. 66. Dies ist jedoch wenig wahrscheinlich. Man wird in den an prominenter Position nebeneinander stehenden Jägern das berühmte Liebespaar erkennen dürfen. Darüber hinaus trägt die im Chiton dargestellte Frau eine Axt, die in der etruskischen Kunst stets die Jagdwaffe der Atalante ist (vgl. Abb. 14. 15). Die beiden nackten Figuren an den Bildrändern kann man als Typenfiguren auffassen, die lediglich der symmetrischen Rahmung dienen und deshalb in ihrer Ausgestaltung nicht mit der ihnen durch die Inschriften zugeschriebenen Persönlichkeit übereinstimmen müssen.

21 Hes. fr. 73–76 M-W; Ovid, met. 10, 565 f.

22 Cleveland Museum of Arts, Inv. 66.115, ca. 470 v. Chr. Siehe CVA Cleveland 1 (1971) Taf. 32–34. 35, I; Lexicon Iconographicum Mythologiae Classicae II (1984) 940–950 s. v. Atalante (Boardman) Nr. 90*.

23 Teile der Ranken sind modern übermalt, vgl. dazu CVA Cleveland 1 (1971) 21.

24 Museo Civico Archeologico, Inv. 300, Dinos-Maler. Siehe ARV² 1152, 7; CVA Bologna 4 (Rom 1957) Taf. 86 f.; Lexicon Iconographicum Mythologiae Classicae II (1984) 940–950 s. v. Atalante (Boardman) Nr. 81*.

25 Bei Hesiod, fr. 72 M-W, und Apollodor, bib. 3, 9, 2, ist es Zeus, bei Ovid, met. 10, 680–706, ist es Kybele.

26 Apollodor, bib. 3, 9, 2.

27 Auch der römische Dichter Ovid, met. 10, 594, rühmt ihre weiße Haut.

28 Auf dem Fragment eines schwarzfigurigen Dinos in der Sammlung Blatter in Bollingen in der Schweiz (Lexicon Iconographicum Mythologiae Classicae II [1984] 940–950 s. v. Atalante [Boardman] Nr. 5*) und eventuell auch auf einem böotisch-schwarzfigurigen Kantharos in Athen, 575–550 v. Chr. (Nationalmuseum Inv. 2855, 575–550 v. Chr., siehe Lexicon Iconographicum Mythologiae Classicae II [1984] 940–950 s. v. Atalante [Boardman] Nr.10, abgebildet in P. Wolters – G. Bruns, Das Kabirenheiligtum bei Theben I [1940] Taf. 35, 4–5). Atalante mit Leopardenfell findet sich auf einer rotfigurigen Schale aus Capua im Besitz der Universität von Giessen (siehe

ARV² 768, 35; Lexicon Iconographicum Mythologiae Classicae II [1984] 940–950 s. v. Atalante [Boardman] Nr. 96*).

29 Bari, Museo Nazionale Inv. 872, um 330 v. Chr. Siehe RVAp 2, 497 Nr. 44; Lexicon Iconographicum Mythologiae Classicae II (1984) 940–950 s. v. Atalante (Boardman) Nr. 27*. Atalante mit phrygischer Mütze auch auf einer rotfigurigen Pelike in St. Petersburg, Inv. B 4528 (vgl. Lexicon Iconographicum Mythologiae Classicae II [1984] 940–950 s. v. Atalante [Boardman] Nr. 9*). Auf demselben Vasenbild trägt auch Artemis eine phrygische Mütze (vgl. Lexicon Iconographicum Mythologiae Classicae II [1984] 618–753 s. v. Artemis [Kahil] Nr. 1392*).

30 Auf einer schwarzfigurigen Hydria aus dem Umkreis des Princeton-Malers in Florenz (ca. 550 v. Chr., Museo Archeologico Etrusco Inv. 3830) erscheint sie mit kurzem Chiton, Helm und Bogen angetan tatsächlich vollständig in Tracht und Bewaffnung einer Amazone. Siehe Lexicon Iconographicum Mythologiae Classicae II (1984) 940–950 s. v. Atalante (Boardman) Nr. 8; CVA Florenz 5 (18171) Taf. 7.

31 Siehe zur Deutung des Atalantemythos C. Bérard, La chasseresse traquée. Cynégetique et érotique, in: FS Ernst Berger (1988) 280–284; P. Brulé, Des femmes au miroir masculin, in: FS Pierre Lévêque 2 (1989) 49–61; A. Ley, Atalante. Von der Athletin zur Liebhaberin. Ein Beitrag zum Rezeptionswandel eines mythologischen Themas auf den Vasen des 6.–4. Jhs. v. Chr., Nikephoros 3, 1990, 31–72; J. Barringer, Atalanta as a model. The hunter and the hunted, ClAnt 15, 1996, 48–76; B. Sergent, Pélops et Atalante, ou de quelques manières d'être du cheval, in: L'animal dans l'antiquité, Katalog Paris (1997) 473–482; J. Barringer, The Hunt in Ancient Greece (2001) 147–173; A. Bergamasco, Atalanta e il ruolo della donna nell'immaginario figurativo greco fra VI e IV secolo a.C., in: Iconografia 2005. Immagini e immaginari dall'antichità classica al mondo moderno. Atti del convegno internazionale, Venezia, Istituto veneto di scienze lettere e arti, 26–28 gennaio 2005 (2006) 397–402.

32 Ovid, met. 10, 609–637.

33 Siehe Aus der Glanzzeit Athens, Katalog Hamburg (1986) Nr. 4 Abb. S. 40 f.; C. Bérard, La chasseresse traquée. Cynégetique et érotique, in: FS Ernst Berger (1988) 280–284 Taf. 84 Abb. 2.

34 Wenig überzeugend ist die These, dass die Erotisierung des Atalantebildes einem »gesteigerten Bedürfnis nach traditionellen Rollenbildern in einer politisch unsicheren Zeit« entspringe (so A. Bergamasco, in: Iconografia 2005 [2006] 397–402). Man

hätte gegebenenfalls einfach auf die Darstellung des Mythos verzichten können.

35 Pherekydes von Athen FGrHist 3F35 (Jacoby); Ovid (met. 7, 744–746); Hygin (fab. 189. 241). In einer anderen Version der Geschichte, die hauptsächlich Apollodor (bibl. III [196] 15, 1) erzählt, flieht Prokris nach Kreta zu König Minos.

36 British Museum, Inv. E 477, 440/30 v. Chr., Hephaistos-Maler. Siehe ARV² 1114, 15; Lexicon Iconographicum Mythologiae Classicae VI (1992) 1–6 s. v. Kephalos (Simantoni-Bournia) Nr. 26*.

37 Universität Mainz, Inv. 35, um 450 v. Chr., Werkstatt des Bowdoin Painters. Siehe ARV² 693, 5; Lexicon Iconographicum Mythologiae Classicae VII (1994) 529 f. s. v. Prokris (Simantoni-Bournia) Nr. 1*.

38 Nach J. Beazley, ARV² 765, 1 »Manner of Sotades«.

39 H. Hoffmann, Sotades (1997) 24 f. deutet die Figur als thrakischen Jäger, der hier in einer Umkehrung der eigentlichen Geschlechterrollen von einer Frau ein Salbgefäß geschenkt bekommt.

40 Pindar, Pythische Oden 9, 26–58.

41 BM 1384, 2. Jh. n. Chr., Lexicon Iconographicum Mythologiae Classicae VI (1992) 167–170 s. v. Kyrene (Zagdoun) Nr. 5*.

42 Museo Nazionale, Inv. I. G. 4991, um 510 v. Chr. Siehe FR III Abb. 102. K. Schefold, Götter- und Heldensagen der Griechen in der spätarchaischen Kunst (München 1978) 29 f. Abb. 22; M. Pipili, Laconian Iconography of the Sixth Century B. C. (Oxford 1987) 36 f. Nr. 94; Lexicon Iconographicum Mythologiae Classicae VI (1992) 167–170 s. v. Kyrene (Zagdoun) Nr. 13.

16. Frauen – Herrscherinnen über Männer

1 Zum Phänomen vgl. den Überblick bei B. Wagner-Hasel, in: Th. Späth – B. Wagner-Hasel (Hrsg.), Frauenwelten in der Antike, 2000, 198 ff.; zur Geschlechterforschung in der Alten Geschichte vgl. Th. Späth, in: E. Wirbelauer (Hrsg.), Oldenbourg Geschichte Lehrbuch Antike, 2004, 376 ff. Auf die Vorstellungen von der ›natürlichen‹ männlichen Vorherrschaft wird hier in Kapitel 1) eingegangen. – Zitat in der Überschrift: Hans Sachs; vgl. Anm. 32.

2 Apollodor, Bibliotheke 1, 114 f. Übersetzung K. Brodersen; vgl. auch Kapitel 19.

3 Vgl. Lexicon Iconographicum Mythologiae Classicae VIII, 1997, 645 ff. s. v. Hypsipyle I.

4 Aristoph. Ekkles. 597 ff. Übersetzung L. Seeger – H.-J. Newiger.

5 Aristophanes, Lysistrate 1279 ff. Übersetzung L. Seeger – H.-J. Newiger.

6 Hom. Od. 10, 139 ff. (Übersetzung R. Hampe). Vgl. B. Andreae (Hrsg.), Odysseus. Mythos und Erinnerung, Ausstellungskata-

log München 1999, 257 ff.; L. Giuliani, Bild und Mythos, 2003, 186 ff.; Lexicon Iconographicum Mythologiae Classicae VI, 1992, 48 ff. s. v. Kirke; Lexicon Iconographicum Mythologiae Classicae VI, 1992, 48 ff. s. v. Odysseus; C. Schmidlin, in: R. Wünsche (Hrsg.), Mythos Troja, Ausstellungskatalog München 2006, 361 f.; I. Tzedakis (Hrsg.), Apo ti Mideia sti Sapfo, Ausstellungskatalog Athen 1995, 36 ff.

7 Vgl. Lexicon Iconographicum Mythologiae Classicae ebenda 51 Nr. 5 ff. Dieser Tradition kommt es nahe, wenn Apollodor, Epit. 7, 14 ff. die Gefährten in verschiedene Tiere (Esel, Löwen, Schweine, Wölfe) verwandelt sein lässt.

8 Erlangen, Antikensammlung der Universität I 261. Vgl. Corpus Vasorum Antiquorum Erlangen Taf. 38; C. Schmidlin, in: R. Wünsche (Hrsg.), Mythos Troja, Ausstellungskatalog München 2006, 361.

9 Vgl. Lexicon Iconographicum Mythologiae Classicae VI, 1992, 961 Nr. 142 s. v. Odysseus.

10 Theokr. Eid. 2, 15 f. Übersetzung F. P. Fritz.

11 Vgl. R. Krumeich – N. Pechstein – B. Seidensticker (Hrsg.), Das griechische Satyrspiel, 1999, 157 ff.

12 Vgl. M. Steinhart, Die Kunst der Nachahmung. Darstellungen mimetischer Vorführungen in der griechischen Bildkunst archaischer und klassischer Zeit, 2004, 22 ff.

13 Nauplia, Archäologisches Museum, Sammlung Glymenopulu 144; vgl. I. Tzedakis (Hrsg.), Apo ti Mideia sti Sapfo, Ausstellungskatalog Athen 1995, 41 Nr. 17; P. Wolters, Mitteilungen des Deutschen Archäologischen Instituts, Athenische Abteilung 55, 1930, 209 ff.

14 Vgl. Wolters ebenda 221: »Vom Leben im Schweinekoben keine Spur, sie trinken und jubilieren, man spürt Lust, an Auerbachs Keller zu denken und sie anstimmen zu lassen: ›Uns ist ganz kannibalisch wohl als wie fünfhundert Säuen‹«.

15 Emilio Negro, Massimo Pirondini, Nicosetta Roio (Hrsg.), La scuola del Guercino, Modena 2004, pp. 65–67; Peter Humfrey, Mauro Lucco, Andrea Bayer et al., Dosso Dossi. Court Painter in Renaissance Ferrara, Katalog der Ausstellung in Ferrara, New York, Los Angeles 1998–1999, New York 1998, pp. 89–92.

16 Hes. Theog. 1011 ff. Übersetzung A. von Schirnding.

17 Parthenios, Liebessagen 12, Übersetzung L. Mader; vgl. Lexicon Iconographicum Mythologiae Classicae ebenda 49; E. Stein-Hölkeskamp, Klio 88, 2006, 311 ff., bes. 324.

18 Verg. Aen. 7, 189 ff. Übersetzung G. Fink.

19 Plin. nat. hist. 25, 11. Übersetzung R. König; vgl. Lexicon Iconographicum Mythologiae Classicae ebenda 49. Vgl.

auch Cicero, *Vom Wesen der Götter* 3, 48. Übersetzung W. Gerlach – K. Bayer; die an dieser Stelle diskutierte Frage ist, ob Kirke als Göttin anzusehen ist: »Trotzdem erweisen aber unsere Kolonisten in Circei auch ihrer Kirke fromme Verehrung.«

20 Vgl. zum Folgenden S. Tochtermann, Der allegorisch gedeutete Kirke-Mythos, 1992, 27 ff.

21 Xen. Mem. 1, 3, 5. Übersetzung P. Jaerisch.

22 Antisthenes: Diogenes Laertios, *Leben und Meinungen berühmter Philosophen* 6, 15 ff.; vgl. Tochtermann ebenda 45. – Heraklit: ebenda 50.

23 *Anthologia Graeca* 10, 50. Übersetzung H. Beckby.

24 Athenaios, *Gelehrtenmahl* 12, 515 e ff. Übersetzung C. Friedrich. Weiter verband man auch andere nichtgriechische Völker wie etwa die Lykier mit einer Vorherrschaft der Frauen; vgl. Wagner-Hasel ebenda 199 f.

25 Pherekydes (griech. Historiker, 5. Jh. v. Chr.) 3 F 82 b. Übersetzung N. Pechstein. Zum Mythos und den Darstellungen der Omphale vgl. Lexicon Iconographicum Mythologiae Classicae VII, 1994, 45 ff.; S. Oehmke, Jahrbuch des Deutschen Archäologischen Instituts 115, 2000, 147 ff.; H. Schulze, in: R. Wünsche (Hrsg.), Herakles – Herkules, Ausstellungskatalog München 2003, 256 ff.; S. Toso, in: I. Colpo – I. Favaretto – F. Ghedini (Hrsg.), Iconografia 2001. Studi sull'immagine, 2002, 289 ff.

26 Vgl. Schulze ebenda 260 m. Abb. 42.7.

27 Vgl. R. Krumeich – N. Pechstein – B. Seidensticker (Hrsg.), Das griechische Satyrspiel, 1999, 480 ff. (Ion von Chios). 539 ff. (Achaios) mit Verweisen auf die Behandlung in der Komödie.

28 Ov. *Liebesbriefe*. 9, 103 ff. Übersetzung B. W. Häuptli.

29 Vatikanische Museen. Hier nach Abguß München, Museum für Abgüsse Klassischer Bildwerke; vgl. Schulze ebenda 260 f.; P. Zanker, Mitteilungen des Deutschen Archäologischen Instituts, Römische Abteilung 106, 1999, 119 ff.

30 Vgl. zu Xanthippe P. Brulé, Women of Ancient Greece, 2003, 141 ff.; H. Doerrie, in: Pauly – Wissowa. Realencyclopädie des classischen Alterthums 9 A, 1967, 1335 ff. s. v. Xanthippe Nr. 4; B. Huß, Xenophons Symposion. Ein Kommentar, 1999, 138 f. (mit Zitat).

31 Duden. Die deutsche Rechtschreibung[16], 2006, 1131.

32 Nicht diskutiert wird hier die Überlieferung, Xanthippe sei die Zweitfrau des Sokrates gewesen; vgl. Doerrie ebenda 1339 ff.

33 Platon, *Phaidon* 60. Übersetzung R. Rufener.

34 Vgl. zum Thema: P. Boesch, Zeitschrift für Schweizerische Archäologie und Kunstgeschichte 9, 1947, 21 ff.; C. Herrmann, Der »Gerittene Aristoteles«. Das Bildmotiv des »Gerittenen Aristoteles« und seine Bedeu-

tung für die Aufrechterhaltung der gesellschaftlichen Ordnung vom Beginn des 13. Jhs. bis um 1500, 1991; W. Stammler, in: Reallexikon zur deutschen Kunstgeschichte 1, 1937, 1028 ff. s. v. Aristoteles. – Diogenes Laertios, *Leben und Meinungen berühmter Philosophen* 5, 3 ff. Übersetzung O. Apelt. – Blatt des Monogrammisten MZ, Staatliche Graphische Sammlung München Inv.-Nr. 11066. Maße: 18,1 x 13,0 cm (max.); vgl. M. Lehrs, Geschichte und kritischer Katalog des deutschen, niederländischen und französischen Kupferstichs im XV. Jahrhundert VIII, 1932, 377 ff. Nr. 22. Für wertvolle Hinweise zum Blatt und die Überlassung der Abbildungsvorlage danke ich Achim Riether und Kurt Zeitler, Staatliche Graphische Sammlung München.

35 Zitiert nach Herrmann ebenda 49.

36 Diogenes Laertios, *Leben und Meinungen berühmter Philosophen* 5, 1 ff. Übersetzung O. Apelt.

37 Zitiert nach P. Boesch, Zeitschrift für Schweizerische Archäologie und Kunstgeschichte 9, 1947, 28.

38 Vgl. jetzt Th. Ebert, Platon. Phaidon, 2004, 110, der auf die »philosophische Gelassenheit« des Sokrates abhebt. Eine negative Einschätzung Xanthippes lässt sich hier jedenfalls nicht erkennen.

39 Xenophon, *Erinnerungen an Sokrates* 2, 1 ff. Übersetzung P. Jaerisch.

40 Vgl. auch Diogenes Laertios, *Leben und Meinungen berühmter Philosophen* 2, 29.

41 Cic. *Gespräche in Tusculum* 3, 31. Übersetzung O. Gigon.

42 Xen. *Symposion* 2,10. Übersetzung C. Woyte. Die Überlieferung findet sich auch bei Diogenes Laertios, *Leben und Meinungen berühmter Philosophen* 2, 37.

43 Diogenes Laertios, *Leben und Meinungen berühmter Philosophen* 2, 36. Übersetzung O. Apelt.

44 Zu Aspasia vgl. L. M. Günther, in: M. H. Dettenhofer (Hrsg.), Reine Männersache? Frauen in Männerdomänen der antiken Welt, 1996, 41 ff.; M. M. Henry, Prisoner of History. Aspasia of Miletus and her biographical tradition, 1995.

45 Aristoteles, *Politik* 1269 b 32 ff. Übersetzung E. Schütrumpf.

46 Plut. Perikl. 24. Übersetzung K. Ziegler.

47 Vgl. Henry ebenda 40 ff. 45 ff.

48 Vgl. Henry ebenda 30 ff.

49 Vgl. Plut. Per. 24.

50 Aristoph. *Die Acharner* Vers 524 ff. Übersetzung L. Seeger – H.-J. Newiger.

51 Vgl. F. Knauß, in: R. Wünsche (Hrsg.), Mythos Troja, Ausstellungskatalog München 2006, 120 ff.

52 Plutarch, *Perikles* 24; vgl. Oehmke ebenda 147.

53 Plut. *Perikles* 32. Übersetzung K. Ziegler.

54 Zu den Prozessen im Umkreis des Perikles vgl. K. Raaflaub, in: L. Burckhardt – J. von

Ungern-Sternberg (Hrsg.), Große Prozesse im antiken Athen, 2000, 96 ff.; R. Parker, Athenian Religion. A History, 1996, 208.

55 Plut. *Perikles* 32. Übersetzung K. Ziegler.

56 Vgl. G. M. A. Richter – R. R. R. Smith, The Portraits of the Greeks, 1984, 99 f.; S. Sande, in: T. Fischer-Hansen u. a. (Hrsg.), Ancient Portraiture. Image and Message, Acta Hyperborea 4, 1992, 43 ff.

57 Zu den historischen Vorgängen um Kleopatra vgl. W. Ameling, in: Der Neue Pauly 6, 1999, 591 ff. s. v. Kleopatra [II 12]; G. Hölbl, Geschichte des Ptolemäerreiches, 1994, 205 ff.; W. Huß, Ägypten in hellenistischer Zeit. 332 – 30 v. Chr., 2001, 703 ff.; S. B. Pomeroy, Frauenleben im klassischen Altertum, 1985, 285 ff. Vgl. zudem B. Andreae (Hrsg.), Kleopatra und die Caesaren, Ausstellungskatalog Hamburg 2006; S. Walker – P. Higgs (Hrsg.), Cleopatra of Egypt, Ausstellungskatalog London 2001. Beide Ausstellungskataloge enthalten Aufsätze zur Rezeption Kleopatras. – Im folgenden wird die traditionelle Zählung der Ptolemäerdynastie beibehalten.

58 Zum Porträt Kleopatras vgl. Andreae ebenda; Richter – Smith ebenda 237 f.; Walker – Higgs ebenda.

59 Vgl. S. Müller, Feministische Studien 2, 2007, 258 ff.

60 Plutarch, *Leben Caesars* 49, 1 f. Übersetzung K. Ziegler.

61 Plutarch, *Leben des Antonius* 25. Übersetzung K. Ziegler.

62 Vgl. Hölbl ebenda 225; Huß ebenda 748 f.

63 Properz, *Elegie* 3. Übersetzung G. Luck.

64 Vatikanische Museen, Galleria delle Statue 548. Hier nach Abguss München, Museum für Abgüsse Klassischer Bildwerke. Vgl. B. Andreae, Skulptur des Hellenismus, 2001, Taf. 71; zur nachantiken Geschichte und Wirkung der Skulptur vgl. F. Haskell – N. Penny, Taste and the Antique, 1981, 184 ff. Nr. 24.

65 Zur Rolle der Frau in der Lyrik des Properz und insbesondere zu dieser Stelle vgl. E. Fantham, in: H.-Chr. Günther (Hrsg.), Brill's companion to Propertius, 2006, insbesondere 197.

17. Frauen wider göttliche Begierde

1 Zum Phänomen der Götterliebe und seiner Unglücksbedeutung siehe S. Kaempf-Dimitriadou, Die Liebe der Götter in der attischen Kunst des 5. Jahrhunderts v. Chr., 11. Beih. AntK, 1979, bes. 47 – 53.

2 Bakchylides fr. 20 A (ed. Snell – Maehler 1970).

3 Die Flügel finden sich erst bei Apollod. Bib. 1, 7, 8. In den früheren Quellen ist nur von »schnellfüßigen« Pferden die Rede.

4 Simonides fr. 563 PMG.

5 Zum Wagenrennen zwischen Pelops und Oinomaos vgl. bes. G. Howie, Nikephoros 4, 1991, 55–120.

6 Homer, Il. 9, 555–560.

7 Simonides 563 PMG.

8 Vgl. Kaempf-Dimitriadou ebenda.

9 Zu dieser außergewöhnlichen Vasenform und ihrer Verwendung siehe K. Vierneisel, in: K. Vierneisel – B. Kaeser (Hrsg.), Kunst der Schale – Kultur des Trinkens, Ausstellungskatalog München 1990, 259–264.

10 Dieselbe unterschiedliche Bewaffnung findet sich auf einem nur wenig jüngeren rotfigurigen Stamnos, dessen Fragmente heute auf die Museen in Paris (Louvre, Inv. C 10834) und Florenz (Mus. Arch. Inv. 19 B 41) verteilt sind (Lexicon Iconographicum Mythologiae Classicae VI [1992] 364–366 s. v. Marpessa Nr. 3). Hier stehen allerdings Idas und Marpessa auf der linken und Apollon auf der rechten Seite des Bildes. Zu unterschiedlichen Bogenformen vgl. R. Tölle-Kastenbein, Pfeil und Bogen im antiken Griechenland, 1980.

11 Benennung als Euenos zuerst bei FR I 78. So auch J. D. Beazley, Der Pan-Maler, 1931, 15.

12 So auch bei Tzetz. Lykophr. 559.

13 London, British Museum 95.10–31.1, ca. 450 v. Chr., Maler von London 95. Siehe Beazley, ARV² 583, 1; CVA London 3 Taf. 4 (169) 1a; Lexicon Iconographicum Mythologiae Classicae V, 1990, 741–760 s. v. Iris I Nr. 160.

14 H. B. Walters, in: CVA London 3 Taf. 4,1a deutet die Szene nicht auf den Marpessa-Mythos, sondern auf die Heimführung der Helena durch Menelaos am Ende des Trojanischen Krieges. Dies ist insofern verständlich als die Darstellung des Idas als Krieger mit Speer und nicht mit Bogen von der schriftlichen Überlieferung des Mythos abweicht. Schwer zu erklären wäre allerdings in einer solchen Szene die Anwesenheit von Paris, der zudem in der Ikonographie von Apollon auftritt. Auch Iris als Götterbotin passt besser zur Geschichte von Marpessa, in der Zeus den beiden Kontrahenten seinen weisen Richterspruch überbringen lässt.

15 Chiusi, Mus. Etr. Inv. 2193, 2. V. 5. Jh. Siehe Lexicon Iconographicum Mythologiae Classicae VI, 1992, 364–366 s. v. Marpessa (Jones Roccos) Nr. 5.

16 Vgl. F. Knauß, in: R. Wünsche (Hrsg.), Mythos Troja, Ausstellungskatalog München 2006, 316 ff.; Lexicon Iconographicum Mythologiae Classicae VIII, 1994, 956 ff. s. v. Kassandra.

17 Apollod. 3, 12, 5. Übersetzung L. Mader. – Vgl. Aischyl. Agam. 202; Pind. Pyth. 11, 49.

18 Euripides, Andromache, V. 297. Übersetzung M. Steinhart.

19 Alabasterurne, Volterra, Mus. Guarnacci 236. 229; Lexicon Iconographicum Mytho-logiae Classicae I, 1981, 501 Nr. 24.; D. Steuernagel, Menschenopfer und Mord am Altar, 1998, 62 ff.

20 Zu Daphne vgl. Lexicon Iconographicum Mythologiae Classicae III, 1986, 344 ff. s. v. Daphne.

21 Vgl. Pausanias, Beschreibung Griechenlands 8, 20, 1 ff.

22 Wolfgang Stechow, Apollo und Daphne, 1932 (Nachdruck 1965); Anna Coliva, Sebastian Schütze (Hrsg.), Bernini scultore: la nascita del Barocco in Casa Borghese, Ausstellungskatalog, Roma 1998; Arne Karsten, Bernini. Der Schöpfer des barocken Rom, 2006. – Für die Reproduktionsvorlage danken wir Cristina Herrmann-Fiore.

23 Lexicon Iconographicum Mythologiae Classicae III, 1986, 345 Nr 1.

24 Vgl. H. Baumann, Flora Mythologica, 2007, 38; M. Carroll-Spillecke, Kepos. Der antike griechische Garten, 1984, 34 ff.; H. Rühfel, Begleitet von Baum und Strauch. Griechische Vasenbilder, 2003, 22 ff.

25 Vgl. W. H. Roscher, Lexikon der griechischen und römischen Mythologie IV, 1909–1915, 1642 ff. s. v. Syrinx.

26 Pan und Syrinx. Eine erotische Jagd. Peter Paul Rubens, Jan Brueghel und ihre Zeitgenossen, Ausstellungskatalog Kassel 2004.

27 Vgl. Lexicon Iconographicum Mythologiae Classicae I, 1981, 876 f. s. v. Aphaia.

28 Vgl. zum Thema B. Kaeser, in: R. Wünsche (Hrsg.), Mythos Troja, Ausstellungskatalog München 2006, 87 ff. – Attische Amphora, Staatliche Antikensammlungen 1542; vgl. Wünsche ebenda 433 Kat. 19.

29 Vgl. Lexicon Iconographicum Mythologiae Classicae II, 1984, 582 ff. s. v. Arethousa. Hier nach Münzen der Staatlichen Münzsammlung München (SNG Sizilien 935. 1078).

30 Vgl. M. L. West, Greek Epic Fragments, 2003, 89 f. Frgt. 10.

31 Der Erklärungsansatz wurde mündlich von Bert Kaeser vorgeschlagen.

18. Heroinen der Frauentugend

1 B. Snell/R. Kannicht (Hrsg.), *Tragicorum Graecorum Fragmenta* I² (1986) Phrynichos 2; vgl. Servius, *Aeneis* 4, 694. Sophokles' *Admetos* wird das gleiche Thema behandelt haben, ist aber gänzlich verloren. Auch Aischylos, *Eumeniden* 723–728, setzt die Kenntnis der Geschichte voraus.

2 C. Robert, Die antiken Sarkophagreliefs III 1 (1897) Taf. 6 (Nr. 22. 23). 7 (Nr. 30).

3 In der archaischen Bildkunst begegnet Admet freilich noch eigenständig als jugendlicher Held; vgl. Lexicon Iconographicum Mythologiae Classicae I (1981) 219–220 s. v. Admetos I Nr. 1–3, 7–10 [M. Schmidt].

4 Vatikan, Museo Chiaramonti; H. Sichtermann/G. Koch, Griechische Mythen auf römischen Sarkophagen (1975) Nr. 8 Taf.

16–19.; P. Blome, Zur Umgestaltung griechischer Mythen in der römischen Sepulkralkunst, RM 85, 1978, 435–457.

5 Euripides, *Alkestis* 1140–1142; Platon, *Gastmahl* 179 B-C. Bei Apollodor, *Bibliothek* 1, 9, 15, finden sich beide Versionen, und dort ist es ausdrücklich Persephone, die Alkestis aus Rührung ins Leben zurückkehren läßt.

6 Es ist freilich nicht der einzige erfolgreich bestandene Kampf des Herakles mit den Mächten der Unterwelt: Für Eurystheus holt er den Kerberos aus der Unterwelt, und er befreit seinen Freund Theseus, den Hades gefangen hält; vgl. Herakles – Herkules (2003) 150–155. 204–205 (mit weiteren bildlichen Darstellungen der Alkestissage).

7 Während Hygin, *Geschichten* 24, sie zur Mittäterin macht, spricht Diodor 4, 52, 2, sie von jeder Schuld frei. Die inhaltlichen und chronologischen Widersprüche lassen sich jedoch nicht schlüssig auflösen; vgl. Lexicon Iconographicum Mythologiae Classicae I (1981) 534 s. v. Alkestis [M. Schmidt].

8 In kaiserzeitlichen Grabepigrammen begegnet Alkestis exemplarisch; W. Peek, Griechische Versinschriften I (1955) Nr. 727. 2005; ders., Griechische Grabgedichte (1960) Nr. 381. 463.

9 F. Knauß, in: Mythos Troja (2006) 154–156.

10 T. Gantz, Early Greek Myth (1993) 593. Eine knappe Schilderung der Sage gibt Apollodor, *Epitome* 30: »Von den Hellenen ging als erster Protesilaos ans Land und wurde, nachdem er eine große Zahl von Barbaren getötet hatte, selbst von Hektor getötet. Diesen Protesilaos liebte seine Frau Laodameia auch nach dem Tod und machte sich ein Bild, das ihm täuschend ähnlich sah und mit dem sie Umgang hatte. Da hatten die Götter Mitleid mit ihr, und Hermes holte Protesilaos aus dem Hades herauf. Als Laodameia ihn sah, dachte sie, er käme aus Troja zurück, und freute sich sehr, als er dann aber wieder in den Hades zurückkehrte, brachte sie sich selbst um.«

11 B. Andreae, Studien zur römischen Grabkunst. RM 9. Ergh. (1963) 33–45.

12 Nach den meisten antiken Quellen brüstet er sich, als Jäger selbst Artemis nicht nachzustehen, nachdem er in ihrem Hain eine Hirschkuh erlegt hat; z. B. bereits in den *Kyprien* und Hesiods *Frauenkatalog*. Dagegen bleibt in Aischylos' *Agamemnon* der Grund für den Zorn der Artemis ungewiss; vgl. T. Gantz, The Chorus of Aischylos' Agamemnon, Harvard Studies in Classical Philology 87, 1983, 71–78. In Euripides' *Iphigenie in Aulis* 15–25, fordert die Göttin vom König jedoch die Einlösung eines schon lange zurückliegenden Gelübdes.

13 F. Knauß, in: Mythos Troja (2006) 136–137. Die in der *Ilias* 9, 144–145 erwähnte Iphianassa darf nicht ohne weiteres mit Iphige-

nie gleichgesetzt werden, zumal die *Kyprien* (Fragment 24 PEG) Töchter namens Iphigenie und Iphianassa nennen.

14 Kiel, Universitätssammlung B 538; CVA Kiel (1) Taf. 39, 1–4; 40, 1–4 [B. Freyer-Schauenburg]. Die Deutung eines protoattischen Kraters in Boston ist ausgesprochen unsicher; vgl. Lexicon Iconographicum Mythologiae Classicae VI (1992) 709 s. v. Iphigeneia Nr. 2 [L. Kahil]. Dagegen wurde die Opferung Polyxenas in der archaischen Kunst vergleichsweise häufig dargestellt; vgl. F. Knauß, in: Mythos Troja (2006) 323–325.

15 London, BM F 159. O. Taplin, Pots & Plays (2007) 159–160 Nr. 52.

16 Berlin, Staatliche Museen Inv. 3161q. U. Sinn, Die Homerischen Becher. AM 7. Beih. (1979) 111–112 MB 55 Abb. 9, 1.

17 Stesichoros, *Oresteia* 215 PMG; Hesiod, *Fragment* 23a Merkelbach – West; *Kyprien*. Bei der Gleichsetzung Iphigenies mit Hekate in Hesiods *Frauenkatalog* handelt es sich vielleicht um eine spätere Interpolation; vgl. T. Gantz, Early Greek Myth (1993) 583–584; 686.
Eine völlig andere Lösung bietet dagegen ein kaiserzeitlicher Trojaroman (Diktys 1, 22). Danach rettet Achill Iphigenie in Aulis und bringt sie zum Skythenkönig. Diese Version ist wohl älter, denn schon Douris (76F 08 apud bT Ilias 19, 326) und Lykophron berichten, Neoptolemos sei der Sohn von Achill und Iphigenie.

18 Nach Aischylos' *Eumeniden* wird Orest schon vorher in Delphi durch Apoll entsühnt und schließlich mit Athenas Hilfe in einem Gerichtsurteil in Athen endgültig freigesprochen. Die Bildkunst folgt überwiegend dieser Version des Mythos; vgl. S. Lorenz, in: Mythos Troja (2006) 388–391.
Herodot 4, 103, berichtet über die historischen Taurer, dass sie fremde Seeleute einer Mädchengottheit opferten, die sie mit Agamemnons Tochter Iphigenie identifizierten.

19 Basel, Antikenmuseum BS 1469. Christies's Auktion New York 10. Juni 1994, 68–69 Nr. 147; I. Jucker, Euripides und der Mythos von Orest und Iphigenie in der bildenden Kunst, in: B. Zimmermann (Hrsg.), Euripides Iphigenie bei den Taurern, Drama 6 (1998) 110. 126–127 Nr. 8

20 Zur *amicitia* von Orest und Pylades vgl. S. Lorenz, in: Mythos Troja (2006) 394–395.

21 Vgl. Strabon 9, 1, 22. Doch auch andere Griechenstädte beanspruchten Iphigenie und das Artemisbildnis aus dem Taurerland für sich; vgl. Pausanias 1, 43, 1; 2, 35, 1; 3, 16, 7; 7, 26, 5.

22 J. Schmitt, Freiwilliger Opfertod bei Euripides (1921) bes. 52 ff.; M. Schmidt, Herakli-

den, in: FS K. Schefold, Antike Kunst 4. Beih. (1967) 179.

23 Vgl. Euripides, *Herakliden* 474 ff.

24 Diodor 4, 58, 1–4; Pausanias 4, 3, 3. Wenn in den Texten von »Herakleidai« die Rede ist, so bezeichnet dies in einem weiteren Sinne zwar sämtliche Nachfahren des Helden, aber in einem engeren Sinne bzw. im Zusammenhang mit der sog. »Rückkehr der Herakleiden« sind damit allein die Kinder und Kindeskinder aus der Verbindung mit Deianeira gemeint.

25 Zur Rückkehr: Herodot 6, 52; Apollodor, *Bibliothek* 2, 8, 2; Pausanias 2, 18, 7; 3, 1, 6. Zur Aufteilung der Peloponnes: Pausanias 4, 3, 4–5; Polyainos, *Kriegslisten* 1, 6.

26 Apollodor, *Bibliothek* 3, 15

27 Wir besitzen davon nur eine spätantike Zusammenfassung; Antonius Liberalis 25.

28 Die Schlusspartie ebendort (1005–1078), in der die kommende dramatische Rolle der Tochter angedeutet wird, ist in ihrer Echtheit umstritten und wohl erst nach Sophokles' *Antigone* eingefügt worden; A. Lesky, Die tragische Dichtung der Hellenen ³(1972) 89 Anm. 23; 93–94. 97.

29 In Euripides' *Phoinissen* 1264–1282. 1435–1459, versucht sie vergeblich, die Brüder auf dem Schlachtfeld zu trennen.

30 London, British Museum F 175; Lexicon Iconographicum Mythologiae Classicae I (1981) 822 s. v. Antigone Nr. 12 mit Abb. [I. Krauskopf].

31 Es soll an dieser Stelle nicht auf eine Sagenversion eingegangen werden, nach der es ein glückliches Ende gab. Erstmalig fand sich dies in der verlorenen *Antigone* des Euripides, noch einmal möglicherweise bei Astydamas dem Jüngeren, der 341 v. Chr. mit einer *Antigone* siegreich war. Der Inhalt seiner Tragödie ist durch Hygin (*Geschichten* 72) bekannt. Mindestens zwei Vasenbilder gehen wohl darauf zurück. Antigone tritt hier jedoch deutlich in den Hintergrund.

32 Neapel, Nationalmuseum 2422; vgl. dazu besonders L. Giuliani, Bild und Mythos (2003) 218–228. Lexicon Iconographicum Mythologiae Classicae I (1981) 772–774 s. v. Andromache I Nr. 47 [O. Touchefeu-Meynier].

33 Das Los der Frauen einer eroberten Stadt ist Gegenstand von Euripides' *Troerinnen*, während seine *Andromache* das spätere Schicksal der Witwe des Hektor behandelt.

34 Vgl. Paris, Louvre G 155; E. Pottier, Vases antiques du Louvre 3 (1922) Taf. 123; Rom, Villa Giulia 20842; G. Ricci, Monumenti Antichi 42, 1955, 287 Abb. 43a.

35 Basel, Antikenmuseum Lu 70; E. Berger/R. Lullies (Hrsg.), Antike Kunstwerke aus der Sammlung Ludwig I (1979) 182–185 Nr. 70 [M. Schmidt]; P. Blome, Antikenmuseum Basel und Sammlung Ludwig (1999) 64–65 Abb. 80.

19. Frauen von mörderischer Stärke

1 Die Kriminalstatistik ist im Internet abrufbar: http://www.bka.de/pks/. – Vgl. auch entsprechende Werte etwa 10 % aus den USA Gesammelt durch das FBI: in: V. Jensen, Why Women Kill. Homicide and Gender Equality (2001) 1.

2 V. Jensen, Why Women Kill. Homicide and Gender Equality (2001) 2, mit weiterführender Literatur, 9 ff.; vgl. auch Kompisch, Kathrin, Furchtbar feminin. Berüchtigte Mörderinnen des 20. Jahrhunderts (2006).

3 K. Kompisch, Furchtbar feminin. Berüchtigte Mörderinnen des 20. Jahrhunderts (2006) 191 f.

4 Homer, Odyssee 24, 96–97; 24, 199–202.

5 s. H. W. Roscher, Lexikon der griechischen und römischen Mythologie (1890–1894) s. v. Klytaimnestra. (Roscher im Folgenden zitiert: Roscher, ML).

6 Schildband aus Argos in Athen: Lexicon Iconographicum Mythologiae Classicae Kassandra Nr. 199*. – Schale aus Ferrara: Lexicon Iconographicum Mythologiae Classicae Kassandra Nr. 202. Die Axt als Tatwaffe belegen Euripides, Troerinnen 361 f.; Zum Opfercharakter beim Tod durch die Axt, s. auch: F. Viret Bernal in: Naked Truths. Women, sexuality and gender in classical art and archaeology (1997) 93 ff.

7 Kraters des Dokimasia-Malers, Boston, Museum of Fine Arts Inv. Nr. 63.1246: ARV² 1652; Lexicon Iconographicum Mythologiae Classicae s. v. Agamemnon 89*.

8 Weben als weibliche Beschäftigung: S. Pfisterer-Haas, in: Penelope Rekonstruiert. Geschichte und Deutung einer Frauenfigur, Ausstellungskat. München Museum für Abgüsse Klassischer Bildwerke (2007) 97 ff.

9 Zur Danaidensage und ihren Darstellungen: Rocher, ML I.1, 949 ff.; Keuls, E.: The water carriers in Hades. A study of catharsis through toil in classical antiquity. (Amsterdam 1974); A. Kossatz-Deißmann, Dramen des Aischylos auf westgriechischen Vasen (1978) 45 ff.; M. Schmidt, in: Studies in honour of Arthur Dale Trendall. (Sydney 1979) 159 ff.; M. Detienne, Arethusa 21, 1988, 159 ff.; K. Schefold, Die Urkönige, Perseus, Bellerophon, Herakels und Theseus in der klassischen und hellenistischen Kunst (1988) 26 ff.; E. Lefèvre, Das Bild-Programm des Apoll-Tempels auf dem Palatin. Xenia. Konstanzer Althistorische Vorträge und Forschungen Bd. 24 (1989) 15 f.; T. Gantz, Early Greek Myth (1993) 203ff.; Lexicon Iconographicum Mythologiae Classicae s. v. Danaiden (E. Keuls); s. v. Aigyptios (M. O. Jentel); s. v. Danaos (E. Keuls).

10 Heute verschollener Glockenkrater, ehemals Slg. Curtius, Rom: Lexicon Iconographicum Mythologiae Classicae Danaides

Nr. 5*. – vgl. auch eine campanisch rf. Halsamphora aus Paestum, um 340 v. Chr. [Lexicon Iconographicum Mythologiae Classicae s. v. Hypermestra Nr. 5* (G. Berger-Doer)]. Die eine der beiden Frauen trägt die Namensbeischrift Hypermestra. Ein weiteres zugehöriges Fragment zeigt das linke Bein eines auf einem Bettrand sitzenden Mannes. Wahrscheinlich ist hier in Analogie zu den Scherbenfragmenten aus Tarent eine ähnliche Mordszene zu rekonstruieren.

11 Pind. Pyth. 9, 112 ff.; vgl. auch Hyg. Fab. 170; Apollodor bibl. 2 (22) 1,5; Paus 3, 12, 2; 7, 1, 6.

12 Schol. Eur. Hec 886; Ps. Platon, Ax. 371e; Hygin, Fab. 168; Horaz, Carm. 3,11,21–24; Tib. 1,3,79–80. – Zu einer möglichen Darstellung der zweiten Hochzeit s. auch: A. Kossatz-Deißmann, in: Komos. Festschrift für Thuri Lorenz zum 65. Geburtstag. (1997) 99 ff.

13 A. Kossatz-Deißmann, Dramen des Aischylos auf westgriechischen Vasen (1978) 45 ff.; Lexicon Iconographicum Mythologiae Classicae s. v. Danaides Nr. 7*ff. (E. Keuls); M. Sicherl, MusHelv 43, 1986, 81 ff.; K. Schefold – F. Jung, Die Urkönige, Perseus, Bellorophon, Herakles und Theseus in der klassischen und hellenistischen Kunst (1988) 26 ff.; M. Schmidt, in: Studies in honour of Arthur Dale Trendall. (Sydney 1979) 159 ff.

14 Zuletzt hierzu: E. Peifer, Eidola und andere mit dem Sterben verbundene Flügelwesen in der attischen Vasenmalerei in spätarchaischer und klassischer Zeit (1989) 123 ff.

15 Pausanias (10, 31, 9) beschreibt diese Tätigkeit auf dem Unterweltsbild des Polygnots in der Lesche der Knidier in Delphi als typisch für die in die Mysterien uneingeweihten.

16 S. dazu E. Pfeifer, Eidola und andere mit dem Sterben verbundene Flügelwesen in der attischen Vasenmalerei in spätarchaischer und klassischer Zeit (1989) 123 ff.

17 Doch nicht allein der Verrat des Ehemannes kränkt Klytämnestra, sondern auch die Tatsache, dass sie ihre Tochter wegen der Untreue einer anderen Frau, der schönen Helena, verliert: Euripides, Iphigenie in Aulis 166 ff.; Euripides, Elektra 1024 ff.; Aischylos, Agamemnon 1462 ff.

18 Zur Motivation den Ehemann zu verschonen, nennen die Quellen entweder Liebe (Aischyl. Prom. 865–868; Horaz, carm. 3, 11, 33–52; Schol. Pindar P 9, 195b.) oder das Versprechen die Jungfräulichkeit der Braut unangetastet zu lassen (Apollodor 2, [21] 1,5,10). – Glasbecher, Köln, Römisch-Germanisches Museum, Spätes 2./frühes 3. Jh. n. Chr.: Lexicon Iconographicum Mythologiae Classicae s. v. Hypermestra (G. Berger-Doer) – Neuerdings zur Deutung einer attischen Kalpis auf Hypermestra und

19 Aischyl. TrGF III F 44; vgl. auch Paus. 2, 20, 7

20 M. Sicherl, Mus. Helveticum 43, 1986, 81 ff.

21 s. dazu: H. Siebenpfeiffer, in: A. Hilbig, C. Kajatin, I. Miethe (Hrsg.), Frauen und Gewalt. Interdisziplinäre Untersuchungen zu geschlechtsgebundener Gewalt in Theorie und Praxis (2003) 133 ff.; A. Wiese, Mütter die töten. Psychoanalytische Erkenntnis und forensische Wahrheit (1993).

22 Zur Überlieferung: RE s. v. Prokne; Zu den Bildern: Lexicon Iconographicum Mythologiae Classicae s. v. Prokne et Philomela; J. March, in: K. N. Ruttner – B. A. Sparkes (Hrsg.), Word and image in ancient Greece (2000) 119 ff.; A. Klöckner, in: G. Fischer, S. Moraw (Hrsg.), Die andere Seite der Klassik. Gewalt im 5. und 4. Jahrhundert v. Chr., Kolloquium Bonn 2002 (2005) 249 ff.

23 Lexicon Iconographicum Mythologiae Classicae Prokne et Philomela 3* (E. Touloupa).

24 Lexicon Iconographicum Mythologiae Classicae Prokne et Philomela 11* mit älterer Lit. (E. Touloupa); A. Leibundgut, 10. TrWPr 1989 (1991) 44 ff.; K. Stähler, in: Skenika. Beiträge zum antiken Theater und seiner Rezeption. Festschrift H.-D. Blume (2000), 175 ff.; D. Kreikenbom, in: P. C. Bol (Hrsg.), Die Geschichte der antiken Bildhauerkunst II, Klassische Plastik (2004) 216 ff., 516 Abb. 146; A. Klöckner, in: G. Fischer, S. Moraw (Hrsg.), Die andere Seite der Klassik. Gewalt im 5. und 4. Jahrhundert v. Chr., Kolloquium Bonn 2002 (2005) 250 ff.

25 So in einem bislang noch unveröffentlichen Vortrag von L. Giuliani, der das Messer in der linken Hand rekonstruiert. Dazu der Artikel von P. Bahners in der FAZ.

26 Verschiedene Deutungsansätze sind mit Lit. zusammengestellt bei: A. Klöckner, in: G. Fischer, S. Moraw (Hrsg.), Die andere Seite der Klassik. Gewalt im 5. und 4. Jahrhundert v. Chr., Kolloquium Bonn 2002 (2005) 254 f.

27 A. Klöckner, in: G. Fischer, S. Moraw (Hrsg.), Die andere Seite der Klassik. Gewalt im 5. und 4. Jahrhundert v. Chr., Kolloquium Bonn 2002 (2005) 255 ff.

28 Zur Medea seien nur einige Titel aus der umfangreichen Literatur erwähnt: Roscher s. v. Medeia (K. Seeliger); RE s. v. Medeia (A. Lesky); Lexicon Iconographicum Mythologiae Classicae s. v. Medeia S. 386 ff. (M. Schmidt); A. Kottaridou, Kirke und Medeia. Die Zauberinnen der Griechen und die Verwandlung des Mythos (Diss. Köln 1991); K. Ferla, in: H.-J. Gehrke, A. Möller (Hrsg.) Vergangenheit und Le-

benswelt. Soziale Kommunikation, Traditionsbildung und historisches Bewusstsein (1996) 219 ff.; C. Sourvinou-Inwood, in: J. J. Clauss, S. I. Johnston (Hrsg.), Medea. Essays on Medea in Myth, Literature, Philosophy, and Art (1997) 253 ff.; M. Seifert, in: Schwert in Frauenhand. Weibliche Bewaffnung. Ausstellung Solingen (1999) 35 ff.; J. March, in: K. N. Ruttner – B. A. Sparkes (Hrsg.), Word and image in Ancient Greece (2000) 119 ff.; A. Klöckner, in: G. Fischer, S. Moraw (Hrsg.), Die andere Seite der Klassik. Gewalt im 5. und 4. Jahrhundert v. Chr., Kolloquium Bonn 2002 (2005) 247 ff.; E. Griffith, Medea (2006); O. Taplin, Pots & Plays. Interactions between Tragedy and Greek Vase-painting of the Fourth Century B. C. (2007) 114 ff.

29 Zur orientalischen Tracht bei Medea s.: C. Sourvinou-Inwood, in: J. J. Clauss, S. I. Johnston (Hrsg.), Medea. Essays on Medea in Myth, Literature, Philosophy, and Art (1997) 281 ff.

30 St. Schmidt, in: G. Fischer, S. Moraw (Hrsg.), Die andere Seite der Klassik. Gewalt im 5. und 4. Jahrhundert v. Chr. (2005) 178 ff.

31 Aischylos, Eumeniden 903–915.

32 Lexicon Iconographicum Mythologiae Classicae s. v. Medea S. 387–398 (Schmidt); O. Taplin, Comic Angels and Other Approaches to Greek Drama through Vase-Painting (1993) 22 f.; S. Schmidt, in: G. Fischer, S. Moraw (Hrsg.), Die andere Seite der Klassik. Gewalt im 5. und 4. Jahrhundert v. Chr. (2005) 178 ff.

33 Lexicon Iconographicum Mythologiae Classicae s. v. Medeia Nr. 8 ff.; hier abgebildet Lexicon Iconographicum Mythologiae Classicae Medeia 10*, 19*

34 S. dazu vor allem: A. Klöckner, in: G. Fischer, S. Moraw (Hrsg.), Die andere Seite der Klassik. Gewalt im 5. und 4. Jahrhundert v. Chr., Kolloquium Bonn 2002 (2005) 255 ff.

35 M. Golden, Childhood in Classical Athens (1990) 1 ff.; A. Klöckner, in: G. Fischer, S. Moraw (Hrsg.), Die andere Seite der Klassik. Gewalt im 5. und 4. Jahrhundert v. Chr. (2005) 260 f.

36 Eine Auswahlbibliographie zu Medea s. Anm. 28.

37 Roscher, ML s. v. Aietes (Roscher); T. Gantz, Eraly Greek Myth (1993) 340 f.; Lexicon Iconographicum Mythologiae Classicae s. v. Aietes (M. Schmidt).

38 Vgl. Auch Euripides, Medea 1308. Zu Apsyrtos oder auch Absyrtos: Roscher, ML s. v. Absyrtos; Lexicon Iconographicum Mythologiae Classicae s. V. Apsyrtos (C. W. Clairmont); J. N. Bremmer, in: J. J. Clauss, S. Iles Johnston (Hrsg.), Medea. Essays on Medea in Myth, Literature, Philosophy and Art (1997) 83 ff.

39 Roscher ML s. v. Glauke 4) (Stoll); ebenda
s. v. Kreusa 3) (J. Illberg); T. Gantz, Early
Greek Myth (1993) 370f.; Lexicon Iconographicum Mythologiae Classicae s. v.
Kreousa II (G. Berger-Doer).

40 A. Kottaridou, Kirke und Medeia. Die Zauberinnen der Griechen und die Verwandlung des Mythos (Diss. Köln 1991) 260 ff.

41 Allein vier Vasen aus den Staatlichen Anti-
kensammlungen München stellen sie als
Zuschauerin beim Kampf zwischen The-
seus und Minotauros dar: die Bauchamphora 1397 (CVA München [1] Taf. 31,2), die
Halsamphoren 1472 (CVA München [7]
Taf. 350,2; hier Abb. 1) und 1582 (CVA
München [14] Taf. 25,1) sowie der Stamnos
SL 471 (J. Sieveking, Bronzen, Terrakotten,
Vasen der Sammlung Loeb [1930] 60–61
Taf. 47; hier Abb. 2). Auf der Bauchampho-
ra 1394 (CVA München [1] Taf. 26,4) steht
Ariadne wie auf der Gegenseite Dionysos
zwischen zwei Satyrn. Ihre Hochzeit findet
sich auf zwei Sarkophagen in der Glypto-
thek (GL 223: M. Fuchs, Römische Relief-
werke. Glyptothek München. Katalog der
Skulpturen VII [2002] Nr. 22 Abb. 32–36;
GL 365: Fuchs, a. O. Nr. 28 Abb. 57–60,
hier Abb. 3).

42 Zu Pelias: Lexicon Iconographicum Mytho-
logiae Classicae s. v. Peliades S. 270 ff.
(E. Simon); Lexicon Iconographicum My-
thologiae Classicae s. v. Pelias S. 271 ff.
(E. Simon); H. Meyer, Medeia und die
Peleiaden (1980); A. Kottaridou, Kirke und
Medeia. Die Zauberinnen der Griechen
und die Verwandlung des Mythos (Diss
Köln 1991); C. Sourvinou-Inwood, in:
J. J. Clauss, S. I. Johnston (Hrsg.), Medea.
Essays on Medea in Myth, Literature,
Philosophy, and Art (1997) 262 ff.

43 A. Kottaridou, Kirke und Medeia. Die Zauberinnen der Griechen und die Verwandlung des Mythos (Diss. Köln 1991) 184 ff.

44 Simonides Frg. 548; Lexicon Iconographicum Mythologiae Classicae Iason 58–64
(J. Neils); Lexicon Iconographicum Mythologiae Classicae Medeia 1* (E. Simon)

45 Lexicon Iconographicum Mythologiae
Classicae Alkandre Nr. 2 (K. Schefold); Lexi-
con Iconographicum Mythologiae Classi-
cae Peliades Nr. 10 (E. Simon); Lexicon Ico-
nographicum Mythologiae Classicae Pelias
Nr. 17 (E. Simon), B. Cohen, in: B. Cohen
(Hrsg.), Not the Classical Ideal (2000) 110.
– Zu Alkandre s. Lexicon Iconographicum
Mythologiae Classicae s. v. Alkandre
(K. Schefold)

46 Lexicon Iconographicum Mythologiae
Classicae s. v. Alkandre (K. Schefold). Der
Name ist auf die Basler Schale in Analogie
zum Kelchkrater in Tarquinia übertragen
worden, wo dieser Name der jungen
Peliade beigeschrieben ist, die das Schwert
hält, mit dem der greise Pelias getötet wird.

47 T. Gantz, Early Greek Myth (1993) 370 f.;
Lexicon Iconographicum Mythologiae
Classicae s. v. Kreusa II (G. Berger-Doer).

48 s. dazu S. Schmal, in: R. Rollinger, Ch. Ulf
(Hrsg.), Geschlechterrollen und Fauenbild
in der perspektive antiker Autoren (1999)
97 f.; vgl. auch: M. Schmidt in: Pandora.
Ausstellungskatalog Basel 1996 (1995)
57 ff.; A. Kottaridou, Kirke und Medeia. Die
Zauberinnen der Griechen und die Verwandlung des Mythos (Diss. Köln 1991).

49 Roscher, ML s. v. Orpheus; T. Gantz, Early
Greek Myth (1993) 721 ff. – Zu den Dar-
stellungen: F. M. Schöller, Darstellungen des
Orpheus in der Antike (1969); A. Lezzi-
Hafter, AntK 29, 1986, 29 ff.; Lexicon Iconographicum Mythologiae Classicae s. v.
Orpheus (M.-X. Garezou); C. Benson, in:
E. Reeder, S. Humphreys (Hrsg.), Pandora.
Frauen im klassischen Griechenland. Ausstellungskat. Basel (1996) 392 ff.; I. Huber,
Thetis 8, 2001, 23 ff.; D. Tsiafakis, in: Thra-
ce and the Aegean. Proceedings of the
Eighth International Congress of Thracolo-
gy. Sofia 2000 (2002) 727 ff.; B. Cohen, in:
diess. (Hrsg.), Not the Classical Ideal (2000)
98 ff.; S. Muth, in: B. Seidensticker, M. Vöh-
ler (Hrsg.), Gewalt und Ästhetik. Zur Gewalt und ihrer Darstellung in der griechischen Kunst (2006) 274 ff.

50 Eur. Alc. 357–360; Verg. Georg. 4,453–506;
Ov. Met. 10,1–63; Apollodor 1,14 f. –
Allgmein: RE XVIII.1 (1929) 1200 ff. s. v.
Orpheus (Ziegler); Roscher, ML s. v.
Orpheus; T. Gantz, Early Greek Myth
(1993) 721 ff.

51 Zu den verschiedenen Versionen s. Roscher, ML s. v. Orpheus;

52 Lexicon Iconographicum Mythologiae
Classicae Orpheus 9*.

53 Zum Basler Stamnos: ARV² 1652;
M. Schmidt, in: Zur griechischen Kunst,
Hansjörg Bloesch zum 60. Geburtstag,
Beih. AntK 9, 1973, 95ff. Taf. 34,1–4, 35,1;
Lexicon Iconographicum Mythologiae
Classicae s. v. Orpheus 35* (M.-X. Gare-
zou); B. Cohen, in: B. Cohen (Hrsg.), Not
the Classical Ideal (2000) 110 ff.

54 Anders I. Huber (Thetis 8, 2001, 24), die in
der Geste einen Versuch des Orpheus sieht,
sein kostbares Instrument zu schützen.

55 Zur Entblößung der Brüste: B. Cohen, in:
A. O. Koloski-Ostrow, C. L. Lyons (Hrsg.),
Naked Truths: Women, Sexuality, and
Gender in Classical Art and Archaeology
(1997) 71–72.

56 Zur Axt und Opfermessern: Thescra V
S. 305 (I. Krauskopf); ebenda s. v. S. 308 ff.
(J. Metz). – zum Bratspieß: Thescra V
S. 329ff. (S. Th. Schipporeit). – Zum Opfercharakter des Orpheus s. B. Cohen, in:
diess. (Hrsg.), Not the Classical Ideal (2000)
111 f. mit Anm. 58.

57 Lexicon Iconographicum Mythologiae
Classicae Orpheus 45*.

58 C. Benson, in: E. Reeder, S. Humphreys
(Hrsg.), Pandora. Frauen im klassischen
Griechenland. Ausstellungskat. Basel (1996)
393, 396; R. Lissarrague, Musica e Storia 2,
1994, 279f.; B. Cohen, in: diess. (Hrsg.), Not
the Classical Ideal (2000) 90.

59 München, Staatliche Antikensammlungen
Inv. 2354: CVA München 2 Taf. 71,1.2;
71,5; Mythos Troja. Ausstellungskat. München (2006) Abb. 45.10.

60 ähnlich auch B. Cohen, in: B. Cohen (Hrsg.),
Not the Classical Ideal (2000) 109. – Zu
Männern die Frauen verfolgen s. S. Kaempf-
Dimitriadou, Die Liebe der Götter in der
attischen Kunst des 5. Jh. v. Chr., Beih.
AntK 11, 1979; C. Sourvinou-Inwood , JHS
107, 1987, 131 ff. und für Frauen, die Män-
ner verfolgen R. Osborne, in: N. B. Kampen
(Hrsg.), Sexuality in Ancient Art: Near East,
Egypt, Greece, and Italy (1996) 65 ff.

61 K. Zimmermann, JdI 95, 1980, 163 ff.;
D. Tsiafakis, in: B. Cohen (Hrsg.), Not the
Classical Ideal (2000) 372ff. – Zur Sitte der
Tätowierung s. auch C. P. Jones, JRS 77,
1987, 139 ff., A. Mayor, Archaeology 52.2,
1999, 54 ff.

62 Roscher, ML s. v. Pentheus (A. Rapp); Lexicon Iconographicum Mythologiae Classicae s. v. Pentheus (J. Bažant, G. Berger-Doer)
mit weiterer Lit.; B. Cohen, in: dieselbe
(Hrsg.), Not the Classical Ideal (2000)
123 ff.

63 Lexicon Iconographicum Mythologiae
Classicae Pentheus Nr. 46* (J. Bažant,
G. Berger-Doer)

64 Lexicon Iconographicum Mythologiae
Classicae Pentheus Nr. 40* (J. Bažant,
G. Berger-Doer)

65 Lexicon Iconographicum Mythologiae
Classicae Pentheus Nr. 24* (J. Bažant,
G. Berger-Doer); B. Cohen, in dieselbe
(Hrsg.), Not the Classical Ideal (2000) 123 f.
Abb. 4.9

66 Lexicon Iconographicum Mythologiae
Classicae Mainades Nr. 33* (I. Krauskopf)

67 Kompisch, Kathrin, Furchtbar feminin.
Berüchtigte Mörderinnen des 20. Jahrhunderts (Leipzig 2006) 8.

68 Elektra tritt erst bei späteren Autoren auf
und ist vermutlich mit der Tochter des
Agamemnon identisch, die Homer Laodike
nennt. Jedoch bereits bei Stesichoros spielt
Elektra offenbar eine bedeutende Rolle. Im
2. Teil seiner 256 v. Chr. uraufgeführten
Atriden-Trilogie rückt Aischylos das Zusammentreffen der zuvor getrennten Geschwister Orest und Elektra und deren
tödliche Rache in den Mittelpunkt. Elektra
kommt dort wichtige Rolle zu. Euripides
und Sophokles machen sie sogar zur zentralen Figur ihrer gleichnamigen Dramen.
Die Uraufführungsdaten beider »Elektren«
sind jedoch umstritten, s. dazu: R. E. Harder, Die Frauenrollen bei Euripides: Untersuchungen zu »Alkestis«, »Medeia«, »Heka-

be«, »Erechtheus«, »Elektra«, »Troades« und »Iphigeneia in Aulis« (1993) 310 mit Anm.

69 R. E. Harder, Die Frauenrollen bei Euripides: Untersuchungen zu »Alkestis«, »Medeia«, »Hekabe«, »Erechtheus«, »Elektra«, »Troades« und »Iphigeneia in Aulis« (1993) 411 f.

70 S. Lorenz, Die Rache der Kinder – Orest und Elektra, in: R. Wünsche (Hrsg.), Mythos Troja. Ausstellungskat. München (2006) 381–386 mit älterer Lit.

71 Basel, Sammlung Cahn 42: Lexicon Iconographicum Mythologiae Classicae Aigisthos 8*.

72 Kompisch, Kathrin, Furchtbar feminin. Berüchtigte Mörderinnen des 20. Jahrhunderts (2006) 11.

73 Xenophon, Oikonomikos 7,4 f.

74 s. dazu auch St. Schmal, in: R. Rollinger, Ch. Ulf (Hrsg.), Geschlechterrollen und Frauenbild in der Perspektive antiker Autoren (1999) 96 f.

75 s. dazu E. Hartmann, Frauen in der Antike. Weibliche Lebenswelten von Sappho bis Theodora (2007) 78ff.; Zur überaus vielfältigen Rezeption s. I. Stephan, Medea. Multimediale Karriere einer mythologischen Figur (2006)

20. Bestrafte Frevlerinnen

1 Hygin, *Geschichten* 9. Nach einer anderen Version (Scholion zu Euripides, *Orest* 4) war Euryanassa ihre Mutter.

2 Zu Pherekydes mit je 6 Söhnen und Töchtern Scholion Euripides, *Phoinissen* 159. Ebenda findet sich auch die von den Tragikern vertretene Version mit je 7 Kindern sowie ferner auch bei Diodor 4, 74, 3 und Ovid, *Metamorphosen* 6, 182–183. Dagegen je 9 nach Sappho bei Gellius 20, 7; je 10 nach Apollodor, *Bibliothek* 3, 5, 6 und Pindar bei Gellius 20, 7; schließlich nur insgesamt 10 nach Alkman bei Aelian, *Bunte Geschichten* 12, 36.

3 Der ganze Mythos findet sich schon bei Homer, *Ilias* 24, 602 ff.; ferner bei Diodor 4, 74, 3; Apollodor, *Bibliothek* 3, 5, 6; Ovid, *Metamorphosen* 6, 146 ff.

4 So hat etwa der Religionswissenschaftler K. Kerenyi, Niobe (1949) 29, in Niobe eine alte Mondgöttin erkennen wollen.

5 Neapel, Museo Nazionale 9562. H. Mielsch, Zur Deutung und Datierung der Knöchelspielerinnen des Alexandros, RM 86, 1979, 233–248 Taf. 49.

6 Zum Astragalspiel vgl. zuletzt S. Lorenz, in: Lockender Lorbeer (2004) 386 ff.

7 Vgl. Mielsch, a. O. 234–235.

8 Vgl. auch die Darstellung einer Braut auf einer rotfigurigen Lekythos in Syrakus, die Artemis ihren Gürtel überreicht; J. Oakley/R. Sinos, The Wedding in ancient Athens (1993) 14–15 Abb. 9.

9 Tarquinia, Museo Nazionale RC 1043; Antike Denkmäler I (1891) 10 Taf. 22.

10 Paris, Louvre MNC 511. FR II Taf. 108.

11 Der Dichter und Bibliothekar Euphorion (*Fragment* 102 Powell) liefert zwei Jahrhunderte später eine Version, wonach Apoll die Knaben bei der Jagd im Kithairongebirge, Artemis dagegen die Töchter im Palast in Theben getötet habe. Auf dem Krater im Louvre fehlt allerdings jedweder Hinweis auf eine Jagd, und Söhne und Töchter sterben gemeinsam.

12 Lexicon Iconographicum Mythologiae Classicae VI (1992) 917 s. v. Niobidai Nr. 15 [W. Geominy].

13 W. Geominy, Die Florentiner Niobiden (1984) 297–299; ders. in: Lexicon Iconographicum Mythologiae Classicae VI (1992) 924–925 s. v. Niobidai.

14 Zur Mehransichtigkeit und zur Aufstellung eingehend W. Geominy, Die Florentiner Niobiden (1984) 44 ff. 211 ff. Zur Verbindung mit dem Apollo-Sosianus-Tempel in Rom ebenda 285–288.

15 Florenz, Uffizien 294. Photo: Museum für Abgüsse, München.

16 K. Fittschen, Giornate Pisane. Atti del IX Congresso della F.I.E.C., 24–30 Agosto 1989, *Studi Italiani di Filologia Classica* 10, 1057 ff. erkennt in solchen Schreckensbildern eine Anklage gegen das Schicksal. Das unten zitierte Grabgedicht (W. Peek, Griechische Grabgedichte [1960] 197 Nr. 335) könnte das stützen.

17 München, Staatliche Münzsammlung A 865; AGD I,3 (1972) Nr. 3239 Taf. 311; vgl. ebenda Nr. 3240–3242.

18 Im Etruskischen wird das Motiv für Semele und Dionysos sowie Aphrodite und Adonis verwendet.

19 Nach Hygin, *Geschichten* 9, wird Amphion von dem Gott erschossen als er im Wahn einen Angriff auf einen Apollontempel unternimmt.

20 Hesych 5579; St. Radt (Hrsg.), *Tragicorum Graecorum Fragmenta* 3 (1985) fr. 154a (6–7).

21 Tarent, Nationalmuseum 8935; A. D. Trendall/A. Cambitoglou, The Red-Figured Vases of Apulia I (1978) 338,4 Taf. 109,1.

22 Bonn, Akademisches Kunstmuseum Inv. 99. CVA Bonn (3) Taf. 19–21.

23 Princeton, Art Museum y1989–29; O. Taplin, Pots & Plays (2007) 78–79 mit Abb. Unklar bleibt, ob und wenn ja inwieweit die versteinernde Niobe an die üblicherweise weiß gemalten anonymen Verstorbenen in den Grabtempelchen auf den unteritalischen Vasen angenähert werden soll.

24 Apollodor, *Bibliothek* 3, 5, 6, 1–5 (der sich auf die Dichterin Telesilla des 5. Jhs. v. Chr. beruft); Pausanias, *Beschreibung Griechenlands* 2, 21, 9.

25 Zur Loutrophoros in Princeton und zur Verbindung mit dramatischen Vorlagen der

Sage zuletzt ausführlich O. Taplin, Pots & Plays. Interactions between Tragedy and Greek Vase-painting of the Fourth Century B.C. (2007) 78–79 bzw. 74–79.

26 St. Radt (Hrsg.), *Tragicorum Graecorum Fragmenta* IV (1977) 441a–451.

27 E. Keuls, Painter and Poet in Ancient Greece: Iconography and the Literary Arts (1997) 169–199.

28 Es gibt lediglich zwei sehr zweifelhafte antike Bilddarstellungen; vgl. Lexicon Iconographicum Mythologiae Classicae II (1984) 470–471 s. v. Arachne [J. György Szilágyi].

29 Lexicon Iconographicum Mythologiae Classicae II (1984) 470 s. v. Arachne [J. György Szilágyi]. In den romanischen Sprachen ist Arachne direkter Namensgeber für die Spinne, zum Beispiel »araignée« im Französischen.

30 Neben Hesiod vgl. insbesondere Bakchylides 11; Pherekydes (F. Jacoby, Die Fragmente der griechischen Historiker 3 F 14) und Akusilaos (ebenda 2 F 28). Die ausführlichste Schilderung findet sich in der unter dem Namen des Apollodor überlieferten *Bibliothek* (2, 2, 2).

31 Eine Vermengung der Sage mit anderen, verwandten Mythen ist unübersehbar. Vgl. den Mythos von den Minyaden in Orchomenos und die Pentheussage in Theben.

32 Neapel, Nationalmuseum 82125; Lexicon Iconographicum Mythologiae Classicae VII (1994) 523 s. v. Proitides Nr. 4 [L. Kahil]. Dagegen ist fraglich, ob die immer wieder geäußerte Deutung von Bildnissen nackter Frauen auf die Proitiden tatsächlich zutrifft; dazu und zur Sage allgemein vgl. Kahil, a. O. 522–525.

IV. GRENZFÄLLE

21. Mänaden – Frauen in Ekstase

1 Vgl. G. Hedreen, The Journal of Hellenic Studies 114, 1994, 47 ff.; Lexicon Iconographicum Mythologiae Classicae VIII, 1997, 780 ff. s. v. Mainades; S. Moraw, Die Mänade in der attischen Vasenmalerei des 6. und 5. Jahrhunderts v. Chr., 1998; A. Schöne, Der Thiasos, 1987.

2 Zu dionysischen Tieren vgl. Moraw ebenda 161 ff.; M. Steinhart, Die Kunst der Nachahmung. Darstellungen mimetischer Vorführungen in der griechischen Bildkunst archaischer und klassischer Zeit, 2004, 119 f.

3 Zu Schlangen und Mänaden vgl. E. Grabow, Schlangenbilder in der griechischen schwarzfigurigen Vasenkunst, 1998, 222 ff.

4 So Philostrat, *Die Bilder* 1, 19, 4 (Übersetzung M. Steinhart).

5 Euripides, *Bakchen*, Vers 692 ff. (Übersetzung E. Buschor).

6 C. Mainoldi, L'image du loup et du chien dans la Grèce ancienne, 1984, 33 Anm. 54; vgl. auch B. Fellmann, CVA München (13) zu Taf. 24,1–8, bes. S. 52.

7 Anders als die Schriftquellen unterscheiden die Bilder nicht zwischen Mänaden als weiblichen Begleiterinnen des Dionysos und den Nymphen, die als Gefährtinnen der Satyrn auch geschlechtliche Beziehungen zu diesen haben; vgl. Hedreen ebenda; Moraw ebenda 100.

8 Man denke nur an die Devise des englischen »gentleman«: »*Keep your temper, hide your feelings*«.

9 So z. B. Psykter des Euphronios, Boston, Museum of Fine Arts 10.221 a-f; Schale Paris, Louvre G 69; Stamnos des Berliner Malers, Oxford, Ashmolean Museum 1912.1165. Noch seltener finden sich Darstellungen der Bestrafung des Thrakerkönigs Lykurg, die ebenfalls im Auftrag des Dionysos erfolgt; Hydria, Krakau, Museum Czartoryski 1225.

10 Vgl. Moraw ebenda Nr. 319. Nr. 320. Nr. 321. Nr. 325.

11 Moraw ebenda 156 f. Abb. 57. 60. Ebenda 149 Anm. 616 führt Moraw literarische Belege für die Ermordung von Kindern durch Mänaden an.

22. Sappho und Alkaios

1 Sappho Fragment 2; Übersetzung M. Treu.

2 Vgl. jüngst A. L. Klinck, Hermes 136, 2008, 15 ff.; E. Robbins, in: Der Neue Pauly 11 (2001) 46 ff. s. v. Sappho; M. L. West, Die griechische Dichterin, 1996.

3 Alkaios Fragment 34.

4 So in einem Gedicht, das in der *Anthologia Graeca* überliefert ist: Buch 9, Gedicht 506.

5 J. D. Beazley, Greek Vases in Poland, 1928, 8 ff.; G. M. A. Richter – R. R. R. Smith, The Portraits of the Greeks, 1984, 194 f. Nr. 1 ff.

6 Aristoteles, *Rhetorik* 1367 a (Übersetzung Chr. Rapp) = Sappho Fragment 137.

23. Hetären: Die Stärke ist nur ein Spiel

1 Atalante war von ihren Eltern ausgesetzt, darum hat auch kein Vater Gewalt über sie.

2 Zu den Hetären von den Bildquellen ausgehend: C. Reinsberg; Ehe, Hetärentum und Knabenliebe im antiken Griechenland (1989), 80 ff. N. Hoesch in: Kunst der Schale, Kultur des Trinkens (1990), Hrsg. K. Vierneisel, 228 ff.

3 Während es z. B. in Lesbos Musenkränzchen für Mädchen vor der Heirat gab, siehe Sappho. Nach den Bildern muss es musische Frauenvereinigungen auch in Athen seit 450 v. Chr. gegeben haben.

4 Basel BS 440, CVA Basel 2, Taf. 10,2 f. – Dazu Hoesch, s. Anm. 2.

5 So im religiösen Sinn, historisch ist die Ableitung ja umgekehrt, das Bild des Dionysos reagiert auf den menschlichen Brauch.

6 Die Hetäre links in Abb. 23.5 scheint einen Becher oder ein Trinkhorn zu halten.

7 »Vasenbilder sind keine Sozialreportagen«: So wurde bei der Vorbereitung von ›Kunst der Schale, Kultur des Trinkens‹ (1990) von einem Mitglied des Vasenkreises m. E. ganz richtig argumentiert, als wir das Thema Hetärensymposien diskutiert haben.

8 Skyphoi als Trinkgerät scheinen für Frauen typischer zu sein, s. Pfisterer-Haas in: Kunst der Schale, Kultur des Trinkens (1990), Hrsg. K. Vierneisel, 313 f.

9 Und das ist er denn auch, nämlich im Bild darunter, wo er (mit Namensbeischrift) als zarter Jüngling das Leierspiel bei einem Lehrer lernt: eine Kunst, die man bereits beherrschen sollte, ehe man auf Symposien geht. Wenn man dazu noch weiß, dass Euthymides ein befreundeter, natürlich längst erwachsener Vasenmalerkollege unseres Malers ist, beginnt man den Scherz zu verstehen. – Der Zuruf war in dem Augenblick direkt an Euthymides gerichtet, wenn Phintias das Werk seinem Freund vorgeführt hat.

24. »Herrisch wie eine Amazonenkönigin«. Die Figur der Amazone im historischen Wandel

1 Zitiert nach Fritz J. Raddatz, Rosa Luxemburg. Ein Adler mit Taubenherz, in: Zeitmagazin Nr. 6 vom 31.1.1986, S. 19.

2 Marcel Reich-Ranicki, Thomas Manns treue Tochter, in: Frankfurter Allgemeine Zeitung vom 18. Januar 1986, S. 15.

3 Alice Schwarzer, Marion Dönhoff. Ein widerständiges Leben, Köln 1996, S. 33.

4 Alexander von Humboldt, Studienausgabe: Sieben Bände. Bd. 2: Die Forschungsreisen in den Tropen Amerikas. Teilband 3. Hg. und kommentiert von Hanno Beck in Verbindung mit Wolf-Dieter Grün. Darmstadt 1997, S. 39.

5 Maria Janitschek, Die Amazonenschlacht, Leipzig 1887, S. 106

6 Der Spiegel 27, 1999, S. 12.

7 Dieter Weber, Geschichtsschreibung in Augsburg. Hektor Mülich und die reichsstädtische Chronistik des Spätmittelalters, Augsburg 1984, Abb. 77 u. 106.

8 Die Galerie der Starken Frauen. Die Heldin in der französischen und italienischen Kunst des 17. Jahrhunderts. Bearbeitet von Bettina Baumgärtel und Sylvia Neysters, Düsseldorf 1995.

9 Vgl. auswahlweise Claudia Brinker-von der Hyde, *EZ IST Ein REHTEZ WIPHERE*. Ama-

zonen in der mittelalterlichen Dichtung, in: Beiträge zur Geschichte der Deutschen Sprache und Literatur 119, 1997, S. 399–424; Christine Reinle, Ausprägungen des mittelalterlichen Amazonenbildes, in: Historische Zeitschrift 270, 2000, 1–38; Christa Schlumbohm, Der Typus der Amazone und das Frauenbild im 17. Jahrhundert. Zur Selbstdarstellung der Grande Mademoiselle, in: Romanistisches Jahrbuch 29, 1978, 77–99; Sabine Heißler, Peter Blastenbrei, Frauen in der italienischen Renaissance: Heilige – Kriegerin – Opfer, Pfaffenweiler 1990; Ulrich Fülleborn, Frauenherrschaft als literarischer Mythos bei Kleist und Grillparzer, in: Hans Joachim Kreutzer (Hg.), Kleist Jahrbuch 1986, Berlin 1986; Am Gang der Zeit vom Anfang. Catherine E. Rigby, Transgression of the feminine: tragedy, enlightment and the figure of women in classical German drama, Heidelberg 1996; Sigrid Scheifele, Projektionsflächen des Weiblichen. Lebensentwürfe in Kleists Penthesilea, Würzburg 1992; Yixu Lü, Frauenherrschaft im Drama des frühen 19. Jahrhunderts, München 1993; Helga Gallas, Kleist: Gesetz, Begehren, Sexualität. Zwischen symbolischer und imaginärer Identifizierung, Frankfurt a. M. – Basel 2005.

10 Christine de Pizan, Das Buch von der Stadt der Frauen, Erstes Buch, Kap. XVI-XIX. Aus dem Mittelfranzösischen übertragen, mit einem Kommentar und einer Einleitung versehen von Margarete Zimmermann, München 1990, S. 72–83.

11 Ebd. S. 82.

12 Alexander von Humboldt, Kritische Untersuchungen über die historische Entwicklung der geographischen Kenntnis von der Neuen Welt. Bd. I, Berlin 1852, S. 275

13 Zur räumlichen Randständigkeit vgl. meine Überlegungen in: Beate Wagner-Hasel, Männerfeindliche Jungfrauen? Ein kritischer Blick auf Amazonen in Mythos und Geschichte, in: Feministische Studien 6/1, 1986, S. 86–105; Reinhold Bichler, Herodots Frauenbild und seine Vorstellung über die Sexualsitten der Völker, in: Robert Rollinger & Christoph Ulf. (Hg.), Geschlechterrollen und Frauenbild in der Perspektive antiker Autoren, Innsbruck u.a. 1999, S. 13–56.

14 Der Raub des Gürtels gehört zum Zwölftatenkatalog des Herakles, der seit dem 6. Jh. seine kanonische Form erhielt. Während die Bildzeugnisse bis ins 6. Jh. zurückreichen, stammen die literarischen Zeugnisse aus dem 5. Jh. Die früheste Erwähnung des Gürtelraubmotivs findet sich bei Pindar (Frg. 155 ed. Bowra), der die Expedition des Herakles erwähnt, um den Gürtel zu gewinnen. vgl. daneben Euripides, Herakles 408–418; Ion 1143–1145; Lykophron 1324ff.; Apollodoros, Bibliotheke 2,5,3–9. Laut Diodor 4,16 erhält Herakles von

Melanippe den Gürtel, nachdem er zahlreiche Amazonen getötet hat. Nach Apollonios Rhodios (Argonautika 2, 966ff.) händigt Hippolyte Herakles den Gürtel als Lösegeld für die geraubte Schwester Melanippe aus. In der römischen Rezeption wird das Motiv des Gürtelraubes durch das Motiv des Waffenraubs ersetzt. Vgl. etwa Pompeius Trogus bei Justinus 2,4,15.

15 Plutarch, Theseus 27; Pausanias 1,2,1. Plutarch schöpft seine Informationen aus einem verschollenen Theseusepos, das den Raub der Antiope und den nachfolgenden Einfall des Amazonenheeres schilderte.

16 Justinus 2,4,30; Vgl. auch Strabon, Geographika 11,5,4 im Verweis auf Kleitarchos; Diodor 17,77. Bei Arrian, Anabasis 7,13,2–4 geht das Angebot, gemeinsame Nachkommen zu zeugen, von Alexander aus; die Amazonen bieten hier zunächst Gefolgschaftsdienste an, was Alexander aber ablehnt.

17 Historia Augusta, Aurelianus 34 (= Historia Augusta. Römische Herrschergestalten, hg. von Johannes Straub, Bd. 2, Zürich – München 1985, S. 204).

18 Zur Verbindung der Amazonen mit dem Grabkult, die vor allem für Kleinasien zutrifft, vgl. Pierre Devambez, Les Amazones de l'Orient, in: Revue archéologique 2, 1976, S. 265–280; ders., Amazones, in: Lexikon Iconographicum Mythologiae Classicae, Bd. I 1/2, München 1981, Sp. 586–643.

19 Den Charakter der Amazone als Heroine betont mit Recht Lorna Hardwick, Ancient Amazons – Heroes, Outsiders or Women, in: Greece & Rome 27/1, 1990, S. 14–36, insb. 33–35. Dies gilt zumindest für das Amazonenbild des 6. Jahrhunderts v. Chr. Vgl. Josine H. Blok, The Early Amazons. Modern and Ancient Perspectives on a Persistent Myth, Leiden – New York – Köln 1995, 439.

20 Le Charivari vom 3. April 1842. Landschaftsverband Westfalen-Lippe, Westfälisches Landesmuseum für Kunst und Kulturgeschichte Münster (Hrsg.): Honoré Daumier 1808 - 1879. Bildwitz und Zeitkritik. Sammlung Werner Horn, Münster: Aschendorff Verlag 1978, Abbildung 272: Die Amazonen.

21 So Herodot 4,117 (»Nicht eher darf eine Jungfrau heiraten, bevor sie nicht einen Feind getötet hat. Manche werden alt und sterben, ohne sich zu vermählen, weil sie das Gesetz nicht einhalten konnten.«) und Hippokrates, aër. 17 in Bezug auf skythische Amazonen. Diodor 3,53,1 überträgt dieses Motiv auf libysche Amazonen.

22 Die Gleichsetzung mit ihren männlichen Gegnern in der attischen Vasenmalerei betont Anna Lindblom, The Amazons: Representatives of Male or Female Violence? In: Acta philologica Fennica 33,

1933, 67–89. Zum Bildmaterial allgemein: Dietrich von Bothmer, Amazons in Greek Art, Oxford 1957. Zu den Amazonomachien auf Sarkophagen: Astrid Fendt, Schön und stark wie eine Amazone – Zur Konstruktion eines antiken Identifikationsmodells. Amazonendarstellungen auf einem Achill-Penthesilea-Sarkophag als Bilder für Vorstellungen von Weiblichkeit im 3. Jh. n. Chr., in: Natascha Sojc (Hg.), Neue Fragen, neue Antworten. Antike Kunst als Thema der Gender Studies, Münster 2005, S. 77–94 u. S. 205–208; Jochen Fornasier, Amazonen. Frauen, Kämpferinnen und Städtegründerinnen, Mainz 2007, S. 90–98.

23 Gesta Hammaburgensis eccelesiae pontificum IV 19, zitiert nach Richard Hennig, Über die voraussichtlich völkerkundlichen Grundlagen der Amazonensagen und deren Verbreitung, in: Zeitschrift für Ethnologie 72, 1940, S. 362–371, hier S. 304.

24 Zitiert nach Hennig, Grundlagen 1940, S. 365.

25 R žena Dostalova, Das Amazonenmotiv in der mittelalterlichen Epik (Byzanz – Osten – Westen), in: Byzantino slavica 54, 1993, S. 190–197; Patrick J. Geary, Am Anfang waren die Frauen. Ursprungsmythen von den Amazonen bis zur Jungfrau Maria. Aus dem Englischen von Andreas Wirthensohn, München 2006, S. 50–61.

26 Geary, Ursprungsmythen 2006, S. 59.

27 G. Friedrich Creuzer, Symbolik und Mythologie der alten Völker, ND Hildesheim – New York 1973, S. 573–577 u. S. 671–678; Johannes Toepffer, Amazones, in: RE I 2, 1894, Sp. 1753–1771. Zur Forschungsgeschichte vgl. Blok, The Early Amazons 1995, Kap. 1.

28 Johann Jakob Bachofen, Das Mutterrecht. Eine Untersuchung über die Gynaikokratie der alten Welt nach ihrer religiösen und rechtlichen Natur, hg. v. Karl Meuli, Basel 1948.

29 W. Leonard, Hettiter [tatsächlich diese Schreibung?] und Amazonen, Leipzig – Berlin 1911; Adolphe Reinach, L'origine des Amazones, in: Revue de l'Histoire des Religion 76, 1913, S. 277–307. Die jüngere Forschung steht solchen Gleichsetzungen skeptisch gegenüber. Vgl. Alan H. Shapiro, Amazons, Thraciens and Scythians, in: Greek, Roman and Byzantine Studies 24, 1983, S. 105–114.

30 Zu Kriegerinnengräbern im Gebiet der Skythen vgl. Renate Rolle, Oiorpata, in: Beiträge zur Archäologie Nordwestdeutschlands und Mitteleuropas 16, 1980, 275–294. Zu kriegerischen Aktivitäten von Frauen in der griechischen Antike vgl. David Schaps, The Women of Greece in Wartime, in: Classical Philology 77, 1982, S. 193–213; Pasi Loman, No woman no war: Women's participation in ancient Greek warfare, in: Greece & Rome 51,

2004, S. 34–54. Zur Partizipation von Frauen an Kriegshandlungen im Mittelalter vgl. Megan McLaughlin, The woman warrior: gender, warfare and society in medieval Europe, in: Women's Studies 17, 3–4, 1990.

31 Mandy Merck, The City's Achievements. The Patriotic Amazonomachy and Ancient Athens, in: Susan Lipschitz (Hg.), Tearing the Veil, London 1978, S. 95–115 (Legitimation attischer Männerherrschaft); John Boardman, Herakles, Theseus and Amazons, in: The Eye of Greece. Studies in the Art of Athens, hg. v. Donna Kurtz & Brian Sparkes, Cambridge u.a. 1982, S. 1–28 (zur Gleichsetzung von Amazonen und Persern); Tonio Hölscher, Feindwelten – Glückswelten: Perser, Kentauren und Amazonen, in: ders. (Hg.), Gegenwelten zu den Kulturen Griechenlands und Roms in der Antike, München – Leipzig 2000, 287–320 (zum Gegenweltcharakter).

32 Merck, Amazonomachy 1978, S. 96. Renate Bol, Amazones Volneratae: Untersuchungen zu den Ephesischen Amazonenstatuen. Mainz: Philipp von Zabern 1998, S. 97 vermag dagegen im archäologischen Befund keinen Beleg für eine entwürdigende und untergeordnete Darstellung der Amazonen zu finden, zweifelt aber nicht an der unterdrückten Position der griechischen Frauen.

33 Jeannie Carlier-Detienne, Les Amazones font la guerre et l'amour, in: L'Ethnographie 76, 1980/81, S. 11–33.

34 William Blake Tyrrell, Amazons. A Study in Athenian Mythmaking, Baltimore – London 1984, S. 63 u. 82.

35 Bol, Amazones Volneratae 1998, S. 110.

36 Vgl. dazu meine Überlegungen in: Beate Wagner-Hasel, Rationalitätskritik und Weiblichkeitskonstruktionen, in: dies. (Hg.), Matriarchatstheorien der Altertumswissenschaft, Darmstadt 1992, S. 295–373; dies., Matriarchat, in: DNP 15, 2001, Sp. 321–329.

37 Josine Blok, Recht und Ritus in der Polis. Zu Bürgerstatus und Geschlechterverhältnissen im klassischen Athen, in: Historische Zeitschrift 278/1, 2004, S. 1–26; Marilyn Katz, Frauen, Kinder, Männer, in: Paul Cartledge (Hg.), Kulturgeschichte Griechenlands in der Antike. Aus dem Englischen von Wilfried Nippel, Stuttgart u.a. 1998, S. 104–142.

38 Dies betont mit Recht auch Marilyn Y. Goldberg, The Amazon Myth and Gender Studies, in: Kim J. Hardswick, Mary C. Sturgeon (Hg.), Stephanos. Studies in Honor of Nrunhilde Sismondo Ridgeway, Philadelphia 1998, S. 89–100, die den Mythos auf den demokratischen Wandel in Athen bezieht und in ihm eine politische Entwertung der aristokratischen Häuser thematisiert sieht.

39 Zu den folgenden Bemerkungen vgl. meine Überlegungen in: Beate Wagner-Hasel, Amazonen zwischen Heroen- und Barbarentum, in: Monika Fludernik, Peter Haslinger u. Stefan Kaufmann (Hg.), Der Alteritätsdiskurs des Edlen Wilden: Exotismus, Anthropologie und Zivilisationskritik am Beispiel eines europäischen Topos, Würzburg 2002, S. 251–280.

40 Von der Beziehung zwischen Achill und Penthesilea erzählt das verloren gegangene Epos »Aithiopis« des Arktinos von Milet (um 700 v. Chr.), das in verschiedenen Zusammenfassungen und Nachdichtungen erhalten ist: Proklos, Chrestomathia 175–180; Apollodoros, Epitome 5,1; Quintus, Posthomerica I 672/3 u. 718–782. Vgl. auch Pausanias 5,11,6.

41 Zur doppeldeutigen Symbolik des Gürtels vgl. Blok, Early Amazons 1995, S, 424–430; Otta Wenskus, Amazonen zwischen Mythos und Ethnographie, in: Sieglinde Klettenhammer & Elfriede Pöder (Hg.), Das Geschlecht, das sich (un)eins ist? Frauenforschung und Geschlechtergeschichte in den Kulturwissenschaften, Innsbruck – Wien – München 1999, S. 63–72.

42 Zur Verbindung der Amazonen mit Athena vgl. Susan Deacy, Athena and the Amazons: Mortal and Immortal Femininity in Greek Myth, in: What is a God? Studies in the Nature of Greek Divinity, London 1997, S. 153–168.

43 Zur Verknüpfung des Raubmotivs mit der Heirat in der griechischen Mythologie vgl. J. E. Robson, Bestiality and Bestial Rape in Greek Myth, in: Susan Deacy & Karen F. Pierce (Hg.), Rape in Antiquity. Sexual Violence in the Greek and Roman Worlds, London 1997, S. 65–96.

44 Lysias, Epitaphios 2,4–6. Hier wie auch in der hellenistischen Literatur findet sich das Motiv der Hybris, auf das Bol, Amazones volneratae 1998 verweist. In Apollonios Rhodios »Argonautika« werden die Amazonen als ein Volk dargestellt, die keine Gesetze kennen (2,287) und denen einzig jammerbringende Hybris und die Werke des Ares am Herzen liegen (2,989).

45 Isokrates, Panathenaikos 193 (vgl. Kap. 14). [Daher kann das Zitat »Dann kamen die Skythen unter der Führung der Amazonen, Nachkommen des Ares, die einen Feldzug gegen Hippolyte unternahmen, da sie die bei ihnen gültigen Gesetze übertreten hatte, von Theseus geliebt wurde, ihm mitgefolgt war und bei ihm lebte.« an dieser Stelle entfallen.]

46 Diodor 2,44,2–3 u. 3,53,2–3; Strabon, Geographika 12,5,4. In der Spätantike sind auch unbewaffnete Amazonen bekannt, die zuhause bleiben, während die bewaffneten Amazonen Krieg führen (Ammianus Marcellinus 22,8,18–19).

47 Beate Wagner-Hasel, Herakles und Omphale im Rollentausch. Mythologie und Politik in der Antike, in: Gisela Engel & Heide Wunder (Hg.), Geschlechterperspektiven. Forschungen zur Frühen Neuzeit, Königstein 1998, S. 205–228.

48 IG XIV 1839. Darauf verweist Fendt, Schön und stark wie eine Amazone 2005, S. 89.

49 Ebd. S. 88/9.

50 Beispiele bei Bol, Amazones vulneratae 1998, 149–159.

51 Dies ist ein Merkmal der Amazonenerzählungen in der römischen Kaiserzeit, so bei Strabon, Geographika 11,5,2; Justinus 2,4.

52 Brinker-von der Hyde, Amazonen in der mittelalterlichen Dichtung 1997, S. 404.

53 In Anlehnung an das heroische Ideal der Nacktheit werden antike Amazonen seit dem 5. vorchristlichen Jahrhundert mit entblößter Brust gezeigt, Belege und Diskussion bei Bol, Amazones Volneratae 1998, S. 125–127. Entkleidete Amazonen üben sich in dieser Zeit wie junge Epheben in der Palästra.

54 Brinker-von der Hyde, Amazonen in der mittelalterlichen Dichtung 1997, S. 408.

55 Ebd. S. 411.

56 Ebd. S. 418.

57 Ebd. S. 422.

58 Zur Überlieferung des Berichts von Gaspar de Carvajal vgl. die Angaben bei Eberhard Schmitt, Die großen Entdeckungen. Dokumente zur Geschichte der europäischen Expansion, München 1984, S. 422 sowie Georg Friederici, Die Amazonen Amerikas, Leipzig 1910, S. 8; Humboldt, Forschungsreisen in die Tropen 1997, II/3, S. 38–41.

59 Carvajal nach Schmitt, Entdeckungen 1984, S. 417/8.

60 Vgl. Karl Heinz Kohl, Entzauberter Blick. Das Bild vom Guten Wilden und die Erfahrung der Zivilisation, Frankfurt a. M. 1986, S. 19. Diese Aussage schließt nicht aus, daß auch in südamerikanischen Kulturen Vorstellungen von weiblichen Kriegerinnen kursierten. Allerdings haben diese nur wenig mit Amazonenbildern zu tun, die aus der Antike überliefert worden sind. Vgl. dazu Ulrike Prinz, Das Jacaré und die streitbaren Weiber. Poesie und Geschlechterkampf im östlichen Tiefland Südamerikas, Marburg 1999.

61 Astrid Deuber-Mankowsky, Lara Croft. Modell, Medium, Cyberheldin, Frankfurt a.M. 2001; Marvin Chlada, Wolfgang Haible (Hg.), Lara Croft. Ein Mythos wird dekonstruiert, Duisburg 2002.

62 A. Fendt, Schön und stark wie eine Amazone 2005, S. 77 mit Literatur.

63 Klaus Rainer Röhl, Aufstand der Amazonen. Geschichte einer Legende, Düsseldorf – Wien 1982, S. 215.

64 Das Stück von Stefan Schütz »Die Amazonen« wurde im Frühjahr 2007 vom Bremer Theater aufgeführt. Die Vorträge eines begleitenden Symposions werden demnächst publiziert.

Katalog

Abkürzungen

Für Zeitschriften werden die Abkürzungen des Deutschen Archäologischen Instituts verwendet.

ABV: J. D. Beazley, Attic Black-Figure Vase-Painters (1956)

Add: L. Burn – R. Glynn, Beazley Addenda (1982)

Add[2]: Thomas H. Carpenter – Thomas Mannack (Hrsg.), Beazley Addenda[2] (1989)

ARV: J. D. Beazley, Attic Red-Figure Vase-Painters[2](1963)

Bothmer (1957): D. v. Bothmer, Amazons in Greek Art (1957)

Bunte Götter: V. Brinkmann – R. Wünsche (Hrsg.), Bunte Götter. Die Farbigkeit antiker Skulptur. Ausstellung Glyptothek München (2003)

CVA: Corpus Vasorum Antiquorum

FR: A. Furtwängler – K. Reichhold, Griechische Vasenmalerei (1904–1932)

Glyptothek: R. Wünsche, Glyptothek München. Meisterwerke griechischer und römischer Skulptur (2005)

Glyptothek, Skulpturen II: B. Vierneisel-Schlörb, Klassische Skulpturen. Glyptothek München. Katalog der Skulpturen Bd. II (1979)

Glyptothek, Skulpturen VII: M. Fuchs, Römische Reliefwerke. Glyptothek München. Katalog der Skulpturen Bd. VII (2002)

Herakles-Herkules: R. Wünsche (Hrsg.), Herakles-Herkules. Ausstellung Staatliche Antikensammlungen München (2003)

Jahn: O. Jahn, Beschreibung der Vasensammlung König Ludwigs in der Pinakothek zu München (1854)

Kunst der Schale: K. Vierneisel – B. Kaeser (Hsrg.), Kunst der Schale – Kultur des Trinkens. Ausstellung Staatliche Antikensammlungen München (1990)

Lockender Lorbeer: R. Wünsche – F. Knauß (Hrsg.), Lockender Lorbeer. Sport und Spiel in der Antike. Ausstellung Staatliche Antikensammlungen München (2004)

Mythos Troja: R. Wünsche (Hrsg.), Mythos Troja. AusstellungStaatliche Antikensammlungen und Glyptothek München (2006)

Sieveking – Hackl: J. Sieveking – R. Hackl, Die königliche Vasensammlung zu München Bd. 1 (1912)

rf rotfigurig
sf schwarzfigurig

Kat. 1

Hydria 9818, attisch, sf
um 510 v. Chr., H 54,4 cm, Leagrosgruppe

Schulterbild: Amazonen kämpfen gegen Griechen
Hauptbild: Achill lauert Troilos am Brunnenhaus auf

Bothmer (1957) 227 Nr. 73bis; J. D. Beazley, Paralipomena (1971) Nr. 164,25bis; Ars Antiqua, Auktion III, Nr. 96 mit Abb

Kat. 2

Schale 2146, attisch, sf
um 550 v. Chr., aus Vulci, H 14 cm, Dm 21,9 cm

I: Krieger gegen Amazone

CVA München (10) Taf. 34,3–4; Bothmer (1957) 11 Nr. 62 Taf. 26,3; Kunst der Schale (1990) Abb. 15.2

Kat. 3

Schale 8953, attisch,rf
um 510 v. Chr., H 7,5 cm, Dm 19,75 cm, Euphronios

I: Laufende Amazone mit Helm, Panzer, Schild und Schwert

M. Ohly-Dumm, MüJb 25, 1974, 7 Abb. 1, 9; 4,10; 5; A. Hillert, AA 1995, 182, Abb. 9

Kat. 4

Halsamphora 1580, attisch, sf
um 510 v. Chr., aus Vulci, H 37,5 cm, Maler von Cambridge 51

A: Theseus im Kampf mit dem Minotauros
B: Amazonen auf einem Viergespann

CVA München (9) Taf. 48,2; 49,1–2; Bothmer (1957) 228 Nr. 183ter

Kat. 5

Kanne 1809, attisch, sf
um 500 v. Chr., aus Vulci, H 20,7 cm

Stehende Amazone mit Hund vor einem Viergespann

CVA München (12) Taf. 50,6; 51,1–2

Kat. 6

Volutenkrater 1740, attisch, sf
um 500 v. Chr., H 61 cm

A: oben: siegreiches Gespann, unten: Peleus und Thetis
B: oben: sich rüstende Amazonen, unten: junge Reiter mit Speeren

Bothmer (1957) 91 Nr. 10 Taf. 59,1; S. 101 Nr. 130 Taf. 63,5; K. Hitzel, Die Entstehung und Entwicklung des Volutenkraters (1982) 119, 125f. Kat. 38; Kunst der Schale (1990) Abb. 30.8; H. E. Schleiffenbaum, Der griechische Volutenkrater (1991) 286; H. Mommsen, Siegreiche Gespannpferde, AntK 45, 2002, 31ff.; Lockender Lorbeer (2004) Kat. 83; Mythos Troja (2006) Kat. 25

376 · Katalog

Column 1

Kat. 7

Nolanische Amphora 2342, attisch, rf
um 430 v. Chr., aus Agrigent, H 22,5 cm

A: Reitende Amazone in orientalischer Tracht
B: Bogenschießende Amazone in orientalischer
Tracht

*CVA München (2) Taf. 69,1–2,7–8; Bothmer (1957) 199
Nr. 135, 202 Nr. 154*

Kat. 8

Bandschale 2242, attisch, sf
550–525 v. Chr., aus Vulci, H 18,7 cm,
Dm 29,2 cm

A+B: Amazonen kämpfen gegen Reiter

*CVA München (11) Taf. 25,1–6; Bothmer (1957) 82 Nr. 121
Taf. 56; Kunst der Schale (1990) Abb. 11.9, 15.1, 25.8*

Kat. 9

Bauchamphora 1410, attisch, sf
um 520/10 v. Chr., aus Vulci, H 50 cm, Maler
von München 1410

A: Zweikampf Achill – Memnon über der
Leiche des Antilochos gerahmt von Thetis und
Eos

Column 2

B: Zwei Amazonen mit einem Pferd und ein
Krieger

*CVA München (1) Taf. 41,2; 42,1–3; 52,4; ABV 311.1; Add²
84; Bothmer (1957) 97 Nr. 6; F. Brommer, Vasenlisten zur
griechischen Heldensage ³(1973) 348 A 5; M. Recke, Gewalt
und Leid (2002) 260 Nr. 4; Mythos Troja (2006) Nr. 85*

Kat. 10

Lekythos 8456, attisch, sf
um 520 v. Chr., H 16,5 cm

Drei Amazonen neben ihren Pferden

Unpubliziert

Kat. 11

Halsamphora 1502A, attisch, sf
um 520 v. Chr., aus Vulci, H 22 cm, Drei-Linien-
Gruppe

A: Reiterkampf Achill gegen Penthesileia
B: Zweikampf zu Pferd über einem Gestürzten

*CVA München (8) Taf. 378,6; 379,1–2; ABV 321,10;
LIMC Achilleus Nr. 726*; LIMC Amazones Nr. 176; LIMC
Penthesileia Nr. 21; Bothmer (1957) 80 Nr. 105 Taf. 60,4;
M. Recke, Gewalt und Leid (2002) 262 Nr. 71; Mythos Troja
(2006) Kat. 79*

Kat. 12

Halsamphora 1504, attisch, sf
510/500 v. Chr., aus Vulci, H 37 cm, Maler der
klagenden Trojanerinnen

A: zwei reitende Amazonen nach rechts mit
Hunden

Column 3

B: zwei reitende Männer nach rechts mit
Hunden

*CVA München (14) Taf. 15.1; 16,1–2; 20,1; Bothmer (1957)
101 Nr. 116 Taf. 63,3; E. Kunze-Götte, Der Kleophrades-
Maler unter Malern schwarzfiguriger Amphoren (1992)
Taf. 59,1–2*

Kat. 13

Pyxis 6190, sf
spätes 6. Jh. v. Chr., angeblich aus Salamis,
H 3,6 cm

Reitende Amazonen, Kampfszenen

Unpubliziert

Kat. 14

Hydria 2420, attisch, rf
um 510/500 v. Chr., aus Vulci, H 54 cm,
Pezzino-Gruppe

Schulterbild: Amazonen schirren ein Gespann
an
Hauptbild: Athleten

*CVA München (5) Taf. 218,3; 220,1–2; 221,3; 226,3; ARV²
32,3; Lockender Lorbeer (2004) Kat. 24*

Kat. 15

Kolonettenkrater 6031, attisch, rf
460–450 v. Chr., Maler von Bologna 228

A: Amazone springt von galoppierendem Pferd
B: Stehender Mann

ARV² 512,10; Add 25; Bothmer (1957) 198 Nr. 127 Taf. 83,1

Kat. 16

Nolanische Amphora 2331, attisch, rf
um 440 v. Chr., H 34 cm, Clio-Maler

A: Reitende Amazone in orientalischer Tracht
B: Jüngling im Mantel, auf einen Stock gestützt

CVA München (2) Taf. 64,2; 65,4–5,7; ARV² 672,11;
Bothmer (1957) 199 Nr. 137 Taf. 83,6

Kat. 17

Kolonettenkrater 6450, attisch, rf
um 440 v. Chr., aus Sizilien, H 47 cm, Ariana-
Maler

A: Amazone zu Pferd gegen zwei Hopliten
B: Vier Jünglinge

ARV² 1101,1; Bothmer (1957) 178 Nr. 43 Taf. 78,3

Kat. 18

Krater 3296, apulisch, rf
um 330 v. Chr., aus Canosa, H 117,5 cm,
Unterwelts-Maler

Halsbild (A): Amazonomachie
Hauptbild (A): Rache der Medea, links oben
Herakles und Medea
Hauptbild (B): Grabmal eines Jünglings

A.D. Trendall – A. Cambitoglu, The Red-Figured Vases of
Apulia II (1982) 18,283 Taf. 195; Kunst der Schale (1990)
Abb. 76.2; Herakles-Herkules (2003) Kat. 175; St. Schmidt,
in: G. Fischer – S. Moraw (Hrsg.), Die andere Seite der
Klassik (2005) 178ff.; O. Taplin, Pots & Plays (2007) 255ff.

Kat. 19

Calenisches‹ Gussgefäß (Guttus) 6178
3./2. Jh. v. Chr. nach Vorbild um 400 v. Chr.,
H 12 cm

Reitende Amazone kämpft gegen gestürzten
Krieger

R. Pagenstecher, Calenische Reliefkeramik, 8. Ergh. JdI (1909)
101 Nr. 210; G. Richter, AJA 63, 1959, 2424 Taf. 51, 4;
P.G.P. Meyboom, in: H.A.G. Brijder – A.A. Drukker –
C.W. Neeft (Hrsg.), Enthousiasmos. FS Hemelrijk (1986) 201
Abb. 10

Kat. 20

Pelike 2351, attisch, rf
um 440/435 v. Chr., aus Unteritalien, H 34 cm,
Maler der Bostoner Phiale

A: Zwei laufende, bewaffnete Amazonen in
orientalischer Tracht
B: Ein Jüngling im Mantel

CVA München (2) Taf. 77,1; 78,7,10; ARV² 1017,4; Bothmer
(1957) 206 Nr. 178

Kat. 21

Schale 2644, attisch, rf
um 480 v. Chr., aus Vulci, H 13 cm, Dm 33 cm,
Makron

A: Dionysos mit Rhyton, Mänade mit Thyrsos
und Schlange, Satyr mit Doppelaulos und
Weinschlauch
B: Mänade mit Thyrsos und Schlange, Satyr
mit Weinschlauch

ARV² 461,37 und Frg. ARV² 464,73; Bothmer (1957) 153
Nr. 82, 194; Kunst der Schale (1990) Abb. 67.20; N. Kunisch,
Makron (1997) Taf. 6,7

Kat. 22

Weißgrundige Olpe 1745, attisch, sf
um 500 v. Chr., H 21 cm

Amazone in orientalischer Tracht vor einem
Altar

CVA München (12) Beil. 2,4 Taf. 6,4–6; Bothmer (1957) 109
Nr. 195 Taf. 64,2

Kat. 23

Lekythos 7519, attisch, rf
um 430 v. Chr., H 30 cm, Klügmann-Maler

Zwei laufende Amazonen in orientalischer
Tracht mit Bogen und Pfeil

ARV² 1199,13; Bothmer (1957) 206 Nr. 184

Kat. 24

Oinochoe 7497, attisch, rf
um 410 v. Chr., H 19,5 cm

Stehende Amazone in orientalischer Tracht
und Waffen

CVA München (2) Taf. 85,3; 92,5; Bothmer (1957) 206
Nr. 179

Kat. 25

Pelike 7512, attisch, rf
um 400 v. Chr., H 27 cm, Maler von München 2365

A: Zwei Amazonen, eine mit Stein, eine mit Pfeil und Bogen, kämpfen gegen drei Hopliten
B: Jünglinge

CVA München (2) Taf. 83,1–4; 80,9–10; ARV² 1473,1

Kat. 26

Terrakottafigur TC 9588
3. / 2. Jh. v. Chr., H 8 cm

Tanzende Amazone vor einem Altar

Unpubliziert

Kat. 27

Terrakottafigur TC 5503
2. Jh. v. Chr., H 7 cm

Tanzende Amazone vor einem Altar

Hauch des Prometheus (1996) Abb. 13.30a

Kat. 28

Hydria 1711, attisch, sf
510–500 v. Chr., aus Vulci, H 45,5 cm, Leagros-Gruppe

Schulterbild: Wagenrennen
Hauptbild: Herakles und ein Begleiter im Kampf gegen Amazonen

ABV 360,3; Kunst der Schale (1990) Abb. 15.4; Herakles-Herkules (2003) Kat. 67; Lockender Lorbeer (2004) Kat. 81

Kat. 29

Bauchamphora 1384, attisch, sf
um 530 v. Chr., aus Vulci, H 43,5 cm, ähnlich dem Princeton-Maler

A: Herakles und Gefährten gegen drei Amazonen
B: Herakles, Nessos und Deianeira, Männer

CVA München (1) Taf. 18,2; 20,1–2; ABV 299,2; Bothmer (1957) 30 Nr. 2; E. Böhr, Der Schaukelmaler (1982) 104; Herakles-Herkules (2003) Kat. 68

Kat. 30

Halsamphora 1567, attisch, sf
um 525 v. Chr., aus Vulci, H 34 cm, Bareiss-Maler

A: Ajas und Achill beim Brettspiel
B: Herakles packt eine gestürzte Amazone am Helm, Iolaos und eine flüchtende Amazone

CVA München (8) Taf. 368,1; 367,5–6; 369; Bothmer (1957) 36 Nr. 19 Taf. 31,1; Herakles-Herkules (2003) Kat. 69

Kat. 31

Halsamphora 1566, attisch, sf
nach 510 v. Chr., aus Vulci, H 46,8 cm, Art des Antimenes-Malers

A: Herakles kämpft gegen drei Amazonen
B: Herakles hält den Eber über Eurystheus, Athena, Iolaos

CVA München (8) Taf. 407,3; 410,1–2; 412,5; Add² 73; Bothmer (1957) 61 Nr. 237 Taf. 48,3; LIMC Herakles Add. zu Nr. 2124; LIMC Amazones Nr. 43; Herakles-Herkules (2003) Kat. 51

Kat. 32

Halsamphora 1563, attisch, sf
um 520 v. Chr., aus Vulci, H 46,3 cm, verwandt dem Lysippides-Maler

A: Herakles kämpft gegen zwei Amazonen
B: Viergespann mit Hoplit und Wagenlenker, davor ein gestürzter Hoplit

CVA München (8) Taf. 363,2; 365; 367,2; Add.² 391; Bothmer (1957) 48 Nr. 107 Taf. 38,3; Herakles-Herkules (2003) Kat. 70

Kat. 33

Halsamphora 1564, attisch, sf
510–500 v. Chr., aus Vulci, H 43 cm, ähnlich dem Maler von München 1519

A: Herakles kämpft gegen drei Amazonen

B: Dionysos und Ariadne zwischen zwei
Silenen

*CVA München (9) Taf. 12,1; 13,1–2; 17,3; ABV 394,3;
LIMC Amazones Nr. 54; Bothmer (1957) 61 Nr. 245
Taf. 49,2; Herakles-Herkules (2003) Kat. 71*

Kat. 34

Frg. Halsamphora 9000, attisch, sf
um 540 v. Chr., erh. H 24,6 cm

A: Herakles im Kampf gegen Amazonen
B: Hoplitenzweikampf

Schulterfries: Jünglinge, meist Läufer

*CVA München (9) Taf. 41,1–5; 42,1–5; Lockender Lorbeer
(2004) Kat. 18*

Kat. 35

Olpe 1743, attisch, sf
Ende 6. Jh. v. Chr., aus Vulci, H 18,8 cm

Herakles im Kampf gegen zwei Amazonen

*CVA München (12) Taf. 5,1–2; Bothmer (1957) 52 Nr. 137;
Herakles-Herkules (2003) Kat. 75*

Kat. 36

Oinochoe 1794, attisch, sf
um 480 v. Chr., aus Vulci, H 17 cm

Herakles im Kampf gegen eine Amazone

CVA München (12) Taf. 46,3; ABV 536,30;
Bothmer (1957) 43 Nr. 55; Herakles-Herkules
(2003) Kat. 74

Kat. 37

Oinochoe 1791, attisch, sf
490–480 v. Chr., aus Vulci, H 22,2 cm

Herakles im Kampf gegen eine Amazone

*CVA München (12) Taf. 46,1–2; 47,1,3; ABV 536,29;
Bothmer (1957) 43 Nr. 54 Taf. 35,1; Herakles-Herkules
(2003) Kat. 72*

Kat. 38

Lekythos 1881, attisch, sf
spätes 6. Jh. v. Chr., aus Vulci, H 18,8 cm

Herakles im Kampf gegen eine Amazone

*A. D. Corey, De Amazonum antiquissimis figuris (1891) 19;
Bothmer (1957) 55 Nr. 171*

Kat. 39

Augenschale 2030, attisch, sf
530/520 v. Chr., aus Vulci, H 14,6 cm,
Dm 30,5 cm

A: Herakles und Amazone
B: Amazone, die eine gefallene Gefährtin
wegträgt

*CVA München (13) Taf. 12,1–9; Farbtaf. 4,1–2; LIMC
Amazones Nr. 29, 728; Bothmer (1957) 44 Kat. 70 Taf. 35,5;
S. 95 Nr. 59 Taf. 61,3; Herakles-Herkules (2003) Kat. 73*

Kat. 40

Hydria 2423, attisch, rf
510/500 v. Chr., aus Vulci, H 51,5 cm, Hypsis

Schulterbild: Wagenlenker besteigt den Wagen
eines Viergespannes, zwei Jünglinge auf ihren
Pferden
Hauptbild: sich rüstende Amazonen

*CVA München (5) Taf. 222,2; 224,1–2; 225,3; 226,6; ARV²
30,1; 1621; LIMC Amazones Nr. 740; Bothmer (1957) 150
Nr. 38 Taf. 72,2; S. 201, 223; M. Steinhart, in: R. Vollkommer
(Hrsg.), Künstlerlexikon der Antike I (2001) 332; Lockender
Lorbeer (2004) Kat. 101; Mythos Troja (2006) 245f. Abb. 37.2*

Kat. 41

Bandschale 2238, attisch, sf
530/525 v. Chr., aus Vulci, H 27,2 cm,
Dm 43,8 cm

I: Krieger gegen Amazone
A: Göttinnen im Gigantenkampf
B: Krieger besteigen Gespanne, Frauen, Männer

*CVA München (11) Taf. 58,1–3; 59,1–2; 60,1–4; 61,1–4;
Bothmer (1957) 11 Nr. 63 Taf. 26,4;, Kunst der Schale (1990)
Abb. 2.20, 8.2a, 14.5, 15.3, 16.1; Lockender Lorbeer (2004)
Kat. 159*

Kat. 42

Augenschale 2059, attisch, sf
um 530 v. Chr., aus Vulci, H 7,8 cm,
Dm 21,1 cm

A: Zwei kämpfende Krieger
B: Hoplit kämpft gegen Amazone
I: Gorgoneion

*CVA München (13) Taf. 42,1–7; Bothmer (1957) 226
Nr. 19bis*

Kat. 43

Halsamphora 1611, attisch, sf
um 500 v. Chr., aus Vulci, H 15,8 cm, Maler von
Vatikan G 31

A: Hoplit überwindet Amazone
B: Kampf zwischen zwei Hopliten

*CVA München (14) Taf. 50,4; 46,5; 52,3–4; ABV 485,15,
486,3; Bothmer (1957) 43 Nr. 45*

Kat. 44

Skyphos 9491, attisch, sf
um 500 v. Chr., H 16 cm, Dm 21,8 cm,
CHC-Gruppe

A/B: Nach vorne wendender Viergespann-
wagen, Amazonen, Sphingen

F. W. Hamdorf, MüJb 45, 1994, 205, Abb. 12 (A)

Kat. 45

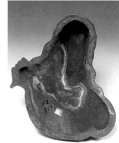

Kanne 1789, attisch, sf
um 510 v. Chr., aus Vulci, H 20,4 cm, Keyside-
Klasse

Zwei Amazonen über einem gestürzten Krieger

*CVA München (12) Taf. 40,4–5; 42,1,3; Bothmer (1957) 226
Nr. 65ter*

Kat. 46

Tonabdruck von einem Bronzespiegel TC 6676,
korinthisch
um 300 v. Chr., Dm 13,9 cm

Amazone kämpft gegen einen Griechen

*W. Züchner, Griechische Klappspiegel, 14. Ergh. JdI (1942)
109 TKS 11; A. Schwarzmeier, Griechische Klappspiegel, 18.
Beih. AM (1997) 348 Kat. 283*

Kat. 47

Kopf einer Amazone Gl 554, römische Kopie,
Marmor
Original um 440 v. Chr., H 25 cm

Kopf einer ephesischen Amazone,
Typus Sciarra

*R. Wünsche, MüJb 1995, 187–191 Abb. 1–4; R. Bol,
Amazones volneratae (1998) 197 Kat. II 18*

Kat. 48

Kasten-Applik SL 307, Ton
230–210 v. Chr., aus Südrussland, H 15,2 cm

weibliche Büste (Amazone), vergoldet

*J. Sieveking, Bronzen, Terrakotten und Vasen der Sammlung
Loeb (1930) 19 f. Taf. 19,2; Hauch des Prometheus (1996)
Abb. 10.16*

Kat. 49

Statuette 10086, Marmor
spätes 2. oder frühes 3. Jh. n. Chr., H 54 cm

An einen Baumstamm gelehnte Amazone

*M. Kunze, Der Pfälzer Apoll (2007) 89f. Abb. 13
[R. Stupperich]*

Kat. 50

Schale 8705, attisch,rf
um 460 v. Chr., aus Vulci, H 18,5 cm,
Dm 43 cm, Penthesilea-Maler

I: Achill tötet Penthesilea
A: Jünglinge mit Pferden

*ARV² 879.1; FR Taf. 6; Text 3, 273. 277. 286 (Buschor);
LIMC Achilleus Nr. 733*; LIMC Amazones Nr. 178; LIMC
Penthesileia Nr. 34*; K. Schefold, Die Sagen von den Argonauten, von Theben und Troia in der klassischen und hellenistischen Kunst (1989) 243 Abb. 219; L. Todisco, in: I. Colpo –
I. Favaretto – F. Ghedini (Hrsg.), Iconografia 2005. Immagini
e immaginari dall' Antichità classica al mondo moderno (2006)
105 ff.; Kunst der Schale (1990) Abb. 15.5; Mythos Troja
(2006) Kat. 80*

Kat. 51

Tyrrhenische Halsamphora 1427, attisch, sf
um 560 v. Chr., aus Vulci, H 39,3 cm, Goltyr-
Maler

A: Amazone zwischen Hähnen und Sphinx
B: Tanzender Mann zwischen Sirene, Hahn
und Sphinx
Tierfries

*CVA München (7) Taf. 314,3–4; 315,1–2; ABV 103,115;
Bothmer (1957) 12 Nr. 66 Taf. 27,2*

Kat. 52

Römische Tonlampe TC 1265
1. Jh. n Chr., L 10,7 cm, H Griff 4,7 cm
stehende Amazone mit Axt

unpubliziert

Kat. 53

Silberring NI 711
spätes 4. od. frühes 3. Jh v. Chr., aus Ithaka,
Stavros, Grab G, Dm 1,7 cm

Silberner Fingerring mit runder Platte:
Amazone mit Schild und Speer

*M. Steinhart – E. Wirbelauer, Aus der Heimat des Odysseus
(2002) 240 Nr. 117 Abb. 126*

Kat. 54

Bauchamphora 1414, attisch, sf
510–500 v. Chr., aus Vulci, H 67 cm, Leagros-
Gruppe

A: Theseus raubt Antiope
B: Herakles würgt den Löwen von Nemea

*CVA München (1) Taf. 48,1; 49,1; 52,3; ABV 367,87;
LIMC Antiope Nr. 4; LIMC Konnidas Nr. 1; LIMC Phorbas
Nr. 9, LIMC Poseidon Nr. 205; Bothmer (1957) 124 Nr. 3;*

*J. Boardman, in: D.C. Kurtz – B. Sparkes (Hrsg.), The Eye of
Greece (1982) 149; E. Touloupa, Ta enaetia glypta tou naou
tou Apollonos Daphnephorou stin Eretria (2002) 50 Nr. 1;
E. Simon – K. Kathariou, Numismatica e antichità classice 34,
2005, 76 f.; Herakles-Herkules (2003) Kat. 24*

Kat. 55

Tonlampe TC 6996, römisch
1. Jh. n. Chr., L 9,7 cm, H 3,1 cm

Amazone stützt sterbende Gefährtin

Unpubliziert

Kat. 56

Tonlampe o. Nr., römisch
1. Jh. n. Chr., Dm 7,0 cm

Amazone stützt sterbende Gefährtin

Unpubliziert

Kat. 57

Silberbecher 3391, römisch
2. Jh. n. Chr., aus Manching, H 7,2 cm,
D 12,3 cm

A: gefangene Trojaner, sitzender Neoptolemos,
Athena, griechische Krieger
B: gefangene Trojaner

*A. Adriani, RM 67, 1960, 111ff.; H. Froning, JdI 95, 1980,
339; F. Baratte, in: Festschrift E. Will (1984) 221ff.; H. Ga-
belmann, Antike Audienz- und Tribunalszenen (1984) 148ff.;
C. Wölfel, Mythos und politische Allegorie auf Tafelsilber der
römischen Kaiserzeit (Diss. Berlin 1996) 60; Mythos Troja
(2006) Kat. 106*

Kat. 58

Halsamphora 1541, attisch, sf
um 530 v. Chr. aus Vulci, H 43 cm

A: Peleus und Atalante im Ringkampf
B: Faustkampf

CVA München (9) Taf. 24,4; 28,1–2; 34,1; Lockender Lorbeer (2004) Kat. 65

Kat. 59

Bandschale 2241, attisch, sf
um 560 v. Chr., H 19 cm, Dm 29,9 cm

A: Peleus und Atalante beim Ringkampf
B: Herakles und der Löwe von Nemea, Zuschauer

CVA München (11) Taf. 22,9; 23,1–3; LIMC Atalante Nr. 945; Kunst der Schale (1990) Abb. 18.2, 19.1, 24.1; Herakles-Herkules (2003) Kat. 12; Lockender Lorbeer (2004) Nr. 182

Kat. 60

Hydria 596, chalkidisch, sf
um 550 v. Chr., H 46 cm

A: Peleus ringt mit Atalante, Zuschauer
Schulterbild: Reitende Jünglinge

Unter den Henkeln: Löwen
Unterer Bildfries: Sirene, Panther, Vogel, Steinböcke

CVA München (6) Taf. 280,1–2; 281; 282; LIMC Atalante Nr. 74; M. Vojatzi, Frühe Argonautenbilder (1982) A 109; R. Blatter, AA 1983, 21 f. Abb. 4; Lockender Lorbeer (2004) Nr. 181

Kat. 61

Bronzegriff von einer Ciste Br 3400, etruskisch
um 450 v. Chr., H 9 cm

Peleus und Atalante im Ringkampf

F. Coppola, Le ciste prenestine I (2000) 59 Taf. 57; Lockender Lorbeer (2004) Kat. 183

Kat. 62

Caeretaner Hydria 9466, sf
um 540 v. Chr., H 30 cm, Adler-Maler

Atalante bei der Kalydonischen Eberjagd

B. Kaeser, MüJb 1992, 195 Abb. 11, 12; Kunst der Schale (1990) Abb. 56.8

Kat. 63

Exaleiptron 8600, attisch, sf
um 560 v. Chr., H 12,5 cm, D 21,5 cm, C-Gruppe

Atalante bei der Kalydonischen Eberjagd; Zweikampf Memnon – Achill

CVA München (3) Taf. 138,3–5; 139,1–2; Abb. 3; LIMC Atalante Nr. 3; Mythos Troja (2006) Kat. 82*

Kat. 64

Spiegel BR 3654 (zerstört), etruskisch, Bronze
spätes 4. Jh. v., H 27 cm

Meleager, Atalante, Althaia, Porthaon, Eberkopf

LIMC Atalante Nr. 33; Chr. P. Wolters, MüJb 1909, 75 Nr. 4; AA 1910, 53; F. Endell, Antike Spiegel (1952) Taf. 24

Kat. 65

Figürliches Rhyton 6203, attisch, rf
460/50 v. Chr., aus Italien, H 23,5 cm, Sotades

Figurengefäß: »Negerknabe« wird von einem Krokodil angegriffen
Bemalung: Mehrere Frauen, eine davon in Jägertracht

ARV² 765,1; LIMC Prokris Nr. 3; J. Sieveking, MüJb 1912, 74, 2; E. Buschor, MüJb 1919, 2, 23 Abb. 35; H. Hoffmann, Sotades (1997) 19–33 Abb. 7. 8; Kunst der Schale (1990) Abb. 42.6; Hauch des Prometheus (1996) Abb. 227*

Kat. 66

Tonrelief Gl 186, römisch
Augusteisch, verloren

Kopf der Omphale

Herakles-Herkules (2003) 260 Abb. 42.7

Kat. 67

Terrakottastatuette TC 6938, griechisch
6. Jh. v. Chr., H 11 cm

Mischwesen aus Mensch und Schwein

Mythos Troja (2006) Kat. 131

Kat. 68

Tonlampe TC 5106, römisch
1. Jh. n. Chr., L 10,5 cm

Odysseus trifft auf Kirke

*LIMC Odysseus Nr. 142; B. Andreae (Hrsg.), Odysseus.
Ausstellungskatalog München (1999) 267 Abb. 101; Mythos
Troja (2006) Kat. 131*

Kat. 69

Psykter 2417, attisch, rf
um 480 v. Chr., aus Agrigent, H 34,5 cm, Pan-
Maler

Idas bedroht Apollon im Streit um Marpessa
im Beisein von Euenos, Artemis, Zeus, Hermes
und Hera

ARV² 556,101; LIMC Marpessa Nr. 2; FR Taf. 16;
J. Beazley, Der Pan-Maler (1931) 15 Nr. 46 Taf. 12,1; 13,1;
R. Lullies, Griechische Vasen der reifarchaischen Zeit (1953)
31 Taf. 70–79; Kunst der Schale (1990) Abb. 41.2*

Kat. 70

Amphora 1380, attisch, sf
540 v. Chr., aus Vulci, H 50 cm, Gruppe E

A: Aias bedroht Kassandra
B: Gespann in Vorderansicht

*CVA München (1) Taf. 14,1; 15,1–3; ABV 135,34; LIMC
Kassandra Nr. 60; Mythos Troja (2006) Kat. 105*

Kat. 71

Gl N. I/II, Fragmente einer Skulpturengruppe
aus Marmor
Spätes 6. Jh. v. Chr., aus dem Heiligtum der
Aphaia von Ägina

Zeus verfolgt Aphaia

*D. Ohly, Glyptothek München 9(2001) 68f.; D. Ohly,
Die Aegineten Bd. 3 (2001) Taf. 163ff.*

Kat. 72

Halsamphora 1542, attisch, sf
510–500 v. Chr., H 42,5 cm

A: Peleus ringt mit Thetis
B: Dionysos und Ariadne

*CVA München (9) Taf. 12,2; LIMC VI Nereus Nr.66; Mythos
Troja (2006) Kat.19*

Kat. 73

Sarkophag Gl 363, römisch, Marmor
um 140 n. Chr., H. 55 cm L 217 cm

Orest und Pylades retten Iphigenie aus Tauris

*Glyptothek, Skulpturen VII 104ff.; LIMC Iphigeneia Nr. 75;
D. Boschung, MüJb 39, 1988, 11ff. Abb. 4 a, b; H. Wrede, JdI
104, 1989, 393ff.; R. Bielfeldt, Orestes auf römischen*

*Sarkophagen (München 2005) 168ff., 340 Nr. II.1
Taf. 18–20, Mythos Troja (2006) 137*

Kat. 74

Relief TC 5166, melisch, Ton
um 460 v. Chr., H 17,5 cm

Odysseus und Penelope

*LIMC Penelope Nr. 33c; J. Sieveking, MüJb 4, 1909, 76 Nr.1;
Hauch des Prometheus (1996) 9.30a; Mythos Troja (2006)
Kat. 134*

Kat. 75

Pelike 8762, attisch, rf
um 500 v. Chr., H 31 cm, Myson

A: Herakles stößt das Hausgerät des Nereus ins
Meer
B: Nereide mit Mörserkeule

*ARV² 1638,2bis; R. Lullies, AA 1962, 616–618 Abb. 18. 19;
Kunst der Schale (1990) Abb. 52.4; Herakles-Herkules (2003)
Kat. 91*

Kat. 76

Hydria 2429, attisch, rf
um 450 v. Chr., H 38,5 cm, Maler der Pariser
Kentauromachie

Danaos und seine Töchter bei der Ausschiffung

*CVA München (5) Taf. 229,4–5; 230,2–4; ARV² 1094,102;
K. Schefold – F. Jung, Die Urkönige, Perseus, Bellerophon,
Herakles und Theseus in der klassischen und hellenistischen
Kunst (1988) 26 Abb. 12–14*

Kat. 77

Relief Gl 494, Kalkstein

325–275 v. Chr., aus Tarent, L 55,5 cm

links: zwei Danaiden mit Gefäßen,
Mitte: Hades und Persephone,
rechts: Hermes, der auf Herakles zuielt

*LIMC Herakles Nr. 2620; LIMC Danaides Nr. 22; K.
Schefold, Die Göttersage in der klassischen und hellenistischen
Kunst (1981) 262 Abb. 375; Herakles-Herkules (2003)
Kat. 86*

Kat. 78

Halsamphora 1493, attisch, sf

um 540 v. Chr., aus Vulci, H 33 cm, Bucci-Maler

A: Herakles mit Kerberos
B: Unterweltsszenen mit den Danaiden und
Sisyphos

*CVA München (7) Taf. 355,1–2; 356,1; 362,4; ABV 316,7;
LIMC Herakles Nr. 2604; Herakles-Herkules (2003) Kat. 84*

Kat. 79

Schale 2638, attisch, rf

510–500 v. Chr., aus Cerveteri, H 6,7 cm,
Dm 28,8 cm

I: Prokne tötet Itys
A/B: Satyrn und Mänaden

*ARV² 456,1; J. March in: K.N. Ruttner – B.A. Sparkes
(Hrsg.), Word and image in ancient Greece (2000) 124
Abb. 7.1 (I)*

Kat. 80

Halsamphora 9242, attisch, sf

um 510/500 v. Chr., aus Vulci, H 16,5 cm

A: Medea und die Töchter des Pelias beim
Jungkochen des Widders
B: Dionysisches Bild (?)

CVA München (9) Taf. 56,1–2

Kat. 81

Stamnos 2408, attisch, rf

480–470 v. Chr., aus Vulci, H 39 cm,
Kopenhagener Maler (Syriskos)

A: Medea und die Töchter des Pelias beim
Jungkochen des Widders
B: sitzender Pelias, Frauen

*CVA München (5) Taf. 244,1–2; 245,7; ARV² 257,8; LIMC
Pelias Nr. 12*; H. Meyer, Medeia und die Peliaden (1980)
Taf. 8,2–3; 9,1*

Kat. 82

Nolanische Amphora 2330, attisch, rf

440–430 v. Chr., aus Süditalien, H 32,4 cm,
Phiale-Maler

A: Bewaffnete Thrakerin verfolgt Orpheus
B: Jüngling

*CVA München (2) Taf. 62,2; 63,4.6; ARV² 1014,2;
J. H. Oakley, The Phiale Painter (1990) Taf. 1B, 31C*

Kat. 83

Kolonettenkrater 2378, attisch, rf

460–450 v. Chr., aus Sizilien, H 34,5 cm,
Pan-Maler

A: Bewaffnete Thrakerin in eiligem Lauf
B: Thrakerin

*ARV² 551,9; L. Braccesi, Veder Greco. Ausstellungskatalog
Agrigent 1988 (1988) 134–135 Nr. 25; B. Cohen (Hrsg.),
Not the classical ideal (2000) 375 Abb. 14.5*

Kat. 84

Hydria 3267, apulisch, rf

380–370 v. Chr., H 51 cm, nahe Iliupersismaler

A: Die Frauen von Theben und Pentheus
Schulterbild: Peleus verfolgt Thetis; Chiron,
Aphrodite und Eros

LIMC Pentheus Nr. 2; Mythos Troja (2006) Kat. 17*

Kat. 85

Hydria 3266, lukanisch, rf

um 340 v. Chr., H 42 cm, Choephoren-Maler

Elektra begegnet Orest am Grab Agamemnons
im Beisein von Hermes und Dienerinnen

LIMC Elektra I Nr. 10; Mythos Troja (2006) Kat. 135*

Kat. 86

Sarkophag Gl 345, römisch, Marmor
160–170 n. Chr., aus Rom, H 51 cm, L 212 cm

Artemis und Apollon töten die Kinder der
Niobe

*Glyptothek (2005) 160f.; Glyptothek, Skulpturen VII 99f.
Abb. 46–50; P. Zanker – B. C. Ewald, Mit Mythen leben
(2004) 76–80 Abb. 59*

Kat. 87

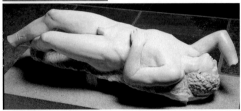

Statue Gl 269, Marmor
römische Kopie, nach griechischem Original
vom Ende des 4. Jhs. v. Chr., L 198 cm

Sterbender Sohn der Niobe

*Glyptothek (2005) 80; Glyptothek, Skulpturen II, 472 ff.,
Abb. 233–236; J. Sieveking – E. Buschor, MüJb 1912, 111 ff.;
E. Buschor, MüJb 1914/15, 191 ff.*

Kat. 88

Statue Gl 270 (sog. Ilioneus), Marmor
um 300 v. Chr., H 89 cm

Sterbender Sohn der Niobe, aus einer Statuengruppe

*Glyptothek (2005) 82; Glyptothek, Skulpturen II, 431 ff.
Abb. 210–215*

Kat. 89

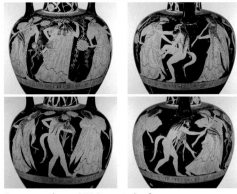

Spitzamphora 8732, attisch,rf
um 490 v. Chr., aus Vulci, H 56 cm,
Kleophrades-Maler

Hauptbild: Dionysos zwischen Mänaden und
Satyrn
Halsbilder: Sportszenen

*CVA München (4) Taf. 199,1–2; 200–204; ARV² 182,6; Add²
186; Kunst der Schale (1990) Abb. 68.1; Lockender Lorbeer
(2004) Kat. 42*

Kat. 90

Schale 2595, attisch,rf
spätes 6. Jh., aus Vulci, H 7,3 cm, Dm 18,8 cm,
Epeleios-Maler

I: laufende Mänade mit Schlange und Thyrsosstab

*ARV² 148,37; H.J. Bloesch, Formen attischer Schalen (1940)
123 Nr. 36 Taf. 33,6a*

Kat. 91

Oinochoe 2448, attisch,rf
470 v. Chr., aus Sizilien, H 27 cm, Providence-
Maler

A/B: Mänade mit Schlange und Thyrsosstab,
Satyr

*ARV² 640,66; CVA München (2) Taf. 84,2–3; 86,2–3; 92,2;
Kunst der Schale (1990) Abb. 71.13; Lockender Lorbeer
(2004) Kat. 189*

Kat. 92

Schale 2645, attisch,rf
um 490/480 v. Chr., aus Vulci, H 11,6 cm,
Dm 28 cm, Brygos-Maler

A/B: Dionysos, Mänaden und Satyrn
I: Mänade mit Thyrsosstab und Leopard

*ARV² 371,15; P. Brule, Woman of ancient Greece (2003) 22,
27; Kunst der Schale (1990) Abb. 69.8; 71.8, 71.12;
Lockender Lorbeer (2004) Kat. 187*

Kat. 93

Augenschale 2052, attisch, sf
um 530/520 v. Chr., aus Vulci, H 11,4 cm,
Dm 31,3 cm

A/B: Mänade mit Wolfsfell
I: Gorgoneion

*CVA München (13) Taf. 24,1–8 Farbtaf. 4,3; ABV 206,7;
Kunst der Schale (1990) Abb. 70.8*

Kat. 94

Schale 2654, attisch, rf
um 480 v. Chr., aus Vulci, H 13 cm, Dm 33 cm,
Makron
I: Mänade setzt sich mit Thyrsosstab gegen
einen Satyr zur Wehr

A/B: Satyrn und Mänaden

*ARV² 462,47; FR Taf. 46; N. Kunisch, Makron (1997)
68 Abb. 31.340, Taf. 114,340; Kunst der Schale (1990)
Abb. 56.16, 70.14; Lockender Lorbeer (2004) Kat. 188*

Kat. 95

Kelchkrater 6014, attisch, rf
um 350 v. Chr., H 36 cm

A: Mänade verteidigt sich mit Thyrsosstab
gegen Satyr, Dionysos, weitere Mänade
B: Männer

ARV² 1459,42; Kunst der Schale (1990) Abb. 67.24

Kat. 96

Amphora 2302, attisch, rf
um 520 v. Chr., aus Vulci, H 63,5 cm, Psiax

Tanzende Mänade und Dionysos

*ARV² 6,1; Add² 150; Kunst der Schale (1990) Abb. 69.2,
70.10*

Kat. 97

Pelike 2361, attisch, rf
um 440 v. Chr., aus Terranuova, H 46 cm,
Kleophon-Maler

Satyr und Mänade

CVA München (2) Taf. 74,1.2; ARV² 1145,36; Add² 334

Kat. 98

Kalathos 2416, attisch, rf
um 480/470 v. Chr., aus Agrigent, H 52,2 cm

A: Sappho und Alkaios
B: Dionysos und Ariadne

*ARV² 385,228; 1649; Add² 228f.; Kunst der Schale (1990)
39.9, 42.9, 79.6; E. Simon – M. Hirmer, Die Griechischen
Vasen (1976) Taf. 150; P. Zanker, Die Maske des Sokrates
(1995) 33 Abb. 14*

Kat. 99

Kanne 1801, attisch, sf

Ende 6. Jh. v. Chr., aus Vulci, H 13,7 cm,
Klasse von Würzburg 346

Amazone vor Viergespann

CVA München (12) Taf. 11, 1–4; ABV 420,8

Kat. 100

Schale 9437, attisch, sf
Letztes Viertel 6. Jh. v. Chr., H 12,7 cm,
Dm 21,9 cm

Amazonenkampf zwischen Reitern

CVA München (11) Taf. 26, 1–3

Kat. 101

Kanne M 1913, attisch, sf
Um 500 v. Chr., aus Vulci, H 20,7 cm, Dot-ivy
Group

Amazonenkampf

CVA München (12) Taf. 3,4–5; Bothmer (1957) 226,42ter

Kat. 102

Stamnos 3192, italisch, rf
spätes 5. Jh. v. Chr., aus Vulci, im zweiten
Weltkrieg teilweise zerstört

erhalten: eine Amazone in orientalischer
Kleidung, Kopf eines gerüsteten Mannes mit
Helm und Speer, verloren: zweite Amazone in
orientalischer Kleidung

*H. Dragendorff, JdI 1928, 354, Anm. 1, Abb. 28,29;
E. v. Mercklin, Studi Etruschi XI, 374; J. D. Beazley, Etruscan
Vase-Painting (1947), 32 Nr. 2*

ABBILDUNGSNACHWEIS

Alle Objekte der Staatlichen Antikensammlungen und der Glyptothek sowie alle Leihgaben sind im Katalog in Farbe abgebildet.

Zahlreiche Bildvorlagen wurden freundlicherweise von den Leihgebern zur Verfügung gestellt:

Antikensammlung und Museum Ludwig Basel

Akademisches Kunstmuseum – Antikensammlung der Universität Bonn

Antikensammlungen der Universität Erlangen (Photo: G. Pöhlein)

Museum für Abgüsse Klassischer Bildwerke München (Photos: H. Glöckler, R. Hessing)

Staatliche Münzsammlung München (Photos: R. Kühling)

Martin-von-Wagner-Museum Würzburg (Photos: K. Öhrlein)

Jean-David Cahn, Basel

Die Abbildungsvorlagen abendländischer Bildwerke werden verschiedenen Museen und Institutionen verdankt, denen für die Zusendung von Bildvorlagen und die Publikationserlaubnis an dieser Stelle sehr gedankt sei:

Staats- und Stadtbibliothek Augsburg

National Gallery of Ireland, Dublin: Courtesy of the National Gallery of Ireland. Photo © National Gallery of Ireland

Ferens Art Gallery, Hull. Credit line: Ferens Art Gallery, Hull Museums & Art Gallery

Statens Museum for Kunst, Kopenhagen

National Gallery, London: Photo © The National Gallery London

El Escorial, Madrid: Copyright © Patrimonio Nacional

Museo Nacional del Prado, Madrid

Bayerische Staatsbibliothek München

Neues Palais, Potsdam: © Stiftung Preußische Schlösser und Gärten Berlin-Brandenburg

Museo e Galleria Borghese, Rom

Cassa di Risparmio di San Marino: Ownership: Cassa di Risparmio della Repubblica di San Marino, main bank in the San Marino Republic

Villa Valmarana

Kunsthistorisches Museum, Wien

Die übrigen Vorlagen entstammen dem Archiv der Staatlichen Antikensammlungen und Glyptothek.

Hinweis zu den Abbildungen

Alle Schwarz-Weiß-Photos wurden an den Staatlichen Antikensammlungen bearbeitet. Wir haben uns bemüht, alle dafür erforderlichen Bildrechte einzuholen. Sollten wir dies im Einzelfall übersehen haben, bitten wir um Benachrichtigung.

Objekte ausser Katalog

Stücke der Staatlichen Antikensammlungen und Glyptothek, die nicht im Katalog aufgelistet werden.

Apulisch rotfiguriger Krater, aus Sizilien,
um 330 v. Chr. (Kat. 18)